Disfrute gratuitamente **DURANTE UN AÑO** de los eBook y audiolibros de las obras de Editorial Colex*

- Acceda a la página web de la editorial **www.colex.es**

- Identifíquese con su usuario y contraseña. En caso de no disponer de una cuenta regístrese.

- Acceda en el menú de usuario a la pestaña «Mis códigos» e introduzca el que aparece a continuación:

RASCAR PARA VISUALIZAR EL CÓDIGO

- Una vez se valide el código, aparecerá una ventana de confirmación y su eBook y/o audiolibro estará disponible **durante 1 año desde su activación** en la pestaña «Mis libros» en el menú de usuario.

---

* Los audiolibros están disponibles en las ediciones más recientes de nuestras obras. Se excluyen expresamente las colecciones «Códigos comentados», «Biblioteca digital» y los productos de www.vademecumlegal.es.

No se admitirá la devolución si el código promocional ha sido manipulado y/o utilizado.

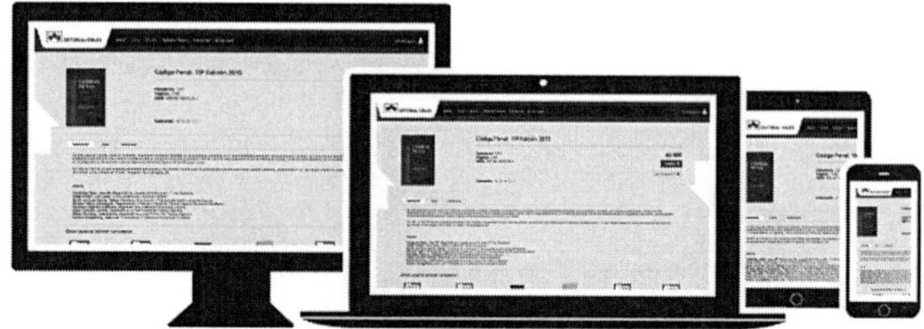

¡Gracias por confiar en nosotros!

La obra que acaba de adquirir incluye de forma gratuita la versión electrónica. Acceda a nuestra página web para aprovechar todas las funcionalidades de las que dispone en nuestro lector.

Funcionalidades eBook

Acceso desde cualquier dispositivo con conexión a internet

Idéntica visualización a la edición de papel

Navegación intuitiva

Tamaño del texto adaptable

Síguenos en: 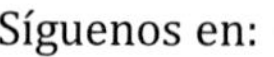     

LEY DE ENJUICIAMIENTO CRIMINAL

Contiene concordancias, modificaciones resaltadas,
índice analítico y legislación complementaria

2.ª EDICIÓN 2026

(Edición actualizada a 15 de abril de 2026)

COLEX 2026

© Editorial Colex, S.L.
Calle Costa Rica, número 5, 3º B (local comercial)
A Coruña, 15004, A Coruña (Galicia)
info@colex.es
www.colex.es

I.S.B.N.: 979-13-7011-609-5
Depósito Legal: C 695-2026

LEYENDA ICONOS

Texto modificado	Texto nuevo

ABREVIATURAS

ART.	Artículo
BOE	Boletín Oficial del Estado
CE	Constitución Española
CEDH	Convenio Europeo para la protección de los Derechos Humanos y de las Libertades Fundamentales (Roma, 4-11-50, ratificado por España el 26-9-79)
CGPJ	Consejo General del Poder Judicial
CP	Código Penal (LO 10/1995, de 23 de noviembre)
CPM	Código Penal Militar (LO 14/2015, de 14 de octubre)
D	Decreto
DA/ D.A./ DDAA	Disposición(es) Adicional(es)
DT/ D.T./ DDTT	Disposición(es) Transitoria(s)
DUDH	Declaración Universal de los Derechos Humanos (ONU, 10-11-48)
EOMF	Estatuto Orgánico del Ministerio Fiscal
L	Ley
LAJG	Ley de Asistencia Jurídica Gratuita (Ley 1/1996, de 10 de enero)
LEC	Ley de Enjuiciamiento Civil (Ley 1/2000, de 7 de enero)
LECRIM	Ley de Enjuiciamiento Criminal (RD. de 14 de septiembre de 1882)
LEP	Ley de Extradición Pasiva (Ley 4/1985, de 21 de marzo)
LGPE	Ley General Penitenciaria (LO 1/1979, de 26 de septiembre)
LO	Ley Orgánica

LOEX	Ley Orgánica sobre derechos y libertades de los extranjeros en España y su integración social (LO 4/2000, de 11 de enero)
LOFCS	Ley Orgánica de Fuerzas y Cuerpos de Seguridad (LO 2/1986, de 13 de marzo)
LOPJ	Ley Orgánica del Poder Judicial (LO 6/1985, de 1 de julio)
LOPM	Ley Orgánica Procesal Militar (LO 2/1989, de 13 de abril)
LORMP	Ley Orgánica reguladora de la Responsabilidad Penal de los Menores (LO 5/2000, de 12 de enero)
LOTC	Ley Orgánica del Tribunal Constitucional (LO 2/1979, de 3 de octubre)
LOTJ	Ley Orgánica del Tribunal del Jurado (LO 5/1995, de 22 de mayo)
LOPSC	Ley Orgánica de Protección de la Seguridad Ciudadana (LO 4/2015, de 30 de marzo)
LRC	Ley 20/2011, de 21 de julio, del Registro Civil.
O	Orden
OM	Orden Ministerial
PIDCP	Pacto Internacional de Derechos Civiles y Políticos (Nueva York, 19-12-66, ratificado el 13-4-77)
RAJG	Reglamento de Asistencia Jurídica Gratuita (RD 996/2003, de 25 de julio)
RD	Real Decreto
RDL	Real Decreto-Ley
RGTO.	Reglamento
RP	Reglamento Penitenciario (RD 190/1996, de 9 de febrero)

SUMARIO

LEGISLACIÓN COMPLEMENTARIA

REAL DECRETO DE 14 DE SEPTIEMBRE DE 1882 POR EL QUE SE APRUEBA LA LEY DE ENJUICIAMIENTO CRIMINAL

REAL DECRETO DE 14 DE SEPTIEMBRE DE 1882 POR EL QUE SE APRUEBA LA LEY DE ENJUICIAMIENTO CRIMINAL

–BOE núm. 260, de 17 de septiembre de 1882–

- Desde el 1 de julio de 2015, las menciones contenidas en esta ley a las "faltas" se entenderán referidas a los "delitos leves", según establece la D.A. 2.ª de la *Ley Orgánica 1/2015, de 30 de marzo.*
- Las referencias contenidas en la Ley de Enjuiciamiento Criminal y en el resto del ordenamiento jurídico a la autoridad judicial o al Ministerio Fiscal, se entenderán realizadas a la Fiscalía Europea respecto de todas aquellas funciones que le atribuye el Reglamento (UE) 2017/1939 del Consejo, de 12 de octubre de 2017 (Ver D.A. 1.ª de la *Ley Orgánica 9/2021, de 1 de julio, de aplicación del Reglamento (UE) 2017/1939 del Consejo, de 12 de octubre de 2017, por el que se establece una cooperación reforzada para la creación de la Fiscalía Europea* –BOE de 02/07/2021–).

Teniendo presente lo dispuesto en la Ley sancionada en 11 de febrero de 1881 y promulgada en virtud del Real Decreto de 22 de junio de 1882, por el cual se autorizó a mi Gobierno para que, con sujeción a las reglas en la misma comprendidas, oyendo, como lo ha efectuado, a la Sección correspondiente de la Comisión general de Codificación, y tomando por base la Compilación general de 16 de octubre de 1879, redactara y publicara una Ley de Enjuiciamiento Criminal; conformándome con lo propuesto por el Ministro de Gracia y Justicia, de acuerdo con el parecer de mi Consejo de Ministros.

Vengo en decretar lo siguiente:

Artículo 1.º Se aprueba el adjunto proyecto de Código de Enjuiciamiento Criminal redactado con arreglo a la autorización concedida al Gobierno por la Ley sancionada en 11 de febrero de 1881 y publicada en virtud del Real Decreto de 22 de junio de 1882.

Artículo 2.º El nuevo Código de Enjuiciamiento Criminal comenzará a regir en el tiempo y de la manera que establecen las reglas siguientes:

1.ª Se aplicará y regirá en su totalidad desde el día siguiente al en que se constituyan los Tribunales de que habla la Ley sancionada en 15 de junio de 1882 y promulgada por virtud del Real Decreto de 22 de junio del propio año.

2.ª Se aplicará y regirá desde el 15 de octubre próximo en la parte referente a la formación de los sumarios, comprendida desde el título IV del libro II hasta el art. 622 del título XI del mismo libro.

3.ª Las causas por delitos cometidos con anterioridad al 15 de octubre próximo continuarán sustanciándose con arreglo a las disposiciones del procedimiento vigente en la actualidad.

4.ª Si las causas a que se refiere la regla anterior no hubieren llegado al período de calificación, podrán sustanciarse con arreglo a las disposiciones del nuevo Código si todos los procesados en cada una de ellas optan por el nuevo procedimiento.

Para ello, el Juez que estuviere conociendo del sumario en 15 de octubre próximo hará comparecer a su presencia a todos los procesados, acompañados de sus defensores. Si aún no los tuvieren, se les nombrará de oficio para la comparecencia. Ésta se hará constar en la causa por medio de acta.

5.ª Cuando las causas por delitos cometidos con posterioridad al 15 de octubre próximo, y las que se refiere la regla anterior, alcancen el estado de conclusión del sumario antes de que se hayan constituido las nuevas Audiencias de lo criminal, se suspenderán en tal estado en los Juzgados que de ellas entiendan, debiendo remitirlas a dichas Audiencias en el mismo día en que éstas se constituyan.

6.ª Las Salas de lo Criminal de las actuales Audiencias conocerán, en tanto que se constituyan las nuevas, de los recursos que se entablen en los sumarios instruidos o continuados con sujeción a los preceptos de la nueva Ley.

Los Jueces de primera instancia se considerarán desde luego como Jueces instructores en las causas que se ajusten al nuevo procedimiento.

Artículo 3.º Un Real Decreto fijará, con la debida anticipación, el día en que han de constituirse los nuevos Tribunales.

Artículo 4.º Desde que cesen en sus cargos los actuales Promotores, desempeñarán las funciones del Ministerio público durante la primera instancia, en las causas que se sigan sustanciando con arreglo al procedimiento vigente en la actualidad, los Fiscales municipales que sean Letrados y, a falta de éstos, los que designen los Fiscales de las Audiencias Territoriales.

Artículo 5.º Las Salas de Gobierno del Tribunal Supremo y de las Audiencias y, en su día, los nuevos Tribunales consultarán directamente con el Ministerio de Gracia y Justicia, para su resolución, las dudas que puedan originarse en la inteligencia y aplicación de este Real Decreto.

Dado en San Ildefonso a 14 de septiembre de 1882.
ALFONSO

El Ministro de Gracia y Justicia
MANUEL ALONSO MARTÍNEZ

LEY DE ENJUICIAMIENTO CRIMINAL

LIBRO I
DISPOSICIONES GENERALES

TÍTULO I
Preliminares

CAPÍTULO I
Reglas generales

ART. 1.

No se impondrá pena alguna por consecuencia de actos punibles cuya represión incumba a la jurisdicción ordinaria, sino de conformidad con las disposiciones del presente Código o de Leyes especiales y en virtud de sentencia dictada por Juez competente.

Ver arts. 25.1 y 149.1-6ª CE

ART. 2.

Todas las Autoridades y funcionarios que intervengan en el procedimiento penal cuidarán, dentro de los límites de su respectiva competencia, de consignar y apreciar las circunstancias así adversas como favorables al presunto reo, y estarán obligados, a falta de disposición expresa, a instruir a éste de sus derechos y de los recursos que pueda ejercitar mientras no se hallare asistido de defensor.

Ver arts. 9, 23, 234 y 248 LOPJ.

CAPÍTULO II
Cuestiones prejudiciales

ART. 3.

Por regla general, la competencia de los Tribunales encargados de la justicia penal se extiende a resolver, para sólo el efecto de la represión, las cuestiones civiles y administrativas prejudiciales propuestas con motivo de los hechos perseguidos, cuando tales cuestiones aparezcan tan íntimamente ligadas al hecho punible que sea racionalmente imposible su separación.

Ver art. 10 LOPJ.

ART. 4.

Sin embargo, si la cuestión prejudicial fuese determinante de la culpabilidad o de la inocencia, el Tribunal de lo criminal suspenderá el procedimiento hasta la resolución de aquélla por quien corresponda; pero puede fijar un plazo, que no exceda de dos meses, para que las partes acudan al Juez o Tribunal civil o contencioso-administrativo competente.

Pasado el plazo sin que el interesado acredite haberlo utilizado, el Secretario judicial, mediante diligencia, alzará la suspensión y continuará el procedimiento.

En estos juicios será parte el Ministerio Fiscal.

Párrafo segundo modificado por Ley 13/2009, de 3 de noviembre, de reforma de la legislación procesal para la implantación de la nueva Oficina judicial. (BOE de 04/11/2009)

ART. 5.

No obstante lo dispuesto en los dos artículos anteriores, las cuestiones civiles prejudiciales, referentes a la validez de un matrimonio o a la supresión de estado civil, se deferirán siempre al Juez o Tribunal que deba entender de las mismas, y su decisión servirá de base a la del Tribunal de lo criminal.

ART. 6.

Si la cuestión civil prejudicial se refiere al derecho de propiedad sobre un inmueble o a otro derecho real, el Tribunal de lo criminal podrá resolver acerca de ella cuando tales derechos aparezcan fundados en un título auténtico o en actos indubitados de posesión.

ART. 7.

El Tribunal de lo criminal se atemperará, respectivamente, a las reglas del Derecho civil o administrativo, en las cuestiones prejudiciales que, con arreglo a los arts. anteriores, deba resolver.

Ver arts. 10 LOPJ; 40 y 41 LEC; 4 LJCA.

TÍTULO II
De la competencia de los Jueces y Tribunales en lo criminal

CAPÍTULO PRIMERO
De las reglas por donde se determina la competencia

ART. 8.

La jurisdicción criminal es siempre improrrogable.

Ver arts. 9.6 y 23 LOPJ.

ART. 9.

Los Jueces y Tribunales que tengan competencia para conocer de una causa determinada, la tendrán también para todas sus incidencias, para llevar a efecto las providencias de tramitación y para la ejecución de las sentencias, sin perjuicio de lo dispuesto en el artículo 801.

Modificado por Ley 38/2002, de 24 de octubre, de reforma parcial de la Ley de Enjuiciamiento Criminal, sobre procedimiento para el enjuiciamiento rápido e inmediato de determinados delitos y faltas, y de modificación del procedimiento abreviado. (BOE de 28/10/2022)

ART. 10.

Corresponderá a la jurisdicción ordinaria el conocimiento de las causas y juicios criminales, con excepción de los casos reservados por las leyes al Senado, a los Tribunales de Guerra y Marina y a las Autoridades administrativas o de policía.

Ver arts. 9.3 y 10 LOPJ; 61 LEC; 117 CE.

ART. 11.

El conocimiento de las causas por delitos en que aparezcan a la vez culpables personas sujetas a la jurisdicción ordinaria y otras aforadas corresponderá a la ordinaria, salvo las excepciones consignadas expresamente en las Leyes respecto a la competencia de otra jurisdicción.

ART. 12.

Sin embargo de lo dispuesto en el art. anterior, la jurisdicción ordinaria será siempre competente para prevenir las causas por delitos que cometan los aforados.

Esta competencia se limitará a instruir las primeras diligencias, concluidas las cuales la jurisdicción ordinaria remitirá las actuaciones al Juez o Tribunal que deba conocer de la causa con arreglo a las Leyes, y pondrá a su disposición a los detenidos y los efectos ocupados.

La jurisdicción ordinaria cesará en las primeras diligencias tan luego como conste que la especial competente instruye causa sobre el mismo delito.

Los autos de inhibición de esta clase que pronuncien los Jueces instructores de la jurisdicción ordinaria son apelables ante la respectiva Audiencia.

Entre tanto que se sustancia y decide el recurso de apelación, se cumplirá lo dispuesto en el artículo 22, párrafo segundo, a cuyo efecto y para la sustanciación del recurso se remitirá el correspondiente testimonio.

ART. 13.

Se consideran como primeras diligencias la de consignar las pruebas del delito que puedan desaparecer, la de recoger y poner en custodia cuanto conduzca a su comprobación y a la identificación del delincuente, la de detener, en su caso, a los presuntos responsables del delito y la de proteger a los ofendidos o perjudicados por el mismo, a sus familiares o a otras personas, **o evitar la reiteración delictiva**, pudiendo acordarse a tal efecto las medidas cautelares a las que se refiere el artículo 544 bis o la orden de protección prevista en el artículo 544 ter de esta ley.

En la instrucción de delitos cometidos a través de internet, del teléfono o de cualquier otra tecnología de la información o de la comunicación, el juzgado podrá acordar, como primeras diligencias, de oficio o a instancia de parte, las medidas cautelares consistentes en la retirada provisional de contenidos ilícitos, en la interrupción provisional de los servicios que ofrezcan dichos contenidos o en el bloqueo provisional de unos y otros cuando radiquen en el extranjero.

> *Modificado por Ley Orgánica 1/2026, de 8 de abril, en materia de multirreincidencia, por la que se modifica la Ley Orgánica 10/1995, de 23 de noviembre, del Código Penal y la Ley de Enjuiciamiento Criminal, aprobada por Real Decreto de 14 de septiembre de 1882. (BOE de 09-04-2026). Modificaciones en vigor desde el 10 de abril de 2026.*
>
> *Segundo párrafo se añade por Ley Orgánica 10/2022, de 6 de septiembre, de garantía integral de la libertad sexual. (BOE de 07/09/2022). Modificaciones en vigor desde el 7 de octubre de 2022.*
>
> *Artículo anteriormente modificado por Ley 27/2003, de 31 de julio, reguladora de la Orden de protección de las víctimas de la violencia doméstica. (BOE de 01/08/2003)*
>
> *Ver art. 282 LECrim; arts. 39 a 41 LOPJ; LO 4/1987, de 15 de julio, de la Competencia y Organización de la Jurisdicción Militar; LO 2/1989, de 13 de abril, Procesal Militar.*

ART. 14.

Fuera de los casos que expresa y limitadamente atribuyen la Constitución y las leyes a Jueces y Tribunales determinados, serán competentes:

1. Para el conocimiento y fallo de los juicios por delito leve, la Sección de Instrucción de los Tribunales de Instancia, salvo que corresponda a las secciones con competencia en materia de violencia sobre la mujer o de violencia contra la infancia y la adolescencia de conformidad con los números 5 y 6 de este artículo.

2. Para la instrucción de las causas, la Sección de Instrucción del Tribunal de Instancia del partido en que el delito se hubiere cometido, o las Secciones del Tribunal de Instancia con competencia en materia de violencia sobre la mujer o de violencia contra la infancia y la adolescencia, o el Juez Central de Instrucción respecto de los delitos que la Ley determine.

3. Para el conocimiento y fallo de las causas por delitos a los que la ley señale pena privativa de libertad de duración no superior a cinco años o pena de multa cualquiera que sea su cuantía, o cualesquiera otras de distinta naturaleza, bien sean únicas, conjuntas o alternativas, siempre que la duración de estas no exceda de diez años, así como por delitos leves, sean o no incidentales, imputables a los autores de estos delitos o a otras personas, cuando la comisión del delito leve o su prueba estuviesen relacionadas con aquellos, la Sección de lo Penal del Tribunal de Instancia de la circunscripción donde el delito fue cometido, o las secciones con competencia para el enjuiciamiento en materia de violencia sobre la mujer **o de violencia contra la infancia y la adolescencia**, en su caso, o el Juez Central de lo Penal en el ámbito que le es propio, sin perjuicio de la competencia de la Sección de Instrucción del Tribunal de Instancia con competencia en materia de guardia del lugar de comisión del delito para dictar sentencia de conformidad, o de las secciones con competencia en la instrucción en materia de violencia sobre la mujer o de violencia contra la infancia y la adolescencia competentes, en su caso, en los términos establecidos en el artículo 801, así como de las Secciones de Instrucción de los Tribunales de Instancia competentes para dictar sentencia.

No obstante, en los delitos comprendidos en el título VIII del libro II del Código Penal, a los solos efectos de determinar la competencia para el enjuiciamiento, se tendrán en cuenta únicamente las penas de prisión o de multa, correspondiendo a la Sección de lo Penal del Tribunal de Instancia de la circunscripción donde el delito fue cometido, o a las Secciones de los Tribunales de Instancia con competencia en materia de violencia sobre la **mujer o de violencia contra la infancia y la adolescencia** correspondiente a la circunscripción de las Secciones de Instrucción de los Tribunales de Instancia con competencia en estos delitos, en su caso, el conocimiento y fallo de los delitos para los que la ley señale pena privativa de libertad de duración no superior a cinco años o pena de multa cualquiera que sea su cuantía.

4. Para el conocimiento y fallo de las causas en los demás casos la Audiencia Provincial de la circunscripción donde el delito se haya cometido, o la Audiencia Provincial correspondiente a la circunscripción del Juzgado de Violencia sobre la Mujer en su caso, o la Sala de lo Penal de la Audiencia Nacional.

No obstante, en los supuestos de competencia de la Audiencia Provincial, si el delito fuere de los atribuidos al Tribunal de Jurado, el conocimiento y fallo corresponderá a éste.

5. Las Secciones de los Tribunales de Instancia con competencia en materia de violencia sobre la mujer conocerán:

a) De la instrucción de los procesos para exigir responsabilidad penal por los delitos recogidos en los títulos del Código Penal relativos a homicidio, aborto, lesiones, lesiones al feto, delitos contra la libertad, delitos contra la integridad moral, **contra la libertad e indemnidad sexual, contra la intimidad y el derecho a la propia imagen, contra el honor** o cualquier otro delito cometido con violencia o intimidación, siempre que se hubiesen cometido contra quien sea o haya sido su esposa, o mujer que esté o haya estado ligada al autor por análoga relación de afectividad, aun sin convivencia, así como de los cometidos sobre los descendientes, propios o de la esposa o conviviente, o sobre los menores o personas con discapacidad que con él convivan o que se hallen sujetos a la potestad, tutela, curatela, acogimiento o guarda de hecho de la esposa o conviviente, cuando también se haya producido un acto de violencia de género.

b) De la instrucción de los procesos para exigir responsabilidad penal por cualquier delito contra las relaciones familiares, cuando la víctima sea alguna de las personas señaladas en la letra anterior.

c) De la adopción de las correspondientes órdenes de protección a las víctimas, sin perjuicio de las competencias atribuidas al juez o jueza de guardia.

d) Del conocimiento y fallo de los delitos leves que les atribuya la ley, cuando la víctima sea alguna de las personas señaladas como tales en la letra a).

e) Dictar sentencia de conformidad con la acusación en los casos establecidos por la ley.

f) De la emisión y la ejecución de los instrumentos de reconocimiento mutuo de resoluciones penales en la Unión Europea que les atribuya la ley.

g) De la instrucción de los procesos para exigir responsabilidad penal por el delito de quebrantamiento previsto y penado en el artículo 468 del Código Penal cuando la persona ofendida por el delito cuya condena, medida cautelar o medida de seguridad se haya quebrantado sea o haya sido su esposa, o mujer que esté o haya estado ligada al autor por una análoga relación de afectividad aun sin convivencia, así como los descendientes, propios o de la esposa o conviviente, o sobre los menores o personas con discapacidad con medidas de apoyo que con él convivan o que se hallen sujetos a la potestad, tutela, curatela, acogimiento o guarda de hecho de la esposa o conviviente, así como cuando la persona ofendida lo sea por alguno de los delitos señaladas en la letra h) de este apartado.

h) De la instrucción de los procesos para exigir responsabilidad penal por los delitos contra la libertad sexual previstos en el título VIII del libro II del Código Penal, por los delitos de mutilación genital femenina, matrimonio forzado, acoso con connotación sexual y la trata con fines de explotación sexual, cuando la persona ofendida por el delito sea mujer.

6. Las Secciones de Violencia contra la Infancia y la Adolescencia conocerán, en el orden penal, de conformidad en todo caso con los procedimientos y recursos previstos en la Ley de Enjuiciamiento Criminal, de la instrucción de los procesos para exigir responsabilidad penal por los delitos recogidos en los títulos del Código Penal relativos a:

a) Homicidio, aborto, lesiones, lesiones al feto, cometidos contra niños, niñas, adolescentes.

b) Delitos contra la libertad, delito de torturas y contra la integridad moral, delitos contra la intimidad, el derecho a la propia imagen y la inviolabilidad del domicilio, delitos contra la libertad, delitos contra el honor, delitos contra las relaciones familiares, o cualquier otro delito cometido con violencia o intimidación, cuando la víctima sea niño, niña o adolescente.

c) Delito de trata de seres humanos del artículo 177 bis del Código Penal cuando al menos una de las víctimas sea niño, niña o adolescente.

d) De la instrucción de los procesos para exigir responsabilidad penal por el delito de quebrantamiento previsto y penado en el artículo 468 del Código Penal cuando la persona ofendida por el delito cuya condena, medida cautelar o medida de seguridad se haya quebrantado sea niño, niña o adolescente.

Las Secciones de Violencia contra la Infancia y la Adolescencia serán igualmente competentes para:

a) La adopción de las medidas cautelares legalmente previstas que aseguren la protección de las víctimas menores de edad, sin perjuicio de las competencias atribuidas al juez de guardia.

b) El conocimiento y fallo de los delitos leves que les atribuya la ley cuando la víctima sea niño, niña o adolescente.

c) Dictar sentencia de conformidad con la acusación en los casos establecidos por la ley.

d) La emisión y la ejecución de los instrumentos de reconocimiento mutuo de resoluciones penales en la Unión europea que les atribuya la ley.

7. En caso de que los hechos objeto de instrucción por la Sección de Violencia contra la Infancia y Adolescencia también pudieran ser conocidos por la Sección de Violencia sobre la Mujer, la competencia le corresponderá en todo caso a la segunda.

Modificado por Ley Orgánica 1/2025, de 2 de enero, de medidas en materia de eficiencia del Servicio Público de Justicia (BOE de 03-01-2025). Esta modificación entró en vigor el 03-10-2025.

Apdo. 3 anteriormente modificado por Ley Orgánica 4/2023, de 27 de abril, para la modificación de la Ley Orgánica 10/1995, de 23 de noviembre, del Código Penal, en los delitos contra la libertad sexual, la Ley de Enjuiciamiento Criminal y la Ley Orgánica 5/2000, de 12 de enero, reguladora de la responsabilidad penal de los menores. (BOE de 28/04/2023).

Apdo. 3 anteriormente modificado por Ley 41/2015, de 5 de octubre, de modificación de la Ley de Enjuiciamiento Criminal para la agilización de la justicia penal y el fortalecimiento de las garantías procesales (con entrada en vigor el 6 de diciembre de 2015). (BOE de 06/10/2015).

Apdo. 1 modificado y letra d) del número 5 modificada por Ley Orgánica 1/2015, de 30 de marzo, de modificación del Código Penal. (BOE de 31/03/2015).

Ver arts. 65, 82, 87, 87 bis, 87 ter, 88 y 89 bis LOPJ; LO 5/1995, de 22 de mayo, del Tribunal del Jurado.

ART. 14 bis.

Cuando de acuerdo con lo dispuesto en el artículo anterior el conocimiento y fallo de una causa por delito dependa de la gravedad de la pena señalada a éste por la ley se atenderá en todo caso a la pena legalmente prevista para la persona física, aun cuando el procedimiento se dirija exclusivamente contra una persona jurídica.

Artículo añadido por Ley 37/2011, de 10 de octubre, de medidas de agilización procesal. (BOE de 11/10/2011)

ART. 15.

Cuando no conste el lugar en que se haya cometido una falta o delito, serán Jueces y Tribunales competentes en su caso para conocer de la causa o juicio:

1.º El del término municipal, partido o circunscripción en que se hayan descubierto pruebas materiales del delito.

2.º El del término municipal, partido o circunscripción en que el presunto reo haya sido aprehendido.

3.º El de la residencia del reo presunto.

4.º Cualquiera que hubiese tenido noticia del delito.

Si se suscitase competencia entre estos Jueces o Tribunales, se decidirá dando la preferencia por el orden con que están expresados en los números que preceden.

Tan luego como conste el lugar en que se hubiese cometido el delito, el Juez o Tribunal que estuviere conociendo de la causa acordará la inhibición en favor del competente, poniendo en su caso los detenidos a disposición del mismo y acordando remitir, en la misma resolución las diligencias y efectos ocupados.

Modificado por la Ley 13/2009, de 3 de noviembre, de reforma de la legislación procesal para la implantación de la nueva Oficina judicial. (BOE de 04/11/2009)

ART. 15 bis.

En el caso de que se trate de algunos de los delitos o faltas cuya instrucción o conocimiento corresponda al Juez de Violencia sobre la Mujer, la competencia territorial vendrá determinada por el lugar del domicilio de la víctima, sin perjuicio de la adopción de la orden de protección, o de medidas urgentes del artículo 13 de la presente Ley que pudiera adoptar el Juez del lugar de comisión de los hechos.

Artículo añadido por Ley Orgánica 1/2004, de 28 de diciembre, de Medidas de Protección Integral contra la Violencia de Genero. (BOE de 29/12/2004)

ART. 16.

La jurisdicción ordinaria será la competente para juzgar a los reos de delitos conexos, siempre que alguno esté sujeto a ella, aun cuando los demás sean aforados.

Lo dispuesto en el párrafo anterior se entiende sin perjuicio de las excepciones expresamente consignadas en este Código o en Leyes especiales, y singularmente en las Leyes penales de Guerra y Marina, respecto a determinados delitos.

Ver LO 4/1987, de 15 de julio, de la Competencia y Organización de la Jurisdicción Militar y LO 2/1989, de 13 de abril, Procesal Militar.

ART. 17.

1. Cada delito dará lugar a la formación de una única causa.

No obstante, los delitos conexos serán investigados y enjuiciados en la misma causa cuando la investigación y la prueba en conjunto de los hechos resulten convenientes para su esclarecimiento y para la determinación de las responsabilidades procedentes salvo que suponga excesiva complejidad o dilación para el proceso.

2. A los efectos de la atribución de jurisdicción y de la distribución de la competencia se consideran delitos conexos:

1.º Los cometidos por dos o más personas reunidas.

2.º Los cometidos por dos o más personas en distintos lugares o tiempos si hubiera precedido concierto para ello.

3.º Los cometidos como medio para perpetrar otros o facilitar su ejecución.

4.º Los cometidos para procurar la impunidad de otros delitos.

5.º Los delitos de favorecimiento real y personal y el blanqueo de capitales respecto al delito antecedente.

6.º Los cometidos por diversas personas cuando se ocasionen lesiones o daños recíprocos.

3. Los delitos que no sean conexos pero hayan sido cometidos por la misma persona y tengan analogía o relación entre sí, cuando sean de la competencia del mismo órgano judicial, podrán ser enjuiciados en la misma causa, a instancia del Ministerio Fiscal, si la investigación y la prueba en conjunto de los hechos resultan convenientes para su esclarecimiento y para la determinación de las responsabilidades procedentes, salvo que suponga excesiva complejidad o dilación para el proceso.

Ver arts. 76 y 77 CP; LO 5/1995, de 22 de mayo, del Tribunal del Jurado.

Artículo modificado por Ley 41/2015, de 5 de octubre, de modificación de la Ley de Enjuiciamiento Criminal para la agilización de la justicia penal y el fortalecimiento de las garantías procesales (con entrada en vigor el 6 de diciembre de 2015). (BOE de 06/10/2015)

ART. 17 bis.

La competencia de los Juzgados de Violencia sobre la Mujer se extenderá a la instrucción y conocimiento de los delitos y faltas conexas siempre que la conexión tenga su origen en alguno de los supuestos previstos en los números 3.º y 4.º del artículo 17 de la presente Ley.

Artículo añadido por Ley Orgánica 1/2004, de 28 de diciembre, de Medidas de Protección Integral contra la Violencia de Genero. (BOE de 29/12/2004)

ART. 18.

1. Son Jueces y Tribunales competentes, por su orden, para conocer de las causas por delitos conexos:

1.º El del territorio en que se haya cometido el delito a que esté señalada pena mayor.

2.º El que primero comenzare la causa en el caso de que a los delitos esté señalada igual pena.

3.º El que la Audiencia de lo criminal o el Tribunal Supremo en sus casos respectivos designen, cuando las causas hubieren empezado al mismo tiempo, o no conste cuál comenzó primero.

2. No obstante lo anterior, será competente para conocer de los delitos conexos cometidos por dos o más personas en distintos lugares, si hubiera precedido concierto para ello, con preferencia a los indicados en el apartado anterior, el juez o tribunal del partido judicial sede de la correspondiente Audiencia Provincial, siempre que los distintos delitos se hubieren cometido en el territorio de una misma provincia y al menos uno de ellos se hubiera perpetrado dentro del partido judicial sede de la correspondiente Audiencia Provincial.

Apdo. 2 se añade y se reenumera apdo. 1 por Ley Orgánica 15/2003, de 25 de noviembre, por la que se modifica la Ley Orgánica 10/1995, de 23 de noviembre, del Código Penal. (BOE de 26/11/2003)

CAPÍTULO II
De las cuestiones de competencia entre los Jueces y Tribunales ordinarios

ART. 19.

Podrán promover y sostener competencia:

1.º Los Jueces municipales en cualquier estado del juicio, y las partes desde la citación hasta el acto de la comparecencia.

2.º Los Jueces de instrucción durante el sumario.

3.º Las Audiencias de lo criminal durante la sustanciación del juicio.

4.º El Ministerio Fiscal en cualquier estado de la causa.

5.º El acusador particular antes de formular su primera petición después de personado en la causa.

6.º El procesado y la parte civil, ya figure como actora, ya aparezca como responsable, dentro de los tres días siguientes al en que se les comunique la causa para calificación.

Ver art. 759 LECrim.

ART. 20.

Son superiores jerárquicos para resolver sobre las cuestiones de competencia, en la forma que determinarán los arts. siguientes:

1.º De los Jueces municipales del mismo partido, el de instrucción.

2.º De los Jueces de instrucción de una misma circunscripción, la Audiencia de lo criminal.

3.º De las Audiencias de lo criminal del mismo territorio, la Audiencia territorial en pleno.

4.º De las Audiencias territoriales, o cuando la competencia sea entre una Audiencia de lo criminal y la Sala de lo criminal de una territorial, el Tribunal Supremo.

Cuando cualquiera de los Jueces o Tribunales mencionados en los números 1.º, 2.º y 3.º no tengan superior inmediato común, decidirá la competencia el que lo sea en el orden jerárquico, y, a falta de éste, el Tribunal Supremo.

Ver arts. 60, 65 y 73 LOPJ.

ART. 21.

El Tribunal Supremo no podrá formar ni promover competencias y ningún Juez, Tribunal o parte podrá promoverlas contra él.

Cuando algún Juez o Tribunal viniere entendiendo en asunto cuyo conocimiento estuviere reservado al Tribunal Supremo, ordenará éste a aquél, de oficio, a excitación del Ministerio Fiscal o a solicitud de parte, que se abstenga de todo procedimiento y remita los antecedentes en el término de segundo día, para en su vista, resolver.

El Tribunal Supremo podrá, sin embargo, autorizar, en la misma orden y entre tanto que resuelve la competencia, la continuación de aquellas diligencias cuya urgencia o necesidad fueren manifiestas.

Contra la decisión del Tribunal Supremo no se da recurso alguno.

ART. 22.

Cuando dos o más Jueces de instrucción se reputen competentes para actuar en un asunto, si a la primera comunicación no se pusieren de acuerdo sobre la competencia, darán cuenta con remisión de testimonio al superior competente; y éste, en su vista, decidirá de plano y sin ulterior recurso cuál de los Jueces instructores debe actuar.

Mientras no recaiga decisión, cada uno de los Jueces instructores seguirá practicando las diligencias necesarias para comprobar el delito y aquellas otras que considere de reconocida urgencia.

Dirimido el conflicto por el superior a quien competa, el Secretario judicial del Juzgado de Instrucción que deje de actuar remitirá las diligencias practicadas y los objetos recogidos al declarado competente, dentro del segundo día, a contar desde aquél en que reciba la orden del superior para que deje de conocer.

> *Modificado por la Ley 13/2009, de 3 de noviembre, de reforma de la legislación procesal para la implantación de la nueva Oficina judicial. (BOE de 04/11/2009)*

ART. 23.

Si durante el sumario o en cualquier fase de instrucción de un proceso penal el Ministerio Fiscal o cualquiera de las partes entendieran que el Juez instructor no tiene competencia para actuar en la causa, podrán reclamar ante el Tribunal superior a quien corresponda, el cual, previos los informes que estime necesarios, resolverá de plano y sin ulterior recurso.

En todo caso, se cumplirá lo dispuesto en el párrafo segundo del artículo anterior.

ART. 24.

Terminado el sumario, toda cuestión de competencia que se promueva suspenderá los procedimientos hasta la decisión de ella.

ART. 25.

El Juez o Tribunal que se considere competente deberá promover la competencia.

También acordará la inhibición a favor del Juez o Tribunal competente cuando considere que el conocimiento de la causa no le corresponde, aunque sobre ello no haya precedido reclamación de los interesados ni del Ministerio Fiscal.

Entretanto no recaiga decisión judicial firme resolviendo definitivamente la cuestión promovida o aceptando la competencia, el Juez de instrucción que acuerde la inhibición a favor de otro de la misma clase seguirá practicando todas las diligencias necesarias para comprobar el delito, averiguar e identificar a los posibles culpables y proteger a los ofendidos o perjudicados por el mismo. A tal efecto, la resolución que inicialmente acuerde la inhibición expresará esta circunstancia, y a ella se acompañará únicamente testimonio de las actuaciones. Dirimida la cuestión o aceptada la competencia por resolución firme, el Secretario judicial remitirá los autos originales y las piezas de convicción al Juez que resulte competente.

Los autos que los Jueces municipales o de instrucción dicten inhibiéndose a favor de otro Juez o jurisdicción serán apelables, observándose en este caso lo dispuesto en el último párrafo del artículo 12. Contra los de las Audiencias podrá interponerse el recurso de casación.

> *Párrafo tercero modificado por la Ley 13/2009, de 3 de noviembre, de reforma de la legislación procesal para la implantación de la nueva Oficina judicial. (BOE de 04/11/2009)*

ART. 26.

El Ministerio Fiscal y las partes promoverán las competencias por inhibitoria o por declinatoria.

El uso de uno de estos medios excluye absolutamente el del otro, así durante la sustanciación de la competencia como una vez que ésta se halle terminada.

La inhibitoria se propondrá ante el Juez o Tribunal que se repute competente.

La declinatoria, ante el Juez o Tribunal que se repute incompetente.

ART. 27.

El Juez municipal ante quien se proponga la inhibitoria, oyendo al Fiscal cuando éste no la hubiera propuesto, resolverá en término de segundo día si procede o no el requerimiento de inhibición.

El auto denegatorio de requerimiento es apelable en ambos efectos para ante el Juez de instrucción respectivo.

ART. 28.

Si el Juez municipal estimare que procede el requerimiento de inhibición, lo mandará practicar por medio de oficio, en el cual consignará los fundamentos de su auto.

El oficio se remitirá dentro de veinticuatro horas precisamente.

ART. 29.

El Juez municipal requerido de inhibición, oyendo al Fiscal, resolverá en término de segundo día si desiste de conocer o mantiene su competencia.

En el primer caso remitirá, dentro de las veinticuatro horas siguientes, las diligencias practicadas al Juez requirente.

Si mantiene su competencia, se lo comunicará dentro del mismo plazo, exponiendo los fundamentos de su resolución.

ART. 30.

Recibidos los autos por el Juez requirente, declarará, sin más trámites, y dentro de veinticuatro horas, si insiste en la competencia o se aparta de ella.

En el primer caso lo participará en el mismo día al Juez requerido para que remita las diligencias al Juez o Tribunal que deba resolver la competencia, a tenor de lo dispuesto en el artículo 20, haciendo él la remisión de las suyas dentro de las veinticuatro horas siguientes.

En el segundo caso, lo participará en el mismo plazo al Juez requerido para que éste pueda continuar conociendo.

Los autos que los Jueces requeridos dicten accediendo a la inhibición serán apelables para ante el respectivo Juez de instrucción. También lo serán los que dicten los requirentes desistiendo de la inhibición.

ART. 31.

Recibidas las diligencias en el Juzgado o Tribunal llamado a resolver la competencia y oído el Fiscal por término de segundo día, la decidirá dentro de los tres siguientes al en que el Ministerio Fiscal evacue el traslado.

Contra lo resuelto por el Juzgado o Audiencia procederá el recurso de casación.

Contra la resolución del Supremo no se da recurso alguno

ART. 32.

Cuando se proponga declinatoria ante un Juez municipal, resolverá éste en término de segundo día, oyendo previamente al Fiscal sobre si procede o no acordar la inhibición.

El auto en que se deniegue la inhibición es apelable en ambos efectos para ante el Juzgado a quien corresponda resolver la competencia, el cual sustanciará el recurso en la forma prevenida en el párrafo primero del artículo anterior.

Contra la resolución del Juzgado procederá el recurso de casación.

Ver arts. 847 y 848 LECrim.

ART. 33.

La inhibición ante los Tribunales de lo criminal se propondrá en escrito con firma de Letrado.

En el escrito expresará el que la proponga que no ha empleado la declinatoria. Si resultase lo contrario, será condenado en costas, aunque se decida en su favor la competencia o aunque la abandone en lo sucesivo.

ART. 34.

El Secretario del Tribunal ante quien se proponga la inhibitoria dará traslado por término de uno o dos días, según el volumen de la causa, al Ministerio Fiscal, cuando éste no lo haya propuesto, así como a las demás partes que figuren en la causa de que pudiera a la vez estar conociendo el Tribunal a quien se haya instado para que haga el requerimiento y, en su vista, el Tribunal mandará, dentro de los dos días siguientes, librar oficio inhibitorio, o declarará no haber lugar a ello.

Modificado por la Ley 13/2009, de 3 de noviembre, de reforma de la legislación procesal para la implantación de la nueva Oficina judicial. (BOE de 04/11/2009)

ART. 35.

Contra el auto en que se deniegue el requerimiento de inhibición sólo habrá lugar al recurso de casación.

ART. 36.

Con el oficio de inhibición se acompañará testimonio: del escrito en que se haya pedido, de lo expuesto por el Ministerio Fiscal y por las partes, en su caso, del auto que se haya dictado y de lo demás que el Tribunal estime conducente para fundar su competencia.

El testimonio se extenderá y remitirá en el plazo improrrogable de uno a tres días, según el volumen de la causa.

ART. 37.

El Secretario del Tribunal requerido acusará inmediatamente recibo y dará traslado al Ministerio Fiscal, al acusador particular, si lo hubiere, a los referidos en los artículos 118 y 520 que se hubieren personado y a los que figuren como parte civil, por un plazo que no podrá exceder de veinticuatro horas a cada uno, tras lo cual el Tribunal dictará auto inhibiéndose o declarando que no ha lugar a hacerlo.

Contra el auto en que el Tribunal se inhibiere no se dará otro recurso que el de casación.

Párrafo primero modificado por la Ley 13/2009, de 3 de noviembre, de reforma de la legislación procesal para la implantación de la nueva Oficina judicial. (BOE de 04/11/2009)

ART. 38.

Consentido o ejecutoriado el auto en que el Tribunal se hubiese inhibido, el Secretario judicial remitirá la causa, dentro del plazo de tres días, al Tribunal que hubiera propuesto la inhibitoria, con emplazamiento de las partes y poniendo a disposición de aquél los procesados, las pruebas materiales del delito y los bienes embargados.

Modificado por la Ley 13/2009, de 3 de noviembre, de reforma de la legislación procesal para la implantación de la nueva Oficina judicial. (BOE de 04/11/2009)

ART. 39.

Si se denegare la inhibición se comunicará el auto al Tribunal requirente, con testimonio de lo expuesto por el Ministerio Fiscal y por las partes y de todo lo demás que se crea conducente.

El testimonio se expedirá y remitirá dentro de tres días.

En el oficio de remisión se exigirá que el Tribunal requirente conteste inmediatamente para continuar actuando si no insiste en la inhibición, o que en otro caso remita la causa a quien corresponda para que decida la competencia.

ART. 40.

Recibido el oficio que expresa el artículo anterior, el Tribunal que hubiere propuesto la inhibitoria dictará sin más trámites auto en término de segundo día.

Contra el auto desistiendo de la inhibición sólo procederá el recurso de casación.

ART. 41.

Consentido o ejecutoriado el auto en que el Tribunal desista de la inhibitoria, lo comunicará en el término de veinticuatro horas al requerido de inhibición, remitiéndole al propio tiempo todo lo actuado para su unión a la causa.

ART. 42.

Si el Tribunal requirente mantiene su competencia, lo comunicará en el término de veinticuatro horas al requerido de inhibición para que remita la causa al Tribunal a quien corresponda la resolución, haciéndolo él de lo actuado ante el mismo.

ART. 43.

Las competencias se decidirán por el Tribunal dentro de los tres días siguientes al en que el Ministerio Fiscal hubiese emitido dictamen, que evacuará en el término de segundo día.

Contra estos autos, cuando procedan de las Audiencias Territoriales, habrá lugar al recurso de casación.

Contra los pronunciados por el Tribunal Supremo no se da recurso alguno.

ART. 44.

El Tribunal que resuelva la competencia podrá condenar al pago de las costas causadas en la inhibitoria a las partes que la hubieren sostenido o impugnado con notoria temeridad, determinando en su caso la proporción en que deban pagarlas.

Cuando no hiciere especial condenación de costas, se entenderán de oficio las causadas en la competencia.

Modificado por Ley Orgánica 16/1994, de 8 de noviembre, por la que se reforma la Ley Orgánica 6/1985, de 1 de julio, del Poder Judicial. (BOE de 09/11/1994)

ART. 45.

Las declinatorias se sustanciarán como artículos de previo pronunciamiento.

Ver arts. 666 a 679 LECrim.

CAPÍTULO III
De las competencias negativas y de las que se promueven con Jueces o Tribunales especiales, y de los recursos de queja contra las Autoridades administrativas

ART. 46.

Cuando la cuestión de competencia empeñada entre dos o más Jueces o Tribunales fuere negativa por rehusar todos entender en la causa, la decidirá el Juez o Tribunal superior y, en su caso, el Supremo, siguiendo para ello los mismos trámites prescritos para las demás competencias.

ART. 47.

En el caso de competencia negativa entre la jurisdicción ordinaria y otra privilegiada, la ordinaria empezará o continuará la causa.

ARTS. 48, 49 y 50.

(DEROGADOS)

Derogados por Ley Orgánica 2/1987, de 18 de mayo, de Conflictos Jurisdiccionales. (BOE de 20/05/1987)

ART. 51.

(DEROGADO)

Derogado por Ley de 17 de julio de 1948

TÍTULO III
De las recusaciones y excusas de los Magistrados, Jueces, Asesores y Auxiliares de los Juzgados y Tribunales y de la abstención del Ministerio Fiscal

CAPÍTULO PRIMERO
Disposiciones generales

ART. 52.

Los Magistrados, Jueces y Asesores, cualesquiera que sean su grado y jerarquía, sólo podrán ser recusados por causa legítima.

Ver arts. 200, 217 a 228 LOPJ; 21 a 23 LO 5/1995, de 22 de mayo, del Tribunal del Jurado.

ART. 53.

Podrán únicamente recusar, en los negocios criminales:
El representante del Ministerio Fiscal.
El acusador particular o los que legalmente representen sus acciones y derechos.
Las personas que se encuentren en la situación de los artículos 118 y 520.
Los responsables civilmente por delito o falta.

Ver arts. 217 a 228 LOPJ.

ART. 54.

La abstención y la recusación se regirán, en cuanto a sus causas, por la Ley Orgánica del Poder Judicial, y en cuanto al procedimiento, por lo dispuesto en la Ley de Enjuiciamiento Civil.

Modificado por Ley 1/2000, de 7 de enero, de Enjuiciamiento Civil. (BOE de 08/01/2000)

Ver arts. 102 a 122 y 124 a 128 LEC.

ART. 55.

Los Magistrados y Jueces comprendidos en cualquiera de los casos que expresa el artículo anterior se inhibirán del conocimiento del asunto sin esperar a que se les recuse. Contra esta inhibición no habrá recurso alguno.

De igual manera se inhibirán, sin recurso alguno, cuando al ser recusados en cualquier forma estimasen procedente la causa alegada. En uno y otro caso mandarán pasar las diligencias a quien deba reemplazarles.

Ver arts. 217 y ss. LOPJ.

ART. 56.

La recusación deberá proponerse tan luego como se tenga conocimiento de la causa en que se funde, pues, en otro caso, no se admitirá a trámite. Concretamente, se inadmitirán las recusaciones:

1.º Cuando no se propongan al comparecer o intervenir por vez primera en el proceso, en cualquiera de sus fases, si el conocimiento de la concurrencia de la causa de recusación fuese anterior a aquél.

2.º Cuando se propusieren iniciado ya el proceso, si la causa de recusación se conociese con anterioridad al momento procesal en que la recusación se proponga.

Modificado por Ley 1/2000, de 7 de enero, de Enjuiciamiento Civil. (BOE de 08/01/2000)
Ver arts. 107 LEC; 223 LOPJ.

CAPÍTULO II
De la sustanciación de las recusaciones de los Jueces de instrucción y de los Magistrados

ART. 57.

La recusación se hará en escrito firmado por Letrado, por Procurador y por el recusante si supiere firmar y estuviere en el lugar de la causa. El último deberá ratificarse ante el Juez o Tribunal.

Cuando el recusante no estuviese presente, firmarán sólo el Letrado y el Procurador. En todo caso se expresará en el escrito concreta y claramente la causa de la recusación.

ART. 58.

No obstante lo dispuesto en el artículo anterior, podrá el procesado, si estuviere en incomunicación, proponer verbalmente la recusación en el acto de recibírsele declaración o podrá llamar al Juez por conducto del Alcaide de la cárcel para recusarle.

En este caso, deberá el Juez de instrucción presentarse acompañado del Secretario, que hará constar por diligencia la petición de recusación y la causa en que se funde.

Cuando fuese denegada la recusación, se le advertirá que podrá reproducirla una vez alzada la incomunicación.

ART. 59.

El auto admitiendo o denegando la recusación será fundado y bastará notificarlo al Procurador del recusante, aunque éste se halle en el pueblo en que se siga la causa y haya firmado el escrito de recusación.

ART. 60.

Cuando el recusado no se inhibiere por no considerarse comprendido en la causa alegada para la recusación, se mandará formar pieza separada.

Ésta contendrá el escrito original de recusación y el auto denegatorio de la inhibición, quedando nota expresiva de uno y otro en el proceso.

ART. 61.

Durante la sustanciación de la pieza separada no podrá intervenir el recusado en la causa ni en el incidente de recusación y será sustituido por aquel a quien corresponda con arreglo a la Ley.

Si el recusado fuese un Juez de instrucción, deberá éste, no obstante, bajo su responsabilidad, practicar aquellas diligencias urgentes que no puedan dilatarse mientras su sucesor se encargue de continuar la instrucción.

ART. 62.

La recusación no detendrá el curso de la causa. Exceptúase el caso en que el incidente de recusación no se hubiese decidido cuando sean citadas las partes para la vista de alguna cuestión o incidente o para la celebración del juicio oral.

ART. 63.

Instruirán los incidentes de recusación:

a) Cuando el recusado sea el Presidente o uno o más Magistrados de la Sala de lo Penal del Tribunal Supremo, de la Sala de lo Penal de los Tribunales Superiores de Justicia, o de la Sala de lo Penal de la Audiencia Nacional, un Magistrado de la Sala a la que pertenezca el recusado, designado en virtud de un turno establecido por orden de antigüedad.

b) Cuando el recusado sea el Presidente o uno o más Magistrados de una Audiencia Provincial, un Magistrado de una Sección distinta a la que pertenezca el recusado, designado en virtud de un turno establecido por orden de antigüedad. Si sólo existiere una Sección, se procederá del modo que se establece en el apartado segundo del artículo 107 de la Ley de Enjuiciamiento Civil.

c) Cuando se recusare a todos los Magistrados de una Sala de Justicia, el Magistrado que corresponda por turno de antigüedad de los que integren el Tribunal correspondiente, siempre que no estuviere afectado por la recusación, y si se recusare a todos los Magistrados que integran la Sala del Tribunal correspondiente, un Magistrado designado por sorteo entre todos los integrantes de Tribunales del mismo ámbito territorial pertenecientes al resto de órdenes jurisdiccionales.

d) Cuando se recusare a un Juez Central de lo Penal o a un Juez Central de Instrucción, un Magistrado de la Sala de lo Penal de la Audiencia Nacional, designado en virtud de un turno establecido por orden de antigüedad.

e) Cuando el recusado sea un Juez de Instrucción o un Juez de lo Penal, un Magistrado de la Audiencia Provincial correspondiente, designado en virtud de un turno establecido por orden de antigüedad.

f) Cuando el recusado fuere un Juez de Paz, el Juez de Instrucción del partido correspondiente o, si hubiere en él varios Juzgados de Instrucción, el Juez titular designado en virtud de un turno establecido por orden de antigüedad.

Modificado por Ley 1/2000, de 7 de enero, de Enjuiciamiento Civil. (BOE de 08/01/2000)

Ver arts. 224 LOPJ y 108 LEC.

ART. 64.

Formada la pieza separada, se oirá a la otra u otras partes que hubiese en la causa, por término de tres días a cada una, que sólo podrá prorrogarse por otros dos cuando a juicio del Tribunal hubiese justa causa para ello.

Ver art. 225 LOPJ.

ART. 65.

Transcurrido el término señalado en el artículo anterior, con la prórroga en su caso, y recogida la causa sin necesidad de petición por parte del recusante, se recibirá a prueba el incidente de recusación, cuando la cuestión fuese de hecho, por ocho días, durante los cuales se practicará la que hubiere sido solicitada por las partes y admitida como pertinente.

ART. 66.

Contra el auto en que las Audiencias o el Tribunal Supremo admitieren o denegaren la prueba, no se dará ulterior recurso.

ART. 67.

Cuando por ser la cuestión de derecho no se hubiere recibido a prueba el incidente de recusación, o hubiese transcurrido el término concedido en el artículo 65, se mandará citar a las partes señalando día para la vista.

ART. 68.

Decidirán los incidentes de recusación:

a) La Sala prevista en el artículo 61 de la Ley Orgánica del Poder Judicial cuando el recusado sea el Presidente del Tribunal Supremo o el Presidente de la Sala de lo Penal o dos o más de los Magistrados de dicha Sala.

b) La Sala de lo Penal del Tribunal Supremo, cuando se recuse a uno de los Magistrados que la integran.

c) La Sala a que se refiere el artículo 77 de la Ley Orgánica del Poder Judicial, cuando se hubiera recusado al Presidente del Tribunal Superior de Justicia, al Presidente de la Sala de lo Civil y Penal de dicho Tribunal Superior o al Presidente de Audiencia Provincial con sede en la Comunidad Autónoma o a dos o más Magistrados de una Sala o Sección o de una Audiencia Provincial.

d) La Sala a que se refiere el artículo 69 de la Ley Orgánica del Poder Judicial, cuando se hubiera recusado al Presidente de la Audiencia Nacional, al Presidente de su Sala de lo Penal o a más de dos Magistrados de una Sección de dicha Sala.

e) La Sala de lo Penal de la Audiencia Nacional, cuando se recusare a uno o dos de los Magistrados.

f) La Sala de lo Civil y Penal de los Tribunales Superiores de Justicia, cuando se recusara a uno de sus Magistrados.

g) Cuando el recusado sea Magistrado de una Audiencia Provincial, la Audiencia Provincial en pleno o, si ésta se compusiere de dos o más Secciones, la Sección en la que no se encuentre integrado el recusado o la Sección que siga en orden numérico a aquella de la que el recusado forme parte.

h) Cuando se recusara a un Juez Central, decidirá la recusación la Sección de la Sala de lo Penal de la Audiencia Nacional a la que corresponda por turno, establecido por la Sala de Gobierno de dicha Audiencia, excluyendo la Sección a la que corresponda conocer de los recursos que dicte el Juzgado del que sea titular el recusado.

i) Cuando el recusado sea un Juez de lo Penal o de Instrucción, la Audiencia Provincial o, si ésta se compusiere de dos o más Secciones, la Sección Segunda.

j) Cuando el recusado sea un Juez de paz, resolverá el mismo Juez instructor del incidente de recusación.

Modificado por Ley 1/2000, de 7 de enero, de Enjuiciamiento Civil. (BOE de 08/01/2000)

ART. 69.

Los autos en que se declare haber o no lugar a la recusación serán siempre fundados.
Contra el auto que dictaren las Audiencias sólo procederá el recurso de casación.

Contra el que dictare el Tribunal Supremo no habrá recurso alguno.

Ver arts. 228 y 248 LOPJ.

ART. 70.

En los autos en que se deniegue la recusación se condenará en las costas al que la hubiere promovido. Cuando se apreciare que obró con temeridad o mala fe se le impondrá, además, una multa de 200 a 2.000 pesetas, cuando el recusado fuere Juez de instrucción; de 500 a 2.500, cuando fuese Magistrado de Audiencia, y de 1.000 a 5.000, si lo fuere del Tribunal Supremo.

Se exceptúa de la imposición de las costas y de la multa al Ministerio Fiscal.

Ver arts. 228 LOPJ y 112 LEC.

ART. 71.

Cuando no se hicieren efectivas las multas respectivamente señaladas en el artículo anterior, el multado quedará sujeto a la responsabilidad personal subsidiaria correspondiente, por vía de sustitución y apremio, en los términos que para las causas por delitos establece el Código Penal.

Ver art. 53 CP.

CAPÍTULO III
De la sustanciación de las recusaciones de los Jueces municipales

ART. 72.

En los juicios de faltas se propondrá la recusación en el mismo acto de la comparecencia.

ART. 73.

En vista de la recusación, si la causa alegada fuese de las expresadas en el artículo 54 y cierta, el Juez municipal se dará por recusado, pasando el conocimiento de la falta a su suplente.

ART. 74.

Cuando el recusado no considerare legítima la recusación, pasará el conocimiento del incidente a su suplente, haciéndolo constar en el acta.

Ni en este caso ni en el del artículo anterior se da recurso alguno contra lo resuelto por el Juez municipal.

ART. 75.

El Juez municipal recusado no podrá intervenir en la sustanciación de la pieza de recusación y se suspenderá la celebración del juicio de faltas hasta que aquélla se decida.

ART. 76.

El Juez suplente encargado de la sustanciación de la pieza de recusación hará comparecer a las partes a su presencia, y en el mismo acto recibirá las pruebas que ofrezcan y conceptúe pertinentes cuando la cuestión verse sobre algún hecho.

Contra el auto denegatorio de la prueba podrá pedirse reposición en el acto de hacerse saber a las partes.

ART. 77.

Recibida la prueba o cuando por tratarse de cuestión de derecho no fuera necesaria, el Juez municipal suplente resolverá si ha o no lugar a la recusación en auto fundado y en el mismo acto si es posible. En ningún caso dejará de hacerlo dentro de segundo día. De lo actuado y del auto se hará mención en el acta que se extienda.

Si desestimare la recusación, impondrá al recusante las costas y una multa de 25 a 100 pesetas con la responsabilidad personal subsidiaria establecida en el artículo 71.

Será aplicable a la sanción de multa, en este caso, lo dispuesto en el párrafo segundo del artículo 70.

ART. 78.

Contra el auto del Juez suplente declarando haber lugar a la recusación, no se dará recurso alguno.

Contra el auto en que la denegare, habrá apelación para ante el Juez de instrucción.

ART. 79.

La apelación se interpondrá verbalmente en el acto de la comparecencia ante el mismo Juez municipal suplente, si éste resolviese en el momento.

Si para resolver utilizare el término de segundo día, se interpondrá la apelación en el acto mismo de la notificación siempre que sea personal, y si no dentro de las veinticuatro horas siguientes a ella. La apelación en este caso se interpondrá también verbalmente ante el Secretario del Juzgado y se hará constar por diligencia.

ART. 80.

Cuando no se apelase dentro de los términos señalados en el artículo anterior, el auto del Juez suplente será firme.

Interpuesta apelación en tiempo, se remitirán los antecedentes al Juez de instrucción respectivo con citación de las partes y a expensas del apelante.

ART. 81.

En el Juzgado de instrucción se dará cuenta inmediatamente por el Secretario, sin admitir escritos, y se citará a las partes a una comparecencia dentro del término de segundo día.

Los interesados o sus apoderados podrán hacer en ella verbalmente las observaciones que estimen, previa la venia del Juez de instrucción.

Éste pronunciará auto en el mismo día o en el siguiente, y contra lo que decida no habrá ulterior recurso.

Si el Juez instructor entendiese que el municipal suplente debió reponer el auto denegatorio de la prueba a que se refiere el párrafo segundo del artículo 76, lo declarará así, absteniéndose de pronunciar sobre el fondo, y mandará devolver las diligencias al Juzgado municipal de que procedan para que se practique la prueba propuesta y se dicte nuevo auto.

Serán aplicables a éste las disposiciones de los artículos 78 a 81.

ART. 82.

Cuando el auto sea confirmatorio, se condenará en costas al apelante.

ART. 83.

Declarada procedente la recusación por auto firme, entenderá el suplente en el juicio.

Declarada improcedente, el Juez recusado volverá a entender en el conocimiento de la falta.

Ver art. 22 LO 5/1995, de 22 de mayo, del Tribunal del Jurado y 227 LOPJ.

CAPÍTULO IV
De la recusación de los auxiliares de los Juzgados y Tribunales

ART. 84.

Los Secretarios de los Juzgados municipales, de los de instrucción, de las Audiencias y del Tribunal Supremo serán recusables.

Lo serán también los Oficiales de Sala.

Ver arts. 121 a 123 LEC; arts. 446 y 499.2 LOPJ.

ART. 85.

Son aplicables a los Secretarios y Oficiales de Sala las prescripciones de este título, con las modificaciones que establecen los artículos siguientes.

ART. 86.

Cuando los recusados fueren Auxiliares de los Juzgados de instrucción, de las Audiencias o del Tribunal Supremo, la pieza de recusación se instruirá por el Juez instructor respectivo o Magistrado más moderno, y se fallará por el mismo Juez o por el Tribunal correspondiente.

El Juez o Magistrado instructor podrá delegar la práctica de las diligencias que no pudiere ejecutar por sí mismo en el Juez municipal o en uno de los Jueces de instrucción de la respectiva circunscripción.

ART. 87.

Los Auxiliares recusados no podrán actuar en la causa en que lo fueren ni en la pieza de recusación, reemplazándoles aquellos a quienes correspondería si la recusación fuese admitida.

ART. 88.

En las recusaciones de Secretarios de Juzgados municipales instruirá y fallará la pieza de recusación el Juez municipal donde sólo hubiere uno.

Si hubiere dos, el del Juzgado a que no pertenezca el recusado, y si tres o más, el de mayor edad.

ART. 89.

Cuando se desestimare la recusación se condenará en costas al recusante.

ART. 90.

Cuando sea firme el auto en que se admita la recusación, quedará el recusado separado de toda intervención en la causa, continuando en su reemplazo el que le haya sustituido durante la sustanciación del incidente; y si fuere Secretario de Juzgado municipal o de instrucción, no percibirá derechos de ninguna clase desde que se hubiese solicitado la recusación o desde que, siéndole conocido el motivo alegado, no se separó del conocimiento del asunto.

ART. 91.

Cuando se desestimase la recusación por auto firme, volverá el Auxiliar recusado a ejercer sus funciones; y si fuese éste Secretario de Juzgado municipal o de instrucción, le abonará el recusante los derechos correspondientes a las actuaciones practicadas en la causa, haciendo igual abono al que haya sustituido al recusado.

ART. 92.

No podrán los Auxiliares ser recusados después de citadas las partes para sentencia, ni durante la práctica de alguna diligencia de que estuvieren encargados, ni después de comenzada la celebración del juicio oral.

ART. 93.

Es aplicable a los actuales Relatores y Escribanos de Cámara: 1.°, lo dispuesto en los artículos anteriores respecto a las recusaciones de los Secretarios de Sala, y 2.°, lo prevenido en los artículos 90 y 91 referente al abono de derechos.

CAPÍTULO V
De las excusas y recusaciones de los Asesores

Ver art. 454 de la LOPJ 6/1985, de 1 de julio, del Poder Judicial.

ART. 94.

Los Asesores de los Jueces municipales cuando éstos desempeñen accidentalmente funciones de Jueces de instrucción, se excusarán si concurrieren en ellos algunas de las causas enumeradas en el artículo 54 de esta Ley.

El mismo Juez municipal apreciará la excusa para admitirla o desestimarla. Si la desestimase, podrá el Asesor recurrir en queja a la respectiva Audiencia, y ésta, pidiendo informes y antecedentes, resolverá de plano sin ulterior recurso lo que crea procedente.

ART. 95.

Los que sean parte en una causa podrán recusar al Asesor por cualquiera de los motivos señalados en el artículo 54.

La recusación se hará por medio de escrito dirigido al Juez municipal.

Contra las decisiones del Juzgado municipal desestimando la recusación, procederá igualmente el recurso de queja ante la Audiencia respectiva.

CAPÍTULO VI
De la abstención del Ministerio fiscal

ART. 96.

Los representantes del Ministerio Fiscal no podrán ser recusados, pero se abstendrán de intervenir en los actos judiciales cuando concurra en ellos alguna de las causas señaladas en el artículo 54 de esta Ley.

Ver art. 28 EOMF.

ART. 97.

Si concurriese en el Fiscal del Tribunal Supremo o en los Fiscales de las Audiencias alguna de las causas por razón de las cuales deban abstenerse de conformidad con lo dispuesto en el artículo anterior, designarán para que los reemplacen al Teniente fiscal, y en su defecto a los Abogados fiscales por el orden de categoría y antigüedad.

Lo dispuesto en el párrafo anterior es aplicable a los Tenientes o Abogados fiscales cuando ejerzan las funciones de su jefe respectivo.

Ver arts. 22 y 28 EOMF.

ART. 98.

Los Tenientes y Abogados fiscales del Tribunal Supremo y de las Audiencias harán presente su excusa al superior respectivo, quien les relevará de intervenir en los actos judiciales y elegirá para sustituirles al que tenga por conveniente entre sus subordinados.

ART. 99.

Cuando los representantes del Ministerio Fiscal no se excusaren a pesar de comprenderles alguna de las causas expresadas en el artículo 54, podrán los que se consideren agraviados acudir en queja al superior inmediato.

Éste oirá al subordinado que hubiese sido objeto de la queja y, encontrándola fundada, decidirá su sustitución. Si no la encontrare fundada, podrá acordar que intervenga en el proceso. Contra esta determinación no se da recurso alguno.

Los Fiscales de las Audiencias territoriales decidirán las quejas que se les dirijan contra los Fiscales de las Audiencias de lo criminal.

Si fuere el Fiscal del Tribunal Supremo el que diera motivo a la queja, deberá ésta dirigirse al Ministro de Gracia y Justicia por conducto del Presidente del mismo Tribunal. El Ministro de Gracia y Justicia, oída la Sala de Gobierno del Tribunal Supremo si lo considera oportuno, resolverá lo que estime procedente.

TÍTULO IV
De las personas a quienes corresponde el ejercicio de las acciones que nacen de los delitos y faltas

ART. 100.

De todo delito o falta nace acción penal para el castigo del culpable, y puede nacer también acción civil para la restitución de la cosa, la reparación del daño y la indemnización de perjuicios causados por el hecho punible.

Ver arts. 24 CE, 14.1 PIDCP, 109 a 122 CP y 101 a 117 LECrim.

ART. 101.

La acción penal es pública.

Todos los ciudadanos españoles podrán ejercitarla con arreglo a las prescripciones de la Ley.

Ver arts. 24.1 y 125 CE, 19.1 y 23.1 y 2 LOPJ y 102 a 105, 270 y 271 LECrim.

ART. 102.

Sin embargo de lo dispuesto en el artículo anterior, no podrán ejercitar la acción penal:

1.º El que no goce de la plenitud de los derechos civiles.

2.º El que hubiera sido condenado dos veces por sentencia firme como reo del delito de denuncia o querella calumniosas.

3.º El Juez o Magistrado.

Los comprendidos en los números anteriores podrán, sin embargo, ejercitar la acción penal por delito o falta cometidos contra sus personas o bienes o contra las personas o bienes de sus cónyuges, ascendientes, descendientes, hermanos consanguíneos o uterinos y afines.

Los comprendidos en los números 2.º y 3.º podrán ejercitar también la acción penal por el delito o falta cometidos contra las personas o bienes de los que estuviesen bajo su guarda legal.

Ver arts. 456 CP y 101 y 270 LECrim.

ART. 103.

Tampoco podrán ejercitar acciones penales entre sí:

1.º Los cónyuges, a no ser por delito o falta cometidos por el uno contra la persona del otro o la de sus hijos, y por el delito de bigamia.

2.º Los ascendientes, descendientes y hermanos por naturaleza, por la adopción o por afinidad, a no ser por delito o falta cometidos por los unos contra las personas de los otros.

Ver arts. 217 a 219 y 268 CP.

Modificado por Ley Orgánica 14/1999, de 9 de junio, de modificación del Código Penal de 1995, en materia de protección a las víctimas de malos tratos y de la Ley de Enjuiciamiento Criminal. (BOE de 10/06/1999)

ART. 104.

Las acciones penales que nacen de los delitos de estupro, calumnia e injuria tampoco podrán ser ejercitadas por otras personas ni en manera distinta que las prescritas en los respectivos artículos del Código Penal.

Las faltas consistentes en el anuncio por medio de la imprenta de hechos falsos o relativos a la vida privada, con el que se perjudique u ofenda a particulares, y en injurias leves sólo podrán ser perseguidas por los ofendidos o por sus legítimos representantes.

Modificado por Ley Orgánica 14/1999, de 9 de junio, de modificación del Código Penal de 1995, en materia de protección a las víctimas de malos tratos y de la Ley de Enjuiciamiento Criminal. (BOE de 10/06/1999)

Ver arts. 130.4, 162, 191, 201, 215, 228, 267, 287, 296 y 456.2 CP y 105, 106 y 275 LECrim.

ART. 105.

1. Los funcionarios del Ministerio Fiscal tendrán la obligación de ejercitar, con arreglo a las disposiciones de la Ley, todas las acciones penales que consideren procedentes, haya o no acusador particular en las causas, menos aquellas que el Código Penal reserva exclusivamente a la querella privada.

2. En los delitos perseguibles a instancias de la persona agraviada también podrá denunciar el Ministerio Fiscal si aquélla fuere menor de edad, persona con discapacidad necesitada de especial protección o desvalida.

La ausencia de denuncia no impedirá la práctica de diligencias a prevención.

3. Sin perjuicio de lo establecido en los apartados anteriores, las entidades locales podrán ejercer la acción penal por los delitos de hurto previstos en el capítulo I del título XIII del libro II de la Ley Orgánica 10/1995, de 23 de noviembre, del Código Penal.

Apdo. 3 añadido por Ley Orgánica 1/2026, de 8 de abril, en materia de multirreincidencia, por la que se modifica la Ley Orgánica 10/1995, de 23 de noviembre, del Código Penal y la Ley de Enjuiciamiento Criminal, aprobada por Real Decreto de 14 de septiembre de 1882. (BOE de 09-04-2026). Modificaciones en vigor desde el 10 de abril de 2026.

Artículo anteriormente modificado por Ley Orgánica 1/2015, de 30 de marzo, por la que se modifica la Ley Orgánica 10/1995, de 23 de noviembre, del Código Penal. (BOE de 31/03/2015)

Ver arts. 3 a 5 EOMF.

ART. 106.

La acción penal por delito o falta que dé lugar al procedimiento de oficio no se extingue por la renuncia de la persona ofendida.

Pero se extinguen por esta causa las que nacen de delito o falta que no puedan ser perseguidos sino a instancia de parte, y las civiles, cualquiera que sea el delito o falta de que procedan.

Ver arts. 130, 191.2, 201.3, 215.3, 267 (párr. 2 y 3) y 296 CP y 107 a 109 y 112 LECrim.

ART. 107.

La renuncia de la acción civil o de la penal renunciable no perjudicará más que al renunciante; pudiendo continuar el ejercicio de la penal en el estado en que se halle la causa, o ejercitarla nuevamente los demás a quienes también correspondiere.

Ver arts. 106, 108, 109, 109 bis, 110 y 112 LECrim; arts. 166, 271 y 1810 CC; art. 3.4 EOMF.

ART. 108.

La acción civil ha de entablarse juntamente con la penal por el Ministerio Fiscal, haya o no en el proceso acusador particular; pero si el ofendido renunciare expresamente su derecho de restitución, reparación o indemnización, el Ministerio Fiscal se limitará a pedir el castigo de los culpables.

Ver arts. 3.4 EOMF y 105, 106, 773 y 969.2 LECrim.

ART. 109.

En el acto de recibirse declaración por el juez la persona ofendida o perjudicada, el letrado o letrada de la Administración de Justicia le instruirá del derecho que le asiste para mostrarse parte en el proceso y renunciar o no a la restitución de la cosa, reparación del daño e indemnización del perjuicio causado por el hecho punible. Asimismo, le informará de los derechos recogidos en la legislación vigente, pudiendo delegar esta función en personal especializado en la asistencia a víctimas.

Si fuera menor se practicará igual diligencia con su representante legal.

En los procesos en los que participen personas con discapacidad, se realizarán las adaptaciones y los ajustes que sean necesarios. Dichas adaptaciones podrán venir referidas a la comunicación, la comprensión y la interacción con el entorno. Se deberá garantizar que:

a) Todas las comunicaciones con las personas con discapacidad, orales o escritas, se realicen en un lenguaje claro, sencillo y accesible, de un modo que tenga en cuenta sus características personales y sus necesidades, haciendo uso de medios como la lectura fácil. Si fuera necesario, la comunicación también se hará a la persona que preste apoyo a la persona con discapacidad para el ejercicio de su capacidad jurídica.

b) Se facilite a la persona con discapacidad la asistencia o apoyos necesarios para que pueda hacerse entender, lo que incluirá la interpretación en las lenguas de signos reconocidas legalmente y los medios de apoyo a la comunicación oral de personas sordas, con discapacidad auditiva y sordociegas.

c) Se permita la participación de un profesional experto que a modo de facilitador realice tareas de adaptación y ajuste necesarias para que la persona con discapacidad pueda entender y ser entendida.

d) La persona con discapacidad pueda estar acompañada de una persona de su elección desde el primer contacto con las autoridades y funcionarios.

Fuera de los casos previstos en los dos párrafos anteriores, no se hará a los interesados en las acciones civiles o penales notificación alguna que prolongue o detenga el curso de la causa, lo cual no obsta para que el letrado o letrada de la Administración de Justicia procure instruir de aquel derecho al ofendido ausente.

En cualquier caso, en los procesos que se sigan por delitos comprendidos en el artículo 57 del Código Penal, el letrado o letrada de la Administración de Justicia asegurará la comunicación a la víctima de los actos procesales que puedan afectar a su seguridad.

Modificado por el Real Decreto-ley 6/2023, de 19 de diciembre, por el que se aprueban medidas urgentes para la ejecución del Plan de Recuperación, Transformación y Resiliencia en materia de servicio público de justicia, función pública, régimen local y mecenazgo. (BOE de 20/12/2023). En vigor desde el 20 de marzo de 2024.

Artículo anteriormente modificado por Ley 4/2015, de 27 de abril, del Estatuto de la víctima del delito. (BOE de 28/04/2015)

Ver arts. 109, 110, 119, 642, 761.2, 771.1ª y 776 LECrim; 25.2 LO 5/1995, de 22 de mayo, del Tribunal del Jurado; Ley 4/2015, de 27 de abril, del Estatuto de la víctima del delito; Ley 35/1995, de 11 de diciembre, desarrollada por RD 738/1997, de 23 de mayo; Circular 2/1998, de 27 de octubre, sobre ayudas públicas a las víctimas de delitos violentos y contra la libertad sexual.

ART. 109 bis.

1. Las víctimas del delito que no hubieran renunciado a su derecho podrán ejercer la acción penal en cualquier momento antes del trámite de calificación del delito, si bien ello no permitirá retrotraer ni reiterar las actuaciones ya practicadas antes de su personación. Si se personasen una vez transcurrido el término para formular escrito de acusación podrán ejercitar la acción penal hasta el inicio del juicio oral adhiriéndose al escrito de acusación formulado por el Ministerio Fiscal o del resto de las acusaciones personadas.

En el caso de muerte o desaparición de la víctima a consecuencia del delito, la acción penal podrá ser ejercida por su cónyuge no separado legalmente o de hecho y por los hijos de ésta o del cónyuge no separado legalmente o de hecho que en el momento de la muerte o desaparición de la víctima convivieran con ellos; por la persona que hasta el momento de la muerte o desaparición hubiera estado unida a ella por una análoga relación de afectividad y por los hijos de ésta que en el momento de la muerte o desaparición de la víctima convivieran con ella; por sus progenitores y parientes en línea recta o colateral dentro del tercer grado que se encontraren bajo su guarda, personas sujetas a su tutela o curatela o que se encontraren bajo su acogimiento familiar.

En caso de no existir los anteriores, podrá ser ejercida por los demás parientes en línea recta y por sus hermanos, con preferencia, entre ellos, del que ostentara la representación legal de la víctima.

2. El ejercicio de la acción penal por alguna de las personas legitimadas conforme a este artículo no impide su ejercicio posterior por cualquier otro de los legitimados. Cuando exista una pluralidad de víctimas, todas ellas podrán personarse independientemente con su propia representación. Sin embargo, en estos casos, cuando pueda verse afectado el buen orden del proceso o el derecho a un proceso sin dilaciones indebidas, el Juez o Tribunal, en resolución motivada y tras oír a todas las partes, podrá imponer que se agrupen en una o varias representaciones y que sean dirigidos por la misma o varias defensas, en razón de sus respectivos intereses.

3. La acción penal también podrá ser ejercitada por las asociaciones de víctimas y por las personas jurídicas a las que la ley reconoce legitimación para defender los derechos de las víctimas, siempre que ello fuera autorizado por la víctima del delito.

Cuando el delito o falta cometida tenga por finalidad impedir u obstaculizar a los miembros de las corporaciones locales el ejercicio de sus funciones públicas, podrá también personarse en la causa la Administración local en cuyo territorio se hubiere cometido el hecho punible.

Apdo. 1, primer párrafo, modificado por Ley Orgánica 8/2021, de 4 de junio, de protección integral a la infancia y la adolescencia frente a la violencia. (BOE de 05/06/2021)

Artículo añadido por Ley 4/2015, de 27 de abril, del Estatuto de la víctima del delito. (BOE de 28/04/2015)

Ver concordancias artículo anterior.

ART. 110.

Las personas perjudicadas por un delito que no hubieren renunciado a su derecho podrán mostrarse parte en la causa si lo hicieran antes del trámite de calificación del delito y ejercitar las acciones civiles que procedan, según les conviniere, sin que por ello se retroceda en el curso de las actuaciones. Si se personasen una vez transcurrido el término para formular escrito de acusación podrán ejercitar la acción penal hasta el inicio del juicio oral adhiriéndose al escrito de acusación formulado por el Ministerio Fiscal o del resto de las acusaciones personadas.

Aun cuando las personas perjudicadas no se muestren parte en la causa, no por esto se entiende que renuncian al derecho de restitución, reparación o indemnización que a su favor puede acordarse en sentencia firme, siendo necesario que la renuncia de este derecho se haga en su caso de una manera clara y terminante.

Modificado por Ley Orgánica 8/2021, de 4 de junio, de protección integral a la infancia y la adolescencia frente a la violencia. (BOE de 05/06/2021)

Artículo anteriormente modificado por Ley 4/2015, de 27 de abril, del Estatuto de la víctima del delito. (BOE de 28/04/2015)

Ver arts. 106, 107, 270, 761.2, 780.1 y 782.2 LECrim, 270 LOPJ, 27.4 LO 5/1995, de 22 de mayo, del Tribunal del Jurado.

ART. 111.

Las acciones que nacen de un delito o falta podrán ejercitarse junta o separadamente; pero mientras estuviese pendiente la acción penal no se ejercitará la civil con separación hasta que aquélla haya sido resuelta en sentencia firme, salvo siempre lo dispuesto en los arts. 4.º, 5.º y 6.º de este Código.

Ver arts. 10.2 LOPJ, 109.2 CP y 3 a 7, 114, 116, 117, 635 y 843 LECrim.

ART. 112.

Ejercitada sólo la acción penal, se entenderá utilizada también la civil, a no ser que el dañado o perjudicado la renunciase o la reservase expresamente para ejercitarla después de terminado el juicio criminal, si a ello hubiere lugar.

No obstante, aun cuando se hubiera previamente renunciado a la acción civil, si las consecuencias del delito son más graves de las que se preveían en el momento de la renuncia, o si la renuncia pudo estar condicionada por la relación de la víctima con alguna de las personas responsables del delito, se podrá revocar la renuncia al ejercicio de la acción civil por resolución judicial, a solicitud de la persona dañada o perjudicada y oídas las partes, siempre y cuando se formule antes del trámite de calificación del delito.

Si se ejercitase sólo la civil que nace de un delito de los que no pueden perseguirse sino en virtud de querella particular, se considerará extinguida desde luego la acción penal.

Segundo párrafo se añade y anterior párrafo segundo pasa a ser el tercero por Ley Orgánica 10/2022, de 6 de septiembre, de garantía integral de la libertad sexual. (BOE de 07/09/2022). Modificaciones en vigor desde el 7 de octubre de 2022.

Ver arts. 109.2 CP y 106 a 110 LECrim.

ART. 113.

Podrán ejercitarse expresamente las dos acciones por una misma persona o por varias; pero siempre que sean dos o más las personas por quienes se utilicen las acciones derivadas de un delito o falta lo verificarán en un solo proceso y, si fuere posible, bajo una misma dirección y representación, a juicio del Tribunal.

Ver art. 24 CE

ART. 114.

Promovido juicio criminal en averiguación de un delito o falta, no podrá seguirse pleito sobre el mismo hecho; suspendiéndole si le hubiese, en el estado en que se hallare, hasta que recaiga sentencia firme en la causa criminal.

No será necesario para el ejercicio de la acción penal que haya precedido el de la civil originada del mismo delito o falta.

Lo dispuesto en este artículo se entiende sin perjuicio de lo establecido en el capítulo II, título I de este libro, respecto a las cuestiones prejudiciales.

Ver arts. 10 LOPJ, 3 a 7 LECrim y 4 LJCA.

ART. 115.

La acción penal se extingue por la muerte del culpable; pero en este caso subsiste la civil contra sus herederos y causahabientes, que sólo podrá ejercitarse ante la jurisdicción y por la vía de lo civil.

Ver arts 130.1 CP y 661 CC.

ART. 116.

La extinción de la acción penal no lleva consigo la de la civil, a no ser que la extinción proceda de haberse declarado por sentencia firme que no existió el hecho de que la civil hubiese podido nacer.

En los demás casos, la persona a quien corresponda la acción civil podrá ejercitarla, ante la jurisdicción y por la vía de lo civil que proceda, contra quien estuviere obligado a la restitución de la cosa, reparación del daño o indemnización del perjuicio sufrido.

Ver arts. 20, 109.2, 118 y 130 CP, 114 y 115 LECrim y 1903 CC.

ART. 117.

La extinción de la acción civil tampoco lleva consigo la de la penal que nazca del mismo delito o falta.

La sentencia firme absolutoria dictada en el pleito promovido por el ejercicio de la acción civil, no será obstáculo para el ejercicio de la acción penal correspondiente.

Lo dispuesto en este artículo se entiende sin perjuicio de lo que establece el capítulo II del título I de este libro y los artículos 106, 107, 110 y párrafo segundo del 112.

Ver arts. 130 CP, 3 a 7, 106, 107, 110 y 112 LECrim.

TÍTULO V
Del derecho a la defensa, a la asistencia jurídica gratuita y a la traducción e interpretación en los juicios criminales

Rúbrica modificada por LO 5/2015, de 27 de abril, por la que se modifican la LECrim y la LOPJ, para transponer la Directivas 2010/64/UE, relativa al derecho a interpretación y a traducción en los procesos penales y la Directiva 2012/13/UE, relativa al derecho a la información en los procesos penales.

CAPÍTULO I
Del derecho a la defensa y a la asistencia jurídica gratuita

Capítulo añadido por LO 5/2015, de 27 de abril, por la que se modifican la LECrim y la LOPJ, para transponer la Directivas 2010/64/UE, relativa al derecho a interpretación y a traducción en los procesos penales y la Directiva 2012/13/UE, relativa al derecho a la información en los procesos penales.

ART. 118.

1. Toda persona a quien se atribuya un hecho punible podrá ejercitar el derecho de defensa, interviniendo en las actuaciones, desde que se le comunique su existencia, haya sido objeto do detención o de cualquier otra medida cautelar o se haya acordado su procesamiento, a cuyo efecto se le instruirá, sin demora injustificada, de los siguientes derechos:

a) Derecho a ser informado de los hechos que se le atribuyan, así como de cualquier cambio relevante en el objeto de la investigación y de los hechos imputados. Esta información será facilitada con el grado de detalle suficiente para permitir el ejercicio efectivo del derecho de defensa.

b) Derecho a examinar las actuaciones con la debida antelación para salvaguardar el derecho de defensa y en todo caso, con anterioridad a que se le tome declaración.

c) Derecho a actuar en el proceso penal para ejercer su derecho de defensa de acuerdo con lo dispuesto en la ley.

d) Derecho a designar libremente abogado, sin perjuicio de lo dispuesto en el apartado 1 a) del artículo 527.

e) Derecho a solicitar asistencia jurídica gratuita, procedimiento para hacerlo y condiciones para obtenerla.

f) Derecho a la traducción e interpretación gratuitas de conformidad con lo dispuesto en los artículos 123 y 127.

g) Derecho a guardar silencio y a no prestar declaración si no desea hacerlo, y a no contestar a alguna o algunas de las preguntas que se le formulen.

h) Derecho a no declarar contra sí mismo y a no confesarse culpable.

La información a que se refiere este apartado se facilitará en un lenguaje comprensible y que resulte accesible. A estos efectos se adaptará la información a la edad del destinatario, su grado de madurez, discapacidad y cualquier otra circunstancia personal de la que pueda derivar una modificación de la capacidad para entender el alcance de la información que se le facilita.

2. El derecho de defensa se ejercerá sin más limitaciones que las expresamente previstas en la ley desde la atribución del hecho punible investigado hasta la extinción de la pena.

El derecho de defensa comprende la asistencia letrada de un abogado de libre designación o, en su defecto, de un abogado de oficio, con el que podrá comunicarse y entrevistarse reservadamente, incluso antes de que se le reciba declaración por la policía, el fiscal o la autoridad judicial, sin perjuicio de lo dispuesto en el artículo 527 y que estará presente en todas sus declaraciones así como en las diligencias de reconocimiento, careos y reconstrucción de hechos.

3. Para actuar en el proceso, las personas investigadas deberán ser representadas por procurador y defendidas por abogado, designándoseles de oficio cuando no los hubiesen nombrado por sí mismos y lo solicitaren, y en todo caso, cuando no tuvieran aptitud legal para hacerlo.

Si no hubiesen designado procurador o abogado, se les requerirá para que lo hagan o se les nombrará de oficio si, requeridos, no los nombrasen, cuando la causa llegue a estado en que se necesite el consejo de aquéllos o haya de intentar algún recurso que hiciese indispensable su actuación.

4. Todas las comunicaciones entre el investigado o encausado y su abogado tendrán carácter confidencial.

Si estas conversaciones o comunicaciones hubieran sido captadas o intervenidas durante la ejecución de alguna de las diligencias reguladas en esta ley, el juez ordenará la eliminación de la grabación o la entrega al destinatario de la correspondencia detenida, dejando constancia de estas circunstancias en las actuaciones.

Lo dispuesto en el párrafo primero no será de aplicación cuando se constate la existencia de indicios objetivos de la participación del abogado en el hecho delictivo investigado o de su implicación junto con el investigado o encausado en la comisión de otra infracción penal, sin perjuicio de lo dispuesto en la Ley General Penitenciaria.

5. La admisión de denuncia o querella, y cualquier actuación procesal de la que resulte la imputación de un delito contra persona o personas determinadas, serán puestas inmediatamente en conocimiento de los presuntamente responsables.

Modificado por Ley Orgánica 13/2015, de 5 de octubre, de modificación de la Ley de Enjuiciamiento Criminal para el fortalecimiento de las garantías procesales y la regulación de las medidas de investigación tecnológica. (BOE de 06/10/2015)

Ver arts. 17.3 y 24 CE; 302, 520, 520 bis y 527 LECrim; 20 LOPJ.

ART. 118 bis.

Del mismo modo que en el artículo anterior se procederá cuando se impute un acto punible contra un Diputado o Senador, los cuales podrán ejercitar su derecho de defensa en los términos previstos en el artículo anterior, y todo ello sin perjuicio de lo previsto en el artículo 71.2 y 3 de la Constitución española.

Artículo añadido por Ley Orgánica 7/2002, de 5 de julio, de reforma parcial de la Ley de Enjuiciamiento Criminal. (BOE de 06/07/2002)

Ver arts. 118 CE; 750 a 756 LECrim y 20 LOPJ.

ART. 119.

1. Cuando de acuerdo con lo dispuesto en el artículo 118 de esta Ley, haya de procederse a la imputación de una persona jurídica, se practicará con ésta la comparecencia prevista en el artículo 775, con las siguientes particularidades:

a) La citación se hará en el domicilio social de la persona jurídica, requiriendo a la entidad que proceda a la designación de un representante, así como Abogado y Procurador para ese procedimiento, con la advertencia de que, en caso de no hacerlo, se procederá a la designación de oficio de estos dos últimos. La falta de designación del representante no impedirá la sustanciación del procedimiento con el Abogado y Procurador designado.

b) La comparecencia se practicará con el representante especialmente designado de la persona jurídica imputada acompañada del Abogado de la misma. La inasistencia al acto de dicho representante determinará la práctica del mismo con el Abogado de la entidad.

c) El Juez informará al representante de la persona jurídica imputada o, en su caso, al Abogado, de los hechos que se imputan a ésta. Esta información se facilitará por escrito o mediante entrega de una copia de la denuncia o querella presentada.

d) La designación del Procurador sustituirá a la indicación del domicilio a efectos de notificaciones, practicándose con el Procurador designado todos los actos de comunicación posteriores, incluidos aquellos a los que esta Ley asigna carácter personal. Si el Procurador ha sido nombrado de oficio se comunicará su identidad a la persona jurídica imputada.

> *Artículo añadido por Ley 37/2011, de 10 de octubre, de medidas de agilización procesal. (BOE de 11/10/2011)*
>
> *Ver arts. 31 bis a 31 quinquies CP; Circular 1/2016, de la FGE, sobre la responsabilidad penal de las personas jurídicas tras la reforma del Código Penal.*

ART. 120.

1. Las disposiciones de esta Ley que requieren o autorizan la presencia del investigado en la práctica de diligencias de investigación o de prueba anticipada se entenderán siempre referidas al representante especialmente designado por la entidad, que podrá asistir acompañado del letrado encargado de la defensa de ésta.

2. La incomparecencia de la persona especialmente designada no impedirá la celebración del acto de investigación o de prueba anticipada que se sustanciará con el Abogado defensor.

> *Modificado por Ley Orgánica 13/2015, de 5 de octubre, de modificación de la Ley de Enjuiciamiento Criminal para el fortalecimiento de las garantías procesales y la regulación de las medidas de investigación tecnológica. (BOE de 06/10/2015)*
>
> *Artículo añadido por Ley 37/2011, de 10 de octubre, de medidas de agilización procesal. (BOE de 11/10/2011)*

ART. 121.

Todos los que sean parte en una causa, si no se les hubiere reconocido el derecho a la asistencia jurídica gratuita, tendrán obligación de satisfacer los derechos de los procuradores que les representen, los honorarios de los abogados que les defiendan, los de los peritos que informen a su instancia y las indemnizaciones de los testigos que presentaren, cuando los peritos y testigos, al declarar, hubiesen formulado su reclamación y el Juez o Tribunal la estimaren.

Ni durante la causa ni después de terminada tendrán la obligación de satisfacer las demás costas procesales, a no ser que a ello fueren condenados.

Los que tuvieren reconocido el derecho a la asistencia jurídica gratuita, podrán valerse de abogado y procurador de su elección; pero en este caso estarán obligados a abonarles sus honorarios y derechos, como se dispone respecto de los que no tengan reconocido dicho derecho, salvo que los profesionales de libre elección renunciaran a la percepción de honorarios o derechos en los términos previstos en el artículo 27 de la Ley de Asistencia Jurídica Gratuita.

> *Párrafo tercero suprimido por Ley 13/2009, de 3 de noviembre, de reforma de la legislación procesal para la implantación de la nueva Oficina judicial. (BOE de 04/11/2009)*
>
> *Ver arts. 17.1 LOPJ; 123, 124 y 126 CP; 44, 239 a 246, 465, 722, 857, 866, 870, 875, 878, 890 y 901 LECrim; 27, 29, 32, 33, 34, 35 LEC; Ley 1/1996, de 10 de enero, de asistencia jurídica gratuita.*

ART. 122.

Se usará papel de oficio en los juicios sobre faltas y en las causas criminales, sin perjuicio del correspondiente reintegro si hubiere condenación de costas.

CAPÍTULO II
Del derecho a la traducción e interpretación

Capítulo añadido por LO 5/2015, de 27 de abril, por la que se modifican la LECrim y la LOPJ, para transponer la Directiva 2010/64/UE relativa al derecho a interpretación y a traducción en los procesos penales y la Directiva 2012/13/UE relativa al derecho a la información en los procesos penales.

ART. 123.

1. Los imputados o acusados que no hablen o entiendan el castellano o la lengua oficial en la que se desarrolle la actuación tendrán los siguientes derechos:

a) Derecho a ser asistidos por un intérprete que utilice una lengua que comprenda durante todas las actuaciones en que sea necesaria su presencia, incluyendo el interrogatorio policial o por el Ministerio Fiscal y todas las vistas judiciales.

b) Derecho a servirse de intérprete en las conversaciones que mantenga con su Abogado y que tengan relación directa con su posterior interrogatorio o toma de declaración, o que resulten necesarias para la presentación de un recurso o para otras solicitudes procesales.

c) Derecho a la interpretación de todas las actuaciones del juicio oral.

d) Derecho a la traducción escrita de los documentos que resulten esenciales para garantizar el ejercicio del derecho a la defensa. Deberán ser traducidos, en todo caso, las resoluciones que acuerden la prisión del imputado, el escrito de acusación y la sentencia.

e) Derecho a presentar una solicitud motivada para que se considere esencial un documento.

Los gastos de traducción e interpretación derivados del ejercicio de estos derechos serán sufragados por la Administración, con independencia del resultado del proceso.

2. En el caso de que no pueda disponerse del servicio de interpretación simultánea, la interpretación de las actuaciones del juicio oral a que se refiere la letra c) del apartado anterior se realizará mediante una interpretación consecutiva de modo que se garantice suficientemente la defensa del imputado o acusado.

3. En el caso de la letra d) del apartado 1, podrá prescindirse de la traducción de los pasajes de los documentos esenciales que, a criterio del Juez, Tribunal o funcionario competente, no resulten necesarios para que el imputado o acusado conozca los hechos que se le imputan.

Excepcionalmente, la traducción escrita de documentos podrá ser sustituida por un resumen oral de su contenido en una lengua que comprenda, cuando de este modo también se garantice suficientemente la defensa del imputado o acusado.

4. La traducción se deberá llevar a cabo en un plazo razonable y desde que se acuerde por parte del Tribunal o Juez o del Ministerio Fiscal quedarán en suspenso los plazos procesales que sean de aplicación.

5. La asistencia del intérprete se podrá prestar por medio de videoconferencia o cualquier medio de telecomunicación, salvo que el Tribunal o Juez o el Fiscal, de oficio o a instancia del interesado o de su defensa, acuerde la presencia física del intérprete para salvaguardar los derechos del imputado o acusado.

6. Las interpretaciones orales o en lengua de signos, con excepción de las previstas en la letra b) del apartado 1, podrán ser documentadas mediante la grabación audiovisual de la manifestación original y de la interpretación. En los casos de traducción oral o en lengua de signos del contenido de un documento, se unirá al acta copia del documento traducido y la grabación audiovisual de la traducción. Si no se dispusiera de equipos de grabación, o no se estimare conveniente ni necesario, la traducción o interpretación y, en su caso, la declaración original, se documentarán por escrito.

Artículo añadido por Ley Orgánica 5/2015, de 27 de abril, por la que se modifican la LECrim y la LOPJ, para transponer la Directivas 2010/64/UE, relativa al derecho a interpretación y a traducción en los procesos penales y la Directiva 2012/13/UE, relativa al derecho a la información en los procesos penales. (BOE de 28/04/2015)

ART. 124.

1. El traductor o intérprete judicial será designado de entre aquellos que se hallen incluidos en los listados elaborados por la Administración competente. Excepcionalmente, en aquellos supuestos que requieran la presencia urgente de un traductor o de un intérprete, y no sea posible la intervención de un traductor o intérprete judicial inscrito en las listas elaboradas por la Administración, en su caso, conforme a lo dispuesto en el apartado 5 del artículo anterior, se podrá habilitar como intérprete o traductor judicial eventual a otra persona conocedora del idioma empleado que se estime capacitado para el desempeño de dicha tarea.

2. El intérprete o traductor designado deberá respetar el carácter confidencial del servicio prestado.

3. Cuando el Tribunal, el Juez o el Ministerio Fiscal, de oficio o a instancia de parte, aprecie que la traducción o interpretación no ofrecen garantías suficientes de exactitud, podrá ordenar la realización de las comprobaciones necesarias y, en su caso, ordenar la designación de un nuevo traductor o intérprete. En este sentido, las personas sordas o con discapacidad auditiva que aprecien que la interpretación no ofrece garantías suficientes de exactitud, podrán solicitar la designación de un nuevo intérprete.

Artículo añadido por Ley Orgánica 5/2015, de 27 de abril, por la que se modifican la LECrim y la LOPJ, para transponer la Directivas 2010/64/UE, relativa al derecho a interpretación y a traducción en los procesos penales y la Directiva 2012/13/UE, relativa al derecho a la información en los procesos penales. (BOE de 28/04/2015)

ART. 125.

1. Cuando se pongan de manifiesto circunstancias de las que pueda derivarse la necesidad de la asistencia de un intérprete o traductor, el Presidente del Tribunal o el Juez, de oficio o a instancia del Abogado del imputado o acusado, comprobará si éste conoce y comprende suficientemente la lengua oficial en la que se desarrolle la actuación y, en su caso, ordenará que se nombre un intérprete o un traductor conforme a lo dispuesto en el artículo anterior y determinará qué documentos deben ser traducidos.

2. La decisión del Juez o Tribunal por la que se deniegue el derecho a la interpretación o a la traducción de algún documento o pasaje del mismo que la defensa considere esencial, o por la que se rechacen las quejas de la defensa con relación a la falta de calidad de la interpretación o de la traducción, será documentada por escrito.

Si la decisión hubiera sido adoptada durante el juicio oral, la defensa del imputado o acusado podrá hacer constar en el acta su protesta.

Contra estas decisiones judiciales podrá interponerse recurso de conformidad con lo dispuesto en esta Ley.

Artículo añadido por Ley Orgánica 5/2015, de 27 de abril, por la que se modifican la LECrim y la LOPJ, para transponer la Directivas 2010/64/UE, relativa al derecho a interpretación y a traducción en los procesos penales y la Directiva 2012/13/UE, relativa al derecho a la información en los procesos penales. (BOE de 28/04/2015)

ART. 126.

La renuncia a los derechos a que se refiere el artículo 123 deberá ser expresa y libre, y solamente será válida si se produce después de que el imputado o acusado haya recibido un asesoramiento jurídico suficiente y accesible que le permita tener conocimiento de las consecuencias de su renuncia. En todo caso, los derechos a los que se refieren las letras a) y c) del apartado 1 del artículo 123 no podrán ser renunciados.

Artículo añadido por Ley Orgánica 5/2015, de 27 de abril, por la que se modifican la LECrim y la LOPJ, para transponer la Directivas 2010/64/UE, relativa al derecho a interpretación y a traducción en los procesos penales y la Directiva 2012/13/UE, relativa al derecho a la información en los procesos penales. (BOE de 28/04/2015)

ART. 127.

Las disposiciones contenidas en los artículos precedentes son igualmente aplicables a las personas con discapacidad sensorial, que podrán contar con medios de apoyo a la comunicación oral.

Artículo añadido por Ley Orgánica 5/2015, de 27 de abril, por la que se modifican la LECrim y la LOPJ, para transponer la Directivas 2010/64/UE, relativa al derecho a interpretación y a traducción en los procesos penales y la Directiva 2012/13/UE, relativa al derecho a la información en los procesos penales. (BOE de 28/04/2015)

ARTS. 128 a 140.

(DEROGADOS)

Artículos derogados por Ley 1/1996, de 10 de enero, de asistencia jurídica gratuita. (BOE de 12/01/1996)

TÍTULO VI
De la forma de dictar resoluciones y del modo de dirimir las discordias

CAPÍTULO I
De las resoluciones procesales

ART. 141.

Las resoluciones de carácter judicial que dicten los Juzgados y Tribunales se denominarán:

Providencias, cuando resuelvan cuestiones procesales reservadas al Juez y que no requieran legalmente la forma de auto.

Autos, cuando decidan incidentes o puntos esenciales que afecten de una manera directa a los investigados o encausados, responsables civiles, acusadores particulares o actores civiles; cuando decidan la competencia del Juzgado o Tribunal, la procedencia o improcedencia de la recusación, cuando decidan recursos contra providencias o decretos, la prisión o libertad provisional, la admisión o denegación de prueba o del derecho de justicia gratuita o afecten a un derecho fundamental y, finalmente, los demás que según las Leyes deben fundarse.

Sentencias, cuando decidan definitivamente la cuestión criminal.

Sentencias firmes, cuando no quepa contra ellas recurso alguno ordinario ni extraordinario, salvo los de revisión y rehabilitación.

Llámase ejecutoria el documento público y solemne en que se consigna una sentencia firme.

La fórmula de las providencias se limitará a la determinación de lo mandado y del Juez o Tribunal que las disponga, sin más fundamento ni adiciones que la fecha en que se acuerde, la firma o rúbrica del Juez o del Presidente y la firma del Secretario judicial. No obstante, podrán ser sucintamente motivadas sin sujeción a requisito alguno cuando se estime conveniente.

Los autos serán siempre fundados y contendrán en párrafos separados y numerados los antecedentes de hecho y los fundamentos de derecho y, por último, la parte dispositiva. Serán firmados por el Juez, Magistrado o Magistrados que los dicten.

Todas las resoluciones incluirán la mención del lugar y fecha en que se adopten, y si la misma es firme o si cabe algún recurso contra ella, con expresión, en este último caso, del recurso que proceda, del órgano ante el que debe interponerse y del plazo para recurrir.

Modificado por Ley Orgánica 13/2015, de 5 de octubre, de modificación de la Ley de Enjuiciamiento Criminal para el fortalecimiento de las garantías procesales y la regulación de las medidas de investigación tecnológica. (BOE de 06/10/2015)

Modificado por Ley 13/2009, de 3 de noviembre, de reforma de la legislación procesal para la implantación de la nueva Oficina judicial. (BOE de 04/11/2009)

Ver arts. 244 a 248 LOPJ; 206 y sigs. LEC.

ART. 142.

Las sentencias se redactarán con sujeción a las reglas siguientes.

1.ª Se principiarán expresando: El lugar y la fecha en que se dictaren, los hechos que hubieren dado lugar a la formación de la causa, los nombres y apellidos de los actores particulares, si los hubiere, y de los procesados, los sobrenombres o apodos con que sean conocidos, su edad, estado, naturaleza, domicilio, oficio o profesión, y, en su defecto, todas las demás circunstancias con que hubieren figurado en la causa, y además el nombre y apellido del Magistrado ponente.

2.ª Se consignarán en Resultandos numerados los hechos que estuvieren enlazados con las cuestiones que hayan de resolverse en el fallo, haciendo declaración expresa y terminante de los que se estimen probados.

3.ª Se consignarán las conclusiones definitivas de la acusación y de la defensa y la que, en su caso, hubiese propuesto el Tribunal, en virtud de lo dispuesto en el art. 733.

4.ª Se consignarán también en párrafos numerados, que empezarán con la palabra Considerando:

Primero. Los fundamentos doctrinales y legales de la calificación de los hechos que se hubiesen estimado probados.

Segundo. Los fundamentos doctrinales y legales determinantes de la participación que en los referidos hechos hubiese tenido cada uno de los procesados.

Tercero. Los fundamentos doctrinales y legales de la calificación de las circunstancias atenuantes, agravantes o eximentes de responsabilidad criminal, en caso de haber concurrido.

Cuarto. Los fundamentos doctrinales y legales de la calificación de los hechos que se hubiesen estimado probados con relación a la responsabilidad civil en que hubiesen incurrido los procesados o las personas sujetas a ella a quienes se hubiere oído en la causa, y los correspondientes a las resoluciones que hubieren de dictarse sobre costas, y, en su caso, a la declaración de querella calumniosa.

Quinto. La cita de las disposiciones legales que se consideren aplicables, pronunciándose por último el fallo, en el que se condenará o absolverá no sólo por el delito principal y sus conexos, sino también por las faltas incidentales de que se hubiere conocido en la causa, reputándose faltas incidentales las que los procesados hubiesen cometido antes, al tiempo o después del delito como medio de perpetrarlo o encubrirlo.

También se resolverán en la sentencia todas las cuestiones referentes a la responsabilidad civil que hubieren sido objeto del juicio, y se declarará calumniosa la querella cuando procediere.

> *Ver arts. 248.3 LOPJ; 67, 68 y 70 LO 5/1995, de 22 de mayo, del Tribunal del Jurado.*

ART. 143.

Las ejecutorias se encabezarán en nombre del Rey.

> *Ver art. 245.4 LOPJ.*

ART. 144.

La absolución se entenderá libre en todos los casos.

ART. 144 bis.

Las resoluciones de los Secretarios judiciales se denominarán diligencias y decretos.

Salvo que la Ley disponga otra cosa, se dictará diligencia de ordenación cuando la resolución tenga por objeto dar a los autos el curso que la Ley establezca. Se dictarán diligencias de constancia, comunicación o ejecución a efectos de reflejar en autos hechos o actos con trascendencia procesal.

Se llamará decreto a la resolución que dicte el Secretario judicial cuando sea preciso o conveniente razonar su decisión.

Las diligencias se limitarán a la expresión de lo que se disponga, el lugar, la fecha y el nombre y la firma del Secretario judicial que las dicte. Las diligencias de ordenación incluirán además una sucinta motivación cuando así lo disponga la Ley o cuando el Secretario judicial lo estime conveniente.

Los decretos serán siempre motivados y contendrán, en párrafos separados y numerados, los antecedentes de hecho y los fundamentos de derecho en los que se base la subsiguiente parte dispositiva. Expresarán el lugar, la fecha y el nombre del Secretario judicial que los dicte, con extensión de su firma.

Todas las resoluciones del Secretario judicial incluirán la mención de si son firmes o si cabe algún recurso contra ellas, con expresión, en este último caso, del recurso que proceda, del órgano ante el que debe interponerse y del plazo para recurrir.

Artículo añadido por Ley 13/2009, de 3 de noviembre, de reforma de la legislación procesal para la implantación de la nueva Oficina judicial. (BOE de 04/11/2009)

ART. 145.

Para dictar autos en los asuntos de que conozca el Tribunal Supremo bastarán tres Magistrados y para el dictado de sentencias serán necesarios siete, salvo que la Ley disponga otra cosa.

Para dictar autos y sentencias en las Audiencias Provinciales, la Audiencia Nacional y los Tribunales Superiores de Justicia bastarán tres Magistrados.

Cuando no asistieren Magistrados en número suficiente para constituir Sala, se estará a lo dispuesto en la Ley Orgánica del Poder Judicial.

Para dictar providencias en unos y otros Tribunales, bastarán dos Magistrados, si estuviesen conformes.

Modificado por Ley 13/2009, de 3 de noviembre, de reforma de la legislación procesal para la implantación de la nueva Oficina judicial. (BOE de 04/11/2009)

Ver arts. 196 a 199 LOPJ.

ART. 146.

En cada causa habrá un Magistrado ponente.

Turnarán en este cargo los Magistrados del Tribunal, a excepción del que le presida.

Cuando los Tribunales o Salas se compongan sólo de un Presidente con dos Magistrados, turnará también el primero en las Ponencias, correspondiéndole una de cinco.

Ver arts. 203 y 204 LOPJ.

ART. 147.

Corresponderá a los Ponentes:

1.º Informar al Tribunal sobre las solicitudes de las partes.

2.º Examinar todo lo referente a las pruebas que se propongan e informar al Tribunal acerca de su procedencia o improcedencia.

3.º Recibir las declaraciones de los testigos y practicar cualesquiera diligencias de prueba, cuando según la Ley no deban o puedan practicarse ante el Tribunal que las ordena, o se hagan fuera del pueblo en que éste se halle constituido y no se dé comisión a los Jueces de instrucción o municipales para que las practiquen.

4.º Proponer los autos o sentencias que hayan de someterse a discusión del Tribunal y redactarlos definitivamente en los términos que se acuerden.

Cuando el Ponente no se conformase con el voto de la mayoría, se encargará otro Magistrado de la redacción de la sentencia; pero en este caso estará aquél obligado a formular voto particular.

5.º Leer en audiencia pública la sentencia.

Ver arts. 203 a 206 LOPJ.

ART. 148.

Si por cualquier circunstancia no pudiere fallarse alguna causa en el día correspondiente, esto no será obstáculo a que se decidan o sentencien otras que hayan sido vistas con posterioridad, sin que por ello se altere el orden más que en lo absolutamente indispensable.

ART. 149.

Inmediatamente después de celebrado el juicio oral o en el siguiente día, antes de las horas de despacho, el Tribunal discutirá y votará todas las cuestiones de hecho y de derecho que hayan sido objeto del juicio. La sentencia que resulte aprobada se redactará y firmará dentro del término señalado en el artículo 203.

Ver arts. 249, 250 y 253 LOPJ; 182 y 196 LEC.

ART. 150.

La discusión y votación de las sentencias se verificará en todos los Tribunales a puerta cerrada y antes o después de las horas señaladas para el despacho ordinario.

Ver arts. 233 LOPJ; y 197 LEC.

ART. 151.

Discutida la sentencia propuesta por el Ponente votará éste primero, y después de él los demás Magistrados, por orden inverso de su antigüedad.

Ver arts. 254 LOPJ; y 198 LEC.

ART. 152.

Cuando la importancia de la discusión lo exija, deberá el que presida hacer un breve resumen de ella, antes de la votación.

Ver arts. 249 y sigs. LOPJ.

ART. 153.

Las providencias, los autos y las sentencias se dictarán por mayoría absoluta de votos, excepto en los casos en que la Ley exigiese expresamente mayor número.

Ver arts. 255 LOPJ; 889 LECrim.

ART. 154.

Si después de la vista y antes de la votación algún Magistrado se imposibilitare y no pudiere asistir al acto, dará su voto fundado y firmado y lo remitirá directamente al Presidente. Si no pudiere escribir ni firmar, se valdrá del Secretario.

El voto así emitido se conservará rubricado por el que presida en el libro de sentencias.

Cuando el Magistrado no pudiere votar ni aun de este modo, se votará la causa por los no impedidos que hubiesen asistido a la vista y, si hubiere los necesarios para formar mayoría, éstos dictarán sentencia.

Cuando no resulte mayoría, se estará a lo que la Ley ordena respecto de las discordias.

Ver arts. 257, 258 y 262 LOPJ; y 199 a 202 LEC.

ART. 155.

Cuando fuere trasladado, jubilado, separado o suspenso algún Magistrado, votará las causas a cuya vista hubiere asistido y que aún no se hubiesen fallado.

Ver arts. 256 LOPJ; y 199 LEC.

ART. 156.

Comenzada la votación de una sentencia, no podrá interrumpirse sino por algún impedimento insuperable.

Todo el que tome parte en la votación de una providencia, auto o sentencia firmará lo acordado, aunque hubiese disentido de la mayoría; pero podrá en este caso salvar su voto, que se insertará con su firma al pie en el libro de votos reservados, dentro de las veinticuatro horas siguientes.

Ver arts. 260 LOPJ; y 205 LEC.

ART. 157.

En las certificaciones o testimonios de sentencias que expidieren los Tribunales no se insertarán los votos reservados; pero se remitirán al Tribunal Supremo y se harán públicos cuando se interponga y admita el recurso de casación.

ART. 158.

Las sentencias se firmarán por todos los Magistrados no impedidos.

Ver art. 259 LOPJ; 204 LEC.

ART. 159.

En cada Juzgado o Tribunal, bajo la responsabilidad y custodia del Secretario judicial, se llevará un libro de sentencias, en el cual se incluirán firmadas todas las definitivas, autos de igual carácter, así como los votos particulares que se hubieren formulado, que serán ordenados correlativamente según su fecha de publicación.

Modificado por Ley 13/2009, de 3 de noviembre, de reforma de la legislación procesal para la implantación de la nueva Oficina judicial. (BOE de 04/11/2009)

Ver arts. 265 y 266 LOPJ.

ART. 160.

Las sentencias definitivas se leerán y notificarán a las partes y a sus Procuradores en todo juicio oral el mismo día en que se firmen, o a lo más en el siguiente.

Si por cualquier circunstancia o accidente no se encontrare a las partes al ir a hacerles la notificación, se hará constar por diligencia y bastará en tal caso con la notificación hecha a sus Procuradores.

Los autos que resuelvan incidentes se notificarán únicamente a los Procuradores.

Cuando la instrucción de la causa hubiera correspondido a un Juzgado de Violencia sobre la Mujer la sentencia será remitida al mismo por testimonio de forma inmediata, con indicación de si la misma es o no firme.

Se añade el último párrafo por Ley Orgánica 1/2004, de 28 de diciembre, de Medidas de Protección Integral contra la Violencia de Genero. (BOE de 29/12/2004)

Ver arts. 186, 205 y 270 LOPJ.

ART. 161.

Los Tribunales no podrán variar las resoluciones que pronuncien después de firmadas, pero sí aclarar algún concepto oscuro y rectificar cualquier error material de que adolezcan.

Las aclaraciones a que se refiere el párrafo anterior podrán hacerse de oficio, por el Tribunal o Secretario judicial, según corresponda, dentro de los dos días hábiles siguientes al de la publicación de la resolución, o a petición de parte o del Ministerio Fiscal formulada dentro del mismo plazo, siendo en este caso resuelta por quien hubiera dictado la resolución de que se trate dentro de los tres días siguientes al de la presentación del escrito en que se solicite la aclaración.

Los errores materiales manifiestos y los aritméticos en que incurran las resoluciones de los Tribunales y Secretarios judiciales podrán ser rectificados en cualquier momento.

Las omisiones o defectos de que pudieren adolecer sentencias y autos y que fuere necesario remediar para llevar plenamente a efecto dichas resoluciones, podrán ser subsanados, mediante auto, en los mismos plazos y por el mismo procedimiento establecidos en los párrafos anteriores.

Si se tratase de sentencias o autos que hubieren omitido manifiestamente pronunciamientos relativos a pretensiones oportunamente deducidas y sustanciadas en el proceso, el Tribunal, a solicitud escrita de parte en el plazo de cinco días a contar desde la notificación de la resolución, previo traslado por el Secretario judicial de dicha solicitud a las demás partes, para alegaciones escritas por otros cinco días, dictará auto por el que resolverá completar la resolución con el pronunciamiento omitido o no haber lugar a completarla.

Si el Tribunal advirtiese en sentencias o autos que dictara las omisiones a que se refiere el párrafo anterior, podrá, en el plazo de cinco días a contar desde la fecha en que se dicta, proceder de oficio, mediante auto, a completar su resolución, pero sin modificar ni rectificar lo que hubiere acordado.

Del mismo modo al establecido en los párrafos anteriores se procederá por el Secretario judicial cuando se precise subsanar o completar los decretos que hubiere dictado.

No cabrá recurso alguno contra las resoluciones en que se resuelva acerca de la aclaración, rectificación, subsanación o complemento a que se refieren los párrafos anteriores de este artículo, sin perjuicio de los recursos que procedan, en su caso, contra la resolución a que se refiriera la solicitud o la actuación de oficio del Tribunal o Secretario judicial.

Los plazos para los recursos que procedan contra la resolución de que se trate se interrumpirán desde que se solicite su aclaración, rectificación, subsanación o complemento y, en todo caso, comenzarán a computarse desde el día siguiente a la notificación de la resolución que reconociera o negase la omisión de pronunciamiento y acordase o denegara remediarla.

Modificado por Ley 13/2009, de 3 de noviembre, de reforma de la legislación procesal para la implantación de la nueva Oficina judicial. (BOE de 04/11/2009)

Ver arts. 267 LOPJ; y 214 LEC.

ART. 162.

Los Tribunales conservarán metódicamente coleccionadas las minutas de los autos que resuelvan incidentes y sentencias que dictaren, haciendo referencia a cada una en el asiento correspondiente de los libros de autos y sentencias del Tribunal.

Las hojas de los libros de autos y de sentencias de los Tribunales estarán numeradas y selladas, rubricándolas el Presidente respectivo.

Ver arts. 265 y 266 LOPJ.

CAPÍTULO II
Del modo de dirimir las discordias

ART. 163.

Cuando en la votación de una sentencia definitiva, auto o providencia no resultase mayoría de votos sobre cualquiera de los pronunciamientos de hecho o de derecho que deban hacerse o sobre la decisión que haya de dictarse, volverán a discutirse y a votarse los puntos en que hayan disentido los votantes.

ART. 164.

Si en la siguiente votación insistieren los discordantes en sus respectivos pareceres, se someterán a nueva deliberación tan sólo los dos votos más favorables al procesado, y entre éstos optarán precisamente todos los votantes, de modo que resulte aprobado cualquiera de ambos.

En este caso, pondrán en lugar oportuno de la sentencia las siguientes palabras. «Visto el resultado de la votación, la ley decide:...».

La determinación de cuáles sean los dos pareceres más favorables al procesado se hará a pluralidad de votos.

Lo dispuesto en este artículo y en el anterior no es aplicable al caso a que se refiere el párrafo segundo del artículo 153.

ART. 165.

En las sentencias que pronuncie el Tribunal Supremo en los recursos de casación o en los de revisión no habrá discordia, quedando al efecto desechados los resultandos y considerandos que no reúnan mayoría absoluta de votos.

Ver arts. 262 y 263 LOPJ.

TÍTULO VII
De las notificaciones, citaciones y emplazamientos

ART. 166.

Los actos de comunicación se realizarán bajo la dirección del Secretario judicial.

Las notificaciones, citaciones y emplazamientos que se practiquen fuera de los estrados del Juzgado o Tribunal se harán por el funcionario correspondiente. Cuando el Secretario judicial lo estime conveniente, podrán hacerse por correo certificado con acuse de recibo, dando fe el Secretario en los autos del contenido del sobre remitido y uniéndose el acuse de recibo.

Las notificaciones, citaciones y emplazamientos se practicarán en la forma prevista en el capítulo V del título V del libro I de la Ley de Enjuiciamiento Civil.

Las notificaciones, citaciones y emplazamientos por correo se entenderán practicados en la fecha en que el destinatario haga constar su recepción en el acuse de recibo.

Los certificados enviados conforme a lo establecido en los párrafos precedentes gozarán de franquicia postal; su importe no se incluirá en la tasación de costas.

Los que tuvieren lugar en los estrados, se practicarán leyendo íntegramente la resolución a la persona a quien se notifiquen, dándole en el acto copia de ella, aunque no la pidiere, y haciendo mérito de uno y otro en la diligencia que se extienda, que suscribirá el Secretario judicial o el funcionario que la realice.

Modificado por Ley 13/2009, de 3 de noviembre, de reforma de la legislación procesal para la implantación de la nueva Oficina judicial. (BOE de 04/11/2009)

Ver arts. 270 a 272 LOPJ.

ART. 167.

Para la práctica de las notificaciones, el Secretario que interviniere en la causa extenderá una cédula, que contendrá:

1.º La expresión del objeto de dicha causa y los nombres y apellidos de los que en ella fueren parte.

2.º La copia literal de la resolución que hubiere de notificarse.

3.º El nombre y apellidos de la persona o personas que han de ser notificadas.

4.º La fecha en que la cédula se expidiere.

5.º La firma del Secretario.

Ver art. 248 LOPJ.

ART. 168.

Se harán constar en los autos por nota sucinta la expedición de la cédula y el Oficial de Sala o Alguacil a quien se encargare su cumplimiento.

ART. 169.

El que recibiere la cédula sacará y autorizará con su firma tantas copias cuantas sean las personas a quienes hubiere de notificar.

ART. 170.

La notificación consistirá en la lectura íntegra de la resolución que deba ser notificada, entregando la copia de la cédula a quien se notifique y haciendo constar la entrega por diligencia sucinta al pie de la cédula original.

Ver art. 161 LEC.

ART. 171.

En la diligencia se anotará el día y hora de la entrega, y será firmada por la persona a quien ésta se hiciere y por el funcionario que practique la notificación.

Si la persona a quien se haga la entrega no supiere firmar, lo hará otra a su ruego; y si no quisiere, firmarán dos testigos buscados al efecto. Estos testigos no podrán negarse a serlo, bajo la multa de 25 a 100 pesetas.

Ver art. 161 LEC.

ART. 172.

Cuando a la primera diligencia en busca no fuere hallado en su habitación el que haya de ser notificado, cualquiera que fuere la causa y el tiempo de su ausencia, se entregará la cédula al pariente, familiar o criado, mayor de catorce años, que se halle en dicha habitación.

Si no hubiere nadie, se hará la entrega a uno de los vecinos más próximos.

ART. 173.

En la diligencia de entrega se hará constar la obligación del que recibiere la copia de la cédula de entregarla al que deba ser notificado inmediatamente que regrese a su domicilio, bajo la multa de 25 a 200 pesetas si deja de entregarla.

ART. 174.

Cuando no se pueda practicar una notificación por haber cambiado de habitación el que deba ser notificado y no ser posible averiguar la nueva, o por cualquier otra causa, se hará constar en la cédula original.

ART. 175.

Las citaciones y emplazamientos se practicarán en la forma establecida para las notificaciones, con las siguientes diferencias:

La cédula de citación contendrá:

1. Expresión del Juez, Tribunal o Secretario judicial que hubiere dictado la resolución, de la fecha de ésta y de la causa en que haya recaído.

2. Los nombres y apellidos de los que debieren ser citados y las señas de sus habitaciones; y si éstas fuesen ignoradas, cualesquiera otras circunstancias por las que pueda descubrirse el lugar en que se hallaren.

3. El objeto de la citación, y calidad en la que se es citado.

4. El lugar, día y hora en que haya de concurrir el citado.

5. La obligación, si la hubiere, de concurrir al primer llamamiento, bajo la multa de 200 a 5.000 euros o si fuese ya el segundo el que se hiciere, la de concurrir bajo apercibimiento de ser perseguido como reo del delito de obstrucción a la justicia tipificado en el artículo 463.1 del Código Penal.

La cédula del emplazamiento contendrá los requisitos 1), 2) y 3) anteriormente mencionados para la de la citación y, además, los siguientes:

1. El término dentro del cual ha de comparecer el emplazado.

2. El lugar en que haya de comparecer y el Juez o Tribunal ante quien deba hacerlo.

3. La prevención de que, si no compareciere, le pararán los perjuicios a que hubiere lugar en derecho.

Modificado por Ley 13/2009, de 3 de noviembre, de reforma de la legislación procesal para la implantación de la nueva Oficina judicial. (BOE de 04/11/2009)

ART. 176.

Cuando el citado no comparezca en el lugar, día y hora que se le hubiesen señalado, el que haya practicado la citación volverá a constituirse en el domicilio de quien hubiese recibido la copia de la cédula, haciendo constar por diligencia en la original, la causa de no haberse efectuado la comparecencia. Si esta causa no fuere legítima, se procederá inmediatamente por el Juez o Tribunal que hubiere acordado la citación, a llevar a efecto la prevención que corresponda entre las establecidas en el número 5.° del artículo anterior.

ART. 177.

Cuando las notificaciones, citaciones o emplazamientos hubieren de practicarse en territorio de otra Autoridad judicial española, se expedirá suplicatorio, exhorto o mandamiento, según corresponda, insertando en ellos los requisitos que deba contener la cédula.

Si hubiere de practicarse en el extranjero, se observarán para ello los trámites prescritos en los tratados, si los hubiese, y, en su defecto, se estará al principio de reciprocidad.

Ver arts. 183 y sigs. LEC.

ART. 178.

Si el que haya de ser notificado, citado o emplazado no tuviere domicilio conocido, el Juez instructor ordenará lo conveniente para la averiguación del mismo. En este caso el Secretario judicial se dirigirá a la Policía Judicial, Registros oficiales, colegios profesionales, entidad o empresas en el que el interesado ejerza su actividad interesando dicha averiguación.

Modificado por Ley 13/2009, de 3 de noviembre, de reforma de la legislación procesal para la implantación de la nueva Oficina judicial. (BOE de 04/11/2009)

Ver art. 762.3ª LECrim.

ART. 179.

Practicada la notificación, citación o emplazamiento o hecho constar el motivo que lo hubiese impedido, se unirá a los autos la cédula original o el suplicatorio, exhorto o mandamiento expedidos.

ART. 180.

Serán nulas las notificaciones, citaciones y emplazamientos que no se practicaren con arreglo a lo dispuesto en este capítulo.

Sin embargo, cuando la persona notificada, citada o emplazada se hubiere dado por enterada en el juicio, surtirá desde entonces la diligencia todos sus efectos, como si se hubiese hecho con arreglo a las disposiciones de la ley; no por esto quedará relevado el auxiliar o subalterno de la corrección disciplinaria establecida en el artículo siguiente.

Ver art. 166 LEC.

ART. 181.

El auxiliar o subalterno que incurriere en morosidad en el desempeño de las funciones que por este capítulo le correspondan, o faltare a alguna de las formalidades en el mismo establecidas, será corregido disciplinariamente por el Juez o Tribunal de quien dependa, con multa de 50 a 500 pesetas.

Ver art. 168 LEC.

ART. 182.

Las notificaciones, citaciones y emplazamientos podrán hacerse a los Procuradores de las partes.

Se exceptúan:

1.º Las citaciones que por disposición expresa de la Ley deban hacerse a los mismos interesados en persona.

2.º Las citaciones que tengan por objeto la comparecencia obligatoria de éstos.

Ver arts. 384, 446, 501, 508, 517, 529, 589, 597 y 664 LECrim.

TÍTULO VIII
De los suplicatorios, exhortos y mandamientos

ART. 183.

Los Jueces y Tribunales se auxiliarán mutuamente para la práctica de todas las diligencias que fueren necesarias en la sustanciación de las causas criminales.

Ver art. 273 LOPJ.

ART. 184.

Cuando una diligencia judicial hubiere de ser ejecutada por un Juez o Tribunal distinto del que la haya ordenado, éste encomendará su cumplimiento por medio de suplicatorio, exhorto o mandamiento.

Empleará la forma del suplicatorio cuando se dirija a un Juez o Tribunal superior en grado; la de exhorto, cuando se dirija a uno de igual grado, y la de mandamiento o carta-orden, cuando se dirija a un subordinado suyo.

Ver arts. 274 y 275 LOPJ.

ART. 185.

El Juez o Tribunal que haya ordenado la práctica de una diligencia judicial no podrá dirigirse a Jueces o Tribunales de categoría o grado inferior que no le estuvieren subordinados, debiendo entenderse directamente con el superior de éstos que ejerza la jurisdicción en el mismo grado que él.

Se exceptúan los casos en que expresamente se disponga otra cosa en la Ley.

Ver art. 274.2 LOPJ.

ART. 186.

Para ordenar el libramiento de certificación o testimonio y la práctica de cualquier diligencia judicial, cuya ejecución corresponda a Registradores de la propiedad, Notarios, auxiliares o subalternos de Juzgados o Tribunales y funcionarios de policía judicial que estén a las órdenes de los mismos, se empleará la forma de mandamiento.

ART. 187.

Cuando los Jueces o Tribunales tengan que dirigirse a Autoridades o funcionarios de otro orden, usarán la forma de oficios o exposiciones, según el caso requiera.

Ver arts. 195 y 196 LECrim.

ART. 188.

Los suplicatorios, exhortos o mandamientos en causas en que se persigan delitos que no sean de los que sólo por querella privada pueden ser perseguidos, se expedirán de oficio y se cursarán directamente para su cumplimiento por el Juez o Tribunal que los hubiere librado.

Los que procedan de causas por delitos que sólo pueden ser perseguidos en virtud de querella particular, podrán entregarse bajo recibo al interesado o a su representante a cuya instancia se libraren, fijándole término para presentarlos a quien deba cumplirlos.

Se exceptuarán los casos en que expresamente se disponga otra cosa en la Ley.

ART. 189.

La persona que reciba los documentos los presentará, en el término que se le hubiese fijado, al Juez o Tribunal a quien se haya encomendado el cumplimiento, dando aviso, acto continuo, de haberlo hecho así, al Juez o Tribunal de quien procedan.

Al verificar la presentación, el funcionario correspondiente extenderá diligencia a continuación del suplicatorio, exhorto o carta-orden, expresando la fecha de su entrega y la persona que lo hubiese presentado, a la que dará recibo, firmando ambos la diligencia. Dicho funcionario dará además cuenta al Juez o Tribunal en el mismo día, y si no fuere posible, en el siguiente.

ART. 190.

Cuando hubiesen sido remitidos de oficio, el Juez o Tribunal que los reciba acusará inmediatamente recibo al remitente.

ART. 191.

El Juez o Tribunal que reciba, o a quien sea presentado un suplicatorio, exhorto o carta-orden, acordará su cumplimiento, sin perjuicio de reclamar la competencia que estimare corresponderle, disponiendo lo conducente para que se practiquen las diligencias dentro del plazo, si se hubiere fijado en el exhorto, o lo más pronto posible en otro caso.

Una vez cumplimentado, lo devolverá sin demora en la misma forma en que lo hubiese recibido o en que se le hubiese presentado.

Ver art. 173 LEC.

ART. 192.

Cuando se demorare el cumplimiento de un suplicatorio más tiempo del absolutamente necesario para ello, atendidas la distancia y la índole de la diligencia que haya de practicarse, el Juez o Tribunal que lo hubiese expedido remitirá de oficio o a instancia de parte, según los casos, un recuerdo al Juez o Tribunal suplicado.

Si la demora en el cumplimiento se refiriese a un exhorto, en vez de recuerdo dirigirá suplicatorio al superior inmediato del exhortado, dándole conocimiento de la demora.

Del mismo apremio se valdrá el que haya expedido una carta-orden, para obligar a su inferior moroso a que la devuelva cumplimentada.

Modificado por Ley Orgánica 16/1994, de 8 de noviembre, por la que se reforma la Ley Orgánica 6/1985, de 1 de julio, del Poder Judicial. (BOE de 09/11/1994)

ART. 193.

Los exhortos a Tribunales extranjeros se dirigirán por la vía diplomática, en la forma establecida en los tratados, y a falta de éstos, en la que determinen las disposiciones generales del Gobierno.

En cualquier otro caso se estará al principio de reciprocidad.

Ver art. 276 LOPJ.

ART. 194.

Las mismas reglas establecidas en el art. anterior se observarán para dar cumplimiento en España a los exhortos de Tribunales extranjeros, por los que se requiera la práctica de alguna diligencia judicial.

Ver arts. 277 y 278 LOPJ.

ART. 195.

Con las Autoridades, funcionarios, agentes y Jefes de fuerza armada que no estuvieren a las órdenes inmediatas de los Jueces y Tribunales, se comunicarán éstos por medio de atentos oficios, a no ser que la urgencia del caso exija verificarlo verbalmente, haciéndolo constar en la causa.

ART. 196.

Los Jueces y Tribunales se dirigirán en forma de exposición, por conducto del Ministerio de Gracia y Justicia, a los Cuerpos Colegisladores y a los Ministros de la Corona, tanto para que auxilien a la Administración de Justicia en sus propias funciones como para que obliguen a las Autoridades, sus subordinadas, a que suministren los datos o presten los servicios que se les hubieren pedido.

Ver art. 274.2 LOPJ.

TÍTULO IX
De los términos judiciales

ART. 197.

Las resoluciones de Jueces, Tribunales y Secretarios Judiciales, y las diligencias judiciales, se dictarán y practicarán dentro de los términos señalados para cada una de ellas.

Modificado por Ley 13/2009, de 3 de noviembre, de reforma de la legislación procesal para la implantación de la nueva Oficina judicial. (BOE de 04/11/2009)

ART. 198.

Cuando no se fije término, se entenderá que han de dictarse y practicarse sin dilación.

Modificado por Ley Orgánica 16/1994, de 8 de noviembre, por la que se reforma la Ley Orgánica 6/1985, de 1 de julio, del Poder Judicial. (BOE de 09/11/1994)

ART. 199.

Los Jueces y Tribunales impondrán, en su caso, dicha corrección disciplinaria a sus auxiliares y subalternos, sin necesidad de petición de parte; y si no lo hicieren, incurrirán a su vez en responsabilidad.

ART. 200.

Los que se consideren perjudicados por dilaciones injustificadas de los términos judiciales podrán deducir queja ante el Ministerio de Gracia y Justicia, que, si la estima fundada, la remitirá al Fiscal a quien corresponda, para que entable de oficio el recurso de responsabilidad que proceda con arreglo a la Ley.

Artículo modificado por Ley Orgánica 16/1994, de 8 de noviembre, por la que se reforma la Ley Orgánica 6/1985, de 1 de julio, del Poder Judicial. (BOE de 09/11/1994)

ART. 201.

Todos los días y horas del año serán hábiles para la instrucción de las causas criminales, sin necesidad de habilitación especial.

Modificado por Ley 1/2000, de 7 de enero, de Enjuiciamiento Civil. (BOE de 08/01/2000)

Ver arts. 182 a 184 LOPJ.

ART. 202.

Serán improrrogables los términos judiciales cuando la Ley no disponga expresamente lo contrario.

Pero podrán suspenderse o abrirse de nuevo, si fuere posible sin retroceder el juicio del estado en que se halle cuando hubiere causa justa y probada.

Se reputará causa justa la que hubiere hecho imposible dictar la resolución o practicar la diligencia judicial, independientemente de la voluntad de quienes hubiesen debido hacerlo.

Ver art. 134 LEC.

ART. 203.

Las sentencias se dictarán y firmarán dentro de los tres días siguientes al en que se hubiese celebrado la vista del incidente o se hubiese terminado el juicio.

Se exceptúan las sentencias en los juicios sobre faltas, las cuales habrán de dictarse en el mismo día o al siguiente.

Ver arts. 248 y 259 LOPJ.

ART. 204.

Los autos y decretos se dictarán y firmarán en el día siguiente al en que se hubiesen entablado las pretensiones que por ellos se hayan de resolver, o hubieren llegado las actuaciones a estado de que aquéllos sean dictados.

Las providencias y diligencias se dictarán y firmarán inmediatamente que resulte de las actuaciones la necesidad de dictarlas, o en el mismo día o en el siguiente al en que se hayan presentado las pretensiones sobre que recaigan.

Modificado por Ley 13/2009, de 3 de noviembre, de reforma de la legislación procesal para la implantación de la nueva Oficina judicial. (BOE de 04/11/2009)

Ver art. 248 LOPJ.

ART. 205.

Se exceptúan de lo dispuesto en el artículo anterior los autos, decretos, providencias y diligencias que deban dictarse en más corto término para no interrumpir el curso del juicio público, o para no infringir con el retraso alguna disposición legal.

Modificado por Ley 13/2009, de 3 de noviembre, de reforma de la legislación procesal para la implantación de la nueva Oficina judicial. (BOE de 04/11/2009)

ART. 206.

El Secretario dará cuenta al Juez o Tribunal de todas las pretensiones escritas en el mismo día en que le fueren entregadas, si esto sucediese antes de las horas de audiencia o durante ella, y al día siguiente si se le entregaren después.

En todo caso, pondrá al pie de la pretensión, en el acto de recibirla y a presencia de quien se la entregase, una breve nota consignando el día y hora de la entrega, y facilitará al interesado que lo pidiere documento bastante para acreditarlo.

ART. 207.

Las notificaciones, citaciones y emplazamientos que hubieren de hacerse en la capital del Juzgado o Tribunal, se practicarán lo más tarde al siguiente día de dictada resolución que deba ser notificada o en virtud de la cual se haya de hacer la citación o emplazamiento.

Ver arts. 270 a 272 LOPJ.

ART. 208.

Si las mencionadas diligencias hubieren de practicarse fuera de la capital, el Secretario entregará al Oficial de Sala o subalterno la cédula, o remitirá de oficio o entregará a la parte, según corresponda, el suplicatorio, exhorto o mandamiento al siguiente día de dictada la resolución.

ART. 209.

Las diligencias de que habla el art. anterior se practicarán en un término que no exceda de un día por cada 20 kilómetros de distancia entre la capital y el punto en que deban tener lugar.

ART. 210.

Las demás diligencias judiciales se practicarán en los términos que se fijen para ello al dictar la resolución en que se ordenen.

Ver art. 197 LECrim.

ART. 211.

Los recursos de reforma o de súplica contra las resoluciones de los Jueces y Tribunales se interpondrán en el plazo de los tres días siguientes a su notificación a los que sean parte en el juicio.

En el mismo plazo se interpondrán los recursos de reposición y de revisión contra las resoluciones de los Secretarios judiciales.

Modificado por Ley 13/2009, de 3 de noviembre, de reforma de la legislación procesal para la implantación de la nueva Oficina judicial. (BOE de 04/11/2009)

Ver arts. 216 a 221 y 236 a 238 LECrim.

ART. 212.

El recurso de apelación se entablará dentro de cinco días, a contar desde el siguiente al de la última notificación de la resolución judicial que fuere su objeto, hecha a los que expresa el art. anterior.

La preparación del recurso de casación se hará dentro de los cinco días siguientes al de la última notificación de la sentencia o auto contra que se intente entablarlo.

Se exceptúa el recurso de apelación contra la sentencia dictada en juicio sobre faltas. Para este recurso, el término será el primer día siguiente al en que se hubiere practicado la última notificación.

Ver arts. 790 y 976 LECrim.

ART. 213.

El recurso de queja para cuya interposición no señale término la ley podrá interponerse en cualquier tiempo, mientras estuviese pendiente la causa.

ART. 214.

Los Secretarios tendrán obligación de poner, sin la menor demora y bajo su responsabilidad, en conocimiento del Juez o Tribunal el vencimiento de los términos judiciales, consignándolo así por medio de diligencia.

ART. 215.

Transcurrido el término señalado por la Ley o por el Juez o Tribunal, según los casos, se continuará de oficio el curso de los procedimientos en el estado en que se hallaren.

Si el proceso estuviere en poder de alguna persona, se recogerá sin necesidad de providencia, bajo la responsabilidad del Secretario, con imposición de multa de 25 a 250 pesetas a quien diere lugar a la recogida, si no lo entregare en el acto o lo entregare sin despachar cuando estuviere obligado a formular algún dictamen o pretensión. En este segundo supuesto, se le señalará por el Juez o Tribunal un segundo término prudencial; y si, transcurrido, tampoco devolviese el proceso despachado, la persona a que se refiere este art. será procesada como culpable de desobediencia.

También será procesado en este concepto el que, ni aun después de apremiado con la multa, devolviere el expediente.

Ver art. 237 LOPJ.

TÍTULO X
De los recursos contra las resoluciones procesales

CAPÍTULO I
De los recursos contra las resoluciones de los Jueces y Tribunales

Rúbrica del Título X modificada y la rúbrica del Capítulo I añadida por Ley 13/2009, de 3 de noviembre, de reforma de la legislación procesal para la implantación de la nueva Oficina judicial.

ART. 216.

Contra las resoluciones del Juez de Instrucción podrán ejercitarse los recursos de reforma, apelación y queja.

Ver arts. 766, 790, 792, 793 y 976 LECrim.

ART. 217.

El recurso de reforma podrá interponerse contra todos los autos del Juez de Instrucción. El de apelación podrá interponerse únicamente en los casos determinados en la Ley, y se admitirá en ambos efectos tan sólo cuando la misma lo disponga expresamente.

Ver art. 766 LECrim.

ART. 218.

El recurso de queja podrá interponerse contra todos los autos no apelables del Juez, y contra las resoluciones en que se denegare la admisión de un recurso de apelación.

Ver arts. 213, 220 y 221 LECrim; 494 y 495 LEC; D.A. 5ª LOPJ.

ART. 219.

Los recursos de reforma y apelación se interpondrán ante el mismo Juez que hubiere dictado el auto.

El de queja se producirá ante el Tribunal superior competente.

Ver arts. 766 LECrim; 494 y 495 LEC.

ART. 220.

Será Juez competente para conocer del recurso de reforma el mismo ante quien se hubiese interpuesto, con arreglo al artículo anterior.

Será Tribunal competente para conocer del recurso de apelación aquel a quien correspondiese el conocimiento de la causa en juicio oral.

Este mismo será el competente para conocer de la apelación contra el auto de no admisión de una querella.

Será Juez o Tribunal competente para conocer del recurso de queja el mismo ante quien se hubiese interpuesto, con arreglo al párrafo segundo del artículo 219.

ART. 221.

Los recursos de reforma, apelación y queja se interpondrán siempre en escrito autorizado con firma de Letrado.

ART. 222.

El recurso de apelación no podrá interponerse sino después de haberse ejercitado el de reforma; pero podrán interponerse ambos en un mismo escrito, en cuyo caso el de apelación se propondrá subsidiariamente, por si fuere desestimado el de reforma.

El que interpusiere el recurso de reforma presentará con el escrito tantas copias del mismo cuantas sean las demás partes, a las cuales habrán de ser entregadas dichas copias.

El Juez resolverá el recurso al segundo día de entregadas las copias, hubiesen o no presentado escrito las demás partes.

ART. 223.

Interpuesto el recurso de apelación, el Juez lo admitirá, en uno o en ambos efectos, según sea procedente.

Ver Art. 217 LECrim.

ART. 224.

Si se admitiere el recurso en ambos efectos, el Secretario judicial remitirá los autos originales al Tribunal que hubiere de conocer de la apelación, y emplazará a las partes para que se personen ante éste en el término de quince si el Tribunal fuere el Supremo o diez días, si fuere el Tribunal Superior de Justicia o la Audiencia.

Modificado por la Ley 13/2009, de 3 de noviembre, de reforma de la legislación procesal para la implantación de la nueva Oficina judicial.

ART. 225.

Si el recurso no fuere admisible más que en un solo efecto, el Juez, en la misma resolución en que así lo declare en cumplimiento del artículo 223, mandará sacar testimonio del auto primeramente recurrido, de los escritos referentes al recurso de reforma, del auto apelado y de cuantos otros particulares considere necesario incluir, fijando el término dentro del cual ha de quedar expedido el testimonio, término que se contará desde la fecha siguiente a la de la resolución en que se fije.

Dentro de los dos días siguientes al de serles notificada esta providencia, sin necesidad de ninguna otra, el Ministerio Fiscal y el apelante podrán pedir al Juez que sean incluidos en el testimonio los particulares que crean procede incluir, y el Juez acordará sobre lo solicitado, dentro del siguiente día, sin ulterior recurso, teniendo siempre presente el carácter reservado del sumario. Cuando varias partes solicitasen testimonio de un mismo particular, sólo se insertará éste una vez, y será desestimada la nueva inserción de los que ya haya acordado el Juez incluir.

El término que, según lo expresado en el primer párrafo de este artículo ha de fijar el Juez para expedir el testimonio no excederá nunca de quince días, pudiendo ser prorrogado a instancia del actuario hasta este límite si se otorgase por menor tiempo; pero si antes de expirar los quince días el actuario exhibiera al Juez más de cien folios escritos del testimonio, sin que éste estuviera terminado, el Juez podrá acordar la prórroga por un término prudencial, que en ningún caso excederá de diez días. La exhibición de los folios escritos en número mayor de cien, antes de expirar el primer término, se hará constar mediante diligencia, que firmarán el Juez y el actuario, en el lugar al cual alcance el testimonio al ser exhibido, teniendo las partes derecho a que se les exhiba esta diligencia al serles notificada la providencia de prórroga.

ART. 226.

Para el señalamiento de los particulares que hayan de testimoniarse no podrá darse vista al apelante de los autos que para él tuvieren carácter de reservados.

Ver art. 229 LECrim.

ART. 227.

Puesto el testimonio, se emplazará a las partes para que, dentro del término fijado en el artículo 224, se personen en el Tribunal que hubiere de conocer del recurso.

Ver art. 622 LECrim.

ART. 228.

Recibidos los autos en el Tribunal superior, si en el término del emplazamiento no se hubiere personado el apelante, el Secretario judicial mediante decreto declarará de oficio, desierto el recurso, comunicándolo inmediatamente por certificación al Juez, y devolviendo los autos originales si el recurso se hubiese admitido en ambos efectos. Contra este decreto cabrá recurso directo de revisión.

En el mismo día en que sea recibido por el Tribunal superior el testimonio para sustanciar una apelación, o en el siguiente, el Secretario judicial acusará recibo al Juez instructor, que se unirá al sumario. Si el recibo no le fuere remitido, el Secretario judicial lo reclamará al Secretario del Tribunal a quien competa conocer de la apelación; y si aun así no lo recibiera, lo pondrá directamente en conocimiento del Secretario de Gobierno, a los efectos procedentes.

Modificado por Ley 13/2009, de 3 de noviembre, de reforma de la legislación procesal para la implantación de la nueva Oficina judicial. (BOE de 04/11/2009)

ART. 229.

Si el apelante se hubiese personado, el Secretario judicial le dará vista de los autos por término de tres días para instrucción.

Después de él seguirá la vista, por igual término, a las demás partes personadas, y por último al Fiscal, si la causa fuese por delito de los que dan lugar a procedimiento de oficio, o de aquellos que puedan perseguirse previa denuncia de los interesados.

Sin embargo, de lo dispuesto en los párrafos anteriores, no se dará vista a las partes de lo que fuese para ellas de carácter reservado, tal como lo hubiera acordado el Juez o Tribunal.

Modificado por Ley 13/2009, de 3 de noviembre, de reforma de la legislación procesal para la implantación de la nueva Oficina judicial. (BOE de 04/11/2009)

ART. 230.

Devueltos los autos por el Fiscal, o si éste no fuere parte en la causa, por la última de las personas a quien se hubiesen entregado, el Secretario judicial señalará día para la vista, en la que el Fiscal, si fuese parte, y los defensores de las demás, podrán informar lo que tuvieren por conveniente a su derecho.

La vista se celebrará el día señalado, asistan o no las partes, sin que entre el día en que se haga el señalamiento y el de la vista medien más de diez días. Será obligatoria la asistencia del Ministerio Fiscal en todas las causas en que éste interviniere. Y no podrá acordarse la suspensión por motivo alguno, siendo rechazadas de plano, sin ulterior recurso, cuantas pretensiones de suspensión se formulen.

El Secretario judicial competente cuidará, bajo su responsabilidad, de que el recurso sea sustanciado en el término más breve posible, sin que en caso alguno transcurran más de dos meses entre el día de ingreso en la Audiencia del testimonio para la apelación, o del sumario, en su caso y el del día de la vista.

Modificado por Ley 13/2009, de 3 de noviembre, de reforma de la legislación procesal para la implantación de la nueva Oficina judicial. (BOE de 04/11/2009)

ART. 231.

Las partes podrán presentar, antes del día de la vista, los documentos que tuvieren por conveniente en justificación de sus pretensiones.

No será admisible otro medio de prueba.

ART. 232.

Cuando fuere firme el auto dictado, el Secretario del Tribunal lo comunicará al Juez para su cumplimiento, devolviéndole el proceso si la apelación hubiese sido en ambos efectos.

El Secretario del Tribunal que haya conocido de la apelación cuidará, bajo su responsabilidad, de que en ningún caso dejen de ser devueltos los autos al Juez instructor, o deje de comunicársele la resolución recaída dentro de los tres días siguientes al de ser firme ésta, cuando el sumario no haya sido aún terminado. El Secretario judicial competente acusará inmediatamente recibo, y si no lo hiciere le será éste reclamado por el Secretario del Tribunal, con el apercibimiento de que, de no hacerlo, pondrá los hechos en conocimiento del Secretario de Gobierno.

Modificado por Ley 13/2009, de 3 de noviembre, de reforma de la legislación procesal para la implantación de la nueva Oficina judicial. (BOE de 04/11/2009)

ART. 233.

Cuando se interpusiere el recurso de queja, el Tribunal ordenará al Juez que informe en el corto término que al efecto le señale.

ART. 234.

Recibido dicho informe, el Secretario judicial lo pasará al Fiscal, si la causa fuere por delito en que tenga que intervenir, para que emita dictamen por escrito en el término de tres días.

Modificado por Ley 13/2009, de 3 de noviembre, de reforma de la legislación procesal para la implantación de la nueva Oficina judicial. (BOE de 04/11/2009)

ART. 235.

Con vista a este dictamen, si le hubiere, y del informe del Juez, el Tribunal resolverá lo que estime justo.

El auto que se dicte no podrá afectar al estado que tuviere la causa cuando el recurso se haya interpuesto fuera del término ordinario de las apelaciones, sin perjuicio de lo que el Tribunal acuerde en su día cuando llegue a conocer de aquélla.

Ver arts. 27, 30 y 32 LO 5/1995, de 22 de mayo, del Tribunal del Jurado.

ART. 236.

Contra los autos de los Tribunales de lo criminal podrá interponerse el recurso de súplica ante el mismo que los hubiese dictado y de apelación únicamente en aquellos casos expresamente previstos en la Ley.

Modificado por Ley 13/2009, de 3 de noviembre, de reforma de la legislación procesal para la implantación de la nueva Oficina judicial. (BOE de 04/11/2009)

ART. 237.

Se exceptúan aquellos contra los cuales se otorgue expresamente otro recurso en la Ley.

ART. 238.

El recurso de súplica contra un auto de cualquier Tribunal se sustanciará por el procedimiento señalado para el recurso de reforma que se entable contra cualquiera resolución de un Juez de instrucción.

CAPÍTULO II
Del recurso de revisión contra las resoluciones de los Secretarios Judiciales

Capítulo introducido por la Ley 13/2009, de 3 de noviembre, de reforma de la legislación procesal para la implantación de la nueva Oficina judicial.

ART. 238 bis.

Contra todas las diligencias de ordenación dictadas por los Secretarios judiciales podrá ejercitarse ante ellos mismos recurso de reposición.

También podrá interponerse recurso de reposición contra los decretos de los Secretarios judiciales, excepto en aquellos supuestos en que proceda la interposición directa de recurso de revisión por así preverlo expresamente la Ley.

El recurso de reposición, que se interpondrá siempre por escrito autorizado con firma de Letrado y acompañado de tantas copias cuantas sean las demás partes personadas, expresará la infracción en que la resolución hubiere incurrido a juicio del recurrente y en ningún caso tendrá efectos suspensivos.

Admitido a trámite el recurso de reposición, por el Secretario judicial se concederá al Ministerio Fiscal y a las demás partes personadas un plazo común de dos días para presentar por escrito sus alegaciones, transcurrido el cual resolverá sin más trámite.

Contra el decreto del Secretario judicial que resuelva el recurso de reposición no cabrá interponer recurso alguno.*

**Último párrafo declarado inconstitucional y nulo por S. Tribunal Constitucional 151/2020, de 22 de octubre de 2020. Cuestión interna de inconstitucionalidad 1231-2020 (BOE de 20/11/2020)*

Artículo añadido por Ley 13/2009, de 3 de noviembre, de reforma de la legislación procesal para la implantación de la nueva Oficina judicial. (BOE de 04/11/2009)

ART. 238 ter.

El recurso de revisión se interpondrá ante el Juez o Tribunal con competencia funcional en la fase del proceso en la que haya recaído el decreto del Secretario judicial que se impugna, mediante escrito en el que deberá citarse la infracción en que ésta hubiere incurrido, autorizado con firma de Letrado y del que deberán presentarse tantas copias cuantas sean las demás partes personadas.

Admitido a trámite el recurso de revisión, por el Secretario judicial se concederá al Ministerio Fiscal y a las demás partes personadas un plazo común de dos días para que presenten sus alegaciones por escrito, transcurrido el cual el Juez o Tribunal resolverá sin más trámite. Contra el auto resolutorio del recurso de revisión no cabrá interponer recurso alguno.

El régimen de recursos frente a las resoluciones de los Secretarios judiciales dictadas para la ejecución de los pronunciamientos civiles de la sentencia y para la realización de la medida cautelar real de embargo prevista en los artículos 589 y 615 de esta Ley, será el previsto en la Ley de Enjuiciamiento Civil.

Artículo añadido por Ley 13/2009, de 3 de noviembre, de reforma de la legislación procesal para la implantación de la nueva Oficina judicial. (BOE de 04/11/2009)

TÍTULO XI
De las costas procesales

ART. 239.

En los autos o sentencias que pongan término a la causa o a cualquiera de los incidentes deberá resolverse sobre el pago de las costas procesales.

Ver art. 123 CP.

ART. 240.

Esta resolución podrá consistir:

1.º En declarar las costas de oficio.

2.º En condenar a su pago a los procesados, señalando la parte proporcional de que cada uno de ellos deba responder, si fuesen varios.

No se impondrán nunca las costas a los procesados que fueren absueltos.

3.º En condenar a su pago al querellante particular o actor civil.

Serán éstos condenados al pago de las costas cuando resultare de las actuaciones que han obrado con temeridad o mala fe.

Ver arts. 123 y 124 CP.

ART. 241.

Las costas consistirán:

1.º En el reintegro del papel sellado empleado en la causa.

2.º En el pago de los derechos de Arancel.

3.º En el de los honorarios devengados por los Abogados y peritos.

4.º En el de las indemnizaciones correspondientes a los testigos que las hubiesen reclamado, si fueren de abono, y en los demás gastos que se hubiesen ocasionado en la instrucción de la causa.

Ver art. 124 CP.

ART. 242.

Cuando se declaren de oficio las costas no habrá lugar al pago de las cantidades a que se refiere los números 1 y 2 del artículo anterior.

Los Procuradores y Abogados que hubiesen representado y defendido a cualquiera de las partes, y los Peritos y testigos que hubiesen declarado a su instancia, podrán exigir de aquélla, si no se le hubiere reconocido el derecho a la asistencia jurídica gratuita, el abono de los derechos, honorarios e indemnizaciones que les correspondieren, reclamándolos del Juez o Tribunal que conociese de la causa.

Se procederá a su exacción por la vía de apremio si, presentadas las respectivas reclamaciones y hechas saber a las partes, no pagasen éstas en el término prudencial que el Secretario judicial señale, ni tacharen aquéllas de indebidas o excesivas. En este último caso se procederá con arreglo a lo dispuesto en la Ley de Enjuiciamiento Civil.

El Secretario judicial que interviniere en la ejecución de la sentencia hará la tasación de las costas de que habla el número 1 y 2 del artículo anterior. Los honorarios de los Abogados y Peritos se acreditarán por minutas firmadas por los que los hubiesen devengado. Las indemnizaciones de los testigos se computarán por la cantidad que oportunamente se hubiese fijado en la causa. Los demás gastos serán regulados por el Secretario judicial, con vista de los justificantes.

Modificado por Ley 13/2009, de 3 de noviembre, de reforma de la legislación procesal para la implantación de la nueva Oficina judicial. (BOE de 04/11/2009)

ART. 243.

Hechas la tasación y regulación de costas, se dará vista al Ministerio fiscal y a la parte condenada al pago, para que manifiesten lo que tengan por conveniente en el término de tres días.

ART. 244.

Transcurrido el plazo establecido en el artículo anterior sin haber sido impugnada la tasación de costas practicada, o tachadas de indebidas o excesivas alguna de las partidas de honorarios, se procederá con arreglo a lo dispuesto en la Ley de Enjuiciamiento Civil.

Modificado por Ley 13/2009, de 3 de noviembre, de reforma de la legislación procesal para la implantación de la nueva Oficina judicial. (BOE de 04/11/2009)

ART. 245.

Aprobadas o reformadas la tasación y regulación, se procederá a hacer efectivas las costas por la vía de apremio establecida en la Ley de Enjuiciamiento Civil con los bienes de los que hubiesen sido condenados a su pago.

ART. 246.

Si los bienes del penado no fuesen bastantes para cubrir todas las responsabilidades pecuniarias, se procederá, para el orden y preferencia de pago, con arreglo a lo establecido en los artículos respectivos del Código Penal.

Ver arts. 125 y 126 CP.

TÍTULO XII
De las obligaciones de los Jueces y Tribunales relativas a la estadística judicial

ART. 247.

Los Jueces municipales tendrán obligación de remitir cada mes al Presidente de la Audiencia Territorial respectiva un estado de los juicios sobre faltas que durante el mes anterior se hubiesen celebrado.

ART. 248.

Los Jueces de instrucción remitirán mensualmente al Presidente de la respectiva Sala o Audiencia de lo criminal un estado de los sumarios principiados, pendientes y conclusos durante el mes anterior.

ART. 249.

Los Presidentes de las expresadas Salas o Audiencias remitirán al Presidente de la Audiencia Territorial, cada trimestre, un estado-resumen de los que hubieren recibido mensualmente de los Jueces de instrucción, y otro de las causas pendientes y terminadas ante su Tribunal durante el trimestre.
Los trimestres se formarán contando desde el comienzo del año judicial.

Ver art. 179 LOPJ.

ART. 250.

Los Presidentes de las Audiencias Territoriales remitirán al Ministerio de Gracia y Justicia, en el primer mes de cada trimestre, estados en resumen de los que hubieren recibido de los Jueces municipales y de los Tribunales de lo criminal.

ART. 251.

Las Salas Segunda y Tercera del Tribunal Supremo remitirán al Ministerio de Gracia y Justicia un estado de los recursos de casación ante ellas pendientes y por ellas fallados durante el trimestre.
Cuando la Sala de lo criminal de cualquier Audiencia Territorial o la Tercera del Tribunal Supremo, o éste constituido en pleno, principiaren o fallaren alguna causa criminal que especialmente les estuviese encomendada, lo pondrán inmediatamente en conocimiento del Ministro de Gracia y Justicia, remitiendo en su caso testimonio de la sentencia.

ART. 252.

Los tribunales remitirán, a través de procedimientos electrónicos, al Registro Central de Penados y al Registro Central de Medidas Cautelares, Requisitorias y Sentencias no Firmes y al Registro Central para la Protección de las Víctimas de la Violencia Doméstica y de Género, establecidos en el Ministerio Justicia, respectivamente, notas autorizadas de las sentencias firmes en las que se imponga alguna pena o medida de seguridad por delito y de los autos en que se declare la rebeldía de los procesados.
En los procedimientos de cancelación de la inscripción de antecedentes penales en el Registro Central de Penados iniciados a instancia del interesado, una vez transcurrido

el plazo máximo establecido sin que se haya dictado y notificado resolución expresa, la solicitud se entenderá desestimada.

Modificado por el Real Decreto-ley 6/2023, de 19 de diciembre, por el que se aprueban medidas urgentes para la ejecución del Plan de Recuperación, Transformación y Resiliencia en materia de servicio público de justicia, función pública, régimen local y mecenazgo. (BOE de 20/12/2023). En vigor desde el 20 de marzo de 2024.

Ver arts. 82 y 85 CP.

ART. 253.

El Tribunal que dicte sentencia firme condenatoria en cualquiera causa criminal remitirá testimonio de la parte dispositiva de la misma al Juez de instrucción del lugar en que se hubiere formado el sumario.

ART. 254.

Cada Juez de instrucción llevará un libro que se titulará Registro de penados.

Las hojas de este libro serán numeradas, selladas y rubricadas por el Juez de instrucción y su Secretario de gobierno.

En dicho libro se extractarán las certificaciones expresadas en el artículo anterior.

ART. 255.

Llevará también cada Juez de instrucción otro libro titulado «Registro de procesados en rebeldía» con las formalidades prescritas para el de penados.

En este libro se anotarán todas las causas cuyos procesados hayan sido declarados rebeldes, y se hará en el asiento de cada uno la anotación correspondiente cuando el rebelde fuere habido.

ART. 256.

Las Audiencias o Salas de lo criminal llevarán un libro igual al expresado en el artículo anterior para anotar los procesados declarados rebeldes después de la conclusión del sumario.

ART. 257.

Sin perjuicio de lo dispuesto en este título, el Ministerio de Gracia y Justicia establecerá, por medio de los correspondientes Reglamentos, el servicio de la estadística criminal que debe organizarse en dicho Centro y las reglas que en consonancia con él han de observar los Jueces y Tribunales.

TÍTULO XIII
De las correcciones disciplinarias

ART. 258.

Sin perjuicio de las correcciones especiales que establece esta Ley para casos determinados, son también aplicables las disposiciones contenidas en el título XIII del libro I de la Ley de Enjuiciamiento Civil a cuantas personas, sean o no funcionarios, asistan o de cualquier modo intervengan en los juicios criminales, siendo los Jueces municipales, los Jueces de instrucción, los Tribunales de lo criminal y el Supremo quienes, respectivamente en su caso, podrán imponer las correcciones disciplinarias correspondientes.

TÍTULO XIV
De los actos procesales mediante presencia telemática

Título añadido por el Real Decreto-ley 6/2023, de 19 de diciembre, por el que se aprueban medidas urgentes para la ejecución del Plan de Recuperación, Transformación y Resiliencia en materia de servicio público de justicia, función pública, régimen local y mecenazgo. (BOE de 20/12/2023). En vigor desde el 20 de marzo de 2024.

ART. 258 bis. Celebración de actos procesales mediante presencia telemática.

1. Constituido el órgano judicial en su sede, los actos de juicio, vistas, audiencias, comparecencias, declaraciones y, en general, todas las actuaciones procesales, se realizarán

preferentemente, salvo que el juez o jueza o tribunal, en atención a las circunstancias, disponga otra cosa, mediante presencia telemática, siempre que las oficinas judiciales o fiscales tengan a su disposición los medios técnicos necesarios para ello, con las especialidades previstas en los artículos 325, 731 bis y 306 de la Ley de Enjuiciamiento Criminal, de conformidad con lo dispuesto en el apartado 3 del artículo 229 y artículo 230 de la Ley Orgánica del Poder Judicial, y supletoriamente por lo dispuesto en la el artículo 137 bis de la Ley 1/2000, de 7 de enero, de Enjuiciamiento Civil. La intervención mediante presencia telemática se practicará siempre a través de punto de acceso seguro, de conformidad con la normativa que regule el uso de la tecnología en la Administración de Justicia.

2. No obstante lo dispuesto en el apartado anterior, será necesaria la presencia física del acusado en la sede del órgano judicial de enjuiciamiento en los juicios por delito grave y juicios de Tribunal de Jurado, sin perjuicio de lo previsto en los tratados internacionales en los que España sea parte, las normas de la Unión Europea y demás normativa aplicable a la cooperación con autoridades extranjeras para el desempeño de la función jurisdiccional.

En los juicios por delito menos grave, cuando la pena exceda de dos años de prisión o, si fuera de distinta naturaleza, cuando su duración no exceda de seis años, el acusado comparecerá físicamente ante la sede del órgano de enjuiciamiento si así lo solicita este o su letrado, o si el órgano judicial lo estima necesario. La decisión deberá adoptarse en auto motivado.

En el resto de juicios, cuando el acusado comparezca, lo hará físicamente ante la sede del órgano de enjuiciamiento si así lo solicita él o su letrado, o si el órgano judicial lo estima necesario. La decisión deberá adoptarse en auto motivado.

En todo caso, en los procesos y juicios, cuando el acusado resida en la misma demarcación del órgano judicial que conozca o deba conocer de la causa, su comparecencia en juicio deberá realizarse de manera física en la sede del órgano judicial o enjuiciamiento, salvo que concurran causas justificadas o de fuerza mayor.

Cuando se disponga la presencia física del investigado o acusado, será también necesaria la presencia física de su defensa letrada. Cuando se permita su declaración telemática, el abogado del investigado o acusado comparecerá junto con este o en la sede del órgano judicial.

Cuando el acusado decida no comparecer en la sede del órgano judicial, deberá notificarlo con, al menos, cinco días de antelación.

3. Se garantizará especialmente que las declaraciones o interrogatorios de las partes acusadoras, testigos o peritos se realicen de forma telemática en los siguientes supuestos, salvo que el Juez o Tribunal, mediante resolución motivada, en atención a las circunstancias del caso concreto, estime necesaria su presencia física:

a) Cuando sean víctimas de violencia de género, de violencia sexual, de trata de seres humanos o cuando sean víctimas menores de edad o con discapacidad. Todas ellas podrán intervenir desde los lugares donde se encuentren recibiendo oficialmente asistencia, atención, asesoramiento o protección, o desde cualquier otro lugar, siempre que dispongan de medios suficientes para asegurar su identidad y las adecuadas condiciones de la intervención.

b) Cuando el testigo o perito comparezca en su condición de Autoridad o funcionario público, realizando entonces su intervención desde un punto de acceso seguro.

4. Lo dispuesto en este artículo será de aplicación igualmente a las actuaciones que se celebren ante los letrados o letradas de la Administración de Justicia o ante el Ministerio fiscal.

5. En las citaciones se informará de la posibilidad de declarar de forma telemática en las condiciones establecidas en este artículo.

Añadido por el Real Decreto-ley 6/2023, de 19 de diciembre, por el que se aprueban medidas urgentes para la ejecución del Plan de Recuperación, Transformación y Resiliencia en materia de servicio público de justicia, función pública, régimen local y mecenazgo. (BOE de 20/12/2023). En vigor desde el 20 de marzo de 2024.

LIBRO II
DEL SUMARIO

TÍTULO PRIMERO
De la denuncia

ART. 259.

El que presenciare la perpetración de cualquier delito público está obligado a ponerlo inmediatamente en conocimiento del Juez de instrucción, de paz, comarcal o municipal o funcionario fiscal más próximo al sitio en que se hallare, bajo la multa de 25 a 250 pesetas.

Ver D.T. 3ª LOPJ; 450 CP; 5 EOMF; 104 LECrim.

ART. 260.

La obligación establecida en el artículo anterior no comprende a los impúberes ni a los que no gozaren del pleno uso de su razón.

ART. 261.

Tampoco estarán obligados a denunciar:

1.º Quien sea cónyuge del delincuente no separado legalmente o de hecho o la persona que conviva con él en análoga relación de afectividad.

2.º Quienes sean ascendientes y descendientes del delincuente y sus parientes colatera les hasta el segundo grado inclusive.

Esta disposición no será aplicable cuando se trate de un delito contra la vida, de un delito de homicidio, de un delito de lesiones de los artículos 149 y 150 del Código Penal, de un delito de maltrato habitual previsto en el artículo 173.2 del Código Penal, de un delito contra la libertad o contra la libertad e indemnidad sexual o de un delito de trata de seres humanos y la víctima del delito sea una persona menor de edad o una persona con discapacidad necesitada de especial protección.

Modificado por Ley Orgánica 8/2021, de 4 de junio, de protección integral a la infancia y la adolescencia frente a la violencia. (BOE de 05/06/2021)

Artículo anteriormente modificado por Ley 4/2015, de 27 de abril, del Estatuto de la víctima del delito. (BOE de 28/04/2015)

Ver arts. 108 y 200 CC; 25, 149, 150, 173.2 CP; 260 y 433 LECrim.

ART. 262.

Los que por razón de sus cargos, profesiones u oficios tuvieren noticia de algún delito público, estarán obligados a denunciarlo inmediatamente al Ministerio fiscal, al Tribunal competente, al Juez de instrucción y, en su defecto, al municipal o al funcionario de policía más próximo al sitio si se tratare de un delito flagrante.

Los que no cumpliesen esta obligación incurrirán en la multa señalada en el artículo 259, que se impondrá disciplinariamente.

Si la omisión en dar parte fuere de un Profesor en Medicina, Cirugía o Farmacia y tuviese relación con el ejercicio de sus actividades profesionales, la multa no podrá ser inferior a 125 pesetas ni superior a 250.

Si el que hubiese incurrido en la omisión fuere empleado público, se pondrá además en conocimiento de su superior inmediato para los efectos a que hubiere lugar en el orden administrativo.

Lo dispuesto en este artículo se entiende cuando la omisión no produjere responsabilidad con arreglo a las Leyes.

Ver arts. 450 CP y 20.1 d) CE.

ART. 263.

La obligación impuesta en el párrafo primero del art. anterior no comprenderá a los Abogados ni a los Procuradores respecto de las instrucciones o explicaciones que recibieren de sus clientes. Tampoco comprenderá a los eclesiásticos y ministros de cultos disidentes respecto de las noticias que se les hubieren revelado en el ejercicio de las funciones de su ministerio.

Ver arts. 20.1 CE; Real Decreto 135/2021, de 2 de marzo, por el que se aprueba el Estatuto General de la Abogacía Española; 199, 466 y 467 CP; y cánones 983 y 984 Código de Derecho Canónico.

ART. 263 bis.

1. El Juez de Instrucción competente y el Ministerio Fiscal, así como los Jefes de las Unidades Orgánicas de Policía Judicial, centrales o de ámbito provincial, y sus mandos superiores podrán autorizar la circulación o entrega vigilada de drogas tóxicas, estupefacientes o sustancias psicotrópicas, así como de otras sustancias prohibidas. Esta medida deberá acordarse por resolución fundada, en la que se determine explícitamente, en cuanto sea posible, el objeto de autorización o entrega vigilada, así como el tipo y cantidad de la sustancia de que se trate. Para adoptar estas medidas se tendrá en cuenta su necesidad a los fines de investigación en relación con la importancia del delito y con las posibilidades de vigilancia. El Juez que dicte la resolución dará traslado de copia de la misma al Juzgado Decano de su jurisdicción, el cual tendrá custodiado un registro de dichas resoluciones.

También podrá ser autorizada la circulación o entrega vigilada de los equipos, materiales y sustancias a los que se refiere el artículo 371 del Código Penal, de los bienes y ganancias a que se hace referencia en el artículo 301 de dicho Código en todos los supuestos previstos en el mismo, así como de los bienes, materiales, objetos y especies animales y vegetales a los que se refieren los artículos 332, 334, 386, 399 bis, 566, 568 y 569, también del Código Penal.

2. Se entenderá por circulación o entrega vigilada la técnica consistente en permitir que remesas ilícitas o sospechosas de drogas tóxicas, sustancias psicotrópicas u otras sustancias prohibidas, los equipos, materiales y sustancias a que se refiere el apartado anterior, las sustancias por las que se haya sustituido las anteriormente mencionadas, así como los bienes y ganancias procedentes de las actividades delictivas tipificadas en los artículos 301 a 304 y 368 a 373 del Código Penal, circulen por territorio español o salgan o entren en él sin interferencia obstativa de la autoridad o sus agentes y bajo su vigilancia, con el fin de descubrir o identificar a las personas involucradas en la comisión de algún delito relativo a dichas drogas, sustancias, equipos, materiales, bienes y ganancias, así como también prestar auxilio a autoridades extranjeras en esos mismos fines.

3. El recurso a la entrega vigilada se hará caso por caso y, en el plano internacional, se adecuará a lo dispuesto en los tratados internacionales.

Los Jefes de las Unidades Orgánicas de la Policía Judicial centrales o de ámbito provincial o sus mandos superiores darán cuenta inmediata al Ministerio Fiscal sobre las autorizaciones que hubiesen otorgado de conformidad con el apartado 1 de este artículo y, si existiese procedimiento judicial abierto, al Juez de Instrucción competente.

4. La interceptación y apertura de envíos postales sospechosos de contener estupefacientes y, en su caso, la posterior sustitución de la droga que hubiese en su interior se llevarán a cabo respetando en todo momento las garantías judiciales establecidas en el ordenamiento jurídico, con excepción de lo previsto en el artículo 584 de la presente Ley.

Último párrafo del apartado 1 modificado por Ley Orgánica 5/2010, de 22 de junio, por la que se modifica la Ley Orgánica 10/1995, de 23 de noviembre, del Código Penal. (BOE de 23/06/2010)

Ver LO 2/1986, de 13 de marzo, de Fuerzas y Cuerpos de Seguridad.

ART. 264.

El que por cualquier medio diferente de los mencionados tuviere conocimiento de la perpetración de algún delito de los que deben perseguirse de oficio, deberá denunciarlo al

Ministerio Fiscal, al Tribunal competente o al Juez de instrucción o municipal, o funcionario de policía, sin que se entienda obligado por esto a probar los hechos denunciados ni a formalizar querella.

El denunciador no contraerá en ningún caso otra responsabilidad que la correspondiente a los delitos que hubiese cometido por medio de la denuncia, o con su ocasión.

Ver arts. 5 EOMF.

ART. 265.

1. Las denuncias podrán hacerse por escrito o de palabra, personalmente o por medio de mandatario con poder especial.

2. La denuncia contendrá la identificación de la persona denunciante y la narración circunstanciada del hecho. En caso de persona jurídica o ente sin personalidad jurídica, deberá identificarse también la persona física que formula la denuncia en su nombre, indicando su relación con la persona jurídica o el ente sin personalidad denunciante.

Igualmente, si fueran conocidas, contendrá la identificación de las personas que lo hayan cometido y de quienes lo hayan presenciado o tengan información sobre él. También indicará la existencia de cualquier fuente de conocimiento de la que el denunciante tenga noticia, que pueda servir para esclarecer el hecho denunciado.

Modificado por el Real Decreto-ley 6/2023, de 19 de diciembre, por el que se aprueban medidas urgentes para la ejecución del Plan de Recuperación, Transformación y Resiliencia en materia de servicio público de justicia, función pública, régimen local y mecenazgo. (BOE de 20/12/2023). En vigor desde el 20 de marzo de 2024.

ART. 266.

La denuncia que se haga por escrito deberá estar firmada por el denunciante de forma autógrafa o manuscrita, si es presencial, y si no pudiere hacerlo, por otra persona a su ruego; o si se interpone por vía telemática, con firma electrónica conforme a lo establecido en artículo 10 de la Ley 39/2015, de 1 de octubre, del Procedimiento Administrativo Común de las Administraciones Públicas y en el Reglamento (UE) n.º 910/2014 del Parlamento Europeo y del Consejo, de 23 de julio de 2014, relativo a la identificación electrónica y los servicios de confianza para las transacciones electrónicas en el mercado interior y por la que se deroga la Directiva 1999/93/CE. En el caso de las personas jurídicas, se firmará con certificado electrónico cualificado con atributo de representante o los medios previstos en la regulación de firma digital que permitan identificar la persona jurídica, así como la persona física que formula la denuncia.

No se podrán denunciar por vía telemática aquellos hechos que se hayan producido con violencia o intimidación, ni si tienen autor conocido, ni si existen testigos, ni si el denunciante es menor de edad, ni si se ha cometido delito flagrante, ni aquellos hechos de naturaleza violenta o sexual.

Modificado por Ley Orgánica 1/2025, de 2 de enero, de medidas en materia de eficiencia del Servicio Público de Justicia (BOE de 03-01-2025). Esta modificación entró en vigor el 03-04-2025.

Anteriormente modificado por el Real Decreto-ley 6/2023, de 19 de diciembre, por el que se aprueban medidas urgentes para la ejecución del Plan de Recuperación, Transformación y Resiliencia en materia de servicio público de justicia, función pública, régimen local y mecenazgo. (BOE de 20/12/2023). En vigor desde el 20 de marzo de 2024.

Ver art. 297 LECrim.

ART. 267.

Cuando la denuncia sea verbal, se extenderá un acta por la autoridad o funcionario que la recibiere, en la que, en forma de declaración, se expresarán cuantas noticias tenga el denunciante relativas al hecho denunciado y a sus circunstancias, firmándola ambos a continuación. Si el denunciante no pudiere firmar, lo hará otra persona a su ruego.

ART. 268.

El Juez, Tribunal, autoridad o funcionario que recibieren una denuncia verbal o escrita harán constar por la cédula personal o por otros medios que reputen suficientes, la identidad de la persona del denunciador.

Si éste lo exigiere, le darán un resguardo de haber formalizado la denuncia.

ART. 269.

Formalizada que sea la denuncia, se procederá o mandará proceder inmediatamente por el Juez o funcionario a quien se hiciese a la comprobación del hecho denunciado, salvo que éste no revistiere carácter de delito, o que la denuncia fuere manifiestamente falsa. En cualquiera de estos dos casos, el Tribunal o funcionario se abstendrán de todo procedimiento, sin perjuicio de la responsabilidad en que incurran si desestimasen aquélla indebidamente.

Ver art. 456 CP.

TÍTULO II
De la querella

ART. 270.

Todos los ciudadanos españoles, hayan sido o no ofendidos por el delito, pueden querellarse, ejercitando la acción popular establecida en el artículo 101 de esta Ley.

También pueden querellarse los extranjeros por los delitos cometidos contra sus personas o bienes o las personas o bienes de sus representados, previo cumplimiento de lo dispuesto en el artículo 280, si no estuvieren comprendidos en el último párrafo del 281.

Ver arts. 19 LOPJ; 125 CE; 101, 280 LECrim.

ART. 271.

Los funcionarios del Ministerio fiscal ejercitarán también, en forma de querella, las acciones penales en los casos en que estuvieren obligados con arreglo a lo dispuesto en el artículo 105.

Ver arts. 105, 781 LECrim; 3 EOMF.

ART. 272.

La querella se interpondrá ante el Juez de instrucción competente.

Si el querellado estuviere sometido por disposición especial de la Ley a determinado Tribunal, ante éste se interpondrá la querella.

Lo mismo se hará cuando fueren varios los querellados por un mismo delito o por dos o más conexos y alguno de aquéllos estuviere sometido excepcionalmente a un Tribunal que no fuere el llamado a conocer, por regla general, del delito.

Ver arts. 71 CE; 9 LOPJ; 26 LOTC; 750 a 778 LECrim.

ART. 273.

En los casos del artículo anterior, cuando se trate de un delito in fraganti o de los que no dejan señales permanentes de su perpetración, o en que fuere de temer fundadamente la ocultación o fuga del presunto culpable, el particular que intentare querellarse del delito podrá acudir desde luego al Juez de instrucción o municipal que estuviere más próximo o a cualquier funcionario de policía, a fin de que se practiquen las primeras diligencias necesarias para hacer constar la verdad de los hechos y para detener al delincuente.

Ver arts. 42 Ley 38/1988, de 28 de diciembre, de Demarcación y de Planta Judicial; 13 LECrim.

ART. 274.

El particular querellante, cualquiera que sea su fuero, quedará sometido, para todos los efectos del juicio por él promovido, al Juez de instrucción o Tribunal competente para conocer del delito objeto de la querella.

Pero podrá apartarse de la querella en cualquier tiempo, quedando, sin embargo, sujeto a las responsabilidades que pudieran resultarle por sus actos anteriores.

ART. 275.

Si la querella fuese por delito que no pueda ser perseguido sino a instancia de parte, se entenderá abandonada por el que la hubiere interpuesto cuando dejare de instar el procedimiento dentro de los diez días siguientes a la notificación del auto en que el Juez o el Tribunal así lo hubiese acordado.

Al efecto, a los diez días de haberse practicado las últimas diligencias pedidas por el querellante, o de estar paralizada la causa por falta de instancia del mismo, mandará de oficio el Juez o Tribunal que conociere de los autos que aquél pida lo que convenga a su derecho en el término fijado en el párrafo anterior.

ART. 276.

Se tendrá también por abandonada la querella cuando, por muerte o por haberse incapacitado el querellante para continuar la acción, no compareciere ninguno de sus herederos o representantes legales a sostenerla dentro de los treinta días siguientes a la citación que al efecto se les hará dándoles conocimiento de la querella.

ART. 277.

La querella se presentará siempre por medio de Procurador con poder bastante y suscrita por Letrado.

Se extenderá en papel de oficio, y en ella se expresará:

1.º El Juez o Tribunal ante quien se presente.

2.º El nombre, apellidos y vecindad del querellante.

3.º El nombre, apellidos y vecindad del querellado.

En el caso de ignorarse estas circunstancias, se deberá hacer la designación del querellado por las señas que mejor pudieran darle a conocer.

4.º La relación circunstanciada del hecho, con expresión del lugar, año, mes, día y hora en que se ejecutó, si se supieren.

5.º Expresión de las diligencias que se deberán practicar para la comprobación del hecho.

6.º La petición de que se admita la querella, se practiquen las diligencias indicadas en el número anterior, se proceda a la detención y prisión del presunto culpable o a exigirle la fianza de libertad provisional, y se acuerde el embargo de sus bienes en la cantidad necesaria en los casos en que así proceda.

7.º La firma del querellante o la de otra persona a su ruego si no supiere o no pudiere firmar cuando el Procurador no tuviese poder especial para formular la querella.

ART. 278.

Si la querella tuviere por objeto algún delito de los que solamente pueden perseguirse a instancia de parte, excepto el de violación o rapto, acompañará también la certificación que acredite haberse celebrado o intentado el acto de conciliación entre querellante y querellado.

Podrán, sin embargo, practicarse sin este requisito las diligencias de carácter urgente para la comprobación de los hechos o para la detención del delincuente, suspendiendo después el curso de los autos hasta que se acredite el cumplimiento de lo dispuesto en el párrafo anterior.

Ver arts. 191 CP; 270 LECrim.

ART. 279.

En los delitos de calumnia o injuria causadas en juicio se presentará además la licencia del Juez o Tribunal que hubiese conocido de aquél, con arreglo a lo dispuesto en el Código Penal.

Ver art. 805 LECrim.

ART. 280.

El particular querellante prestará fianza de la clase y en la cuantía que fijare el Juez o Tribunal para responder de las resultas del juicio.

Ver arts. 589 y sigs. LECrim.

ART. 281.

Quedan exentos de cumplir lo dispuesto en el artículo anterior:
1.º El ofendido y sus herederos o representantes legales.
2.º En los delitos de asesinato o de homicidio, el cónyuge del difunto o persona vinculada a él por una análoga relación de afectividad, los ascendientes y descendientes y sus parientes colaterales hasta el segundo grado inclusive, los herederos de la víctima y los padres, madres e hijos del delincuente.
3.º Las asociaciones de víctimas y las personas jurídicas a las que la ley reconoce legitimación para defender los derechos de las víctimas siempre que el ejercicio de la acción penal hubiera sido expresamente autorizado por la propia víctima.

La exención de fianza no es aplicable a los extranjeros si no les correspondiere en virtud de tratados internacionales o por el principio de reciprocidad.

Modificado por Ley 4/2015, de 27 de abril, del Estatuto de la víctima del delito. (BOE de 28/04/2015)

TÍTULO III
De la Policía judicial

ART. 282.

La Policía Judicial tiene por objeto y será obligación de todos los que la componen, averiguar los delitos públicos que se cometieren en su territorio o demarcación; practicar, según sus atribuciones, las diligencias necesarias para comprobarlos y descubrir a los delincuentes, y recoger todos los efectos, instrumentos o pruebas del delito de cuya desaparición hubiere peligro, poniéndolos a disposición de la autoridad judicial. Cuando las víctimas entren en contacto con la Policía Judicial, cumplirá con los deberes de información que prevé la legislación vigente. Asimismo, llevarán a cabo una valoración de las circunstancias particulares de las víctimas para determinar provisionalmente qué medidas de protección deben ser adoptadas para garantizarles una protección adecuada, sin perjuicio de la decisión final que corresponderá adoptar al Juez o Tribunal.

Si el delito fuera de los que sólo pueden perseguirse a instancia de parte legítima, tendrán la misma obligación expresada en el párrafo anterior, si se les requiere al efecto. La ausencia de denuncia no impedirá la práctica de las primeras diligencias de prevención y aseguramiento de los delitos relativos a la propiedad intelectual e industrial.

Primer párrafo modificado por Ley 4/2015, de 27 de abril, del Estatuto de la víctima del delito. (BOE de 28/04/2015)

Ver arts. 104 CE; 547 a 550 LOPJ; 492 a 496, 717 y 769 y sigs. LECrim; LO 2/1986, de 13 de marzo, de Fuerzas y Cuerpos de Seguridad y los Estatutos de Autonomía.

ART. 282 bis.

1. A los fines previstos en el artículo anterior y cuando se trate de investigaciones que afecten a actividades propias de la delincuencia organizada, el Juez de Instrucción competente o el Ministerio Fiscal dando cuenta inmediata al Juez, podrán autorizar a funcionarios de la Policía Judicial, mediante resolución fundada y teniendo en cuenta su necesidad a los fines de la investigación, a actuar bajo identidad supuesta y a adquirir y transportar los objetos, efectos e instrumentos del delito y diferir la incautación de los mismos. La identidad supuesta será otorgada por el Ministerio del Interior por el plazo de seis meses prorrogables por períodos de igual duración, quedando legítimamente habilitados para actuar en todo lo relacionado con la investigación concreta y a participar en el tráfico jurídico y social bajo tal identidad.

La resolución por la que se acuerde deberá consignar el nombre verdadero del agente y la identidad supuesta con la que actuará en el caso concreto. La resolución será reservada y deberá conservarse fuera de las actuaciones con la debida seguridad.

La información que vaya obteniendo el agente encubierto deberá ser puesta a la mayor brevedad posible en conocimiento de quien autorizó la investigación. Asimismo, dicha información deberá aportarse al proceso en su integridad y se valorará en conciencia por el órgano judicial competente.

2. Los funcionarios de la Policía Judicial que hubieran actuado en una investigación con identidad falsa de conformidad a lo previsto en el apartado 1, podrán mantener dicha identidad cuando testifiquen en el proceso que pudiera derivarse de los hechos en que hubieran intervenido y siempre que así se acuerde mediante resolución judicial motivada, siéndole también de aplicación lo previsto en la Ley Orgánica 19/1994, de 23 de diciembre.

Ningún funcionario de la Policía Judicial podrá ser obligado a actuar como agente encubierto.

3. Cuando las actuaciones de investigación puedan afectar a los derechos fundamentales, el agente encubierto deberá solicitar del órgano judicial competente las autorizaciones que, al respecto, establezca la Constitución y la Ley, así como cumplir las demás previsiones legales aplicables.

4. A los efectos señalados en el apartado 1 de este artículo, se considerará como delincuencia organizada la asociación de tres o más personas para realizar, de forma permanente o reiterada, conductas que tengan como fin cometer alguno o algunos de los delitos siguientes:

a) Delitos de obtención, tráfico ilícito de órganos humanos y trasplante de los mismos, previstos en el artículo 156 bis del Código Penal.

b) Delito de secuestro de personas previsto en los artículos 164 a 166 del Código Penal.

c) Delito de trata de seres humanos previsto en el artículo 177 bis del Código Penal.

d) Delitos relativos a la prostitución previstos en los artículos 187 a 189 del Código Penal.

e) Delitos contra el patrimonio y contra el orden socioeconómico previstos en los artículos 237, 243, 244, 248 y 301 del Código Penal.

f) Delitos relativos a la propiedad intelectual e industrial previstos en los artículos 270 a 277 del Código Penal.

g) Delitos contra los derechos de los trabajadores previstos en los artículos 312 y 313 del Código Penal.

h) Delitos contra los derechos de los ciudadanos extranjeros previstos en el artículo 318 bis del Código Penal.

i) Delitos de tráfico de especies de flora o fauna amenazada previstos en los artículos 332 y 334 del Código Penal.

j) Delito de tráfico de material nuclear y radiactivo previsto en el artículo 345 del Código Penal.

k) Delitos contra la salud pública previstos en los artículos 368 a 373 del Código Penal.

l) Delitos de falsificación de moneda, previsto en el artículo 386 del Código Penal, y de falsificación de tarjetas de crédito o débito o cheques de viaje, previsto en el artículo 399 bis del Código Penal.

m) Delito de tráfico y depósito de armas, municiones o explosivos previsto en los artículos 566 a 568 del Código Penal.

n) Delitos de terrorismo previstos en los artículos 572 a 578 del Código Penal.

o) Delitos contra el patrimonio histórico previstos en el artículo 2.1.e de la Ley Orgánica 12/1995, de 12 de diciembre, de represión del contrabando.

5. El agente encubierto estará exento de responsabilidad criminal por aquellas actuaciones que sean consecuencia necesaria del desarrollo de la investigación, siempre que guarden la debida proporcionalidad con la finalidad de la misma y no constituyan una provocación al delito.

Para poder proceder penalmente contra el mismo por las actuaciones realizadas a los fines de la investigación, el Juez competente para conocer la causa deberá, tan pronto tenga conocimiento de la actuación de algún agente encubierto en la misma, requerir informe relativo a tal circunstancia de quien hubiere autorizado la identidad supuesta, en atención al cual resolverá lo que a su criterio proceda.

6. El juez de instrucción podrá autorizar a funcionarios de la Policía Judicial para actuar bajo identidad supuesta en comunicaciones mantenidas en canales cerrados de comunica-

ción con el fin de esclarecer alguno de los delitos a los que se refiere el apartado 4 de este artículo o cualquier delito de los previstos en el artículo 588 ter a.

El agente encubierto informático, con autorización específica para ello, podrá intercambiar o enviar por sí mismo archivos ilícitos por razón de su contenido y analizar los resultados de los algoritmos aplicados para la identificación de dichos archivos ilícitos.

7. En el curso de una investigación llevada a cabo mediante agente encubierto, el juez competente podrá autorizar la obtención de imágenes y la grabación de las conversaciones que puedan mantenerse en los encuentros previstos entre el agente y el investigado, aun cuando se desarrollen en el interior de un domicilio.

Apartados 6 y 7 añadidos por Ley Orgánica 13/2015, de 5 de octubre, de modificación de la Ley de Enjuiciamiento Criminal para el fortalecimiento de las garantías procesales y la regulación de las medidas de investigación tecnológica. (BOE de 06/10/2015)

ART. 283.

Constituirán la Policía judicial y serán auxiliares de los Jueces y Tribunales competentes en materia penal y del Ministerio fiscal, quedando obligados a seguir las instrucciones que de aquellas autoridades reciban a efectos de la investigación de los delitos y persecución de los delincuentes:

Primero. Las Autoridades administrativas encargadas de la seguridad pública y de la persecución de todos los delitos o de algunos especiales.

Segundo. Los empleados o subalternos de la policía de seguridad, cualquiera que sea su denominación.

Tercero. Los Alcaldes, Tenientes de Alcalde y Alcaldes de barrio.

Cuarto. Los Jefes, Oficiales e individuos de la Guardia Civil o de cualquier otra fuerza destinada a la persecución de malhechores.

Quinto. Los Serenos, Celadores y cualesquiera otros Agentes municipales de policía urbana o rural.

Sexto. Los Guardas de montes, campos y sembrados, jurados o confirmados por la Administración.

Séptimo. Los funcionarios del Cuerpo especial de Prisiones.

Octavo. Los Agentes judiciales y los subalternos de los Tribunales y Juzgados.

Noveno. El personal dependiente de la Jefatura Central de Tráfico, encargado de la investigación técnica de los accidentes.

Ver arts. 548 y 549 LOPJ; LO 2/1986, de 13 de marzo, de Fuerzas y Cuerpos de Seguridad; RD 769/1987, de 19 de junio, sobre Regulación de la Policía Judicial.

ART. 284.

1. Inmediatamente que los funcionarios de la Policía judicial tuvieren conocimiento de un delito público o fueren requeridos para prevenir la instrucción de diligencias por razón de algún delito privado, lo participarán a la autoridad judicial o al representante del Ministerio Fiscal, si pudieren hacerlo sin cesar en la práctica de las diligencias de prevención. En otro caso, lo harán así que las hubieren terminado.

2. No obstante, cuando no exista autor conocido del delito la Policía Judicial conservará el atestado a disposición del Ministerio Fiscal y de la autoridad judicial, sin enviárselo, salvo que concurra alguna de las siguientes circunstancias:

a) Que se trate de delitos contra la vida, contra la integridad física, contra la libertad e indemnidad sexuales o de delitos relacionados con la corrupción;

b) Que se practique cualquier diligencia después de transcurridas setenta y dos horas desde la apertura del atestado y éstas hayan tenido algún resultado; o

c) Que el Ministerio Fiscal o la autoridad judicial soliciten la remisión.

De conformidad con el derecho reconocido en el artículo 6 de la Ley 4/2015, de 27 de abril, del Estatuto de la Víctima del delito, la Policía Judicial comunicará al denunciante que en caso de no ser identificado el autor en el plazo de setenta y dos horas, las actuaciones no se remitirán a la autoridad judicial, sin perjuicio de su derecho a reiterar la denuncia ante la fiscalía o el juzgado de instrucción.

3. Si hubieran recogido armas, instrumentos o efectos de cualquier clase que pudieran tener relación con el delito y se hallen en el lugar en que éste se cometió o en sus inmediaciones, o en poder del reo o en otra parte conocida, extenderán diligencia expresiva del

lugar, tiempo y ocasión en que se encontraren, que incluirá una descripción minuciosa para que se pueda formar idea cabal de los mismos y de las circunstancias de su hallazgo, que podrá ser sustituida por un reportaje gráfico. La diligencia será firmada por la persona en cuyo poder fueren hallados.

4. La incautación de efectos que pudieran pertenecer a una víctima del delito será comunicada a la misma. La persona afectada por la incautación podrá recurrir en cualquier momento la medida ante el juez de instrucción de conformidad con lo dispuesto en el párrafo tercero del artículo 334.

Modificado por Ley 41/2015, de 5 de octubre, de modificación de la Ley de Enjuiciamiento Criminal para la agilización de la justicia penal y el fortalecimiento de las garantías procesales. (BOE de 06/10/2015)

ART. 285.

Si concurriere algún funcionario de Policía judicial de categoría superior a la del que estuviese actuando, deberá éste darle conocimiento de cuanto hubiese practicado, poniéndose desde luego a su disposición.

ART. 286.

Cuando el Juez de instrucción o el municipal se presentaren a formar el sumario, cesarán las diligencias de prevención que estuviere practicando cualquier Autoridad o agente de policía; debiendo éstos entregarlas en el acto a dicho Juez, así como los efectos relativos al delito que se hubiesen recogido, y poniendo a su disposición a los detenidos, si los hubiese.

Ver art. 318 LECrim.

ART. 287.

Los funcionarios que constituyen la Policía judicial practicarán sin dilación, según sus atribuciones respectivas, las diligencias que los funcionarios del Ministerio fiscal les encomienden para la comprobación del delito y averiguación de los delincuentes y todas las demás que durante el curso de la causa les encargaren los Jueces de instrucción y municipales.

ART. 288.

El Ministerio fiscal, los Jueces de instrucción y los municipales podrán entenderse directamente con los funcionarios de Policía judicial, cualquiera que sea su categoría, para todos los efectos de este título; pero si el servicio que de ellos exigiesen admitiese espera, deberán acudir al superior respectivo del funcionario de Policía judicial, mientras no necesitasen del inmediato auxilio de éste.

ART. 289.

El funcionario de Policía judicial que por cualquier causa no pueda cumplir el requerimiento o la orden que hubiese recibido del Ministerio fiscal, del Juez de instrucción, del Juez municipal, o de la Autoridad o agente que hubiese prevenido las primeras diligencias, lo pondrá inmediatamente en conocimiento del que haya hecho el requerimiento o dado la orden para que provea de otro modo a su ejecución.

Ver art. 291 LECrim.

ART. 290.

Si la causa no fuere legítima, el que hubiese dado la orden o hecho el requerimiento lo pondrá en conocimiento del superior jerárquico del que se excuse para que le corrija disciplinariamente, a no ser que hubiere incurrido en mayor responsabilidad con arreglo a las leyes.

El superior jerárquico comunicará a la Autoridad o funcionario que le hubiere dado la queja la resolución que adopte respecto de su subordinado.

Ver LO 2/1986, de 13 de marzo, de Fuerzas y Cuerpos de Seguridad.

ART. 291.

El jefe de cualquier fuerza pública que no pudiere prestar el auxilio que por los Jueces de instrucción o municipales o por un funcionario de Policía judicial le fuere pedido se atendrá también a lo dispuesto en el artículo 289.

El que hubiere hecho el requerimiento lo pondrá en conocimiento del Jefe superior inmediato del que se excusare en la forma y para el objeto expresado en los párrafos del artículo anterior.

ART. 292.

Los funcionarios de Policía judicial extenderán, bien en papel sellado, bien en papel común, un atestado de las diligencias que practiquen, en el cual especificarán con la mayor exactitud los hechos por ellos averiguados, insertando las declaraciones e informes recibidos y anotando todas las circunstancias que hubiesen observado y pudiesen ser prueba o indicio del delito.

La Policía Judicial remitirá con el atestado un informe dando cuenta de las detenciones anteriores y de la existencia de requisitorias para su llamamiento y busca cuando así conste en sus bases de datos.

Modificado por Ley Orgánica 15/2003, de 25 de noviembre, por la que se modifica la Ley Orgánica 10/1995, de 23 de noviembre, del Código Penal. (BOE de 26/11/2003)

Ver arts. 774 y sigs. LECrim.

ART. 293.

El atestado será firmado por el que lo haya extendido, y si usare sello lo estampará con su rúbrica en todas las hojas.

Las personas presentes, peritos y testigos que hubieren intervenido en las diligencias relacionadas en el atestado serán invitadas a firmarlo en la parte a ellos referente. Si no lo hicieren, se expresará la razón.

ART. 294.

Si no pudiere redactar el atestado el funcionario a quien correspondiese hacerlo, se sustituirá por una relación verbal circunstanciada, que reducirá a escrito de un modo fehaciente el funcionario del Ministerio fiscal, el Juez de instrucción o el municipal a quien deba presentarse el atestado, manifestándose el motivo de no haberse redactado en la forma ordinaria.

Ver D.T. 3.ª LOPJ.

ART. 295.

En ningún caso los funcionarios de Policía Judicial podrán dejar transcurrir más de veinticuatro horas sin dar conocimiento a la autoridad judicial o al Ministerio Fiscal de las diligencias que hubieran practicado, salvo en los supuestos de fuerza mayor y en el previsto en el apartado 2 del artículo 284.

Los que infrinjan esta disposición serán corregidos disciplinariamente con multa de 250 a 1.000 pesetas, si la omisión no mereciere la calificación de delito, y al propio tiempo será considerada dicha infracción como falta grave la primera vez y como falta muy grave las siguientes.

Los que, sin exceder el tiempo de las veinticuatro horas, demorasen más de lo necesario el dar conocimiento, serán corregidos disciplinariamente con una multa de 100 a 350 pesetas, y además esta infracción constituirá a efectos del expediente personal del interesado, falta leve la primera vez, grave las dos siguientes y muy grave las restantes.

Párrafo primero redactado por Ley 41/2015, de 5 de octubre, de modificación de la Ley de Enjuiciamiento Criminal para la agilización de la justicia penal y el fortalecimiento de las garantías procesales. (BOE de 06/10/2015)

Ver arts. 17 CE; 167, 284 LECrim; 12 RD 769/1987, de 19 de junio, sobre regulación de la Policía Judicial.

ART. 296.

Cuando hubieren practicado diligencias por orden o requerimiento de la Autoridad judicial o del Ministerio fiscal, comunicarán el resultado obtenido en los plazos que en la orden o en el requerimiento se hubiesen fijado.

Ver art. 12 RD 769/1987, de 19 de junio, sobre regulación de la Policía Judicial.

ART. 297.

Los atestados que redactaren y las manifestaciones que hicieren los funcionarios de Policía judicial, a consecuencia de las averiguaciones que hubiesen practicado, se considerarán denuncias para los efectos legales.

Las demás declaraciones que prestaren deberán ser firmadas, y tendrán el valor de declaraciones testificales en cuanto se refieran a hechos de conocimiento propio.

En todo caso, los funcionarios de Policía judicial están obligados a observar estrictamente las formalidades legales en cuantas diligencias practiquen, y se abstendrán bajo su responsabilidad de usar medios de averiguación que la Ley no autorice.

Ver arts. 259 y 717 LECrim; y 174 CP.

ART. 298.

Los Jueces de instrucción y los Fiscales calificarán en un registro reservado el comportamiento de los funcionarios que bajo su inspección prestan servicios de Policía judicial; y cada semestre, con referencia a dicho registro, comunicarán a los superiores de cada uno de aquéllos, para los efectos a que hubiere lugar, la calificación razonada de su comportamiento.

Cuando los funcionarios de Policía judicial que hubieren de ser corregidos disciplinariamente con arreglo a esta Ley fuesen de categoría superior a la de la Autoridad judicial o fiscal que entendiesen en las diligencias en que se hubiere cometido la falta, se abstendrán éstos de imponer por sí mismos la corrección, limitándose a poner lo ocurrido en conocimiento del jefe inmediato del que debiere ser corregido.

Ver art. 35 LO 2/1986, de 13 de marzo, de Fuerzas y Cuerpos de Seguridad; RD 769/1987, de 19 de junio, sobre Regulación de la Policía Judicial.

TÍTULO IV
De la instrucción

CAPÍTULO PRIMERO
Del sumario y de las Autoridades competentes para instruirlo

ART. 299.

Constituyen el sumario las actuaciones encaminadas a preparar el juicio y practicadas para averiguar y hacer constar la perpetración de los delitos con todas las circunstancias que puedan influir en su calificación y la culpabilidad de los delincuentes, asegurando sus personas y las responsabilidades pecuniarias de los mismos.

ART. 300.

(SUPRIMIDO)

Suprimido por Ley 41/2015, de 5 de octubre, de modificación de la Ley de Enjuiciamiento Criminal para la agilización de la justicia penal y el fortalecimiento de las garantías procesales. (BOE de 06/10/2015)

ART. 301.

Las diligencias del sumario serán reservadas y no tendrán carácter público hasta que se abra el juicio oral, con las excepciones determinadas en la presente Ley.

El abogado o procurador de cualquiera de las partes que revelare indebidamente el contenido del sumario, será corregido con multa de 500 a 10.000 euros.

En la misma multa incurrirá cualquier otra persona que no siendo funcionario público cometa la misma falta.

El funcionario público, en el caso de los párrafos anteriores, incurrirá en la responsabilidad que el Código Penal señale en su lugar respectivo.

Modificado por Ley 4/2015, de 27 de abril, del Estatuto de la víctima del delito. (BOE de 28/04/2015)

Ver arts. 417 y 466 CP.

ART. 301 bis.

El Juez podrá acordar, de oficio o a instancia del Ministerio Fiscal o de la víctima, la adopción de cualquiera de las medidas a que se refiere el apartado 2 del artículo 681 cuando resulte necesario para proteger la intimidad de la víctima o el respeto debido a la misma o a su familia.

Artículo añadido por Ley 4/2015, de 27 de abril, del Estatuto de la víctima del delito. (BOE de 28/04/2015)

ART. 302.

Las partes personadas podrán tomar conocimiento de las actuaciones e intervenir en todas las diligencias del procedimiento.

No obstante, si el delito fuere público, podrá el Juez de Instrucción, a propuesta del Ministerio Fiscal, de cualquiera de las partes personadas o de oficio, declararlo, mediante auto, total o parcialmente secreto para todas las partes personadas, por tiempo no superior a un mes cuando resulte necesario para:

a) evitar un riesgo grave para la vida, libertad o integridad física de otra persona; o

b) prevenir una situación que pueda comprometer de forma grave el resultado de la investigación o del proceso.

El secreto del sumario deberá alzarse necesariamente con al menos diez días de antelación a la conclusión del sumario.

Lo dispuesto en este artículo se entenderá sin perjuicio de lo previsto en el párrafo segundo del apartado 3 del artículo 505.

Modificado por Ley Orgánica 5/2015, de 27 de abril, por la que se modifican la Ley de Enjuiciamiento Criminal y la Ley Orgánica 6/1985, de 1 de julio, del Poder Judicial, para transponer la Directiva 2010/64/UE, de 20 de octubre de 2010, relativa al derecho a interpretación y a traducción en los procesos penales y la Directiva 2012/13/UE, de 22 de mayo de 2012, relativa al derecho a la información en los procesos penales. (BOE de 28/04/2015)

Ver art. 232 LOPJ; 118 LECrim.

ART. 303.

La formación del sumario, ya empiece de oficio, ya a instancia de parte, corresponderá a los Jueces de instrucción por los delitos que se cometan dentro de su partido o demarcación respectiva y, en su defecto, a los demás de la misma ciudad o población, cuando en ella hubiere más de uno, y a prevención con ellos o por su delegación, a los Jueces municipales.

Esta disposición no es aplicable a las causas encomendadas especialmente por la Ley orgánica a determinados Tribunales, pues para ellas podrán éstos nombrar un Juez instructor especial, o autorizar al ordinario para el seguimiento del sumario.

El nombramiento de Juez instructor únicamente podrá recaer en un Magistrado del mismo Tribunal, o en un funcionario del orden judicial en activo servicio de los existentes dentro del territorio de dicho Tribunal. Una vez designado, obrará con jurisdicción propia e independiente.

Cuando el instructor fuese un Magistrado, podrá delegar sus funciones, en caso de imprescindible necesidad, en el Juez de instrucción del punto donde hayan de practicarse las diligencias.

Cuando el delito fuese por su naturaleza de aquellos que solamente pueden cometerse por Autoridades o funcionarios sujetos a un fuero superior, los Jueces de instrucción ordinarios, en casos urgentes, podrán acordar las medidas de precaución necesarias para evitar su ocultación; pero remitirán las diligencias en el término más breve posible, que en ningún caso podrá exceder de tres días, al Tribunal competente, el cual resolverá sobre la incoación del sumario, y, en su día, sobre si ha o no lugar al procesamiento de la Autoridad o funcionario inculpados.

Ver art. 87 LOPJ; 15 LECrim.

ART. 304.

Las Salas de gobierno de las Audiencias territoriales podrán nombrar también un Juez instructor especial cuando las causas versen sobre delitos cuyas extraordinarias circunstancias, o las de lugar y tiempo de su ejecución, o de las personas que en ellos hubiesen intervenido como ofensores u ofendidos motivaren fundamentalmente el nombramiento de aquél para la más acertada investigación o para la más segura comprobación de los hechos.

Las facultades de las Salas de gobierno serán extensivas a las causas procedentes de las Audiencias comprendidas dentro de su demarcación, y los nombramientos deberán recaer en los mismos funcionarios expresados en el artículo anterior de entre los existentes en el territorio, prefiriendo, a ser posible, uno de los Magistrados de la misma, cuando no fuere autorizado el Juez instructor ordinario para el seguimiento del sumario.

Lo mismo las Salas de gobierno que los Tribunales, cuando hagan uso de la facultad expresada en éste y en el precedente artículo, darán cuenta motivada al Ministerio de Gracia y Justicia.

Igual facultad tendrá la Sala de gobierno del Tribunal Supremo para designar cuando proceda Juez especial que conozca de delito o delitos cometidos en lugares pertenecientes a la jurisdicción de más de una Audiencia territorial o en aquellos casos en que por las circunstancias del hecho lo estimare conveniente la mencionada Sala, debiendo recaer el nombramiento en cualquier funcionario del servicio activo de la carrera judicial.

La competencia para la respectiva Audiencia a que deba el proceso ser sometido después de concluido el sumario, se atribuirá por las reglas del artículo 18 de esta Ley.

ART. 305.

El nombramiento de Jueces especiales de instrucción que se haga conforme a los artículos anteriores será y habrá de entenderse sólo para la instrucción del sumario con todas sus incidencias. Terminado éste, se remitirá por el Juez especial al Tribunal a quien, según las disposiciones vigentes, corresponda el conocimiento de la causa, para que la prosiga y falle con arreglo a derecho.

Ver arts. 57, 61, 73 y 98 LOPJ.

CAPÍTULO II
De la formación del sumario

ART. 306.

Conforme a lo dispuesto en el capítulo anterior, los Jueces de instrucción formarán los sumarios de los delitos públicos bajo la inspección directa del Fiscal del Tribunal competente.

La inspección será ejercida, bien constituyéndose el Fiscal por sí o por medio de sus auxiliares al lado del Juez instructor, bien por medio de testimonios en relación, suficientemente expresivos, que le remitirá el Juez instructor periódicamente y cuantas veces se los reclame, pudiendo en este caso el Fiscal hacer presente sus observaciones en atenta comunicación y formular sus pretensiones por requerimientos igualmente atentos. También podrá delegar sus funciones en los Fiscales municipales.

Tan pronto como se ordene la incoación del procedimiento para las causas ante el Tribunal del Jurado, se pondrán en conocimiento del Ministerio Fiscal quien comparecerá e intervendrá en cuantas actuaciones se lleven a cabo ante aquél.

Cuando en los órganos judiciales existan los medios técnicos precisos, el fiscal podrá intervenir en las actuaciones de cualquier procedimiento penal, incluida la comparecencia del artículo 505, mediante videoconferencia u otro sistema similar que permita la comunicación bidireccional y simultánea de la imagen y el sonido.

Modificado por Ley Orgánica 13/2003, de 24 de octubre, de reforma de la Ley de Enjuiciamiento Criminal en materia de prisión provisional. (BOE de 27/10/2003)

Ver arts. 57 y 73 LOPJ.

ART. 307.

En el caso de que el Juez municipal comenzare a instruir las primeras diligencias del sumario, practicadas que sean las más urgentes y todas las que el Juez de instrucción le hubiere prevenido, le remitirá la causa, que nunca podrá retener más de tres días.

ART. 308.

Inmediatamente que los Jueces de instrucción o de Paz, en su caso, tuvieren noticia de la perpetración de un delito, el Secretario judicial lo pondrá en conocimiento del Fiscal de la respectiva Audiencia, y dará, además, parte al Presidente de ésta de la formación del sumario, en relación sucinta, suficientemente expresiva del hecho, de sus circunstancias y de su autor, dentro de los dos días siguientes al en que hubieren principiado a instruirle.

Los Jueces de Paz darán cuenta inmediata de la prevención de las diligencias al de Instrucción a quien corresponda.

Modificado por Ley 13/2009, de 3 de noviembre, de reforma de la legislación procesal para la implantación de la nueva Oficina judicial. (BOE de 04/11/2009)

Ver art. 42 Ley 38/1988, de 28 de diciembre, de Demarcación y de Planta Judicial.

ART. 309.

Si la persona contra quien resultaren cargos fuere alguna de las sometidas en virtud de disposición especial de la ley orgánica a un Tribunal excepcional, practicadas las primeras diligencias y antes de dirigir el procedimiento contra aquélla, esperará las órdenes del Tribunal competente a los efectos de lo prevenido en el párrafo segundo y última parte del quinto del art. 303 de esta ley.

Si el delito fuere de los que dan motivo a la prisión preventiva con arreglo a lo dispuesto en esta ley y el presunto culpable hubiese sido sorprendido "in fraganti", podrá ser desde luego detenido y preso, si fuere necesario, sin perjuicio de lo dispuesto en el párrafo precedente.

Ver arts. 56, 71 y 102 CE; 57 y 73 LOPJ; Ley de 9 de febrero de 1912 declarando los Tribunales que han de entender en el conocimiento de las causas contra Senadores y Diputados; Reglamento del Congreso de los Diputados, de 10 de febrero de 1982 y Reglamento del Senado, de 3 de mayo de 1994; LO 3/1981, de 6 de abril, del Defensor del Pueblo, EOMF; LO 2/1986, de 13 de marzo, de Fuerzas y Cuerpos de Seguridad.

ART. 309 bis.

Cuando de los términos de la denuncia o de la relación circunstanciada del hecho en la querella, así como cuando de cualquier actuación procesal, resulte contra persona o personas determinadas la imputación de un delito, cuyo enjuiciamiento venga atribuido al Tribunal del Jurado, procederá el Juez a la incoación del procedimiento previsto en su ley reguladora, en el que, en la forma que en ella se establece, se pondrá inmediatamente aquella imputación en conocimiento de los presuntamente inculpados.

El Ministerio Fiscal, demás partes personadas, y el investigado en todo caso, podrán instarlo así, debiendo el Juez resolver en plazo de una audiencia. Si no lo hiciere, o desestimare la petición, las partes podrán recurrir directamente en queja ante la Audiencia Provincial que resolverá antes de ocho días, recabando el informe del Instructor por el medio más rápido.

ART. 310.

Los Jueces de instrucción podrán delegar en los municipales la práctica de todos los actos y diligencias que esta Ley no reserve exclusivamente a los primeros cuando alguna causa justificada les impida practicarlos por sí. Pero procurarán hacer uso moderado de esta facultad, y el Tribunal inmediato superior cuidará de impedir y corregir la frecuencia injustificada de estas delegaciones.

ART. 311.

El Juez que instruya el sumario practicará las diligencias que le propusieran el Ministerio Fiscal o cualquiera de las partes personadas si no las considera inútiles o perjudiciales.

Contra el auto denegatorio de las diligencias pedidas podrá interponerse recurso de apelación, que será admitido en un solo efecto para ante la respectiva Audiencia o Tribunal competente.

Cuando el Fiscal no estuviere en la misma localidad que el Juez de instrucción, en vez de apelar, recurrirá en queja al Tribunal competente, acompañando al efecto testimonio de las diligencias sumariales que conceptúe necesarias, cuyo testimonio deberá facilitarle el Juez de instrucción, y, previo informe del mismo, acordará el Tribunal lo que estime procedente.

Ver arts. 780 a 783 LECrim.

ART. 312.

Cuando se presentare querella, el Juez de instrucción, después de admitirla si fuere procedente, mandará practicar las diligencias que en ella se propusieren, salvo las que considere contrarias a las leyes o innecesarias o perjudiciales para el objeto de la querella, las cuales denegará en resolución motivada.

Ver arts. 277 y 313 LECrim.

ART. 313.

Desestimará en la misma forma la querella cuando los hechos en que se funde no constituyan delito, o cuando no se considere competente para instruir el sumario objeto de la misma.

Contra el auto a que se refiere este artículo procederá el recurso de apelación, que será admisible en ambos efectos.

ART. 314.

Las diligencias pedidas y denegadas en el sumario podrán ser propuestas de nuevo en el juicio oral.

Ver art. 785 LECrim.

ART. 315.

El Juez hará constar cuantas diligencias se practicaren a instancia de parte.

De las ordenadas de oficio solamente constarán en el sumario aquellas cuyo resultado fuere conducente al objeto del mismo.

ART. 316.

(DEROGADO)

Derogado por Ley 53/1978, de 4 de diciembre, por la que se modifican los artículos 23, 37, 53, 118, 302, 311, 333, 520 y 522 de la Ley de Enjuiciamiento Criminal y se deroga el artículo 316 de la misma. (BOE de 08/12/1978)

ART. 317.

El Juez municipal tendrá las mismas facultades que el de instrucción para no comunicar al querellante particular las actuaciones que practicare.

Ver Ley 38/1988, de 28 de diciembre, de Demarcación y Planta Judicial.

ART. 318.

Sin embargo del deber impuesto a los Jueces municipales de instruir en su caso las primeras diligencias de los sumarios, cuando el Juez de instrucción tuviere noticia de algún delito que revista carácter de gravedad, o cuya comprobación fuere difícil por circunstancias especiales, o que hubiese causado alarma, se trasladará inmediatamente al lugar del delito y procederá a formar el sumario, haciéndose cargo de las actuaciones que hubiese practicado el Juez municipal, y recibiendo las averiguaciones y datos que le suministren los funcionarios de la Policía judicial. Permanecerá en dicho lugar el tiempo necesario para practicar todas las diligencias cuya dilación pudiera ofrecer inconvenientes.

Ver arts. 268 LOPJ; 333 LECrim; 42 Ley 38/1988, de 28 de diciembre.

ART. 319.

Cuando el Fiscal de la respectiva Audiencia tuviere conocimiento de la perpetración de alguno de los delitos expresados en el artículo anterior, deberá trasladarse personalmente, o acordar que se traslade al lugar del suceso alguno de sus subordinados para contribuir con el Juez de instrucción al mejor y más pronto esclarecimiento de los hechos, si otras ocupaciones tanto o más graves no lo impidieren, sin perjuicio de proceder de igual manera en cualquier otro caso en que lo conceptuare conveniente.

Ver arts. 767 a 783 LECrim.

ART. 320.

La intervención del actor civil en el sumario se limitará a procurar la práctica de aquellas diligencias que puedan conducir al mejor éxito de su acción, apreciadas discrecionalmente por el Juez instructor.

ART. 321.

Los Jueces de instrucción formarán el sumario ante sus Secretarios.

En casos urgentes y extraordinarios, faltando éstos, podrán proceder con la intervención de un Notario o de dos hombres buenos mayores de edad, que sepan leer y escribir, los cuales jurarán guardar fidelidad y secreto.

Ver RD 1451/2005, de 7 de diciembre, por el que se aprueba el Reglamento de Ingreso, Provisión de Puestos de Trabajo y Promoción Profesional del Personal Funcionario al Servicio de la Administración de Justicia.

ART. 322.

Las diligencias del sumario que hayan de practicarse fuera de la circunscripción del Juez de instrucción o del término del Juez municipal que las ordenaren tendrán lugar en la forma que determina el título VIII del libro I, y serán reservadas para todos los que no deban intervenir en ellas.

Ver arts. 183 a 196 LECrim.

ART. 323.

Sin embargo de lo dispuesto en el artículo anterior, cuando el lugar en que se hubiere de practicar alguna diligencia del sumario estuviese fuera de la jurisdicción del Juez instructor, pero en lugar próximo al punto en que éste se hallare, y hubiese peligro en demorar aquélla, podrá ejecutarla por sí mismo, dando inmediato aviso al Juez competente.

Ver arts. 275 LOPJ.

ART. 324.

1. La investigación judicial se desarrollará en un plazo máximo de doce meses desde la incoación de la causa.

Si, con anterioridad a la finalización del plazo, se constatare que no será posible finalizar la investigación, el juez, de oficio o a instancia de parte, oídas las partes podrá acordar prórrogas sucesivas por periodos iguales o inferiores a seis meses.

Las prórrogas se adoptarán mediante auto donde se expondrán razonadamente las causas que han impedido finalizar la investigación en plazo, así como las concretas diligencias que es necesario practicar y su relevancia para la investigación. En su caso, la denegación de la prórroga también se acordará mediante resolución motivada.

2. Las diligencias de investigación acordadas con anterioridad al transcurso del plazo o de sus prórrogas serán válidas, aunque se reciban tras la expiración del mismo.

3. Si, antes de la finalización del plazo o de alguna de sus prórrogas, el instructor no hubiere dictado la resolución a la que hace referencia el apartado 1, o bien esta fuera revocada por vía de recurso, no serán válidas las diligencias acordadas a partir de dicha fecha.

4. El juez concluirá la instrucción cuando entienda que ha cumplido su finalidad. Transcurrido el plazo máximo o sus prórrogas, el instructor dictará auto de conclusión del sumario o, en el procedimiento abreviado, la resolución que proceda.

Modificado por Ley 2/2020, de 27 de julio, por la que se modifica el artículo 324 de la Ley de Enjuiciamiento Criminal. (BOF de 28/07/2020)

La redacción de este artículo será de aplicación a los procesos en tramitación a fecha 30/07/2020, que fue la entrada en vigor de la Ley 2/2020, de 27 de julio. A tal efecto, el día de entrada en vigor será considerado como día inicial para el cómputo de los plazos máximos de instrucción establecidos en el artículo.

ART. 325.

El juez, de oficio o a instancia de parte, por razones de utilidad, seguridad o de orden público, así como en aquellos supuestos en que la comparecencia de quien haya de intervenir en cualquier tipo de procedimiento penal como investigado o encausado, testigo, perito, o en otra condición resulte particularmente gravosa o perjudicial, podrá acordar que la comparecencia se realice a través de videoconferencia u otro sistema similar que permita la comunicación bidireccional y simultánea de la imagen y el sonido, de acuerdo con lo dispuesto en el apartado 3 del artículo 229 de la Ley Orgánica del Poder Judicial.

TÍTULO V
De la comprobación del delito y averiguación del delincuente

CAPÍTULO PRIMERO
De la inspección ocular

ART. 326.

Cuando el delito que se persiga haya dejado vestigios o pruebas materiales de su perpetración, el Juez instructor o el que haga sus veces ordenará que se recojan y conserven para el juicio oral si fuere posible, procediendo al efecto a la inspección ocular y a la descripción de todo aquello que pueda tener relación con la existencia y naturaleza del hecho.

A este fin, hará consignar en los autos la descripción del lugar del delito, el sitio y estado en que se hallen los objetos que en él se encuentren, los accidentes del terreno o situación de las habitaciones y todos los demás detalles que puedan utilizarse, tanto para la acusación como para la defensa.

Cuando se pusiera de manifiesto la existencia de huellas o vestigios cuyo análisis biológico pudiera contribuir al esclarecimiento del hecho investigado, el Juez de Instrucción adoptará u ordenará a la Policía Judicial o al médico forense que adopte las medidas necesarias para que la recogida, custodia y examen de aquellas muestras se verifique en condiciones que garanticen su autenticidad, sin perjuicio de lo establecido en el artículo 282.

Párrafo primero modificado por Ley 13/2009, de 3 de noviembre, de reforma de la legislación procesal para la implantación de la nueva Oficina judicial. (BOE de 04/11/2009)

ART. 327.

Cuando fuere conveniente para mayor claridad o comprobación de los hechos, se levantará el plano del lugar suficientemente detallado, o se hará el retrato de las personas que hubiesen sido objeto del delito, o la copia o diseño de los efectos o instrumentos del mismo que se hubiesen hallado.

ART. 328.

Si se tratare de un robo o de cualquier otro delito cometido con fractura, escalamiento o violencia, el Juez instructor deberá describir los vestigios que haya dejado y consultará el parecer de peritos sobre la manera, instrumentos, medios o tiempo de la ejecución del delito.

Ver art. 238 CP.

ART. 329.

Para llevar a efecto lo dispuesto en los artículos anteriores, podrá ordenar el Juez instructor que no se ausenten durante la diligencia de descripción las personas que hubieren sido halladas en el lugar del delito y que comparezcan además inmediatamente las que se encontraren en cualquier otro sitio próximo, recibiendo a todas separadamente la oportuna declaración.

ART. 330.

Cuando no hayan quedado huellas o vestigios del delito que hubiese dado ocasión al sumario, el Juez instructor averiguará y hará constar, siendo posible, si la desaparición de las pruebas materiales ha ocurrido natural, casual o intencionadamente, y las causas de la misma o los medios que para ello se hubieren empleado, procediendo seguidamente a recoger y consignar en el sumario las pruebas de cualquiera clase que se puedan adquirir acerca de la perpetración del delito.

ART. 331.

Cuando el delito fuere de los que no dejan huellas de su perpetración, el Juez instructor procurará hacer constar por declaraciones de testigos y por los demás medios de comprobación la ejecución del delito y sus circunstancias, así como la preexistencia de la cosa cuando el delito hubiese tenido por objeto la sustracción de la misma.

Ver arts. 364 y 762 a 765 LECrim.

ART. 332.

Todas las diligencias comprendidas en este capítulo se extenderán por escrito en el acto mismo de la inspección ocular, y serán firmadas por el Juez instructor, el Fiscal, si asistiere al acto, el Secretario y las personas que se hallaren presentes.

ART. 333.

Cuando al practicarse las diligencias enumeradas en los artículos anteriores hubiese alguna persona declarada procesada como presunta autora del hecho punible, podrá presenciarlas, ya sola, ya asistida del defensor que eligiese o le fuese nombrado de oficio, si así lo solicitara; uno y otro podrán hacer en el acto las observaciones que estimen pertinentes, las cuales se consignarán por diligencia si no fuesen aceptadas.

Al efecto el Secretario judicial pondrá en conocimiento del procesado el acuerdo relativo a la práctica de la diligencia con la anticipación que permita su índole y no se suspenderá por la falta de comparecencia del procesado o de su defensor. Igual derecho asiste a quien se halle privado de libertad en razón de estas diligencias.

Párrafo segundo modificado por Ley 13/2009, de 3 de noviembre, de reforma de la legislación procesal para la implantación de la nueva Oficina judicial. (BOE de 04/11/2009)

Ver arts. 331 y 364 LECrim.

CAPÍTULO II
Del cuerpo del delito

ART. 334.

El Juez instructor ordenará recoger en los primeros momentos las armas, instrumentos o efectos de cualquiera clase que puedan tener relación con el delito y se hallen en el lugar en que éste se cometió, o en sus inmediaciones, o en poder del reo, o en otra parte conocida. El Secretario judicial extenderá diligencia expresiva del lugar, tiempo y ocasión en que se encontraren, describiéndolos minuciosamente para que se pueda formar idea cabal de los mismos y de las circunstancias de su hallazgo.

La diligencia será firmada por la persona en cuyo poder fueren hallados, notificándose a la misma el auto en que se mande recogerlos.

La persona afectada por la incautación podrá recurrir en cualquier momento la medida ante el Juez de Instrucción. Este recurso no requerirá de la intervención de abogado cuando sea presentado por terceras personas diferentes del imputado. El recurso se entenderá interpuesto cuando la persona afectada por la medida o un familiar suyo mayor de edad hubieran expresado su disconformidad en el momento de la misma.

Los efectos que pertenecieran a la víctima del delito serán restituidos inmediatamente a la misma, salvo que excepcionalmente debieran ser conservados como medio de prueba o para la práctica de otras diligencias, y sin perjuicio de su restitución tan pronto resulte posible. Los efectos serán también restituidos inmediatamente cuando deban ser conservados como medio de prueba o para la práctica de otras diligencias, pero su conservación pueda garantizarse imponiendo al propietario el deber de mantenerlos a disposición del Juez o Tribunal. La víctima podrá, en todo caso, recurrir esta decisión conforme a lo dispuesto en el párrafo anterior.

Párrafos tercero y cuarto añadidos por Ley 4/2015, de 27 de abril, del Estatuto de la víctima del delito. (BOE de 28/04/2015)

Párrafo primero modificado por Ley 13/2009, de 3 de noviembre, de reforma de la legislación procesal para la implantación de la nueva Oficina judicial. (BOE de 04/11/2009)

Ver arts. 127 y 128 CP; RD 2783/1976, de 15 de octubre, sobre conservación y destino de piezas de convicción.

ART. 335.

Siendo habida la persona o cosa objeto del delito, el Juez instructor describirá detalladamente su estado y circunstancias, y especialmente todas las que tuviesen relación con el hecho punible.

Si por tratarse de delito de falsificación cometida en documentos o efectos existentes en dependencias de las Administraciones Públicas hubiere imprescindible necesidad de tenerlos a la vista para su reconocimiento pericial y examen por parte del Juez o Tribunal, el Secretario judicial los reclamará a las correspondientes Autoridades, sin perjuicio de devolverlos a los respectivos Centros oficiales después de terminada la causa.

Párrafo segundo modificado por Ley 13/2009, de 3 de noviembre, de reforma de la legislación procesal para la implantación de la nueva Oficina judicial. (BOE de 04/11/2009)

Ver arts. 326, 391, 574, 620, 626, 631, 634, 635, 688, 822 y 844 LECrim.

ART. 336.

En los casos de los dos artículos anteriores ordenará también el Juez el reconocimiento por peritos, siempre que esté indicado para apreciar mejor la relación con el delito, de los lugares, armas, instrumentos y efectos a que dichos artículos se refieren, haciéndose constar por diligencia el reconocimiento y el informe pericial.

A esta diligencia podrán asistir también el procesado y su defensor en los términos expresados en el artículo 333.

Ver arts. 456, 478 y 762 a 765 LECrim.

ART. 337.

Cuando en el acto de describir la persona o cosa objeto del delito y los lugares, armas, instrumentos o efectos relacionados con el mismo, estuvieren presentes o fueren conocidas personas que puedan declarar acerca del modo y forma con que aquél hubiese sido cometido, y de las causas de las alteraciones que se observaren en dichos lugares, armas, instrumentos o efectos, o acerca de su estado anterior, serán examinadas inmediatamente después de la descripción, y sus declaraciones se considerarán como complemento de ésta.

Ver arts. 328 y 333 LECrim.

ART. 338.

Sin perjuicio de lo establecido en el Capítulo II bis del presente título, los instrumentos, armas y efectos a que se refiere el artículo 334 se recogerán de tal forma que se garantice su integridad y el Juez acordará su retención, conservación o envío al organismo adecuado para su depósito.

Modificado por Ley 13/2009, de 3 de noviembre, de reforma de la legislación procesal para la implantación de la nueva Oficina judicial. (BOE de 04/11/2009)

ART. 339.

Si fuere conveniente recibir algún informe pericial sobre los medios empleados para la desaparición del cuerpo del delito, o sobre las pruebas de cualquiera clase que en su defecto se hubiesen recogido, el Juez lo ordenará inmediatamente del modo prevenido en el capítulo VII de este mismo título.

Ver arts. 456 a 485 LECrim.

ART. 340.

Si la instrucción tuviere lugar por causa de muerte violenta o sospechosa de criminalidad, antes de proceder al enterramiento del cadáver o inmediatamente después de su exhumación, hecha la descripción ordenada en el artículo 335, se identificará por medio de testigos que, a la vista del mismo, den razón satisfactoria de su conocimiento.

ART. 341.

No habiendo testigos de conocimiento, si el estado del cadáver lo permitiere, se expondrá al público antes de practicarse la autopsia, por tiempo a lo menos de veinticuatro horas, expresando en un cartel, que se fijará a la puerta del depósito de cadáveres, el sitio, hora y día en que aquél se hubiese hallado y el Juez que estuviese instruyendo el sumario, a fin de que quien tenga algún dato que pueda contribuir al reconocimiento del cadáver o al esclarecimiento del delito y de sus circunstancias lo comunique al Juez instructor.

ART. 342.

Cuando a pesar de tales prevenciones no fuere el cadáver reconocido, ordenará el Juez que se recojan todos los efectos personales con que se le hubiere encontrado, a fin de que puedan servir oportunamente para hacer la identificación.

Modificado por Ley 13/2009, de 3 de noviembre, de reforma de la legislación procesal para la implantación de la nueva Oficina judicial. (BOE de 04/11/2009)

ART. 343.

En los sumarios a que se refiere el artículo 340, aun cuando por la inspección exterior pueda presumirse la causa de la muerte, se procederá a la autopsia del cadáver por los Médicos forenses o, en su caso, por los que el Juez designe, los cuales, después de describir exactamente dicha operación, informarán sobre el origen del fallecimiento y sus circunstancias.

Para practicar la autopsia se observará lo dispuesto en el artículo 353.

Ver arts. 348, 349 y 353 LECrim; RD 1451/2005, de 7 de diciembre, por el que se aprueba el Reglamento de Ingreso, Provisión de Puestos de Trabajo y Promoción Profesional del Personal Funcionario al Servicio de la Administración de Justicia.

ART. 344.

Con el nombre de Médico forense habrá en cada Juzgado de instrucción un facultativo encargado de auxiliar a la administración de justicia en todos los casos y actuaciones en que sea necesaria o conveniente la intervención y servicios de su profesión en cualquier punto de la demarcación judicial.

ART. 345.

El Médico forense residirá en la capital del Juzgado para que haya sido nombrado, y no podrá ausentarse de ella sin licencia del Juez, del Presidente de la Audiencia de lo criminal o del Ministro de Gracia y Justicia, según que sea por ocho días a lo más, en el primer caso, veinte en el segundo y por el tiempo que el Ministro estime conveniente en el tercero.

ART. 346.

En las ausencias, enfermedades y vacantes, sustituirá al Médico forense otro Profesor que desempeñe igual cargo en la misma población; y si no lo hubiese, el que el Juez designe, dando cuenta de ella al Presidente de la Audiencia de lo criminal.

Lo mismo sucederá cuando por cualquier otro motivo no pudiese valerse el Juez instructor del Médico forense. Los que se negaren al cumplimiento de este deber o lo eludieren, incurrirán en multa de 125 a 500 pesetas.

ART. 347.

El Médico forense está obligado a practicar todo acto o diligencia propios de su profesión e instituto con el celo, esmero y prontitud que la naturaleza del caso exija y la administración de justicia requiera.

ART. 348.

Cuando en algún caso, además de la intervención del Médico forense, el Juez estimase necesaria la cooperación de uno o más facultativos, hará el oportuno nombramiento.

Lo establecido en el párrafo anterior tendrá también lugar cuando por la gravedad del caso el Médico forense crea necesaria la cooperación de uno o más coprofesores y el Juez lo estimare así.

ART. 349.

Siempre que sea compatible con la buena administración de justicia, el Juez podrá conceder prudencialmente un término al Médico forense para que preste sus declaraciones, evacue los informes y consultas y redacte otros documentos que sean necesarios, permitiéndole asimismo designar las horas que tenga por más oportunas para practicar las autopsias y exhumaciones de los cadáveres.

Ver RD 1451/2005, de 7 de diciembre, por el que se aprueba el Reglamento de Ingreso, Provisión de Puestos de Trabajo y Promoción Profesional del Personal Funcionario al Servicio de la Administración do Justicia.

ART. 350.

En los casos de envenenamiento, heridas u otras lesiones cualesquiera, quedará el Médico forense encargado de la asistencia facultativa del paciente, a no ser que éste o su familia prefieran la de uno o más Profesores de su elección, en cuyo caso conservará aquél la inspección y vigilancia que le incumbe para llenar el correspondiente servicio médico forense.

El procesado tendrá derecho a designar un Profesor que, con los nombrados por el Juez instructor o el designado por la parte acusadora, intervenga en la asistencia del paciente.

Ver RD 296/1996, de 23 de febrero, por el que se aprueba el Reglamento Orgánico del Cuerpo de Médicos Forenses; RD 796/2005, do 1 de julio, por el que se aprueba el Reglamento general de régimen disciplinario del personal al servicio de la Administración de Justicia; RD 1451/2005, de 7 de diciembre, por el que se aprueba el Reglamento de Ingreso, Provisión de Puestos de Trabajo y Promoción Profesional del Personal Funcionario al Servicio de la Administración de Justicia.

ART. 351.

Cuando el Médico forense o, en su defecto, el designado o designados por el Juez instructor no estuvieren conformes con el tratamiento o plan curativo empleado por los facultativos que el paciente o su familia hubiesen nombrado, darán parte a dicho Juez instructor a los efectos que en justicia procedan. Lo mismo podrá hacer, en su caso, el facultativo designado por el procesado.

El Juez instructor, cuando tal discordia resultare, designará mayor número de Profesores para que manifiesten su parecer y, consignados todos los datos necesarios, se tendrán presentes para cuando en su día haya de fallarse la causa.

ART. 352.

Lo dispuesto en los artículos anteriores es aplicable cuando el paciente ingrese en la cárcel, hospital u otro establecimiento, y sea asistido por los Facultativos de los mismos.

Ver arts. 139, 140, 147 y 148 CP; 36 y sigs. LGPe; RD 190/1996, de 9 de febrero por el que se aprueba el Reglamento Penitenciario; y 355 LECrim.

ART. 353.

Las autopsias se harán en un local público que en cada pueblo o partido tendrá destinado la Administración para el objeto y para depósito de cadáveres. Podrá, sin embargo, el Juez de instrucción, disponer, cuando lo considere conveniente, que la operación se practique en otro lugar o en el domicilio del difunto, si su familia lo pidiere, y esto no perjudicase al éxito del sumario.

Si el Juez de instrucción no pudiere asistir a la operación anatómica, delegará en un funcionario de Policía judicial, dando fe de su asistencia, así como de lo que en aquélla ocurriere, el Secretario de la causa.

ART. 354.

Cuando la muerte sobreviniere por consecuencia de algún accidente ocurrido en las vías férreas yendo un tren en marcha, únicamente se detendrá éste el tiempo preciso para separar el cadáver o cadáveres de la vía, haciéndose constar previamente su situación y estado, bien por la autoridad o funcionario de Policía judicial que inmediatamente se presente en el lugar del siniestro, bien por los que accidentalmente se hallen en el mismo tren, bien, en defecto de estas personas, por el empleado de mayor categoría a cuyo cargo vaya, debiendo ser preferidos para el caso los empleados o agentes del Gobierno.

Se dispondrá asimismo lo conveniente para que, sin perjuicio de seguir el tren su marcha, sea avisada la Autoridad que deba instruir las primeras diligencias y acordar el levantamiento de los cadáveres; y las personas antedichas recogerán en el acto con prontitud los datos y antecedentes precisos, que comunicarán a la mayor brevedad a la Autoridad competente para la instrucción de las primeras diligencias con el fin de que pueda esclarecerse el motivo del siniestro.

Ver art. 770.4ª LECrim.

ART. 355.

Si el hecho criminal que motivare la formación de una causa cualquiera consistiese en lesiones, los Médicos que asistieren al herido estarán obligados a dar parte de su estado y adelantos en los períodos que se les señalen, e inmediatamente que ocurra cualquiera novedad que merezca ser puesta en conocimiento del Juez instructor.

Ver RD 1451/2005, de 7 de diciembre, por el que se aprueba el Reglamento de Ingreso, Provisión de Puestos de Trabajo y Promoción Profesional del Personal Funcionario al Servicio de la Administración de Justicia.

ART. 356.

Las operaciones de análisis químico que exija la sustanciación de los procesos criminales se practicarán por Doctores en Medicina, en Farmacia, en Ciencias físico-químicas, o por Ingenieros que se hayan dedicado a la especialidad química. Si no hubiere Doctores en aquellas ciencias, podrán ser nombrados Licenciados que tengan los conocimientos y práctica suficientes para hacer dichas operaciones.

Los Jueces de instrucción designarán, entre los comprendidos en el párrafo anterior, los peritos que han de hacer el análisis de las sustancias que en cada caso exija la administración de justicia.

Cuando en el partido judicial donde se instruya el proceso no haya ninguno de los peritos a quienes se refiere el párrafo primero, o estén imposibilitados legal o físicamente de practicar el análisis los que en aquél residieren, el Juez instructor lo pondrá en conocimiento del Presidente de la Sala o Audiencia de lo criminal, y éste nombrará el perito o peritos que hayan de practicar dicho servicio entre las personas que designa el párrafo primero domiciliadas en el territorio. Al mismo tiempo comunicará el nombramiento de peritos al Juez instructor para que ponga a su disposición, con las debidas precauciones y formalidades, las sustancias que hayan de ser analizadas.

El procesado o procesados tendrán derecho a nombrar un perito que concurra con los designados por el Juez.

ART. 357.

Los indicados Profesores prestarán este servicio en el concepto de peritos titulares, y no podrán negarse a efectuarlo sin justa causa, siéndoles aplicable en otro caso lo dispuesto en el párrafo segundo del artículo 346.

ART. 358.

Cada uno de los citados Profesores que informe como perito en virtud de orden judicial, percibirá por sus honorarios e indemnización de los gastos que el desempeño de este servicio le ocasione, la cantidad que se fije en los reglamentos, no estando obligado a trabajar más de tres horas por día, excepto en casos urgentes o extraordinarios, lo que se hará constar en los autos.

ART. 359.

Concluido el análisis y firmada la declaración correspondiente, los Profesores pasarán al Juez instructor o al Presidente de la Sala o Audiencia de lo criminal, en su caso, una nota firmada de los objetos o sustancias analizados y de los honorarios que les correspondan a tenor de lo dispuesto en el artículo anterior.

El Juzgado dirigirá esta nota, con las observaciones que crea justas, al Presidente de la Audiencia de lo criminal, quien la cursará elevándola al Ministerio de Gracia y Justicia, a no encontrar excesivo el número de horas que se supongan empleadas en cualquier análisis, en cuyo caso acordará que informen tres coprofesores del que lo haya verificado; y en vista de su dictamen, confirmará o rebajará los honorarios reclamados a lo que fuere justo, remitiendo todo con su informe al expresado Ministerio.

Otro tanto hará el Presidente de la Audiencia cuando el análisis se hubiere practicado durante el juicio oral.

ART. 360.

El Ministro de Gracia y Justicia, si conceptuare excesivos los honorarios, podrá también, antes de decrotar su pago, pedir informe y, en su caso, nueva tasación de los mismos a la Academia de Ciencias Exactas, Físicas y Naturales, y en vista de lo que esta Corporación expusiere o de la nueva tasación que practicare, se confirmarán los honorarios o se reducirán a lo que resultare justo, decretándose su pago.

ART. 361.

Para verificar éste se incluirá por el Ministro de Gracia y Justicia en los presupuestos de cada año la cantidad que se conceptúe necesaria.

ART. 362.

Los Profesores mencionados no podrán reclamar otros honorarios que los anteriormente fijados por virtud de este servicio, ni exigir que el Juez o Tribunal les facilite los medios materiales de laboratorio o reactivos, ni tampoco auxiliares subalternos para llenar su cometido.

Cuando por falta de peritos, laboratorio o reactivos no sea posible practicar el análisis en la circunscripción de la Audiencia de lo criminal, se practicará en la capital de provincia, y en el último extremo en la del Reino.

Ver RD. 862/1998, de 8 de mayo, por el que se aprueba el Reglamento del Instituto de Toxicología; Orden JUS/1291/2010, de 13 de mayo (normas para la preparación y remisión de muestras objeto de análisis por el Instituto Nacional de Toxicología y Ciencias Forenses).

ART. 363.

Los Juzgados y Tribunales ordenarán la práctica de los análisis químicos únicamente en los casos en que se consideren absolutamente indispensables para la necesaria investigación judicial y la recta administración de justicia.

Siempre que concurran acreditadas razones que lo justifiquen, el Juez de Instrucción podrá acordar, en resolución motivada, la obtención de muestras biológicas del sospechoso que resulten indispensables para la determinación de su perfil de ADN. A tal fin, podrá decidir la práctica de aquellos actos de inspección, reconocimiento o intervención corporal que resulten adecuados a los principios de proporcionalidad y razonabilidad.

Modificado por Ley Orgánica 15/2003, de 25 de noviembre, por la que se modifica la Ley Orgánica 10/1995, de 23 de noviembre, del Código Penal. (BOE de 26/11/2003)

ART. 364.

En los delitos de robo, hurto, estafa y en cualquiera otro en que deba hacerse constar la preexistencia de las cosas robadas, hurtadas o estafadas, si no hubiere testigos presenciales del hecho, se recibirá información sobre los antecedentes del que se presentare como agraviado, y sobre todas las circunstancias que ofrecieren indicios de hallarse éste poseyendo aquéllas al tiempo en que resulte cometido el delito.

Ver arts. 234, 237 y 248 CP; 762 a 765 LECrim.

ART. 365.

Cuando para la calificación del delito o de sus circunstancias fuere necesario estimar el valor de la cosa que hubiere sido su objeto o el importe del perjuicio causado o que hubiera podido causarse, el Juez oirá sobre ello al dueño o perjudicado, y acordará después el reconocimiento pericial en la forma determinada en el capítulo VII de este mismo título. El Secretario judicial facilitará a los peritos nombrados las cosas y elementos directos de apreciación sobre que hubiere de recaer el informe. Si tales efectos no estuvieren a disposición del órgano judicial, el Secretario judicial les suministrará los datos oportunos que se pudieren reunir, a fin de que, en tal caso, hagan la tasación y regulación de perjuicios de un modo prudente, con arreglo a los datos suministrados.

La valoración de las mercancías sustraídas en establecimientos comerciales se fijará atendiendo a su precio de venta al público.

Modificado por Ley 13/2009, de 3 de noviembre, de reforma de la legislación procesal para la implantación de la nueva Oficina judicial. (BOE de 04/11/2009)

Ver art. 778.1 y 788.2 LECrim.

ART. 366.

Las diligencias prevenidas en este capítulo y en el anterior se practicarán con preferencia a las demás del sumario, no suspendiéndose su ejecución sino para asegurar la persona del presunto culpable o para dar el auxilio necesario a los agraviados por el delito.

ART. 367.

En ningún caso admitirá el Juez durante el sumario reclamaciones ni tercerías que tengan por objeto la devolución de los efectos que constituyen el cuerpo del delito, cualquiera que sea su clase y la persona que los reclame.

Modificado por Ley 13/2009, de 3 de noviembre, de reforma de la legislación procesal para la implantación de la nueva Oficina judicial. (BOE de 04/11/2009)

CAPÍTULO II bis
De la destrucción y la realización anticipada de los efectos judiciales

ART. 367 bis.

Tendrán la consideración de efectos judiciales, en el orden penal, todos aquellos bienes puestos a disposición judicial, embargados, incautados o aprehendidos en el curso de un procedimiento penal.

Artículo añadido por Ley 18/2006, de 5 de junio, para la eficacia en la Unión Europea de las resoluciones de embargo y de aseguramiento de pruebas en procedimientos penales. (BOE de 06/06/2006)

ART. 367 ter.

1. Podrá decretarse la destrucción de los efectos judiciales, dejando muestras suficientes, cuando resultare necesaria o conveniente por la propia naturaleza de los efectos intervenidos o por el peligro real o potencial que comporte su almacenamiento o custodia, previa audiencia al Ministerio Fiscal y al propietario, si fuere conocido, o a la persona en cuyo poder fueron hallados los efectos cuya destrucción se pretende.

Cuando se trate de drogas tóxicas, estupefacientes o sustancias psicotrópicas, la autoridad administrativa bajo cuya custodia se encuentren, una vez realizados los informes analíticos pertinentes, asegurada la conservación de las muestras mínimas e imprescindibles que, conforme a criterios científicos, resulten necesarias para garantizar ulteriores comprobaciones o investigaciones, y previa comunicación al Juez instructor, procederá a su inmediata destrucción si, trascurrido el plazo de un mes desde que se efectuó aquella, la autoridad judicial no hubiera ordenado mediante resolución motivada la conservación íntegra de dichas sustancias. En todo caso, lo conservado se custodiará siempre a disposición del órgano judicial competente.

2. En todo caso, el Secretario judicial extenderá la oportuna diligencia y, si se hubiera acordado la destrucción, deberá quedar constancia en los autos de la naturaleza, calidad, cantidad, peso y medida de los efectos destruidos. Si no hubiese tasación anterior, también se dejará constancia de su valor cuando su fijación fuere imposible después de la destrucción.

3. Lo dispuesto en los dos apartados anteriores será también aplicable a los efectos intervenidos en relación con la comisión de delitos contra la propiedad intelectual e industrial. Podrá igualmente procederse a su destrucción anticipada una vez que tales efectos hayan sido examinados pericialmente, asegurando la conservación de las muestras que resulten necesarias para garantizar ulteriores comprobaciones o investigaciones, salvo que la autoridad judicial acuerde mediante resolución motivada su conservación íntegra en el plazo de un mes desde la solicitud de destrucción.

4. Si los objetos no pudieren, por su naturaleza, conservarse en su forma primitiva, el Juez resolverá lo que estime conveniente para conservarlos del mejor modo posible.

Apartado 3 modificado por Ley Orgánica 1/2015, de 30 de marzo, por la que se modifica la Ley Orgánica 10/1995, de 23 de noviembre, del Código Penal. (BOE do 31/03/2015)

Apartado 1 modificado por Real Decreto-ley 3/2013, de 22 de febrero, por el que se modifica el régimen de las tasas en el ámbito de la Administración de Justicia y el sistema de asistencia jurídica gratuita. (BOE de 23/02/2013)

ART. 367 quáter.

1. Podrán realizarse los efectos judiciales de lícito comercio, sin esperar al pronunciamiento o firmeza del fallo, y siempre que no se trate de piezas de convicción o que deban quedar a expensas del procedimiento, en cualquiera de los casos siguientes:

a) Cuando sean perecederos.

b) Cuando su propietario haga expreso abandono de ellos.

c) Cuando los gastos de conservación y depósito sean superiores al valor del objeto en sí.

d) Cuando su conservación pueda resultar peligrosa para la salud o seguridad pública, o pueda dar lugar a una disminución importante de su valor, o pueda afectar gravemente a su uso y funcionamiento habituales.

e) Cuando se trate de efectos que, sin sufrir deterioro material, se deprecien sustancialmente por el transcurso del tiempo.

f) Cuando, debidamente requerido el propietario sobre el destino del efecto judicial, no haga manifestación alguna.

2. Cuando concurra alguno de los supuestos previstos en el apartado anterior, el juez, de oficio o a instancia del Ministerio Fiscal, de las partes o de la Oficina de Recuperación y Gestión de Activos, y previa audiencia del interesado, acordará la realización de los efectos judiciales, salvo que concurra alguna de las siguientes circunstancias:

a) Esté pendiente de resolución el recurso interpuesto por el interesado contra el embargo o decomiso de los bienes o efectos.

b) La medida pueda resultar desproporcionada, a la vista de los efectos que pudiera suponer para el interesado y, especialmente, de la mayor o menor relevancia de los indicios en que se hubiera fundado la resolución cautelar de decomiso.

3. No obstante lo dispuesto en los apartados anteriores, cuando el bien de que se trate esté embargado en ejecución de un acuerdo adoptado por una autoridad judicial extranjera en aplicación de la Ley de reconocimiento mutuo de resoluciones penales en la Unión Europea, su realización no podrá llevarse a cabo sin obtener previamente la autorización de la autoridad judicial extranjera.

Apartados 2 y 3 modificados por Ley Orgánica 1/2015, de 30 de marzo, por la que se modifica la Ley Orgánica 10/1995, de 23 de noviembre, del Código Penal. (BOE de 31/03/2015)

ART. 367 quinquies.

1. La realización de los efectos judiciales podrá consistir en:
a) La entrega a entidades sin ánimo de lucro o a las Administraciones públicas.
b) La realización por medio de persona o entidad especializada.
c) La subasta pública.
2. Podrá entregarse el efecto judicial a entidades sin ánimo de lucro o a las Administraciones públicas cuando sea de ínfimo valor o se prevea que la realización por medio de persona o entidad especializada o por medio de subasta pública será antieconómica.
3. La realización de los efectos judiciales se llevará a cabo conforme al procedimiento que se determine reglamentariamente. No obstante lo anterior, previamente a acordarla se concederá audiencia al Ministerio Fiscal y a los interesados.
El producto de la realización de los efectos, bienes, instrumentos y ganancias se aplicará a los gastos que se hubieran causado en la conservación de los bienes y en el procedimiento de realización de los mismos, y la parte sobrante se ingresará en la cuenta de consignaciones del juzgado o tribunal, quedando afecta al pago de las responsabilidades civiles y costas que se declaren, en su caso, en el procedimiento. También podrá asignarse total o parcialmente de manera definitiva, en los términos y por el procedimiento que reglamentariamente se establezcan, a la Oficina de Recuperación y Gestión de Activos y a los órganos del Ministerio Fiscal encargados de la represión de las actividades de las organizaciones criminales. Todo ello sin perjuicio de lo dispuesto para el Fondo de bienes decomisados por tráfico ilícito de drogas y otros delitos relacionados.
En el caso de realización de un bien embargado o decomisado por orden de una autoridad judicial extranjera se aplicará lo dispuesto en la Ley de reconocimiento mutuo de resoluciones penales en la Unión Europea.

Apartado 3 modificado por Ley Orgánica 1/2015, de 30 de marzo, por la que se modifica la Ley Orgánica 10/1995, de 23 de noviembre, del Código Penal. (BOE de 31/03/2015)

ART. 367 sexies.

1. Podrá autorizarse la utilización provisional de los bienes o efectos decomisados cautelarmente en los siguientes casos:
a) Cuando concurran las circunstancias expresadas en las letras b) a f) del apartado 1 del artículo 367 quater, y la utilización de los efectos permita a la Administración un aprovechamiento de su valor mayor que con la realización anticipada, o no se considere procedente la realización anticipada de los mismos.
b) Cuando se trate de efectos especialmente idóneos para la prestación de un servicio público.
2. Cuando concurra alguno de los supuestos previstos en el apartado anterior, el juez, de oficio o a instancia del Ministerio Fiscal o de la Oficina de Recuperación y Gestión de activos, y previa audiencia del interesado, autorizará la utilización provisional de los efectos judiciales, salvo que concurra alguna de las circunstancias expresadas en el párrafo segundo del apartado 2 del artículo 367 quater.
3. Corresponderá a la Oficina de Recuperación y Gestión de activos resolver, conforme a lo previsto legal y reglamentariamente, sobre la adjudicación del uso de los efectos decomisados cautelarmente y sobre las medidas de conservación que deban ser adoptadas. La oficina informará al juez o tribunal, y al Fiscal, de lo que hubiera acordado.

Artículo modificado por Ley Orgánica 1/2015, de 30 de marzo, por la que se modifica la Ley Orgánica 10/1995, de 23 de noviembre, del Código Penal. (BOE de 31/03/2015)

ART. 367 septies.

El juez o tribunal, de oficio o a instancia del Ministerio Fiscal o de la propia Oficina de Recuperación y Gestión de activos, podrá encomendar la localización, la conservación y la administración de los efectos, bienes, instrumentos y ganancias procedentes de actividades delictivas cometidas en el marco de una organización criminal a la Oficina de Recuperación y Gestión de Activos.

La organización y funcionamiento de dicha Oficina se regularán reglamentariamente.

Artículo modificado por Ley Orgánica 1/2015, de 30 de marzo, por la que se modifica la Ley Orgánica 10/1995, de 23 de noviembre, del Código Penal. (BOE de 31/03/2015)

Artículo añadido por Ley Orgánica 5/2010, de 22 de junio, por la que se modifica la Ley Orgánica 10/1995, de 23 de noviembre, del Código Penal. (BOE de 23/06/2010)

CAPÍTULO III
De la identidad del delincuente y de sus circunstancias personales

ART. 368.

Cuantos dirijan cargo a determinada persona deberán reconocerla judicialmente, si el Juez instructor, los acusadores o el mismo inculpado conceptúan fundadamente precisa la diligencia para la identificación de este último, con relación a los designantes, a fin de que no ofrezca duda quién es la persona a que aquéllos se refieren.

ART. 369.

La diligencia de reconocimiento se practicará poniendo a la vista del que hubiere de verificarlo la persona que haya de ser reconocida, haciéndola comparecer en unión con otras de circunstancias exteriores semejantes. A presencia de todas ellas, o desde un punto en que no pudiere ser visto, según al Juez pareciere más conveniente, el que deba practicar el reconocimiento manifestará si se encuentra en la rueda o grupo la persona a quien hubiese hecho referencia en sus declaraciones, designándola, en caso afirmativo, clara y determinadamente.

En la diligencia que se extienda se harán constar todas las circunstancias del acto, así como los nombres de todos los que hubiesen formado la rueda o grupo.

ART. 370.

Cuando fueren varios los que hubieren de reconocer a una persona, la diligencia expresada en el artículo anterior deberá practicarse separadamente con cada uno de ellos, sin que puedan comunicarse entre sí hasta que se haya efectuado el último reconocimiento.

Cuando fueren varios los que hubieren de ser reconocidos por una misma persona, podrá hacerse el reconocimiento de todos en un solo acto.

ART. 371.

El que detuviere o prendiere a algún presunto culpable tomará las precauciones necesarias para que el detenido o preso no haga en su persona o traje alteración alguna que pueda dificultar su reconocimiento por quien corresponda.

ART. 372.

Análogas precauciones deberán tomar los Alcaides de las cárceles y los Jefes de los depósitos de detenidos; y si en los establecimientos de su cargo hubiere traje reglamentario, conservarán cuidadosamente el que lleven los presos o detenidos al ingresar en el establecimiento, a fin de que puedan vestirlo cuantas veces fuere conveniente para diligencias de reconocimiento.

ART. 373.

Si se originase alguna duda sobre la identidad del procesado, se procurará acreditar ésta por cuantos medios fueren conducentes al objeto.

ART. 374.

El Juez hará constar, con la minuciosidad posible, las señas personales del procesado, a fin de que la diligencia pueda servir de prueba de su identidad.

ART. 375.

Para acreditar la edad del procesado y comprobar la identidad de su persona, el Secretario judicial traerá al sumario certificación de su inscripción de nacimiento en el Registro civil o de su partida de bautismo, si no estuviere inscrito en el Registro.

En todo caso, cuando no fuere posible averiguar el Registro civil o parroquia en que deba constar el nacimiento o el bautismo del procesado, o no existiesen su inscripción y partida; y cuando por manifestar el procesado haber nacido en punto lejano hubiere necesidad de emplear mucho tiempo en traer a la causa la certificación oportuna, no se detendrá el sumario, y se suplirá el documento del artículo anterior por informe que acerca de la edad del procesado, y previo su examen físico, dieren los Médicos forenses o los nombrados por el Juez.

Modificado por Ley 13/2009, de 3 de noviembre, de reforma de la legislación procesal para la implantación de la nueva Oficina judicial. (BOE de 04/11/2009)

Ver arts. 762.7ª LECrim; 40 y sigs. Ley 20/2011, de 21 de julio, del Registro Civil.

ART. 376.

Cuando no ofreciere duda la identidad del procesado, y conocidamente tuviese la edad que el Código penal requiere para poderle exigir la responsabilidad criminal en toda su extensión, podrá prescindirse de la justificación expresada en el artículo anterior, si su práctica ofreciese alguna dificultad u ocasionase dilaciones extraordinarias.

En las actuaciones sucesivas y durante el juicio, el procesado será designado con el nombre con que fuere conocido o con el que él mismo dijere tener.

Ver art. 762.7ª LECrim.

ART. 377.

Si el Juez instructor lo considerase conveniente, podrá pedir informes sobre el procesado a las Alcaldías o a los correspondientes funcionarios de policía del pueblo o pueblos en que hubiese residido.

Estos informes serán fundados, y si no fuere posible fundarlos, se manifestará la causa que lo impidiere.

Los que los dieren no contraerán responsabilidad alguna, salvo en el caso de dolo o negligencia grave.

ART. 378.

Podrá además el Juez recibir declaración acerca de la conducta del procesado a todas las personas que por el conocimiento que tuvieren de éste puedan ilustrarle sobre ello.

ART. 379.

Se traerán a la causa los antecedentes penales del procesado, pidiendo los anteriores a la creación del Registro Central de Penados de 2 de octubre de 1878, a los Juzgados donde se presuma que puedan en su caso constar, y los posteriores exclusivamente al Ministerio de Gracia y Justicia.

El Jefe del Registro en el Ministerio está obligado a dar los antecedentes que se le reclamen, o certificación negativa, en su caso, en el improrrogable término de tres días, a contar desde aquel en que se reciba la petición, justificando, si así no lo hiciere, la causa legítima que lo hubiese impedido.

En los Juzgados se atenderá también preferentemente al cumplimiento de este servicio, debiendo ser corregidos disciplinariamente los funcionarios que lo posterguen.

Ver art. 136 CP.

ART. 380.

Si el procesado fuere mayor de nueve años y menor de quince, el Juez recibirá información acerca del criterio del mismo, y especialmente de su aptitud para apreciar la criminalidad del hecho que hubiese dado motivo a la causa.

En esta información serán oídas las personas que puedan deponer con acierto por sus circunstancias personales y por las relaciones que hayan tenido con el procesado antes y después de haberse ejecutado el hecho. En su defecto se nombrarán dos Profesores de instrucción primaria para que, en unión del Médico forense o del que haga sus veces, examinen al procesado y emitan su dictamen.

Ver arts. 19 y 69 CP; LO 5/2000, de 12 de enero, reguladora de la responsabilidad penal de los menores.

ART. 381.

Si el Juez advirtiese en el procesado indicios de enajenación mental, le someterá inmediatamente a la observación de los Médicos forenses en el establecimiento en que estuviese preso, o en otro público si fuere más a propósito o estuviese en libertad.

Los Médicos darán en tal caso su informe del modo expresado en el capítulo VII de este título.

Ver arts. 19 y 60 CP; 383 y 456 a 485 LECrim.

ART. 382.

Sin perjuicio de lo dispuesto en el artículo anterior, el Juez recibirá información acerca de la enajenación mental del procesado, en la forma prevenida en el artículo 380.

ART. 383.

Si la demencia sobreviniera después de cometido el delito, concluso que sea el sumario se mandará archivar la causa por el Tribunal competente hasta que el procesado recobre la salud, disponiéndose además respecto de éste lo que el Código Penal prescribe para los que ejecutan el hecho en estado de demencia.

Si hubiese algún otro procesado por razón del mismo delito que no se encontrase en el caso del anterior, continuará la causa solamente en cuanto al mismo.

Ver arts. 20.1°, 21.1° y 60 CP.

ART. 384.

Desde que resultare del sumario algún indicio racional de criminalidad contra determinada persona, se dictará auto declarándola procesada y mandando que se entiendan con ella las diligencias en la forma y del modo dispuesto en este título y en los demás de esta Ley.

El procesado podrá, desde el momento de serlo, aconsejarse de Letrado, mientras no estuviere incomunicado, y valerse de él, bien para instar la pronta terminación del sumario, bien para solicitar la práctica de diligencias que le interesen, y para formular pretensiones que afecten a su situación. En el primer caso podrá recurrir en queja a la Audiencia, y en los otros dos apelar para ante la misma si el Juez instructor no accediese a sus deseos.

Estas apelaciones no serán admisibles más que en un solo efecto.

Para cumplir lo determinado en este artículo, el Juez instructor dispondrá que el procesado menor de edad sea habilitado de Procurador y Abogado, a no ser que él mismo o su representante legal designen personas que merezcan su confianza para dicha representación y defensa.

Contra los autos que dicten los Jueces de instrucción, decretando el procesamiento de alguna persona, podrá utilizarse, por la representación de ésta, recurso de reforma dentro de los tres días siguientes al de haberle sido notificada la resolución; y contra los autos denegatorios de la reforma podrá ser interpuesto recurso de apelación en un efecto dentro de los cinco días siguientes al de la notificación del auto denegatorio a la representación recurrente. También podrá ser interpuesto el recurso de apelación en un efecto subsidiariamente con el de reforma, en cuyo caso, el Juez instructor declarará admitido aquél al denegar éste. Si se diera lugar a la reforma, quedando sin efecto los procesamientos antes acordados, se estará a lo preceptuado en el párrafo siguiente, en cuanto a la reproducción de la solicitud de procesamiento ante la Audiencia.

Contra los autos denegatorios de procesamiento, sólo se concederá a quien haya solicitado éstos el recurso de reforma, utilizándolo dentro de los tres días siguientes al de la notificación. Contra los autos denegatorios de la reforma así pretendida, no se podrá utilizar recurso de apelación ni ningún otro recurso; pero podrá reproducirse ante la Audiencia correspondiente la petición de procesamiento formulada por la parte a quien le haya sido denegada, cuando, personada ante dicho Tribunal, si hace uso de tal derecho, evacue el traslado a que se refiere el artículo 627 de esta misma Ley, precisamente dentro del término por el cual le haya sido conferido dicho traslado. El Tribunal, en tales casos, al dictar el auto que ordena el artículo 630, resolverá fundadamente lo que proceda; y sin que pueda dejar al criterio del instructor la resolución, cuando estime procedentes las declaraciones de procesamiento solicitadas, mandará al Juez instructor que las haga. Los procesados a quienes estas resoluciones del instructor se refieran podrán utilizar directamente el recurso de apelación en un efecto, sin necesidad de que utilicen previamente el de reforma.

Cuando la resolución del recurso de reforma interpuesto contra un auto denegatorio de procesamiento sea favorable al recurrente y, por tanto, se acuerde el procesamiento primeramente solicitado contra la resolución en que así se declara, podrán las representaciones de los procesados a quienes afecte utilizar los mismos recursos de reforma y apelación otorgados a los procesados directamente en este mismo artículo.

Ver arts. 216 a 238 LECrim.

ART. 384 bis.

Firme un auto de procesamiento y decretada la prisión provisional por delito cometido por persona integrada o relacionada con bandas armadas o individuos terroristas o rebeldes, el procesado que estuviere ostentando función o cargo público quedará automáticamente suspendido en el ejercicio del mismo mientras dure la situación de prisión.

Ver art. 520 bis LECrim.

CAPÍTULO IV
De las declaraciones de los procesados

ART. 385.

El Juez, de oficio o a instancia del Ministerio fiscal o del querellante particular, hará que los procesados presten cuantas declaraciones considere convenientes para la averiguación de los hechos, sin que ni el acusador privado ni el actor civil puedan estar presentes al interrogatorio cuando así lo disponga el Juez instructor.

Ver art. 229 LOPJ.

ART. 386.

Si el procesado estuviere detenido, se le recibirá la primera declaración dentro del término de veinticuatro horas.

Este plazo podrá prorrogarse por otras cuarenta y ocho, si mediare causa grave, la cual se expresará en la providencia en que se acordase la prórroga.

Ver art. 520 LECrim.

ART. 387.

(DEROGADO)

Artículo derogado por Ley Orgánica 13/2015, de 5 de octubre, de modificación de la Ley de Enjuiciamiento Criminal para el fortalecimiento de las garantías procesales y la regulación de las medidas de investigación tecnológica. (BOE de 06/10/2015)

ART. 388.

En la primera declaración será preguntado el procesado por su nombre, apellidos paterno y materno, apodo, si lo tuviere, edad, naturaleza, vecindad, estado, profesión, arte, oficio o modo de vivir, si tiene hijos, si fue procesado anteriormente, por qué delito, ante qué Juez o Tribunal, qué pena se le impuso, si la cumplió, si sabe leer y escribir y si conoce el motivo por que se le ha procesado.

ART. 389.

Las preguntas que se le hagan en todas las declaraciones que hubiere de prestar se dirigirán a la averiguación de los hechos y a la participación en ellos del procesado y de las demás personas que hubieren contribuido a ejecutarlos o encubrirlos.

Las preguntas serán directas, sin que por ningún concepto puedan hacérsele de un modo capcioso o sugestivo.

Tampoco se podrá emplear con el procesado género alguno de coacción o amenaza.

Ver art. 172 CP.

ART. 390.

Las relaciones que hagan los procesados o respuestas que den serán orales. Sin embargo, el Juez de instrucción, teniendo siempre en cuenta las circunstancias de aquéllos y la naturaleza de la causa, podrá permitirles que redacten a su presencia una contestación escrita sobre puntos difíciles de explicar, o que también consulten a su presencia apuntes o notas.

ART. 391.

Se pondrán de manifiesto al procesado todos los objetos que constituyen el cuerpo del delito o los que el Juez considere conveniente, a fin de que los reconozca.

Se le interrogará sobre la procedencia de dichos objetos, su destino y la razón de haberlos encontrado en su poder y, en general, será siempre interrogado sobre cualquiera otra circunstancia que conduzca al esclarecimiento de la verdad.

El Juez podrá ordenar al procesado, pero sin emplear ningún género de coacción, que escriba a su presencia algunas palabras o frases, cuando esta medida la considere útil para desvanecer las dudas que surjan sobre la legitimidad de un escrito que se le atribuya.

ART. 392.

Cuando el procesado rehúse contestar o se finja loco, sordo o mudo, el Juez instructor lo advertirá que, no obstante su silencio y su simulada enfermedad, se continuará la instrucción del proceso.

De estas circunstancias se tomará razón por el Secretario, y el Juez instructor procederá a investigar la verdad de la enfermedad que aparente el procesado observando a este efecto lo dispuesto en los respectivos artículos de los capítulos II y VII de este mismo título.

ART. 393.

Cuando el examen del procesado se prolongue mucho tiempo o el número de preguntas que se le hayan hecho sea tan considerable que hubiese perdido la serenidad de juicio necesaria para contestar a lo demás que deba preguntársele, se suspenderá el examen, concediendo al procesado el tiempo necesario para descansar y recuperar la calma. Siempre se hará constar en la declaración misma el tiempo que se haya invertido en el interrogatorio.

ART. 394.

(DEROGADO)

Artículo derogado por Ley Orgánica 16/1994, de 8 de noviembre, por la que se reforma la Ley Orgánica 6/1985, de 1 de julio, del Poder Judicial. (BOE de 09/11/1994)

ART. 395.

(DEROGADO)

Artículo derogado por Ley Orgánica 13/2015, de 5 de octubre, de modificación de la Ley de Enjuiciamiento Criminal para el fortalecimiento de las garantías procesales y la regulación de las medidas de investigación tecnológica. (BOE de 06/10/2015)

ART. 396.

Se permitirá al procesado manifestar cuanto tenga por conveniente para su exculpación o para la explicación de los hechos, evacuándose con urgencia las citas que hiciere y las demás diligencias que propusiere, si el Juez las estima conducentes para la comprobación de sus manifestaciones.

En ningún caso podrán hacerse al procesado cargos ni reconvenciones, ni se le leerá parte alguna del sumario más que sus declaraciones anteriores si lo pidiere, a no ser que el Juez hubiese autorizado la publicidad de aquél en todo o en parte.

ART. 397.

El procesado podrá dictar por sí mismo las declaraciones. Si no lo hiciere, lo hará el Secretario judicial procurando, en cuanto fuere posible, consignar las mismas palabras de que aquél se hubiese valido.

Modificado por Ley 13/2009, de 3 de noviembre, de reforma de la legislación procesal para la implantación de la nueva Oficina judicial. (BOE de 04/11/2009)

ART. 398.

Si el procesado no supiere el idioma español o fuere sordomudo, se observará lo dispuesto en los artículos 440, 441 y 442.

Ver arts. 762 a 765 LECrim.

ART. 399.

Cuando el Juez considere conveniente el examen del procesado en el lugar de los hechos acerca de los cuales deba ser examinado o ante las personas o cosas con ellos relacionadas, se observará lo dispuesto en el artículo 438.

ART. 400.

El procesado podrá declarar cuantas veces quisiere, y el Juez le recibirá inmediatamente la declaración si tuviese relación con la causa.

ART. 401.

En la declaración se consignarán íntegramente las preguntas y las contestaciones.

ART. 402.

El procesado podrá leer la declaración, y el Juez le enterará de que le asiste este derecho. Si no usare de él, la leerá el Secretario a su presencia.

ART. 403.

Se observará lo dispuesto en el artículo 450 respecto a tachaduras o enmiendas.

ART. 404.

La diligencia se firmará por todos los que hubiesen intervenido en el acto y se autorizará por el Secretario.

ART. 405.

Si en las declaraciones posteriores se pusiere el procesado en contradicción con sus declaraciones primeras o retractare sus confesiones anteriores, deberá ser interrogado sobre el móvil de sus contradicciones y sobre las causas de su retractación.

ART. 406.

La confesión del procesado no dispensará al Juez de instrucción de practicar todas las diligencias necesarias a fin de adquirir el convencimiento de la verdad de la confesión y de la existencia del delito.

Con este objeto, el Juez instructor interrogará al procesado confeso para que explique todas las circunstancias del delito y cuanto pueda contribuir a comprobar su confesión, si fue autor o cómplice y si conoce a algunas personas que fueren testigos o tuvieren conocimiento del hecho.

ART. 407.

Respecto a la incomunicación de los procesados, se observará lo dispuesto en los artículos 506 a 511.

Ver art. 520 bis y 527 LECrim.

ART. 408.

No se leerán al procesado los fundamentos del auto de incomunicación cuando le fuere notificado, ni se le dará copia de ellos.

ART. 409.

Para recibir declaración al procesado menor de edad no habrá necesidad de nombrarle curador.

Ver art. 520.4 LECrim.

ART. 409 bis.

Cuando se haya procedido a la imputación de una persona jurídica, se tomará declaración al representante especialmente designado por ella, asistido de su Abogado. La declaración irá dirigida a la averiguación de los hechos y a la participación en ellos de la entidad imputada y de las demás personas que hubieran también podido intervenir en su realización. A dicha declaración le será de aplicación lo dispuesto en los preceptos del presente capítulo en lo que no sea incompatible con su especial naturaleza, incluidos los derechos a guardar silencio, a no declarar contra sí misma y a no confesarse culpable.

No obstante, la incomparecencia de la persona especialmente designada por la persona jurídica para su representación determinará que se tenga por celebrado este acto, entendiéndose que se acoge a su derecho a no declarar.

Artículo añadido por Ley 37/2011, de 10 de octubre, de medidas de agilización procesal. (BOE de 11/10/2011)

CAPÍTULO V
De las declaraciones de los testigos

ART. 410.

Todos los que residan en territorio español, nacionales o extranjeros, que no estén impedidos, tendrán obligación de concurrir al llamamiento judicial para declarar cuanto supieren sobre lo que les fuere preguntado si para ello se les cita con las formalidades prescritas en la Ley.

Ver Ley Orgánica 19/1994, de 23 de diciembre, de protección a testigos y peritos en causas criminales. en relación con Art. 410

ART. 411.

Se exceptúan de lo dispuesto en el artículo anterior: el Rey, la Reina, sus respectivos consortes, el Príncipe heredero y los Regentes del Reino.

También están exentos del deber de declarar los Agentes Diplomáticos acreditados en España, en todo caso, y el personal administrativo, técnico o de servicio de las misiones diplomáticas, así como sus familiares, si concurren en ellos los requisitos exigidos en los tratados.

Ver art. 415 LECrim.

ART. 412.

1. Estarán exentas también de concurrir al llamamiento del Juez, pero no de declarar, pudiendo hacerlo por escrito, las demás personas de la Familia Real.

2. Están exentos de concurrir al llamamiento del Juez, pero no de declarar, pudiendo informar por escrito sobre los hechos de que tengan conocimiento por razón de su cargo:

1.º El Presidente y los demás miembros del Gobierno.

2.º Los Presidentes del Congreso de los Diputados y del Senado.

3.º El Presidente del Tribunal Constitucional.

4.º El Presidente del Consejo General del Poder Judicial.

5.º El Fiscal General del Estado.

6.º Los Presidentes de las Comunidades Autónomas.

3. Si fuera conveniente recibir declaración a alguna de las personas a las que se refiere el apartado 2 anterior sobre cuestiones de las que no haya tenido conocimiento por razón de su cargo, se tomará la misma en su domicilio o despacho oficial.

4. Quienes hubiesen desempeñado los cargos a que se refiere el apartado 2 del presente artículo estarán igualmente exentos de concurrir al llamamiento del Juez, pero no de declarar, pudiendo informar por escrito sobre los hechos de que hubieren tenido conocimiento por razón de su cargo.

5. Estarán exentos también de concurrir al llamamiento del Juez, pero no de declarar, pudiendo hacerlo en su despacho oficial o en la sede del órgano del que sean miembros:

1.º Los Diputados y Senadores.

2.º Los Magistrados del Tribunal Constitucional y los Vocales del Consejo General del Poder Judicial.

3.º Los Fiscales de Sala del Tribunal Supremo.

4.º El Defensor del Pueblo.

5.º Las Autoridades Judiciales de cualquier orden jurisdiccional de categoría superior a la del que recibiere la declaración.

6.º Los Presidentes de las Asambleas Legislativas de las Comunidades Autónomas.

7.º El Presidente y los Consejeros Permanentes del Consejo de Estado.

8.º El Presidente y los Consejeros del Tribunal de Cuentas.

9.º Los miembros de los Consejos de Gobierno de las Comunidades Autónomas.

10.º Los Secretarios de Estado, los Subsecretarios y asimilados, los Delegados del Gobierno en las Comunidades Autónomas y en Ceuta y Melilla, los Gobernadores civiles y los Delegados de Hacienda.

6. Si se trata de cargos cuya competencia esté limitada territorialmente, sólo será aplicable la exención correspondiente respecto de las declaraciones que hubieren de recibirse en su territorio, excepción hecha de los Presidentes de las Comunidades Autónomas y de sus Asambleas Legislativas.

7. En cuanto a los miembros de las Oficinas Consulares, se estará a lo dispuesto en los Convenios Internacionales en vigor.

Ver arts. 702 y 703 LECrim.

ART. 413.

Para recibir la declaración a que se refiere el apartado 3 del artículo anterior, el Juez pasará al domicilio o despacho oficial de la persona concernida, previo aviso, señalándole día y hora.

El Juez procederá de igual modo para recibir la declaración de alguna de las personas a que se refiere el apartado 5 del artículo anterior, cuando la misma fuere a tener lugar en su despacho oficial o en la sede del órgano del que sean miembros.

Ver art. 400 LOPJ.

ART. 414.

La resistencia de cualquiera de las personas a que se refieren los apartados 3 y 5 del artículo 412 a recibir en su domicilio o residencia oficial al Juez, o a declarar cuanto supieren sobre lo que les fuere preguntado respecto a los hechos del sumario, se pondrá en conocimiento del Ministerio Fiscal para los efectos que procedan.

Si las personas mencionadas en el apartado 7 de dicho artículo incurrieren en la resistencia expresada, el Juez lo comunicará inmediatamente al Ministerio de Justicia, remitiendo testimonio instructivo, y se abstendrá de todo procedimiento respecto a ellas, hasta que el Ministro le comunique la resolución que sobre el caso se dictare.

ART. 415.

Serán invitadas a prestar su declaración por escrito las personas mencionadas en el párrafo segundo del artículo 411 y en el apartado 7 del artículo 412, remitiéndose al efecto al Ministerio de Justicia, con atenta comunicación para el de Asuntos Exteriores, un interrogatorio que comprenda todos los extremos a que deban contestar, a fin de que puedan hacerlo por vía diplomática.

Ver arts. 702 y 703 LECrim.

ART. 416.

Están dispensados de la obligación de declarar:

1. Los parientes del procesado en líneas directa ascendente y descendente, su cónyuge o persona unida por relación de hecho análoga a la matrimonial, sus hermanos consanguíneos o uterinos y los colaterales consanguíneos hasta el segundo grado civil. El Juez instructor advertirá al testigo que se halle comprendido en el párrafo anterior que no tiene obligación de declarar en contra del procesado; pero que puede hacer las manifestaciones que considere oportunas, y el Letrado de la Administración de Justicia consignará la contestación que diere a esta advertencia.

Lo dispuesto en el apartado anterior no será de aplicación en los siguientes casos:

1.º Cuando el testigo tenga atribuida la representación legal o guarda de hecho de la víctima menor de edad o con discapacidad necesitada de especial protección.

2.º Cuando se trate de un delito grave, el testigo sea mayor de edad y la víctima sea una persona menor de edad o una persona con discapacidad necesitada de especial protección.

3.º Cuando por razón de su edad o discapacidad el testigo no pueda comprender el sentido de la dispensa. A tal efecto, el Juez oirá previamente a la persona afectada, pudiendo recabar el auxilio de peritos para resolver.

4.º Cuando el testigo esté o haya estado personado en el procedimiento como acusación particular.

5.º Cuando el testigo haya aceptado declarar durante el procedimiento después de haber sido debidamente informado de su derecho a no hacerlo.

2. El Abogado del procesado respecto a los hechos que éste le hubiese confiado en su calidad de defensor.

Si alguno de los testigos se encontrase en las relaciones indicadas en los párrafos precedentes con uno o varios de los procesados, estará obligado a declarar respecto a los demás, a no ser que su declaración pudiera comprometer a su pariente o defendido.

3. Los traductores e intérpretes de las conversaciones y comunicaciones entre el imputado, procesado o acusado y las personas a que se refiere el apartado anterior, con relación a los hechos a que estuviera referida su traducción o interpretación.

Apdo. 1 modificado por Ley Orgánica 8/2021, de 4 de junio, de protección integral a la infancia y la adolescencia frente a la violencia. (BOE de 05/06/2021)

Apdo. 3 añadido por Ley Orgánica 5/2015, de 27 de abril, por la que se modifican la Ley de Enjuiciamiento Criminal y la Ley Orgánica 6/1985, de 1 de julio, del Poder Judicial, para transponer la Directiva 2010/64/UE, de 20 de octubre de 2010, relativa al derecho a interpretación y a traducción en los procesos penales y la Directiva 2012/13/UE, de 22 de mayo de 2012, relativa al derecho a la información en los procesos penales. (BOE de 28/04/2015)

Ver art. 24 CE; 542 y 543 LOPJ; 199, 466 y 467 CP.

ART. 417.

No podrán ser obligados a declarar como testigos:

1.º Los eclesiásticos y ministros de los cultos disidentes, sobre los hechos que les fueren revelados en el ejercicio de las funciones de su ministerio.

2.º Los funcionarios públicos, tanto civiles como militares, de cualquiera clase que sean, cuando no pudieren declarar sin violar el secreto que por razón de sus cargos estuviesen obligados a guardar, o cuando, procediendo en virtud de obediencia debida, no fueren autorizados por su superior jerárquico para prestar la declaración que se les pida.

3.º Los incapacitados física o moralmente.

ART. 418.

Ningún testigo podrá ser obligado a declarar acerca de una pregunta cuya contestación pueda perjudicar material o moralmente y de una manera directa e importante, ya a la persona, ya a la fortuna de alguno de los parientes a que se refiere el artículo 416.

Se exceptúa el caso en que el delito revista suma gravedad por atentar a la seguridad del Estado, a la tranquilidad pública o a la sagrada persona del Rey o de su sucesor.

ART. 419.

Si el testigo estuviere físicamente impedido de acudir al llamamiento judicial, el Juez instructor que hubiere de recibirle la declaración se constituirá en su domicilio, siempre que el interrogatorio no haya de poner en peligro la vida del enfermo.

Ver arts. 344 y sigs., 718 y 719 LECrim.

ART. 420.

El que sin estar impedido no concurriere al primer llamamiento judicial, excepto las personas mencionadas en el artículo 412, o se resistiere a declarar lo que supiese acerca de los hechos sobre que fuere preguntado, a no estar comprendido en las exenciones de los artículos anteriores, incurrirá en la multa de 200 a 5.000 euros, y si persistiere en su resistencia será conducido en el primer caso a la presencia del Juez instructor por los agentes de la autoridad, y perseguido por el delito de obstrucción a la justicia tipificado en el artículo 463.1 del Código Penal, y en el segundo caso será también perseguido por el de desobediencia grave a la autoridad.

La multa será impuesta en el acto de notarse o cometerse la falta.

Modificado por Ley 38/2002, de 24 de octubre, de reforma parcial de la Ley de Enjuiciamiento Criminal, sobre procedimiento para el enjuiciamiento rápido e inmediato de determinados delitos y faltas, y de modificación del procedimiento abreviado. (BOE de 28/10/2022)

Ver art. 556 CP.

ART. 421.

El Juez de instrucción o municipal en su caso, hará concurrir a su presencia y examinará a los testigos citados en la denuncia o en la querella, o en cualesquiera otras declaraciones o diligencias, y a todos los demás que supieren hechos o circunstancias, o poseyeren datos convenientes para la comprobación o averiguación del delito y del delincuente.

Se procurará, no obstante, omitir la evacuación de citas impertinentes o inútiles.

ART. 422.

Si el testigo residiere fuera del partido o término municipal del Juez que instruyese el sumario, éste se abstendrá de mandarle comparecer a su presencia, a no ser que lo considere absolutamente necesario para la comprobación del delito o para el reconocimiento de la persona del delincuente, ordenándolo en este caso por auto motivado.

También deberá evitar la comparecencia de los empleados de vigilancia pública que tengan su residencia en punto distinto de la capital del Juzgado, de los jefes de estación, maquinistas, fogoneros, conductores, telegrafistas, factores, recaudadores, guarda-agujas u otros agentes que desempeñen funciones análogas, a los cuales citará por conducto de sus jefes inmediatos cuando sea absolutamente indispensable su comparecencia.

ART. 423.

En el caso de la regla general comprendida en el párrafo primero del artículo anterior, así como en el del segundo, cuando la urgencia de la declaración fuese tal que no permitiera la dilación consiguiente a la citación del testigo por conducto de sus jefes inmediatos, y el empleado de que se trate no pudiera abandonar el servicio que presta sin grave peligro o extorsión para el público, el Juez instructor de la causa comisionará para recibir la declaración al que lo fuera del término municipal o del partido en que se hallare el testigo.

ART. 424.

Si el testigo residiere en el extranjero, se dirigirá suplicatorio por la vía diplomática y por conducto del Ministerio de Gracia y Justicia al Juez extranjero competente para recibir la declaración. El suplicatorio debe contener los antecedentes necesarios e indicar las preguntas que se han de hacer al testigo, sin perjuicio de que dicho Juez las amplíe según le sugieran su discreción y prudencia.

Si la comparecencia del testigo ante el Juez instructor o Tribunal fuere indispensable y no se presentase voluntariamente, se pondrá en conocimiento del Ministerio de Gracia y Justicia para que adopte la resolución que estime oportuna.

ART. 425.

Si la persona llamada a declarar ejerce funciones o cargo público, se dará aviso, al mismo tiempo que se practique la citación, a su superior inmediato para que le nombre sustituto durante su ausencia, si lo exigiere así el interés o la seguridad pública.

ART. 426.

Los testigos serán citados en la forma establecida en el título VII del libro primero de este Código.

ART. 427.

Cuando el testigo no hubiere de comparecer ante el Juez instructor para prestar la declaración, se harán constar en el suplicatorio, exhorto o mandamiento que se expida las circunstancias precisas para la designación del testigo y las preguntas a que deba contestar, sin perjuicio de las que el Juez o Tribunal que le recibiere la declaración considere conveniente hacerle para el mayor esclarecimiento de los hechos.

ART. 428.

El Secretario del Juez comisionado que haya de autorizar la declaración expedirá la cédula prevenida en el artículo 175, con todas las circunstancias expresadas en el mismo, y la de haberse de recibir la declaración en virtud de suplicatorio, exhorto o mandamiento.

Ver art. 184 LECrim.

ART. 429.

Los testigos que dependan de la jurisdicción militar podrán, según el Juez de instrucción lo estime oportuno, ser examinados por él mismo, como los demás testigos, o por el Juez militar competente. En el primer caso, el Juez de instrucción deberá mandar que la citación hecha al testigo se ponga en conocimiento del Jefe del Cuerpo a que perteneciere. En el segundo caso, se observará lo dispuesto en los dos artículos anteriores.

Si algún testigo dependiente de la jurisdicción militar rehusare comparecer ante el Juez de instrucción, o se negare a prestar juramento o a contestar al interrogatorio que se le hiciere, el Juez de instrucción se dirigirá al superior del testigo desobediente, cuyo superior, además de corregir al testigo, de lo cual dará inmediato conocimiento al Juez instructor, le hará comparecer ante éste para declarar.

ART. 430.

Los testigos podrán ser citados personalmente donde fueren habidos.

Cuando sea urgente el examen de un testigo, podrá citársele verbalmente para que comparezca en el acto, sin esperar a la expedición de la cédula prescrita en el artículo 175, haciendo constar, sin embargo, en los autos el motivo de la urgencia.

También podrá en igual caso constituirse el Juez instructor en el domicilio de un testigo o en el lugar en que se encuentre para recibirle declaración.

Ver art. 419 LECrim.

ART. 431.

El Juez instructor podrá habilitar a los agentes de policía para practicar las diligencias de citación verbal o escrita si lo considera conveniente.

ART. 432.

Si el testigo no tuviere domicilio conocido o se ignorare su paradero, el Juez instructor ordenará lo conveniente para la averiguación del mismo. En este caso el Secretario judicial se dirigirá a la Policía Judicial, Registros oficiales, colegios profesionales, entidad o empresas en el que el interesado ejerza su actividad interesando dicha averiguación.

Modificado por Ley 13/2009, de 3 de noviembre, de reforma de la legislación procesal para la implantación de la nueva Oficina judicial. (BOE de 04/11/2009)

ART. 433.

Al presentarse a declarar, los testigos entregarán al secretario la copia de la cédula de citación.

Los testigos mayores de edad penal prestarán juramento o promesa de decir todo lo que supieren respecto a lo que les fuere preguntado, estando el Juez obligado a informarles, en un lenguaje claro y comprensible, de la obligación que tienen de ser veraces y de la posibilidad de incurrir en un delito de falso testimonio en causa criminal.

Los testigos que, de acuerdo con lo dispuesto en el Estatuto de la Víctima del Delito, tengan la condición de víctimas del delito, podrán hacerse acompañar por su representante legal y por una persona de su elección durante la práctica de estas diligencias, salvo que en este último caso, motivadamente, se resuelva lo contrario por el Juez de Instrucción para garantizar el correcto desarrollo de la misma.

El Juez ordenará la grabación de la declaración por medios audiovisuales.

Párrafo cuarto suprimido por Ley Orgánica 8/2021, de 4 de junio, de protección integral a la infancia y la adolescencia frente a la violencia. (BOE de 05/06/2021).

Artículo anteriormente modificado por Ley 4/2015, de 27 de abril, del Estatuto de la víctima del delito. (BOE de 28/04/2015)

Ver arts. 458 a 462 CP.

ART. 434.

El juramento se prestará en nombre de Dios.
Los testigos prestarán el juramento con arreglo a su religión.

Ver arts. 458 y sigs. CP; y 16 CE.

ART. 435.

Los testigos declararán separada y secretamente a presencia del Juez instructor y del Secretario.

Modificado por Ley Orgánica 16/1994, de 8 de noviembre, por la que se reforma la Ley Orgánica 6/1985, de 1 de julio, del Poder Judicial. (BOE de 09/11/1994)

ART. 436.

El testigo manifestará primeramente su nombre, apellidos paterno y materno, edad, estado y profesión, si conoce o no al procesado y a las demás partes, y si tiene con ellos parentesco, amistad o relaciones de cualquier otra clase, si ha estado procesado y la pena que se le impuso. Si el testigo fuera miembro de las Fuerzas y Cuerpos de Seguridad en el ejercicio de sus funciones, será suficiente para su identificación el número de su registro personal y la unidad administrativa a la que está adscrito.

El Juez dejará al testigo narrar sin interrupción los hechos sobre los cuales declare, y solamente le exigirá las explicaciones complementarias que sean conducentes a desvanecer los conceptos oscuros o contradictorios. Después le dirigirá las preguntas que estime oportunas para el esclarecimiento de los hechos.

Modificado por Ley 38/2002, de 24 de octubre, de reforma parcial de la Ley de Enjuiciamiento Criminal, sobre procedimiento para el enjuiciamiento rápido e inmediato de determinados delitos y faltas, y de modificación del procedimiento abreviado. (BOE de 28/10/2022)

Ver art. 709 LECrim.

ART. 437.

Los testigos declararán de viva voz, sin que les sea permitido leer declaración ni respuesta alguna que lleven escrita.

Podrán, sin embargo, consultar algún apunte o memoria que contenga datos difíciles de recordar.

El testigo podrá dictar las contestaciones por sí mismo.

ART. 438.

El Juez instructor podrá mandar que se conduzca al testigo al lugar en que hubieren ocurrido los hechos, y examinarle allí o poner a su presencia los objetos sobre que hubiere de versar la declaración.

En este último caso podrá el Juez instructor poner a presencia del testigo dichos objetos, solos o mezclados con otros semejantes, adoptando además todas las medidas que su prudencia le sugiera para la mayor exactitud de la declaración.

ART. 439.

No se harán al testigo preguntas capciosas ni sugestivas, ni se empleará coacción, engaño, promesa ni artificio alguno para obligarle o inducirle a declarar en determinado sentido.

Ver arts. 173 y sigs. CP.

ART. 440.

Si el testigo no entendiere o no hablare el idioma español, se nombrará un intérprete, que prestará a su presencia juramento de conducirse bien y fielmente en el desempeño de su cargo.

Por este medio se harán al testigo las preguntas y se recibirán sus contestaciones, que éste podrá dictar por su conducto.

En este caso, la declaración deberá consignarse en el proceso en el idioma empleado por el testigo y traducido a continuación al español.

Ver art. 231 LOPJ.

ART. 441.

El intérprete será elegido entre los que tengan título de tales, si los hubiere en el pueblo. En su defecto será nombrado un maestro del correspondiente idioma, y si tampoco lo hubiere, cualquier persona que lo sepa.

Si ni aun de esta manera pudiera obtenerse la traducción, y las revelaciones que se esperasen del testigo fueren importantes, se redactará el pliego de preguntas que hayan de dirigírsele, y se remitirá a la Oficina de Interpretación de Lenguas del Ministerio de Estado para que, con preferencia a todo otro trabajo, sean traducidas al idioma que hable el testigo.

El interrogatorio ya traducido se entregará al testigo para que, a presencia del Juez, se entere de su contenido y redacte por escrito en su idioma las oportunas contestaciones, las cuales se remitirán del mismo modo que las preguntas a la Interpretación de Lenguas.

Estas diligencias las practicarán los Jueces con la mayor actividad.

ART. 442.

Si el testigo fuere sordo, se nombrará un intérprete de lengua de signos adecuado, por cuyo conducto se le harán las preguntas y se recibirán sus contestaciones.

El nombrado prestará juramento a presencia del sordo antes de comenzar a desempeñar el cargo.

Modificado por Ley Orgánica 19/2003, de 23 de diciembre, de modificación de la Ley Orgánica 6/1985, de 1 de julio, del Poder Judicial. (BOE de 26/12/2003)

Ver art. 711 LECrim.

ART. 443.

El testigo podrá leer por sí mismo la diligencia de su declaración; si no pudiere, por hallarse en alguno de los casos comprendidos en los artículos 440 y 442, se la leerá el intérprete, y en los demás casos el Secretario.

El Juez advertirá siempre a los interesados el derecho que tienen de leer por sí mismos sus declaraciones.

ART. 444.

Éstas serán firmadas por el Juez y por todos los que en ellas hubiesen intervenido, si supieren y pudieren hacerlo, autorizándolas el Secretario.

ART. 445.

No se consignarán en los autos las declaraciones de los testigos que, según el Juez, fuesen manifiestamente inconducentes para la comprobación de los hechos objeto del sumario. Tampoco se consignarán en cada declaración las manifestaciones del testigo que se hallen en el mismo caso; pero se consignará siempre todo lo que pueda servir así de cargo como de descargo.

En el primer caso se hará expresión por medio de diligencia de la comparecencia del testigo y del motivo de no escribirse su declaración.

ART. 446.

Terminada la declaración, el Secretario judicial hará saber al testigo la obligación de comparecer para declarar de nuevo ante el Tribunal competente cuando se le cite para ello, así como la de poner en conocimiento de la Oficina judicial los cambios de domicilio que hiciere hasta ser citado para el juicio oral, bajo apercibimiento si no lo cumple de ser castigado con una multa de 200 a 1.000 euros, a no ser que incurriere en responsabilidad criminal por la falta.

Estas prevenciones se harán constar al final de la misma diligencia de la declaración.

Modificado por Ley 13/2009, de 3 de noviembre, de reforma de la legislación procesal para la implantación de la nueva Oficina judicial. (BOE de 04/11/2009)

ART. 447.

El Secretario judicial, al remitir el sumario al Tribunal competente, pondrá en su conocimiento los cambios de domicilio que los testigos hubiesen comunicado.

Lo mismo hará respecto de los cambios comunicados después que hubiese remitido el sumario, hasta la terminación de la causa.

Modificado por Ley 13/2009, de 3 de noviembre, de reforma de la legislación procesal para la implantación de la nueva Oficina judicial. (BOE de 04/11/2009)

ART. 448.

Si el testigo manifestare, al hacerle la prevención referida en el artículo 446, la imposibilidad de concurrir por haber de ausentarse del territorio nacional, y también en el caso en que hubiere motivo racionalmente bastante para temer su muerte o incapacidad física o intelectual antes de la apertura del juicio oral, el Juez instructor mandará practicar inmediatamente la declaración, asegurando en todo caso la posibilidad de contradicción de las partes. Para ello, el Secretario judicial hará saber al reo que nombre abogado en el término de veinticuatro horas, si aún no lo tuviere, o de lo contrario, que se le nombrará de oficio, para que le aconseje en el acto de recibir la declaración del testigo. Transcurrido dicho término, el Juez recibirá juramento y volverá a examinar a éste, a presencia del procesado y de su abogado defensor y a presencia, asimismo, del Fiscal y del querellante, si quisieren asistir al acto, permitiendo a éstos hacerle cuantas repreguntas tengan por conveniente, excepto las que el Juez desestime como manifiestamente impertinentes.

Por el Secretario judicial se consignarán las contestaciones a estas preguntas, y esta diligencia será firmada por todos los asistentes.

Párrafo tercero suprimido por Ley Orgánica 8/2021, de 4 de junio, de protección integral a la infancia y la adolescencia frente a la violencia. (BOE de 05/06/2021).

Artículo anteriormente modificado por Ley 4/2015, de 27 de abril, del Estatuto de la víctima del delito. (BOE de 28/04/2015)

ART. 449.

En caso de inminente peligro de muerte del testigo, se procederá con toda urgencia a recibirle declaración en la forma expresada en el artículo anterior, aunque el procesado no pudiese ser asistido de Letrado.

ART. 449 bis.

Cuando, en los casos legalmente previstos, la autoridad judicial acuerde la práctica de la declaración del testigo como prueba preconstituida, la misma deberá desarrollarse de conformidad con los requisitos establecidos en este artículo.

La autoridad judicial garantizará el principio de contradicción en la práctica de la declaración. La ausencia de la persona investigada debidamente citada no impedirá la práctica de la prueba preconstituida, si bien su defensa letrada, en todo caso, deberá estar presente. En caso de incomparecencia injustificada del defensor de la persona investigada o cuando haya razones de urgencia para proceder inmediatamente, el acto se sustanciará con el abogado de oficio expresamente designado al efecto.

La autoridad judicial asegurará la documentación de la declaración en soporte apto para la grabación del sonido y la imagen, debiendo el Letrado de la Administración de Justicia, de forma inmediata, comprobar la calidad de la grabación audiovisual. Se acompañará acta sucinta autorizada por el Letrado de la Administración de Justicia, que contendrá la identificación y firma de todas las personas intervinientes en la prueba preconstituida.

Para la valoración de la prueba preconstituida obtenida conforme a lo previsto en los párrafos anteriores, se estará a lo dispuesto en el artículo 730.2.

Añadido por Ley Orgánica 8/2021, de 4 de junio, de protección integral a la infancia y la adolescencia frente a la violencia. (BOE de 05/06/2021)

ART. 449 ter.

Cuando una persona menor de catorce años o una persona con discapacidad necesitada de especial protección deba intervenir en condición de testigo en un procedimiento judicial que tenga por objeto la instrucción de un delito de homicidio, lesiones, contra la libertad, contra la integridad moral, trata de seres humanos, contra la libertad e indemnidad sexuales, contra la intimidad, contra las relaciones familiares, relativos al ejercicio de derechos fundamentales y libertades públicas, de organizaciones y grupos criminales y terroristas y de terrorismo, la autoridad judicial acordará, en todo caso, practicar la audiencia del menor como prueba preconstituida, con todas las garantías de la práctica de prueba en el juicio oral y de conformidad con lo establecido en el artículo anterior. Este proceso se realizará con todas las garantías de accesibilidad y apoyos necesarios.

La autoridad judicial podrá acordar que la audiencia del menor de catorce años se practique a través de equipos psicosociales que apoyarán al Tribunal de manera interdisciplinar e interinstitucional, recogiendo el trabajo de los profesionales que hayan intervenido anteriormente y estudiando las circunstancias personales, familiares y sociales de la persona menor o con discapacidad, para mejorar el tratamiento de los mismos y el rendimiento de la prueba. En este caso, las partes trasladarán a la autoridad judicial las preguntas que estimen oportunas quien, previo control de su pertinencia y utilidad, se las facilitará a las personas expertas. Una vez realizada la audiencia del menor, las partes podrán interesar, en los mismos términos, aclaraciones al testigo. La declaración siempre será grabada y el Juez, previa audiencia de las partes, podrá recabar del perito un informe dando cuenta del desarrollo y resultado de la audiencia del menor.

Para el supuesto de que la persona investigada estuviere presente en la audiencia del menor se evitará su confrontación visual con el testigo, utilizando para ello, si fuese necesario, cualquier medio técnico.

Las medidas previstas en este artículo podrán ser aplicables cuando el delito tenga la consideración de leve.

Añadido por Ley Orgánica 8/2021, de 4 de junio, de protección integral a la infancia y la adolescencia frente a la violencia. (BOE de 05/06/2021)

ART. 450.

No se harán tachaduras, enmiendas ni entrerrenglonaduras en las diligencias del sumario. A su final se consignarán las equivocaciones que se hubieren cometido.

Ver art. 403 LECrim.

CAPÍTULO VI
Del careo de los testigos y procesados

ART. 451.

Cuando los testigos o los procesados entre sí o aquéllos con éstos discordaren acerca de algún hecho o de alguna circunstancia que interese en el sumario, podrá el Juez celebrar careo entre los que estuvieren discordes, sin que esta diligencia deba tener lugar, por regla general, más que entre dos personas a la vez.

ART. 452.

El careo se verificará ante el Juez, leyendo el Secretario a los procesados o testigos entre quienes tenga lugar el acto las declaraciones que hubiesen prestado, y preguntando el primero a los testigos, después de recordarles su juramento y las penas de falso testimonio, si se ratifican en ellas o tienen alguna variación que hacer.

El Juez manifestará en seguida las contradicciones que resulten en dichas declaraciones, e invitará a los careados para que se pongan de acuerdo entre sí.

ART. 453.

El Secretario dará fe de todo lo que ocurriere en el acto del careo y de las preguntas, contestaciones y reconvenciones que mutuamente se hicieren los careados, así como de lo que se observare en su actitud durante el acto; y firmará la diligencia con todos los concurrentes, expresando, si alguno no lo hiciere, la razón que para ello alegue.

ART. 454.

El Juez no permitirá que los careados se insulten o amenacen.

ART. 455.

No se practicarán careos sino cuando no fuere conocido otro modo de comprobar la existencia del delito o la culpabilidad de alguno de los procesados.

No se practicarán careos con testigos que sean menores de edad salvo que el Juez lo considere imprescindible y no lesivo para el interés de dichos testigos, previo informe pericial.

Modificado por Ley Orgánica 14/1999, de 9 de junio, de modificación del Código Penal de 1995, en materia de protección a las víctimas de malos tratos y de la Ley de Enjuiciamiento Criminal. (BOE de 10/06/1999)

Ver arts. 713 y 729 LECrim.

CAPÍTULO VII
Del informe pericial

ART. 456.

El Juez acordará el informe pericial cuando, para conocer o apreciar algún hecho o circunstancia importante en el sumario, fuesen necesarios o convenientes conocimientos científicos o artísticos.

Ver arts. 335, 336, 476 y 480 LECrim, 181 y sigs. y 311 LOPM; 229.2 y 479 LOPJ; LO 19/1994, de 23 de diciembre, de protección a testigos y peritos en causas criminales.

ART. 457.

Los peritos pueden ser o no titulares.

Son peritos titulares los que tienen título oficial de una ciencia o arte cuyo ejercicio esté reglamentado por la Administración.

Son peritos no titulares los que, careciendo de título oficial, tienen, sin embargo, conocimiento o práctica especiales en alguna ciencia o arte.

Ver arts. 181 LOPM; 471 LECrim.

ART. 458.

El Juez se valdrá de peritos titulares con preferencia a los que no tuviesen título.

Ver arts. 181 LOPM; 459 y 778.1 LECrim.

ART. 459.

Todo reconocimiento pericial se hará por dos peritos.

Se exceptúa el caso en que no hubiese más de uno en el lugar y no fuere posible esperar la llegada de otro sin graves inconvenientes para el curso del sumario.

Ver arts. 182 LOPM; 778.1 y 788.2 LECrim.

ART. 460.

El nombramiento se hará saber a los peritos por medio de oficio, que les será entregado por alguacil o portero del Juzgado, con las formalidades prevenidas para la citación de los testigos, reemplazándose la cédula original, para los efectos del artículo 175, por un atestado que extenderá el alguacil o portero encargado de la entrega.

Ver arts. 166, 175, 207, 208, 209, 461, 462 y 661 LECrim; 412 y 463 CP.

ART. 461.

Si la urgencia del caso lo exige, podrá hacerse el llamamiento verbalmente de orden del Juez, haciéndolo constar así en los autos; pero extendiendo siempre el atestado prevenido en el artículo anterior el encargado del cumplimiento de la orden de llamamiento.

Ver art. 462 LECrim.

ART. 462.

Nadie podrá negarse a acudir al llamamiento del Juez para desempeñar un servicio pericial, si no estuviese legítimamente impedido.

En este caso deberá ponerlo en conocimiento del Juez en el acto de recibir el nombramiento, para que se provea a lo que haya lugar.

Ver arts. 118 CE; 464 y 468 LECrim; 17.1 LOPJ.

ART. 463.

El perito que sin alegar excusa fundada deje de acudir al llamamiento del Juez o se niegue a prestar el informe, incurrirá en las responsabilidades señaladas para los testigos en el artículo 420.

Ver Convenio Europeo de Asistencia Judicial en Materia Penal, hecho en Estrasburgo el 20 de abril de 1959 (BOE 17/09/1982); arts. 346 (párr. 2), 460, 420 y 175 LECrim; 412 y 463 CP.

ART. 464.

No podrán prestar informe pericial acerca del delito, cualquiera que sea la persona ofendida, los que según el artículo 416 no están obligados a declarar como testigos.

El perito que, hallándose comprendido en alguno de los casos de dicho artículo, preste el informe sin poner antes esa circunstancia en conocimiento del Juez que le hubiese nombrado incurrirá en la multa de 200 a 5.000 euros, a no ser que el hecho diere lugar a responsabilidad criminal.

Modificado por Ley 38/2002, de 24 de octubre, de reforma parcial de la Ley de Enjuiciamiento Criminal, sobre procedimiento para el enjuiciamiento rápido e inmediato de determinados delitos y faltas, y de modificación del procedimiento abreviado. (BOE de 28/10/2022)

Ver arts. 416, 417 LECrim; 392 CP.

ART. 465.

Los que presten informe como peritos en virtud de orden judicial tendrán derecho a reclamar los honorarios e indemnizaciones que sean justas, si no tuvieren, en concepto de tales peritos, retribución fija satisfecha por el Estado, por la Provincia o por el Municipio.

Ver arts. 121, 242 (párr. 2°), 358, 362, 485 y 722 LECrim.

ART. 466.

Hecho el nombramiento de peritos, el Secretario judicial lo notificará inmediatamente al Ministerio Fiscal, al actor particular, si lo hubiere, como al procesado, si estuviere a disposición del Juez o se encontrare en el mismo lugar de la instrucción, o a su representante si lo tuviere.

Modificado por Ley 13/2009, de 3 de noviembre, de reforma de la legislación procesal para la implantación de la nueva Oficina judicial. (BOE de 04/11/2009)

Ver arts. 467 a 470 y 471 a 473 LECrim.

ART. 467.

Si el reconocimiento e informe periciales pudieren tener lugar de nuevo en el juicio oral, los peritos nombrados no podrán ser recusados por las partes.
Si no pudiere reproducirse en el juicio oral, habrá lugar a la recusación.

Ver arts. 466, 471, 476, 657, 954.3° LECrim.

ART. 468.

Son causa de recusación de los peritos:
1.° El parentesco de consanguinidad o de afinidad dentro del cuarto grado con el querellante o con el reo.
2.° El interés directo o indirecto en la causa o en otra semejante.
3.° La amistad íntima o enemistad manifiesta.

Ver arts. 467, 464, 416, 723 LECrim; 219.6 LOPJ.

ART. 469.

El actor o el procesado que intente recusar al perito o peritos nombrados por el Juez deberá hacerlo por escrito antes de empezar la diligencia pericial, expresando la causa de la recusación y la prueba testifical que ofrezca, y acompañando la documental o designando el lugar en que ésta se halle si no la tuviere a su disposición.
Para la presentación de este escrito no estará obligado a valerse de Procurador.

Ver arts. 416, 464, 467, 468, 470, 471 y 723 LECrim.

ART. 470.

El Juez, sin levantar mano, examinará los documentos que produzca el recusante y oirá a los testigos que presente en el acto, resolviendo lo que estime justo respecto de la recusación.
Si hubiere lugar a ella, suspenderá el acto pericial por el tiempo estrictamente necesario para nombrar el perito que haya de sustituir al recusado, hacérselo saber y constituirse el nombrado en el lugar correspondiente.
Si no la admitiere, se procederá como si no se hubiese usado de la facultad de recusar.

Cuando el recusante no produjese los documentos, pero designare el archivo o lugar en que se encuentren, se reclamarán por el Secretario judicial, y el Juez instructor los examinará una vez recibidos sin detener por esto el curso de las actuaciones; y si de ellos resultase justificada la causa de la recusación, anulará el informe pericial que se hubiese dado, mandando que se practique de nuevo esta diligencia.

Párrafo cuarto modificado por Ley 13/2009, de 3 de noviembre, de reforma de la legislación procesal para la implantación de la nueva Oficina judicial. (BOE de 04/11/2009)

Ver arts. 166 a 169 y 723 LECrim.

ART. 471.

En el caso del párrafo segundo del artículo 467, el querellante tendrá derecho a nombrar a su costa un perito que intervenga en el acto pericial.

El mismo derecho tendrá el procesado.

Si los querellantes o los procesados fuesen varios, se pondrán, respectivamente, de acuerdo entre sí para hacer el nombramiento.

Estos peritos deberán ser titulares, a no ser que no los hubiere de esta clase en el partido o demarcación, en cuyo caso podrán ser nombrados sin título.

Si la práctica de la diligencia pericial no admitiere espera, se procederá como las circunstancias lo permitan para que el actor y el procesado puedan intervenir en ella.

Ver arts. 467 y 470 LECrim.

ART. 472.

Si las partes hicieren uso de la facultad que se les concede en el artículo anterior, manifestarán al Juez el nombre del perito y ofrecerán al hacer esta manifestación los comprobantes de tener la cualidad de tal perito la persona designada.

En ningún caso podrán hacer uso de dicha facultad después de empezada la operación de reconocimiento.

Ver arts. 457 y 471 LECrim.

ART. 473.

El Juez resolverá sobre la admisión de dichos peritos en la forma determinada en el artículo 470 para las recusaciones.

Ver arts. 470 y 472 LECrim.

ART. 474.

Antes de darse principio al acto pericial, todos los peritos, así los nombrados por el Juez como los que lo hubieren sido por las partes, prestarán juramento, conforme al artículo 434, de proceder bien y fielmente en sus operaciones y de no proponerse otro fin más que el de descubrir y declarar la verdad.

Ver Convenio Europeo de Asistencia Judicial en Materia Penal; arts. 434, 467, 470, 472, 473 LECrim.

ART. 475.

El Juez manifestará clara y determinadamente a los peritos el objeto de su informe.

Ver arts. 472, 474 LECrim.

ART. 476.

Al acto pericial podrán concurrir, en el caso del párrafo segundo del artículo 467, el querellante, si lo hubiere, con su representación, y el procesado con la suya, aun cuando estuviere preso, en cuyo caso adoptará el Juez las precauciones oportunas.

Ver arts. 467 LECrim.

ART. 477.

El acto pericial será presidido por el Juez instructor o, en virtud de su delegación, por el Juez municipal. Podrá también delegar, en el caso del artículo 353, en un funcionario de Policía judicial.

Asistirá siempre el Secretario que actúe en la causa.

Ver art. 353 LECrim.

ART. 478.

El informe pericial comprenderá, si fuere posible:

1.º Descripción de la persona o cosa que sea objeto del mismo en el estado o del modo en que se halle.

El Secretario extenderá esta descripción, dictándola los peritos y suscribiéndola todos los concurrentes.

2.º Relación detallada de todas las operaciones practicadas por los peritos y de su resultado, extendida y autorizada en la misma forma que la anterior.

3.º Las conclusiones que en vista de tales datos formulen los peritos conforme a los principios y reglas de su ciencia o arte.

Ver arts. 481 a 485 LECrim.

ART. 479.

Si los peritos tuvieren necesidad de destruir o alterar los objetos que analicen, deberá conservarse, a ser posible, parte de ellos a disposición del Juez, para que, en caso necesario, pueda hacerse nuevo análisis.

Modificado por Ley 13/2009, de 3 de noviembre, de reforma de la legislación procesal para la implantación de la nueva Oficina judicial. (BOE de 04/11/2009)

Ver art. 484 LECrim.

ART. 480.

Las partes que asistieren a las operaciones o reconocimientos podrán someter a los peritos las observaciones que estimen convenientes, haciéndose constar todas en la diligencia.

Ver arts. 456, 467, 476 LECrim.

ART. 481.

Hecho el reconocimiento, podrán los peritos, si lo pidieren, retirarse por el tiempo absolutamente preciso al sitio que el Juez les señale para deliberar y redactar las conclusiones.

Ver arts. 478 LECrim.

ART. 482.

Si los peritos necesitaren descanso, el Juez o el funcionario que le represente podrá concederles para ello el tiempo necesario.

También podrá suspender la diligencia hasta otra hora u otro día, cuando lo exigiere su naturaleza.

En este caso, el Juez o quien lo represente adoptará las precauciones convenientes para evitar cualquier alteración en la materia de la diligencia pericial.

Ver art. 481 LECrim.

ART. 483.

El Juez podrá, por su propia iniciativa o por reclamación de las partes presentes o de sus defensores, hacer a los peritos, cuando produzcan sus conclusiones, las preguntas que estime pertinentes y pedirles las aclaraciones necesarias.

Las contestaciones de los peritos se considerarán como parte de su informe.

Ver arts. 480 y 482 LECrim.

ART. 484.

Si los peritos estuviesen discordes y su número fuere par, nombrará otro el Juez.

Con intervención del nuevamente nombrado, se repetirán, si fuere posible, las operaciones que hubiesen practicado aquéllos, y se ejecutarán las demás que parecieren oportunas.

Si no fuere posible la repetición de las operaciones ni la práctica de otras nuevas, la intervención del perito últimamente nombrado se limitará a deliberar con los demás, con vista de las diligencias de reconocimiento practicadas, y a formular luego con quien estuviere conforme, o separadamente si no lo estuviese con ninguno, sus conclusiones motivadas.

ART. 485.

El Juez facilitará a los peritos los medios materiales necesarios para practicar la diligencia que les encomiende, reclamándolos de la Administración pública, o dirigiendo a la autoridad correspondiente un aviso previo si existieren preparados para tal objeto, salvo lo dispuesto especialmente en el artículo 362.

TÍTULO VI
De la citación, de la detención y de la prisión provisional

CAPÍTULO PRIMERO
De la citación

ART. 486.

La persona a quien se impute un acto punible deberá ser citada sólo para ser oída, a no ser que la ley disponga lo contrario, o que desde luego proceda su detención.

Ver arts. 67, 80, 118, 118 bis, 119, 166 a 182, 385, 386, 451 a 455, 489 y ss., 503, 520, 762.3, 773.2, 967 LECrim, 149, 150, 156, 161, 234, 259 y 291 LEC, 24.2 CE, 199 y ss. LOPM y Circular de la Fiscalía General del Estado 1/2003, de 7 de abril.

ART. 487.

Si el citado, con arreglo a lo prevenido en el artículo anterior, no compareciere ni justificare causa legítima que se lo impida, la orden de comparecencia podrá convertirse en orden de detención.

Ver arts. 118, 166 a 182, 420, 503, 504, 763 y 789.3 LECrim.

ART. 488.

Durante la instrucción de la causa, el Juez instructor podrá mandar comparecer a cuantas personas convenga oír por resultar contra ellas algunas indicaciones fundadas de culpabilidad.

Ver art. 385 LECrim.

CAPÍTULO II
De la detención

ART. 489.

Ningún español ni extranjero podrá ser detenido sino en los casos y en la forma que las leyes prescriban.

Ver arts. 17, 24, 25.3, 53.2, 55, 71.2 y 126 CE; 3, 9 DUDH; 9, PIDCP; 5 y 15 CEDH; 5.2, 56 EOMF; 398 LOPJ; 22.1 Reglamento del Senado, de 3 de mayo de 1994; 11 y 12 Reglamento del Congreso de los Diputados; Circular 8/1978 Fiscalía General del Estado, de 30 de diciembre de 1978, sobre las reformas introducidas en la Ley de Enjuiciamiento Criminal por la Ley 53/1978, de 4 de diciembre, y su relación con la 56/1978, de la misma fecha; Instrucción 3/2009, de la Fiscalía General del Estado; de 23 de diciembre, sobre el control de la forma en que ha de practicarse la detención; 3, 8.2 LO 2/1986, de 13 de marzo, de fuerzas y cuerpos de seguridad; 8 y 15 LGPe; 23 RP; 200 a 214 LOPM; 1 LO 6/1984, de 24 de mayo, reguladora del procedimiento de Habeas Corpus; 54 a 58 de la Recomendación Rec. (2001) 10 del

Comité de Ministros a los Estados miembros sobre el Código Europeo de Ética de la Policía; Instrucción 12/2007, de la Secretaría de Estado de Seguridad, sobre los comportamientos exigidos a los miembros de las Fuerzas y Cuerpos de Seguridad del Estado para garantizar los derechos de las personas detenidas o bajo custodia policial; 86 RD 2364/1994, de 9 de diciembre, por el que se aprueba el Reglamento de Seguridad Privada; Ley 5/2014, de 4 de abril, de Seguridad Privada; Ley Orgánica 7/2021, de 26 de mayo, de protección de datos personales tratados para fines de prevención, detección, investigación y enjuiciamiento de infracciones penales y de ejecución de sanciones penales; 17 LO 5/2000, de 12 de enero, reguladora de la responsabilidad penal de los menores y Ley Orgánica 4/2015, de 30 de marzo, de protección de la seguridad ciudadana.

Sobre los supuestos en que procede la detención: arts. 490 y 492, y, además, 176, 420, 463, 487, 494, 505, 512 y 763 LECrim; LO 4/2015, de 30 de marzo, de protección de la seguridad ciudadana.; 2 LO 3/1986, de 14 de abril, de medidas especiales en materia de salud pública; 16 LO 4/1981, de 1 de junio, de estados de alarma, excepción y sitio; 39 Reglamento del Senado, de 3 de mayo de 1994; 105 Reglamento del Congreso de los Diputados; 8 Ley 4/1985, de 21 de marzo, de extradición pasiva y 16 Instrumento de ratificación de 21 de abril de 1982, del Convenio Europeo de Extradición.

Respecto a la forma de practicar la detención: 5.2 EOMF; Instrucción 12/2007, de la Secretaría de Estado de Seguridad sobre los comportamientos exigidos a los miembros de las fuerzas y cuerpos de seguridad del estado para garantizar los derechos de las personas detenidas o bajo custodia policial; Instrucción 3/2009, de la Fiscalía General del Estado; de 23 de diciembre, sobre el control de la forma en que ha de practicarse la detención; Instrucción 8/2009, de la Secretaría de Estado de Seguridad, por la que se modifica la Instrucción 5/2009. sobre conducción y custodia de internos de centros penitenciarios.

Respecto a la duración: 496, 497 y 520 LECrim; 16 LO 4/1981, de 1 de junio, de estados de alarma, excepción y sitio; 167 CP.

Respecto a detenciones ilegales, LO 6/1984, de 24 de mayo, reguladora del procedimiento de Habeas Corpus; 163 a 167 y 530 a 533 CP.

Respecto a los derechos del detenido: 15 y 17 CE; 5 DUDH; 7, 10 Y 14.3 PIDCP; 3 Y 5 CEDH; 5.3.c) y 12.1 LO 2/1986, de 13 de marzo, de Fuerzas y Cuerpos de Seguridad; 520 y sigs. LECrim; 163 y ss., 167, 174, 447 CP; 17 Ley Orgánica 5/2000, de 12 de enero, reguladora de la responsabilidad penal de los menores; 125 LOPM.

Respecto al abono del tiempo de detención, arts. 34 y 58 CP; 14, 16, 17 CPM; 85. 5ª, 239, 335, 349 LOPM.

Respecto a inmunidades: Rey: 56.3 CE; Diputados y Senadores del Estado: 71.2 CE; Miembros del Gobierno: 102 CE; 10 a 14, 20.2 del Rgto. del Congreso; 21, 22 del Rgto. del Senado; Parlamentarios de las Comunidades Autónomas: ver los Estatutos de las comunidades autónomas; Defensor del Pueblo: 6.2, 6.3 LO 3/1981, de 6 de abril; Defensores del Pueblo de las Comunidades Autónomas: 1 Ley 36/1985, de 6 de noviembre, por la que se regulan las relaciones entre la Institución del Defensor del Pueblo y las figuras similares en las distintas Comunidades Autónomas; Magistrados del TC: 22 LO 2/1979, de 3 de octubre, del Tribunal Constitucional; Jueces y Magistrados: 398 LOPJ; Fiscales: 60 EOMF; Agentes diplomáticos y consulares: 29 Convenio de Viena de 1961, sobre relaciones diplomáticas, 43 Convenio de Viena sobre Relaciones Consulares de 24 de abril de 1963; 9 y 11 Acuerdo sobre Privilegios e Inmunidades del Consejo de Europa; Representantes de la ONU: Convención sobre Prerrogativas e Inmunidades de las Naciones Unidas, de 13 de febrero de 1946; Personal militar de USA y OTAN: Convenio de Amistad, Defensa y Cooperación entre el Reino de España y los Estados Unidos de América, hecho en Madrid el 2 de julio de 1982, con Convenios complementarios y anejos, así como, en relación con el artículo 4 del Convenio, texto del Convenio de Londres de 19 de junio de 1951, y protocolo al Convenio de Amistad, Defensa y Cooperación, hecho en Madrid el 24 de febrero de 1983 IV Convenio de 2 de julio de 1982 y VI Convenio complementario, 5; y en cuanto a Presidentes, vocales e interventores de mesas electorales: 90 LO 5/1985, de 19 de junio, del Régimen Electoral General.

ART. 490.

Cualquier persona puede detener:

1.º Al que intentare cometer un delito en el momento de ir a cometerlo.

2.º Al delincuente in fraganti.

3.º Al que se fugare del establecimiento penal en que se halle extinguiendo condena.

4.º Al que se fugare de la cárcel en que estuviere esperando su traslación al establecimiento penal o lugar en que deba cumplir la condena que se le hubiese impuesto por sentencia firme.

5.º Al que se fugare al ser conducido al establecimiento o lugar mencionado en el número anterior.

6.º Al que se fugare estando detenido o preso por causa pendiente.

7.º Al procesado o condenado que estuviere en rebeldía.

Ver arts. 489, 491, 496, 512 y sigs. LECrim; 163.4, 468 a 471 CP.

ART. 491.

El particular que detuviere a otro justificará, si éste lo exigiere, haber obrado en virtud de motivos racionalmente suficientes para creer que el detenido se hallaba comprendido en alguno de los casos del artículo anterior.

Ver arts. 273, 384, 502 a 504, 512 a 516, 534 a 538, 990 LECrim; 163.4 CP.

ART. 492.

La Autoridad o agente de Policía judicial tendrá obligación de detener:

1.º A cualquiera que se halle en alguno de los casos del artículo 490.

2.º Al que estuviere procesado por delito que tenga señalada en el Código pena superior a la de prisión correccional.

3.º Al procesado por delito a que esté señalada pena inferior, si sus antecedentes o las circunstancias del hecho hicieren presumir que no comparecerá cuando fuere llamado por la Autoridad judicial.

Se exceptúa de lo dispuesto en el párrafo anterior al procesado que preste en el acto fianza bastante, a juicio de la Autoridad o agente que intente detenerlo, para presumir racionalmente que comparecerá cuando le llame el Juez o Tribunal competente.

4.º Al que estuviere en el caso del número anterior, aunque todavía no se hallase procesado, con tal que concurran las dos circunstancias siguientes: 1.ª Que la Autoridad o agente tenga motivos racionalmente bastantes para creer en la existencia de un hecho que presente los caracteres de delito. 2.ª Que los tenga también bastantes para creer que la persona a quien intente detener tuvo participación en él.

Ver arts. 126 CE; 549 LOPJ, 36 y 408 CP, 282, 489, 490, 492 y ss. LECrim y LO 4/2015, de 30 de marzo, de protección de la seguridad ciudadana.

ART. 493.

La Autoridad o agente de Policía judicial tomará nota del nombre, apellido, domicilio y demás circunstancias bastantes para la averiguación e identificación de la persona del procesado o del delincuente a quienes no detuviere por no estar comprendidos en ninguno de los casos del artículo anterior.

Esta nota será oportunamente entregada al Juez o Tribunal que conozca o deba conocer de la causa.

Ver arts. 547 y 549 LOPJ; 262 y 520 LECrim.

ART. 494.

Dicho Juez o Tribunal acordará también la detención de los comprendidos en el artículo 492, a prevención con las Autoridades y agentes de Policía judicial.

Ver arts. 141, 216, 217, 218, 486, 648 y 731 LECrim, 3.5 EOMF.

ART. 495.

No se podrá detener por la presunta comisión de delitos leves, a no ser que el presunto reo no tuviese domicilio conocido ni diese fianza bastante, a juicio de la autoridad o agente que intente detenerle.

Modificado por Ley Orgánica 5/2024, de 11 de noviembre, del Derecho de Defensa. (BOE de 14-11-2024).
Ver arts. 489 y 503 LECrim.

ART. 496.

El particular, Autoridad o agente de Policía judicial que detuviere a una persona en virtud de lo dispuesto en los precedentes artículos, deberá ponerla en libertad o entregarla al Juez más próximo al lugar en que hubiere hecho la detención dentro de las veinticuatro horas siguientes al acto de la misma.

Si demorare la entrega, incurrirá en la responsabilidad que establece el Código Penal, si la dilación hubiere excedido de veinticuatro horas.

Ver arts. 17.2 CE; 16 LO 4/1981 de 1 de junio, sobre los Estados de Alarma, Excepción y Sitio; 1 LO 6/1984 de 24 de mayo, reguladora del procedimiento de Habeas Corpus; 163 a 168, 480 a 483 CP; 295, 497, 498, 520.1 y 528 LECrim; 16 LO 4/2015, de 30 de marzo, de protección de la seguridad ciudadana; 17 LO 5/2000, reguladora de la Responsabilidad Penal de los Menores.

ART. 497.

Si el Juez o Tribunal a quien se hiciese la entrega fuere el propio de la causa y la detención se hubiese hecho según lo dispuesto en los números 1.º, 2.º y 6.º, y caso referente al procesado del 7.º del artículo 490, y 2.º, 3.º y 4.º del artículo 492, elevará la detención a prisión, o la dejará sin efecto, en el término de setenta y dos horas, a contar desde que el detenido le hubiese sido entregado.

Lo propio, y en idéntico plazo, hará el Juez o Tribunal respecto de la persona cuya detención hubiere él mismo acordado.

Ver arts. 530, 533 CP, 326, 327, 331, 334, 335, 386, 494 LECrim, 17.2 LGPe; 22, 23 RP.

ART. 498.

Si el detenido en virtud de lo dispuesto en el número 6.º y primer caso del 7.º del artículo 490 y 2.º y 3.º del artículo 492, hubiese sido entregado a un Juez distinto del Juez o Tribunal que conozca de la causa, extenderá el primero una diligencia expresiva de la persona que hubiere hecho la detención, de su domicilio y demás circunstancias bastantes para buscarla e identificarla, de los motivos que ésta manifestase haber tenido para la detención, y del nombre, apellidos y circunstancias del detenido.

Esta diligencia será firmada por el Juez, el Secretario, la persona que hubiese ejecutado la detención y las demás concurrentes. Por el que no lo hiciere firmarán dos testigos.

Inmediatamente después serán remitidas estas diligencias y la persona del detenido a disposición del Juez o Tribunal que conociese de la causa.

Ver arts. 490, 492, 512, 513, 515, 835, 836 y 837 LECrim.

ART. 499.

Si el detenido lo fuese por estar comprendido en los números 1.º y 2.º del artículo 490, y en el 4.º del 492, el Juez de instrucción a quien se entregue practicará las primeras diligencias y elevará la detención a prisión, o decretará la libertad del detenido, según proceda, en el término señalado en el artículo 497.

Hecho esto, cuando él no fuese Juez competente, remitirá a quien lo sea las diligencias y la persona del preso, si lo hubiere.

Ver arts. 13, 502 y ss., 528 y ss. LECrim.

ART. 500.

Cuando el detenido lo sea en virtud de las causas 3.ª, 4.ª y 5.ª, y caso referente al condenado de la 7.ª del artículo 490, el Juez a quien se entregue o que haya acordado la detención dispondrá que inmediatamente sea remitido al establecimiento o lugar donde debiere cumplir su condena.

Ver arts 490.3 a 5 y 7 LECrim.

ART. 501.

El auto elevando la detención a prisión o dejándola sin efecto se pondrá en conocimiento del Ministerio Fiscal, y se notificará al querellante particular, si lo hubiere, y al procesado, al cual se le hará saber asimismo el derecho que le asiste para pedir de palabra o por escrito la reposición del auto, consignándose en la notificación las manifestaciones que hiciere.

Ver arts. 248.2 LOPJ; 2, 118, 141, 170, 211, 216 a 222, 502 a 504, 516 a 520 y 763 LECrim.

CAPÍTULO III
De la prisión provisional

ART. 502.

1. Podrá decretar la prisión provisional el juez o magistrado instructor, el juez que forme las primeras diligencias, así como el juez de lo penal o tribunal que conozca de la causa.

2. La prisión provisional sólo se adoptará cuando objetivamente sea necesaria, de conformidad con lo establecido en los artículos siguientes, y cuando no existan otras medidas menos gravosas para el derecho a la libertad a través de las cuales puedan alcanzarse los mismos fines que con la prisión provisional.

3. El juez o tribunal tendrá en cuenta para adoptar la prisión provisional la repercusión que esta medida pueda tener en el investigado o encausado, considerando sus circunstancias y las del hecho objeto de las actuaciones, así como la entidad de la pena que pudiera ser impuesta.

4. No se adoptará en ningún caso la prisión provisional cuando de las investigaciones practicadas se infiera racionalmente que el hecho no es constitutivo de delito o que el mismo se cometió concurriendo una causa de justificación.

Modificado por la Ley Orgánica 13/2015, de 5 de octubre, de modificación de la Ley de Enjuiciamiento Criminal para el fortalecimiento de las garantías procesales y la regulación de las medidas de investigación tecnológica. (BOE de 06/10/2015)

Modificado por Ley Orgánica 13/2003, de 24 de octubre, de reforma de la Ley de Enjuiciamiento Criminal en materia de prisión provisional. (BOE de 27/10/2003)

Ver arts. 9 DUDH; 9 PIDCP; 5 CEDH; 1.1, 9.3, 10, 17, 24, y 53 CE; 13, 141, 217, 303, 304, 305, 492.3, 495, 497, 503 y sigs., 520, 524 a 529, 540 y 541 LECrim; 294 LOPJ; 26, 33, 100, 118, 184 a 188 y 482 CP; 5, 7 a), 8, 29.2, 48, 64 LGPe; 1.1, 3.4, 12.2, 20.3, 23, 57, 74.3, 96 a 98 RP; 8.2, 9, 10, 12, 17 Ley 4/1985 de 21 de marzo, de extradición pasiva; 16 Instrumento de ratificación de 21 de abril de 1982, del Convenio Europeo de Extradición; 30.1 LO 4/1981, de 1 de junio, sobre los Estados do Alarma, Excepción y Sitio; 4.2 EOMF; 215 y sigs. LOPM; 8.2 LO 2/1986, de 13 de marzo, de Fuerzas y Cuerpos de Seguridad; Instrucción 4/2005 FGE, sobre motivación por el Ministerio Fiscal de las peticiones solicitando medida cautelar de prisión provisional o su modificación; Circular 2/1995 FGE, sobre nuevo régimen procesal de la prisión preventiva; Circular 1/1982 FGE, sobre cuestiones sobre prisión preventiva funciones del ministerio fiscal en relación con las situaciones de prisión provisional; Instrucción 4/2005 FGE, sobre motivación por el Ministerio Fiscal de las peticiones solicitando la medida cautelar de prisión provisional o su modificación; Consulta 2/2006 FGE, sobre la prisión preventiva acordada en supuestos de malos tratos del artículo 153 del Código Penal. Límite de su duración; Instrucción 5/2009, de la Secretaría de Estado de Seguridad, sobre la conducción y custodia de internos en centros penitenciaros.

ART. 503.

1. La prisión provisional sólo podrá ser decretada cuando concurran los siguientes requisitos:

1.º Que conste en la causa la existencia de uno o varios hechos que presenten caracteres de delito sancionado con pena cuyo máximo sea igual o superior a dos años de prisión, o bien con pena privativa de libertad de duración inferior si el investigado o encausado tuviere antecedentes penales no cancelados ni susceptibles de cancelación, derivados de condena por delito doloso.

Si fueran varios los hechos imputados se estará a lo previsto en las reglas especiales para la aplicación de las penas, conforme a lo dispuesto en la sección 2.ª del capítulo II del título III del libro I del Código Penal.

2.º Que aparezcan en la causa motivos bastantes para creer responsable criminalmente del delito a la persona contra quien se haya de dictar el auto de prisión.

3.º Que mediante la prisión provisional se persiga alguno de los siguientes fines:

a) Asegurar la presencia del investigado o encausado en el proceso cuando pueda inferirse racionalmente un riesgo de fuga.

Para valorar la existencia de este peligro se atenderá conjuntamente a la naturaleza del hecho, a la gravedad de la pena que pudiera imponerse al investigado o encausado, a la situación familiar, laboral y económica de éste, así como a la inminencia de la celebración del juicio oral, en particular en aquellos supuestos en los que procede incoar el procedimiento para el enjuiciamiento rápido regulado en el título III del libro IV de esta ley.

Procederá acordar por esta causa la prisión provisional de la persona investigada cuando, a la vista de los antecedentes que resulten de las actuaciones, hubieran sido dictadas al menos dos requisitorias para su llamamiento y busca por cualquier órgano judicial en los dos años anteriores. En estos supuestos no será aplicable el límite que respecto de la pena establece el ordinal 1.º de este apartado.

b) Evitar la ocultación, alteración o destrucción de las fuentes de prueba relevantes para el enjuiciamiento en los casos en que exista un peligro fundado y concreto.

No procederá acordar la prisión provisional por esta causa cuando pretenda inferirse dicho peligro únicamente del ejercicio del derecho de defensa o de falta de colaboración del investigado o encausado en el curso de la investigación.

Para valorar la existencia de este peligro se atenderá a la capacidad del investigado o encausado para acceder por sí o a través de terceros a las fuentes de prueba o para influir sobre otros investigados o encausados, testigos o peritos o quienes pudieran serlo.

c) Evitar que el investigado o encausado pueda actuar contra bienes jurídicos de la víctima, especialmente cuando ésta sea alguna de las personas a las que se refiere el artículo 173.2 del Código Penal. En estos casos no será aplicable el límite que respecto de la pena establece el ordinal 1.º de este apartado.

2. También podrá acordarse la prisión provisional, concurriendo los requisitos establecidos en los ordinales 1.º y 2.º del apartado anterior, para evitar el riesgo de que el investigado o encausado cometa otros hechos delictivos.

Para valorar la existencia de este riesgo se atenderá a las circunstancias del hecho, así como a la gravedad de los delitos que se pudieran cometer.

Sólo podrá acordarse la prisión provisional por esta causa cuando el hecho delictivo imputado sea doloso. No obstante, el límite previsto en el ordinal 1.º del apartado anterior no será aplicable cuando de los antecedentes del investigado o encausado y demás datos o circunstancias que aporte la Policía Judicial o resulten de las actuaciones, pueda racionalmente inferirse que el investigado o encausado viene actuando concertadamente con otra u otras personas de forma organizada para la comisión de hechos delictivos o realiza sus actividades delictivas con habitualidad.

Modificado por la Ley Orgánica 13/2015, de 5 de octubre, de modificación de la Ley de Enjuiciamiento Criminal para el fortalecimiento de las garantías procesales y la regulación de las medidas de investigación tecnológica. (BOE de 06/10/2015)

Modificado por Ley Orgánica 15/2003, de 25 de noviembre, por la que se modifica la Ley Orgánica 10/1995, de 23 de noviembre, del Código Penal. (BOE de 26/11/2003)

Ver concordancias art. 502.

ART. 504.

1. La prisión provisional durará el tiempo imprescindible para alcanzar cualquiera de los fines previstos en el artículo anterior y en tanto subsistan los motivos que justificaron su adopción.

2. Cuando la prisión provisional se hubiera decretado en virtud de lo previsto en los párrafos a) o c) del apartado 1.3.º o en el apartado 2 del artículo anterior, su duración no podrá exceder de un año si el delito tuviere señalada pena privativa de libertad igual o inferior a tres años, o de dos años si la pena privativa de libertad señalada para el delito fuera superior a tres años. No obstante, cuando concurrieren circunstancias que hicieran prever que la causa no podrá ser juzgada en aquellos plazos, el juez o tribunal podrá, en los términos previstos en el artículo 505, acordar mediante auto una sola prórroga de hasta dos años si el delito tuviera señalada pena privativa de libertad superior a tres años, o de hasta seis meses si el delito tuviera señalada pena igual o inferior a tres años.

Si fuere condenado el investigado o encausado, la prisión provisional podrá prorrogarse hasta el límite de la mitad de la pena efectivamente impuesta en la sentencia, cuando ésta hubiere sido recurrida.

3. Cuando la prisión provisional se hubiere acordado en virtud de lo previsto en el apartado 1.3.° b) del artículo anterior, su duración no podrá exceder de seis meses.

No obstante, cuando se hubiere decretado la prisión incomunicada o el secreto del sumario, si antes del plazo establecido en el párrafo anterior se levantare la incomunicación o el secreto, el juez o tribunal habrá de motivar la subsistencia del presupuesto de la prisión provisional.

4. La concesión de la libertad por el transcurso de los plazos máximos para la prisión provisional no impedirá que ésta se acuerde en el caso de que el investigado o encausado, sin motivo legítimo, dejare de comparecer a cualquier llamamiento del juez o tribunal.

5. Para el cómputo de los plazos establecidos en este artículo se tendrá en cuenta el tiempo que el investigado o encausado hubiere estado detenido o sometido a prisión provisional por la misma causa.

Se excluirá, sin embargo, de aquel cómputo el tiempo en que la causa sufriere dilaciones no imputables a la Administración de Justicia.

6. Cuando la medida de prisión provisional acordada exceda de las dos terceras partes de su duración máxima, el juez o tribunal que conozca de la causa y el ministerio fiscal comunicarán respectivamente esta circunstancia al presidente de la sala de gobierno y al fiscal-jefe del tribunal correspondiente, con la finalidad de que se adopten las medidas precisas para imprimir a las actuaciones la máxima celeridad. A estos efectos, la tramitación del procedimiento gozará de preferencia respecto de todos los demás.

Modificado por la Ley Orgánica 13/2015, de 5 de octubre, de modificación de la Ley de Enjuiciamiento Criminal para el fortalecimiento de las garantías procesales y la regulación de las medidas de investigación tecnológica. (BOE de 06/10/2015)

Modificado por Ley Orgánica 15/2003, de 25 de noviembre, por la que se modifica la Ley Orgánica 10/1995, de 23 de noviembre, del Código Penal. (BOE de 26/11/2003)

Ver arts. 1.1, 9.3, 10, 17, 24, 53 y 121 CE; 13, 141, 217, 303, 304, 305, 492.3, 495, 497, 503 y sigs., 520, 524 a 529, 540 y 541 LECrim; 5 y 15 LGPe; D 2.355/1967, de 16 de septiembre, sobre conducción de detenidos, presos y penados; 8 y 10 Ley 4/1985, de 21 de marzo, de extradición pasiva; 30.1 LO 4/1981, de 1 de junio, de Estados de Alarma, Excepción y Sitio; 26, 33, 100, 118, 184 a 188 y 482 CP; 294 LOPJ; 8.2 LO 2/1986, de 13 de marzo, de Fuerzas y Cuerpos de Seguridad; 4 EOMF.

ART. 504 bis.

(INCONSTITUCIONAL Y NULO)

Declarado inconstitucional y nulo por Sentencia del Tribunal Constitucional 71/1994, de 3 de marzo, del Pleno del Tribunal Constitucional en el Recurso de inconstitucionalidad 1492/1988. (BOE de 24/03/1994)

ART. 504 bis 2.

(DEROGADO)

Modificación realizada (504 bis 2 (se deroga)) por Ley Orgánica 13/2003, de 24 de octubre, de reforma de la Ley de Enjuiciamiento Criminal en materia de prisión provisional. (BOE de 27/10/2003)

ART. 505.

1. Cuando el detenido fuere puesto a disposición del juez de instrucción o tribunal que deba conocer de la causa, éste, salvo que decretare su libertad provisional sin fianza, convocará a una audiencia en la que el Ministerio Fiscal o las partes acusadoras podrán interesar que se decrete la prisión provisional del investigado o encausado o su libertad provisional con fianza.

En los supuestos del procedimiento regulado en el título III del libro IV de esta ley, este trámite se sustanciará con arreglo a lo establecido en el artículo 798, salvo que la audiencia se hubiera celebrado con anterioridad.

2. La audiencia prevista en el apartado anterior deberá celebrarse en el plazo más breve posible dentro de las 72 horas siguientes a la puesta del detenido a disposición judicial y a ella se citará al investigado o encausado, que deberá estar asistido de letrado por él elegido o designado de oficio, al Ministerio Fiscal y a las demás partes personadas. La audiencia habrá de celebrarse también para solicitar y decretar, en su caso, la prisión provisional del investigado o encausado no detenido o su libertad provisional con fianza.

3. En dicha audiencia, si el Ministerio Fiscal o alguna parte acusadora solicitare que se decrete la prisión provisional del investigado o encausado o su libertad provisional con fianza, podrán quienes concurrieren realizar alegaciones y proponer los medios de prueba que puedan practicarse en el acto o dentro de las setenta y dos horas antes indicadas en el apartado anterior.

El Abogado del investigado o encausado tendrá, en todo caso, acceso a los elementos de las actuaciones que resulten esenciales para impugnar la privación de libertad del investigado o encausado.

4. El juez o tribunal decidirá sobre la procedencia o no de la prisión o de la imposición de la fianza. Si ninguna de las partes las instare, acordará necesariamente la inmediata puesta en libertad del investigado o encausado que estuviere detenido.

5. Si por cualquier razón la audiencia no pudiere celebrarse, el juez o tribunal podrá acordar la prisión provisional, si concurrieren los presupuestos del artículo 503, o la libertad provisional con fianza. No obstante, dentro de las siguientes 72 horas, el juez o tribunal convocará una nueva audiencia, adoptando las medidas a que hubiere lugar por la falta de celebración de la primera audiencia.

6. Cuando el detenido fuere puesto a disposición de juez distinto del juez o tribunal que conociere o hubiere de conocer de la causa, y el detenido no pudiere ser puesto a disposición de este último en el plazo de 72 horas, procederá el primero de acuerdo con lo previsto en los apartados anteriores. No obstante, una vez que el juez o tribunal de la causa reciba las diligencias, oirá al investigado o encausado, asistido de su abogado, tan pronto como le fuera posible y dictará la resolución que proceda.

Apartado 3 modificado por LO 5/2015, de 27 de abril, por la que se modifican la Ley de Enjuiciamiento Criminal y la Ley Orgánica 6/1985, de 1 de julio, del Poder Judicial, para transponer la Directiva 2010/64/ UE, de 20 de octubre de 2010, relativa al derecho a interpretación y a traducción en los procesos penales y la Directiva 2012/13/UE, de 22 de mayo de 2012, relativa al derecho a la información en los procesos penales. (BOE de 28/04/2015)

Ver arts. 15.1 LGPe; 23 y sigs.; 183 y ss. RP; 184 a 188 CP; 24 CE; 325, 497 a 504, 506 y 507, 520 bis.1, 529, 539, 544 bis, 544 ter, 731 bis y 798 LECrim y Circular 2/1995, de 22 de noviembre de la FGE.

ART. 506.

1. Las resoluciones que se dicten sobre la situación personal del investigado o encausado adoptarán la forma de auto. El auto que acuerde la prisión provisional o disponga su prolongación expresará los motivos por los que la medida se considera necesaria y proporcionada respecto de los fines que justifican su adopción.

2. Si la causa hubiere sido declarada secreta, en el auto de prisión se expresarán los particulares del mismo que, para preservar la finalidad del secreto, hayan de ser omitidos de la copia que haya de notificarse. En ningún caso se omitirá en la notificación una sucinta descripción del hecho imputado y de cuál o cuáles de los fines previstos en el artículo 503 se pretende conseguir con la prisión. Cuando se alce el secreto del sumario, se notificará de inmediato el auto íntegro al investigado o encausado.

3. Los autos relativos a la situación personal del investigado o encausado se pondrán en conocimiento de los directamente ofendidos y perjudicados por el delito cuya seguridad pudiera verse afectada por la resolución.

Modificado por la Ley Orgánica 13/2015, de 5 de octubre, de modificación de la Ley de Enjuiciamiento Criminal para el fortalecimiento de las garantías procesales y la regulación de las medidas de investigación tecnológica. (BOE de 06/10/2015)

Modificado por Ley Orgánica 13/2003, de 24 de octubre, de reforma de la Ley de Enjuiciamiento Criminal en materia de prisión provisional. (BOE de 27/10/2003)

Ver arts. 15.1, 51 a 53 LGPe; 41 a 49 RP; 187, 188, 141, 385, 388 y sigs., 407, 408, 476, 508, 520 y 527 LECrim; LO 6/1984, de 24 de mayo, reguladora del procedimiento de Habeas Corpus; 225 a 239 LOPM y 184 a 188 CP.

ART. 507.

1. Contra los autos que decreten, prorroguen o denieguen la prisión provisional o acuerden la libertad del investigado o encausado podrá ejercitarse el recurso de apelación en

los términos previstos en el artículo 766, que gozará de tramitación preferente. El recurso contra el auto de prisión deberá resolverse en un plazo máximo de 30 días.

2. Cuando en virtud de lo dispuesto en el apartado 2 del artículo anterior no se hubiere notificado íntegramente el auto de prisión al investigado o encausado, éste también podrá recurrir el auto íntegro cuando le sea notificado, de conformidad con lo dispuesto en el apartado anterior.

Modificado por la Ley Orgánica 13/2015, de 5 de octubre, de modificación de la Ley de Enjuiciamiento Criminal para el fortalecimiento de las garantías procesales y la regulación de las medidas de investigación tecnológica. (BOE de 06/10/2015)

Modificado por Ley Orgánica 13/2003, de 24 de octubre, de reforma de la Ley de Enjuiciamiento Criminal en materia de prisión provisional. (BOE de 27/10/2003)

Ver arts. 216 a 223, 225, 518 y 766 LECrim.

ART. 508.

1. El juez o tribunal podrá acordar que la medida de prisión provisional del investigado o encausado se verifique en su domicilio, con las medidas de vigilancia que resulten necesarias, cuando por razón de enfermedad el internamiento entrañe grave peligro para su salud. El juez o tribunal podrá autorizar que el investigado o encausado salga de su domicilio durante las horas necesarias para el tratamiento de su enfermedad, siempre con la vigilancia precisa.

2. En los casos en los que el investigado o encausado se hallara sometido a tratamiento de desintoxicación o deshabituación a sustancias estupefacientes y el ingreso en prisión pudiera frustrar el resultado de dicho tratamiento, la medida de prisión provisional podrá ser sustituida por el ingreso en un centro oficial o de una organización legalmente reconocida para continuación del tratamiento, siempre que los hechos objeto del procedimiento sean anteriores a su inicio. En este caso el investigado o encausado no podrá salir del centro sin la autorización del juez o tribunal que hubiera acordado la medida.

Ver arts. 408 y 520 bis.2 LECrim; arts. 156, 225 a 229, 251 y 407.4° LOPM.

Modificado por Ley Orgánica 15/2003, de 25 de noviembre, por la que se modifica la Ley Orgánica 10/1995, de 23 de noviembre, del Código Penal. (BOE de 26/11/2003)

ART. 509.

1. El juez de instrucción o tribunal podrá acordar excepcionalmente, mediante resolución motivada, la detención o prisión incomunicadas cuando concurra alguna de las siguientes circunstancias:

a) necesidad urgente de evitar graves consecuencias que puedan poner en peligro la vida, la libertad o la integridad física de una persona, o

b) necesidad urgente de una actuación inmediata de los jueces de instrucción para evitar comprometer de modo grave el proceso penal.

2. La incomunicación durará el tiempo estrictamente necesario para practicar con urgencia diligencias tendentes a evitar los peligros a que se refiere el apartado anterior. La incomunicación no podrá extenderse más allá de cinco días. En los casos en que la prisión se acuerde en causa por alguno de los delitos a que se refiere el artículo 384 bis u otros delitos cometidos concertadamente y de forma organizada por dos o más personas, la incomunicación podrá prorrogarse por otro plazo no superior a cinco días.

3. El auto en el que sea acordada la incomunicación o, en su caso, su prórroga deberá expresar los motivos por los que haya sido adoptada la medida.

4. En ningún caso podrán ser objeto de detención incomunicada los menores de dieciséis años.

Apartados 1 y 2 modificados y apartado 4 añadido por Ley Orgánica 13/2015, de 5 de octubre, de modificación de la Ley de Enjuiciamiento Criminal para el fortalecimiento de las garantías procesales y la regulación de las medidas de investigación tecnológica. (BOE de 06/10/2015)

Ver concordancias art. 510 LECrim.

ART. 510.

1. El incomunicado podrá asistir con las precauciones debidas a las diligencias en que le dé intervención esta ley cuando su presencia no pueda desvirtuar el objeto de la incomunicación.

2. Se permitirá al preso contar con los efectos que él se proporcione siempre y cuando a juicio de juez o tribunal no frustren los fines de la incomunicación.

3. El preso no podrá realizar ni recibir comunicación alguna. No obstante, el juez o tribunal podrá autorizar comunicaciones que no frustren la finalidad de la prisión incomunicada y adoptará, en su caso, las medidas oportunas.

4. El preso sometido a incomunicación que así lo solicite tendrá derecho a ser reconocido por un segundo médico forense designado por el juez o tribunal competente para conocer de los hechos.

> *Apdo. 4 se añade por Ley Orgánica 15/2003, de 25 de noviembre, por la que se modifica la Ley Orgánica 10/1995, de 23 de noviembre, del Código Penal. (BOE de 26/11/2003)*
>
> *Ver arts. 10, 51 a 53 LGPe; 224 LOPM; 187, 188, 141, 385, 388 y ss., 407, 408, 476, 508, 520 y 527.2 LECrim y LO 6/1984, de 24 de mayo, reguladora del procedimiento de Habeas Corpus.*

ART. 511.

1. Para llevar a efecto el auto de prisión se expedirán dos mandamientos: uno a la Policía Judicial o agente judicial, en su caso, que haya de ejecutarlo, y otro al director del establecimiento que deba recibir al preso.

En el mandamiento se consignarán los datos personales que consten del investigado o encausado, el delito que dé lugar al procedimiento y si la prisión ha de ser con comunicación o sin ella.

2. Los directores de los establecimientos no recibirán a ninguna persona en condición de preso sin que se les entregue mandamiento de prisión.

3. Una vez dictado auto por el que se acuerde la libertad del preso, inmediatamente se expedirá mandamiento al director del establecimiento.

> *Modificado por la Ley Orgánica 13/2015, de 5 de octubre, de modificación de la Ley de Enjuiciamiento Criminal para el fortalecimiento de las garantías procesales y la regulación de las medidas de investigación tecnológica. (BOE de 06/10/2015)*
>
> *Modificado por Ley Orgánica 13/2003, de 24 de octubre, de reforma de la Ley de Enjuiciamiento Criminal en materia de prisión provisional. (BOE de 27/10/2003)*
>
> *Ver arts. 18.3 CE; 527 LECrim; 51 LGPe; 19 y 20 RP.*

ART. 512.

Si el presunto reo no fuere habido en su domicilio y se ignorase su paradero, el juez o jueza acordará que sea buscado por requisitorias que se enviarán al Sistema de Registros Administrativos de Apoyo a la Administración de Justicia (SIRAJ) **y se publicarán en el Tablón Edictal Judicial Único**, dando las órdenes oportunas a las Fuerzas y Cuerpos de Seguridad del Estado y a los Cuerpos de Policía Autonómica de aquellas comunidades autónomas con competencias en materia de seguridad pública; y, en todo caso, el Sistema de Registros Administrativos de Apoyo a la Administración de Justicia compartirá la información para su publicación en el Tablón Edictal Judicial Único, garantizándose la interoperabilidad entre ambas plataformas.

> *Modificado por Ley Orgánica 1/2025, de 2 de enero, de medidas en materia de eficiencia del Servicio Público de Justicia (BOE de 03-01-2025). Esta modificación entró en vigor el 03-04-2025.*
>
> *Anteriormente modificado por el Real Decreto-ley 6/2023, de 19 de diciembre, por el que se aprueban medidas urgentes para la ejecución del Plan de Recuperación, Transformación y Resiliencia en materia de servicio público de justicia, función pública, régimen local y mecenazgo. (BOE de 20/12/2023) y por Ley 13/2009, de 3 de noviembre, de reforma de la legislación procesal para la implantación de la nueva Oficina judicial. (BOE de 04/11/2009).*
>
> *Ver arts. 178, 486, 503, 504, 529, 762.3°, 763 y 834 LECrim.*

ART. 513.

En la requisitoria se expresarán el nombre y apellidos, cargo, profesión u oficio, si constaren, del procesado rebelde, y las señas en virtud de las que pueda ser identificado, el delito por que se le procesa, el territorio donde sea de presumir que se encuentra y la cárcel adonde deba ser conducido.

Ver concordancias del artículo anterior.

ART. 514.

La requisitoria original y el justificante del envío realizado al Sistema de Registros Administrativos de Apoyo a la Administración de Justicia y de la remisión al Tablón Edictal Judicial único se unirán a la causa.

Modificado por el Real Decreto-ley 6/2023, de 19 de diciembre, por el que se aprueban medidas urgentes para la ejecución del Plan de Recuperación, Transformación y Resiliencia en materia de servicio público de justicia, función pública, régimen local y mecenazgo. (BOE de 20/12/2023). En vigor desde el 20 de marzo de 2024.

Ver arts. 837 a 839 bis LECrim.

ART. 515.

El Juez o Tribunal que hubiese acordado la prisión del procesado rebelde, y los Jueces de instrucción a quienes se enviaren las requisitorias, pondrán en conocimiento de las Autoridades y agentes de Policía judicial de sus respectivos territorios las circunstancias mencionadas en el artículo 513.

Ver arts. 513, 762.4ª, 763, 834 a 846 LECrim.

ART. 516.

En la resolución por la que se acuerde buscar por requisitorias, el Juez designará los particulares de la causa que fueren precisos para poder resolver acerca de la situación personal del requisitoriado una vez sea habido. Testimoniados la resolución judicial y los particulares por el Secretario judicial, se remitirán al Juzgado de Guardia o se incluirán en el sistema informático que al efecto exista, donde quedarán registrados.

Modificado por Ley 13/2009, de 3 de noviembre, de reforma de la legislación procesal para la implantación de la nueva Oficina judicial. (BOE de 04/11/2009)

ART. 517.

Sin perjuicio de lo dispuesto en el artículo 505.6, presentado el requisitoriado ante un Juzgado de Guardia, el Juez, si fuera necesario para resolver, podrá solicitar el auxilio del órgano judicial que hubiera dictado la requisitoria o, en su defecto, del que se hallare de guardia en este último partido judicial, a fin de que le facilite la documentación e información a que se refiere el artículo anterior.

Modificado por Ley 13/2009, de 3 de noviembre, de reforma de la legislación procesal para la implantación de la nueva Oficina judicial. (BOE de 04/11/2009)

ART. 518.

Los autos en que se decrete o deniegue la prisión o excarcelación serán apelables sólo en el efecto devolutivo.

Párrafo segundo se deroga por Ley Orgánica 13/2003, de 24 de octubre, de reforma de la Ley de Enjuiciamiento Criminal en materia de prisión provisional. (BOE de 27/10/2003)

Ver arts. 216 a 238 LECrim.

ART. 519.

Todas las diligencias de prisión provisional se sustanciarán en pieza separada.

Ver arts. 141, 216 a 222, 501 a 505, 528, 529, 762 a 765 LECrim; 530 CP.

CAPÍTULO IV
Del ejercicio del derecho de defensa, de la asistencia de Abogado y del tratamiento de los detenidos y presos

ART. 520.

1. La detención y la prisión provisional deberán practicarse en la forma que menos perjudique al detenido o preso en su persona, reputación y patrimonio. Quienes acuerden la medida y los encargados de practicarla así como de los traslados ulteriores, velarán por los derechos constitucionales al honor, intimidad e imagen de aquéllos, con respeto al derecho fundamental a la libertad de información.

La detención preventiva no podrá durar más del tiempo estrictamente necesario para la realización de las averiguaciones tendentes al esclarecimiento de los hechos. Dentro de los plazos establecidos en la presente Ley, y, en todo caso, en el plazo máximo de setenta y dos horas, el detenido deberá ser puesto en libertad o a disposición de la autoridad judicial.

En el atestado deberá reflejarse el lugar y la hora de la detención y de la puesta a disposición de la autoridad judicial o en su caso, de la puesta en libertad.

2. Toda persona detenida o presa será informada por escrito, en un lenguaje sencillo y accesible, en una lengua que comprenda y de forma inmediata, de los hechos que se le atribuyan y las razones motivadoras de su privación de libertad, así como de los derechos que le asisten y especialmente de los siguientes:

a) Derecho a guardar silencio no declarando si no quiere, a no contestar alguna o algunas de las preguntas que le formulen, o a manifestar que sólo declarará ante el juez.

b) Derecho a no declarar contra sí mismo y a no confesarse culpable.

c) Derecho a designar abogado, sin perjuicio de lo dispuesto en el apartado 1.a) del artículo 527 y a ser asistido por él sin demora injustificada. En caso de que, debido a la lejanía geográfica no sea posible de inmediato la asistencia de letrado, se facilitará al detenido comunicación telefónica o por videoconferencia con aquél, salvo que dicha comunicación sea imposible.

d) Derecho a acceder a los elementos de las actuaciones que sean esenciales para impugnar la legalidad de la detención o privación de libertad.

e) Derecho a que se ponga en conocimiento del familiar o persona que desee, sin demora injustificada, su privación de libertad y el lugar de custodia en que se halle en cada momento. Los extranjeros tendrán derecho a que las circunstancias anteriores se comuniquen a la oficina consular de su país.

f) Derecho a comunicarse telefónicamente, sin demora injustificada, con un tercero de su elección. Esta comunicación se celebrará en presencia de un funcionario de policía o, en su caso, del funcionario que designen el juez o el fiscal, sin perjuicio de lo dispuesto en el artículo 527.

g) Derecho a ser visitado por las autoridades consulares de su país, a comunicarse y a mantener correspondencia con ellas.

h) Derecho a ser asistido gratuitamente por un intérprete, cuando se trate de extranjero que no comprenda o no hable el castellano o la lengua oficial de la actuación de que se trate, o de personas sordas o con discapacidad auditiva, así como de otras personas con dificultades del lenguaje.

i) Derecho a ser reconocido por el médico forense o su sustituto legal y, en su defecto, por el de la institución en que se encuentre, o por cualquier otro dependiente del Estado o de otras Administraciones Públicas.

j) Derecho a solicitar asistencia jurídica gratuita, procedimiento para hacerlo y condiciones para obtenerla.

Asimismo, se le informará del plazo máximo legal de duración de la detención hasta la puesta a disposición de la autoridad judicial y del procedimiento por medio del cual puede impugnar la legalidad de su detención.

Cuando no se disponga de una declaración de derechos en una lengua que comprenda el detenido, se le informará de sus derechos por medio de un intérprete tan pronto resulte posible. En este caso, deberá entregársele, posteriormente y sin demora indebida, la declaración escrita de derechos en una lengua que comprenda.

En todos los casos se permitirá al detenido conservar en su poder la declaración escrita de derechos durante todo el tiempo de la detención.

2 bis. La información a que se refiere el apartado anterior se facilitará en un lenguaje comprensible y que resulte accesible al destinatario. A estos efectos se adaptará la información a su edad, grado de madurez, discapacidad y cualquier otra circunstancia personal de la que pueda derivar una limitación de la capacidad para entender el alcance de la información que se le facilita.

3. Si el detenido fuere extranjero, se comunicará al cónsul de su país el hecho de su detención y el lugar de custodia y se le permitirá la comunicación con la autoridad consular. En caso de que el detenido tenga dos o más nacionalidades, podrá elegir a qué autoridades consulares debe informarse de que se encuentra privado de libertad y con quién desea comunicarse.

4. Si se tratare de un menor, será puesto a disposición de las Secciones de Menores de la Fiscalía y se comunicará el hecho y el lugar de custodia a quienes ejerzan la patria potestad, la tutela o la guarda de hecho del mismo, tan pronto se tenga constancia de la minoría de edad.

En caso de conflicto de intereses con quienes ejerzan la patria potestad, la tutela o la guarda de hecho del menor, se le nombrará un defensor judicial a quien se pondrá en conocimiento del hecho y del lugar de detención.

Si el detenido tuviere su capacidad modificada judicialmente, la información prevista en el apartado 2 de este artículo se comunicará a quienes ejerzan la tutela o guarda de hecho del mismo, dando cuenta al Ministerio Fiscal.

Si el detenido menor o con capacidad modificada judicialmente fuera extranjero, el hecho de la detención se notificará de oficio al Cónsul de su país.

5. El detenido designará libremente abogado y si no lo hace será asistido por un abogado de oficio. Ninguna autoridad o agente le efectuará recomendación alguna sobre el abogado a designar más allá de informarle de su derecho.

La autoridad que tenga bajo su custodia al detenido comunicará inmediatamente al Colegio de Abogados el nombre del designado por el detenido para asistirle a los efectos de su localización y transmisión del encargo profesional o, en su caso, le comunicará la petición de nombramiento de abogado de oficio.

Si el detenido no hubiere designado abogado, o el elegido rehusare el encargo o no fuere hallado, el Colegio de Abogados procederá de inmediato al nombramiento de un abogado del turno de oficio.

El abogado designado acudirá al centro de detención con la máxima premura, siempre dentro del plazo máximo de tres horas desde la recepción del encargo. Si en dicho plazo no compareciera, el Colegio de Abogados designará un nuevo abogado del turno de oficio que deberá comparecer a la mayor brevedad y siempre dentro del plazo indicado, sin perjuicio de la exigencia de la responsabilidad disciplinaria en que haya podido incurrir el incompareciente.

6. La asistencia del abogado consistirá en:

a) Solicitar, en su caso, que se informe al detenido o preso de los derechos establecidos en el apartado 2 y que se proceda, si fuera necesario, al reconocimiento médico señalado en su letra i).

b) Intervenir en las diligencias de declaración del detenido, en las diligencias de reconocimiento de que sea objeto y en las de reconstrucción de los hechos en que participe el detenido. El abogado podrá solicitar al juez o funcionario que hubiesen practicado la diligencia en la que haya intervenido, una vez terminada ésta, la declaración o ampliación de los extremos que considere convenientes, así como la consignación en el acta de cualquier incidencia que haya tenido lugar durante su práctica.

c) Informar al detenido de las consecuencias de la prestación o denegación de consentimiento a la práctica de diligencias que se le soliciten.

Si el detenido se opusiera a la recogida de las muestras mediante frotis bucal, conforme a las previsiones de la Ley Orgánica 10/2007, de 8 de octubre, reguladora de la base de datos policial sobre identificadores obtenidos a partir del ADN, el juez de instrucción, a instancia de la Policía Judicial o del Ministerio Fiscal, podrá imponer la ejecución forzosa de tal diligencia mediante el recurso a las medidas coactivas mínimas indispensables, que deberán ser proporcionadas a las circunstancias del caso y respetuosas con su dignidad.

d) Entrevistarse reservadamente con el detenido, incluso antes de que se le reciba declaración por la policía, el fiscal o la autoridad judicial, sin perjuicio de lo dispuesto en el artículo 527.

7. Las comunicaciones entre el investigado o encausado y su abogado tendrán carácter confidencial en los mismos términos y con las mismas excepciones previstas en el apartado 4 del artículo 118.

8. No obstante, el detenido o preso podrá renunciar a la preceptiva asistencia de abogado si su detención lo fuere por hechos susceptibles de ser tipificados exclusivamente como delitos contra la seguridad del tráfico, siempre que se le haya facilitado información clara y suficiente en un lenguaje sencillo y comprensible sobre el contenido de dicho derecho y las consecuencias de la renuncia. El detenido podrá revocar su renuncia en cualquier momento.

Apartados 1, 2, 3 4, 5, y 6 modificados y apartados 2 bis, 7 y 8 añadidos por Ley Orgánica 13/2015, de 5 de octubre, de modificación de la Ley de Enjuiciamiento Criminal para el fortalecimiento de las garantías procesales y la regulación de las medidas de investigación tecnológica. (BOE de 06/10/2015)

Ver arts. 1.1, 9.3, 10, 15, 17, 24, 53 y 55 CE; 13, 27, 118, 289, 299, 307, 308, 309, 318, 489 y sigs., 502 y sigs., 751, 757, 767 y 768 LECrim; Ley 1/1996, de 10 de enero, de Asistencia Jurídica gratuita; 2, 3, 8, 15, 51.2 LGPe; 77 y sigs., 89 y sigs., y 101 RP; 1 d) LO 6/1984, de 24 de mayo, reguladora del procedimiento de Habeas Corpus; 167 y sigs. y 173 y sigs. CP; LO 2/1986, de 13 de marzo, de Cuerpos y Fuerzas de Seguridad; 8, 9 y 10 Ley 4/1985, de 21 de marzo, de extradición pasiva; 11 Convenio Europeo de Asistencia Judicial en Materia Penal; Real Decreto 135/2021, de 2 de marzo, por el que se aprueba el Estatuto General de la Abogacía Española; EOMF; 551 LOPJ; Ver Directiva 2012/13/UE del Parlamento Europeo y del Consejo, de 22 de mayo de 2012, relativa al derecho a la información en los procesos penales.

ART. 520 bis.

1. Toda persona detenida como presunto partícipe de alguno de los delitos a que se refiere el artículo 384 bis será puesta a disposición del Juez competente dentro de las setenta y dos horas siguientes a la detención. No obstante, podrá prolongarse la detención el tiempo necesario para los fines investigadores, hasta un límite máximo de otras cuarenta y ocho horas, siempre que, solicitada tal prórroga mediante comunicación motivada dentro de las primeras cuarenta y ocho horas desde la detención, sea autorizada por el Juez en las veinticuatro horas siguientes. Tanto la autorización cuanto la denegación de la prórroga se adoptarán en resolución motivada.

2. Detenida una persona por los motivos expresados en el número anterior, podrá solicitarse del Juez que decrete su incomunicación, el cual deberá pronunciarse sobre la misma, en resolución motivada, en el plazo de veinticuatro horas. Solicitada la incomunicación, el detenido quedará en todo caso incomunicado sin perjuicio del derecho de defensa que le asiste y de lo establecido en los artículos 520 y 527, hasta que el Juez hubiere dictado la resolución pertinente.

3. Durante la detención, el Juez podrá en todo momento requerir información y conocer, personalmente o mediante delegación en el Juez de Instrucción del partido o demarcación donde se encuentre el detenido, la situación de éste.

Ver art. 55.2 CE; arts. 384 bis, 520, 527 LECrim; y LO 5/2000, de 12 de enero, reguladora de la Responsabilidad Penal de los Menores.

ART. 520 ter.

A los detenidos en espacios marinos por la presunta comisión de los delitos contemplados en el artículo 23.4.d) de la Ley Orgánica 6/1985, de 1 de julio, del Poder Judicial, les serán aplicados los derechos reconocidos en el presente capítulo en la medida que resulten compatibles con los medios personales y materiales existentes a bordo del buque o aeronave que practique la detención, debiendo ser puestos en libertad o a disposición de la autoridad judicial competente tan pronto como sea posible, sin que pueda exceder del plazo máximo de setenta y dos horas. La puesta a disposición judicial podrá realizarse por los medios telemáticos de los que disponga el buque o aeronave, cuando por razón de la distancia o su situación de aislamiento no sea posible llevar a los detenidos a presencia física de la autoridad judicial dentro del indicado plazo.

Artículo añadido por Ley Orgánica 13/2015, de 5 de octubre, de modificación de la Ley de Enjuiciamiento Criminal para el fortalecimiento de las garantías procesales y la regulación de las medidas de investigación tecnológica. (BOE de 06/10/2015)

ART. 521.

Los detenidos estarán, a ser posible, separados los unos de los otros.

Si la separación no fuese posible, el Juez instructor o Tribunal cuidará de que no se reúnan personas de diferente sexo ni los correos en una misma prisión, y de que los jóvenes y los no reincidentes se hallen separados de los de edad madura y de los reincidentes.

Para esta separación se tendrá en cuenta el grado de educación del detenido, su edad y la naturaleza del delito que se le impute.

Ver arts. 9.1, 16 y 19.1 LGPc y 99 RP.

ART. 522.

Todo detenido o preso puede procurarse a sus expensas las comodidades u ocupaciones compatibles con el objeto de su detención y el régimen del establecimiento en que esté custodiado, siempre que no comprometan su seguridad o la reserva del sumario.

Ver arts. 17 y 25.2 CE; 5, 55 a 58 LGPe y 50, 51, 55 a 58 y 298 a 306 RP.

ART. 523.

Cuando el detenido o preso deseare ser visitado por un ministro de su religión, por un médico, por sus parientes o personas con quienes esté en relación de intereses, o por las que puedan darle sus consejos, deberá permitírsele con las condiciones prescritas en el reglamento de cárceles, si no afectasen al secreto y éxito del sumario. La relación con el Abogado defensor no podrá impedírsele mientras estuviere en comunicación.

Ver arts. 24.2 CE; 51 LGPe; 49, 89 a 98, 101, 102 RP; 520 y 527 LECrim.

ART. 524.

El Juez instructor autorizará, en cuanto no se perjudique el éxito de la instrucción, los medios de correspondencia y comunicación de que pueda hacer uso el detenido o preso.

Pero en ningún caso debe impedirse a los detenidos o presos la libertad de escribir a los funcionarios superiores del orden judicial.

Ver art. 51 LGPe; arts. 46 a 49 RP.

ART. 525.

No se adoptará contra el detenido o preso ninguna medida extraordinaria de seguridad sino en caso de desobediencia, de violencia o de rebelión, o cuando haya intentado o hecho preparativos para fugarse.

Esta medida deberá ser temporal, y sólo subsistirá el tiempo estrictamente necesario.

Ver arts. 10, 45 LGPe; 4, 89, 90 y 233 y sigs. RP.

ART. 526.

El Juez instructor visitará una vez por semana, sin previo aviso ni día determinado, las prisiones de la localidad, acompañado de un individuo del Ministerio fiscal, que podrá ser el Fiscal municipal delegado al efecto por el Fiscal de la respectiva Audiencia; y donde exista este Tribunal, harán la visita el Presidente del mismo o el de la Sala de lo criminal y un Magistrado, con un individuo del Ministerio fiscal y con asistencia del Juez instructor.

En la visita se enterarán de todo lo concerniente a la situación de los presos o detenidos, y adoptarán las medidas que quepan dentro de sus atribuciones para corregir los abusos que notaren.

Ver arts. 94, 95 y D.T. 34.ª LOPJ; 76 h) LGPe; y 4.2 EOMF.

ART. 527.

1. En los supuestos del artículo 509, el detenido o preso podrá ser privado de los siguientes derechos si así lo justifican las circunstancias del caso:

a) Designar un abogado de su confianza.

b) Comunicarse con todas o alguna de las personas con las que tenga derecho a hacerlo, salvo con la autoridad judicial, el Ministerio Fiscal y el Médico Forense.

c) Entrevistarse reservadamente con su abogado.

d) Acceder él o su abogado a las actuaciones, salvo a los elementos esenciales para poder impugnar la legalidad de la detención.

2. La incomunicación o restricción de otro derecho del apartado anterior será acordada por auto. Cuando la restricción de derechos sea solicitada por la Policía Judicial o por el Ministerio Fiscal se entenderán acordadas las medidas previstas por el apartado 1 que hayan sido instadas por un plazo máximo de veinticuatro horas, dentro del cual el juez habrá de pronunciarse sobre la solicitud, así como sobre la pertinencia de acordar el secreto de las actuaciones. La incomunicación y la aplicación al detenido o preso de alguna de las excepciones referidas en el apartado anterior será acordada por auto debiéndose motivar las razones que justifican la adopción de cada una de las excepciones al régimen general de conformidad con lo dispuesto en el artículo 509.

El juez controlará efectivamente las condiciones en que se desarrolle la incomunicación, a cuyo efecto podrá requerir información a fin de constatar el estado del detenido o preso y el respeto a sus derechos.

3. Los reconocimientos médicos al detenido a quien se le restrinja el derecho a comunicarse con todas o alguna de las personas con las que tenga derecho a hacerlo se realizarán con una frecuencia de al menos dos reconocimientos cada veinticuatro horas, según criterio facultativo.

Artículo modificado por Ley Orgánica 13/2015, de 5 de octubre, de modificación de la Ley de Enjuiciamiento Criminal para el fortalecimiento de las garantías procesales y la regulación de las medidas de investigación tecnológica. (BOE de 06/10/2015)

Ver arts. 10 LGPe; 30 y 31 RP; 118, 506 y sigs. y 520 LECrim.

TÍTULO VII
De la libertad provisional del procesado.

ART. 528.

La prisión provisional sólo durará lo que subsistan los motivos que la hayan ocasionado.

El detenido o preso será puesto en libertad en cualquier estado de la causa en que resulte su inocencia.

Todas las Autoridades que intervengan en un proceso estarán obligadas a dilatar lo menos posible la detención y la prisión provisional de los inculpados o procesados.

Ver arts. 294 a 297 LOPJ; 1 LGPe; 502, 503, 504 519 y sigs., 539, 591, 592, 637, 641, 763, 861 bis a) LECrim.

ART. 529.

Cuando no se hubiere acordado la prisión provisional del investigado o encausado, el juez o tribunal decretará, con arreglo a lo previsto en el artículo 505, si el investigado o encausado ha de dar o no fianza para continuar en libertad provisional.

En el mismo auto, si el juez o tribunal decretare la fianza, fijará la calidad y cantidad de la que hubiere de prestar.

Este auto se notificará al investigado o encausado, al Ministerio Fiscal y a las demás partes personadas y será recurrible de acuerdo con lo previsto en el artículo 507.

Modificado por la Ley Orgánica 13/2015, de 5 de octubre, de modificación de la Ley de Enjuiciamiento Criminal para el fortalecimiento de las garantías procesales y la regulación de las medidas de investigación tecnológica. (BOE de 06/10/2015)

Modificado por Ley Orgánica 13/2003, de 24 de octubre, de reforma de la Ley de Enjuiciamiento Criminal en materia de prisión provisional. (BOE de 27/10/2003)

Ver arts. 492.3°, 503, 504, 531, 533, 539 y 763 LECrim.

ART. 529 bis.

Cuando se decrete el procesamiento de persona autorizada para conducir vehículos de motor por delito cometido con motivo de su conducción, si el procesado ha de estar en libertad, el Juez, discrecionalmente, podrá privarle provisionalmente de usar el permiso, mandando que se recoja e incorpore al proceso el documento en el que conste. El Secretario judicial lo comunicará al organismo administrativo que lo haya expedido.

> *Modificado por Ley 13/2009, de 3 de noviembre, de reforma de la legislación procesal para la implantación de la nueva Oficina judicial. (BOE de 04/11/2009)*
>
> *Ver arts. 33.2 f), 33.3 d), 33.4 a) y 96.3.5ª CP; 764.4 y 770.6ª LECrim.*

ART. 530.

El investigado o encausado que hubiere de estar en libertad provisional, con o sin fianza, constituirá apud acta obligación de comparecer en los días que le fueren señalados en el auto respectivo, y además cuantas veces fuere llamado ante el juez o tribunal que conozca de la causa. Para garantizar el cumplimiento de esta obligación, el juez o tribunal podrá acordar motivadamente la retención de su pasaporte.

> *Modificado por la Ley Orgánica 13/2015, de 5 de octubre, de modificación de la Ley de Enjuiciamiento Criminal para el fortalecimiento de las garantías procesales y la regulación de las medidas de investigación tecnológica. (BOE de 06/10/2015)*
>
> *Modificado por Ley Orgánica 13/2003, de 24 de octubre, de reforma de la Ley de Enjuiciamiento Criminal en materia de prisión provisional. (BOE de 27/10/2003)*
>
> *Ver arts. 539 y 835 LECrim.*

ART. 531.

Para determinar la calidad y cantidad de la fianza se tomarán en cuenta la naturaleza del delito, el estado social y antecedentes del procesado y las demás circunstancias que pudieren influir en el mayor o menor interés de éste para ponerse fuera del alcance de la Autoridad judicial.

ART. 532.

La fianza se destinará a responder de la comparecencia del procesado cuando fuere llamado por el Juez o Tribunal que conozca de la causa. Su importe servirá para satisfacer las costas causadas en el ramo separado formado para su constitución, y el resto se adjudicará al Estado.

ART. 533.

Es aplicable a las fianzas que se ofrezcan para obtener la libertad provisional de un procesado todo cuanto a su naturaleza, manera de constituirse, de ser admitidas y calificadas y de sustituirse se determina en los artículos 591 y siguientes hasta el 596 inclusive del título IX de este libro.

> *Ver arts. 591 a 596 LECrim.*

ART. 534.

Si al primer llamamiento judicial no compareciere el acusado o no justificare la imposibilidad de hacerlo, el Secretario judicial señalará al fiador personal o al dueño de los bienes de cualquier clase dados en fianza el término de diez días para que presente al rebelde.

> *Modificado por Ley 13/2009, de 3 de noviembre, de reforma de la legislación procesal para la implantación de la nueva Oficina judicial. (BOE de 04/11/2009)*

ART. 535.

Si el fiador personal o dueño de los bienes de la fianza no presentare al rebelde en el término fijado, se procederá a hacer ésta efectiva, declarándose adjudicada al Estado y haciendo entrega de ella a la Administración más próxima de Rentas, con deducción de las costas indicadas al final del artículo 532.

> *Ver art. 542 LECrim.*

ART. 536.

Para realizar toda fianza el Secretario judicial procederá por la vía de apremio de conformidad con lo dispuesto en el Capítulo IV, Título IV, del Libro III de la Ley de Enjuiciamiento Civil.

Si se tratare de una fianza personal, se procederá también por la vía de apremio contra los bienes del fiador hasta hacer efectiva la cantidad que se haya fijado al admitir la referida fianza.

Ver arts. 613 LECrim y 634 y sigs. LEC.

Modificado por Ley 13/2009, de 3 de noviembre, de reforma de la legislación procesal para la implantación de la nueva Oficina judicial. (BOE de 04/11/2009)

ART. 537.

Cuando los bienes de la fianza fueren del dominio del procesado, se realizará y adjudicará ésta al Estado inmediatamente que aquél dejare de comparecer al llamamiento judicial o de justificar la imposibilidad de hacerlo.

ART. 538.

En todas las diligencias de enajenación de bienes de las fianzas y de la entrega de su importe en las Administraciones de Hacienda pública intervendrá el Ministerio fiscal.

El Fiscal de la Audiencia podrá delegar su intervención en el Fiscal municipal donde se encuentre el Juez de instrucción, o bien reclamar que se le remita el expediente cuando tenga estado, procurando, a ser posible, deducir sus pretensiones en un solo dictamen.

ART. 539.

Los autos de prisión y libertad provisionales y de fianza serán reformables durante todo el curso de la causa.

En su consecuencia, el investigado o encausado podrá ser preso y puesto en libertad cuantas veces sea procedente, y la fianza podrá ser modificada en lo que resulte necesario para asegurar las consecuencias del juicio.

Para acordar la prisión o la libertad provisional con fianza de quien estuviere en libertad o agravar las condiciones de la libertad provisional ya acordada sustituyéndola por la de prisión o libertad provisional con fianza, se requerirá solicitud del Ministerio Fiscal o de alguna parte acusadora, resolviéndose previa celebración de la comparecencia a que se refiere el artículo 505.

No obstante, si a juicio del juez o tribunal concurrieren los presupuestos del artículo 503, procederá a dictar auto de reforma de la medida cautelar, o incluso de prisión, si el investigado o encausado se encontrase en libertad, pero debiendo convocar, para dentro de las 72 horas siguientes, a la indicada comparecencia.

Siempre que el Juez o Tribunal entienda que procede la libertad o la modificación de la libertad provisional en términos más favorables al sometido a la medida, podrá acordarla, en cualquier momento, de oficio y sin someterse a la petición de parte.

Modificado por la Ley Orgánica 13/2015, de 5 de octubre, de modificación de la Ley de Enjuiciamiento Criminal para el fortalecimiento de las garantías procesales y la regulación de las medidas de investigación tecnológica. (BOE de 06/10/2015)

Modificado por Ley Orgánica 13/2003, de 24 de octubre, de reforma de la Ley de Enjuiciamiento Criminal en materia de prisión provisional. (BOE de 27/10/2003)

Ver arts. 503, 504, 520, 528 y 544 LECrim.

ART. 540.

Si el procesado no presenta o amplía la fianza en el término que se le señale, será reducido a prisión.

ART. 541.

Se cancelará la fianza:

1.° Cuando el fiador lo pidiere, presentando a la vez al procesado.

2.° Cuando éste fuere reducido a prisión.

3.º Cuando se dictare auto firme de sobreseimiento o sentencia firme absolutoria o, cuando siendo condenatoria, se presentare el reo para cumplir la condena.

4.º Por muerte del procesado estando pendiente la causa.

Ver arts. 14, 177 y 781 y 782 LECrim.

ART. 542.

Si se hubiere dictado sentencia firme condenatoria y el procesado no compareciere al primer llamamiento o no justificare la imposibilidad de hacerlo, se adjudicará la fianza al Estado en los términos establecidos en el artículo 535.

ART. 543.

Una vez adjudicada la fianza no tendrá acción el fiador para pedir la devolución; quedándole a salvo su derecho para reclamar la indemnización contra el procesado o sus causahabientes.

ART. 544.

Las diligencias de prisión y libertad provisionales y fianzas se sustanciarán en pieza separada.

Ver arts. 519 y 763 LECrim.

ART. 544 bis.

En los casos en los que se investigue un delito de los mencionados en el artículo 57 del Código Penal, el juez o tribunal podrá, de forma motivada y cuando resulte estrictamente necesario al fin de protección de la víctima **o evitar la reiteración delictiva**, imponer cautelarmente al inculpado la prohibición de residir en un determinado lugar, barrio, municipio, provincia u otra entidad local, o comunidad autónoma.

En las mismas condiciones podrá imponerle cautelarmente la prohibición de acudir a determinados lugares, barrios, municipios, provincias u otras entidades locales, o comunidades autónomas, o de aproximarse o comunicarse, con la graduación que sea precisa, a determinadas personas.

Para la adopción de estas medidas se tendrán en cuenta la situación económica del inculpado y los requerimientos de su salud, situación familiar y actividad laboral. Se atenderá especialmente a la posibilidad de continuidad de esta última, tanto durante la vigencia de la medida como tras su finalización.

En caso de incumplimiento por parte del inculpado de la medida acordada por el juez o tribunal, este convocará la comparecencia regulada en el artículo 505 para la adopción de la prisión provisional en los términos del artículo 503, de la orden de protección prevista en el artículo 544 ter o de otra medida cautelar que implique una mayor limitación de su libertad personal, para lo cual se tendrán en cuenta la incidencia del incumplimiento, sus motivos, gravedad y circunstancias, sin perjuicio de las responsabilidades que del incumplimiento pudieran resultar.

En el caso de que se investigue alguno de los delitos mencionados en el artículo 3 de la Ley Orgánica 10/2022, de 6 de septiembre, de garantía integral de la libertad sexual, de acordarse alguna de las medidas de protección de la víctima previstas en este precepto, podrá acordarse mediante resolución motivada la utilización de dispositivos telemáticos para el control de su cumplimiento.

Modificado por Ley Orgánica 1/2026, de 8 de abril, en materia de multirreincidencia, por la que se modifica la Ley Orgánica 10/1995, de 23 de noviembre, del Código Penal y la Ley de Enjuiciamiento Criminal, aprobada por Real Decreto de 14 de septiembre de 1882. (BOE de 09-04-2026). Modificaciones en vigor desde el 10 de abril de 2026.

Último párrafo se añade por Ley Orgánica 10/2022, de 6 de septiembre, de garantía integral de la libertad sexual. (BOE de 07/09/2022). Modificaciones en vigor desde el 7 de octubre de 2022.

Ver art. 31 de la LO 1/2004, de 28 de diciembre, de Medidas de Protección Integral contra la Violencia de Género

ART. 544 ter.

1. El Juez de Instrucción dictará orden de protección para las víctimas de violencia doméstica en los casos en que, existiendo indicios fundados de la comisión de un delito o

falta contra la vida, integridad física o moral, libertad sexual, libertad o seguridad de alguna de las personas mencionadas en el artículo 173.2 del Código Penal, resulte una situación objetiva de riesgo para la víctima que requiera la adopción de alguna de las medidas de protección reguladas en este artículo.

2. La orden de protección será acordada por el juez de oficio o a instancia de la víctima o persona que tenga con ella alguna de las relaciones indicadas en el apartado anterior, o del Ministerio Fiscal.

Sin perjuicio del deber general de denuncia previsto en el artículo 262 de esta ley, las entidades u organismos asistenciales, públicos o privados, que tuvieran conocimiento de alguno de los hechos mencionados en el apartado anterior deberán ponerlos inmediatamente en conocimiento del juez de guardia o del Ministerio Fiscal con el fin de que se pueda incoar o instar el procedimiento para la adopción de la orden de protección.

3. La orden de protección podrá solicitarse directamente ante la autoridad judicial o el Ministerio Fiscal, o bien ante las Fuerzas y Cuerpos de Seguridad, las oficinas de atención a la víctima o los servicios sociales o instituciones asistenciales dependientes de las Administraciones públicas. Dicha solicitud habrá de ser remitida de forma inmediata al juez competente. En caso de suscitarse dudas acerca de la competencia territorial del juez, deberá iniciar y resolver el procedimiento para la adopción de la orden de protección el juez ante el que se haya solicitado ésta, sin perjuicio de remitir con posterioridad las actuaciones a aquel que resulte competente.

Los servicios sociales y las instituciones referidas anteriormente facilitarán a las víctimas de la violencia doméstica a las que hubieran de prestar asistencia la solicitud de la orden de protección, poniendo a su disposición con esta finalidad información, formularios y, en su caso, canales de comunicación telemáticos con la Administración de Justicia y el Ministerio Fiscal.

4. Recibida la solicitud de orden de protección, el Juez de guardia, en los supuestos mencionados en el apartado 1 de este artículo, convocará a una audiencia urgente a la víctima o su representante legal, al solicitante y al presunto agresor, asistido, en su caso, de Abogado. Asimismo será convocado el Ministerio Fiscal.

Esta audiencia se podrá sustanciar simultáneamente con la prevista en el artículo 505 cuando su convocatoria fuera procedente, con la audiencia regulada en el artículo 798 en aquellas causas que se tramiten conforme al procedimiento previsto en el Título III del Libro IV de esta Ley o, en su caso, con el acto del juicio de faltas. Cuando excepcionalmente no fuese posible celebrar la audiencia durante el servicio de guardia, el Juez ante el que hubiera sido formulada la solicitud la convocará en el plazo más breve posible. En cualquier caso la audiencia habrá de celebrarse en un plazo máximo de setenta y dos horas desde la presentación de la solicitud.

Durante la audiencia, el Juez de guardia adoptará las medidas oportunas para evitar la confrontación entre el presunto agresor y la víctima, sus hijos y los restantes miembros de la familia. A estos efectos dispondrá que su declaración en esta audiencia se realice por separado.

Celebrada la audiencia, el Juez de guardia resolverá mediante auto lo que proceda sobre la solicitud de la orden de protección, así como sobre el contenido y vigencia de las medidas que incorpore. Sin perjuicio de ello, el Juez de instrucción podrá adoptar en cualquier momento de la tramitación de la causa las medidas previstas en el artículo 544 bis.

5. La orden de protección confiere a la víctima de los hechos mencionados en el apartado 1 un estatuto integral de protección que comprenderá las medidas cautelares de orden civil y penal contempladas en este artículo y aquellas otras medidas de asistencia y protección social establecidas en el ordenamiento jurídico.

La orden de protección podrá hacerse valer ante cualquier autoridad y Administración pública.

6. Las medidas cautelares de carácter penal podrán consistir en cualesquiera de las previstas en la legislación procesal criminal. Sus requisitos, contenido y vigencia serán los establecidos con carácter general en esta ley. Se adoptarán por el Juez de instrucción atendiendo a la necesidad de protección integral e inmediata de la víctima y, en su caso, de las personas sometidas a su patria potestad, tutela, curatela, guarda o acogimiento.

7. Las medidas de naturaleza civil deberán ser solicitadas por la víctima o su representante legal, o bien por el Ministerio Fiscal cuando existan hijos menores o personas con la capacidad judicialmente modificada, determinando su régimen de cumplimiento y, si pro-

cediera, las medidas complementarias a ellas que fueran precisas, siempre que no hubieran sido previamente acordadas por un órgano del orden jurisdiccional civil, y sin perjuicio de las medidas previstas en el artículo 158 del Código Civil. Cuando existan menores o personas con discapacidad necesitadas de especial protección que convivan con la víctima y dependan de ella, el Juez deberá pronunciarse en todo caso, incluso de oficio, sobre la pertenencia de la adopción de las referidas medidas.

Estas medidas podrán consistir en la forma en que se ejercerá la patria potestad, acogimiento, tutela, curatela o guarda de hecho, atribución del uso y disfrute de la vivienda familiar, determinar el régimen de guarda y custodia, suspensión o mantenimiento del régimen de visitas, comunicación y estancia con los menores o personas con discapacidad necesitadas de especial protección, el régimen de prestación de alimentos, así como cualquier disposición que se considere oportuna a fin de apartarles de un peligro o de evitarles perjuicios.

Cuando se dicte una orden de protección con medidas de contenido penal y existieran indicios fundados de que los hijos e hijas menores de edad hubieran presenciado, sufrido o convivido con la violencia a la que se refiere el apartado 1 de este artículo, la autoridad judicial, de oficio o a instancia de parte, suspenderá el régimen de visitas, estancia, relación o comunicación del inculpado respecto de los menores que dependan de él. No obstante, a instancia de parte, la autoridad judicial podrá no acordar la suspensión mediante resolución motivada en el interés superior del menor y previa evaluación de la situación de la relación paternofilial.

Las medidas de carácter civil contenidas en la orden de protección tendrán una vigencia temporal de treinta días. Si dentro de este plazo fuese incoado a instancia de la víctima o de su representante legal un proceso de familia ante la jurisdicción civil, las medidas adoptadas permanecerán en vigor durante los treinta días siguientes a la presentación de la demanda. En este término las medidas deberán ser ratificadas, modificadas o dejadas sin efecto por el Juez de primera instancia que resulte competente.

8. La orden de protección será notificada a las partes, y comunicada por el Secretario judicial inmediatamente, mediante testimonio íntegro, a la víctima y a las Administraciones públicas competentes para la adopción de medidas de protección, sean éstas de seguridad o de asistencia social, jurídica, sanitaria, psicológica o de cualquier otra índole. A estos efectos se establecerá reglamentariamente un sistema integrado de coordinación administrativa que garantice la agilidad de estas comunicaciones.

9. La orden de protección implicará el deber de informar permanentemente a la víctima sobre la situación procesal del investigado o encausado así como sobre el alcance y vigencia de las medidas cautelares adoptadas. En particular, la víctima será informada en todo momento de la situación penitenciaria del presunto agresor. A estos efectos se dará cuenta de la orden de protección a la Administración penitenciaria.

10. La orden de protección será inscrita en el Registro Central para la Protección de las Víctimas de la Violencia Doméstica y de Género.

11. En aquellos casos en que durante la tramitación de un procedimiento penal en curso surja una situación de riesgo para alguna de las personas vinculadas con el investigado o encausado por alguna de las relaciones indicadas en el apartado 1 de este artículo, el Juez o Tribunal que conozca de la causa podrá acordar la orden de protección de la víctima con arreglo a lo establecido en los apartados anteriores.

Apdos. 6 y 7 modificados por Ley Orgánica 8/2021, de 4 de junio, de protección integral a la infancia y la adolescencia frente a la violencia. (BOE de 05/06/2021)

Modificado por la Ley Orgánica 13/2015, de 5 de octubre, de modificación de la Ley de Enjuiciamiento Criminal para el fortalecimiento de las garantías procesales y la regulación de las medidas de investigación tecnológica. (BOE de 06/10/2015)

Apartados 4, 8, 9 y 10 modificados por Ley 13/2009, de 3 de noviembre, de reforma de la legislación procesal para la implantación de la nueva Oficina judicial. (BOE de 04/11/2009)

ART. 544 quáter.

1. Cuando se haya procedido a la imputación de una persona jurídica, las medidas cautelares que podrán imponérsele son las expresamente previstas en la Ley Orgánica 10/1995, de 23 de noviembre, del Código Penal.

2. La medida se acordará previa petición de parte y celebración de vista, a la que se citará a todas las partes personadas. El auto que decida sobre la medida cautelar será recurrible en apelación, cuya tramitación tendrá carácter preferente.

Artículo añadido por Ley 37/2011, de 10 de octubre, de medidas de agilización procesal. (BOE de 11/10/2011)

ART. 544 quinquies.

1. En los casos en los que se investigue un delito de los mencionados en el artículo 57 del Código Penal, el Juez o Tribunal, cuando resulte necesario al fin de protección de la víctima menor de edad o con la capacidad judicialmente modificada, en su caso, adoptará motivadamente alguna de las siguientes medidas:

a) Suspender la patria potestad de alguno de los progenitores. En este caso podrá fijar un régimen de visitas o comunicación en interés del menor o persona con capacidad judicialmente modificada y, en su caso, las condiciones y garantías con que debe desarrollarse.

b) Suspender la tutela, curatela, guarda o acogimiento.

c) Establecer un régimen de supervisión del ejercicio de la patria potestad, tutela o de cualquier otra función tutelar o de protección o apoyo sobre el menor o persona con la capacidad judicialmente modificada, sin perjuicio de las competencias propias del Ministerio Fiscal y de las entidades públicas competentes.

d) Suspender o modificar el régimen de visitas o comunicación con el no conviviente o con otro familiar que se encontrara en vigor, cuando resulte necesario para garantizar la protección del menor o de la persona con capacidad judicialmente modificada.

2. Cuando en el desarrollo del proceso se ponga de manifiesto la existencia de una situación de riesgo o posible desamparo de un menor y, en todo caso, cuando fueran adoptadas algunas de las medidas de las letras a) o b) del apartado anterior, el Secretario judicial lo comunicará inmediatamente a la entidad pública competente que tenga legalmente encomendada la protección de los menores, así como al Ministerio Fiscal, a fin de que puedan adoptar las medidas de protección que resulten necesarias. A los mismos efectos se les notificará su alzamiento o cualquier otra modificación, así como la resolución a la que se refiere el apartado 3.

3. Una vez concluido el procedimiento, el Juez o Tribunal, valorando exclusivamente el interés de la persona afectada, ratificará o alzará las medidas de protección que hubieran sido adoptadas. El Ministerio Fiscal y las partes afectadas por la medida podrán solicitar al Juez su modificación o alzamiento conforme al procedimiento previsto en el artículo 770 Ley de Enjuiciamiento Civil.

Artículo añadido por Ley 4/2015, de 27 de abril, del Estatuto de la víctima del delito. (BOE de 28/04/2015)

TÍTULO VIII
De las medidas de investigación limitativas de los derechos reconocidos en el artículo 18 de la Constitución

Rúbrica modificada por Ley Orgánica 13/2015, de 5 de octubre, de modificación de la LECrim para el fortalecimiento de las garantías procesales y la regulación de las medidas de investigación tecnológica.

CAPÍTULO I
De la entrada y registro en lugar cerrado

Agrupa los artículos 545 a 572 por Ley Orgánica 13/2015, de 5 de octubre, de modificación de la LECrim. para el fortalecimiento de las garantías procesales y la regulación de las medidas de investigación tecnológica (entrada en vigor el 6 de diciembre de 2015).

ART. 545.

Nadie podrá entrar en el domicilio de un español o extranjero residente en España sin su consentimiento, excepto en los casos y en la forma expresamente previstos en las leyes.

Ver arts. 18.2 CE; 17 y 32 LO 4/1981, de 1 de junio, de Estados de Alarma, Excepción y Sitio; 551 y 554 LECrim; 10, 16, 202 a 204 y 490 del CP.

ART. 546.

El Juez o Tribunal que conociere de la causa podrá decretar la entrada y registro, de día o de noche, en todos los edificios y lugares públicos, sea cualquiera el territorio en que radiquen, cuando hubiere indicios de encontrarse allí el procesado o efectos o instrumentos del delito, o libros, papeles u otros objetos que puedan servir para su descubrimiento y comprobación.

Ver arts. 547, 550, 563 y 564 LECrim.

ART. 547.

Se reputarán edificios o lugares públicos para la observancia de lo dispuesto en este capítulo:

1.º Los que estuvieren destinados a cualquier servicio oficial, militar o civil del Estado, de la Provincia o del Municipio, aunque habiten allí los encargados de dicho servicio o los de la conservación y custodia del edificio o lugar.

2.º Los que estuvieren destinados a cualquier establecimiento de reunión o recreo, fueren o no lícitos.

3.º Cualesquiera otros edificios o lugares cerrados que no constituyeren domicilio de un particular con arreglo a lo dispuesto en el artículo 554.

4.º Los buques del Estado.

Ver art. 554 LECrim.

ART. 548.

El Juez necesitará para la entrada y registro en el Palacio de cualquiera de los Cuerpos Colegisladores la autorización del Presidente respectivo.

Ver arts. 66.3 CE; 490, 493 CP; 185, 186 LOPM.

ART. 549.

Para la entrada y registro en los templos y demás lugares religiosos bastará pasar recado de atención a las personas a cuyo cargo estuvieren.

Ver Instrumento de Ratificación del Acuerdo entre el Estado español y la Santa Sede sobre asuntos jurídicos, firmado el 3 de enero de 1979 en la Ciudad del Vaticano; 203 CP.

ART. 550.

Podrá asimismo el Juez instructor ordenar en los casos indicados en el artículo 546 la entrada y registro, de día o de noche, si la urgencia lo hiciere necesario, en cualquier edificio o lugar cerrado o parte de él, que constituya domicilio de cualquier español o extranjero residente en España, pero precediendo siempre el consentimiento del interesado conforme se previene en el artículo 6.º de la Constitución, o a falta de consentimiento, en virtud de auto motivado, que se notificará a la persona interesada inmediatamente, o lo más tarde dentro de las veinticuatro horas de haberse dictado.

ART. 551.

Se entenderá que presta su consentimiento aquel que, requerido por quien hubiere de efectuar la entrada y registro para que los permita, ejecuta por su parte los actos necesarios que de él dependan para que puedan tener efecto, sin invocar la inviolabilidad que reconoce al domicilio el artículo 6.º de la Constitución del Estado.

ART. 552.

Al practicar los registros deberán evitarse las inspecciones inútiles, procurando no perjudicar ni importunar al interesado más de lo necesario, y se adoptarán todo género de precauciones para no comprometer su reputación, respetando sus secretos si no interesaren a la instrucción.

Ver arts. 197 y 278 y sigs. CP; 558, 569 y 572 LECrim.

ART. 553.

Los Agentes de policía podrán asimismo proceder de propia autoridad a la inmediata detención de las personas cuando haya mandamiento de prisión contra ellas, cuando sean sorprendidas en flagrante delito, cuando un delincuente, inmediatamente perseguido por los Agentes de la autoridad, se oculte o refugie en alguna casa o, en casos de excepcional o urgente necesidad, cuando se trate de presuntos responsables de las acciones a que se refiere el artículo 384 bis, cualquiera que fuese el lugar o domicilio donde se ocultasen o refugiasen, así como al registro que, con ocasión de aquélla, se efectúe en dichos lugares y a la ocupación de los efectos e instrumentos que en ellos se hallasen y que pudieran guardar relación con el delito perseguido.

Del registro efectuado, conforme a lo establecido en el párrafo anterior, se dará cuenta inmediata al Juez competente, con indicación de las causas que lo motivaron y de los resultados obtenidos en el mismo, con especial referencia a las detenciones que, en su caso, se hubieran practicado. Asimismo, se indicarán las personas que hayan intervenido y los incidentes ocurridos.

Ver arts. 384 bis, 489 y sigs. y 545 y sigs. LECrim; 11.1 g) LO 2/1986, de 13 de marzo, de Fuerzas y Cuerpos de Seguridad.

ART. 554.

Se reputan domicilio, para los efectos de los artículos anteriores:

1.º Los Palacios Reales, estén o no habitados por el Monarca al tiempo de la entrada o registro.

2.º El edificio o lugar cerrado, o la parte de él destinada principalmente a la habitación de cualquier español o extranjero residente en España y de su familia.

3.º Los buques nacionales mercantes.

4.º Tratándose de personas jurídicas imputadas, el espacio físico que constituya el centro de dirección de las mismas, ya se trate de su domicilio social o de un establecimiento dependiente, o aquellos otros lugares en que se custodien documentos u otros soportes de su vida diaria que quedan reservados al conocimiento de terceros.

Apdo. 4 añadido por Ley 37/2011, de 10 de octubre, de medidas de agilización procesal. (BOE de 11/10/2011)

Ver arts. 545, 556 y 558 LECrim; 490 y 202 CP; 186 LOPM; 18.2 CE.

ART. 555.

Para registrar en el Palacio en que se halle residiendo el Monarca, solicitará el Juez real licencia por conducto del Mayordomo Mayor de Su Majestad.

Ver arts. 186 LOPM y 490 CP.

ART. 556.

En los Sitios Reales en que no se hallare el Monarca al tiempo del registro, será necesaria la licencia del Jefe o empleado del servicio de Su Majestad que tuviere a su cargo la custodia del edificio, o la del que haga sus veces cuando se solicitare, si estuviere ausente.

Ver art. 186 LOPM.

ART. 557.

(INCONSTITUCIONAL Y NULO)

Declarado inconstitucional y nulo por Sentencia del Tribunal Constitucional 10/2002, de 17 de enero de 2002. Vulneración del derecho a la inviolabilidad del domicilio: entrada y registro en las habitaciones de un hotel. (BOE de 08/02/2002)

ART. 558.

El auto de entrada y registro en el domicilio de un particular será siempre fundado, y el Juez expresará en él concretamente el edificio o lugar cerrado en que haya de verificarse, si tendrá lugar tan sólo de día y la Autoridad o funcionario que los haya de practicar.

ART. 559.

Para la entrada y registro en los edificios destinados a la habitación u oficina de los representantes de naciones extranjeras acreditados cerca del Gobierno de España, les pedirá su venia el Juez, por medio de atento oficio, en el que les rogará que contesten en el término de doce horas.

ART. 560.

Si transcurriese este término sin haberlo hecho, o si el representante extranjero denegare la venia, el Juez lo comunicará inmediatamente al Ministro de Gracia y Justicia, empleando para ello el telégrafo, si lo hubiere. Entretanto que el Ministro no le comunique su resolución, se abstendrá de entrar y registrar en el edificio; pero adoptará las medidas de vigilancia a que se refiere el artículo 567.

ART. 561.

En los buques extranjeros de guerra, la falta de autorización del Comandante se suplirá por la del Embajador o Ministro de la nación a que pertenezcan.

Primer párrafo derogado a partir del 25 de septiembre de 2014 por Ley 14/2014, de 24 de julio, de Navegación Marítima. (BOE de 25/07/2014)

ART. 562.

Se podrá entrar en las habitaciones de los Cónsules extranjeros y en sus oficinas pasándoles previamente recado de atención y observando las formalidades prescritas en la Constitución del Estado y en las leyes.

ART. 563.

Si el edificio o lugar cerrado estuviese en el territorio propio del Juez instructor, podrá encomendar la entrada y registro al Juez municipal del territorio en que el edificio o lugar cerrado radiquen, o a cualquier Autoridad o agente de Policía judicial. Si el que lo hubiese ordenado fuere el Juez municipal, podrá encomendarlo también a dichas Autoridades o agentes de Policía judicial.

Cuando el edificio o lugar cerrado estuviere fuera del territorio del Juez, encomendará éste la práctica de las operaciones al Juez de su propia categoría del territorio en que aquéllos radiquen, el cual, a su vez, podrá encomendarlas a las Autoridades o agentes de Policía judicial.

Ver arts. 22.2°, 323 y 762 LECrim y 275 LOPJ.

ART. 564.

Si se tratare de un edificio o lugar público comprendido en los números 1.° y 3.° del artículo 547, el Juez oficiará a la Autoridad o Jefe de que aquéllos dependan en la misma población.

Si éste no contestare en el término que se le fije en el oficio, se notificará el auto en que se disponga la entrada y registro al encargado de la conservación o custodia del edificio o lugar en que se hubiere de entrar y registrar.

Si se tratare de buques del Estado, las comunicaciones se dirigirán a los Comandantes respectivos.

Ver arts. 186 LOPM; 12, 13, 547 LECrim.

ART. 565.

Cuando el edificio o lugar fueren de los comprendidos en el número 2.° del artículo 547, la notificación se hará a la persona que se halle al frente del establecimiento de reunión o recreo, o a quien haga sus veces si aquél estuviere ausente.

ART. 566.

Si la entrada y registro se hubieren de hacer en el domicilio de un particular, se notificará el auto a éste; y si no fuere habido a la primera diligencia en busca, a su encargado.

Si no fuere tampoco habido el encargado, se hará la notificación a cualquier otra persona mayor de edad que se hallare en el domicilio, prefiriendo para esto a los individuos de la familia del interesado.

Si no se halla a nadie, se hará constar por diligencia, que se extenderá con asistencia de dos vecinos, los cuales deberán firmarla.

Ver arts. 149 y sigs. LEC; 550, 551 y 558 LECrim.

ART. 567.

Desde el momento en que el Juez acuerde la entrada y registro en cualquier edificio o lugar cerrado, adoptará las medidas de vigilancia convenientes para evitar la fuga del procesado o la sustracción de los instrumentos, efectos del delito, libros, papeles o cualesquiera otras cosas que hayan de ser objeto del registro.

Ver arts. 490 a 501, 560 y 517 LECrim.

ART. 568.

Practicadas las diligencias que se establecen en los artículos anteriores, se procederá a la entrada y registro, empleando para ello, si fuere necesario, el auxilio de la fuerza.

ART. 569.

El registro se hará a presencia del interesado o de la persona que legítimamente le represente.

Si aquél no fuere habido o no quisiese concurrir ni nombrar representante, se practicará a presencia de un individuo de su familia, mayor de edad.

Si no le hubiere, se hará a presencia de dos testigos, vecinos del mismo pueblo.

El registro se practicará siempre en presencia del Secretario del Juzgado o Tribunal que lo hubiera autorizado, o del Secretario del servicio de guardia que le sustituya, quien levantará acta del resultado, de la diligencia y de sus incidencias y que será firmada por todos los asistentes. No obstante, en caso de necesidad, el Secretario judicial podrá ser sustituido en la forma prevista en la Ley Orgánica del Poder Judicial.

La resistencia del interesado, de su representante, de los individuos de la familia y de los testigos a presenciar el registro producirá la responsabilidad declarada en el Código Penal a los reos del delito de desobediencia grave a la Autoridad, sin perjuicio de que la diligencia se practique.

Si no se encontrasen las personas u objetos que se busquen ni apareciesen indicios sospechosos, se expedirá una certificación del acta a la parte interesada si la reclamare.

Ver art. 556 CP.

ART. 570.

Cuando el registro se practique en el domicilio de un particular y expire el día sin haberse terminado, el que lo haga requerirá al interesado o a su representante, si estuviere presente, para que permita la continuación durante la noche. Si se opusiere, se suspenderá la diligencia, salvo lo dispuesto en los artículos 546 y 550, cerrando y sellando el local o los muebles en que hubiere de continuarse, en cuanto esta precaución se considere necesaria para evitar la fuga de la persona o la sustracción de las cosas que se buscaren.

Prevendrá asimismo el que practique el registro a los que se hallen en el edificio o lugar de la diligencia, que no levanten los sellos, ni violenten las cerraduras, ni permitan que lo hagan otras personas, bajo la responsabilidad establecida en el Código Penal.

Ver arts. 413, 414, 415 y 556 CP.

ART. 571.

El registro no se suspenderá sino por el tiempo en que no fuere posible continuarle, y se adoptarán, durante la suspensión, las medidas de vigilancia a que se refiere el artículo 567.

Ver art. 534.1.1º CP.

ART. 572.

En la diligencia de entrada y registro en lugar cerrado, se expresarán los nombres del Juez, o de su delegado, que la practique y de las demás personas que intervengan, los incidentes ocurridos, la hora en que se hubiese principiado y concluido la diligencia, y la relación del registro por el orden con que se haga, así como los resultados obtenidos.

CAPÍTULO II
Del registro de libros y papeles

Agrupa los artículos 573 a 578 por Ley Orgánica 13/2015, de 5 de octubre, de modificación de la LECrim. para el fortalecimiento de las garantías procesales y la regulación de las medidas de investigación tecnológica (entrada en vigor el 6 de diciembre de 2015).

ART. 573.

No se ordenará el registro de los libros y papeles de contabilidad del procesado o de otra persona sino cuando hubiere indicios graves de que de esta diligencia resultará el descubrimiento o la comprobación de algún hecho o circunstancia importante de la causa.

Ver arts. 534, 197 y 278 y ss. CP; 18.1 y 3 CE.

ART. 574.

El Juez ordenará recoger los instrumentos y efectos del delito y también los libros, papeles o cualesquiera otras cosas que se hubiesen encontrado, si esto fuere necesario para el resultado del sumario.

Los libros y papeles que se recojan serán foliados, sellados y rubricados en todas sus hojas por el Secretario judicial, bajo su responsabilidad.

Modificado por Ley 13/2009, de 3 de noviembre, de reforma de la legislación procesal para la implantación de la nueva Oficina judicial. (BOE de 04/11/2009)

Ver arts. 326, 334, 622, 635 y 844 LECrim.

ART. 575.

Todos están obligados a exhibir los objetos y papeles que se sospeche puedan tener relación con la causa.

Si el que los retenga se negare a su exhibición, será corregido con multa de 125 a 500 pesetas; y cuando insistiera en su negativa, si el objeto o papel fueren de importancia y la índole del delito lo aconseje, será procesado como autor del de desobediencia a la Autoridad, salvo si mereciera la calificación legal de encubridor o receptador.

Ver arts. 53 y 82 CPM; 451, 454, 556 y 298 CP.

ART. 576.

Será aplicable al registro de papeles y efectos lo establecido en los artículos 552 y 569.

ART. 577.

Si para determinar sobre la necesidad de recoger las cosas que se hubiesen encontrado en el registro fuere necesario algún reconocimiento pericial, se acordará en el acto por el Juez, en la forma establecida en el capítulo VII del título V.

Ver arts. 456 y sigs. LECrim.

ART. 578.

Si el libro que haya de ser objeto del registro fuere el protocolo de un Notario, se procederá con arreglo a lo dispuesto en la Ley del Notariado.

Si se tratare de un libro del Registro de la Propiedad, se estará a lo ordenado en la Ley Hipotecaria.

Si se tratare de un libro del Registro Civil o Mercantil, se estará a lo que se disponga en la Ley y Reglamentos relativos a estos servicios.

CAPÍTULO III
De la detención y apertura de la correspondencia escrita y telegráfica

Capítulo añadido por Ley Orgánica 13/2015, de 5 de octubre, de modificación de la LECrim. para el fortalecimiento de las garantías procesales y la regulación de las medidas de investigación tecnológica (entrada en vigor el 6 de diciembre de 2015).

ART. 579. De la correspondencia escrita o telegráfica.

1. El juez podrá acordar la detención de la correspondencia privada, postal y telegráfica, incluidos faxes, burofaxes y giros, que el investigado remita o reciba, así como su apertura o examen, si hubiera indicios de obtener por estos medios el descubrimiento o la comprobación del algún hecho o circunstancia relevante para la causa, siempre que la investigación tenga por objeto alguno de los siguientes delitos:

1.º Delitos dolosos castigados con pena con límite máximo de, al menos, tres años de prisión.

2.º Delitos cometidos en el seno de un grupo u organización criminal.

3.º Delitos de terrorismo.

2. El juez podrá acordar, en resolución motivada, por un plazo de hasta tres meses, prorrogable por iguales o inferiores períodos hasta un máximo de dieciocho meses, la observación de las comunicaciones postales y telegráficas del investigado, así como de las comunicaciones de las que se sirva para la realización de sus fines delictivos.

3. En caso de urgencia, cuando las investigaciones se realicen para la averiguación de delitos relacionados con la actuación de bandas armadas o elementos terroristas y existan razones fundadas que hagan imprescindible la medida prevista en los apartados anteriores de este artículo, podrá ordenarla el Ministro del Interior o, en su defecto, el Secretario de Estado de Seguridad. Esta medida se comunicará inmediatamente al juez competente y, en todo caso, dentro del plazo máximo de veinticuatro horas, haciendo constar las razones que justificaron la adopción de la medida, la actuación realizada, la forma en que se ha efectuado y su resultado. El juez competente, también de forma motivada, revocará o confirmará tal actuación en un plazo máximo de setenta y dos horas desde que fue ordenada la medida.

4. No se requerirá autorización judicial en los siguientes casos:

a) Envíos postales que, por sus propias características externas, no sean usualmente utilizados para contener correspondencia individual sino para servir al transporte y tráfico de mercancías o en cuyo exterior se haga constar su contenido.

b) Aquellas otras formas de envío de la correspondencia bajo el formato legal de comunicación abierta, en las que resulte obligatoria una declaración externa de contenido o que incorporen la indicación expresa de que se autoriza su inspección.

c) Cuando la inspección se lleve a cabo de acuerdo con la normativa aduanera o proceda con arreglo a las normas postales que regulan una determinada clase de envío.

5. La solicitud y las actuaciones posteriores relativas a la medida solicitada se sustanciarán en una pieza separada y secreta, sin necesidad de que se acuerde expresamente el secreto de la causa.

Artículo modificado por Ley Orgánica 13/2015, de 5 de octubre, de modificación de la Ley de Enjuiciamiento Criminal para el fortalecimiento de las garantías procesales y la regulación de las medidas de investigación tecnológica. (BOE de 06/10/2015)

Ver arts. 18.3 y 55.1 CE; 542 LOPJ; 51 LGPe; 41 y sigs. RP; 263, 302 y 416.2 LECrim; 280, 414, 466, 535, 536 y 560 CP; 18 LO 4/1981, de 1 de junio, sobre Estados de Alarma, Excepción y Sitio; LO 4/1997, de 4 de agosto, por la que se regula la utilización de videocámaras por las Fuerzas y Cuerpos de Seguridad en lugares públicos.

ART. 579 bis. Utilización de la información obtenida en un procedimiento distinto y descubrimientos casuales.

1. El resultado de la detención y apertura de la correspondencia escrita y telegráfica podrá ser utilizado como medio de investigación o prueba en otro proceso penal.

2. A tal efecto, se procederá a la deducción de testimonio de los particulares necesarios para acreditar la legitimidad de la injerencia. Se incluirán entre los antecedentes indispensables, en todo caso, la solicitud inicial para la adopción, la resolución judicial que la acuerda y todas las peticiones y resoluciones judiciales de prórroga recaídas en el procedimiento de origen.

3. La continuación de esta medida para la investigación del delito casualmente descubierto requiere autorización del juez competente, para la cual, éste comprobará la diligencia de la actuación, evaluando el marco en el que se produjo el hallazgo casual y la imposibilidad de haber solicitado la medida que lo incluyera en su momento. Asimismo se informará si las diligencias continúan declaradas secretas, a los efectos de que tal declaración sea respetada en el otro proceso penal, comunicando el momento en el que dicho secreto se alce.

Artículo añadido por Ley Orgánica 13/2015, de 5 de octubre, de modificación de la Ley de Enjuiciamiento Criminal para el fortalecimiento de las garantías procesales y la regulación de las medidas de investigación tecnológica. (BOE de 06/10/2015)

ART. 580.

Es aplicable a la detención de la correspondencia lo dispuesto en los artículos 563 y 564.

Podrá también encomendarse la práctica de esta operación al Administrador de Correos y Telégrafos o Jefe de la oficina en que la correspondencia deba hallarse.

ART. 581.

El empleado que haga la detención remitirá inmediatamente la correspondencia detenida al Juez instructor de la causa.

Ver arts. 410 y 412 CP.

ART. 582.

Podrá asimismo el Juez ordenar que por cualquiera Administración de Telégrafos se le faciliten copias de los telegramas por ella transmitidos, si pudieran contribuir al esclarecimiento de los hechos de la causa.

Ver art. 412 CP.

ART. 583.

El auto motivado acordando la detención y registro de la correspondencia o la entrega de copias de telegramas transmitidos determinará la correspondencia que haya de ser detenida o registrada, o los telegramas cuyas copias hayan de ser entregadas, por medio de la designación de las personas a cuyo nombre se hubieren expedido, o por otras circunstancias igualmente concretas.

ART. 584.

Para la apertura y registro de la correspondencia postal será citado el interesado.

Éste o la persona que designe podrá presenciar la operación.

ART. 585.

Si el procesado estuviere en rebeldía, o si citado para la apertura no quisiere presenciarla ni nombrar persona para que lo haga en su nombre, el Juez instructor procederá, sin embargo, a la apertura de dicha correspondencia.

ART. 586.

La operación se practicará abriendo el Juez por sí mismo la correspondencia, y después de leerla para sí apartará la que haga referencia a los hechos de la causa y cuya conservación considere necesaria.

Los sobres y hojas de esta correspondencia, después de haber tomado el mismo Juez las notas necesarias para la práctica de otras diligencias de investigación a que la correspondencia diere motivo, se rubricarán por el Secretario judicial y se sellarán con el sello del Juzgado, encerrándolo todo después en otro sobre, al que se pondrá el rótulo necesario, conservándose durante el sumario, también bajo responsabilidad del Secretario judicial.

Este pliego podrá abrirse cuantas veces el Juez lo considere preciso, citando previamente al interesado.

Párrafo segundo modificado por Ley 13/2009, de 3 de noviembre, de reforma de la legislación procesal para la implantación de la nueva Oficina judicial. (BOE de 04/11/2009)

ART. 587.

La correspondencia que no se relacione con la causa será entregada en el acto al procesado o a su representante.

Si aquél estuviere en rebeldía, se entregará cerrada a un individuo de su familia mayor de edad.

Si no fuere conocido ningún pariente del procesado, se conservará dicho pliego cerrado bajo la responsabilidad del Secretario judicial hasta que haya persona a quien entregarlo, según lo dispuesto en este artículo.

Párrafo segundo modificado Ley 13/2009, de 3 de noviembre, de reforma de la legislación procesal para la implantación de la nueva Oficina judicial. (BOE de 04/11/2009)

ART. 588.

La apertura de la correspondencia se hará constar por diligencia, en la que se referirá cuanto en aquélla hubiese ocurrido.

Esta diligencia será firmada por el Juez instructor, el Secretario y demás asistentes.

CAPÍTULO IV
Disposiciones comunes a la interceptación de las comunicaciones telefónicas y telemáticas, la captación y grabación de comunicaciones orales mediante la utilización de dispositivos electrónicos, la utilización de dispositivos técnicos de seguimiento, localización y captación de la imagen, el registro de dispositivos de almacenamiento masivo de información y los registros remotos sobre equipos informáticos

Capítulo añadido por Ley Orgánica 13/2015, de 5 de octubre, de modificación de la LECrim. para el fortalecimiento de las garantías procesales y la regulación de las medidas de investigación tecnológica (entrada en vigor el 6 de diciembre de 2015).

ART. 588 bis a. Principios rectores.

1. Durante la instrucción de las causas se podrá acordar alguna de las medidas de investigación reguladas en el presente capítulo siempre que medie autorización judicial dictada con plena sujeción a los principios de especialidad, idoneidad, excepcionalidad, necesidad y proporcionalidad de la medida.

2. El principio de especialidad exige que una medida esté relacionada con la investigación de un delito concreto. No podrán autorizarse medidas de investigación tecnológica que tengan por objeto prevenir o descubrir delitos o despejar sospechas sin base objetiva.

3. El principio de idoneidad servirá para definir el ámbito objetivo y subjetivo y la duración de la medida en virtud de su utilidad.

4. En aplicación de los principios de excepcionalidad y necesidad solo podrá acordarse la medida:

a) cuando no estén a disposición de la investigación, en atención a sus características, otras medidas menos gravosas para los derechos fundamentales del investigado o encausado e igualmente útiles para el esclarecimiento del hecho, o

b) cuando el descubrimiento o la comprobación del hecho investigado, la determinación de su autor o autores, la averiguación de su paradero, o la localización de los efectos del delito se vea gravemente dificultada sin el recurso a esta medida.

5. Las medidas de investigación reguladas en este capítulo solo se reputarán proporcionadas cuando, tomadas en consideración todas las circunstancias del caso, el sacrificio de los derechos e intereses afectados no sea superior al beneficio que de su adopción resulte para el interés público y de terceros. Para la ponderación de los intereses en conflicto, la valoración del interés público se basará en la gravedad del hecho, su trascendencia social o el ámbito tecnológico de producción, la intensidad de los indicios existentes y la relevancia del resultado perseguido con la restricción del derecho.

Artículo añadido por Ley Orgánica 13/2015, de 5 de octubre, de modificación de la Ley de Enjuiciamiento Criminal para el fortalecimiento de las garantías procesales y la regulación de las medidas de investigación tecnológica (entrada en vigor el 6 de diciembre de 2015). (BOE de 06/10/2015)

ART. 588 bis b. Solicitud de autorización judicial.

1. El juez podrá acordar las medidas reguladas en este capítulo de oficio o a instancia del Ministerio Fiscal o de la Policía Judicial.

2. Cuando el Ministerio Fiscal o la Policía Judicial soliciten del juez de instrucción una medida de investigación tecnológica, la petición habrá de contener:

1.º La descripción del hecho objeto de investigación y la identidad del investigado o de cualquier otro afectado por la medida, siempre que tales datos resulten conocidos.

2.º La exposición detallada de las razones que justifiquen la necesidad de la medida de acuerdo a los principios rectores establecidos en el artículo 588 bis a, así como los indicios de criminalidad que se hayan puesto de manifiesto durante la investigación previa a la solicitud de autorización del acto de injerencia.

3.º Los datos de identificación del investigado o encausado y, en su caso, de los medios de comunicación empleados que permitan la ejecución de la medida.

4.º La extensión de la medida con especificación de su contenido.

5.º La unidad investigadora de la Policía Judicial que se hará cargo de la intervención.

6.º La forma de ejecución de la medida.

7.º La duración de la medida que se solicita.

8.º El sujeto obligado que llevará a cabo la medida, en caso de conocerse.

Artículo añadido por Ley Orgánica 13/2015, de 5 de octubre, de modificación de la Ley de Enjuiciamiento Criminal para el fortalecimiento de las garantías procesales y la regulación de las medidas de investigación tecnológica (entrada en vigor el 6 de diciembre de 2015). (BOE de 06/10/2015)

ART. 588 bis c. Resolución judicial.

1. El juez de instrucción autorizará o denegará la medida solicitada mediante auto motivado, oído el Ministerio Fiscal. Esta resolución se dictará en el plazo máximo de veinticuatro horas desde que se presente la solicitud.

2. Siempre que resulte necesario para resolver sobre el cumplimiento de alguno de los requisitos expresados en los artículos anteriores, el juez podrá requerir, con interrupción del plazo a que se refiere el apartado anterior, una ampliación o aclaración de los términos de la solicitud.

3. La resolución judicial que autorice la medida concretará al menos los siguientes extremos:

a) El hecho punible objeto de investigación y su calificación jurídica, con expresión de los indicios racionales en los que funde la medida.

b) La identidad de los investigados y de cualquier otro afectado por la medida, de ser conocido.

c) La extensión de la medida de injerencia, especificando su alcance así como la motivación relativa al cumplimiento de los principios rectores establecidos en el artículo 588 bis a.

d) La unidad investigadora de Policía Judicial que se hará cargo de la intervención.

e) La duración de la medida.

f) La forma y la periodicidad con la que el solicitante informará al juez sobre los resultados de la medida.

g) La finalidad perseguida con la medida.

h) El sujeto obligado que llevará a cabo la medida, en caso de conocerse, con expresa mención del deber de colaboración y de guardar secreto, cuando proceda, bajo apercibimiento de incurrir en un delito de desobediencia.

Artículo añadido por Ley Orgánica 13/2015, de 5 de octubre, de modificación de la Ley de Enjuiciamiento Criminal para el fortalecimiento de las garantías procesales y la regulación de las medidas de investigación tecnológica (entrada en vigor el 6 de diciembre de 2015). (BOE de 06/10/2015)

ART. 588 bis d. Secreto.

La solicitud y las actuaciones posteriores relativas a la medida solicitada se sustanciarán en una pieza separada y secreta, sin necesidad de que se acuerde expresamente el secreto de la causa.

Artículo añadido por Ley Orgánica 13/2015, de 5 de octubre, de modificación de la Ley de Enjuiciamiento Criminal para el fortalecimiento de las garantías procesales y la regulación de las medidas de investigación tecnológica (entrada en vigor el 6 de diciembre de 2015). (BOE de 06/10/2015)

ART. 588 bis e. Duración.

1. Las medidas reguladas en el presente capítulo tendrán la duración que se especifique para cada una de ellas y no podrán exceder del tiempo imprescindible para el esclarecimiento de los hechos.

2. La medida podrá ser prorrogada, mediante auto motivado, por el juez competente, de oficio o previa petición razonada del solicitante, siempre que subsistan las causas que la motivaron.

3. Transcurrido el plazo por el que resultó concedida la medida, sin haberse acordado su prórroga, o, en su caso, finalizada ésta, cesará a todos los efectos.

Artículo añadido por Ley Orgánica 13/2015, de 5 de octubre, de modificación de la Ley de Enjuiciamiento Criminal para el fortalecimiento de las garantías procesales y la regulación de las medidas de investigación tecnológica (entrada en vigor el 6 de diciembre de 2015). (BOE de 06/10/2015)

ART. 588 bis f. Solicitud de prórroga.

1. La solicitud de prórroga se dirigirá por el Ministerio Fiscal o la Policía Judicial al juez competente con la antelación suficiente a la expiración del plazo concedido. Deberá incluir en todo caso:

a) Un informe detallado del resultado de la medida.

b) Las razones que justifiquen la continuación de la misma.

2. En el plazo de los dos días siguientes a la presentación de la solicitud, el juez resolverá sobre el fin de la medida o su prórroga mediante auto motivado. Antes de dictar la resolución podrá solicitar aclaraciones o mayor información.

3. Concedida la prórroga, su cómputo se iniciará desde la fecha de expiración del plazo de la medida acordada.

Artículo añadido por Ley Orgánica 13/2015, de 5 de octubre, de modificación de la Ley de Enjuiciamiento Criminal para el fortalecimiento de las garantías procesales y la regulación de las medidas de investigación tecnológica (entrada en vigor el 6 de diciembre de 2015). (BOE de 06/10/2015)

ART. 588 bis g. Control de la medida.

La Policía Judicial informará al juez de instrucción del desarrollo y los resultados de la medida, en la forma y con la periodicidad que este determine y, en todo caso, cuando por cualquier causa se ponga fin a la misma.

Artículo añadido por Ley Orgánica 13/2015, de 5 de octubre, de modificación de la Ley de Enjuiciamiento Criminal para el fortalecimiento de las garantías procesales y la regulación de las medidas de investigación tecnológica (entrada en vigor el 6 de diciembre de 2015). (BOE de 06/10/2015)

ART. 588 bis h. Afectación de terceras personas.

Podrán acordarse las medidas de investigación reguladas en los siguientes capítulos aun cuando afecten a terceras personas en los casos y con las condiciones que se regulan en las disposiciones específicas de cada una de ellas.

Artículo añadido por Ley Orgánica 13/2015, de 5 de octubre, de modificación de la Ley de Enjuiciamiento Criminal para el fortalecimiento de las garantías procesales y la regulación de las medidas de investigación tecnológica (entrada en vigor el 6 de diciembre de 2015). (BOE de 06/10/2015)

ART. 588 bis i. Utilización de la información obtenida en un procedimiento distinto y descubrimientos casuales.

El uso de las informaciones obtenidas en un procedimiento distinto y los descubrimientos casuales se regularán con arreglo a lo dispuesto en el artículo 579 bis.

Artículo añadido por Ley Orgánica 13/2015, de 5 de octubre, de modificación de la Ley de Enjuiciamiento Criminal para el fortalecimiento de las garantías procesales y la regulación de las medidas de investigación tecnológica (entrada en vigor el 6 de diciembre de 2015). (BOE de 06/10/2015)

ART. 588 bis j. Cese de la medida.

El juez acordará el cese de la medida cuando desaparezcan las circunstancias que justificaron su adopción o resulte evidente que a través de la misma no se están obteniendo los resultados pretendidos, y, en todo caso, cuando haya transcurrido el plazo para el que hubiera sido autorizada.

Artículo añadido por Ley Orgánica 13/2015, de 5 de octubre, de modificación de la Ley de Enjuiciamiento Criminal para el fortalecimiento de las garantías procesales y la regulación de las medidas de investigación tecnológica (entrada en vigor el 6 de diciembre de 2015). (BOE de 06/10/2015)

ART. 588 bis k. Destrucción de registros.

1. Una vez que se ponga término al procedimiento mediante resolución firme, se ordenará el borrado y eliminación de los registros originales que puedan constar en los sistemas electrónicos e informáticos utilizados en la ejecución de la medida. Se conservará una copia bajo custodia del secretario judicial.

2. Se acordará la destrucción de las copias conservadas cuando hayan transcurrido cinco años desde que la pena se haya ejecutado o cuando el delito o la pena hayan prescrito o se haya decretado el sobreseimiento libre o haya recaído sentencia absolutoria firme respecto del investigado, siempre que no fuera precisa su conservación a juicio del Tribunal.

3. Los tribunales dictarán las órdenes oportunas a la Policía Judicial para que lleve a efecto la destrucción contemplada en los anteriores apartados.

Artículo añadido por Ley Orgánica 13/2015, de 5 de octubre, de modificación de la Ley de Enjuiciamiento Criminal para el fortalecimiento de las garantías procesales y la regulación de las medidas de investigación tecnológica (entrada en vigor el 6 de diciembre de 2015). (BOE de 06/10/2015)

CAPÍTULO V
La interceptación de las comunicaciones telefónicas y telemáticas

Capítulo añadido por Ley Orgánica 13/2015, de 5 de octubre, de modificación de la Ley de Enjuiciamiento Criminal para el fortalecimiento de las garantías procesales y la regulación de las medidas de investigación tecnológica (entrada en vigor el 6 de diciembre de 2015). (BOE de 06/10/2015)

Sección 1.ª Disposiciones generales

ART. 588 ter a. Presupuestos.

La autorización para la interceptación de las comunicaciones telefónicas y telemáticas solo podrá ser concedida cuando la investigación tenga por objeto alguno de los delitos a que se refiere el artículo 579.1 de esta ley o delitos cometidos a través de instrumentos informáticos o de cualquier otra tecnología de la información o la comunicación o servicio de comunicación.

Artículo añadido por Ley Orgánica 13/2015, de 5 de octubre, de modificación de la Ley de Enjuiciamiento Criminal para el fortalecimiento de las garantías procesales y la regulación de las medidas de investigación tecnológica (entrada en vigor el 6 de diciembre de 2015). (BOE de 06/10/2015)

ART. 588 ter b. Ámbito.

1. Los terminales o medios de comunicación objeto de intervención han de ser aquellos habitual u ocasionalmente utilizados por el investigado.

2. La intervención judicialmente acordada podrá autorizar el acceso al contenido de las comunicaciones y a los datos electrónicos de tráfico o asociados al proceso de comunicación, así como a los que se produzcan con independencia del establecimiento o no de una concreta comunicación, en los que participe el sujeto investigado, ya sea como emisor o como receptor, y podrá afectar a los terminales o los medios de comunicación de los que el investigado sea titular o usuario.

También podrán intervenirse los terminales o medios de comunicación de la víctima cuando sea previsible un grave riesgo para su vida o integridad.

A los efectos previstos en este artículo, se entenderá por datos electrónicos de tráfico o asociados todos aquellos que se generan como consecuencia de la conducción de la comunicación a través de una red de comunicaciones electrónicas, de su puesta a disposición del usuario, así como de la prestación de un servicio de la sociedad de la información o comunicación telemática de naturaleza análoga.

Artículo añadido por Ley Orgánica 13/2015, de 5 de octubre, de modificación de la Ley de Enjuiciamiento Criminal para el fortalecimiento de las garantías procesales y la regulación de las medidas de investigación tecnológica (entrada en vigor el 6 de diciembre de 2015). (BOE de 06/10/2015)

ART. 588 ter c. Afectación a tercero.

Podrá acordarse la intervención judicial de las comunicaciones emitidas desde terminales o medios de comunicación telemática pertenecientes a una tercera persona siempre que:

1.º exista constancia de que el sujeto investigado se sirve de aquella para transmitir o recibir información, o

2.º el titular colabore con la persona investigada en sus fines ilícitos o se beneficie de su actividad.

También podrá autorizarse dicha intervención cuando el dispositivo objeto de investigación sea utilizado maliciosamente por terceros por vía telemática, sin conocimiento de su titular.

Artículo añadido por Ley Orgánica 13/2015, de 5 de octubre, de modificación de la Ley de Enjuiciamiento Criminal para el fortalecimiento de las garantías procesales y la regulación de las medidas de investigación tecnológica (entrada en vigor el 6 de diciembre de 2015). (BOE de 06/10/2015)

ART. 588 ter d. Solicitud de autorización judicial.

1. La solicitud de autorización judicial deberá contener, además de los requisitos mencionados en el artículo 588 bis b, los siguientes:

a) la identificación del número de abonado, del terminal o de la etiqueta técnica,

b) la identificación de la conexión objeto de la intervención o

c) los datos necesarios para identificar el medio de telecomunicación de que se trate.

2. Para determinar la extensión de la medida, la solicitud de autorización judicial podrá tener por objeto alguno de los siguientes extremos:

a) El registro y la grabación del contenido de la comunicación, con indicación de la forma o tipo de comunicaciones a las que afecta.

b) El conocimiento de su origen o destino, en el momento en el que la comunicación se realiza.

c) La localización geográfica del origen o destino de la comunicación.

d) El conocimiento de otros datos de tráfico asociados o no asociados pero de valor añadido a la comunicación. En este caso, la solicitud especificará los datos concretos que han de ser obtenidos.

3. En caso de urgencia, cuando las investigaciones se realicen para la averiguación de delitos relacionados con la actuación de bandas armadas o elementos terroristas y existan razones fundadas que hagan imprescindible la medida prevista en los apartados anteriores de este artículo, podrá ordenarla el Ministro del Interior o, en su defecto, el Secretario de Estado de Seguridad. Esta medida se comunicará inmediatamente al juez competente y, en todo caso, dentro del plazo máximo de veinticuatro horas, haciendo constar las razones que justificaron la adopción de la medida, la actuación realizada, la forma en que se ha efectuado y su resultado. El juez competente, también de forma motivada, revocará o confirmará tal actuación en un plazo máximo de setenta y dos horas desde que fue ordenada la medida.

Artículo añadido por Ley Orgánica 13/2015, de 5 de octubre, de modificación de la Ley de Enjuiciamiento Criminal para el fortalecimiento de las garantías procesales y la regulación de las medidas de investigación tecnológica (entrada en vigor el 6 de diciembre de 2015). (BOE de 06/10/2015)

ART. 588 ter e. Deber de colaboración.

1. Todos los prestadores de servicios de telecomunicaciones, de acceso a una red de telecomunicaciones o de servicios de la sociedad de la información, así como toda persona que de cualquier modo contribuya a facilitar las comunicaciones a través del teléfono o de cualquier otro medio o sistema de comunicación telemática, lógica o virtual, están obligados a prestar al juez, al Ministerio Fiscal y a los agentes de la Policía Judicial designados para la práctica de la medida la asistencia y colaboración precisas para facilitar el cumplimiento de los autos de intervención de las telecomunicaciones.

2. Los sujetos requeridos para prestar colaboración tendrán la obligación de guardar secreto acerca de las actividades requeridas por las autoridades.

3. Los sujetos obligados que incumplieren los anteriores deberes podrán incurrir en delito de desobediencia.

Artículo añadido por Ley Orgánica 13/2015, de 5 de octubre, de modificación de la Ley de Enjuiciamiento Criminal para el fortalecimiento de las garantías procesales y la regulación de las medidas de investigación tecnológica (entrada en vigor el 6 de diciembre de 2015). (BOE de 06/10/2015)

ART. 588 ter f. Control de la medida.

En cumplimiento de lo dispuesto en el artículo 588 bis g, la Policía Judicial pondrá a disposición del juez, con la periodicidad que este determine y en soportes digitales distintos, la transcripción de los pasajes que considere de interés y las grabaciones íntegras realizadas. Se indicará el origen y destino de cada una de ellas y se asegurará, mediante un sistema de sellado o firma electrónica avanzado o sistema de adveración suficientemente fiable, la autenticidad e integridad de la información volcada desde el ordenador central a los soportes digitales en que las comunicaciones hubieran sido grabadas.

Artículo añadido por Ley Orgánica 13/2015, de 5 de octubre, de modificación de la Ley de Enjuiciamiento Criminal para el fortalecimiento de las garantías procesales y la regulación de las medidas de investigación tecnológica (entrada en vigor el 6 de diciembre de 2015). (BOE de 06/10/2015)

ART. 588 ter g. Duración.

La duración máxima inicial de la intervención, que se computará desde la fecha de autorización judicial, será de tres meses, prorrogables por períodos sucesivos de igual duración hasta el plazo máximo de dieciocho meses.

Artículo añadido por Ley Orgánica 13/2015, de 5 de octubre, de modificación de la Ley de Enjuiciamiento Criminal para el fortalecimiento de las garantías procesales y la regulación de las medidas de investigación tecnológica (entrada en vigor el 6 de diciembre de 2015). (BOE de 06/10/2015)

ART. 588 ter h. Solicitud de prórroga.

Para la fundamentación de la solicitud de la prórroga, la Policía Judicial aportará, en su caso, la transcripción de aquellos pasajes de las conversaciones de las que se deduzcan informaciones relevantes para decidir sobre el mantenimiento de la medida.

Antes de dictar la resolución, el juez podrá solicitar aclaraciones o mayor información, incluido el contenido íntegro de las conversaciones intervenidas.

Artículo añadido por Ley Orgánica 13/2015, de 5 de octubre, de modificación de la Ley de Enjuiciamiento Criminal para el fortalecimiento de las garantías procesales y la regulación de las medidas de investigación tecnológica (entrada en vigor el 6 de diciembre de 2015). (BOE de 06/10/2015)

ART. 588 ter i. Acceso de las partes a las grabaciones.

1. Alzado el secreto y expirada la vigencia de la medida de intervención, se entregará a las partes copia de las grabaciones y de las transcripciones realizadas. Si en la grabación hubiera datos referidos a aspectos de la vida íntima de las personas, solo se entregará la grabación y transcripción de aquellas partes que no se refieran a ellos. La no inclusión de la totalidad de la grabación en la transcripción entregada se hará constar de modo expreso.

2. Una vez examinadas las grabaciones y en el plazo fijado por el juez, en atención al volumen de la información contenida en los soportes, cualquiera de las partes podrá solicitar la inclusión en las copias de aquellas comunicaciones que entienda relevantes y hayan sido excluidas. El juez de instrucción, oídas o examinadas por sí esas comunicaciones, decidirá sobre su exclusión o incorporación a la causa.

3. Se notificará por el juez de instrucción a las personas intervinientes en las comunicaciones interceptadas el hecho de la práctica de la injerencia y se les informará de las concretas comunicaciones en las que haya participado que resulten afectadas, salvo que sea imposible, exija un esfuerzo desproporcionado o puedan perjudicar futuras investigaciones. Si la persona notificada lo solicita se le entregará copia de la grabación o transcripción de tales comunicaciones, en la medida que esto no afecte al derecho a la intimidad de otras personas o resulte contrario a los fines del proceso en cuyo marco se hubiere adoptado la medida de injerencia.

Artículo añadido por Ley Orgánica 13/2015, de 5 de octubre, de modificación de la Ley de Enjuiciamiento Criminal para el fortalecimiento de las garantías procesales y la regulación de las medidas de investigación tecnológica (entrada en vigor el 6 de diciembre de 2015). (BOE de 06/10/2015)

Sección 2.ª Incorporación al proceso de datos electrónicos de tráfico o asociados

ART. 588 ter j. Datos obrantes en archivos automatizados de los prestadores de servicios.

1. Los datos electrónicos conservados por los prestadores de servicios o personas que faciliten la comunicación en cumplimiento de la legislación sobre retención de datos relativos a las comunicaciones electrónicas o por propia iniciativa por motivos comerciales o de otra índole y que se encuentren vinculados a procesos de comunicación, solo podrán ser cedidos para su incorporación al proceso con autorización judicial.

2. Cuando el conocimiento de esos datos resulte indispensable para la investigación, se solicitará del juez competente autorización para recabar la información que conste en los archivos automatizados de los prestadores de servicios, incluida la búsqueda entrecruzada o inteligente de datos, siempre que se precisen la naturaleza de los datos que hayan de ser conocidos y las razones que justifican la cesión.

Artículo añadido por Ley Orgánica 13/2015, de 5 de octubre, de modificación de la Ley de Enjuiciamiento Criminal para el fortalecimiento de las garantías procesales y la regulación de las medidas de investigación tecnológica (entrada en vigor el 6 de diciembre de 2015). (BOE de 06/10/2015)

Sección 3.ª Acceso a los datos necesarios para la identificación de usuarios, terminales y dispositivos de conectividad

ART. 588 ter k. Identificación mediante número IP.

Cuando en el ejercicio de las funciones de prevención y descubrimiento de los delitos cometidos en internet, los agentes de la Policía Judicial tuvieran acceso a una dirección IP que estuviera siendo utilizada para la comisión algún delito y no constara la identificación y localización del equipo o del dispositivo de conectividad correspondiente ni los datos de identificación personal del usuario, solicitarán del juez de instrucción que requiera de los agentes sujetos al deber de colaboración según el artículo 588 ter e, la cesión de los datos que permitan la identificación y localización del terminal o del dispositivo de conectividad y la identificación del sospechoso.

Artículo añadido por Ley Orgánica 13/2015, de 5 de octubre, de modificación de la Ley de Enjuiciamiento Criminal para el fortalecimiento de las garantías procesales y la regulación de las medidas de investigación tecnológica (entrada en vigor el 6 de diciembre de 2015). (BOE de 06/10/2015)

ART. 588 ter l. Identificación de los terminales mediante captación de códigos de identificación del aparato o de sus componentes.

1. Siempre que en el marco de una investigación no hubiera sido posible obtener un determinado número de abonado y este resulte indispensable a los fines de la investigación, los agentes de Policía Judicial podrán valerse de artificios técnicos que permitan acceder al conocimiento de los códigos de identificación o etiquetas técnicas del aparato de telecomunicación o de alguno de sus componentes, tales como la numeración IMSI o IMEI y, en general, de cualquier medio técnico que, de acuerdo con el estado de la tecnología, sea apto para identificar el equipo de comunicación utilizado o la tarjeta utilizada para acceder a la red de telecomunicaciones.

2. Una vez obtenidos los códigos que permiten la identificación del aparato o de alguno de sus componentes, los agentes de la Policía Judicial podrán solicitar del juez competente la intervención de las comunicaciones en los términos establecidos en el artículo 588 ter d. La solicitud habrá de poner en conocimiento del órgano jurisdiccional la utilización de los artificios a que se refiere el apartado anterior.

El tribunal dictará resolución motivada concediendo o denegando la solicitud de intervención en el plazo establecido en el artículo 588 bis c.

Artículo añadido por Ley Orgánica 13/2015, de 5 de octubre, de modificación de la Ley de Enjuiciamiento Criminal para el fortalecimiento de las garantías procesales y la regulación de las medidas de investigación tecnológica (entrada en vigor el 6 de diciembre de 2015). (BOE de 06/10/2015)

ART. 588 ter m. Identificación de titulares o terminales o dispositivos de conectividad.

Cuando, en el ejercicio de sus funciones, el Ministerio Fiscal o la Policía Judicial necesiten conocer la titularidad de un número de teléfono o de cualquier otro medio de comunicación, o, en sentido inverso, precisen el número de teléfono o los datos identificativos de cualquier medio de comunicación, podrán dirigirse directamente a los prestadores de servicios de telecomunicaciones, de acceso a una red de telecomunicaciones o de servicios de la sociedad de la información, quienes estarán obligados a cumplir el requerimiento, bajo apercibimiento de incurrir en el delito de desobediencia.

Artículo añadido por Ley Orgánica 13/2015, de 5 de octubre, de modificación de la Ley de Enjuiciamiento Criminal para el fortalecimiento de las garantías procesales y la regulación de las medidas de investigación tecnológica (entrada en vigor el 6 de diciembre de 2015). (BOE de 06/10/2015)

CAPÍTULO VI
Captación y grabación de comunicaciones orales mediante la utilización de dispositivos electrónicos

Capitulo añadido por Ley Orgánica 13/2015, de 5 de octubre, de modificación de la Ley de Enjuiciamiento Criminal para el fortalecimiento de las garantías procesales y la regulación de las medidas de investigación tecnológica (entrada en vigor el 6 de diciembre de 2015). (BOE de 06/10/2015)

ART. 588 quater a. Grabación de las comunicaciones orales directas.

1. Podrá autorizarse la colocación y utilización de dispositivos electrónicos que permitan la captación y grabación de las comunicaciones orales directas que se mantengan por el investigado, en la vía pública o en otro espacio abierto, en su domicilio o en cualesquiera otros lugares cerrados.

Los dispositivos de escucha y grabación podrán ser colocados tanto en el exterior como en el interior del domicilio o lugar cerrado.

2. En el supuesto en que fuera necesaria la entrada en el domicilio o en alguno de los espacios destinados al ejercicio de la privacidad, la resolución habilitante habrá de extender su motivación a la procedencia del acceso a dichos lugares.

3. La escucha y grabación de las conversaciones privadas se podrá complementar con la obtención de imágenes cuando expresamente lo autorice la resolución judicial que la acuerde.

Artículo añadido por Ley Orgánica 13/2015, de 5 de octubre, de modificación de la Ley de Enjuiciamiento Criminal para el fortalecimiento de las garantías procesales y la regulación de las medidas de investigación tecnológica (entrada en vigor el 6 de diciembre de 2015). (BOE de 06/10/2015)

ART. 588 quater b. Presupuestos.

1. La utilización de los dispositivos a que se refiere el artículo anterior ha de estar vinculada a comunicaciones que puedan tener lugar en uno o varios encuentros concretos del investigado con otras personas y sobre cuya previsibilidad haya indicios puestos de manifiesto por la investigación.

2. Solo podrá autorizarse cuando concurran los requisitos siguientes:

a) Que los hechos que estén siendo investigados sean constitutivos de alguno de los siguientes delitos:

1.º Delitos dolosos castigados con pena con límite máximo de, al menos, tres años de prisión.

2.º Delitos cometidos en el seno de un grupo u organización criminal.

3.º Delitos de terrorismo.

b) Que pueda racionalmente preverse que la utilización de los dispositivos aportará datos esenciales y de relevancia probatoria para el esclarecimiento de los hechos y la identificación de su autor.

Artículo añadido por Ley Orgánica 13/2015, de 5 de octubre, de modificación de la Ley de Enjuiciamiento Criminal para el fortalecimiento de las garantías procesales y la regulación de las medidas de investigación tecnológica (entrada en vigor el 6 de diciembre de 2015). (BOE de 06/10/2015)

ART. 588 quater c. Contenido de la resolución judicial.

La resolución judicial que autorice la medida, deberá contener, además de las exigencias reguladas en el artículo 588 bis c, una mención concreta al lugar o dependencias, así como a los encuentros del investigado que van a ser sometidos a vigilancia.

Artículo añadido por Ley Orgánica 13/2015, de 5 de octubre, de modificación de la Ley de Enjuiciamiento Criminal para el fortalecimiento de las garantías procesales y la regulación de las medidas de investigación tecnológica (entrada en vigor el 6 de diciembre de 2015). (BOE de 06/10/2015)

ART. 588 quater d. Control de la medida.

En cumplimiento de lo dispuesto en el artículo 588 bis g, la Policía Judicial pondrá a disposición de la autoridad judicial el soporte original o copia electrónica auténtica de las grabaciones e imágenes, que deberá ir acompañado de una transcripción de las conversaciones que considere de interés.

El informe identificará a todos los agentes que hayan participado en la ejecución y seguimiento de la medida.

Artículo añadido por Ley Orgánica 13/2015, de 5 de octubre, de modificación de la Ley de Enjuiciamiento Criminal para el fortalecimiento de las garantías procesales y la regulación de las medidas de investigación tecnológica (entrada en vigor el 6 de diciembre de 2015). (BOE de 06/10/2015)

ART. 588 quater e. Cese.

Cesada la medida por alguna de las causas previstas en el artículo 588 bis j, la grabación de conversaciones que puedan tener lugar en otros encuentros o la captación de imágenes de tales momentos exigirán una nueva autorización judicial.

Artículo añadido por Ley Orgánica 13/2015, de 5 de octubre, de modificación de la Ley de Enjuiciamiento Criminal para el fortalecimiento de las garantías procesales y la regulación de las medidas de investigación tecnológica (entrada en vigor el 6 de diciembre de 2015). (BOE de 06/10/2015)

CAPÍTULO VII
Utilización de dispositivos técnicos de captación de la imagen, de seguimiento y de localización

ART. 588 quinquies a. Captación de imágenes en lugares o espacios públicos.

1. La Policía Judicial podrá obtener y grabar por cualquier medio técnico imágenes de la persona investigada cuando se encuentre en un lugar o espacio público, si ello fuera necesario para facilitar su identificación, para localizar los instrumentos o efectos del delito u obtener datos relevantes para el esclarecimiento de los hechos.

2. La medida podrá ser llevada a cabo aun cuando afecte a personas diferentes del investigado, siempre que de otro modo se reduzca de forma relevante la utilidad de la vigilancia o existan indicios fundados de la relación de dichas personas con el investigado y los hechos objeto de la investigación.

Artículo añadido por Ley Orgánica 13/2015, de 5 de octubre, de modificación de la Ley de Enjuiciamiento Criminal para el fortalecimiento de las garantías procesales y la regulación de las medidas de investigación tecnológica. (BOE de 06/10/2015)

ART. 588 quinquies b. Utilización de dispositivos o medios técnicos de seguimiento y localización.

1. Cuando concurran acreditadas razones de necesidad y la medida resulte proporcionada, el juez competente podrá autorizar la utilización de dispositivos o medios técnicos de seguimiento y localización.

2. La autorización deberá especificar el medio técnico que va a ser utilizado.

3. Los prestadores, agentes y personas a que se refiere el artículo 588 ter e están obligados a prestar al juez, al Ministerio Fiscal y a los agentes de la Policía Judicial designados para la práctica de la medida la asistencia y colaboración precisas para facilitar el cumplimiento de los autos por los que se ordene el seguimiento, bajo apercibimiento de incurrir en delito de desobediencia.

4. Cuando concurran razones de urgencia que hagan razonablemente temer que de no colocarse inmediatamente el dispositivo o medio técnico de seguimiento y localización se frustrará la investigación, la Policía Judicial podrá proceder a su colocación, dando cuenta a la mayor brevedad posible, y en todo caso en el plazo máximo de veinticuatro horas, a la autoridad judicial, quien podrá ratificar la medida adoptada o acordar su inmediato cese en el mismo plazo. En este último supuesto, la información obtenida a partir del dispositivo colocado carecerá de efectos en el proceso.

Artículo añadido por Ley Orgánica 13/2015, de 5 de octubre, de modificación de la Ley de Enjuiciamiento Criminal para el fortalecimiento de las garantías procesales y la regulación de las medidas de investigación tecnológica (entrada en vigor el 6 de diciembre de 2015). (BOE de 06/10/2015)

ART. 588 quinquies c. Duración de la medida.

1. La medida de utilización de dispositivos técnicos de seguimiento y localización prevista en el artículo anterior tendrá una duración máxima de tres meses a partir de la fecha de su autorización. Excepcionalmente, el juez podrá acordar prórrogas sucesivas por el mismo o inferior plazo hasta un máximo de dieciocho meses, si así estuviera justificado a la vista de los resultados obtenidos con la medida.

2. La Policía Judicial entregará al juez los soportes originales o copias electrónicas auténticas que contengan la información recogida cuando éste se lo solicite y, en todo caso, cuando terminen las investigaciones.

3. La información obtenida a través de los dispositivos técnicos de seguimiento y localización a los que se refieren los artículos anteriores deberá ser debidamente custodiada para evitar su utilización indebida.

Artículo añadido por Ley Orgánica 13/2015, de 5 de octubre, de modificación de la Ley de Enjuiciamiento Criminal para el fortalecimiento de las garantías procesales y la regulación de las medidas de investigación tecnológica (entrada en vigor el 6 de diciembre de 2015). (BOE de 06/10/2015)

CAPÍTULO VIII
Registro de dispositivos de almacenamiento masivo de información

Capítulo añadido por Ley Orgánica 13/2015, de 5 de octubre, de modificación de la Ley de Enjuiciamiento Criminal para el fortalecimiento de las garantías procesales y la regulación de las medidas de investigación tecnológica (entrada en vigor el 6 de diciembre de 2015). (BOE de 06/10/2015)

ART. 588 sexies a. Necesidad de motivación individualizada.

1. Cuando con ocasión de la práctica de un registro domiciliario sea previsible la aprehensión de ordenadores, instrumentos de comunicación telefónica o telemática o dispositivos de almacenamiento masivo de información digital o el acceso a repositorios telemáticos de datos, la resolución del juez de instrucción habrá de extender su razonamiento a la justificación, en su caso, de las razones que legitiman el acceso de los agentes facultados a la información contenida en tales dispositivos.

2. La simple incautación de cualquiera de los dispositivos a los que se refiere el apartado anterior, practicada durante el transcurso de la diligencia de registro domiciliario, no legitima el acceso a su contenido, sin perjuicio de que dicho acceso pueda ser autorizado ulteriormente por el juez competente.

Artículo añadido por Ley Orgánica 13/2015, de 5 de octubre, de modificación de la Ley de Enjuiciamiento Criminal para el fortalecimiento de las garantías procesales y la regulación de las medidas de investigación tecnológica (entrada en vigor el 6 de diciembre de 2015). (BOE de 06/10/2015)

ART. 588 sexies b. Acceso a la información de dispositivos electrónicos incautados fuera del domicilio del investigado.

La exigencia prevista en el apartado 1 del artículo anterior será también aplicable a aquellos casos en los que los ordenadores, instrumentos de comunicación o dispositivos de almacenamiento masivo de datos, o el acceso a repositorios telemáticos de datos, sean aprehendidos con independencia de un registro domiciliario. En tales casos, los agentes pondrán en conocimiento del juez la incautación de tales efectos. Si éste considera indispensable el acceso a la información albergada en su contenido, otorgará la correspondiente autorización.

Artículo añadido por Ley Orgánica 13/2015, de 5 de octubre, de modificación de la Ley de Enjuiciamiento Criminal para el fortalecimiento de las garantías procesales y la regulación de las medidas de investigación tecnológica (entrada en vigor el 6 de diciembre de 2015). (BOE de 06/10/2015)

ART. 588 sexies c. Autorización judicial.

1. La resolución del juez de instrucción mediante la que se autorice el acceso a la información contenida en los dispositivos a que se refiere la presente sección, fijará los términos y el alcance del registro y podrá autorizar la realización de copias de los datos informáticos. Fijará también las condiciones necesarias para asegurar la integridad de los datos y las garantías de su preservación para hacer posible, en su caso, la práctica de un dictamen pericial.

2. Salvo que constituyan el objeto o instrumento del delito o existan otras razones que lo justifiquen, se evitará la incautación de los soportes físicos que contengan los datos o archivos informáticos, cuando ello pueda causar un grave perjuicio a su titular o propietario y sea posible la obtención de una copia de ellos en condiciones que garanticen la autenticidad e integridad de los datos.

3. Cuando quienes lleven a cabo el registro o tengan acceso al sistema de información o a una parte del mismo conforme a lo dispuesto en este capítulo, tengan razones fundadas para considerar que los datos buscados están almacenados en otro sistema informático o en una parte de él, podrán ampliar el registro, siempre que los datos sean lícitamente accesibles por medio del sistema inicial o estén disponibles para este. Esta ampliación del registro deberá ser autorizada por el juez, salvo que ya lo hubiera sido en la autorización inicial. En caso de urgencia, la Policía Judicial o el fiscal podrán llevarlo a cabo, informando al juez inmediatamente, y en todo caso dentro del plazo máximo de veinticuatro horas, de la actuación realizada, la forma en que se ha efectuado y su resultado. El juez competente, también de forma motivada, revocará o confirmará tal actuación en un plazo máximo de setenta y dos horas desde que fue ordenada la interceptación.

4. En los casos de urgencia en que se aprecie un interés constitucional legítimo que haga imprescindible la medida prevista en los apartados anteriores de este artículo, la Policía Judicial podrá llevar a cabo el examen directo de los datos contenidos en el dispositivo incautado, comunicándolo inmediatamente, y en todo caso dentro del plazo máximo de veinticuatro horas, por escrito motivado al juez competente, haciendo constar las razones que justificaron la adopción de la medida, la actuación realizada, la forma en que se ha efectuado y su resultado. El juez competente, también de forma motivada, revocará o confirmará tal actuación en un plazo máximo de 72 horas desde que fue ordenada la medida.

5. Las autoridades y agentes encargados de la investigación podrán ordenar a cualquier persona que conozca el funcionamiento del sistema informático o las medidas aplicadas para proteger los datos informáticos contenidos en el mismo que facilite la información que resulte necesaria, siempre que de ello no derive una carga desproporcionada para el afectado, bajo apercibimiento de incurrir en delito de desobediencia.

Esta disposición no será aplicable al investigado o encausado, a las personas que están dispensadas de la obligación de declarar por razón de parentesco y a aquellas que, de conformidad con el artículo 416.2, no pueden declarar en virtud del secreto profesional.

Artículo añadido por Ley Orgánica 13/2015, de 5 de octubre, de modificación de la Ley de Enjuiciamiento Criminal para el fortalecimiento de las garantías procesales y la regulación de las medidas de investigación tecnológica (entrada en vigor el 6 de diciembre de 2015). (BOE de 06/10/2015)

CAPÍTULO IX
Registros remotos sobre equipos informáticos

Capítulo añadido por Ley Orgánica 13/2015, de 5 de octubre, de modificación de la Ley de Enjuiciamiento Criminal para el fortalecimiento de las garantías procesales y la regulación de las medidas de investigación tecnológica (entrada en vigor el 6 de diciembre de 2015). (BOE de 06/10/2015)

ART. 588 septies a. Presupuestos.

1. El juez competente podrá autorizar la utilización de datos de identificación y códigos, así como la instalación de un software, que permitan, de forma remota y telemática, el examen a distancia y sin conocimiento de su titular o usuario del contenido de un ordena-

dor, dispositivo electrónico, sistema informático, instrumento de almacenamiento masivo de datos informáticos o base de datos, siempre que persiga la investigación de alguno de los siguientes delitos:

 a) Delitos cometidos en el seno de organizaciones criminales.

 b) Delitos de terrorismo.

 c) Delitos cometidos contra menores o personas con capacidad modificada judicialmente.

 d) Delitos contra la Constitución, de traición y relativos a la defensa nacional.

 e) Delitos cometidos a través de instrumentos informáticos o de cualquier otra tecnología de la información o la telecomunicación o servicio de comunicación.

 2. La resolución judicial que autorice el registro deberá especificar:

 a) Los ordenadores, dispositivos electrónicos, sistemas informáticos o parte de los mismos, medios informáticos de almacenamiento de datos o bases de datos, datos u otros contenidos digitales objeto de la medida.

 b) El alcance de la misma, la forma en la que se procederá al acceso y aprehensión de los datos o archivos informáticos relevantes para la causa y el software mediante el que se ejecutará el control de la información.

 c) Los agentes autorizados para la ejecución de la medida.

 d) La autorización, en su caso, para la realización y conservación de copias de los datos informáticos.

 e) Las medidas precisas para la preservación de la integridad de los datos almacenados, así como para la inaccesibilidad o supresión de dichos datos del sistema informático al que se ha tenido acceso.

 3. Cuando los agentes que lleven a cabo el registro remoto tengan razones para creer que los datos buscados están almacenados en otro sistema informático o en una parte del mismo, pondrán este hecho en conocimiento del juez, quien podrá autorizar una ampliación de los términos del registro.

Artículo añadido por Ley Orgánica 13/2015, de 5 de octubre, de modificación de la Ley de Enjuiciamiento Criminal para el fortalecimiento de las garantías procesales y la regulación de las medidas de investigación tecnológica (entrada en vigor el 6 de diciembre de 2015). (BOE de 06/10/2015)

ART. 588 septies b. Deber de colaboración.

 1. Los prestadores de servicios y personas señaladas en el artículo 588 ter e y los titulares o responsables del sistema informático o base de datos objeto del registro están obligados a facilitar a los agentes investigadores la colaboración precisa para la práctica de la medida y el acceso al sistema. Asimismo, están obligados a facilitar la asistencia necesaria para que los datos e información recogidos puedan ser objeto de examen y visualización.

 2. Las autoridades y los agentes encargados de la investigación podrán ordenar a cualquier persona que conozca el funcionamiento del sistema informático o las medidas aplicadas para proteger los datos informáticos contenidos en el mismo que facilite la información que resulte necesaria para el buen fin de la diligencia.

 Esta disposición no será aplicable al investigado o encausado, a las personas que están dispensadas de la obligación de declarar por razón de parentesco, y a aquellas que, de conformidad con el artículo 416.2, no pueden declarar en virtud del secreto profesional.

 3. Los sujetos requeridos para prestar colaboración tendrán la obligación de guardar secreto acerca de las actividades requeridas por las autoridades.

 4. Los sujetos mencionados en los apartados 1 y 2 de este artículo quedarán sujetos a la responsabilidad regulada en el apartado 3 del artículo 588 ter e.

Artículo añadido por Ley Orgánica 13/2015, de 5 de octubre, de modificación de la Ley de Enjuiciamiento Criminal para el fortalecimiento de las garantías procesales y la regulación de las medidas de investigación tecnológica (entrada en vigor el 6 de diciembre de 2015). (BOE de 06/10/2015)

ART. 588 septies c. Duración.

 La medida tendrá una duración máxima de un mes, prorrogable por iguales períodos hasta un máximo de tres meses.

Artículo añadido por Ley Orgánica 13/2015, de 5 de octubre, de modificación de la Ley de Enjuiciamiento Criminal para el fortalecimiento de las garantías procesales y la regulación de las medidas de investigación tecnológica (entrada en vigor el 6 de diciembre de 2015). (BOE de 06/10/2015)

CAPÍTULO X
Medidas de aseguramiento

Capítulo añadido por Ley Orgánica 13/2015, de 5 de octubre, de modificación de la Ley de Enjuiciamiento Criminal para el fortalecimiento de las garantías procesales y la regulación de las medidas de investigación tecnológica (entrada en vigor el 6 de diciembre de 2015). (BOE de 06/10/2015)

ART. 588 octies. Orden de conservación de datos.

El Ministerio Fiscal o la Policía Judicial podrán requerir a cualquier persona física o jurídica la conservación y protección de datos o informaciones concretas incluidas en un sistema informático de almacenamiento que se encuentren a su disposición hasta que se obtenga la autorización judicial correspondiente para su cesión con arreglo a lo dispuesto en los artículos precedentes.

Los datos se conservarán durante un periodo máximo de noventa días, prorrogable una sola vez hasta que se autorice la cesión o se cumplan ciento ochenta días.

El requerido vendrá obligado a prestar su colaboración y a guardar secreto del desarrollo de esta diligencia, quedando sujeto a la responsabilidad descrita en el apartado·3 del artículo 588 ter e.

Artículo añadido por Ley Orgánica 13/2015, de 5 de octubre, de modificación de la Ley de Enjuiciamiento Criminal para el fortalecimiento de las garantías procesales y la regulación de las medidas de investigación tecnológica (entrada en vigor el 6 de diciembre de 2015). (BOE de 06/10/2015)

TÍTULO IX
De las fianzas y embargos

ART. 589.

Cuando del sumario resulten indicios de criminalidad contra una persona, se mandará por el Juez que preste fianza bastante para asegurar las responsabilidades pecuniarias que en definitiva puedan declararse procedentes, decretándose en el mismo auto el embargo de bienes suficientes para cubrir dichas responsabilidades si no prestare la fianza.

La cantidad de ésta se fijará en el mismo auto y no podrá bajar de la tercera parte más de todo el importe probable de las responsabilidades pecuniarias.

Ver arts. 13, 106, 107, 208, 289, 299, 307, 308, 318, 597, 615, 761, 762.4ª, 764 LECrim; 1092 y 1813 CC; 19 a 22, 101 y sigs. 111 y 117 CP; 1.2, 9.3 y 9.4 LO 1/1982, de 5 de mayo, de Protección Civil del Derecho al Honor, a la Intimidad Personal y Familiar y a la Propia Imagen, LO 12/1995, de 12 de diciembre, de Represión del Contrabando.

ART. 590.

Todas las diligencias sobre fianzas y embargos se instruirán en pieza separada.

Ver arts. 519, 544, 619, 764.2 LECrim; 192 LOPM.

ART. 591.

La fianza podrá ser personal, pignoraticia o hipotecaria, o mediante caución que podrá constituirse en dinero efectivo, mediante aval solidario de duración indefinida y pagadero a primer requerimiento emitido por entidad de crédito o sociedad de garantía recíproca o por cualquier medio que, a juicio del Juez o Tribunal, garantice la inmediata disponibilidad, en su caso, de la cantidad de que se trate.

Modificado por Ley 13/2009, de 3 de noviembre, de reforma de la legislación procesal para la implantación de la nueva Oficina judicial. (BOE de 04/11/2009)

ART. 592.

Podrá ser fiador personal todo español de buena conducta y avecindado dentro del territorio del Tribunal que esté en el pleno goce de los derechos civiles y políticos y venga pagando con tres años de anticipación una contribución que, a juicio del instructor, corresponda a la propiedad de bienes o al ejercicio de industria, suficientes para acreditar su arraigo y su solvencia para el pago de las responsabilidades que eventualmente puedan exigirse.

No se admitirá como fiador al que lo sea o hubiese sido de otro hasta que esté cancelada la primera fianza, a no ser que tenga, a juicio del Juez o Tribunal, responsabilidad notoria para ambas.

Cuando se declare bastante la fianza personal, se fijará también la cantidad de que el fiador ha de responder.

ART. 593.

La fianza hipotecaria podrá sustituirse por otra en metálico, efectos públicos, o valores y demás muebles de los enumerados en el artículo 591, en la siguiente proporción: el valor de los bienes de la hipoteca será doble que el del metálico señalado para la fianza, y una cuarta parte más que éste el de los efectos o valores al precio de cotización. Si la sustitución se hiciere por cualesquiera otros muebles dados en prenda, deberá ser el valor de éstos doble que el de la fianza constituida en metálico.

ART. 594.

Los bienes de las fianzas hipotecaria y pignoraticia serán tasados por dos peritos nombrados por el Juez instructor o Tribunal que conozca de la causa, y los títulos de propiedad relativos a las fincas ofrecidas en hipoteca se examinarán por el Ministerio Fiscal; debiendo declararse suficientes por el mismo Juez o Tribunal cuando así proceda.

ART. 595.

La fianza hipotecaria podrá otorgarse por escritura pública o «apud acta», librándose en este último caso el correspondiente mandamiento para su inscripción en el Registro de la Propiedad.

Devuelto el mandamiento por el Registrador, se unirá a la causa.

También se unirá a ella el resguardo que acredite el depósito del metálico, así como el de los efectos públicos y demás valores en los casos en que se constituya de esta manera la fianza.

ART. 596.

Contra los autos que el Juez dicte calificando la suficiencia de las fianzas procederá el recurso de apelación.

Ver arts. 217, 222 a 232 y 766 LECrim.

ART. 597.

Si en el día siguiente al de la notificación del auto dictado con arreglo a lo dispuesto en el artículo 589 no se prestase la fianza, se procederá al embargo de bienes del procesado, requiriéndole para que señale los suficientes a cubrir la cantidad que se hubiese fijado para las responsabilidades pecuniarias.

Ver arts. 548 a 629 LEC.

ART. 598.

Cuando el procesado no fuere habido, se hará el requerimiento a su mujer, hijos, apoderado, criados o personas que se encuentren en su domicilio.

Si no se encontrare ninguna, o si las que se encontraren, o el procesado o apoderado en su caso no quisieren señalar bienes, se procederá a embargar los que se reputen de la pertenencia del procesado, guardándose el orden establecido en el artículo 592 de la Ley de Enjuiciamiento Civil, bajo la prohibición contenida en los artículos 605 y 606 de la misma, y de conformidad con lo dispuesto en el artículo 584 de la citada Ley.

Párrafo segundo modificado por Ley 13/2009, de 3 de noviembre, de reforma de la legislación procesal para la implantación de la nueva Oficina judicial. (BOE de 04/11/2009)

Ver arts. 584 y sigs. LEC; téngase en cuenta que los artículos de esta ley citados en el texto corresponden a los arts. 592 y 605 a 607 de la LEC; 1516, 1911, 1923 y 1927 CC; 98, 190 C de c; 107, 126 y 127 LH.

ART. 599.

Cuando señalaren bienes y el alguacil encargado de hacer el embargo creyese que los señalados no son suficientes, embargará además los que considere necesarios, sujetándose a lo prescrito en el artículo anterior.

ART. 600.

Las demás actuaciones que se practiquen en ejecución del auto a que se refiere el artículo 589 se regirán por los artículos 738.2 y 738.3 de la Ley de Enjuiciamiento Civil, con la especialidad establecida en el artículo 597 de la presente Ley respecto al requerimiento al procesado para que señale bienes.

Modificado por Ley 13/2009, de 3 de noviembre, de reforma de la legislación procesal para la implantación de la nueva Oficina judicial. (BOE de 04/11/2009)

ARTS. 601 a 610.

(SIN CONTENIDO)

Sin contenido por Ley 13/2009, de 3 de noviembre, de reforma de la legislación procesal para la implantación de la nueva Oficina judicial. (BOE de 04/11/2009)

ART. 611.

Si durante el curso del juicio sobrevinieren motivos bastantes para creer que las responsabilidades pecuniarias que en definitiva puedan exigirse excederán de la cantidad prefijada para asegurarlas, se mandará por auto ampliar la fianza o embargo.

Ver art. 612 LEC.

ART. 612.

También se dictará auto mandando reducir la fianza y el embargo a menor cantidad que la prefijada si resultasen motivos bastantes para creer que la cantidad mandada afianzar es superior a las responsabilidades pecuniarias que en definitiva pudieran imponerse al procesado.

Ver art. 612 LEC.

ART. 613.

Cuando llegue el caso de tener que hacer efectivas las responsabilidades pecuniarias a que se refiere este título, se procederá de la manera prescrita en el artículo 536.

Ver art. 634 y ss. LEC.

ART. 614.

En todo lo que no esté previsto en este título, los Jueces y Tribunales aplicarán lo dispuesto en la legislación civil sobre fianzas y embargos.

Ver arts. 584 y ss. y 721 y ss. LEC.

ART. 614 bis.

Una vez iniciado el proceso penal por delito contra la Hacienda Pública, el juez de lo penal decidirá acerca de las pretensiones referidas a las medidas cautelares adoptadas al amparo del artículo 81 de la Ley General Tributaria.

Artículo añadido por Ley 34/2015, de 21 de septiembre, de modificación parcial de la Ley 58/2003, de 17 de diciembre, General Tributaria. (BOE de 22/09/2015)

TÍTULO X
De la responsabilidad civil de terceras personas

ART. 615.

Cuando en la instrucción del sumario aparezca indicada la existencia de la responsabilidad civil de un tercero con arreglo a los artículos respectivos del Código Penal, o por haber participado alguno por título lucrativo de los efectos del delito, el Juez, a instancia del actor civil, exigirá fianza a la persona contra quien resulte la responsabilidad. Si no se prestase, el Secretario judicial embargará con arreglo a lo dispuesto en el Título IX de este libro los bienes que sean necesarios.

Modificado por Ley 13/2009, de 3 de noviembre, de reforma de la legislación procesal para la implanta-ción de la nueva Oficina judicial. (BOE de 04/11/2009)

Ver arts. 115, 141, 589 a 614, 650, 763 a 765 LECrim; 109 y sigs. 125 y 268 CP; 1092 CC.

ART. 616.

La persona a quien se exigiere la fianza o cuyos bienes fueren embargados podrá, durante el sumario, manifestar por escrito las razones que tenga para que no se la considere civil-mente responsable y las pruebas que pueda ofrecer para el mismo objeto.

Ver arts. 621 y 764 LECrim.

ART. 617.

El Secretario judicial dará vista del escrito a la parte a quien interese, y ésta lo evacuará en el término de tres días, proponiendo también las pruebas que deban practicarse en apoyo de su pretensión.

Modificado por Ley 13/2009, de 3 de noviembre, de reforma de la legislación procesal para la implanta-ción de la nueva Oficina judicial. (BOE de 04/11/2009)

ART. 618.

Seguidamente, el Juez decretará la práctica de las pruebas propuestas, y resolverá sobre las pretensiones formuladas siempre que pudiere hacerlo sin retraso ni perjuicio del objeto principal de la instrucción.

Ver art. 141 LECrim.

ART. 619.

Para todo lo relativo a la responsabilidad civil de un tercero y a los incidentes a que diere lugar la ocupación y en su día la restitución de cosas que se hallaren en su poder se formará pieza separada, pero sin que por ningún motivo se entorpezca ni suspenda el curso de la instrucción.

Ver arts. 334, 338, 367, 620, 634, 635, 688, 742 y 844 LECrim; 111, 127 a 128 CP; LO 12/1995, de 12 de diciembre, de Represión del Contrabando; RD 467/2006, de 21 de abril, sobre depósitos y consignacio-nes judiciales en metálico, de efectos o valores.

ART. 620.

Lo dispuesto en los artículos anteriores se observará también respecto a cualquier pre-tensión que tuviere por objeto la restitución a su dueño de alguno de los efectos e instru-mentos del delito que se hallaren en poder de un tercero.

La restitución a su dueño de los instrumentos y objetos del delito no podrá verificarse en ningún caso hasta después que se haya celebrado el juicio oral, excepto en el previsto en el artículo 844 de esta Ley.

Ver arts. 464 CC; 85, 86 y 545 C de c; 127, 213 y 602 CP; 326, 334, 338, 367, 391, 574, 634, 635, 742, 844 LECrim.

ART. 621.

Los autos dictados en estos incidentes se llevarán a efecto, sin perjuicio de que las partes a quienes perjudiquen puedan reproducir sus pretensiones en el juicio oral, o de la acción civil correspondiente, que podrán entablar en otro caso.

Ver arts. 3 a 6, 100 a 117, 142, 367, 635, 650, 742, 844 y 996 LECrim; 1.542 y 1.543 LEC; 3, 6, 7 y 10.1 LOPJ; 1092, 1904, 1961 a 1975 CC; 110 y sigs., 122 a 126 y 212 CP.

TÍTULO X bis
De las especialidades en los delitos contra la Hacienda Pública

Título añadido por Ley 34/2015, de 21 de septiembre, de modificación parcial de la Ley 58/2003, de 17 de diciembre, General Tributaria. (BOE de 22/09/2015)

ART. 621 bis.

1. En los delitos contra la Hacienda Pública, cuando la Administración Tributaria hubiera dictado un acto de liquidación, la existencia del procedimiento penal no paralizará la actuación administrativa y podrán iniciarse las actuaciones dirigidas al cobro salvo que el Juez, de oficio o a instancia de parte, hubiere acordado la suspensión de las actuaciones de ejecución conforme a lo dispuesto en el artículo 305.5 del Código Penal.

2. Solicitada la suspensión de la ejecución del acto de liquidación, el Juez o Tribunal, previa audiencia por el plazo de diez días al Ministerio Fiscal y a la Administración perjudicada, resolverá mediante auto, en el plazo de diez días, si accede a la suspensión solicitada, en cuyo caso habrá de fijar el alcance de la garantía que haya de prestarse y el plazo para hacerlo, que en ningún caso excederá de dos meses, salvo que concurran las circunstancias señaladas en el apartado 6.

3. La garantía así prestada deberá cubrir suficientemente el importe resultante de la liquidación administrativa practicada, los intereses de demora que genere la suspensión y los recargos que procederían en caso de ejecución de la misma.

4. El auto de concesión de la suspensión quedará sin efecto de forma automática y sin necesidad de pronunciamiento judicial ulterior, si transcurrido el plazo señalado en el apartado 2 para la formalización de la garantía, ésta no hubiese tenido lugar.

5. La suspensión sólo afectará al procedimiento seguido frente al encausado respecto del que se haya acordado y las actuaciones de cobro dirigidas frente al resto de encausados no se paralizarán hasta que la deuda resulte pagada o garantizada en su totalidad por el obligado tributario.

6. Si no se pudiese prestar garantía en todo o en parte, excepcionalmente el Juez podrá acordar la suspensión con dispensa total o parcial de garantías si apreciare que la ejecución pudiese ocasionar daños irreparables o de muy difícil reparación.

7. Contra los autos que resuelvan la solicitud de suspensión del acto de liquidación cabrá recurso de apelación, en un solo efecto.

Artículo añadido por Ley 34/2015, de 21 de septiembre, de modificación parcial de la Ley 58/2003, de 17 de diciembre, General Tributaria. (BOE de 22/09/2015)

ART. 621 ter.

1. La suspensión producirá efectos desde que, dictado el auto a que se refiere el artículo anterior, resulte constituida debidamente la garantía correspondiente conforme a lo dispuesto en el artículo anterior, en cuyo caso se entenderán retrotraídos sus efectos al momento de su solicitud, sin perjuicio de lo dispuesto en los apartados siguientes de éste artículo.

2. Si, como consecuencia de las actuaciones desarrolladas por la Administración, hubiesen resultado embargados, bienes o derechos del encausado con anterioridad a la fecha del auto por el que se acuerde la suspensión, dichos embargos mantendrán su eficacia durante el plazo concedido a dicho encausado para formalizar la garantía que cubra las cantidades a que se refiere el apartado 3 del artículo anterior o, en su caso, las que le resulten exigibles al mismo.

En todo caso el Ministerio Fiscal o la Administración perjudicada podrán solicitar al Tribunal que se constituyan como garantía a efectos de la suspensión, los embargos ya realizados o derechos reales que puedan constituirse sobre los bienes afectados por los mismos, de considerarse que dichos bienes garantizan de forma más adecuada el cobro que las garantías ofrecidas por el encausado. Particularmente, podrá hacerse tal solicitud cuando la suspensión se hubiese solicitado con dispensa total o parcial de garantías.

En el supuesto en que se hubiese acordado la suspensión con dispensa total o parcial de garantías, mantendrán su eficacia los ingresos realizados que hubiesen minorado las cuantías adeudadas, sin que los mismos resulten afectados por la retroacción a que se refiere el apartado 1 del presente artículo.

3. La Administración no podrá proceder a la enajenación de los bienes y derechos embargados en el curso del procedimiento de apremio hasta que la sentencia condenatoria que confirme total o parcialmente la liquidación, sea firme, salvo en los supuestos que a continuación se indican, en los que la enajenación deberá autorizarse por el Tribunal.

a) Cuando sean perecederos.

b) Si su propietario hiciera abandono de ellos o, debidamente requerido sobre el destino del efecto judicial, no haga manifestación alguna.

c) De ser los gastos de conservación y depósito superiores al valor del objeto en sí.

d) Cuando su conservación pueda resultar peligrosa para la salud o seguridad pública.

e) Si se depreciaren por el transcurso del tiempo, aun cuando no sufran deterioro.

No serán susceptibles de enajenación los efectos que tengan el carácter de piezas de convicción y los que deban quedar a expensas del procedimiento, salvo que encuentren comprendidos en los supuestos a) y c) anteriores.

4. Una vez acordada la suspensión, con o sin garantía, podrá ser modificada o revocada durante el curso del proceso si cambiaran las circunstancias en virtud de las cuales se hubiera adoptado.

Artículo añadido por Ley 34/2015, de 21 de septiembre, de modificación parcial de la Ley 58/2003, de 17 de diciembre, General Tributaria. (BOE de 22/09/2015)

TÍTULO XI
De la conclusión del sumario y del sobreseimiento.

CAPÍTULO PRIMERO
De la conclusión del sumario

ART. 622.

Practicadas las diligencias decretadas de oficio o a instancia de parte por el Juez instructor, si éste considerase terminado el sumario, lo declarará así, mandando remitir los autos y las piezas de convicción al Tribunal competente para conocer del delito.

Cuando no haya acusador privado y el Ministerio fiscal considere que en el sumario se han reunido los suficientes elementos para hacer la calificación de los hechos y poder entrar en el trámite del juicio oral, lo hará presente al Juez de instrucción para que, sin más dilaciones, se remita lo actuado al Tribunal competente.

La sustanciación de los recursos de apelación admitidos sólo en un efecto no impedirá nunca la terminación del sumario, después de haber el Juez instructor cumplido lo que preceptúa el artículo 227 de esta Ley, y habérsele participado por el Tribunal superior el recibo del testimonio correspondiente.

En tales casos, al hacer el Secretario judicial la remisión del sumario a la Audiencia, cuidará de expresar los recursos de apelación en un efecto que haya pendientes. En la Audiencia quedará en suspenso la aplicación de los artículos 627 y siguientes hasta que sean resueltas las apelaciones pendientes. Si éstas fueran desestimadas, en cuanto la resolución en que así se acuerde sea firme, continuará la sustanciación de la causa conforme a los artículos citados; y si se diera lugar a alguna apelación, se revocará sin más trámite el auto del Juez declarando concluso el sumario y el Secretario judicial le devolverá éste con testimonio del auto resolutorio de la apelación, para la práctica de las diligencias que sean consecuencia de tal resolución.

Párrafo cuarto modificado por Ley 13/2009, de 3 de noviembre, de reforma de la legislación procesal para la implantación de la nueva Oficina judicial. (BOE de 04/11/2009)

Ver arts. 227, 299, 326, 334, 338, 627 y sigs., 688 y 790 LECrim; 127 y 128 CP; RD 467/2006, de 21 de abril, sobre depósitos y consignaciones judiciales en metálico, de efectos o valores.

ART. 623.

Tanto en uno como en otro caso se notificará el auto de conclusión del sumario al querellante particular, si lo hubiere, aun cuando sólo tenga el carácter de actor civil, al procesado y a las demás personas contra quienes resulte responsabilidad civil, emplazándoles para que comparezcan ante la respectiva Audiencia en el término de diez días, o en el de quince si el emplazamiento fuese ante el Supremo. A la vez se pondrá en conocimiento del Ministerio fiscal cuando la causa verse sobre delito en que tenga intervención por razón de su cargo.

Ver arts. 14, 110, 118, 652 y 780 a 783 LECrim.

ART. 624.

Si el Juez instructor reputare falta el hecho que hubiese dado lugar al sumario, mandará remitir el proceso al Juez municipal, consultando el auto en que así lo acuerde con el Tribunal superior competente.

Ver arts. 299, 637.2°, 639, 780 a 783 y 962 LECrim.

ART. 625.

Así que sea firme el auto por haberlo aprobado dicho superior Tribunal, o por haberse desestimado el recurso de casación que, en su caso, haya podido interponerse, se emplazará a las partes para que en el término de cinco días comparezcan ante el Juez municipal a quien corresponda su conocimiento.

Recibidos los autos por el Juez municipal, se sustanciará el juicio con arreglo a lo dispuesto en el libro VI de esta Ley.

Ver arts. 21, 23, 25, 636, 637.2°, 639, 843, 848, 962 y sigs. LECrim.

ART. 626.

Recibidos en el Tribunal los autos y piezas de convicción, el Secretario judicial designará al Magistrado ponente que por turno corresponda.

Fuera de los casos previstos en los dos artículos anteriores, y durante el tiempo que falte para cumplir el término del emplazamiento, el Magistrado ponente abrirá los pliegos y demás objetos cerrados y sellados que hubiere remitido el Juez de instrucción.

De la apertura se extenderá acta por el Secretario judicial, en la cual se hará constar el estado en que se hallaren.

Modificado por Ley 13/2009, de 3 de noviembre, de reforma de la legislación procesal para la implantación de la nueva Oficina judicial. (BOE de 04/11/2009)

Ver arts. 146, 147, 619, 622, 629 LECrim.

ART. 627.

Transcurrido dicho término, el Secretario judicial pasará los autos para instrucción por otro, que no bajará de tres días ni excederá de diez, según el volumen del proceso, al Ministerio Fiscal, si la causa versa sobre delito en que deba tener intervención, después al Procurador del querellante, si se hubiere personado, y por último a la defensa del procesado o procesados.

Si la causa excediere de mil folios, el Secretario judicial podrá prorrogar el término, sin que en ningún caso pueda exceder la prórroga de otro tanto más.

Al ser devuelta, se acompañará escrito conformándose con el auto del inferior que haya declarado terminado el sumario, o pidiendo la práctica de nuevas diligencias.

En el mismo escrito, si la opinión fuera de conformidad con el auto de terminación del sumario, se solicitará por el Ministerio Fiscal, cuando intervenga, por el Procurador del querellante, si lo hubiere, y por la defensa del procesado o procesados, lo que estimen conveniente a su derecho, respecto a la apertura del juicio oral o sobreseimiento de cualquier clase.

Modificado por Ley 13/2009, de 3 de noviembre, de reforma de la legislación procesal para la implantación de la nueva Oficina judicial. (BOE de 04/11/2009)

Ver arts. 105, 306, 384, 622, 626, 645, 728, 729, 746.6° y 780 a 783 LECrim; 24.2 CE.

ART. 628.

Devuelta la causa o recogida de poder del último que la hubiere recibido, el Secretario judicial la pasará inmediatamente al ponente, con los escritos presentados, por término de tres días.

Modificado por Ley 13/2009, de 3 de noviembre, de reforma de la legislación procesal para la implantación de la nueva Oficina judicial. (BOE de 04/11/2009)

Ver arts. 146, 147, 200, 215 y 794 LECrim; 237 LOPJ.

ART. 629.

El Secretario judicial, al entregar la causa, dispondrá lo que considere conveniente para que el Fiscal, el querellante y el procesado o procesados en su caso puedan examinar la correspondencia, libros, papeles y demás piezas de convicción sin peligro de alteración en su estado.

Modificado por Ley 13/2009, de 3 de noviembre, de reforma de la legislación procesal para la implantación de la nueva Oficina judicial. (BOE de 04/11/2009)

Ver arts. 334, 619, 622 y 688 LECrim.

ART. 630.

Transcurrido el plazo del artículo 628, el Tribunal dictará auto, confirmando o revocando el del Juez de instrucción.

Ver arts. 622, 630, 631, 656, 728, 729, 780 a 783, 850.1°, 855 párr. 3°, 874 y 884.5° LECrim.

ART. 631.

Si se revocare dicho auto, se mandará devolver el proceso al Juez que lo hubiere remitido, expresando las diligencias que hayan de practicarse.

Se devolverán también las piezas de convicción que el Tribunal considere necesarias para la práctica de las nuevas diligencias.

Ver arts. 384, 627, 630, 659, 728, 729, 746.6°, 780 a 783, 850.1°, 855, 874 y 884.5° LECrim.

ART. 632.

Si fuere confirmado el auto declarando terminado el sumario, el Tribunal resolverá, dentro del tercer día, respecto a la solicitud del juicio oral o de sobreseimiento.

Ver arts. 627 a 645, 649 y 780 a 783 LECrim.

ART. 633.

En el auto en que el Tribunal acuerde la apertura de juicio oral se dispondrá el traslado a que se refiere el artículo 649, sin perjuicio de lo determinado en el capítulo II de este título.

Ver arts. 101, 110, 270, 272, 384, 642 a 645, 649 a 658, 780 a 783 LECrim.

CAPÍTULO II
Del sobreseimiento

ART. 634.

El sobreseimiento puede ser libre o provisional, total o parcial.

Si fuere el sobreseimiento parcial, se mandará abrir el juicio oral respecto de los procesados a quienes no favorezca.

Si fuere total, se mandará que se archiven la causa y piezas de convicción que no tengan dueño conocido, después de haberse practicado las diligencias necesarias para la ejecución de lo mandado.

Ver arts. 742, 779.1.1°, 780 a 783 y 844 LECrim; 127 y 128 CP; LO 12/1995, de 12 de diciembre, de Represión del Contrabando.

ART. 635.

Las piezas de convicción cuyo dueño fuere conocido continuarán retenidas si un tercero lo solicitare, hasta que se resuelva la acción civil que se propusiere entablar.

En este caso, si el Tribunal accediere a la retención, fijará el plazo dentro del cual habrá de acreditarse que la acción se ha entablado.

Transcurrido el plazo que se fije según lo dispuesto en el párrafo anterior sin haberse acreditado el ejercicio de la acción civil, o si nadie hubiere reclamado que continúe la retención de las piezas de convicción, serán devueltas éstas a sus dueños.

Se reputará dueño el que estuviere poseyendo la cosa al tiempo de incautarse de ella el Juez de instrucción.

No obstante lo dispuesto en los párrafos anteriores, cuando las piezas de convicción entrañen, por su naturaleza, algún peligro grave para los intereses sociales o individuales, así respecto de las personas como de sus bienes, los Tribunales en prevención de aquél, acordarán darles el destino que dispongan los Reglamentos o, en su caso, las inutilizarán previa la correspondiente indemnización, si procediera.

Ver arts. 620, 621, 634, 742, párr. 3°., 844, 996 LECrim; RD 2783/76, de 15 de octubre, sobre conservación y destino de piezas de convicción.

ART. 636.

Contra los autos de sobreseimiento sólo procederá, en su caso, el recurso de casación.

El auto de sobreseimiento se comunicará a las víctimas del delito, en la dirección de correo electrónico y, en su defecto, por correo ordinario a la dirección postal o domicilio que hubieran designado en la solicitud prevista en el artículo 5.1.m) de la Ley del Estatuto de la Víctima del delito.

En los casos de muerte o desaparición ocasionada por un delito, el auto de sobreseimiento será comunicado de igual forma a las personas a las que se refiere el párrafo segundo del apartado 1 del artículo 109 bis, de cuya identidad y dirección de correo electrónico o postal se tuviera conocimiento. En estos supuestos el Juez o Tribunal, podrá acordar, motivadamente, prescindir de la comunicación a todos los familiares cuando ya se haya dirigido con éxito a varios de ellos o cuando hayan resultado infructuosas cuantas gestiones se hubieren practicado para su localización.

Excepcionalmente, en el caso de ciudadanos residentes fuera de la Unión Europea, si no se dispusiera de una dirección de correo electrónico o postal en la que realizar la comunicación, se remitirá a la oficina diplomática o consular española en el país de residencia para que la publique.

Transcurridos cinco días desde la comunicación, se entenderá que ha sido efectuada válidamente y desplegará todos sus efectos, iniciándose el cómputo del plazo de interposición del recurso. Se exceptuarán de este régimen aquellos supuestos en los que la víctima acredite justa causa de la imposibilidad de acceso al contenido de la comunicación.

Las víctimas podrán recurrir el auto de sobreseimiento dentro del plazo de veinte días aunque no se hubieran mostrado como parte en la causa.

Modificado por Ley 4/2015, de 27 de abril, del Estatuto de la víctima del delito. (BOE de 28/04/2015)

Ver arts. 645, 666, 675, párr. 3°, 848 LECrim; 228 LOPJ.

ART. 637.

Procederá el sobreseimiento libre:

1.° Cuando no existan indicios racionales de haberse perpetrado el hecho que hubiere dado motivo a la formación de la causa.

2.° Cuando el hecho no sea constitutivo de delito.

3.° Cuando aparezcan exentos de responsabilidad criminal los procesados como autores, cómplices o encubridores.

Ver arts. 1, 116, 278, 384, 638 a 640, 645, 666, 675, 677, 754, 779.1 y 780 a 783 LECrim; 9.3, 17.1, 24.2, 56.3, 62.1 y 71.1 CE; 20, 27 y sigs., 118, 119, 130, 215, 268, 451 a 454 y 456 CP; 21, 238 a 240 LOPJ; 33 b) y c) LO 5/2000, de 12 de enero, reguladora de la responsabilidad penal de los menores; 25.3, 26.1 y 32.1 LO 5/1995, de 22 de mayo, del Tribunal del Jurado.

ART. 638.

En los casos 1.º y 2.º del artículo anterior podrá declararse, al decretar el sobreseimiento, que la formación de la causa no perjudica a la reputación de los procesados.

Podrá también, a instancia del procesado, reservarse a éste su derecho de perseguir al querellante como calumniador.

El Tribunal podrá igualmente mandar proceder de oficio contra el querellante, con arreglo a lo dispuesto en el Código Penal.

Ver arts. 118, 264, 637, 639 y 640 LECrim; 24.1 CE; 453, 456, 467 CP.

ART. 639.

En el caso 2.º del artículo 637, si resultare que el hecho constituye una falta, se mandará remitir la causa al Juez municipal competente para la celebración del juicio que corresponda.

Ver arts. 8, 14, 142.5, 624, 637, 639, 640, 645, 742 y 780 a 784 LECrim; 238.1º LOPJ; 215 y 456 CP.

ART. 640.

En el caso 3.º del artículo 637, se limitará el sobreseimiento a los autores, cómplices o encubridores que aparezcan indudablemente exentos de responsabilidad criminal, continuándose la causa respecto a los demás que no se hallen en igual caso. Es aplicable a los procesados a quienes se declare exentos de responsabilidad lo dispuesto en el artículo 638.

Ver arts. 634, 637, 638 y 782 LECrim; 27 y sigs. y 454 CP; 32.1 LO 5/1995, de 22 de mayo, del Tribunal del Jurado.

ART. 641.

Procederá el sobreseimiento provisional:

1.º Cuando no resulte debidamente justificada la perpetración del delito que haya dado motivo a la formación de la causa.

2.º Cuando resulte del sumario haberse cometido un delito y no haya motivos suficientes para acusar a determinada o determinadas personas como autores, cómplices o encubridores.

Ver arts. 384, 634 y 780 a 784 LECrim; 25.3, 26, y 32 LO 5/1995, de 22 de mayo, del Tribunal del Jurado; 33 b) LO 5/2000, de 12 de enero, reguladora de la responsabilidad penal de los menores.

ART. 642.

Cuando el Ministerio fiscal pida el sobreseimiento de conformidad con lo dispuesto en los artículos 637 y 641, y no se hubiere presentado en la causa querellante particular dispuesto a sostener la acusación, podrá el Tribunal acordar que se haga saber la pretensión del Ministerio fiscal a los interesados en el ejercicio de la acción penal, para que dentro del término prudencial que se les señale comparezcan a defender su acción si lo consideran oportuno.

Si no comparecieren en el término fijado, el Tribunal acordará el sobreseimiento solicitado por el Ministerio fiscal.

Ver arts. 109, 110, 281, 643 a 645, 733 y 782 LECrim; 26 LO 5/1995, de 22 de mayo, del Tribunal del Jurado.

ART. 643.

Cuando en el caso a que se refiere el artículo anterior fuere desconocido el paradero de los interesados en el ejercicio de la acción penal, se les llamará por edictos que se publicarán en el Tablón Edictal Judicial Único.

Transcurrido el término de emplazamiento sin comparecer los interesados, se procederá como previene el artículo anterior.

Modificado por el Real Decreto-ley 6/2023, de 19 de diciembre, por el que se aprueban medidas urgentes para la ejecución del Plan de Recuperación, Transformación y Resiliencia en materia de servicio público de justicia, función pública, régimen local y mecenazgo. (BOE de 20/12/2023). En vigor desde el 20 de marzo de 2024.

ART. 644.

Cuando el Tribunal conceptúe improcedente la petición del Ministerio fiscal relativa al sobreseimiento y no hubiere querellante particular que sostenga la acción, antes de acceder al sobreseimiento podrá determinar que se remita la causa al Fiscal de la Audiencia Territorial respectiva si se sigue en una Audiencia de lo criminal, o al del Supremo si se sustancia ante una Audiencia territorial, para que, con conocimiento de su resultado, resuelvan uno u otro funcionario si procede o no sostener la acusación. El Fiscal consultado pondrá la resolución en conocimiento del Tribunal consultante, con devolución de la causa.

Ver arts. 642 y 643 LECrim; 26.2 LO 5/1995, de 22 de mayo, del Tribunal del Jurado.

ART. 645.

Si se presentare querellante particular a sostener la acción, o cuando el Ministerio fiscal opine que procede la apertura del juicio oral, podrá el Tribunal, esto no obstante, acordar el sobreseimiento a que se refiere el número 2.º del artículo 637 si así lo estima procedente.

En cualquier otro caso no podrá prescindir de la apertura del juicio.

Ver arts. 384, 627, 632, 637.2, 639, 733 y 848 LECrim.

TÍTULO XII
Disposiciones generales referentes a los anteriores títulos

ART. 646.

Además de los testimonios de adelantos de las causas que el Secretario judicial está obligado a dirigir al Fiscal de la respectiva Audiencia, deberá remitirle también testimonio especial de todas las providencias o autos apelables, o que se refieran a diligencias periciales o de reconocimiento que le interese conocer para el ejercicio de su derecho como parte acusadora, cuando no pueda notificárselos directamente, sin que por esto se suspenda la práctica de dichas diligencias, a no ser que el Fiscal se hubiese reservado anticipadamente el derecho de intervenir en ellas, y no se irrogase perjuicio de la suspensión.

Modificado por Ley 13/2009, de 3 de noviembre, de reforma de la legislación procesal para la implantación de la nueva Oficina judicial. (BOE de 04/11/2009)

Ver los arts. 105, 306, 308, 319, 324, 781, 792 LECrim.

ART. 647.

El término de la apelación para el Fiscal que no esté en el mismo lugar que el Juez instructor empezará a contarse desde el siguiente día al en que reciba el testimonio de la providencia o auto apelables. El recurso se interpondrá por medio de escrito dirigido al Juez con atenta comunicación.

De todos modos acusará recibo de los testimonios de esta clase en el mismo día que los recibiere.

Párrafo segundo redactado por Ley 13/2009, de 3 de noviembre, de reforma de la legislación procesal para la implantación de la nueva Oficina judicial. (BOE de 04/11/2009)

Ver art. 212 LECrim.

ART. 648.

Los Fiscales llevarán un registro para anotar los partes de formación de causa que reciban, los testimonios de adelantos más notables que se les remitan por los Secretarios judiciales, especialmente los que expresa el artículo 646, y las contestaciones que a su vez emitan, o recursos que interpongan.

Modificado por Ley 13/2009, de 3 de noviembre, de reforma de la legislación procesal para la implantación de la nueva Oficina judicial. (BOE de 04/11/2009)

LIBRO III
DEL JUICIO ORAL

TÍTULO PRIMERO
De la calificación del delito

ART. 649.

Cuando se mande abrir el juicio oral, el Secretario judicial comunicará la causa al Fiscal, o al acusador privado si versa sobre delito que no pueda ser perseguido de oficio, para que en el término de cinco días califiquen por escrito los hechos.

Dictada que sea esta resolución, serán públicos todos los actos del proceso.

Modificado por Ley 13/2009, de 3 de noviembre, de reforma de la legislación procesal para la implantación de la nueva Oficina judicial. (BOE de 04/11/2009)

Ver arts. 120.1 CE; 229 y 232 LOPJ; 302, 633, 651, 653, 658 y 700 y 780 a 783 LECrim.

ART. 650.

El escrito de calificación se limitará a determinar en conclusiones precisas y numeradas:

1.º Los hechos punibles que resulten del sumario.

2.º La calificación legal de los mismos hechos, determinando el delito que constituyan.

3.º La participación que en ellos hubieren tenido el procesado o procesados, si fueren varios.

4.º Los hechos que resulten del sumario y que constituyan circunstancias atenuantes o agravantes del delito o eximentes de responsabilidad criminal.

5.º Las penas en que hayan incurrido el procesado o procesados, si fueren varios, por razón de su respectiva participación en el delito.

El acusador privado, en su caso, y el Ministerio Fiscal cuando sostenga la acción civil, expresarán además:

1.º La cantidad en que aprecien los daños y perjuicios causados por el delito, o la cosa que haya de ser restituida.

2.º La persona o personas que aparezcan responsables de los daños y perjuicios o de la restitución de la cosa, y el hecho en virtud del cual hubieren contraído esta responsabilidad.

Ver arts. 24.1 y 2 CE; 110, 621, 653, 655, 656, 732, 733, 780 a 783 LECrim; 29.1 LO 5/1995, de 22 de mayo, del Tribunal del Jurado.

ART. 651.

Devuelta la causa por el Fiscal, el Secretario judicial la pasará por igual término y con el mismo objeto al acusador particular, si lo hubiere, quien presentará el escrito de calificación, firmado por su Abogado y Procurador en la forma anteriormente indicada.

Si hubiere actor civil se le pasará la causa en cuanto sea devuelta por el Fiscal o acusador particular para que, a su vez, en término igual al fijado en los artículos anteriores y con idéntica formalidad, presente conclusiones numeradas acerca de los dos últimos puntos del artículo precedente.

Primer párrafo modificado por Ley 13/2009, de 3 de noviembre, de reforma de la legislación procesal para la implantación de la nueva Oficina judicial. (BOE de 04/11/2009)

ART. 652.

Seguidamente el Secretario judicial comunicará la causa a los procesados y a las terceras personas civilmente responsables, para que en igual término y por su orden manifiesten también, por conclusiones numeradas y correlativas a las de la calificación que a ellos se refiera, si están o no conformes con cada una, o en otro caso consignen los puntos de divergencia.

Por el Secretario judicial se interesará la designación al efecto de Abogado y Procurador, si no los tuviesen.

Modificado por Ley 13/2009, de 3 de noviembre, de reforma de la legislación procesal para la implantación de la nueva Oficina judicial. (BOE de 04/11/2009)

Ver arts. 24.2 CE; 118, 384, 650, 732 y 784 LECrim.

ART. 653.

Las partes podrán presentar, sobre cada uno de los puntos que han de ser objeto de la calificación, dos o más conclusiones en forma alternativa, para que si no resultare del juicio la procedencia de la primera, pueda estimarse cualquiera de las demás en la sentencia.

Ver arts. 650 y 732 LECrim.

ART. 654.

El Secretario judicial, al dar traslado de la causa a las partes en cumplimiento de lo dispuesto en los artículos anteriores, dispondrá lo que considere conveniente para que éstas puedan examinar la correspondencia, libros, papeles y demás piezas de convicción, sin peligro de alteración en su estado.

Modificado por Ley 13/2009, de 3 de noviembre, de reforma de la legislación procesal para la implantación de la nueva Oficina judicial. (BOE de 04/11/2009)

Ver arts. 629 y 688 LECrim.

ART. 655.

1. Al evacuar la representación del procesado el traslado de calificación, podrá manifestar su conformidad absoluta con aquella que más gravemente hubiere calificado, si hubiere más de una, y con la pena que se le pida; expresándose además por la asistencia letrada si esto, no obstante, conceptúa necesaria la continuación del juicio.

El letrado o la letrada facilitará por escrito a la persona a quien defiende la información sobre el acuerdo alcanzado.

Si el letrado o la letrada del procesado no conceptúa necesaria la continuación del juicio y, el tribunal, a partir de la descripción de los hechos aceptada por todas las partes, entendiere que la calificación aceptada es correcta y que la pena es procedente según dicha calificación, dictará sentencia de conformidad. Dicha conformidad podrá ser también prestada con el nuevo escrito de calificación que conjuntamente firmen las partes acusadoras y la parte acusada junto a su letrado o letrada, que no podrá referirse a hecho distinto, ni contener calificación más grave que la del escrito de acusación anterior. El tribunal oirá en todo caso al acusado acerca de si su conformidad ha sido prestada libremente y con conocimiento de sus consecuencias. En caso de que el tribunal considerare incorrecta la calificación formulada o entendiere que la pena solicitada no procede legalmente, requerirá a la parte que presentó el escrito de acusación más grave para que manifieste si se ratifica o no en él. Sólo cuando la parte requerida modificare su escrito de acusación en términos tales que la calificación sea correcta y la pena solicitada sea procedente y el acusado preste de nuevo su conformidad, podrá el juez, jueza o tribunal dictar sentencia de conformidad. En otro caso, ordenará la celebración del juicio. También continuará el juicio si fuesen varios los procesados y no todos manifestaren igual conformidad.

2. El Ministerio Fiscal oirá previamente a la víctima o perjudicado, aunque no estén personados en la causa, siempre que hubiera sido posible y se estime necesario para ponderar correctamente los efectos y el alcance de tal conformidad, y en todo caso cuando la gravedad o trascendencia del hecho o la intensidad o la cuantía sean espe-

cialmente significativos, así como en todos los supuestos en que víctimas o perjudicados se encuentren en situación de especial vulnerabilidad.

3. Una vez que la defensa del acusado manifieste su conformidad, el presidente o presidenta del tribunal informará a la persona acusada de sus consecuencias y a continuación la requerirá a fin de que manifieste si presta su conformidad. Cuando el tribunal albergue dudas sobre si la persona acusada ha prestado libremente su conformidad, acordará la celebración del juicio.

4. Cuando el procesado o procesados disintiesen únicamente respecto de la responsabilidad civil, se limitará el juicio a la prueba y discusión de los puntos relativos a dicha responsabilidad.

5. No vinculan al tribunal las conformidades sobre la adopción de medidas protectoras en los casos de limitación de la responsabilidad penal. Previa ratificación del procesado, dictará sin más trámites la sentencia que proceda según la calificación mutuamente aceptada, sin que pueda imponer pena mayor que la solicitada.

6. La sentencia de conformidad se dictará oralmente y documentará en el acta con expresión del fallo y una sucinta motivación, sin perjuicio de su ulterior redacción. Si el fiscal y las partes, conocido el fallo, expresaran su decisión de no recurrir, el juez, en el mismo acto, declarará oralmente la firmeza de la sentencia y se pronunciará, previa audiencia de las partes, sobre la suspensión de la pena impuesta o su sustitución, cuando proceda. También resolverá el tribunal sobre los aplazamientos de las responsabilidades pecuniarias y se realizarán, en cuanto fuera posible, los requerimientos y liquidaciones de condena de las penas impuestas en la sentencia.

7. Únicamente serán recurribles las sentencias de conformidad cuando no hayan respetado los requisitos o términos de la conformidad, sin que la persona acusada pueda impugnar por razones de fondo su conformidad libremente prestada.

8. Cuando el acusado sea una persona jurídica, la conformidad deberá prestarla su representante especialmente designado, siempre que cuente con poder especial. Dicha conformidad, que se sujetará a los requisitos enunciados en los apartados anteriores, podrá realizarse con independencia de la posición que adopten las demás personas acusadas y su contenido no vinculará en el juicio que se celebre en relación con éstos.

Si ésta no fuese la procedente según dicha calificación, sino otra mayor, acordará el Tribunal la continuación del juicio.

También continuará el juicio si fuesen varios los procesados y no todos manifestaren igual conformidad.

Cuando el procesado o procesados disintiesen únicamente respecto de la responsabilidad civil, se limitará el juicio a la prueba y discusión de los puntos relativos a dicha responsabilidad.

Modificado por Ley Orgánica 1/2025, de 2 de enero, de medidas en materia de eficiencia del Servicio Público de Justicia (BOE de 03-01-2025). Esta modificación entró en vigor el 03-04-2025.

Ver arts. 406, 652, 697, 700, 779.1.5º, 784, 787 LECrim; 33 y D.T. 11ª CP; 50 LO 5/1995, de 22 de mayo, del Tribunal del Jurado.

ART. 656.

El Ministerio Fiscal y las partes manifestarán en sus respectivos escritos de calificación las pruebas de que intenten valerse, presentando listas de peritos y testigos que hayan de declarar a su instancia.

En las listas de peritos y testigos se expresarán sus nombres y apellidos, el apodo, si por él fueren conocidos, y su domicilio o residencia; manifestando además la parte que los presente si los peritos y testigos han de ser citados judicialmente o si se encarga de hacerles concurrir.

Ver arts. 24.2 CE; 314, 694, 701, 728, 729.3º, 781 y 784 LECrim.

ART. 657.

Cada parte presentará tantas copias de las listas de peritos y testigos cuantas sean las demás personadas en la causa, a cada una de las cuales se entregará una de dichas copias en el mismo día en que fueren presentadas.

Las listas originales se unirán a la causa.

Podrán pedir además las partes que se practiquen desde luego aquellas diligencias de prueba que por cualquier causa fuera de temer que no se puedan practicar en el juicio oral, o que pudieran motivar su suspensión.

Ver arts. 448, 449, 467 y ss.; 762.5ª, 781.1 y 784 LECrim.

ART. 658.

Presentados los escritos de calificación, o recogida la causa de poder de quien la tuviere después de transcurrido el término señalado en el artículo 649, el Secretario judicial dictará diligencia teniendo por hecha la calificación, y acordará pasar la causa al ponente, por término de tercer día, para el examen de las pruebas propuestas.

Modificado por Ley 13/2009, de 3 de noviembre, de reforma de la legislación procesal para la implantación de la nueva Oficina judicial. (BOE de 04/11/2009)

Ver arts. 784.1 LECrim; 205.2º LOPJ.

ART. 659.

Devuelta que sea la causa por el Ponente, el Tribunal examinará las pruebas propuestas e inmediatamente dictará auto, admitiendo las que considere pertinentes y rechazando las demás.

Para rechazar las propuestas por el acusador privado, habrá de ser oído el Fiscal si interviniere en la causa.

Contra la parte del auto admitiendo las pruebas o mandando practicar la que se hallare en el caso del párrafo tercero del artículo 657 no procederá recurso alguno.

Contra la en que fuere rechazada o denegada la práctica de las diligencias de prueba podrá interponerse en su día el recurso de casación, si se prepara oportunamente con la correspondiente protesta.

A la vista de este Auto, el Secretario judicial establecerá el día y hora en que deban comenzar las sesiones del juicio oral, con sujeción a lo establecido en el artículo 182 de la Ley de Enjuiciamiento Civil.

Los criterios generales y las concretas y específicas instrucciones que fijen los Presidentes de Sala o Sección, con arreglo a los cuales se realizará el señalamiento, tendrán asimismo en cuenta:

1.º La prisión del acusado;
2.º El aseguramiento de su presencia a disposición judicial;
3.º Las demás medidas cautelares personales adoptadas;
4.º La prioridad de otras causas;
5.º La complejidad de la prueba propuesta o cualquier circunstancia modificativa, según hayan podido determinar una vez estudiado el asunto o pleito de que se trate.

En todo caso, aunque no sea parte en el proceso ni deba intervenir, el Secretario judicial deberá informar a la víctima por escrito de la fecha y lugar de celebración del juicio.

Párrafo quinto modificado y párrafos sexto y séptimo introducidos por Ley 13/2009, de 3 de noviembre, de reforma de la legislación procesal para la implantación de la nueva Oficina judicial. (BOE de 04/11/2009)

Ver arts. 24 CE; 147.2º y 3º, 785, 850.1º y 855 LECrim; 11.1 y 3, 205.2, 249 y 250 LOPJ.

ART. 660.

El Secretario judicial expedirá los exhortos o mandamientos necesarios para la citación de los peritos y testigos que la parte hubiese designado con este objeto.

Los exhortos o mandamientos serán remitidos de oficio para su cumplimiento, a no ser que la parte pida que se le entreguen.

En este caso, el Secretario judicial señalará un plazo dentro del cual habrá de devolverlos cumplimentados.

Modificado por Ley 13/2009, de 3 de noviembre, de reforma de la legislación procesal para la implantación de la nueva Oficina judicial. (BOE de 04/11/2009)

Ver arts. 183 a 196 LECrim y 273 a 278 LOPJ.

ART. 661.

Las citaciones de peritos y testigos se practicarán en la forma establecida en el título VII del libro I.

Los peritos y testigos citados que no comparezcan, sin causa legítima que se lo impida, incurrirán en la multa señalada en el número 5.º del artículo 175.

Si vueltos a citar dejaren también de comparecer, serán procesados por el delito de obstrucción a la justicia, tipificado en el artículo 463.1 del Código Penal.

Párrafo tercero modificado por Ley 38/2002, de 24 de octubre, de reforma parcial de la Ley de Enjuiciamiento Criminal, sobre procedimiento para el enjuiciamiento rápido e inmediato de determinados delitos y faltas, y de modificación del procedimiento abreviado. (BOE de 28/10/2022)

Ver arts. 166 a 182, 420, 460, 461, 462, 463 y 784 LECrim y 463 CP.

ART. 662.

Las partes podrán recusar a los peritos expresados en las listas por cualquiera de las causas mencionadas en el artículo 468.

La recusación se hará dentro de los tres días siguientes al de la entrega al recusante de la lista que contenga el nombre del recusado.

Alegada la recusación, el Secretario judicial dará traslado del escrito por igual término a la parte que intente valerse del perito recusado.

Transcurrido el término y devueltos o recogidos los autos, se recibirán a prueba por seis días, durante los cuales cada una de las partes practicará la que le convenga.

Transcurrido el término de prueba, el Secretario judicial señalará día para la vista, a la que podrán asistir las partes y sus defensores, y dentro del término legal el Tribunal resolverá el incidente.

Contra el auto no se dará recurso alguno.

Párrafos tercero y quinto modificados por Ley 13/2009, de 3 de noviembre, de reforma de la legislación procesal para la implantación de la nueva Oficina judicial. (BOE de 04/11/2009)

Ver arts. 467, 468, 469, 470, 656, 663, 723 y 850.1º LECrim.

ART. 663.

El perito que no sea recusado en el término fijado en el artículo anterior no podrá serlo después, a no ser que incurriera con posterioridad en alguna de las causas de recusación.

Ver art. 37.e) LO 5/1995, de 22 de mayo, del Tribunal del Jurado.

ART. 664.

El Tribunal dispondrá también que los procesados que se hallen presos sean inmediatamente conducidos a la cárcel de la población en que haya de continuarse el juicio, citándoles el Secretario judicial para el mismo, así como a los que estuvieren en libertad provisional para que se presenten en el día señalado, e igualmente notificará el auto a los fiadores o dueños de los bienes dados en fianza, expidiéndose para todo ello los exhortos y mandamientos necesarios.

La falta de la citación expresada en el párrafo anterior será motivo de casación, si la parte que no hubiere sido citada no comparece en el juicio.

Párrafo primero modificado por Ley 13/2009, de 3 de noviembre, de reforma de la legislación procesal para la implantación de la nueva Oficina judicial. (BOE de 04/11/2009)

Ver arts. 182, 746 y 850.2º LECrim.

ART. 665.

Cuando presentados los escritos de calificación y examinadas las pruebas propuestas entendiere el Presidente de la Audiencia o Sala de lo Criminal que procede constituir una sección en determinada localidad para la celebración del juicio, lo acordará así, poniéndolo en conocimiento del Ministerio de Gracia y Justicia.

Ver arts. 268 y 269 LOPJ.

TÍTULO II
De los artículos de previo pronunciamiento

ART. 666.

Serán tan sólo objeto de artículos de previo pronunciamiento las cuestiones o excepciones siguientes:

1.ª La de declinatoria de jurisdicción.

2.ª La de cosa juzgada.

3.ª La de prescripción del delito.

4.ª La de amnistía o indulto.

5.ª La falta de autorización administrativa para procesar en los casos en que sea necesaria, con arreglo a la Constitución y a Leyes especiales.

Ver arts. 45, 675 y 786 LECrim; Ley de 18 de junio de 1870 estableciendo reglas para el ejercicio de la gracia de indulto; 2.2, 114, 130.1 4º, 6º y 7º y 131 CP; 222 LEC; art. 206 RP; 36.1.a) LO 5/1995, de 22 de mayo, del Tribunal del Jurado; art. 18.3 LOPJ; arts. 62.i), 71.2 y 117 CE.

ART. 667.

Las cuestiones expresadas en el artículo anterior podrán proponerse en el término de tres días, a contar desde el de la entrega de los autos para la calificación de los hechos.

Ver arts. 678 y 786 LECrim.

ART. 668.

El que haga la pretensión acompañará al escrito los documentos justificativos de los hechos en que la funde, y si no los tuviere a su disposición, designará clara y determinadamente el archivo u oficina donde se encuentren, pidiendo que el Tribunal los reclame a quien corresponda, originales o por compulsa, según proceda.

Presentará también tantas copias del escrito y de los documentos cuantos sean los representantes de las partes personadas. Dichas copias se entregarán a las mismas en el día de la presentación, haciéndolo así constar el Secretario por diligencia.

ART. 669.

Los representantes de las partes a quienes se hayan entregado las referidas copias contestarán en el término de tres días, acompañando también los documentos en que funden sus pretensiones, si los tuviesen en su poder, o designando el archivo u oficina en que se hallen, pidiendo en este caso que el Tribunal los reclame en los términos expresados en el artículo precedente.

ART. 670.

Transcurrido el término de los tres días, el Tribunal estimará o denegará la reclamación de documentos, según que los considere o no necesarios para el fallo del artículo.

Si no se presentaren los documentos, o no se hiciere la designación del lugar en que se encuentren, no producirá efectos suspensivos la excepción alegada.

ART. 671.

Si el Tribunal accede a la reclamación de documentos, recibirá el artículo a prueba por el término necesario, que no podrá exceder de ocho días.

El Tribunal mandará en el mismo auto dirigir las comunicaciones convenientes a los Jefes o encargados de los archivos u oficinas en que los documentos se hallen, determinando si han de remitir los originales o por compulsa.

Ver arts. 186, 335 y 578 LECrim.

ART. 672.

Cuando los documentos hubieren de ser remitidos por compulsa, se advertirá a las partes el derecho que les asiste para personarse en el archivo u oficina, a fin de señalar la parte del documento que haya de compulsarse, si no les fuere necesaria la compulsa de todo él, y para presenciar el cotejo.

En los artículos de previo pronunciamiento no se admitirá prueba testifical.

ART. 673.

Transcurrido el término de prueba, el Secretario judicial señalará inmediatamente día para la vista, en la que podrán informar lo que convenga a su derecho los defensores de las partes si éstas lo pidiesen.

Modificado por Ley 13/2009, de 3 de noviembre, de reforma de la legislación procesal para la implantación de la nueva Oficina judicial. (BOE de 04/11/2009)

ART. 674.

En el día siguiente al de la vista, el Tribunal dictará auto resolviendo sobre las cuestiones propuestas.

Si una de ellas fuere la de declinatoria de jurisdicción, el Tribunal la resolverá antes que las demás.

Cuando la estime procedente, mandará remitir los autos al Tribunal o Juez que considere competente, y se abstendrá de resolver sobre las demás.

Ver art. 787 LECrim.

ART. 675.

Cuando se declare haber lugar a cualquiera de las excepciones comprendidas en los números 2.º, 3.º y 4.º del artículo 666, se sobreseerá libremente, mandando que se ponga en libertad al procesado o procesados que no estén presos por otra causa.

Ver art. 637 LECrim.

ART. 676.

Si el Tribunal no estimare suficientemente justificada la declinatoria, declarará no haber lugar a ella, confirmando su competencia para conocer del delito.

Si no estima justificada cualquiera otra, declarará simplemente no haber lugar a su admisión, mandando en consecuencia continuar la causa según su estado.

Contra el auto resolutorio de la declinatoria y contra el que admita las excepciones 2.ª, 3.ª y 4.ª del artículo 666, procede el recurso de apelación. Contra el que las desestime, no se da recurso alguno, salvo el que proceda contra la sentencia sin perjuicio de lo dispuesto en el artículo 678.

Ver arts. 787, 790, 846, 846 bis a ter y 848 LECrim y 73 LOPJ.

ART. 677.

Si el Tribunal estima procedente el artículo por falta de autorización para procesar, mandará subsanar inmediatamente este defecto, quedando entre tanto en suspenso la causa, que se continuará según su estado, una vez concedida la autorización.

Si solicitada ésta se denegare, quedará nulo todo lo actuado y se sobreseerá libremente la causa.

Contra el auto en que se desestime esta excepción no se dará recurso alguno, y se observará lo dispuesto en el párrafo segundo del artículo anterior.

Ver arts. 71.2 CE; 637, 666, 750 a 756 LECrim.

ART. 678.

Las partes podrán reproducir en el juicio oral, como medios de defensa, las cuestiones previas que se hubiesen desestimado, excepto la de declinatoria.

Lo anterior no será de aplicación en las causas competencia del Tribunal del Jurado, sin perjuicio de lo que pueda alegarse al recurrir contra la sentencia.

Ver arts. 666, 676 y 677 LECrim y 238 a 241 LOPJ; 1 y 5 LO 5/1995, de 22 de mayo, del Tribunal del Jurado.

ART. 679.

Siendo desestimadas las cuestiones propuestas, se comunicará nuevamente la causa por término de tres días a la parte que las hubiere alegado para el objeto prescrito en el artículo 649.

TÍTULO III
De la celebración del juicio oral

CAPÍTULO PRIMERO
De la publicidad de los debates

ART. 680.

Los debates del juicio oral serán públicos, bajo pena de nulidad, sin perjuicio de lo dispuesto en el artículo siguiente.

Modificado por Ley 4/2015, de 27 de abril, del Estatuto de la víctima del delito. (BOE de 28/04/2015)

Ver arts. 120.1 y 2 y 24.2 CE; 6.1 CEDH; 10 y 11.1 DUDH; 14.1 PIDCP; 301, 649, 784, 802 y 969 LECrim; 186, 229, 232, 238.3º y 240 LOPJ.

ART. 681.

1. El Juez o Tribunal podrá acordar, de oficio o a instancia de cualquiera de las partes, previa audiencia a las mismas, que todos o alguno de los actos o las sesiones del juicio se celebren a puerta cerrada, cuando así lo exijan razones de seguridad u orden público, o la adecuada protección de los derechos fundamentales de los intervinientes, en particular, el derecho a la intimidad de la víctima, el respeto debido a la misma o a su familia, o resulte necesario para evitar a las víctimas perjuicios relevantes que, de otro modo, podrían derivar del desarrollo ordinario del proceso. Sin embargo, el Juez o el Presidente del Tribunal podrán autorizar la presencia de personas que acrediten un especial interés en la causa. La anterior restricción, sin perjuicio de lo dispuesto en el artículo 707, no será aplicable al Ministerio Fiscal, a las personas lesionadas por el delito, a los procesados, al acusador privado, al actor civil y a los respectivos defensores.

2. Asimismo, podrá acordar la adopción de las siguientes medidas para la protección de la intimidad de la víctima y de sus familiares:

a) Prohibir la divulgación o publicación de información relativa a la identidad de la víctima, de datos que puedan facilitar su identificación de forma directa o indirecta, o de aquellas circunstancias personales que hubieran sido valoradas para resolver sobre sus necesidades de protección.

b) Prohibir la obtención, divulgación o publicación de imágenes de la víctima o de sus familiares.

3. Queda prohibida, en todo caso, la divulgación o publicación de información relativa a la identidad de víctimas menores de edad, de víctimas con discapacidad necesitadas de especial protección y de las víctimas de los delitos de violencia sexual referidos en el artículo 3 de la Ley Orgánica 10/2022, de 6 de septiembre, de garantía integral de la libertad sexual, así como de datos que puedan facilitar su identificación de forma directa o indirecta, o de aquellas circunstancias personales que hubieran sido valoradas para resolver sobre sus necesidades de protección, así como la obtención, divulgación o publicación de imágenes suyas o de sus familiares.

Apdo. 3 se modifica por Ley Orgánica 2/2024, de 1 de agosto, de representación paritaria y presencia equilibrada de mujeres y hombres, al realizarse el cambio efectuado por Ley Orgánica 10/2022, de 6 de septiembre. (BOE de 02-08-2024).

Apdo. 3 anteriormente modificado por Ley Orgánica 10/2022, de 6 de septiembre, de garantía integral de la libertad sexual. (BOE de 07/09/2022); y por Ley 4/2015, de 27 de abril, del Estatuto de la víctima del delito. (BOE de 28/04/2015)

Ver Ley 4/2015, de 27 de abril, del Estatuto de la víctima del delito

ART. 682.

El Juez o Tribunal, previa audiencia de las partes, podrá restringir la presencia de los medios de comunicación audiovisuales en las sesiones del juicio y prohibir que se graben todas o alguna de las audiencias cuando resulte imprescindible para preservar el orden de las sesiones y los derechos fundamentales de las partes y de los demás intervinientes, especialmente el derecho a la intimidad de las víctimas, el respeto debido a la misma o a su familia, o la necesidad de evitar a las víctimas perjuicios relevantes que, de otro modo, podrían derivar del desarrollo ordinario del proceso. A estos efectos, podrá:

a) Prohibir que se grabe el sonido o la imagen en la práctica de determinadas pruebas, o determinar qué diligencias o actuaciones pueden ser grabadas y difundidas.

b) Prohibir que se tomen y difundan imágenes de alguna o algunas de las personas que en él intervengan.

c) Prohibir que se facilite la identidad de las víctimas, de los testigos o peritos o de cualquier otra persona que intervenga en el juicio.

Modificado por Ley 4/2015, de 27 de abril, del Estatuto de la víctima del delito. (BOE de 28/04/2015)

Ver Ley 4/2015, de 27 de abril, del Estatuto de la víctima del delito

CAPÍTULO II
De las facultades del Presidente del Tribunal

ART. 683.

El Presidente dirigirá los debates cuidando de impedir las discusiones impertinentes y que no conduzcan al esclarecimiento de la verdad, sin coartar por esto a los defensores la libertad necesaria para la defensa.

Ver art. 542.2 LOPJ.

ART. 684.

El Presidente tendrá todas las facultades necesarias para conservar o restablecer el orden en las sesiones y mantener el respeto debido al Tribunal y a los demás poderes públicos, pudiendo corregir en el acto con multa de 5.000 a 25.000 pesetas las infracciones que no constituyan delito, o que no tengan señalada en la Ley una corrección especial.

El Presidente llamará al orden a todas las personas que lo alteren, y podrá hacerlas salir del local si lo considerare oportuno, sin perjuicio de la multa a que se refiere el artículo anterior.

Podrá también acordar que se detenga en el acto a cualquiera que delinquiere durante la sesión, poniéndole a disposición del Juzgado competente.

Todos los concurrentes al juicio oral, cualquiera que sea la clase a que pertenezcan, sin excluir a los militares, quedan sometidos a la jurisdicción disciplinaria del Presidente. Si turbaren el orden con un acto que constituya delito, serán expulsados del local y entregados a la Autoridad competente.

Ver arts. 190 a 195 LOPJ; 558 CP; 56 y 67 EOMF; 55 Real Decreto 135/2021, de 2 de marzo, por el que se aprueba el Estatuto General de la Abogacía Española; 37 Real Decreto 1281/2002, de 5 de diciembre, por el que se aprueba el Estatuto General de los Procuradores de los Tribunales de España.

ART. 685.

Toda persona interrogada o que dirija la palabra al Tribunal deberá hablar de pie.

Se exceptúan el Ministerio Fiscal, los defensores de las partes y las personas a quienes el Presidente dispense de esta obligación por razones especiales.

Ver art. 187 LOPJ; 56.1 y 3 Real Decreto 135/2021, de 2 de marzo, por el que se aprueba el Estatuto General de la Abogacía Española; 40 d) Real Decreto 1281/2002, de 5 de diciembre, por el que se aprueba el Estatuto General de los Procuradores de los Tribunales de España.

ART. 686.

Se prohíben las muestras de aprobación o de desaprobación.

Ver arts. 190, 191, 192 y 193 LOPJ.

ART. 687.

Cuando el acusado altere el orden con una conducta inconveniente y persista en ella a pesar de las advertencias del Presidente y del apercibimiento de hacerle abandonar el local, el Tribunal podrá decidir que sea expulsado por cierto tiempo o por toda la duración de las sesiones, continuando éstas en su ausencia.

Ver arts. 739 y 787 LECrim y 190 a 195 LOPJ.

CAPÍTULO III
Del modo de practicar las pruebas durante el juicio oral

Sección 1.ª De la confesión de los procesados y personas civilmente responsables

ART. 688.

En el día señalado para dar principio a las sesiones, el letrado o la letrada de la Administración de Justicia velará por que se encuentren en el local del Tribunal las piezas de convicción que se hubieren recogido, y el Presidente, en el momento oportuno, declarará abierta la sesión.

Preguntará el Presidente a cada uno de los acusados si se confiesa reo del delito que se le haya imputado en el escrito de calificación y responsable civilmente a la restitución de la cosa o al pago de la cantidad fijada en dicho escrito por razón de daños y perjuicios.

Modificado por Ley Orgánica 1/2025, de 2 de enero, de medidas en materia de eficiencia del Servicio Público de Justicia (BOE de 03-01-2025). Esta modificación entró en vigor el 03-04-2025.

Párrafo primero anteriormente modificado por Ley 13/2009, de 3 de noviembre, de reforma de la legislación procesal para la implantación de la nueva Oficina judicial. (BOE de 04-11-2009)

Ver arts. 629, 654, 726 y 731 bis LECrim y 229 LOPJ.

ART. 689.

Si en la causa hubiere, además de la calificación fiscal, otra del querellante particular o diversas calificaciones de querellantes de esta clase, se preguntará al procesado si se confiesa reo del delito, según la calificación más grave, y civilmente responsable por la cantidad mayor que se hubiese fijado.

Ver arts. 650, 651, 652, 655, 688 a 700, 779.1.5º, 784.3, 787.1ª y 801 LECrim y 50 LO 5/1995, de 22 de mayo, del Tribunal del Jurado.

ART. 690.

Si fueren más de uno los delitos imputados al procesado en el escrito de calificación, se le harán las mismas preguntas respecto de cada cual.

Ver arts. 17, 655, 688 a 700, 779.1.5º, 784.3º y 787.1º LECrim, 50 LO 5/1995, de 22 de mayo, del Tribunal del Jurado y 73 a 79 CP.

ART. 691.

Si los procesados fueren varios, se preguntará a cada uno sobre la participación que se le haya atribuido.

Ver arts. 655, 688 a 700, 779.1.5º, 784.3º y 787.1º LECrim y 27 a 31 CP.

ART. 692.

Imputándose en la calificación responsabilidad civil a cualquiera otra persona, comparecerá también ante el Tribunal, y declarará si se conforma con las conclusiones de la calificación que le interesen.

Ver art. 100, 107 a 117, 615, 621, 651, 652, 655, 688 a 700, 779.1.5º, 784.3º, 787.1º y 850.2º LECrim, 109 a 122 CP.

ART. 693.

El Presidente hará las preguntas mencionadas en los artículos anteriores con toda claridad y precisión, exigiendo contestación categórica.

Ver art. 24.2 CE.

ART. 694.

Si en la causa no hubiere más que un procesado y contestare afirmativamente, el Presidente del Tribunal preguntará al defensor si considera necesaria la continuación del juicio oral. Si éste contestare negativamente, el Tribunal procederá a dictar sentencia en los términos expresados en el artículo 655.

Ver arts. 396, 406, 655, 689, 697, 787 y 801 LECrim.

ART. 695.

Si confesare su responsabilidad criminal, pero no la civil, o aun aceptando ésta, no se conformare con la cantidad fijada en la calificación, el Tribunal mandará que continúe el juicio.

Pero en este último caso, la discusión y la producción de pruebas se concretarán al extremo relativo a la responsabilidad civil que el procesado no hubiese admitido de conformidad con las conclusiones de la calificación.

Terminado el acto, el Tribunal dictará sentencia.

Ver arts. 650, 651, 655 y 700 LECrim.

ART. 696.

Si el procesado no se confesare culpable del delito que le fuere atribuido en la calificación, o su defensor considerase necesaria la continuación del juicio, se procederá a la celebración de éste.

Ver arts. 731 bis, 787 LECrim y 229 LOPJ.

ART. 697.

Cuando fueren varios los procesados en una misma causa, se procederá conforme a lo dispuesto en el artículo 694 si todos se confiesan reos del delito o delitos que les hayan sido atribuidos en los escritos de calificación, y reconocen la participación que en las conclusiones se les haya señalado, a no ser que sus defensores consideren necesaria la continuación del juicio.

Si cualquiera de los procesados no se confiesa reo del delito que se le haya imputado en la calificación, o su defensor considera necesaria la continuación del juicio, se procederá con arreglo a lo dispuesto en el artículo anterior.

Si el disentimiento fuere tan sólo respecto de la responsabilidad civil, continuará el juicio en la forma y para los efectos determinados en el artículo 695.

Ver arts. 406, 655, 694, 695 y 696 LECrim.

ART. 698.

Se continuará también el juicio cuando el procesado o procesados no quieran responder a las preguntas que les hiciere el Presidente.

Ver arts. 24.2 CE; 392 y 693 LECrim.

ART. 699.

De igual modo se procederá si en el sumario no hubiese sido posible hacer constar la existencia del cuerpo del delito cuando, de haberse éste cometido, no pueda menos de existir aquél, aunque hayan prestado su conformidad el procesado o procesados y sus defensores.

Ver arts. 334, 335, 338, 31, 406, 619, 688, 694, 698 LECrim.

ART. 700.

Cuando el procesado o procesados hayan confesado su responsabilidad de acuerdo con las conclusiones de la calificación, y sus defensores no consideren necesaria la continuación del juicio, pero la persona a quien sólo se hubiese atribuido responsabilidad civil no haya comparecido ante el Tribunal, o en su declaración no se conformase con las conclusiones del escrito de calificación a ella referentes, se procederá con arreglo a lo dispuesto en el artículo 695.

Si habiendo comparecido se negase a contestar a las preguntas del Presidente, le apercibirá éste con declararle confeso.

Si persistiere en su negativa, se le declarará confeso, y la causa se fallará de conformidad con lo dispuesto en el artículo 694.

Lo mismo se hará cuando el procesado, después de haber confesado su responsabilidad criminal, se negare a contestar sobre la civil.

Ver art. 787 LECrim.

Sección 2.ª Del examen de los testigos

ART. 701.

Cuando el juicio deba continuar, por falta de conformidad de los acusados con la acusación, se procederá del modo siguiente: Se dará cuenta del hecho que haya motivado la formación del sumario y del día en que éste se comenzó a instruir, expresando además si el procesado está en prisión o en libertad provisional, con o sin fianza. Se dará lectura a los escritos de calificación y a las listas de peritos y testigos que se hubiesen presentado oportunamente, haciendo relación de las pruebas propuestas y admitidas. Acto continuo se pasará a la práctica de las diligencias de prueba y al examen de los testigos, empezando por la que hubiere ofrecido el Ministerio Fiscal, continuando con la propuesta por los demás actores, y por último con la de los procesados.

Las pruebas de cada parte se practicarán según el orden con que hayan sido propuestas en el escrito correspondiente. Los testigos serán examinados también por el orden con que figuren sus nombres en las listas. **No obstante lo anterior, si a propuesta de su defensa el acusado solicitara declarar en último lugar, el Presidente así lo acordará expresamente**. Sin perjuicio de lo previsto en el párrafo anterior, el Presidente, podrá alterar el orden a instancia de parte y aun de oficio cuando así lo considere conveniente para el mayor esclarecimiento de los hechos o para el más seguro descubrimiento de la verdad, **sin revocar el derecho del acusado a testificar en último lugar**.

Modificado por Ley Orgánica 1/2025, de 2 de enero, de medidas en materia de eficiencia del Servicio Público de Justicia (BOE de 03-01-2025). Esta modificación entró en vigor el 03-04-2025.

Párrafos segundo y tercero anteriormente modificados por Ley 13/2009, de 3 de noviembre, de reforma de la legislación procesal para la implantación de la nueva Oficina judicial. (BOE de 04-11-2009)

Ver arts. 659, 728 a 730, 731 bis, 786 y 787 LECrim.

ART. 702.

Todos los que, con arreglo a lo dispuesto en los artículos 410 a 412 inclusive, están obligados a declarar, lo harán concurriendo ante el Tribunal, sin otra excepción que las personas mencionadas en el apartado 1 del artículo 412, las cuales podrán hacerlo por escrito.

Ver arts. 410 a 415 y 703 LECrim.

ART. 703.

Sin embargo de lo dispuesto en el artículo anterior, si las personas mencionadas en el apartado 2 del artículo 412 hubieren tenido conocimiento por razón de su cargo de los hechos de que se trate, podrán consignarlo por medio de informe escrito, de que se dará lectura inmediatamente antes de proceder al examen de los demás testigos.

No obstante lo anterior, tratándose de los supuestos previstos en los apartados 3 y 5 del artículo 412, la citación como testigos de las personas a que los mismos se refieren se hará de manera que no perturbe el adecuado ejercicio de sus cargos.

Ver arts. 410 a 415 y 702 LECrim.

ART. 703 bis.

Cuando en fase de instrucción, en aplicación de lo dispuesto en el artículo 449 bis y siguientes, se haya practicado como prueba preconstituida la declaración de un testigo, se procederá, a instancia de la parte interesada, a la reproducción en la vista de la grabación audiovisual, de conformidad con el artículo 730.2, sin que sea necesaria la presencia del testigo en la vista.

En los supuestos previstos en el artículo 449 ter, la autoridad judicial solo podrá acordar la intervención del testigo en el acto del juicio, con carácter excepcional, cuando sea interesada por alguna de las partes y considerada necesaria en resolución motivada, asegurando que la grabación audiovisual cuenta con los apoyos de accesibilidad cuando el testigo sea una persona con discapacidad.

En todo caso, la autoridad judicial encargada del enjuiciamiento, a instancia de parte, podrá acordar su intervención en la vista cuando la prueba preconstituida no reúna todos los requisitos previstos en el artículo 449 bis y cause indefensión a alguna de las partes.

Añadido por Ley Orgánica 8/2021, de 4 de junio, de protección integral a la infancia y la adolescencia frente a la violencia. (BOE de 05/06/2021)

ART. 704.

Los testigos que hayan de declarar en el juicio oral permanecerán, hasta que sean llamados a prestar sus declaraciones, en un local a propósito, sin comunicación con los que ya hubiesen declarado ni con otra persona.

Ver art. 435 y 731 bis LECrim y 229 LOPJ.

ART. 705.

El Presidente mandará que entren a declarar uno a uno por el orden mencionado en el artículo 701.

Ver arts. 435, 701, 704 y 708 LECrim.

ART. 706.

Hallándose presente el testigo mayor de catorce años ante el Tribunal, el Presidente le recibirá juramento en la forma establecida en el artículo 434.

Ver art. 433 LECrim y Circular 3/2009 de la FGE, de 10 de noviembre, sobre protección de los menores víctimas y testigos.

ART. 707.

Todos los testigos están obligados a declarar lo que supieren sobre lo que les fuere preguntado, con excepción de las personas expresadas en los artículos 416, 417 y 418, en sus respectivos casos.

Fuera de los casos previstos en el artículo 703 bis, cuando una persona menor de dieciocho años o una persona con discapacidad necesitada de especial protección deba intervenir en el acto del juicio, su declaración se llevará a cabo, cuando resulte necesario para impedir o reducir los perjuicios que para ella puedan derivar del desarrollo del proceso o de la práctica de la diligencia, evitando la confrontación visual con la persona inculpada. Con este fin podrá ser utilizado cualquier medio técnico que haga posible la práctica de esta prueba, incluyéndose la posibilidad de que los testigos puedan ser oídos sin estar presentes en la sala mediante la utilización de tecnologías de la comunicación accesible.

Estas medidas serán igualmente aplicables a las declaraciones de las víctimas cuando de su evaluación inicial o posterior derive la necesidad de estas medidas de protección.

Párrafo segundo modificado por Ley Orgánica 8/2021, de 4 de junio, de protección integral a la infancia y la adolescencia frente a la violencia. (BOE de 05/06/2021)

Ver arts. 17.3, 20.1 d) y 4 CE; 263, 325, 410, 411 a 419 y 731 bis LECrim; 21 y 24 Real Decreto 135/2021, de 2 de marzo, por el que se aprueba el Estatuto General de la Abogacía Española; 39 e) Real Decreto 1281/2002, de 5 de diciembre, por el que se aprueba el Estatuto General de los Procuradores de los Tribunales de España; 229 LOPJ; Circular 3/2009 de la FGE de 10 de noviembre, sobre protección de los menores víctimas y testigos.

ART. 708.

El Presidente preguntará al testigo acerca de las circunstancias expresadas en el primer párrafo del artículo 436, después de lo cual la parte que le haya presentado podrá hacerle las preguntas que tenga por conveniente. Las demás partes podrán dirigirle también las preguntas que consideren oportunas y fueren pertinentes en vista de sus contestaciones.

El Presidente, por sí o a excitación de cualquiera de los miembros del Tribunal, podrá dirigir a los testigos las preguntas que estime conducentes para depurar los hechos sobre los que declaren.

Ver arts. 436, 437, 440, 656, 657, 701, 709 y 728 LECrim; y 367, 368, 377 a 379 LEC.

ART. 709.

El Presidente no permitirá que el testigo conteste a preguntas o repreguntas capciosas, sugestivas o impertinentes.

El Presidente podrá adoptar medidas para evitar que se formulen a la víctima preguntas innecesarias relativas a la vida privada, en particular a la intimidad sexual, que no tengan relevancia para el hecho delictivo enjuiciado, salvo que, excepcionalmente y teniendo en cuenta las circunstancias particulares del caso, el Presidente considere que sean pertinentes y necesarias. Si esas preguntas fueran formuladas, el Presidente no permitirá que sean contestadas.

Contra la resolución que sobre este extremo adopte podrá interponerse en su día el recurso de casación, si se hiciere en el acto la correspondiente protesta.

En este caso, constará en el acta la pregunta o repregunta a que el Presidente haya prohibido contestar.

Segundo párrafo se modifica por Ley Orgánica 10/2022, de 6 de septiembre, de garantía integral de la libertad sexual. (BOE de 07/09/2022). Modificaciones en vigor desde el 7 de octubre de 2022.

Artículo anteriormente modificado por Ley 4/2015, de 27 de abril, del Estatuto de la víctima del delito. (BOE de 28/04/2015)

Ver arts. 389, 439, 719, 721 y 850.3° y 4° LECrim.

ART. 710.

Los testigos expresarán la razón de su dicho y, si fueren de referencia, precisarán el origen de la noticia, designando con su nombre y apellido, o con las señas con que fuere conocida, a la persona que se la hubiere comunicado.

Ver Circular 3/2009 de la FGE de 10 de noviembre, sobre protección de los menores víctimas y testigos.

ART. 711.

Los testigos sordomudos o que no conozcan el idioma español serán examinados del modo prescrito en los artículos 440, párrafo primero del 441 y 442.

Ver arts. 398, 440, 441, 442, 762.8° LECrim; 231 LOPJ.

ART. 712.

Podrán las partes pedir que el testigo reconozca los instrumentos o efectos del delito o cualquiera otra pieza de convicción.

Ver arts. 654 y 688 LECrim.

ART. 713.

En los careos del testigo con los procesados o de los testigos entre sí no permitirá el Presidente que medien insultos ni amenazas, limitándose la diligencia a dirigirse los careados los cargos y a hacerse las observaciones que creyeren convenientes para ponerse de acuerdo y llegar a descubrir la verdad.

No se practicarán careos con testigos que sean menores de edad salvo que el Juez o Tribunal lo considere imprescindible y no lesivo para el interés de dichos testigos, previo informe pericial.

Se añade párrafo segundo por Ley Orgánica 14/1999, de 9 de junio, de modificación del Código Penal de 1995, en materia de protección a las víctimas de malos tratos y de la Ley de Enjuiciamiento Criminal. (BOE de 10/06/1999)

Ver arts. 451 a 455 y 729.1º LECrim.

ART. 714.

Cuando la declaración del testigo en el juicio oral no sea conforme en lo sustancial con la prestada en el sumario, podrá pedirse la lectura de ésta por cualquiera de las partes.

Después de leída, el presidente invitará al testigo a que explique la diferencia o contradicción que entre sus declaraciones se observe.

Ver arts. 443, 444 y 715 LECrim e Instrucción 3/2017, sobre documentación de las diligencias sumariales de naturaleza personal.

ART. 715.

Siempre que los testigos que hayan declarado en el sumario comparezcan a declarar también sobre los mismos hechos en el juicio oral, sólo habrá lugar a mandar proceder contra ellos como presuntos autores del delito de falso testimonio, cuando éste sea dado en dicho juicio.

Fuera del caso previsto en el párrafo anterior, en los demás podrá exigirse a los testigos la responsabilidad en que incurran, con arreglo a las disposiciones del Código Penal.

Ver arts. 433, 707 y 714 LECrim; y 458 a 462 CP.

ART. 716.

El testigo que se niegue a declarar incurrirá en la multa de 200 a 5.000 euros, que se impondrá en el acto.

Si a pesar de esto persiste en su negativa, se procederá contra él como autor del delito de desobediencia grave a la Autoridad.

Párrafo primero modificado por Ley 38/2002, de 24 de octubre, de reforma parcial de la Ley de Enjuiciamiento Criminal, sobre procedimiento para el enjuiciamiento rápido e inmediato de determinados delitos y faltas, y de modificación del procedimiento abreviado. (BOE de 28/10/2022)

Ver arts. 420, 702 y 703 LECrim y 556 CP.

ART. 717.

Las declaraciones de las Autoridades y funcionarios de Policía judicial tendrán el valor de declaraciones testificales, apreciables como éstas según las reglas del criterio racional.

Ver arts. 297 LECrim; 549 LOPJ; 29 y ss. LO 2/1986, de 13 de marzo, de Fuerzas y Cuerpos de Seguridad y 14 RD 769/1987, de 19 de junio, sobre regulación de la Policía Judicial.

ART. 718.

Cuando el testigo no hubiere comparecido por imposibilidad y el Tribunal considere de importancia su declaración para el éxito del juicio, el Presidente designará a uno de los individuos del mismo para que, constituyéndose en la residencia del testigo, si la tuviere en el lugar del juicio, puedan las partes hacerle las preguntas que consideren oportunas.

El Secretario extenderá diligencia, haciendo constar las preguntas y repreguntas que se hayan hecho al testigo, las contestaciones de éste y los incidentes que hubieren ocurrido en el acto.

Ver arts. 419, 731 bis y 746.2º LECrim; 205.3 y 229 LOPJ.

ART. 719.

Si el testigo imposibilitado de concurrir a la sesión no residiere en el punto en que la misma se celebre, el Secretario judicial librará exhorto o mandamiento para que sea examinado ante el Juez correspondiente, con sujeción a las prescripciones contenidas en esta sección.

Cuando la parte o las partes prefieran que en el exhorto o mandamiento se consignen por escrito las preguntas o repreguntas, el Presidente accederá a ello si no fueren capciosas, sugestivas o impertinentes.

Párrafo primero modificado por Ley 13/2009, de 3 de noviembre, de reforma de la legislación procesal para la implantación de la nueva Oficina judicial. (BOE de 04/11/2009)

Ver arts. 183 a 196, 422 y sigs. y 731 bis LECrim; 229 y 273 a 278 LOPJ.

ART. 720.

Lo dispuesto en los artículos anteriores tendrá también aplicación al caso en que el Tribunal ordene que el testigo declare o practique cualquier reconocimiento en un lugar determinado, fuera de aquel en que se celebre la audiencia.

Ver arts. 399, 438 y 746.2° LECrim.

ART. 721.

Cuando se desestime cualquiera pregunta por capciosa, sugestiva o impertinente en los casos de los tres artículos anteriores, podrá prepararse el recurso de casación del modo prescrito en el artículo 709.

Ver arts. 709 y 850.4° LECrim.

ART. 722.

Los testigos que comparezcan a declarar ante el Tribunal tendrán derecho a una indemnización, si la reclamaren.

El Secretario judicial la fijará el mediante decreto, teniendo en cuenta únicamente los gastos del viaje y el importe de los jornales perdidos por el testigo con motivo de su comparecencia para declarar.

Párrafo segundo modificado por Ley 13/2009, de 3 de noviembre, de reforma de la legislación procesal para la implantación de la nueva Oficina judicial. (BOE de 04/11/2009)

Ver arts. 121, 142.4° y 241.4° LECrim; 17 LOPJ.

Sección 3.ª Del informe pericial.

ART. 723.

Los peritos podrán ser recusados por las causas y en la forma prescrita en los artículos 468, 469 y 470.

La sustanciación de los incidentes de recusación tendrá lugar precisamente en el tiempo que media desde la admisión de las pruebas propuestas por las partes hasta la apertura de las sesiones.

Ver arts. 468, 469, 470, 662 y 663 LECrim.

ART. 724.

Los peritos que no hayan sido recusados serán examinados juntos cuando deban declarar sobre unos mismos hechos, y contestarán a las preguntas y repreguntas que las partes les dirijan.

Ver arts. 434, 457, 459, 474, 731 bis y 788.3 LECrim.

ART. 725.

Si para contestarlas considerasen necesaria la práctica de cualquier reconocimiento, harán éste, acto continuo, en el local de la misma audiencia si fuere posible.

En otro caso se suspenderá la sesión por el tiempo necesario, a no ser que puedan continuar practicándose otras diligencias de prueba entre tanto que los peritos verifican el reconocimiento.

Ver arts. 365, 478, 484, 485 y 746.2º LECrim.

Sección 4.ª De la prueba documental y de la inspección ocular.

ART. 726.

El Tribunal examinará por sí mismo los libros, documentos, papeles y demás piezas de convicción que puedan contribuir al esclarecimiento de los hechos o a la más segura investigación de la verdad.

Ver arts. 334, 335, 338 y 727 LECrim.

ART. 727.

Para la prueba de inspección ocular que no se haya practicado antes de la apertura de las sesiones, si el lugar que deba ser inspeccionado se hallase en la capital, se constituirá en él el Tribunal con las partes, y el Secretario extenderá diligencia expresiva del lugar o cosa inspeccionada, haciendo constar en ella las observaciones de las partes y demás incidentes que ocurran.

Si el lugar estuviere fuera de la capital, se constituirá en él con las partes el individuo del Tribunal que el Presidente designe, practicándose las diligencias en la forma establecida en el párrafo anterior.

En todo lo demás se estará, en cuanto fuere necesario, a lo dispuesto en el título V, capítulo I del libro II.

Ver arts. 326 a 333 LECrim; 46 LO 5/1995, de 22 de mayo, del Tribunal del Jurado.

Sección 5.ª Disposiciones comunes a las cuatro secciones anteriores

ART. 728.

No podrán practicarse otras diligencias de prueba que las propuestas por las partes, ni ser examinados otros testigos que los comprendidos en las listas presentadas.

Ver arts. 656, 657, 729 y 785.1 LECrim.

ART. 729.

Se exceptúan de lo dispuesto en el artículo anterior:

1.º Los careos de los testigos entre sí o con los procesados o entre éstos, que el Presidente acuerde de oficio, o a propuesta de cualquiera de las partes.

2.º Las diligencias de prueba no propuestas por ninguna de las partes, que el Tribunal considere necesarias para la comprobación de cualquiera de los hechos que hayan sido objeto de los escritos de calificación.

3.º Las diligencias de prueba de cualquiera clase que en el acto ofrezcan las partes para acreditar alguna circunstancia que pueda influir en el valor probatorio de la declaración de un testigo, si el Tribunal las considera admisibles.

Ver arts. 656, 657, 708, 713 y 728 LECrim.

ART. 730.

1. Podrán también leerse o reproducirse a instancia de cualquiera de las partes las diligencias practicadas en el sumario, que, por causas independientes de la voluntad de aquellas, no puedan ser reproducidas en el juicio oral.

2. A instancia de cualquiera de las partes, se podrá reproducir la grabación audiovisual de la declaración de la víctima o testigo practicada como prueba preconstituida durante la fase de instrucción conforme a lo dispuesto en el artículo 449 bis.

> *Modificado por Ley Orgánica 8/2021, de 4 de junio, de protección integral a la infancia y la adolescencia frente a la violencia. (BOE de 05/06/2021)*

> *Ver art. 714 LECrim, y art. 4.5 LO 19/1994, de 23 de diciembre, de protección a testigos y peritos; Circular 3/2009 de la FGE sobre protección de los menores víctimas y testigos e Instrucción 3/2017, sobre documentación de las diligencias sumariales de naturaleza personal.*

ART. 731.

El Tribunal adoptará las disposiciones convenientes para evitar que los procesados que se hallen en libertad provisional se ausenten o dejen de comparecer a las sesiones desde que éstas den principio hasta que se pronuncie la sentencia.

> *Ver arts. 528 a 544, 683, 687, 688 y 786.1 LECrim.*

ART. 731 bis.

El Tribunal, de oficio o a instancia de parte, por razones de utilidad, seguridad o de orden público, así como en aquellos supuestos en que la comparecencia de quien haya de intervenir en cualquier tipo de procedimiento penal como imputado, testigo, perito, o en otra condición resulte gravosa o perjudicial, y, especialmente, cuando se trate de un menor, podrá acordar que su actuación se realice a través de videoconferencia u otro sistema similar que permita la comunicación bidireccional y simultánea de la imagen y el sonido, de acuerdo con lo dispuesto en el apartado 3 del artículo 229 de la Ley Orgánica del Poder Judicial.

> *Modificado por Ley Orgánica 8/2006, de 4 de diciembre, por la que se modifica la Ley Orgánica 5/2000, de 12 de enero, reguladora de la responsabilidad penal de los menores. (BOE de 05/12/2006)*

> *Artículo añadido por Ley Orgánica 13/2003, de 24 de octubre, de reforma de la Ley de Enjuiciamiento Criminal en materia de prisión provisional. (BOE de 27/10/2003)*

> *Ver arts. 325, 435, 457, 688, 696, 701, 707, 718, 719 y 724 LECrim y 229 LOPJ; Circular 3/2009 de la FGE sobre protección de los menores víctimas y testigos.*

CAPÍTULO IV
De la acusación, de la defensa y de la sentencia

ART. 732.

Practicadas las diligencias de la prueba, las partes podrán modificar las conclusiones de los escritos de calificación.

En este caso formularán por escrito las nuevas conclusiones y las entregarán al Presidente del Tribunal.

Las conclusiones podrán formularse en forma alternativa, según lo dispuesto en el artículo 653.

> *Ver arts. 24.1 y 2 CE.; 142.3.ª, 650, 653, 733 y 788.4 y 5 LECrim.*

ART. 733.

Si juzgando por el resultado de las pruebas entendiere el Tribunal que el hecho justiciable ha sido calificado con manifiesto error, podrá el Presidente emplear la siguiente fórmula:

«Sin que sea visto prejuzgar el fallo definitivo sobre las conclusiones de la acusación y la defensa, el Tribunal desea que el Fiscal y los defensores del procesado (o los defensores de las partes cuando fueren varias) le ilustren acerca de si el hecho justiciable constituye el delito de... o si existe la circunstancia eximente de responsabilidad a que se refiere el número ... del artículo ... del Código Penal.»

Esta facultad excepcional, de que el Tribunal usará con moderación, no se extiende a las causas por delitos que sólo pueden perseguirse a instancia de parte, ni tampoco es aplicable a los errores que hayan podido cometerse en los escritos de calificación, así respecto a la apreciación de las circunstancias atenuantes y agravantes como en cuanto a la participación de cada uno de los procesados en la ejecución del delito público que sea materia del juicio.

Si el Fiscal o cualquiera de los defensores de las partes indicaren que no están suficientemente preparados para discutir la cuestión propuesta por el Presidente, se suspenderá la sesión hasta el siguiente día.

Ver arts. 24.2 CE; 142.3ª, 732, 737, 788.4 y 5, 789.3 y 851.4° LECrim.

ART. 734.

Llegado el momento de informar, el Presidente concederá la palabra al Fiscal, si fuere parte en la causa, y después al defensor del acusador particular si lo hubiese.

En sus informes expondrán éstos los hechos que consideren probados en el juicio, su calificación legal, la participación que en ellos hayan tenido los procesados y la responsabilidad civil que hayan contraído los mismos u otras personas, así como las cosas que sean su objeto, o la cantidad en que deban ser reguladas cuando los informantes o sus representados ejerciten también la acción civil.

Ver arts. 650, 732 y 788.4 LECrim; 3 EOMF; Memoria de la Fiscalía del TS de 1902.

ART. 735.

El Presidente concederá después la palabra al defensor del actor civil si lo hubiere, quien limitará su informe a los puntos concernientes a la responsabilidad civil.

Ver art. 651 LECrim.

ART. 736.

Enseguida dará la palabra a los defensores de los procesados, y después de ellos a los de las personas civilmente responsables, si no se defendieren bajo una sola representación con aquéllos.

Ver art. 316 LOPM.

ART. 737.

Los informes de los defensores de las partes se acomodarán a las conclusiones que definitivamente hayan formulado y, en su caso, a la propuesta por el Presidente del Tribunal con arreglo a lo dispuesto en el artículo 733.

Ver arts. 732, 733 y 788.4 LECrim.

ART. 738.

Después de estos informes, sólo será permitido a las partes la rectificación de hechos y conceptos.

Ver arts. 330 LEC y 317 LPM.

ART. 739.

Terminadas la acusación y la defensa, el Presidente preguntará a los procesados si tienen algo que manifestar al Tribunal.

Al que contestare afirmativamente le será concedida la palabra.

El Presidente cuidará de que los procesados, al usarla, no ofendan la moral ni falten al respeto debido al Tribunal ni a las consideraciones correspondientes a todas las personas, y que se ciñan a lo que sea pertinente, retirándoles la palabra en caso necesario.

Ver arts. 24.2 CE; 10 DUDH; 6.3 CEDH; y 14.3 PIDCP.

ART. 740.

Después de hablar los defensores de las partes y los procesados, en su caso, el Presidente declarará concluso el juicio para sentencia.

Ver arts. 185 LEC y 319 LPM.

ART. 741.

El Tribunal, apreciando según su conciencia las pruebas practicadas en el juicio, las razones expuestas por la acusación y la defensa y lo manifestado por los mismos procesados, dictará sentencia dentro del término fijado en esta Ley.

Siempre que el Tribunal haga uso del libre arbitrio que para la calificación del delito o para la imposición de la pena le otorga el Código Penal, deberá consignar si ha tomado en consideración los elementos de juicio que el precepto aplicable de aquél obligue a tener en cuenta.

Ver arts. 24.2 y 120.3 CE; 245.1 c) y 248.3 LOPJ; 142, 714, 730, 789 y 849.2° LECrim; 4.5 LO 19/1994, de 23 de diciembre, de Protección de Testigos y Peritos; LO 4/1997, de 4 de agosto, por la que se regula la utilización de videocámaras por las Fuerzas y Cuerpos de Seguridad en lugares públicos; 14.5 PIDCP.

ART. 742.

En la sentencia se resolverán todas las cuestiones que hayan sido objeto de juicio, condenando o absolviendo a los procesados, no sólo por el delito principal y sus conexos, sino también por las faltas incidentales de que se haya conocido en la causa, sin que pueda el Tribunal emplear en este estado la fórmula del sobreseimiento respecto de los acusados a quienes crea que no debe condenar.

También se resolverán en la sentencia todas las cuestiones referentes a la responsabilidad civil que hayan sido objeto del juicio.

Lo dispuesto en el párrafo quinto del artículo 635 sobre el destino de las piezas de convicción que entrañen, por su naturaleza, algún peligro grave para los intereses que en el mismo se expresan, será aplicable a las sentencias absolutorias.

El Secretario judicial notificará la sentencia por escrito a los ofendidos y perjudicados por el delito, aunque no se hayan mostrado parte en la causa.

Cuarto párrafo se añade por Ley 13/2009, de 3 de noviembre, de reforma de la legislación procesal para la implantación de la nueva Oficina judicial. (BOE de 04/11/2009)

Ver arts. 14.3 y 4, 142, 781, 789 y 802.3 LECrim.

ART. 743.

1. El desarrollo de las sesiones del juicio oral y resto de actuaciones orales se documentarán conforme a lo preceptuado en los artículos 146 y 147 de la Ley de Enjuiciamiento Civil. La oficina judicial deberá asegurar la correcta incorporación de la grabación al expediente judicial electrónico. Si los sistemas no proveen expediente judicial electrónico, el letrado o letrada de la Administración de Justicia deberá custodiar el documento electrónico que sirva de soporte a la grabación.

Las partes podrán pedir a su costa copia o, en su caso, acceso electrónico de las grabaciones originales.

2. Siempre que se cuente con los medios tecnológicos necesarios, estos garantizarán la autenticidad e integridad de lo grabado o reproducido. A tal efecto, el letrado o letrada de la Administración de Justicia hará uso de la firma electrónica u otro sistema de seguridad que conforme a la ley ofrezca tales garantías. En este caso, la celebración del acto no requerirá la presencia en la sala del letrado o letrada de la Administración de Justicia salvo que lo hubieran solicitado las partes, al menos dos días antes de la celebración de la vista, o que excepcionalmente lo considere necesario el letrado o letrada de la Administración de Justicia atendiendo a la complejidad del asunto, al número y naturaleza de las pruebas a practicar, al número de intervinientes, a la posibilidad de que se produzcan incidencias que no pudieran registrarse, o a la concurrencia de otras circunstancias igualmente excepcionales que lo justifiquen. En estos casos, el letrado o letrada de la Administración de Justicia extenderá acta sucinta en los términos previstos.

3. Si los mecanismos de garantía previstos en el apartado anterior no se pudiesen utilizar el Secretario judicial deberá consignar en el acta, al menos, los siguientes datos: número y clase de procedimiento; lugar y fecha de celebración; tiempo de duración, asistentes al acto; peticiones y propuestas de las partes; en caso de proposición de pruebas, declaración de pertinencia y orden en la práctica de las mismas; resoluciones que adopte el Juez o Tribunal; así como las circunstancias e incidencias que no pudieran constar en aquel soporte.

4. Cuando los medios de registro previstos en este artículo no se pudiesen utilizar por cualquier causa, el Secretario judicial extenderá acta de cada sesión, recogiendo en ella, con la extensión y detalle necesarios, el contenido esencial de la prueba practicada, las incidencias y reclamaciones producidas y las resoluciones adoptadas.

5. El acta prevista en los apartados 3 y 4 de este artículo, se extenderá por procedimientos informáticos, sin que pueda ser manuscrita más que en las ocasiones en que la sala en que se esté celebrando la actuación carezca de medios informáticos. En estos casos, al terminar la sesión el Secretario judicial leerá el acta, haciendo en ella las rectificaciones que las partes reclamen, si las estima procedentes. Este acta se firmará por el Presidente y miembros del Tribunal, por el Fiscal y por los defensores de las partes.

Apdos. 1 y 2 modificados por el Real Decreto-ley 6/2023, de 19 de diciembre, por el que se aprueban medidas urgentes para la ejecución del Plan de Recuperación, Transformación y Resiliencia en materia de servicio público de justicia, función pública, régimen local y mecenazgo. (BOE de 20/12/2023). En vigor desde el 20 de marzo de 2024.

Modificado anteriormente por Ley 13/2009, de 3 de noviembre, de reforma de la legislación procesal para la implantación de la nueva Oficina judicial. (BOE de 04/11/2009)

Ver arts. 788.7 LECrim; 238.3° LOPJ; Real Decreto 135/2021, de 2 de marzo, por el que se aprueba el Estatuto General de la Abogacía Española; Instrucción 3/2017, sobre documentación de las diligencias sumariales de naturaleza personal.

CAPÍTULO V
De la suspensión del juicio oral

ART. 744.

Abierto el juicio oral, continuará durante todas las sesiones consecutivas que sean necesarias hasta su conclusión.

Ver arts. 182, 183, 184, 186 y 188 LOPJ y 788.1 y 802.1 y 2 LECrim.

ART. 745.

No obstante lo dispuesto en el artículo anterior, el Presidente del Tribunal podrá suspender la apertura de las sesiones cuando las partes, por motivos independientes de su voluntad, no tuvieren preparadas las pruebas ofrecidas en sus respectivos escritos.

Ver arts. 788.4 y 5 LECrim.

ART. 746.

Procederá además la suspensión del juicio oral en los casos siguientes:

1.° Cuando el Tribunal tuviere que resolver durante los debates alguna cuestión incidental que por cualquier causa fundada no pueda decidirse en el acto.

2.° Cuando con arreglo a este Código el Tribunal o alguno de sus individuos tuviere que practicar alguna diligencia fuera del lugar de las sesiones y no pudiere verificarse en el tiempo intermedio entre una y otra sesión.

3.° Cuando no comparezcan los testigos de cargo y de descargo ofrecidos por las partes y el Tribunal considere necesaria la declaración de los mismos.

Podrá, sin embargo, el Tribunal acordar en este caso la continuación del juicio y la práctica de las demás pruebas; y después que se hayan hecho, suspenderlo hasta que comparezcan los testigos ausentes.

Si la no comparecencia del testigo fuere por el motivo expuesto en el artículo 718, se procederá como se determina en el mismo y en los dos siguientes.

4.° Cuando algún miembro del Tribunal, el Fiscal o el defensor de cualquiera de las partes, enfermare repentinamente hasta el punto de que no pueda continuar tomando parte en el juicio ni pueda ser reemplazado este último sin grave inconveniente para la defensa del interesado.

Lo mismo se aplicará, en el caso del defensor de cualquiera de las partes, en los supuestos de fallecimiento u hospitalización o intervención quirúrgica por causa grave, de un familiar hasta el segundo grado por consanguinidad o afinidad.

5.º Cuando alguno de los procesados se halle en el caso del número anterior, en términos de que no pueda estar presente en el juicio.

La suspensión no se acordará por esta causa sino después de haber oído a los facultativos nombrados de oficio para el reconocimiento del enfermo.

6.º Cuando revelaciones o retractaciones inesperadas produzcan alteraciones sustanciales en los juicios, haciendo necesarios nuevos elementos de prueba o alguna sumaria instrucción suplementaria.

No se suspenderá el juicio por la enfermedad o incomparecencia de alguno de los procesados citados personalmente, siempre que el Tribunal estimare, con audiencia de las partes y haciendo constar en el acta del juicio las razones de la decisión, que existen elementos suficientes para juzgarles con independencia.

Cuando el procesado sea una persona jurídica, se estará a lo dispuesto en el artículo 786 bis de esta Ley.

7.º Si se trata de un proceso en el que la persona profesional de la abogacía ha sido designada por el turno de oficio, solo se suspenderá el procedimiento por el tiempo que demore el Colegio profesional correspondiente en proveer la designación de nuevo profesional para evitar causar indefensión a la parte. Si la suspensión se solicita por haberse producido o iniciado el parto de manera repentina, o sin tiempo suficiente como para que otro abogado o abogada pueda hacerse cargo del asunto y prepararlo, se suspenderá el señalamiento por el tiempo mínimo imprescindible en atención a su complejidad.

Modificado por Real Decreto-ley 5/2023, de 28 de junio, por el que se adoptan y prorrogan determinadas medidas de respuesta a las consecuencias económicas y sociales de la Guerra de Ucrania, de apoyo a la reconstrucción de la isla de La Palma y a otras situaciones de vulnerabilidad; de transposición de Directivas de la Unión Europea en materia de modificaciones estructurales de sociedades mercantiles y conciliación de la vida familiar y la vida profesional de los progenitores y los cuidadores; y de ejecución y cumplimiento del Derecho de la Unión Europea. (BOE de 29/06/2023). Modificación con efectos desde el 29 de julio de 2023.

Párrafo 6.º añadido por Ley 37/2011, de 10 de octubre, de medidas de agilización procesal. (BOE de 11/10/2011)

Ver arts. 749, 786, 786 bis, 787 y 788.1, 800, 850.1.º y 5.º y 851.5.ª LECrim.

ART. 747.

En los casos 1.º, 2.º, 4.º y 5.º, del artículo anterior, el Tribunal podrá decretar de oficio la suspensión. En los demás casos la decretará, siendo procedente, a instancia de parte.

ART. 748.

En los autos de suspensión que se dicten se fijará el tiempo de la suspensión, si fuere posible, y se determinará lo que corresponda para la continuación del juicio.

Contra estos autos no se dará recurso alguno.

Ver art. 47 LO 5/1995, de 22 de mayo, del Tribunal del Jurado.

ART. 749.

Cuando por razón de los casos previstos en los números 4º y 5º del artículo 746 haya de prolongarse indefinidamente la suspensión del juicio, o por un tiempo demasiado largo, se declarará sin efecto la parte del juicio celebrada.

Lo mismo podrá acordar el Tribunal en el caso del número 6º, si la preparación de los elementos de prueba o la sumaria instrucción suplementaria exigiere algún tiempo.

En ambos casos, el Secretario judicial señalará día para nuevo juicio cuando desaparezca la causa de la suspensión o puedan ser reemplazadas las personas reemplazables.

Modificado por Ley 13/2009, de 3 de noviembre, de reforma de la legislación procesal para la implantación de la nueva Oficina judicial. (BOE de 04/11/2009)

Ver art. 47 LO 5/1995, de 22 de mayo, del Tribunal del Jurado.

LIBRO IV
DE LOS PROCEDIMIENTOS ESPECIALES

TÍTULO PRIMERO
Del modo de proceder cuando fuere procesado un Senador o Diputado a Cortes

ART. 750.

El Juez o Tribunal que encuentre méritos para procesar a un Senador o Diputado a Cortes por causa de delito, se abstendrá de dirigir el procedimiento contra él si las Cortes estuvieren abiertas, hasta obtener la correspondiente autorización del Cuerpo Colegislador a que pertenezca.

> *Ver arts. 71 CE; 57.2° y 73.2 a) LOPJ; Ley de 9 de febrero de 1912 declarando los Tribunales que han de entender en el conocimiento de las causas contra Senadores y Diputados; 10 a 14 del Reglamento del Congreso de Diputados, de 10 de febrero de 1982 y 21 y 22 del Reglamento del Senado, de 3 de mayo de 1994; 118 bis LECrim.*

ART. 751.

Cuando el Senador o Diputado a Cortes fuere delincuente in fraganti podrá ser detenido y procesado sin la autorización a que se refiere el artículo anterior; pero en las veinticuatro horas siguientes a la detención o procesamiento deberá ponerse lo hecho en conocimiento del Cuerpo Colegislador a que corresponda.

Se pondrá también en conocimiento del Cuerpo Colegislador respectivo la causa que existiere pendiente contra el que, estando procesado, hubiese sido elegido Senador o Diputado a Cortes.

> *Ver arts. 309 y 489 a 502 LECrim.*

ART. 752.

Si un Senador o Diputado a Cortes fuese procesado durante un interregno parlamentario, deberá el Juez o Tribunal que conozca de la causa ponerlo inmediatamente en conocimiento del respectivo Cuerpo Colegislador.

Lo mismo se observará cuando haya sido procesado un Senador o Diputado a Cortes electo antes de reunirse éstas.

> *Ver arts. 1 y 2 Ley de 9 de febrero de 1912 declarando los Tribunales que han de entender en el conocimiento de las causas contra Senadores y Diputados; 57 del Reglamento del Congreso de los Diputados, de 10 de febrero de 1982; 48 del Reglamento del Senado, de 3 de mayo de 1994.*

ART. 753.

En todo caso, se suspenderán por el Secretario judicial los procedimientos desde el día en que se dé conocimiento a las Cortes, estén o no abiertas, permaneciendo las cosas en el estado en que entonces se hallen, hasta que el Cuerpo Colegislador respectivo resuelva lo que tenga por conveniente.

> *Modificado por Ley 13/2009, de 3 de noviembre, de reforma de la legislación procesal para la implantación de la nueva Oficina judicial. (BOE de 04/11/2009)*
>
> *Ver Art. 6. de Ley de 9 de febrero de 1912 declarando los Tribunales que han de entender en el conocimiento de las causas contra Senadores y Diputados*

ART. 754.

Si el Senado o el Congreso negasen la autorización pedida, se sobreseerá respecto al Senador o Diputado a Cortes; pero continuará la causa contra los demás procesados.

Ver arts. 634, 637 y 638 LECrim; 7 Ley de 9 de febrero de 1912 declarando los Tribunales que han de entender en el conocimiento de las causas contra Senadores y Diputados; 10 a 14 y 21 a 22 del Reglamento del Congreso de los Diputados, de 10 de febrero de 1982 y 22 del Reglamento del Senado, de 3 de mayo de 1994.

ART. 755.

La autorización se pedirá en forma de suplicatorio, remitiendo con éste, y con el carácter de reservado, el testimonio de los cargos que resulten contra el Senador o Diputado, con inclusión de los dictámenes del Fiscal y de las peticiones particulares en que se haya solicitado la autorización.

Ver arts. 71 CE; 13.1 del Reglamento del Congreso de los Diputados, de 10 de febrero de 1982 y 22.2 del Reglamento del Senado, de 3 de mayo de 1994.

ART. 756.

El suplicatorio se remitirá por conducto del Ministro de Gracia y Justicia.

Ver arts. 196 LECrim y 13.1 del Reglamento del Congreso de los Diputados de 24 de febrero de 1982.

TÍTULO II
Del procedimiento abreviado

CAPÍTULO I
Disposiciones generales

ART. 757.

Sin perjuicio de lo establecido para los procesos especiales, el procedimiento regulado en este Título se aplicará al enjuiciamiento de los delitos castigados con pena privativa de libertad no superior a nueve años, o bien con cualesquiera otras penas de distinta naturaleza bien sean únicas, conjuntas o alternativas, cualquiera que sea su cuantía o duración.

Modificado por Ley 38/2002, de 24 de octubre, de reforma parcial de la Ley de Enjuiciamiento Criminal, sobre procedimiento para el enjuiciamiento rápido e inmediato de determinados delitos y faltas, y de modificación del procedimiento abreviado. (BOE de 28/10/2002)

Ver art. 14.3 y 4, 804 y sigs. y 816 y sigs. LECrim; 82.1.1º, 87.1 a), 88 y 89 bis LOPJ y Circulares 1/1989 sobre el procedimiento abreviado introducido por la Ley Orgánica 7/1988, de 28 de diciembre; 3/1995, de 27 de diciembre, sobre el proceso ante el Tribunal del Jurado: su ámbito de aplicación y 2/1996, de 22 de mayo, sobre el régimen transitorio del nuevo Código Penal: incidencia en el enjuiciamiento de hechos anteriores de la Fiscalía General del Estado y LO 5/2000, de 12 de enero, reguladora de la responsabilidad penal de los menores.

ART. 758.

El enjuiciamiento de los delitos enumerados en el artículo anterior se acomodará a las normas comunes de esta Ley, con las modificaciones consignadas en el presente Título.

Modificado por Ley 38/2002, de 24 de octubre, de reforma parcial de la Ley de Enjuiciamiento Criminal, sobre procedimiento para el enjuiciamiento rápido e inmediato de determinados delitos y faltas, y de modificación del procedimiento abreviado. (BOE de 28/10/2002)

Ver arts. 24 y 117.3 CE, 8, 9 y 25 LECrim, 2, 3, 4, 9.6 y 23 LOPJ.

ART. 759.

En las causas comprendidas en este Título, las cuestiones de competencia que se promuevan entre Juzgados y Tribunales de la jurisdicción ordinaria se sustanciarán según las reglas siguientes:

1.ª Cuando un Tribunal o Juzgado rehusare el conocimiento de una causa o reclamare el conocimiento de la que otro tuviere, y haya duda acerca de cuál de ellos es el competente, si no resulta acuerdo a la primera comunicación que con tal motivo se dirijan, pondrán el hecho, sin dilación, en conocimiento del superior jerárquico, por medio de exposición razonada, para que dicho superior, tras oír al Fiscal y a las partes personadas en comparecencia que se celebrará dentro de las veinticuatro horas siguientes, decida en el acto lo que estime procedente, sin ulterior recurso.

Cuando la cuestión surja en la fase de instrucción, cada uno de los juzgados continuará practicando en todo caso, hasta tanto se dirima definitivamente la controversia, las diligencias conducentes a la comprobación del delito, a la averiguación e identificación de los posibles culpables y a la protección de los ofendidos o perjudicados por el mismo, debiendo remitirse recíprocamente ambos juzgados testimonio de lo actuado y comunicarse cuantas diligencias practiquen.

2.ª Ningún Juez de Instrucción, de lo Penal, o Central de Instrucción o de lo Penal, podrá promover cuestiones de competencia a las Audiencias respectivas, sino exponerles, oído el Ministerio Fiscal por plazo de un día, las razones que tenga para creer que le corresponde el conocimiento del asunto.

El Secretario judicial dará vista de la exposición y antecedentes al Ministerio Fiscal y a las partes personadas por plazo de dos días y, luego de oídos todos, el Tribunal, sin más trámites, resolverá dentro del tercer día lo que estime procedente, comunicando esta resolución al Juez que la haya expuesto para su cumplimiento.

3.ª Cuando algún Juez de Instrucción, de lo Penal, o Central de Instrucción o de lo Penal, viniere entendiendo de causa atribuida a la competencia de las Audiencias respectivas se limitarán éstas a ordenar a aquél, oídos el Ministerio Fiscal y las partes personadas por plazo de dos días, que se abstenga de conocer y les remita las actuaciones.

Párrafo segundo por Ley 13/2009, de 3 de noviembre, de reforma de la legislación procesal para la implantación de la nueva Oficina judicial. (BOE de 04/11/2009)

Ver arts. 19 a 47 LECrim y 51 y 52 LOPJ.

ART. 760.

Iniciado un proceso de acuerdo con las normas de este Título, en cuanto aparezca que el hecho no se halla comprendido en alguno de los supuestos del artículo 757, se continuará conforme a las disposiciones generales de esta Ley, sin retroceder en el procedimiento más que en el caso de que resulte necesario practicar diligencias o realizar actuaciones con arreglo a dichos preceptos legales. Por el contrario, iniciado un proceso conforme a las normas comunes de esta Ley, continuará su sustanciación de acuerdo con las del presente Título en cuanto conste que el hecho enjuiciado se halla comprendido en alguno de los supuestos del artículo 757. En ambos casos el cambio de procedimiento no implicará el de instructor.

Iniciado un proceso conforme a las normas de esta Ley, en cuanto aparezca que el hecho podría constituir un delito cuyo enjuiciamiento sea competencia del Tribunal del Jurado, se estará a lo dispuesto en el artículo 309 bis.

Acordado por el Juez o Tribunal el procedimiento que deba seguirse, el Secretario judicial lo hará saber inmediatamente al Ministerio Fiscal, al investigado y a las partes personadas.

Modificado por la Ley Orgánica 13/2015, de 5 de octubre, de modificación de la Ley de Enjuiciamiento Criminal para el fortalecimiento de las garantías procesales y la regulación de las medidas de investigación tecnológica. (BOE de 06/10/2015)

Ver arts. 24 y 25 LO 5/1995, de 22 de mayo, del Tribunal del Jurado.

ART. 761.

1. El ejercicio por particulares, sean o no ofendidos por el delito, de la acción penal o de la civil derivada del mismo habrá de efectuarse en la forma y con los requisitos señalados en el Título II del Libro II, expresando la acción que se ejercite.

2. Sin perjuicio de lo que se dispone en el apartado anterior, el Secretario judicial instruirá al ofendido o perjudicado por el delito de los derechos que le asisten conforme a

lo dispuesto en los artículos 109 y 110 y demás disposiciones, pudiendo mostrarse parte en la causa sin necesidad de formular querella. Asimismo le informará de la posibilidad y procedimiento para solicitar las ayudas que conforme a la legislación vigente puedan corresponderle.

Apartado segundo redactado por Ley 13/2009, de 3 de noviembre, de reforma de la legislación procesal para la implantación de la nueva Oficina judicial. (BOE de 04/11/2009)

Ver arts. 101 a 110 y 270 y sigs. LECrim; 281.3 LOPJ y art. 15 Ley 35/1995, de 11 de diciembre, de ayudas y asistencia a las víctimas de delitos violentos y contra la libertad sexual.

ART. 762.

Los Jueces y Tribunales observarán en la tramitación de las causas a que se refiere este Título las siguientes reglas:

1.ª El Juez o Tribunal que ordene la práctica de cualquier diligencia se entenderá directamente con el Juez, Tribunal, autoridad o funcionario encargado de su realización aunque el mismo no le esté inmediatamente subordinado ni sea superior inmediato de aquéllos.

2.ª Para cursar los despachos que se expidan se utilizará siempre el medio más rápido, acreditando por diligencia las peticiones de auxilio que no se hayan solicitado por escrito.

3.ª Si el que hubiere de ser citado no tuviere domicilio conocido o no fuere encontrado por la Policía Judicial en el plazo señalado a ésta, el Juez o Tribunal mandará publicar la correspondiente cédula por el medio que estime más idóneo para que pueda llegar a conocimiento del interesado, y sólo cuando lo considere indispensable acordará su divulgación por los medios de comunicación social.

4.ª Las requisitorias que hayan de expedirse se insertarán en el fichero automatizado correspondiente de las Fuerzas y Cuerpos de Seguridad y, cuando se considere oportuno, en los medios de comunicación escrita.

5.ª A todo escrito y a los documentos que se presenten en la causa se acompañarán tantas copias literales de los mismos, realizadas por cualquier medio de reproducción, cuantas sean las otras partes y el Fiscal, a quienes se entregarán al notificarles la resolución que haya recaído en el escrito respectivo.

La omisión de las copias sólo dará lugar a su libramiento por el Secretario a costa del omitente, si éste no las presenta en el plazo de una audiencia.

6.ª Para enjuiciar los delitos conexos comprendidos en este Título, cuando existan elementos para hacerlo con independencia, y para juzgar a cada uno de los encausados, cuando sean varios, podrá acordar el Juez la formación de las piezas separadas que resulten convenientes para simplificar y activar el procedimiento.

7.ª En las declaraciones se reseñará el documento nacional de identidad de las personas que las presten, salvo que se tratara de agentes de la autoridad, en cuyo caso bastará la reseña del número de carné profesional. Cuando por tal circunstancia o por cualquier otra no ofreciere duda la identidad del encausado y conocidamente tuviere la edad de dieciocho años, se prescindirá de traer a la causa el certificado de nacimiento. En otro caso, se unirá dicho certificado y la correspondiente ficha dactiloscópica. No se demorará la conclusión de la instrucción por falta del certificado de nacimiento, sin perjuicio de que cuando se reciba se aporte a las actuaciones.

8.ª Cuando los encausados o testigos no hablaren o no entendieren el idioma español, se procederá de conformidad con lo dispuesto en los artículos 398, 440 y 441, sin que sea preciso que el intérprete designado tenga título oficial.

9.ª La información prevenida en el artículo 364 sólo se verificará cuando a juicio del instructor hubiere duda acerca de la preexistencia de la cosa objeto de la sustracción o defraudación.

10.ª Los informes y declaraciones a que se refieren los artículos 377 y 378 únicamente se pedirán y recibirán cuando el Juez los considerase imprescindibles.

11.ª Cuando los hechos enjuiciados deriven del uso y circulación de vehículos de motor, se reseñará también, en la primera declaración que presten los conductores, los permisos de conducir de éstos y de circulación de aquéllos y el certificado del seguro obligatorio, así como el documento acreditativo de su vigencia. También se reseñará el certificado del seguro obligatorio y el documento que acredite su vigencia en aquellos otros casos en que la actividad se halle cubierta por igual clase de seguro.

Modificado por la Ley Orgánica 13/2015, de 5 de octubre, de modificación de la Ley de Enjuiciamiento Criminal para el fortalecimiento de las garantías procesales y la regulación de las medidas de investigación tecnológica. (BOE de 06/10/2015)

Ver arts. 17, 17 bis, 18, 118, 178, 185 y sigs., 282 y sigs., 299, 322 y sigs., 326 y sigs., 377, 378, 398, 432, 440, 441, 456 a 459, 512, 513, 837 y 838 LECrim.

ART. 763.

El Juez o Tribunal podrá acordar la detención o cualesquiera medidas privativas de libertad o restrictivas de derechos en los casos en que procedan conforme a las reglas generales de esta Ley. Las actuaciones que motiven la aplicación de estas medidas se contendrán en pieza separada.

Modificado por Ley 38/2002, de 24 de octubre, de reforma parcial de la Ley de Enjuiciamiento Criminal, sobre procedimiento para el enjuiciamiento rápido e inmediato de determinados delitos y faltas, y de modificación del procedimiento abreviado. (BOE de 28/10/2002)

Ver arts. 489 a 501, 502 a 519, 544, 544 bis LECrim.

ART. 764.

1. Asimismo, el Juez o Tribunal podrá adoptar medidas cautelares para el aseguramiento de las responsabilidades pecuniarias, incluidas las costas. Tales medidas se acordarán mediante auto y se formalizarán en pieza separada.

2. A estos efectos se aplicarán las normas sobre contenido, presupuestos y caución sustitutoria de las medidas cautelares establecidas en la Ley de Enjuiciamiento Civil. La prestación de las cauciones que se acuerden se hará en la forma prevista en la Ley de Enjuiciamiento Civil y podrá ser realizada por la entidad en que tenga asegurada la responsabilidad civil la persona contra quien se dirija la medida.

3. En los supuestos en que las responsabilidades civiles estén total o parcialmente cubiertas por un seguro obligatorio de responsabilidad civil, se requerirá a la entidad aseguradora o al Consorcio de Compensación de Seguros, en su caso, para que, hasta el límite del seguro obligatorio, afiance aquéllas. Si la fianza exigida fuera superior al expresado límite, el responsable directo o subsidiario vendrá obligado a prestar fianza o aval por la diferencia, procediéndose en otro caso al embargo de sus bienes.

La entidad responsable del seguro obligatorio no podrá, en tal concepto, ser parte del proceso, sin perjuicio de su derecho de defensa en relación con la obligación de afianzar, a cuyo efecto se le admitirá el escrito que presentare, resolviéndose sobre su pretensión en la pieza correspondiente.

4. Se podrá acordar la intervención inmediata del vehículo y la retención del permiso de circulación del mismo, por el tiempo indispensable, cuando fuere necesario practicar alguna investigación en aquél o para asegurar las responsabilidades pecuniarias, en tanto no conste acreditada la solvencia del investigado o encausado o del tercero responsable civil.

También podrá acordarse la intervención del permiso de conducción requiriendo al investigado o encausado para que se abstenga de conducir vehículos de motor, en tanto subsista la medida, con la prevención de lo dispuesto en el artículo 556 del Código Penal.

Las medidas anteriores, una vez adoptadas, llevarán consigo la retirada de los documentos respectivos y su comunicación a los organismos administrativos correspondientes.

Modificado por la Ley Orgánica 13/2015, de 5 de octubre, de modificación de la Ley de Enjuiciamiento Criminal para el fortalecimiento de las garantías procesales y la regulación de las medidas de investigación tecnológica. (BOE de 06/10/2015)

Ver arts. 33.2 f), 33.3 d), 33.3 a) CP; Real Decreto Legislativo 8/2004, de 29 de octubre, por el que se aprueba el texto refundido de la Ley sobre responsabilidad civil y seguro en la circulación de vehículos a motor; Real Decreto Legislativo 6/2015, de 30 de octubre, por el que se aprueba el texto refundido de la Ley sobre Tráfico, Circulación de Vehículos a Motor y Seguridad Vial.

ART. 765.

1. En los procesos relativos a hechos derivados del uso y circulación de vehículos de motor el Juez o Tribunal podrá señalar y ordenar el pago de la pensión provisional que, según las circunstancias, considere necesaria en cuantía y duración para atender a la víctima y a las personas que estuvieren a su cargo. El pago de la pensión se hará anticipadamente en las fechas que discrecionalmente señale el Juez o Tribunal, a cargo del asegurador, si existiere, y hasta el límite del seguro obligatorio, o bien con cargo a la fianza o al Consorcio de Compensación de Seguros, en los supuestos de responsabilidad civil del mismo, conforme a las disposiciones que le son propias. Igual medida podrá acordarse cuando la responsabilidad civil derivada del hecho esté garantizada con cualquier seguro obligatorio. Todo lo relacionado con esta medida se actuará en pieza separada. La interposición de recursos no suspenderá la obligación de pago de la pensión.

2. En los procesos relativos a hechos derivados del uso y circulación de vehículos de motor el Juez o Tribunal podrá autorizar, previa audiencia del Fiscal, a los investigados o encausados que no estén en situación de prisión preventiva y que tuvieran su domicilio o residencia habitual en el extranjero, para ausentarse del territorio español. Para ello será indispensable que dejen suficientemente garantizadas las responsabilidades pecuniarias de todo orden derivadas del hecho punible, designen persona con domicilio fijo en España que reciba las notificaciones, citaciones y emplazamientos que hubiere que hacerles, con la prevención contenida en el artículo 775 en cuanto a la posibilidad de celebrar el juicio en su ausencia, y que presten caución no personal, cuando no esté ya acordada fianza de la misma clase, para garantizar la libertad provisional y su presentación en la fecha o plazo que se les señale. Igual atribución y con las mismas condiciones corresponderá al Juez o Tribunal que haya de conocer de la causa. Si el investigado o encausado no compareciese, se adjudicará al Estado el importe de la caución y se le declarará en rebeldía, observándose lo dispuesto en el artículo 843, salvo que se cumplan los requisitos legales para celebrar el juicio en su ausencia.

Modificado por la Ley Orgánica 13/2015, de 5 de octubre, de modificación de la Ley de Enjuiciamiento Criminal para el fortalecimiento de las garantías procesales y la regulación de las medidas de investigación tecnológica. (BOE de 06/10/2015)

Ver arts. 775 y 843 LECrim; Real Decreto Legislativo 8/2004, de 29 de octubre, por el que se aprueba el Texto Refundido de la Ley sobre responsabilidad civil y seguro en la circulación de vehículos a motor; Real Decreto Legislativo 7/2004, de 29 de octubre, por el que se aprueba el texto refundido del Estatuto Legal del Consorcio de Compensación de Seguros.

ART. 766.

1. Contra los autos del Juez de Instrucción y del Juez de lo Penal que no estén exceptuados de recurso podrán ejercitarse el de reforma y el de apelación. Salvo que la Ley disponga otra cosa, los recursos de reforma y apelación no suspenderán el curso del procedimiento.

2. El recurso de apelación podrá interponerse subsidiariamente con el de reforma o por separado. En ningún caso será necesario interponer previamente el de reforma para presentar la apelación.

3. El recurso de apelación se presentará dentro de los cinco días siguientes a la notificación del auto recurrido o del resolutorio del recurso de reforma, mediante escrito en el que se expondrán los motivos del recurso, se señalarán los particulares que hayan de testimoniarse y al que se acompañarán, en su caso, los documentos justificativos de las peticiones formuladas. Admitido a trámite el recurso por el Juez, el Secretario judicial dará traslado a las demás partes personadas por un plazo común de cinco días para que puedan alegar por escrito lo que estimen conveniente, señalar otros particulares que deban ser testimoniados y presentar los documentos justificativos de sus pretensiones. En los dos días siguientes a la finalización del plazo, remitirá testimonio de los particulares señalados a la Audiencia respectiva que, sin más trámites, resolverá dentro de los cinco días siguientes. Excepcionalmente, la Audiencia podrá reclamar las actuaciones para su consulta siempre que con ello no se obstaculice la tramitación de aquéllas; en estos casos, deberán devolverse las actuaciones al Juez en el plazo máximo de tres días.

4. Si el recurso de apelación se hubiere interpuesto subsidiariamente con el de reforma, si éste resulta total o parcialmente desestimatorio, antes de dar traslado a las demás partes personadas, el Secretario judicial dará traslado al recurrente por un plazo de cinco días para

que formule alegaciones y pueda presentar, en su caso, los documentos justificativos de sus peticiones.

5. Si en el auto recurrido en apelación se acordare la prisión provisional de alguno de los investigados o encausados, respecto de dicho pronunciamiento podrá el apelante solicitar en el escrito de interposición del recurso la celebración de vista, que acordará la Audiencia respectiva. Cuando el auto recurrido contenga otros pronunciamientos sobre medidas cautelares, la Audiencia podrá acordar la celebración de vista si lo estima conveniente. El Secretario judicial señalará la vista dentro de los diez siguientes a la recepción de la causa en dicha Audiencia.

> *Modificado por la Ley Orgánica 13/2015, de 5 de octubre, de modificación de la Ley de Enjuiciamiento Criminal para el fortalecimiento de las garantías procesales y la regulación de las medidas de investigación tecnológica. (BOE de 06/10/2015)*
>
> *Ver arts. 211 a 215, 216 a 235 LECrim; y arts. 65.5º, 82.1.2º y 248.2 y 4 LOPJ.*

ART. 767.

Desde la detención o desde que de las actuaciones resultare la imputación de un delito contra persona determinada será necesaria la asistencia letrada. La Policía Judicial, el Ministerio Fiscal o la autoridad judicial recabarán de inmediato del Colegio de Abogados la designación de un abogado de oficio, si no lo hubiere nombrado ya el interesado.

> *Modificado por Ley 38/2002, de 24 de octubre, de reforma parcial de la Ley de Enjuiciamiento Criminal, sobre procedimiento para el enjuiciamiento rápido e inmediato de determinados delitos y faltas, y de modificación del procedimiento abreviado. (BOE de 28/10/2002)*
>
> *Ver arts. 24.2 CE; arts. 118.1 c), d) y e), 121, 520.2 c), 768 y 784.1 LECrim; arts. 545 y 546 LOPJ; arts. 30, 31, 47 y 48 Real Decreto 135/2021, de 2 de marzo, por el que se aprueba el Estatuto General de la Abogacía Española; Ley 1/1996, de 10 de enero, de asistencia jurídica gratuita; Ley 2/2017, de 21 de junio, de modificación de la Ley 1/1996, de 10 de enero, de asistencia jurídica gratuita.*

ART. 768.

El abogado designado para la defensa tendrá también habilitación legal para la representación de su defendido, no siendo necesaria la intervención de procurador hasta el trámite de apertura del juicio oral. Hasta entonces cumplirá el abogado el deber de señalamiento de domicilio a efectos de notificaciones y traslados de documentos.

> *Modificado por Ley 38/2002, de 24 de octubre, de reforma parcial de la Ley de Enjuiciamiento Criminal, sobre procedimiento para el enjuiciamiento rápido e inmediato de determinados delitos y faltas, y de modificación del procedimiento abreviado. (BOE de 28/10/2002)*
>
> *Ver arts. 767, 783 y 784 LECrim y 5 Real Decreto 1281/2002, de 5 de diciembre, por el que se aprueba el Estatuto General de los Procuradores de los Tribunales de España.*

CAPÍTULO II
De las actuaciones de la Policía Judicial y del Ministerio Fiscal

ART. 769.

Sin perjuicio de lo establecido en el Título III del Libro II de esta Ley, tan pronto como tenga conocimiento de un hecho que revista caracteres de delito, la Policía judicial observará las reglas establecidas en este capítulo.

> *Modificado por Ley 38/2002, de 24 de octubre, de reforma parcial de la Ley de Enjuiciamiento Criminal, sobre procedimiento para el enjuiciamiento rápido e inmediato de determinados delitos y faltas, y de modificación del procedimiento abreviado. (BOE de 28/10/2002)*
>
> *Ver arts. 126 CE, 282 a 298 y 804 a 815 LECrim; 547 a 550 LOPJ; 11.1. g) y 29 a 36 LO 2/1986, de 13 de marzo, de Fuerzas y Cuerpos de Seguridad; RD 769/1987, de 19 de junio, sobre regulación de la Policía Judicial.*

ART. 770.

La Policía Judicial acudirá de inmediato al lugar de los hechos y realizará las siguientes diligencias:

1.ª Requerirá la presencia de cualquier facultativo o personal sanitario que fuere habido para prestar, si fuere necesario, los oportunos auxilios al ofendido. El requerido, aunque sólo lo fuera verbalmente, que no atienda sin justa causa el requerimiento será sancionado con una multa de 500 a 5.000 euros, sin perjuicio de la responsabilidad criminal en que hubiera podido incurrir.

2.ª Acompañará al acta de constancia fotografías o cualquier otro soporte magnético o de reproducción de la imagen, cuando sea pertinente para el esclarecimiento del hecho punible y exista riesgo de desaparición de sus fuentes de prueba.

3.ª Recogerá y custodiará en todo caso los efectos, instrumentos o pruebas del delito de cuya desaparición hubiere peligro, para ponerlos a disposición de la autoridad judicial.

4.ª Si se hubiere producido la muerte de alguna persona y el cadáver se hallare en la vía pública, en la vía férrea o en otro lugar de tránsito, lo trasladará al lugar próximo que resulte más idóneo dentro de las circunstancias, restableciendo el servicio interrumpido y dando cuenta de inmediato a la autoridad judicial. En las situaciones excepcionales en que haya de adoptarse tal medida de urgencia, se reseñará previamente la posición del interfecto, obteniéndose fotografías y señalando sobre el lugar la situación exacta que ocupaba.

5.ª Tomará los datos personales y dirección de las personas que se encuentren en el lugar en que se cometió el hecho, así como cualquier otro dato que ayude a su identificación y localización, tales como lugar habitual de trabajo, números de teléfono fijo o móvil, número de fax o dirección de correo electrónico.

6.ª Intervendrá, de resultar procedente, el vehículo y retendrá el permiso de circulación del mismo y el permiso de conducir de la persona a la que se impute el hecho.

Modificado por Ley 38/2002, de 24 de octubre, de reforma parcial de la Ley de Enjuiciamiento Criminal, sobre procedimiento para el enjuiciamiento rápido e inmediato de determinados delitos y faltas, y de modificación del procedimiento abreviado. (BOE de 28/10/2002)

Ver arts. 126 CE; 547 a 550 LOPJ; 29 y sigs. LO 2/1986, de 13 de marzo, de Fuerzas y Cuerpos de Seguridad; 282 y sigs., 431, 529 bis, 769, 771 y 772 LECrim; 195 y 196 CP; 28 RD 769/1987, de 19 de junio, sobre regulación de la Policía Judicial; 14.2 y 83 Real Decreto Legislativo 6/2015, de 30 de octubre, por el que se aprueba el texto refundido de la Ley sobre Tráfico, Circulación de Vehículos a Motor y Seguridad Vial; Ley 11/2003, de 21 de mayo, reguladora de los equipos conjuntos de investigación penal en el ámbito de la Unión Europea; 3 y 7 LO 10/2007, de 8 de octubre, reguladora de la base de datos policial sobre identificadores obtenidos a partir del ADN.

ART. 771.

En el tiempo imprescindible y, en todo caso, durante el tiempo de la detención, si la hubiere, la Policía Judicial practicará las siguientes diligencias:

1.ª Cumplirá con los deberes de información a las víctimas que prevé la legislación vigente. En particular, informará al ofendido y al perjudicado por el delito de forma escrita de los derechos que les asisten de acuerdo con lo establecido en los artículos 109 y 110. Se instruirá al ofendido de su derecho a mostrarse parte en la causa sin necesidad de formular querella y, tanto al ofendido como al perjudicado, de su derecho a nombrar Abogado o instar el nombramiento de Abogado de oficio en caso de ser titulares del derecho a la asistencia jurídica gratuita, de su derecho a, una vez personados en la causa, tomar conocimiento de lo actuado, sin perjuicio de lo dispuesto en los artículos 301 y 302, e instar lo que a su derecho convenga. Asimismo, se les informará de que, de no personarse en la causa y no hacer renuncia ni reserva de acciones civiles, el Ministerio Fiscal las ejercitará si correspondiere.

Informará asimismo a la persona ofendida o perjudicada de que puede optar por relacionarse con la Administración de Justicia por los medios del artículo 162 de la Ley 1/2000, de 7 de enero, de Enjuiciamiento Civil, recabando y consignando sucintamente su respuesta.

La información de derechos al ofendido o perjudicado regulada en este artículo, cuando se refiera a los delitos contra la propiedad intelectual o industrial, y, en su caso, su citación o emplazamiento en los distintos trámites del proceso, se realizará a aquellas personas, entidades u organizaciones que ostenten la representación legal de los titulares de dichos derechos.

2.ª Informará en la forma más comprensible al investigado no detenido de cuáles son los hechos que se le atribuyen y de los derechos que le asisten. En particular, le instruirá de los derechos reconocidos en los apartados a), b), c) y e) del artículo 520.2.

Párrafo segundo de la diligencia primera se añade por Ley Orgánica 1/2025, de 2 de enero, de medidas en materia de eficiencia del Servicio Público de Justicia (BOE de 03-01-2025). Esta modificación entró en vigor el 03-04-2025.

Artículo anteriormente modificado por la Ley Orgánica 13/2015, de 5 de octubre, de modificación de la Ley de Enjuiciamiento Criminal para el fortalecimiento de las garantías procesales y la regulación de las medidas de investigación tecnológica. (BOE de 06-10-2015)

Ver 126 CE, 547 a 550 LOPJ; 29 y sigs. LO 2/1986, de 13 de marzo, de Fuerzas y Cuerpos de Seguridad; 109, 110, 282 y sigs. 301, 301 bis, 302, 520, 769, 770 y 772 LECrim; 28 RD 769/1987, de 19 de junio, sobre regulación de la Policía Judicial.

ART. 772.

1. Los miembros de la Policía Judicial requerirán el auxilio de otros miembros de las Fuerzas y Cuerpos de Seguridad cuando fuera necesario para el desempeño de las funciones que por esta Ley se les encomiendan.

2. La Policía extenderá el atestado de acuerdo con las normas generales de esta Ley y lo entregará al Juzgado competente, pondrá a su disposición a los detenidos, si los hubiere, y remitirá copia al Ministerio Fiscal.

Modificado por Ley 38/2002, de 24 de octubre, de reforma parcial de la Ley de Enjuiciamiento Criminal, sobre procedimiento para el enjuiciamiento rápido e inmediato de determinados delitos y faltas, y de modificación del procedimiento abreviado. (BOE de 28/10/2002)

Ver arts. 126 CE; 547 a 550 LOPJ; 29 y sigs. LO 2/1986, de 13 de marzo, de Fuerzas y Cuerpos de Seguridad; 283, 297, 769, 770 y 771 LECrim; 28 RD 769/1987, de 19 de junio, sobre regulación de la Policía Judicial.

ART. 773.

1. El Fiscal se constituirá en las actuaciones para el ejercicio de las acciones penal y civil conforme a la Ley. Velará por el respeto de las garantías procesales del investigado o encausado y por la protección de los derechos de la víctima y de los perjudicados por el delito.

En este procedimiento corresponde al Ministerio Fiscal, de manera especial, impulsar y simplificar su tramitación sin merma del derecho de defensa de las partes y del carácter contradictorio del mismo, dando a la Policía Judicial instrucciones generales o particulares para el más eficaz cumplimiento de sus funciones, interviniendo en las actuaciones, aportando los medios de prueba de que pueda disponer o solicitando del Juez de Instrucción la práctica de los mismos, así como instar de éste la adopción de medidas cautelares o su levantamiento y la conclusión de la investigación tan pronto como estime que se han practicado las actuaciones necesarias para resolver sobre el ejercicio de la acción penal.

El Fiscal General del Estado impartirá cuantas órdenes e instrucciones estime convenientes respecto a la actuación del Fiscal en este procedimiento, y en especial, respecto a la aplicación de lo dispuesto en el apartado 1 del artículo 780.

Tan pronto como el Juez ordene la incoación del procedimiento para las causas ante el Tribunal del Jurado, el Secretario judicial lo pondrá en conocimiento del Ministerio Fiscal, quien comparecerá e intervendrá en cuantas actuaciones se lleven a cabo ante aquél.

2. Cuando el Ministerio Fiscal tenga noticia de un hecho aparentemente delictivo, bien directamente o por serle presentada una denuncia o atestado, informará a la víctima de los derechos recogidos en la legislación vigente; efectuará la evaluación y resolución provisionales de las necesidades de la víctima de conformidad con lo dispuesto en la legislación vigente y practicará él mismo u ordenará a la Policía Judicial que practique las diligencias que estime pertinentes para la comprobación del hecho o de la responsabilidad de los partícipes en el mismo. El Fiscal decretará el archivo de las actuaciones cuando el hecho no revista los caracteres de delito, comunicándolo con expresión de esta circunstancia a quien hubiere alegado ser perjudicado u ofendido, a fin de que pueda reiterar su denuncia ante el Juez de Instrucción. En otro caso instará del Juez de Instrucción la incoación del procedi-

miento que corresponda con remisión de lo actuado, poniendo a su disposición al detenido, si lo hubiere, y los efectos del delito.

El Ministerio Fiscal podrá hacer comparecer ante sí a cualquier persona en los términos establecidos en la ley para la citación judicial, a fin de recibirle declaración, en la cual se observarán las mismas garantías señaladas en esta Ley para la prestada ante el Juez o Tribunal.

Cesará el Fiscal en sus diligencias tan pronto como tenga conocimiento de la existencia de un procedimiento judicial sobre los mismos hechos.

Modificado por la Ley Orgánica 13/2015, de 5 de octubre, de modificación de la Ley de Enjuiciamiento Criminal para el fortalecimiento de las garantías procesales y la regulación de las medidas de investigación tecnológica. (BOE de 06/10/2015)

Apdo. 2, se modifica por Ley 4/2015, de 27 de abril, del Estatuto de la víctima del delito. (BOE de 28/04/2015)

Ver arts. 124 CE; art. 306 LECrim; arts. 3, 4 y 5 EOMF; 29 a 36 LO 2/1986, de 13 de marzo, de Fuerzas y Cuerpos de Seguridad; 23 RD 769/1987, de 19 de junio, sobre regulación de la Policía Judicial; Circular 1/1989, de 8 de marzo, sobre el procedimiento abreviado, introducido por la Ley Orgánica 7/1988, de 28 de diciembre; Instrucción 2/1988, de 4 de mayo, sobre relación con el Ministerio Fiscal de la policía judicial; Instrucción 1/2008, de 7 de marzo, sobre la dirección por el Ministerio Fiscal de las actuaciones de la Policía Judicial; Instrucción 2/2008, de 11 de marzo, sobre las funciones del Fiscal en la fase de Instrucción; 3 y 7 LO 10/2007, de 8 de octubre, reguladora de la base de datos policial sobre identificadores obtenidos en a partir del ADN.

CAPÍTULO III
De las diligencias previas

ART. 774.

Todas las actuaciones judiciales relativas a delitos de los comprendidos en este Título se registrarán como diligencias previas y les será de aplicación lo dispuesto en los artículos 301 y 302.

Modificado por Ley 38/2002, de 24 de octubre, de reforma parcial de la Ley de Enjuiciamiento Criminal, sobre procedimiento para el enjuiciamiento rápido e inmediato de determinados delitos y faltas, y de modificación del procedimiento abreviado. (BOE de 28/10/2002)

Ver arts. 120.1 CE, 118, 299, 301, 302, 649, 758 y 777.1ª LECrim; 466 CP y 4.5 EOMF.

ART. 775.

1. En la primera comparecencia el Juez informará al investigado, en la forma más comprensible, de los hechos que se le imputan. Previamente, el Secretario judicial le informará de sus derechos, en particular de los enumerados en el apartado 1 del artículo 118, y le requerirá para que designe un domicilio en España en el que se harán las notificaciones, o una persona que las reciba en su nombre, con la advertencia de que la citación realizada en dicho domicilio o a la persona designada permitirá la celebración del juicio en su ausencia en los supuestos previstos en el artículo 786.

Tanto antes como después de prestar declaración se le permitirá entrevistarse reservadamente con su Abogado, sin perjuicio de lo establecido en la letra c) del artículo 527.

2. Cuando del resultado de las diligencias se produzca algún cambio relevante en el objeto de la investigación y de los hechos imputados, el Juez informará con prontitud de ello al investigado.

Esta información podrá ser facilitada mediante una exposición sucinta que resulte suficiente para permitir el ejercicio del derecho a la defensa, comunicada por escrito al Abogado defensor del investigado.

Modificado por la Ley Orgánica 13/2015, de 5 de octubre, de modificación de la Ley de Enjuiciamiento Criminal para el fortalecimiento de las garantías procesales y la regulación de las medidas de investigación tecnológica. (BOE de 06/10/2015)

Modificado por Ley Orgánica 5/2015, de 27 de abril, por la que se modifican la Ley de Enjuiciamiento Criminal y la Ley Orgánica 6/1985, de 1 de julio, del Poder Judicial, para transponer la Directiva 2010/64/

UE, de 20 de octubre de 2010, relativa al derecho a interpretación y a traducción en los procesos penales y la Directiva 2012/13/UE, de 22 de mayo de 2012, relativa al derecho a la información en los procesos penales. (BOE de 28/04/2015)

Ver arts. 17.3 y 24.2 CE; 118, 520, 527 c), y 786 LECrim.

ART. 776.

1. El letrado o la letrada de la Administración de Justicia informarán al ofendido y al perjudicado de sus derechos, en los términos previstos en los artículos 109 y 110, cuando previamente no lo hubiera hecho la Policía Judicial. En particular, se instruirá de las medidas de asistencia a las víctimas que prevé la legislación vigente y de los derechos mencionados en la regla 1.ª del artículo 771.

Cuando la Policía Judicial hubiera efectuado esta información, el letrado o la letrada de la Administración de Justicia notificarán al ofendido o al perjudicado el número del procedimiento a que hubiera dado lugar y el juzgado que lo tramita y las posibles vías de contacto con el mismo, sin que sea precisa su comparecencia en el Juzgado de Instrucción para realizar un nuevo ofrecimiento de acciones, sin perjuicio del derecho de la víctima a la información actualizada del estado en el que se encuentra el proceso, en los términos previstos en la Ley 4/2015, de 27 de abril, del Estatuto de la víctima del delito.

2. La imposibilidad de practicar esta información por la Policía Judicial o por el letrado o la letrada de la Administración de Justicia en comparecencia no impedirá la continuación del procedimiento, sin perjuicio de que se proceda a realizarla por el medio más rápido posible, **incluidos los medios del artículo 162 de la Ley 1/2000, de 7 de enero, de Enjuiciamiento Civil, cuando se trate de personas obligadas a su utilización o que hubieran optado por estos**.

3. Los que se personaren podrán desde entonces tomar conocimiento de lo actuado e instar la práctica de diligencias y cuanto a su derecho convenga, acordando el Juez lo procedente en orden a la práctica de estas diligencias.

Apdos. 1 y 2 modificados por Ley Orgánica 1/2025, de 2 de enero, de medidas en materia de eficiencia del Servicio Público de Justicia (BOE de 03-01-2025). Esta modificación entró en vigor el 03-04-2025.

Artículo anteriormente modificado por Ley Orgánica 15/2003, de 25 de noviembre, por la que se modifica la Ley Orgánica 10/1995, de 23 de noviembre, del Código Penal. (BOE de 26-11-2003)

Ver arts. 109, 110, 771.1ª LECrim; Ley 35/1995, de 11 de diciembre, de ayudas y asistencia a las víctimas de delitos violentos y contra la libertad sexual; y RD 738/1997, de 23 de mayo, por el que se aprueba el Reglamento de ayuda a las víctimas de delitos violentos y contra la libertad sexual.

ART. 777.

1. El Juez ordenará a la Policía Judicial o practicará por sí las diligencias necesarias encaminadas a determinar la naturaleza y circunstancias del hecho, las personas que en él hayan participado y el órgano competente para el enjuiciamiento, dando cuenta al Ministerio Fiscal de su incoación y de los hechos que la determinen. Se emplearán para ello los medios comunes y ordinarios que establece esta Ley, con las modificaciones establecidas en el presente Título.

2. Cuando, por razón del lugar de residencia de un testigo o víctima, o por otro motivo, fuere de temer razonablemente que una prueba no podrá practicarse en el juicio oral, o pudiera motivar su suspensión, el Juez de Instrucción practicará inmediatamente la misma, asegurando en todo caso la posibilidad de contradicción de las partes.

Dicha diligencia deberá documentarse en soporte apto para la grabación y reproducción del sonido y de la imagen o por medio de acta autorizada por el Secretario judicial, con expresión de los intervinientes.

A efectos de su valoración como prueba en sentencia, la parte a quien interese deberá instar en el juicio oral la reproducción de la grabación o la lectura literal de la diligencia, en los términos del artículo 730.

3. Cuando una persona menor de catorce años o una persona con discapacidad necesitada de especial protección deba intervenir en condición de testigo, será de aplicación lo dispuesto en el artículo 449 ter, debiendo la autoridad judicial practicar prueba preconstituida, siempre que el objeto del procedimiento sea la instrucción de alguno de los delitos relacionados en tal artículo.

A efectos de su valoración como prueba en sentencia, la parte a quien interese deberá instar en el juicio oral la reproducción de la grabación audiovisual, en los términos del artículo 730.2.

> *Apdo. 3 añadido por Ley Orgánica 8/2021, de 4 de junio, de protección integral a la infancia y la adolescencia frente a la violencia. (BOE de 05/06/2021)*
>
> *Modificado por Ley 38/2002, de 24 de octubre, de reforma parcial de la Ley de Enjuiciamiento Criminal, sobre procedimiento para el enjuiciamiento rápido e inmediato de determinados delitos y faltas, y de modificación del procedimiento abreviado. (BOE de 28/10/2002)*
>
> *Ver arts. 769, 770, 771 y 772 LECrim e Instrucción 3/2017, sobre documentación de las diligencias sumariales de naturaleza personal.*

ART. 778.

1. El informe pericial podrá ser prestado sólo por un perito cuando el Juez lo considere suficiente.

2. En los casos de lesiones no será preciso esperar a la sanidad del lesionado cuando fuera procedente el archivo o el sobreseimiento. En cualquier otro supuesto podrá proseguirse la tramitación sin haberse alcanzado tal sanidad, si fuera posible formular escrito de acusación.

3. El Juez podrá acordar, cuando lo considere necesario, que por el médico forense u otro perito se proceda a la obtención de muestras o vestigios cuyo análisis pudiera facilitar la mejor calificación del hecho, acreditándose en las diligencias su remisión al laboratorio correspondiente, que enviará el resultado en el plazo que se le señale.

4. El Juez podrá acordar que no se practique la autopsia cuando por el médico forense o quien haga sus veces se dictaminen cumplidamente la causa y las circunstancias relevantes de la muerte sin necesidad de aquélla.

5. El Juez podrá ordenar que se preste la asistencia debida a los heridos, enfermos y cualquier otra persona que con motivo u ocasión de los hechos necesite asistencia facultativa, haciendo constar, en su caso, el lugar de su tratamiento, internamiento u hospitalización.

6. El juez podrá autorizar al médico forense que asista en su lugar al levantamiento del cadáver, adjuntándose en este caso a las actuaciones un informe que incorporará una descripción detallada de su estado, identidad y circunstancias, especialmente todas aquellas que tuviesen relación con el hecho punible.

> *Modificado por Ley Orgánica 15/2003, de 25 de noviembre, por la que se modifica la Ley Orgánica 10/1995, de 23 de noviembre, del Código Penal. (BOE de 26/11/2003)*
>
> *Ver arts. 339, 343, 350, 353, 354 y 356 LECrim.*

ART. 779.

1. Practicadas sin demora las diligencias pertinentes, el Juez adoptará mediante auto alguna de las siguientes resoluciones:

1.ª Si estimare que el hecho no es constitutivo de infracción penal o que no aparece suficientemente justificada su perpetración, acordará el sobreseimiento que corresponda. Si, aun estimando que el hecho puede ser constitutivo de delito, no hubiere autor conocido, acordará el sobreseimiento provisional y ordenará el archivo.

El auto de sobreseimiento será comunicado a las víctimas del delito, en la dirección de correo electrónico y, en su defecto, dirección postal o domicilio que hubieran designado en la solicitud prevista en el artículo 5.1.m) de la Ley del Estatuto de la Víctima del delito.

En los casos de muerte o desaparición ocasionada por un delito, el auto de sobreseimiento será comunicado de igual forma, a las personas a las que se refiere el párrafo segundo del apartado 1 del artículo 109 bis, de cuya identidad y dirección de correo electrónico o postal se tuviera conocimiento. En estos supuestos el Juez o Tribunal, podrá acordar, motivadamente, prescindir de la comunicación a todos los familiares cuando ya se haya dirigido con éxito a varios de ellos o cuando hayan resultado infructuosas cuantas gestiones se hubieren practicado para su localización.

Excepcionalmente, en el caso de ciudadanos residentes fuera de la Unión Europea, si no se dispusiera de una dirección de correo electrónico o postal en la que realizar la comunicación, se remitirá a la oficina diplomática o consular española en el país de residencia para que la publique.

Transcurridos cinco días desde la comunicación, se entenderá que ha sido efectuada válidamente y desplegará todos sus efectos. Se exceptuarán de este régimen aquellos supuestos en los que la víctima acredite justa causa de la imposibilidad de acceso al contenido de la comunicación.

Las víctimas podrán recurrir el auto de sobreseimiento dentro del plazo de veinte días aunque no se hubieran mostrado como parte en la causa.

2.ª Si reputare falta el hecho que hubiere dado lugar a la formación de las diligencias, mandará remitir lo actuado al Juez competente, cuando no le corresponda su enjuiciamiento.

3.ª Si el hecho estuviese atribuido a la jurisdicción militar, se inhibirá a favor del órgano competente. Si todos los investigados fuesen menores de edad penal, se dará traslado de lo actuado al Fiscal de Menores para que inicie los trámites de la Ley de Responsabilidad Penal del Menor.

4.ª Si el hecho constituyera delito comprendido en el artículo 757, seguirá el procedimiento ordenado en el capítulo siguiente. Esta decisión, que contendrá la determinación de los hechos punibles y la identificación de la persona a la que se le imputan, no podrá adoptarse sin haber tomado declaración a aquélla en los términos previstos en el artículo 775.

5.ª Si, en cualquier momento anterior, el investigado asistido de su abogado hubiere reconocido los hechos a presencia judicial, y estos fueran constitutivos de delito castigado con pena incluida dentro de los límites previstos en el artículo 801, mandará convocar inmediatamente al Ministerio Fiscal y a las partes personadas a fin de que manifiesten si formulan escrito de acusación con la conformidad del acusado. En caso afirmativo, incoará diligencias urgentes y ordenará la continuación de las actuaciones por los trámites previstos en los artículos 800 y 801.

2. En los tres primeros supuestos, si no hubiere miembro del Ministerio Fiscal constituido en el Juzgado, ni hubieren interpuesto recurso las partes, se remitirán las diligencias al Fiscal de la Audiencia, el que, dentro de los tres días siguientes a su recepción, las devolverá al Juzgado con el escrito de interposición del recurso o con la fórmula de "visto", procediéndose seguidamente en este caso a la ejecución de lo resuelto.

Modificado por la Ley Orgánica 13/2015, de 5 de octubre, de modificación de la Ley de Enjuiciamiento Criminal para el fortalecimiento de las garantías procesales y la regulación de las medidas de investigación tecnológica. (BOE de 06/10/2015)

Regla 1ª del apartado 1 realizada por Ley 4/2015, de 27 de abril, del Estatuto de la víctima del delito (BOE de 28/04/2015)

Ver arts. 24.2 y 120.3 CE; 109.1 bis, 622, 623, 624, 637, 757, 760, 766 y 778 LECrim; LO 8/2006, de 4 de diciembre, por la que se modifica la LO 5/2000, de 12 de enero, reguladora de la responsabilidad penal de los menores; arts. 96, 97 y 100 LOPJ.

CAPÍTULO IV
De la preparación del juicio oral

ART. 780.

1. Si el Juez de Instrucción acordare que debe seguirse el trámite establecido en este capítulo, en la misma resolución ordenará que se dé traslado de las diligencias previas, originales o mediante fotocopia, al Ministerio Fiscal y a las acusaciones personadas, para que, en el plazo común de diez días, soliciten la apertura del juicio oral formulando escrito de acusación o el sobreseimiento de la causa o, excepcionalmente, la práctica de diligencias complementarias, en el caso del apartado siguiente.

2. Cuando el Ministerio Fiscal manifieste la imposibilidad de formular escrito de acusación por falta de elementos esenciales para la tipificación de los hechos, se podrá instar, con carácter previo, la práctica de aquellas diligencias indispensables para formular acusación, en cuyo caso acordará el Juez lo solicitado.

El Juez acordará lo que estime procedente cuando tal solicitud sea formulada por la acusación o acusaciones personadas.

En todo caso se citará para su práctica al Ministerio Fiscal, a las partes personadas y siempre al encausado, dándose luego nuevo traslado de las actuaciones.

Modificado por la Ley Orgánica 13/2015, de 5 de octubre, de modificación de la Ley de Enjuiciamiento Criminal para el fortalecimiento de las garantías procesales y la regulación de las medidas de investigación tecnológica. (BOE de 06/10/2015)

Ver arts. 6.1 CEDH; 14.2, 622, 627, 779, 781 y 783 LECrim; 87.1 LOPJ; Circular 1/1989, de 8 de marzo, sobre el procedimiento abreviado, introducido por la Ley Orgánica 7/1988, de 28 de diciembre; arts. 4.3 y 4.4 LO 19/1994, de 23 de diciembre, de protección de testigos y peritos en causas criminales.

ART. 781.

1. El escrito de acusación comprenderá, además de la solicitud de apertura del juicio oral ante el órgano que se estime competente y de la identificación de la persona o personas contra las que se dirige la acusación, los extremos a que se refiere el artículo 650. La acusación se extenderá a las faltas imputables al acusado del delito o a otras personas, cuando la comisión de la falta o su prueba estuviera relacionada con el delito. También se expresarán la cuantía de las indemnizaciones o se fijarán las bases para su determinación y las personas civilmente responsables, así como los demás pronunciamientos sobre entrega y destino de cosas y efectos e imposición de costas procesales.

En el mismo escrito se propondrán las pruebas cuya práctica se interese en el juicio oral, expresando si la reclamación de documentos o las citaciones de peritos y testigos deben realizarse por medio de la oficina judicial.

En el escrito de acusación se podrá solicitar la práctica anticipada de aquellas pruebas que no puedan llevarse a cabo durante las sesiones del juicio oral, así como la adopción, modificación o suspensión de las medidas a que se refieren los artículos 763, 764 y 765, o cualesquiera otras que resulten procedentes o se hubieren adoptado, así como la cancelación de las tomadas frente a personas contra las que no se dirija acusación.

2. El Ministerio Fiscal, previa información a su superior jerárquico, y las acusaciones personadas podrán solicitar justificadamente la prórroga del plazo establecido en el artículo anterior. El Juez de Instrucción, atendidas las circunstancias, podrá acordar la prórroga de dicho plazo por un máximo de otros diez días.

3. Si el Ministerio Fiscal no presentare su escrito en el plazo establecido en el artículo anterior, el Juez de Instrucción requerirá al superior jerárquico del Fiscal actuante, para que en el plazo de diez días presente el escrito que proceda, dando razón de los motivos de su falta de presentación en plazo.

Modificado por Ley 38/2002, de 24 de octubre, de reforma parcial de la Ley de Enjuiciamiento Criminal, sobre procedimiento para el enjuiciamiento rápido e inmediato de determinados delitos y faltas, y de modificación del procedimiento abreviado. (BOE de 28/10/2002)

Ver arts. 650, 651, 652, 763, 764, 765, 780 y 800 LECrim; EOMF.

ART. 782.

1. Si el Ministerio Fiscal y el acusador particular solicitaren el sobreseimiento de la causa por cualquiera de los motivos que prevén los artículos 637 y 641, lo acordará el Juez, excepto en los supuestos de los números 1.º, 2.º, 3.º, 5.º y 6.º del artículo 20 del Código Penal, en que devolverá las actuaciones a las acusaciones para calificación, continuando el juicio hasta sentencia, a los efectos de la imposición de medidas de seguridad y del enjuiciamiento de la acción civil, en los supuestos previstos en el Código Penal.

Al acordar el sobreseimiento, el Juez de Instrucción dejará sin efecto la prisión y demás medidas cautelares acordadas.

2. Si el Ministerio Fiscal solicitare el sobreseimiento de la causa y no se hubiere personado en la misma acusador particular dispuesto a sostener la acusación, antes de acordar el sobreseimiento el Juez de Instrucción:

a) Podrá acordar que se haga saber la pretensión del Ministerio Fiscal a los directamente ofendidos o perjudicados conocidos, no personados, para que dentro del plazo máximo de quince días comparezcan a defender su acción si lo consideran oportuno. Si no lo hicieren en el plazo fijado, se acordará el sobreseimiento solicitado por el Ministerio Fiscal, sin perjuicio de lo dispuesto en el párrafo siguiente.

b) Podrá remitir la causa al superior jerárquico del Fiscal para que resuelva si procede o no sostener la acusación, quien comunicará su decisión al Juez de Instrucción en el plazo de diez días.

Modificado por Ley 38/2002, de 24 de octubre, de reforma parcial de la Ley de Enjuiciamiento Criminal, sobre procedimiento para el enjuiciamiento rápido e inmediato de determinados delitos y faltas, y de modificación del procedimiento abreviado. (BOE de 28/10/2002)

Ver arts. 637, 641 y 780 LECrim y 20 y 118 CP.

ART. 783.

1. Solicitada la apertura del juicio oral por el Ministerio Fiscal o la acusación particular, el Juez de Instrucción la acordará, salvo que estimare que concurre el supuesto del número 2 del artículo 637 o que no existen indicios racionales de criminalidad contra el acusado, en cuyo caso acordará el sobreseimiento que corresponda conforme a los artículos 637 y 641.

Cuando el Juez de Instrucción decrete la apertura del juicio oral sólo a instancia del Ministerio Fiscal o de la acusación particular, el Secretario judicial dará nuevo traslado a quien hubiere solicitado el sobreseimiento por plazo de tres días para que formule escrito de acusación, salvo que hubiere renunciado a ello.

2. Al acordar la apertura del juicio oral, resolverá el Juez de Instrucción sobre la adopción, modificación, suspensión o revocación de las medidas interesadas por el Ministerio Fiscal o la acusación particular, tanto en relación con el acusado como respecto de los responsables civiles, a quienes, en su caso, exigirá fianza, si no la prestare el acusado en el plazo que se le señale, así como sobre el alzamiento de las medidas adoptadas frente a quienes no hubieren sido acusados.

En el mismo auto señalará el Juez de Instrucción el órgano competente para el conocimiento y fallo de la causa.

3. Contra el auto que acuerde la apertura del juicio oral no se dará recurso alguno, excepto en lo relativo a la situación personal, pudiendo el acusado reproducir ante el órgano de enjuiciamiento las peticiones no atendidas.

Párrafo segundo del apartado primero modificado por Ley 13/2009, de 3 de noviembre, de reforma de la legislación procesal para la implantación de la nueva Oficina judicial. (BOE de 04/11/2009)

Ver arts. 637, 641, 645, 780 y 781 LECrim.

ART. 784.

1. Abierto el juicio oral, el Secretario judicial emplazará al encausado, con entrega de copia de los escritos de acusación, para que en el plazo de tres días comparezca en la causa con Abogado que le defienda y Procurador que le represente. Si no ejercitase su derecho a designar Procurador o a solicitar uno de oficio, el Secretario judicial interesará, en todo caso, su nombramiento. Cumplido ese trámite, el Secretario judicial dará traslado de las actuaciones originales, o mediante fotocopia, a los designados como acusados y terceros responsables en los escritos de acusación, para que en plazo común de diez días presenten escrito de defensa frente a las acusaciones formuladas.

Si la defensa no presentare su escrito en el plazo señalado, se entenderá que se opone a las acusaciones y seguirá su curso el procedimiento, sin perjuicio de la responsabilidad en que pueda incurrirse de acuerdo con lo previsto en el Título V del Libro V de la Ley Orgánica del Poder Judicial.

Una vez precluido el trámite para presentar su escrito, la defensa sólo podrá proponer la prueba que aporte en el acto del juicio oral para su práctica en el mismo, sin perjuicio de que, además, pueda interesar previamente que se libren las comunicaciones necesarias, siempre que lo haga con antelación suficiente respecto de la fecha señalada para el juicio, y de lo previsto en el párrafo segundo del apartado 1 del artículo 785. Todo ello se entiende sin perjuicio de que si los afectados consideran que se ha producido indefensión puedan aducirlo de acuerdo con lo previsto en el apartado 2 del artículo 786.

2. En el escrito de defensa se podrá solicitar del órgano judicial que recabe la remisión de documentos o cite a peritos o testigos, a los efectos de la práctica de la correspondiente prueba en las sesiones del juicio oral o, en su caso, de la práctica de prueba anticipada.

3. En su escrito, firmado también por el acusado, la defensa podrá manifestar su conformidad con la acusación en los términos previstos en el artículo 787.

Dicha conformidad podrá ser también prestada con el nuevo escrito de calificación que conjuntamente firmen las partes acusadoras y el acusado junto con su Letrado, en cualquier momento anterior a la celebración de las sesiones del juicio oral, sin perjuicio de lo dispuesto en el artículo 787.1.

4. Si, abierto el juicio oral, los acusados se hallaren en ignorado paradero y no hubieren hecho la designación de domicilio a que se refiere el artículo 775 y, en cualquier caso, si la pena solicitada excediera de los límites establecidos en el párrafo segundo del apartado 1 del artículo 786, el Juez mandará expedir requisitoria para su llamamiento y busca, declarándolos rebeldes, si no comparecieran o no fueren hallados, con los efectos prevenidos en esta Ley.

5. Presentado el escrito de defensa o transcurrido el plazo para hacerlo, el Secretario judicial acordará remitir lo actuado al órgano competente para el enjuiciamiento, notificándoselo a las partes, salvo cuando el enjuiciamiento corresponda al Juez de lo Penal y éste se desplazara periódicamente a la sede del Juzgado Instructor para la celebración de los juicios procedentes del mismo, en cuyo caso permanecerán las actuaciones en la Oficina judicial a disposición del Juez de lo Penal.

Modificado por la Ley Orgánica 13/2015, de 5 de octubre, de modificación de la Ley de Enjuiciamiento Criminal para el fortalecimiento de las garantías procesales y la regulación de las medidas de investigación tecnológica. (BOE de 06/10/2015)

Ver arts. 652, 653, 655, 656, 658, 768, 775, 783, 785 786, 786 bis, 787 y 834 a 836 LECrim; arts. 82.1 y 2, 87.1, 89 bis 1 y 2 y 269.3 LOPJ.

CAPÍTULO V
De la audiencia preliminar, del juicio oral y de la sentencia

Rúbrica modificada por Ley Orgánica 1/2025, de 2 de enero, de medidas en materia de eficiencia del Servicio Público de Justicia (BOE de 03-01-2025). Esta modificación entró en vigor el 03-04-2025.

ART. 785.

1. En cuanto las actuaciones se encontraren a disposición del órgano competente para el enjuiciamiento, el juez, jueza o tribunal convocará al fiscal y a las partes a una audiencia preliminar en la que podrán exponer lo que estimen oportuno acerca de la posibilidad de conformidad del acusado o acusados, la competencia del órgano judicial, la vulneración de algún derecho fundamental, la existencia de artículos de previo pronunciamiento, causas de la suspensión de juicio oral, nulidad de actuaciones, así como sobre el contenido, finalidad o nulidad de las pruebas propuestas.

Podrán igualmente proponer la incorporación de informes, certificaciones y otros documentos. También podrán proponer la práctica de pruebas de las que las partes no hubieran tenido conocimiento en el momento de formular sus escritos de acusación o defensa.

2. La celebración de la audiencia preliminar requiere la asistencia del acusado y del abogado defensor.

La celebración de la audiencia preliminar no se suspenderá por la inasistencia injustificada de la persona acusada que haya sido debidamente citada ni tampoco por la incomparecencia injustificada de las demás partes citadas en forma, celebrándose a los efectos de sustanciar las cuestiones que puedan resolverse en ausencia. En la citación se informará al acusado y a las partes que su injustificada incomparecencia no suspenderá la audiencia preliminar.

3. El juez, jueza o tribunal examinará las pruebas propuestas y resolverá admitiendo las que considere pertinentes y rechazando las demás, prevendrá lo necesario para la práctica de la prueba anticipada y resolverá sobre el resto de cuestiones planteadas de forma oral, salvo que, por la complejidad de las cuestiones planteadas, hubiera de serlo por escrito, en cuyo caso el auto habrá de ser dictado en el plazo de diez días.

Contra la resolución adoptada no cabrá recurso alguno, sin perjuicio de la pertinente protesta y de que la cuestión pueda ser reproducida, en su caso, en el recurso frente a la sentencia, salvo que dicha resolución ponga fin al procedimiento, en cuyo caso será susceptible de recurso de apelación, en el plazo y con las formalidades prevenidas en los artículos 790 y siguientes.

4. En la misma comparecencia, las partes podrán pedir al juez, jueza o tribunal que proceda a dictar sentencia de conformidad con el escrito de acusación que contenga pena de mayor gravedad, o con el que se presentara en ese acto, que no podrá referirse a hecho distinto ni contener calificación más grave que la del escrito de acusación anterior. El juez, jueza o tribunal dictará sentencia de conformidad con la pena manifestada por la defensa y el acusado, si concurren los requisitos establecidos en los apartados siguientes.

El Ministerio Fiscal oirá previamente a la víctima o perjudicado, aunque no estén personados en la causa, siempre que hubiera sido posible y se estime necesario para ponderar correctamente los efectos y el alcance de tal conformidad, y en todo caso cuando la gravedad o trascendencia del hecho o la intensidad o la cuantía sean especialmente significativos, así como en todos los supuestos en que víctimas o perjudicados se encuentren en situación de especial vulnerabilidad.

5. Si, a partir de la descripción de los hechos aceptada por todas las partes, el juez, jueza o tribunal entendiere que la calificación aceptada es correcta y que la pena es procedente según dicha calificación, dictará sentencia de conformidad. El juez, jueza o tribunal habrá oído en todo caso al acusado acerca de si su conformidad ha sido prestada libremente y con conocimiento de sus consecuencias.

6. En caso de que el juez, jueza o tribunal considerare incorrecta la calificación formulada o entendiere que la pena solicitada no procede legalmente, requerirá a la parte que presentó el escrito de acusación más grave para que manifieste si se ratifica o no en él. Sólo cuando la parte requerida modificare su escrito de acusación en términos tales que la calificación sea correcta y la pena solicitada sea procedente y el acusado preste de nuevo su conformidad, podrá el juez, jueza o tribunal dictar sentencia de conformidad. En otro caso, ordenará la celebración del juicio.

7. Una vez que la defensa del acusado manifieste su conformidad, el juez, jueza, presidente o presidenta del tribunal informará a la persona acusada de sus consecuencias y a continuación le requerirá a fin de que manifieste si presta su conformidad. Cuando el juez, jueza o tribunal albergue dudas sobre si la persona acusada ha prestado libremente su conformidad, acordará la celebración del juicio.

También podrá acordar la continuación del juicio cuando, no obstante la conformidad de la persona acusada, su defensor o defensora lo considere necesario y el juez, jueza o tribunal estime fundada su petición.

El letrado o la letrada facilitará por escrito a la persona a quien defiende la información sobre el acuerdo alcanzado.

8. No vinculan al juez, jueza o tribunal las conformidades sobre la adopción de medidas protectoras en los casos de limitación de la responsabilidad penal.

9. La sentencia de conformidad se dictará oralmente y documentará conforme a lo previsto en el apartado 2 del artículo 789, sin perjuicio de su ulterior redacción. Si el fiscal y las partes, conocido el fallo, expresaran su decisión de no recurrir, el juez, en el mismo acto, declarará oralmente la firmeza de la sentencia, y se pronunciará, previa audiencia de las partes, sobre la suspensión de la pena impuesta o su sustitución, cuando proceda. También resolverá el juez, jueza o tribunal sobre los aplazamientos de las responsabilidades pecuniarias y se realizarán, en cuanto fuera posible, los requerimientos y liquidaciones de condena de las penas impuestas en la sentencia.

10. Únicamente serán recurribles las sentencias de conformidad cuando no hayan respetado los requisitos o términos de la conformidad, sin que la persona acusada pueda impugnar por razones de fondo su conformidad libremente prestada.

11. Cuando el acusado sea una persona jurídica, la conformidad deberá prestarla su representante especialmente designado, siempre que cuente con poder especial. Dicha conformidad, que se sujetará a los requisitos enunciados en los apartados anteriores, podrá realizarse con independencia de la posición que adopten las demás personas acusadas, y su contenido no vinculará en el juicio que se celebre en relación con estas.

12. La comparecencia se registrará en el modo previsto en el artículo 743.

Modificado por Ley Orgánica 1/2025, de 2 de enero, de medidas en materia de eficiencia del Servicio Público de Justicia (BOE de 03-01-2025). Esta modificación entró en vigor el 03-04-2025, teniendo en cuenta que el apdo. 9 será de aplicación a los procedimientos en los que no se hubiese celebrado juicio oral a la entrada en vigor de la precitada Ley Orgánica 1/2025 (D.T. 9.ª).

Apdo. 3 anteriormente modificado por Ley 4/2015, de 27 de abril, del Estatuto de la víctima del delito. (BOE de 28-04-2015)

Artículo anteriormente modificado por Ley 13/2009, de 3 de noviembre, de reforma de la legislación procesal para la implantación de la nueva Oficina judicial. (BOE de 04-11-2009)

Ver arts. 659 a 664 LECrim; 182 LEC; 4.1 y 4.2 LO 19/1994, de 23 de diciembre, de protección de testigos y peritos en causas criminales.

ART. 786.

1. Si no hubiera conformidad de las partes, una vez que el juez, la jueza o el tribunal hubiera resuelto de forma oral conforme al apartado 3 del artículo anterior, siempre que el señalamiento pueda hacerse en el mismo acto, se establecerá el día y la hora en que deban comenzar las sesiones del juicio oral, con sujeción a lo dispuesto en el artículo 182 de la Ley 1/2000, de 7 de enero, de Enjuiciamiento Civil. Las partes, sus letrados o letradas y el Ministerio Fiscal deberán manifestar la coincidencia con otros señalamientos u otros motivos que pudieran impedir la celebración de juicio en la fecha señalada.

En los demás casos se fijará el día y hora por el letrado o la letrada de la Administración de Justicia conforme a los criterios generales y las concretas y específicas instrucciones a que se refiere dicho precepto de la Ley 1/2000, de 7 de enero.

En el caso de que el juez, la jueza o el tribunal no hubiera resuelto oralmente, el señalamiento deberá ser efectuado por el letrado o la letrada de la Administración de Justicia inmediatamente después de que sea dictado el auto a que se refiere el apartado 3 del artículo anterior.

2. Los criterios generales y las concretas y específicas instrucciones que fijen los Presidentes o Presidentas de Sala o Sección, y los jueces y juezas de lo Penal, con arreglo a los cuales se realizará el señalamiento, tendrán asimismo en cuenta:

1.º La prisión del acusado.

2.º El aseguramiento de su presencia a disposición judicial.

3.º Las demás medidas cautelares personales adoptadas.

4.º La prioridad de otras causas.

5.º La complejidad de la prueba propuesta o cualquier circunstancia modificativa, según hayan podido determinar una vez estudiado el asunto o pleito de que se trate.

3. Cuando la víctima lo haya solicitado, aunque no sea parte en el proceso ni deba intervenir, el letrado o letrada de la Administración de Justicia deberá informarle, por escrito y sin retrasos innecesarios, de la fecha, hora y lugar del juicio, así como del contenido de la acusación dirigida contra la persona infractora.

Modificado por Ley Orgánica 1/2025, de 2 de enero, de medidas en materia de eficiencia del Servicio Público de Justicia (BOE de 03-01-2025). Esta modificación entró en vigor el 03-04-2025.

Apartado segundo anteriormente redactado por Ley 13/2009, de 3 de noviembre, de reforma de la legislación procesal para la implantación de la nueva Oficina judicial. (BOE de 04-11-2009)

Ver arts. 680 y sigs. y 688 LECrim.

ART. 787.

1. La celebración del juicio oral requiere preceptivamente la asistencia de la persona acusada y del abogado o abogada defensor. No obstante, si hubiere varias personas acusadas y alguna de ellas deja de comparecer sin motivo legítimo, apreciado por el juez, la jueza o el tribunal, podrá este acordar, oídas las partes, la continuación del juicio para los restantes.

La ausencia injustificada de la persona acusada que hubiera sido citada personalmente, o en el domicilio o en la persona a que se refiere el artículo 775, no será causa de suspensión del juicio oral si el juez, la jueza o el tribunal, a solicitud del Ministerio Fiscal o de la parte acusadora, y oída la defensa, estima que existen elementos suficientes para el enjuiciamiento, cuando concurran los siguientes requisitos:

a) Que la pena más grave solicitada no exceda de dos años de privación de libertad, que no exceda de seis años si se trata de pena de distinta naturaleza o que se trate de pena de multa cualquiera que sea su cuantía o duración.

b) Que, en todo caso, tratándose de penas privativas de libertad, la suma total de las penas solicitadas no exceda de cinco años.

La ausencia injustificada del tercero responsable civil citado en debida forma no será por sí misma causa de suspensión del juicio.

Las acusaciones particular o popular podrán ser representadas en el acto de juicio por procurador de los tribunales, salvo en el caso de que proceda practicar la declaración de los mismos.

2. El juicio oral comenzará con la lectura de los escritos de acusación y de defensa.

3. Al inicio de las sesiones del juicio, únicamente podrá solicitarse la incorporación de informes, certificaciones y otros documentos. También podrá proponerse la práctica de pruebas de las que las partes no hubieran tenido conocimiento al momento de celebrar la comparecencia prevista en el artículo 785.

Modificado por Ley Orgánica 1/2025, de 2 de enero, de medidas en materia de eficiencia del Servicio Público de Justicia (BOE de 03-01-2025). Esta modificación entró en vigor el 03-04-2025.

Artículo anteriormente modificado por Ley 37/2011, de 10 de octubre, de medidas de agilización procesal (BOE de 11-10-2011) y por Ley 13/2009, de 3 de noviembre, de reforma de la legislación procesal para la implantación de la nueva Oficina judicial (BOE de 04-11-2009).

Ver arts. 50 LO 5/1995, de 22 de mayo, del Tribunal del Jurado y 36 LO 5/2000, de 12 de enero, reguladora de la responsabilidad penal de los menores.

ART. 787 bis.

1. Cuando el acusado sea una persona jurídica, ésta podrá estar representada para un mejor ejercicio del derecho de defensa por una persona que especialmente designe, debiendo ocupar en la Sala el lugar reservado a los acusados. Dicha persona podrá declarar en nombre de la persona jurídica si se hubiera propuesto y admitido esa prueba, sin perjuicio del derecho a guardar silencio, a no declarar contra sí mismo y a no confesarse culpable, así como ejercer el derecho a la última palabra al finalizar el acto del juicio.

No se podrá designar a estos efectos a quien haya de declarar en el juicio como testigo.

2. No obstante lo anterior, la incomparecencia de la persona especialmente designada por la persona jurídica para su representación no impedirá en ningún caso la celebración de la vista, que se llevará a cabo con la presencia del Abogado y el Procurador de ésta.

Artículo renumerado (anteriormente era el 786 bis) por Ley Orgánica 1/2025, de 2 de enero, de medidas en materia de eficiencia del Servicio Público de Justicia (BOE de 03-01-2025). Esta modificación entró en vigor el 03-04-2025.

Artículo añadido por Ley 37/2011, de 10 de octubre, de medidas de agilización procesal. (BOE de 11-10-2011)

ART. 787 ter.

1. Antes de iniciarse la práctica de la prueba, la defensa, con la conformidad del acusado presente, podrá pedir al juez, jueza o tribunal que proceda a dictar sentencia de conformidad con el escrito de acusación que contenga pena de mayor gravedad, o con el que se presentara en ese acto, que no podrá referirse a hecho distinto, ni contener calificación más grave que la del escrito de acusación anterior. El juez, la jueza o el tribunal dictará sentencia de conformidad con la manifestada por la defensa y el acusado, si concurren los requisitos establecidos en los apartados siguientes.

El Ministerio Fiscal oirá previamente a la víctima o perjudicado, aunque no estén personados en la causa, siempre que hubiera sido posible y se estime necesario para ponderar correctamente los efectos y el alcance de tal conformidad, y en todo caso cuando la gravedad o trascendencia del hecho o la cuantía sean especialmente significativos, así como en todos los supuestos en que víctimas o perjudicados se encuentren en situación de especial vulnerabilidad.

2. Si a partir de la descripción de los hechos aceptada por todas las partes, el juez, la jueza o el tribunal entendiere que la calificación aceptada es correcta y que la pena es procedente según dicha calificación, dictará sentencia de conformidad. El juez, la jueza o el tribunal habrá oído en todo caso al acusado acerca de si su conformidad ha sido prestada libremente y con conocimiento de sus consecuencias.

3. En caso de que el juez, la jueza o el tribunal considerare incorrecta la calificación formulada o entendiere que la pena solicitada no procede legalmente, requerirá a la

parte que presentó el escrito de acusación más grave para que manifieste si se ratifica o no en él. Sólo cuando la parte requerida modificare su escrito de acusación en términos tales que la calificación sea correcta y la pena solicitada sea procedente, y el acusado preste de nuevo su conformidad, podrá el juez, la jueza o el tribunal dictar sentencia de conformidad. En otro caso, ordenará la continuación del juicio.

4. Una vez que la defensa manifieste su conformidad, el juez, la jueza o el tribunal informará al acusado de sus consecuencias y a continuación le requerirá a fin de que manifieste si presta su conformidad. Cuando el juez, la jueza o el tribunal albergue dudas sobre si el acusado ha prestado libremente su conformidad, acordará la continuación del juicio.

También podrá acordar la continuación del juicio cuando, no obstante la conformidad de la persona acusada, su defensor o defensora lo considere necesario y el juez, la jueza o el tribunal estime fundada su petición.

El letrado o la letrada facilitará por escrito a la persona a quien defiende la información sobre el acuerdo alcanzado.

5. No vinculan al juez, jueza o tribunal las conformidades sobre la adopción de medidas protectoras en los casos de limitación de la responsabilidad penal.

6. La sentencia de conformidad se dictará oralmente y documentará conforme a lo previsto en el apartado 2 del artículo 789, sin perjuicio de su ulterior redacción. Si el o la fiscal y las partes, conocido el fallo, expresaran su decisión de no recurrir, el juez, en el mismo acto, declarará oralmente la firmeza de la sentencia y se pronunciará, previa audiencia de las partes, sobre la suspensión o la sustitución de la pena impuesta, cuando proceda. También resolverá el juez, la jueza o el tribunal sobre los aplazamientos de las responsabilidades pecuniarias y se realizarán, en cuanto fuera posible, los requerimientos y liquidaciones de condena de las penas impuestas en la sentencia.

7. Únicamente serán recurribles las sentencias de conformidad cuando no hayan respetado los requisitos o términos de la conformidad, sin que la persona acusada pueda impugnar por razones de fondo su conformidad libremente prestada.

8. Cuando la persona acusada sea una persona jurídica, la conformidad deberá prestarla su representante especialmente designado, siempre que cuente con poder especial. Dicha conformidad, que se sujetará a los requisitos enunciados en los apartados anteriores, podrá realizarse con independencia de la posición que adopten las demás personas acusadas, y su contenido no vinculará en el juicio que se celebre en relación con estas.

Añadido por Ley Orgánica 1/2025, de 2 de enero, de medidas en materia de eficiencia del Servicio Público de Justicia (BOE de 03-01-2025). Este artículo entró en vigor el 03-04-2025, teniendo en cuenta que el apdo. 6 será de aplicación a los procedimientos en los que no se hubiese celebrado juicio oral a la entrada en vigor de la precitada Ley Orgánica 1/2025 (D.T. 9.ª).

ART. 788.

1. La práctica de la prueba se realizará concentradamente, en las sesiones consecutivas que sean necesarias.

Excepcionalmente, podrá acordar el Juez o Tribunal la suspensión o aplazamiento de la sesión, hasta el límite máximo de treinta días, en los supuestos del artículo 746, conservando su validez los actos realizados, salvo que se produzca la sustitución del Juez o miembro del Tribunal en el caso del número 4 de dicho artículo. En esos casos siempre que el señalamiento de la reanudación pueda realizarse al mismo tiempo en que se acuerde la suspensión, se hará por el Juez o Presidente, que tendrá en cuenta las necesidades de la agenda programada de señalamientos y las demás circunstancias contenidas en los artículos 182.4 de la Ley de Enjuiciamiento Civil y 785.2 de la presente Ley.

Del mismo modo se actuará en los casos en que se interrumpa o suspenda un juicio oral ya iniciado y el nuevo señalamiento de vista pueda realizarse al mismo tiempo ten que se acuerde la interrupción o suspensión.

En los restantes casos, el señalamiento de fecha para el nuevo juicio oral se hará por el Secretario judicial, para la fecha más inmediata posible, ajustándose a lo previsto en el artículo 785.2 de la presente Ley.

No será causa de suspensión del juicio la falta de acreditación de la sanidad, de la tasación de daños o de la verificación de otra circunstancia de análoga significación, siempre que no sea requisito imprescindible para la calificación de los hechos. En tal caso, la determinación cuantitativa de la responsabilidad civil quedará diferida al trámite de ejecución, fijándose en la sentencia las bases de la misma.

2. Será de aplicación lo dispuesto en el artículo 703 bis en cuanto a la no intervención en el acto del juicio del testigo, cuando se haya practicado prueba preconstituida de conformidad con lo dispuesto en los artículos 449 bis y siguientes.

3. El informe pericial podrá ser prestado sólo por un perito.

En el ámbito de este procedimiento, tendrán carácter de prueba documental los informes emitidos por laboratorios oficiales sobre la naturaleza, cantidad y pureza de sustancias estupefacientes cuando en ellos conste que se han realizado siguiendo los protocolos científicos aprobados por las correspondientes normas.

4. Terminada la práctica de la prueba, el Juez o Presidente del Tribunal requerirá a la acusación y a la defensa para que manifiesten si ratifican o modifican las conclusiones de los escritos inicialmente presentados y para que expongan oralmente cuanto estimen procedente sobre la valoración de la prueba y la calificación jurídica de los hechos.

El requerimiento podrá extenderse a solicitar del Ministerio Fiscal y de los letrados un mayor esclarecimiento de hechos concretos de la prueba y la valoración jurídica de los hechos, sometiéndoles a debate una o varias preguntas sobre puntos determinados.

5. Cuando, en sus conclusiones definitivas, la acusación cambie la tipificación penal de los hechos o se aprecien un mayor grado de participación o de ejecución o circunstancias de agravación de la pena, el Juez o Tribunal podrá considerar un aplazamiento de la sesión, hasta el límite de diez días, a petición de la defensa, a fin de que ésta pueda preparar adecuadamente sus alegaciones y, en su caso, aportar los elementos probatorios y de descargo que estime convenientes. Tras la práctica de una nueva prueba que pueda solicitar la defensa, las partes acusadoras podrán, a su vez, modificar sus conclusiones definitivas.

6. Cuando todas las acusaciones califiquen los hechos como delitos castigados con pena que exceda de la competencia del Juez de lo Penal, se declarará éste incompetente para juzgar, dará por terminado el juicio y el Secretario judicial remitirá las actuaciones a la Audiencia competente. Fuera del supuesto anterior, el Juez de lo Penal resolverá lo que estime pertinente acerca de la continuación o finalización del juicio, pero en ningún caso podrá imponer una pena superior a la correspondiente a su competencia.

7. En cuanto se refiere a la grabación de las sesiones del juicio oral y a su documentación, serán aplicables las disposiciones contenidas en el artículo 743 de la presente Ley.

Apdo. 2 se añade y se renumeran los apartados del 2 al 6, que pasan a ser del 3 al 7, por Ley Orgánica 8/2021, de 4 de junio, de protección integral a la infancia y la adolescencia frente a la violencia. (BOE de 05/06/2021)

Apartados 1, 5 (actual 6) y 6 (actual 7) redactados por Ley 13/2009, de 3 de noviembre, de reforma de la legislación procesal para la implantación de la nueva Oficina judicial. (BOE de 04/11/2009)

Ver arts. 701 a 741, 743, 746, 779 y 785.2 LECrim; 182.4 LEC e Instrucción 3/2017, sobre documentación de las diligencias sumariales de naturaleza personal.

ART. 789.

1. La sentencia se dictará dentro de los cinco días siguientes a la finalización del juicio oral.

2. El Juez de lo Penal podrá dictar sentencia oralmente en el acto del juicio, documentándose en el acta con expresión del fallo y una sucinta motivación, sin perjuicio de la ulterior redacción de aquélla. Si el Fiscal y las partes, conocido el fallo, expresasen su decisión de no recurrir, el Juez, en el mismo acto, declarará la firmeza de la sentencia, y se pronunciará, previa audiencia de las partes, sobre la suspensión o la sustitución de la pena impuesta.

3. La sentencia no podrá imponer pena más grave de la solicitada por las acusaciones, ni condenar por delito distinto cuando éste conlleve una diversidad de bien jurídico protegido o mutación sustancial del hecho enjuiciado, salvo que alguna de las acusaciones haya asumido el planteamiento previamente expuesto por el Juez o Tribunal dentro del trámite previsto en el párrafo segundo del artículo 788.3.

4. El Secretario judicial notificará la sentencia por escrito a los ofendidos y perjudicados por el delito, aunque no se hayan mostrado parte en la causa.

5. Cuando la instrucción de la causa hubiera correspondido a un Juzgado de Violencia sobre la Mujer el Secretario judicial remitirá al mismo la sentencia por testimonio de forma inmediata. Igualmente le remitirá la declaración de firmeza y la sentencia de segunda instancia cuando la misma fuera revocatoria, en todo o en parte, de la sentencia previamente dictada.

Apartados 2, 4 y 5 redactados por Ley 13/2009, de 3 de noviembre, de reforma de la legislación procesal para la implantación de la nueva Oficina judicial. (BOE de 04/11/2009)

Ver arts. 24.1 y 2 y 120.3 CE; arts. 142, 742, 788 y 802 LECrim; art. 248.3 LOPJ.

CAPÍTULO VI
De la impugnación de la sentencia

ART. 790.

1. La sentencia dictada por el Juez de lo Penal es apelable ante la Audiencia Provincial correspondiente, y la del Juez Central de lo Penal, ante la Sala de lo Penal de la Audiencia Nacional. El recurso podrá ser interpuesto por cualquiera de las partes, dentro de los diez días siguientes a aquel en que se les hubiere notificado la sentencia. Durante este período se hallarán las actuaciones en la Oficina judicial a disposición de las partes, las cuales en el plazo de los tres días siguientes a la notificación de la sentencia podrán solicitar copia de los soportes en los que se hayan grabado las sesiones, con suspensión del plazo para la interposición del recurso. El cómputo del plazo se reanudará una vez hayan sido entregadas las copias solicitadas.

La parte que no hubiera apelado en el plazo señalado podrá adherirse a la apelación en el trámite de alegaciones previsto en el apartado 5, ejercitando las pretensiones y alegando los motivos que a su derecho convengan. En todo caso, este recurso quedará supeditado a que el apelante mantenga el suyo.

Las demás partes podrán impugnar la adhesión, en el plazo de dos días, una vez conferido el traslado previsto en el apartado 6.

2. El escrito de formalización del recurso se presentará ante el órgano que dictó la resolución que se impugne, y en él se expondrán, ordenadamente, las alegaciones sobre quebrantamiento de las normas y garantías procesales, error en la apreciación de las pruebas o infracción de normas del ordenamiento jurídico en las que se base la impugnación. El recurrente también habrá de fijar un domicilio para notificaciones en el lugar donde tenga su sede la Audiencia.

Si en el recurso se pidiera la declaración de nulidad del juicio por infracción de normas o garantías procesales que causaren la indefensión del recurrente, en términos tales que no pueda ser subsanada en la segunda instancia, se citarán las normas legales o constitucionales que se consideren infringidas y se expresarán las razones de la indefensión. Asimismo, deberá acreditarse haberse pedido la subsanación de la falta o infracción en la primera instancia, salvo en el caso de que se hubieren cometido en momento en el que fuere ya imposible la reclamación.

Cuando la acusación alegue error en la valoración de la prueba para pedir la anulación de la sentencia absolutoria o el agravamiento de la condenatoria, será preciso que se justifique la insuficiencia o la falta de racionalidad en la motivación fáctica, el apartamiento manifiesto de las máximas de experiencia o la omisión de todo razonamiento sobre alguna o algunas de las pruebas practicadas que pudieran tener relevancia o cuya nulidad haya sido improcedentemente declarada.

3. En el mismo escrito de formalización podrá pedir el recurrente la práctica de las diligencias de prueba que no pudo proponer en la primera instancia, de las propuestas que le fueron indebidamente denegadas, siempre que hubiere formulado en su momento la oportuna protesta, y de las admitidas que no fueron practicadas por causas que no le sean imputables.

4. Recibido el escrito de formalización, el Juez, si reúne los requisitos exigidos, admitirá el recurso. En caso de apreciar la concurrencia de algún defecto subsanable, concederá al recurrente un plazo no superior a tres días para la subsanación.

5. Admitido el recurso, el Secretario judicial dará traslado del escrito de formalización a las demás partes por un plazo común de diez días. Dentro de este plazo habrán de pre-

sentarse los escritos de alegaciones de las demás partes, en los que podrá solicitarse la práctica de prueba en los términos establecidos en el apartado 3 y en los que se fijará un domicilio para notificaciones.

6. Presentados los escritos de alegaciones o precluido el plazo para hacerlo, el Secretario, en los dos días siguientes, dará traslado de cada uno de ellos a las demás partes y elevará a la Audiencia los autos originales con todos los escritos presentados.

Párrafo tercero del apartado 2 añadido por Ley 41/2015, de 5 de octubre, de modificación de la Ley de Enjuiciamiento Criminal para la agilización de la justicia penal y el fortalecimiento de las garantías procesales. (BOE de 06/10/2015)

Apartados 1 y 5 modificados por Ley 13/2009, de 3 de noviembre, de reforma de la legislación procesal para la implantación de la nueva Oficina judicial. (BOE de 04/11/2009)

Ver arts. 10.2 y 24.2 CE; 14.5 PIDCP; arts. 221 a 232, 791 y 792 LECrim; arts. 65.5º, 82.2º y 240.1 LOPJ y Circular de la Fiscalía General del Estado 1/1989, de 8 de marzo, sobre el procedimiento abreviado, introducido por la Ley Orgánica 7/1988, de 28 de diciembre.

ART. 791.

1. Si los escritos de formalización o de alegaciones contienen proposición de prueba o reproducción de la grabada, el Tribunal resolverá en tres días sobre la admisión de la propuesta y acordará, en su caso, que el Secretario judicial señale día para la vista. También podrá celebrarse vista cuando, de oficio o a petición de parte, la estime el Tribunal necesaria para la correcta formación de una convicción fundada.

2. El Secretario judicial señalará la vista dentro de los quince días siguientes y a ella serán citadas todas las partes. Cuando la víctima lo haya solicitado, será informada por el Secretario judicial, aunque no se haya mostrado parte ni sea necesaria su intervención.

La vista se celebrará empezando, en su caso, por la práctica de la prueba y por la reproducción de las grabaciones si hay lugar a ella. A continuación, las partes resumirán oralmente el resultado de la misma y el fundamento de sus pretensiones.

3. En cuanto se refiere a la grabación de la vista y a su documentación, serán aplicables las disposiciones contenidas en el artículo 743.

Apartado 2 modificado por Ley 4/2015, de 27 de abril, del Estatuto de la víctima del delito. (BOE de 28/04/2015)

Artículo redactado por Ley 13/2009, de 3 de noviembre, de reforma de la legislación procesal para la implantación de la nueva Oficina judicial. (BOE de 04/11/2009)

Ver arts. 24.1 y 2 CE y 790 LECrim.

ART. 792.

1. La sentencia de apelación se dictará dentro de los cinco días siguientes a la vista oral, o dentro de los diez días siguientes a la recepción de las actuaciones por la Audiencia cuando no hubiere resultado procedente su celebración.

2. La sentencia de apelación no podrá condenar al encausado que resultó absuelto en primera instancia ni agravar la sentencia condenatoria que le hubiera sido impuesta por error en la apreciación de las pruebas en los términos previstos en el tercer párrafo del artículo 790.2.

No obstante, la sentencia, absolutoria o condenatoria, podrá ser anulada y, en tal caso, se devolverán las actuaciones al órgano que dictó la resolución recurrida. La sentencia de apelación concretará si la nulidad ha de extenderse al juicio oral y si el principio de imparcialidad exige una nueva composición del órgano de primera instancia en orden al nuevo enjuiciamiento de la causa.

3. Cuando la sentencia apelada sea anulada por quebrantamiento de una forma esencial del procedimiento, el tribunal, sin entrar en el fondo del fallo, ordenará que se reponga el procedimiento al estado en que se encontraba en el momento de cometerse la falta, sin perjuicio de que conserven su validez todos aquellos actos cuyo contenido sería idéntico no obstante la falta cometida.

4. Contra la sentencia dictada en apelación solo cabrá recurso de casación en los supuestos previstos en el artículo 847, sin perjuicio de lo establecido respecto de la revisión de sentencias firmes, o en el artículo siguiente para la impugnación de sentencias

firmes dictadas en ausencia del acusado. Cuando no se interponga recurso contra la sentencia dictada en apelación los autos se devolverán al juzgado a los efectos de la ejecución del fallo.

5. La sentencia se notificará a los ofendidos y perjudicados por el delito, aunque no se hayan mostrado parte en la causa.

Modificado por Ley 41/2015, de 5 de octubre, de modificación de la Ley de Enjuiciamiento Criminal para la agilización de la justicia penal y el fortalecimiento de las garantías procesales. (BOE de 06/10/2015)

Ver arts. 221 a 232, 790, 793 y 794 LECrim; arts. 65.5°, 82.2°, 240.2, 242 y 267 LOPJ.

ART. 793.

1. En cualquier momento en que comparezca o sea habido el que hubiere sido condenado en ausencia conforme a lo dispuesto en el párrafo segundo del apartado 1 del artículo 786, le será notificada la sentencia dictada en primera instancia o en apelación a efectos de cumplimiento de la pena aún no prescrita. Al notificársele la sentencia se le hará saber su derecho a interponer el recurso a que se refiere el apartado siguiente, con indicación del plazo para ello y del órgano competente.

2. La sentencia dictada en ausencia, haya sido o no apelada, es susceptible de ser recurrida en anulación por el condenado en el mismo plazo y con iguales requisitos y efectos que los establecidos en el recurso de apelación. El plazo se contará desde el momento en que se acredite que el condenado tuvo conocimiento de la sentencia.

Modificado por Ley 38/2002, de 24 de octubre, de reforma parcial de la Ley de Enjuiciamiento Criminal, sobre procedimiento para el enjuiciamiento rápido e inmediato de determinados delitos y faltas, y de modificación del procedimiento abreviado. (BOE de 28/10/2002)

Ver arts. 775, 786.1, 789, 792 LECrim; arts. 57.1.1° y 82.1.2° LOPJ; y Circular n.° 1/1989 sobre el procedimiento abreviado introducido por la Ley Orgánica 7/1988, de 28 de diciembre.

CAPÍTULO VII
De la ejecución de sentencias

ART. 794.

Tan pronto como sea firme la sentencia, se procederá a su ejecución por el Juez o por la Audiencia que la hubiere dictado, conforme a las disposiciones generales de la Ley, observándose las siguientes reglas:

1.ª Si no se hubiere fijado en el fallo la cuantía indemnizatoria, cualquiera de las partes podrá instar, durante la ejecución de la sentencia, la práctica de las pruebas que estime oportunas para su precisa determinación. De esta pretensión el Secretario judicial dará traslado a las demás para que, en el plazo común de diez días, pidan por escrito lo que a su derecho convenga. El Juez o Tribunal rechazará la práctica de pruebas que no se refieran a las bases fijadas en la sentencia.

Practicada la prueba, y oídas las partes por un plazo común de cinco días, se fijará mediante auto, en los cinco días siguientes, la cuantía de la responsabilidad civil. El auto dictado por el Juez de lo Penal será apelable ante la Audiencia respectiva.

2.ª En los casos en que se haya impuesto la pena de privación del derecho a conducir vehículos a motor y ciclomotores, el Secretario judicial procederá a la inmediata retirada del permiso y licencia habilitante, si tal medida no estuviera ya acordada, dejando unido el documento a los autos y remitirá mandamiento a la Jefatura Central de Tráfico para que lo deje sin efecto y no expida otro nuevo hasta la extinción de la condena.

Modificado por Ley 13/2009, de 3 de noviembre, de reforma de la legislación procesal para la implantación de la nueva Oficina judicial. (BOE de 04/11/2009)

Ver arts. 983 a 999 LECrim.

TÍTULO III
Del procedimiento para el enjuiciamiento rápido de determinados delitos

CAPÍTULO I
Ámbito de aplicación

ART. 795.

1. Sin perjuicio de lo establecido para los demás procesos especiales, el procedimiento regulado en este Título se aplicará a la instrucción y al enjuiciamiento de delitos castigados con pena privativa de libertad que no exceda de cinco años, o con cualesquiera otras penas, bien sean únicas, conjuntas o alternativas, cuya duración no exceda de diez años, cualquiera que sea su cuantía, siempre que el proceso penal se incoe en virtud de un atestado policial y que la Policía Judicial haya detenido a una persona y la haya puesto a disposición del Juzgado de guardia o que, aun sin detenerla, la haya citado para comparecer ante el Juzgado de guardia por tener la calidad de denunciado en el atestado policial y, además, concurra cualquiera de las circunstancias siguientes:

1.ª Que se trate de delitos flagrantes. A estos efectos, se considerará delito flagrante el que se estuviese cometiendo o se acabare de cometer cuando el delincuente sea sorprendido en el acto. Se entenderá sorprendido en el acto no sólo al delincuente que fuere detenido en el momento de estar cometiendo el delito, sino también al detenido o perseguido inmediatamente después de cometerlo, si la persecución durare o no se suspendiere mientras el delincuente no se ponga fuera del inmediato alcance de los que le persiguen. También se considerará delincuente in fraganti aquel a quien se sorprendiere inmediatamente después de cometido un delito con efectos, instrumentos o vestigios que permitan presumir su participación en él.

2.ª Que se trate de alguno de los siguientes delitos:

a) Delitos de lesiones, coacciones, amenazas o violencia física o psíquica habitual, cometidos contra las personas a que se refiere el artículo 173.2 del Código Penal.

b) Delitos de hurto.

c) Delitos de robo.

d) Delitos de hurto y robo de uso de vehículos.

e) Delitos contra la seguridad del tráfico.

f) Delitos de daños referidos en el artículo 263 del Código Penal.

g) Delitos contra la salud pública previstos en el artículo 368, inciso segundo, del Código Penal.

h) Delitos flagrantes relativos a la propiedad intelectual e industrial previstos en los artículos 270, 273, 274 y 275 del Código Penal.

i) Delitos de allanamiento de morada del artículo 202 del Código Penal.

j) Delitos de usurpación del artículo 245 del Código Penal.

3.ª Que se trate de un hecho punible cuya instrucción sea presumible que será sencilla.

2. El procedimiento regulado en este Título no será de aplicación a la investigación y enjuiciamiento de aquellos delitos que fueren conexos con otro u otros delitos no comprendidos en el apartado anterior.

3. No se aplicará este procedimiento en aquellos casos en que sea procedente acordar el secreto de las actuaciones conforme a lo establecido en el artículo 302.

4. En todo lo no previsto expresamente en el presente Título se aplicarán supletoriamente las normas del Título II de este mismo Libro, relativas al procedimiento abreviado.

Letras i) y j) de la circunstancia 2.ª se añaden por Ley Orgánica 1/2025, de 2 de enero, de medidas en materia de eficiencia del Servicio Público de Justicia (BOE de 03-01-2025). Esta modificación entró en vigor el 03-04-2025.

Apdo. 1, regla 2ª modificado por Ley Orgánica 15/2003, de 25 de noviembre, por la que se modifica la Ley Orgánica 10/1995, de 23 de noviembre, del Código Penal. (BOE de 26-11-2003).

CAPÍTULO II
De las actuaciones de la Policía Judicial

ART. 796.

1. Sin perjuicio de cuanto se establece en el Título III del Libro II y de las previsiones del capítulo II del Título II de este Libro, la Policía Judicial deberá practicar en el tiempo imprescindible y, en todo caso, durante el tiempo de la detención, las siguientes diligencias:

1.ª Sin perjuicio de recabar los auxilios a que se refiere el ordinal 1.ª del artículo 770, solicitará del facultativo o del personal sanitario que atendiere al ofendido copia del informe relativo a la asistencia prestada para su unión al atestado policial. Asimismo, solicitará la presencia del médico forense cuando la persona que tuviere que ser reconocida no pudiera desplazarse al Juzgado de guardia dentro del plazo previsto en el artículo 799.

2.ª Informará a la persona a la que se atribuya el hecho, aun en el caso de no procederse a su detención, del derecho que le asiste de comparecer ante el Juzgado de guardia asistido de abogado. Si el interesado no manifestare expresamente su voluntad de comparecer asistido de abogado, la Policía Judicial recabará del Colegio de Abogados la designación de un letrado de oficio.

3.ª Citará a la persona que resulte denunciada en el atestado policial para comparecer en el Juzgado de guardia en el día y hora que se le señale, cuando no se haya procedido a su detención. El citado será apercibido de las consecuencias de no comparecer a la citación policial ante el Juzgado de guardia.

4.ª Citará también a los testigos para que comparezcan en el juzgado de guardia en el día y hora que se les indique, apercibiéndoles de las consecuencias de no comparecer a la citación policial en el juzgado de guardia. No será necesaria la citación de miembros de las Fuerzas y Cuerpos de Seguridad que hubieren intervenido en el atestado cuando su declaración conste en el mismo.

5.ª Citará para el mismo día y hora a las entidades a que se refiere el artículo 117 del Código Penal, en el caso de que conste su identidad.

6.ª Remitirá al Instituto de Toxicología, al Instituto de Medicina Legal o al laboratorio correspondiente las sustancias aprehendidas cuyo análisis resulte pertinente. Estas entidades procederán de inmediato al análisis solicitado y remitirán el resultado al Juzgado de guardia por el medio más rápido y, en todo caso, antes del día y hora en que se hayan citado a las personas indicadas en las reglas anteriores. Si no fuera posible la remisión del análisis en dicho plazo, la Policía Judicial podrá practicar por sí misma dicho análisis, sin perjuicio del debido control judicial del mismo.

7.ª La práctica de las pruebas de alcoholemia se ajustará a lo establecido en la legislación de seguridad vial.

Las pruebas para detectar la presencia de drogas tóxicas, estupefacientes y sustancias psicotrópicas en los conductores de vehículos a motor y ciclomotores serán realizadas por agentes de la policía judicial de tráfico con formación específica y sujeción, asimismo, a lo previsto en las normas de seguridad vial. Cuando el test indiciario salival, al que obligatoriamente deberá someterse el conductor, arroje un resultado positivo o el conductor presente signos de haber consumido las sustancias referidas, estará obligado a facilitar saliva en cantidad suficiente, que será analizada en laboratorios homologados, garantizándose la cadena de custodia.

Todo conductor podrá solicitar prueba de contraste consistente en análisis de sangre, orina u otras análogas. Cuando se practicaren estas pruebas, se requerirá al personal sanitario que lo realice para que remita el resultado al Juzgado de guardia por el medio más rápido y, en todo caso, antes del día y hora de la citación a que se refieren las reglas anteriores.

8.ª Si no fuera posible la remisión al Juzgado de guardia de algún objeto que debiera ser tasado, se solicitará inmediatamente la presencia del perito o servicio correspondiente para que lo examine y emita informe pericial. Este informe podrá ser emitido oralmente ante el Juzgado de guardia.

2. Para la realización de las citaciones a que se refiere el apartado anterior, la Policía Judicial fijará el día y la hora de la comparecencia coordinadamente con el Juzgado de guardia. A estos efectos, el Consejo General del Poder Judicial, de acuerdo con lo establecido en el artículo 110 de la Ley Orgánica del Poder Judicial, dictará los Reglamentos oportunos para la ordenación de los servicios de guardia de los Juzgados de Instrucción en relación con la práctica de estas citaciones, coordinadamente con la Policía Judicial.

3. Si la urgencia lo requiriere, las citaciones podrán hacerse por cualquier medio de comunicación, incluso verbalmente, sin perjuicio de dejar constancia de su contenido en la pertinente acta.

4. A los efectos de la aplicación del procedimiento regulado en este título, cuando la Policía Judicial tuviera conocimiento de la comisión de un hecho incardinable en alguna de las circunstancias previstas en el apartado 1 del artículo 795, respecto del cual, no habiendo sido detenido ni localizado el presunto responsable, fuera no obstante previsible su rápida identificación y localización, continuará las investigaciones iniciadas, que se harán constar en un único atestado, el cual se remitirá al juzgado de guardia tan pronto como el presunto responsable sea detenido o citado de acuerdo con lo previsto en los apartados anteriores, y en cualquier caso, dentro de los cinco días siguientes. En estos casos la instrucción de la causa corresponderá en exclusiva al juzgado de guardia que haya recibido el atestado.

Lo dispuesto en este apartado se entiende sin perjuicio de dar conocimiento inmediatamente al juez de guardia y al Ministerio Fiscal de la comisión del hecho y de la continuación de las investigaciones para su debida constancia.

Apdo. 1.7.ª) modificado por Ley Orgánica 5/2010, de 22 de junio, por la que se modifica la Ley Orgánica 10/1995, de 23 de noviembre, del Código Penal. (BOE de 23/06/2010)

CAPÍTULO III
De las diligencias urgentes ante el Juzgado de guardia

ART. 797.

1. El juzgado de guardia, tras recibir el atestado policial, junto con los objetos, instrumentos y pruebas que, en su caso, lo acompañen, incoará, si procede, diligencias urgentes. Contra este auto no cabrá recurso alguno. Sin perjuicio de las demás funciones que tiene encomendadas, practicará, cuando resulten pertinentes, las siguientes diligencias, en el orden que considere más conveniente o aconsejen las circunstancias, con la participación activa del Ministerio Fiscal:

1.ª Recabará por el medio más rápido los antecedentes penales del detenido o persona investigada.

2.ª Si fuere necesario para la calificación jurídica de los hechos imputados:

a) Recabará, de no haberlos recibido, los informes periciales solicitados por la Policía Judicial.

b) Ordenará, cuando resulte pertinente y proporcionado, que el médico forense, si no lo hubiese hecho con anterioridad, examine a las personas que hayan comparecido a presencia judicial y emita el correspondiente informe pericial.

c) Ordenará la práctica por un perito de la tasación de bienes u objetos aprehendidos o intervenidos y puestos a disposición judicial, si no se hubiese hecho con anterioridad.

3.ª Tomará declaración al detenido puesto a disposición judicial o a la persona que, resultando investigada por los términos del atestado, haya comparecido a la citación policial, en los términos previstos en el artículo 775. Ante la falta de comparecencia del investigado a la citación policial ante el Juzgado de guardia, podrá éste aplicar lo previsto en el artículo 487.

4.ª Tomará declaración a los testigos citados por la Policía Judicial que hayan comparecido. Ante la falta de comparecencia de cualquier testigo a la citación policial ante el Juzgado de guardia, podrá éste aplicar lo previsto en el artículo 420.

5.ª Llevará a cabo, en su caso, las informaciones previstas en el artículo 776.

6.ª Practicará el reconocimiento en rueda del investigado, de resultar pertinente y haber comparecido el testigo.

7.ª Ordenará, de considerarlo necesario, el careo entre testigos, entre testigos e investigados o investigados entre sí.

8.ª Ordenará la citación, incluso verbal, de las personas que considere necesario que comparezcan ante él. A estos efectos no procederá la citación de miembros de las Fuerzas y Cuerpos de Seguridad que hubieren intervenido en el atestado cuya declaración obre en el mismo, salvo que, excepcionalmente y mediante resolución motivada, considere imprescindible su nueva declaración antes de adoptar alguna de las resoluciones previstas en el artículo siguiente.

9.ª Ordenará la práctica de cualquier diligencia pertinente que pueda llevarse a cabo en el acto o dentro del plazo establecido en el artículo 799.

2. Cuando, por razón del lugar de residencia de un testigo o víctima o por otro motivo, fuere de temer razonablemente que una prueba no podrá practicarse en el juicio oral, o pudiera motivar su suspensión, el Juez de guardia practicará inmediatamente la misma asegurando, en todo caso, la posibilidad de contradicción de las partes.

Dicha diligencia deberá documentarse en soporte apto para la grabación y reproducción del sonido y de la imagen o por medio de acta autorizada por el Secretario Judicial, con expresión de los intervinientes.

A efectos de su valoración como prueba en sentencia, la parte a quien interese deberá instar en el juicio oral la reproducción de la grabación o la lectura literal de la diligencia, en los términos del artículo 730.

3. El Abogado designado para la defensa tendrá también habilitación legal para la representación de su defendido en todas las actuaciones que se verifiquen ante el Juez de guardia.

Para garantizar el ejercicio del derecho de defensa, el Juez, una vez incoadas diligencias urgentes, dispondrá que se le dé traslado de copia del atestado y de cuantas actuaciones se hayan realizado o se realicen en el Juzgado de Guardia.

Modificado por la Ley Orgánica 13/2015, de 5 de octubre, de modificación de la Ley de Enjuiciamiento Criminal para el fortalecimiento de las garantías procesales y la regulación de las medidas de investigación tecnológica. (BOE de 06/10/2015)

ART. 797 bis.

1. En el supuesto de que la competencia corresponda al Juzgado de Violencia sobre la Mujer, las diligencias y resoluciones señaladas en los artículos anteriores deberán ser practicadas y adoptadas durante las horas de audiencia.

2. La Policía Judicial habrá de realizar las citaciones a que se refiere el artículo 796, ante el Juzgado de Violencia sobre la Mujer, en el día hábil más próximo, entre aquéllos que se fijen reglamentariamente.

No obstante el detenido, si lo hubiere, habrá de ser puesto a disposición del Juzgado de Instrucción de Guardia, a los solos efectos de regularizar su situación personal, cuando no sea posible la presentación ante el Juzgado de Violencia sobre la Mujer que resulte competente.

3. Para la realización de las citaciones antes referidas, la Policía Judicial fijará el día y la hora de la comparecencia coordinadamente con el Juzgado de Violencia sobre la Mujer. A estos efectos el Consejo General del Poder Judicial, de acuerdo con lo establecido en el artículo 110 de la Ley Orgánica del Poder Judicial, dictará los Reglamentos oportunos para asegurar esta coordinación.

Artículo añadido por Ley Orgánica 1/2004, de 28 de diciembre, de Medidas de Protección Integral contra la Violencia de Genero. (BOE de 29/12/2004)

ART. 798.

1. A continuación, el Juez oirá a las partes personadas y al Ministerio Fiscal sobre cuál de las resoluciones previstas en el apartado siguiente procede adoptar. Además, las partes acusadoras y el Ministerio Fiscal podrán solicitar cualesquiera medidas cautelares frente al investigado o, en su caso, frente al responsable civil, sin perjuicio de las que se hayan podido adoptar anteriormente.

2. El Juez de guardia dictará resolución con alguno de estos contenidos:

1.º En el caso de que considere suficientes las diligencias practicadas, dictará auto en forma oral, que deberá documentarse y no será susceptible de recurso alguno, ordenando seguir el procedimiento del capítulo siguiente, salvo que estime procedente alguna de las decisiones previstas en las reglas 1.ª y 3.ª del apartado 1 del artículo 779, en cuyo caso dictará el correspondiente auto. Si el juez de guardia reputa falta el hecho que hubiera dado lugar a la formación de las diligencias, procederá a su enjuiciamiento inmediato conforme a lo previsto en el artículo 963.

2.º En el caso de que considere insuficientes las diligencias practicadas, ordenará que el procedimiento continúe como diligencias previas del procedimiento abreviado. El Juez deberá señalar motivadamente cuáles son las diligencias cuya práctica resulta necesaria para concluir la instrucción de la causa o las circunstancias que lo hacen imposible.

3. Cuando el Juez de guardia dicte el auto acordando alguna de las decisiones previas en los tres primeros ordinales del apartado 1 del artículo 779, en el mismo acordará lo que proceda sobre la adopción de medidas cautelares frente al investigado y, en su caso, frente al responsable civil. Frente al pronunciamiento del Juez sobre medidas cautelares, cabrán los recursos previstos en el artículo 766. Cuando el Juez de guardia dicte auto en forma oral ordenando la continuación del procedimiento, sobre la adopción de medidas cautelares se estará a lo dispuesto en el apartado 1 del artículo 800.

4. Asimismo, ordenará, si procede, la devolución de objetos intervenidos.

Modificado por la Ley Orgánica 13/2015, de 5 de octubre, de modificación de la Ley de Enjuiciamiento Criminal para el fortalecimiento de las garantías procesales y la regulación de las medidas de investigación tecnológica. (BOE de 06/10/2015)

ART. 799.

1. Las diligencias y resoluciones señaladas en los artículos anteriores deberán ser practicadas y adoptadas durante el servicio de guardia del Juzgado de Instrucción.

2. No obstante lo dispuesto, en aquellos partidos judiciales en que el servicio de guardia no sea permanente y tenga una duración superior a veinticuatro horas, el plazo establecido en el apartado anterior podrá prorrogarse por el Juez por un período adicional de setenta y dos horas en aquellas actuaciones en las que el atestado se hubiera recibido dentro de las cuarenta y ocho anteriores a la finalización del servicio de guardia.

Modificado por Ley 38/2002, de 24 de octubre, de reforma parcial de la Ley de Enjuiciamiento Criminal, sobre procedimiento para el enjuiciamiento rápido e inmediato de determinados delitos y faltas, y de modificación del procedimiento abreviado. (BOE de 28/10/2002)

CAPÍTULO IV
De la preparación del juicio oral

ART. 800.

1. Cuando el Juez de guardia hubiere acordado continuar este procedimiento, en el mismo acto oirá al Ministerio Fiscal y a las partes personadas para que se pronuncien sobre si procede la apertura del juicio oral o el sobreseimiento y para que, en su caso, soliciten o se ratifiquen en lo solicitado respecto de la adopción de medidas cautelares. En todo caso, si el Ministerio Fiscal y el acusador particular, si lo hubiera, solicitaren el sobreseimiento, el Juez procederá conforme a lo previsto en el artículo 782. Cuando el Ministerio Fiscal o la acusación particular soliciten la apertura del juicio oral, el Juez de guardia procederá conforme a lo previsto en el apartado 1 del artículo 783, resolviendo mediante auto lo que proceda. Cuando se acuerde la apertura del juicio oral, dictará en forma oral auto motivado, que deberá documentarse y no será susceptible de recurso alguno.

2. Abierto el juicio oral, si no se hubiere constituido acusación particular, el Ministerio Fiscal presentará de inmediato su escrito de acusación, o formulará ésta oralmente. El acusado, a la vista de la acusación formulada, podrá en el mismo acto prestar su conformidad con arreglo a lo dispuesto en el artículo siguiente. En otro caso, presentará inmediatamente su escrito de defensa o formulará ésta oralmente, procediendo entonces el Secretario del Juzgado de Guardia sin más trámites a la citación de las partes para la celebración del juicio oral.

Si el acusado solicitara la concesión de un plazo para la presentación de escrito de defensa, el Juez fijará prudencialmente el mismo dentro de los cinco días siguientes, atendidas las circunstancias del hecho imputado y los restantes datos que se hayan puesto de manifiesto en la investigación, procediendo en el acto el Secretario judicial a la citación de las partes para la celebración del juicio oral y al emplazamiento del acusado y, en su caso, del responsable civil para que presenten sus escritos ante el órgano competente para el enjuiciamiento.

3. El Secretario del Juzgado de Guardia hará el señalamiento para la celebración del juicio oral en la fecha más próxima posible y, en cualquier caso, dentro de los quince días siguientes, en los días y horas predeterminados a tal fin en los órganos judiciales enjuiciadores y ajustándose a lo prevenido en el artículo 785.2 de la presente Ley. A estos efectos, el Consejo General del Poder Judicial, de acuerdo con lo establecido en el artículo 110 de

la Ley Orgánica del Poder Judicial, dictará los Reglamentos oportunos para la ordenación, coordinadamente con el Ministerio Fiscal, de los señalamientos de juicios orales que realicen los Juzgados de guardia ante los Juzgados de lo Penal.

También se acordará la práctica de las citaciones propuestas por el Ministerio Fiscal, llevando a cabo en el acto el Secretario judicial las que sean posibles, sin perjuicio de la decisión que sobre la admisión de pruebas adopte el órgano enjuiciador.

4. Si se hubiere constituido acusación particular que hubiere solicitado la apertura del juicio oral y así lo hubiere acordado el Juez de guardia, éste emplazará en el acto a aquélla y al Ministerio Fiscal para que presenten sus escritos dentro de un plazo improrrogable y no superior a dos días. Presentados dichos escritos ante el mismo Juzgado, procederá éste de inmediato conforme a lo dispuesto en el apartado 2.

5. Si el Ministerio Fiscal no presentare su escrito de acusación en el momento establecido en el apartado 2 o en el plazo establecido en el apartado 4, respectivamente, el Juez, sin perjuicio de emplazar en todo caso a los directamente ofendidos y perjudicados conocidos, en los términos previstos en el apartado 2 del artículo 782, requerirá inmediatamente al superior jerárquico del Fiscal para que, en el plazo de dos días, presente el escrito que proceda. Si el superior jerárquico tampoco presentare dicho escrito en plazo, se entenderá que no pide la apertura de juicio oral y que considera procedente el sobreseimiento libre.

6. Una vez recibido el escrito de defensa o precluido el plazo para su presentación, el órgano enjuiciador procederá conforme a lo previsto en el apartado 1 del artículo 785, salvo en lo previsto para el señalamiento y las citaciones que ya se hubieran practicado.

7. En todo caso, las partes podrán solicitar al Juzgado de guardia, que así lo acordará, la citación de testigos o peritos que tengan la intención de proponer para el acto del juicio, sin perjuicio de la decisión que sobre la admisión de pruebas adopte el órgano enjuiciador.

Apdos. 2 y 3 modificados por Ley 13/2009, de 3 de noviembre, de reforma de la legislación procesal para la implantación de la nueva Oficina judicial. (BOE de 04/11/2009)

ART. 801.

1. Sin perjuicio de la aplicación en este procedimiento del artículo 787, el acusado podrá prestar su conformidad ante el juzgado de guardia y dictar éste sentencia de conformidad, cuando concurran los siguientes requisitos:

1.º Que no se hubiera constituido acusación particular y el Ministerio Fiscal hubiera solicitado la apertura del juicio oral y, así acordada por el juez de guardia, aquél hubiera presentado en el acto escrito de acusación.

2.º Que los hechos objeto de acusación hayan sido calificados como delito castigado con pena de hasta tres años de prisión, con pena de multa cualquiera que sea su cuantía o con otra pena de distinta naturaleza cuya duración no exceda de 10 años.

3.º Que, tratándose de pena privativa de libertad, la pena solicitada o la suma de las penas solicitadas no supere, reducida en un tercio, los dos años de prisión.

2. Dentro del ámbito definido en el apartado anterior, el juzgado de guardia realizará el control de la conformidad prestada en los términos previstos en el artículo 787 y, en su caso, dictará oralmente sentencia de conformidad que se documentará con arreglo a lo previsto en el apartado 2 del artículo 789, en la que impondrá la pena solicitada reducida en un tercio, aun cuando suponga la imposición de una pena inferior al límite mínimo previsto en el Código Penal. Si el fiscal y las partes personadas expresasen su decisión de no recurrir, el juez, en el mismo acto, declarará oralmente la firmeza de la sentencia y, si la pena impuesta fuera privativa de libertad, resolverá lo procedente sobre su suspensión o sustitución.

3. Para acordar, en su caso, la suspensión de la pena privativa de libertad bastará, a los efectos de lo dispuesto en el artículo 81.3.ª del Código Penal, con el compromiso del acusado de satisfacer las responsabilidades civiles que se hubieren originado en el plazo prudencial que el juzgado de guardia fije. Asimismo, en los casos en que de conformidad con el artículo 87.1.1.ª del Código Penal sea necesaria una certificación suficiente por centro o servicio público o privado debidamente acreditado u homologado de que el acusado se encuentra deshabituado o sometido a tratamiento para tal fin, bastará para aceptar la conformidad y acordar la suspensión de la pena privativa de libertad el compromiso del acusado de obtener dicha certificación en el plazo prudencial que el juzgado de guardia fije.

4. Dictada sentencia de conformidad y practicadas las actuaciones a que se refiere el apartado 2, el Juez de guardia acordará lo procedente sobre la puesta en libertad o el ingreso en prisión del condenado y realizará los requerimientos que de ella se deriven, remitiendo el Secretario judicial seguidamente las actuaciones junto con la sentencia redactada al Juzgado de lo Penal que corresponda, que continuará su ejecución.

5. Si hubiere acusador particular en la causa, el acusado podrá, en su escrito de defensa, prestar su conformidad con la más grave de las acusaciones según lo previsto en los apartados anteriores.

Apdo. 4 modificado por Ley 13/2009, de 3 de noviembre, de reforma de la legislación procesal para la implantación de la nueva Oficina judicial. (BOE de 04/11/2009)

CAPÍTULO V
Del juicio oral y de la sentencia

ART. 802.

1. El juicio oral se desarrollará en los términos previstos para el enjuiciamiento del procedimiento abreviado, salvo en lo que se refiere a la audiencia preliminar previa del artículo 785.

2. En el caso de que, por motivo justo valorado por el juez o la jueza, no pueda celebrarse el juicio oral en el día señalado, o de que no pueda concluirse en un solo acto, señalará fecha para su celebración o continuación el día más inmediato posible y, en todo caso, dentro de los quince siguientes, teniendo en cuenta las necesidades de la agenda programada de señalamientos y las demás circunstancias contenidas en el artículo 182 de la Ley 1/2000, de 7 de enero, de Enjuiciamiento Civil, y en el artículo 786 de la presente ley, lo que se hará saber a las personas interesadas.

3. La sentencia se dictará dentro de los tres días siguientes a la terminación de la vista, en los términos previstos por el artículo 789.

Modificado por Ley Orgánica 1/2025, de 2 de enero, de medidas en materia de eficiencia del Servicio Público de Justicia (BOE de 03-01-2025). Esta modificación entró en vigor el 03-04-2025.

Apdo. 2 anteriormente modificado por Ley 13/2009, de 3 de noviembre, de reforma de la legislación procesal para la implantación de la nueva Oficina judicial. (BOE de 04-11-2009)

CAPÍTULO VI
De la impugnación de la sentencia

ART. 803.

1. Frente a la sentencia dictada por el Juzgado de lo Penal podrá interponerse recurso de apelación, que se sustanciará conforme a lo previsto en los artículos 790 a 792, con las siguientes especialidades:

1.ª El plazo para presentar el escrito de formalización será de cinco días.

2.ª El plazo de las demás partes para presentar escrito de alegaciones será de cinco días.

3.ª La sentencia habrá de dictarse dentro de los tres días siguientes a la celebración de la vista, o bien dentro de los cinco días siguientes a la recepción de las actuaciones, si no se celebrare vista.

4.ª La tramitación y resolución de estos recursos de apelación tendrán carácter preferente.

2. Respecto de las sentencias dictadas en ausencia del acusado se estará a lo dispuesto en el artículo 793.

3. Tan pronto como la sentencia sea firme se procederá a su ejecución, conforme a las reglas generales y a las especiales del artículo 794.

Modificado por Ley 38/2002, de 24 de octubre, de reforma parcial de la Ley de Enjuiciamiento Criminal, sobre procedimiento para el enjuiciamiento rápido e inmediato de determinados delitos y faltas, y de modificación del procedimiento abreviado. (BOE de 28/10/2002).

TÍTULO III bis
Proceso por aceptación de decreto

Título añadido por Ley 41/2015, de 5 de octubre, de modificación de la Ley de Enjuiciamiento Criminal para la agilización de la justicia penal y el fortalecimiento de las garantías procesales (con entrada en vigor el 6 de diciembre de 2015).

Comprende los artículos 803 bis a) hasta 803 bis j).

ART. 803 bis a. Requisitos del proceso por aceptación de decreto.

En cualquier momento después de iniciadas diligencias de investigación por la fiscalía o de incoado un procedimiento judicial y hasta la finalización de la fase de instrucción, aunque no haya sido llamado a declarar el investigado, podrá seguirse el proceso por aceptación de decreto cuando se cumplan cumulativamente los siguientes requisitos:

1.º Que el delito esté castigado con pena de multa o de trabajos en beneficio de la comunidad o con pena de prisión que no exceda de un año y que pueda ser suspendida de conformidad con lo dispuesto en el artículo 80 del Código Penal, con o sin privación del derecho a conducir vehículos a motor y ciclomotores.

2.º Que el Ministerio Fiscal entienda que la pena en concreto aplicable es la pena de multa o trabajos en beneficio de la comunidad y, en su caso, la pena de privación del derecho a conducir vehículos a motor y ciclomotores.

3.º Que no esté personada acusación popular o particular en la causa.

Artículo añadido por Ley 41/2015, de 5 de octubre, de modificación de la Ley de Enjuiciamiento Criminal para la agilización de la justicia penal y el fortalecimiento de las garantías procesales. (BOE de 06/10/2015)

ART. 803 bis b. Objeto.

1. El proceso por aceptación de decreto dictado por el Ministerio Fiscal tiene por objeto una acción penal ejercitada para la imposición de una pena de multa o trabajos en beneficio de la comunidad y, en su caso, de privación del derecho a conducir vehículos a motor y ciclomotores.

2. Además puede tener por objeto la acción civil dirigida a la obtención de la restitución de la cosa y la indemnización del perjuicio.

Artículo añadido por Ley 41/2015, de 5 de octubre, de modificación de la Ley de Enjuiciamiento Criminal para la agilización de la justicia penal y el fortalecimiento de las garantías procesales. (BOE de 06/10/2015)

ART. 803 bis c. Contenido del decreto de propuesta de imposición de pena.

El decreto de propuesta de imposición de pena emitido por el Ministerio Fiscal tendrá el siguiente contenido:

1.º Identificación del investigado.

2.º Descripción del hecho punible.

3.º Indicación del delito cometido y mención sucinta de la prueba existente.

4.º Breve exposición de los motivos por los que entiende, en su caso, que la pena de prisión debe ser sustituida.

5.º Penas propuestas. A los efectos de este procedimiento, el Ministerio Fiscal podrá proponer la pena de multa o trabajos en beneficio de la comunidad, y, en su caso, la de privación del derecho a conducir vehículos a motor y ciclomotores, reducida hasta en un tercio respecto de la legalmente prevista, aun cuando suponga la imposición de una pena inferior al límite mínimo previsto en el Código Penal.

6.º Peticiones de restitución e indemnización, en su caso.

Artículo añadido por Ley 41/2015, de 5 de octubre, de modificación de la Ley de Enjuiciamiento Criminal para la agilización de la justicia penal y el fortalecimiento de las garantías procesales. (BOE de 06/10/2015)

ART. 803 bis d. Remisión al Juzgado de Instrucción.

El decreto de propuesta de imposición de pena dictado por el Ministerio Fiscal se remitirá al Juzgado de Instrucción para su autorización y notificación al investigado.

Artículo añadido por Ley 41/2015, de 5 de octubre, de modificación de la Ley de Enjuiciamiento Criminal para la agilización de la justicia penal y el fortalecimiento de las garantías procesales. (BOE de 06/10/2015)

ART. 803 bis e. Auto de autorización.

1. El Juzgado de Instrucción autorizará el decreto de propuesta de imposición de pena cuando se cumplan los requisitos establecidos en el artículo 803 bis a.

2. Si el Juzgado de Instrucción no autoriza el decreto, éste quedará sin efecto.

Artículo añadido por Ley 41/2015, de 5 de octubre, de modificación de la Ley de Enjuiciamiento Criminal para la agilización de la justicia penal y el fortalecimiento de las garantías procesales. (BOE de 06/10/2015)

ART. 803 bis f. Notificación del auto y citación de comparecencia.

1. Dictado auto de autorización del decreto por el Juzgado de Instrucción, lo notificará junto con el decreto al encausado, a quien citará para que comparezca ante el tribunal en la fecha y en el día que se señale.

2. En la notificación del decreto se informará al encausado de la finalidad de la comparecencia, de la preceptiva asistencia de letrado para su celebración y de los efectos de su incomparecencia o, caso de comparecer, de su derecho a aceptar o rechazar la propuesta contenida en el decreto. También se le informará de que, en caso de no encontrarse defendido por letrado en la causa, debe asesorarse con un abogado de confianza o solicitar un abogado de oficio antes del término previsto en el artículo siguiente.

Artículo añadido por Ley 41/2015, de 5 de octubre, de modificación de la Ley de Enjuiciamiento Criminal para la agilización de la justicia penal y el fortalecimiento de las garantías procesales. (BOE de 06/10/2015)

ART. 803 bis g. Solicitud de asistencia letrada.

Si el encausado carece de asistencia letrada se le designará abogado de oficio para su asesoramiento y asistencia.

Para que la comparecencia pueda celebrarse, la solicitud de designación de abogado de oficio debe realizarse en el término de cinco días hábiles antes de la fecha para la que esté señalada.

Artículo añadido por Ley 41/2015, de 5 de octubre, de modificación de la Ley de Enjuiciamiento Criminal para la agilización de la justicia penal y el fortalecimiento de las garantías procesales. (BOE de 06/10/2015)

ART. 803 bis h. Comparecencia.

1. Para la aceptación de la propuesta de sanción el encausado habrá de comparecer en el juzgado de instrucción asistido de letrado.

2. Si el encausado no comparece o rechaza la propuesta del Ministerio Fiscal, total o parcialmente en lo relativo a las penas o a la restitución o indemnización, quedará la misma sin efecto. Si el encausado comparece sin letrado, el juez suspenderá la comparecencia de acuerdo con lo dispuesto en el artículo 746 y señalará nueva fecha para su celebración.

3. En la comparecencia el juez, en presencia del letrado, se asegurará de que el encausado comprende el significado del decreto de propuesta de imposición de pena y los efectos de su aceptación.

4. La comparecencia será registrada íntegramente por medios audiovisuales, documentándose conforme a las reglas generales en caso de imposibilidad material.

Artículo añadido por Ley 41/2015, de 5 de octubre, de modificación de la Ley de Enjuiciamiento Criminal para la agilización de la justicia penal y el fortalecimiento de las garantías procesales. (BOE de 06/10/2015)

ART. 803 bis i. Conversión del decreto en sentencia condenatoria.

Si el encausado acepta en la comparecencia la propuesta de pena en todos sus términos el Juzgado de Instrucción le atribuirá el carácter de resolución judicial firme, que en el plazo de tres días documentará en la forma y con todos los efectos de sentencia condenatoria, la cual no será susceptible de recurso alguno.

Artículo añadido por Ley 41/2015, de 5 de octubre, de modificación de la Ley de Enjuiciamiento Criminal para la agilización de la justicia penal y el fortalecimiento de las garantías procesales. (BOE de 06/10/2015)

ART. 803 bis j. Ineficacia del decreto de propuesta de pena.

Si el decreto de propuesta de pena deviene ineficaz por no ser autorizado por el Juzgado de Instrucción, por incomparecencia o por falta de aceptación del encausado, el Ministerio

Fiscal no se encontrará vinculado por su contenido y proseguirá la causa por el cauce que corresponda.

Artículo añadido por Ley 41/2015, de 5 de octubre, de modificación de la Ley de Enjuiciamiento Criminal para la agilización de la justicia penal y el fortalecimiento de las garantías procesales. (BOE de 06/10/2015)

TÍTULO III ter
De la intervención de terceros afectados por el decomiso y del procedimiento de decomiso autónomo

Título añadido por Ley 41/2015, de 5 de octubre, de modificación de la Ley de Enjuiciamiento Criminal para la agilización de la justicia penal y el fortalecimiento de las garantías procesales, con entrada en vigor el 6 de diciembre de 2015.

Comprende los artículos 803 ter a). hasta 803 ter u).

CAPÍTULO I
De la intervención en el proceso penal de los terceros que puedan resultar afectados por el decomiso

ART. 803 ter a. Resolución judicial de llamada al proceso.

1. El juez o tribunal acordará, de oficio o a instancia de parte, la intervención en el proceso penal de aquellas personas que puedan resultar afectadas por el decomiso cuando consten hechos de los que pueda derivarse razonablemente:

a) que el bien cuyo decomiso se solicita pertenece a un tercero distinto del investigado o encausado, o

b) que existen terceros titulares de derechos sobre el bien cuyo decomiso se solicita que podrían verse afectados por el mismo.

2. Se podrá prescindir de la intervención de los terceros afectados en el procedimiento cuando:

a) no se haya podido identificar o localizar al posible titular de los derechos sobre el bien cuyo decomiso se solicita, o

b) existan hechos de los que pueda derivarse que la información en que se funda la pretensión de intervención en el procedimiento no es cierta, o que los supuestos titulares de los bienes cuyo decomiso se solicita son personas interpuestas vinculadas al investigado o encausado o que actúan en connivencia con él.

3. Contra la resolución por la que el juez declare improcedente la intervención del tercero en el procedimiento podrá interponerse recurso de apelación.

4. Si el afectado por el decomiso hubiera manifestado al juez o tribunal que no se opone al decomiso, no se acordará su intervención en el procedimiento o se pondrá fin a la que ya hubiera sido acordada.

5. En el caso de que se acordare recibir declaración del afectado por el decomiso, se le instruirá del contenido del artículo 416.

Artículo añadido por Ley 41/2015, de 5 de octubre, de modificación de la Ley de Enjuiciamiento Criminal para la agilización de la justicia penal y el fortalecimiento de las garantías procesales. (BOE de 06/10/2015)

ART. 803 ter b. Especialidades de la intervención y citación a juicio del tercero afectado.

1. La persona que pueda resultar afectada por el decomiso podrá participar en el proceso penal desde que se hubiera acordado su intervención, aunque esta participación vendrá limitada a los aspectos que afecten directamente a sus bienes, derechos o situación jurídica y no se podrá extender a las cuestiones relacionadas con la responsabilidad penal del encausado.

2. Para la intervención del tercero afectado por el decomiso será preceptiva la asistencia letrada.

3. El afectado por el decomiso será citado al juicio de conformidad con lo dispuesto en esta ley. En la citación se indicará que el juicio podrá ser celebrado en su ausencia y que en el mismo podrá resolverse, en todo caso, sobre el decomiso solicitado.

El afectado por el decomiso podrá actuar en el juicio por medio de su representación legal, sin que sea necesaria su presencia física en el mismo.

4. La incomparecencia del afectado por el decomiso no impedirá la continuación del juicio.

Artículo añadido por Ley 41/2015, de 5 de octubre, de modificación de la Ley de Enjuiciamiento Criminal para la agilización de la justicia penal y el fortalecimiento de las garantías procesales. (BOE de 06/10/2015)

ART. 803 ter c. Notificación e impugnación de la sentencia.

La sentencia en la que se acuerde el decomiso será notificada a la persona afectada por el mismo aunque no hubiera comparecido en el proceso, sin perjuicio de lo dispuesto en el apartado 2 del artículo 803 ter a. La persona afectada podrá interponer contra la sentencia los recursos previstos en esta ley, aunque deberá circunscribir su recurso a los pronunciamientos que afecten directamente a sus bienes, derechos o situación jurídica, y no podrá extenderlo a las cuestiones relacionadas con la responsabilidad penal del encausado.

Artículo añadido por Ley 41/2015, de 5 de octubre, de modificación de la Ley de Enjuiciamiento Criminal para la agilización de la justicia penal y el fortalecimiento de las garantías procesales. (BOE de 06/10/2015)

ART. 803 ter d. Incomparecencia del tercero afectado por el decomiso.

1. La incomparecencia del tercero afectado por el decomiso que fue citado de conformidad con lo dispuesto en esta ley tendrá como efecto su declaración en rebeldía. La rebeldía del tercero afectado se regirá por las normas establecidas por la Ley de Enjuiciamiento Civil respecto al demandado rebelde, incluidas las previstas para las notificaciones, los recursos frente a la sentencia y la rescisión de la sentencia firme a instancia del rebelde, si bien, en caso de rescisión de la sentencia, la misma se limitará a los pronunciamientos que afecten directamente al tercero en sus bienes, derechos o situación jurídica. En tal caso, se remitirá certificación al tribunal que hubiera dictado sentencia en primera instancia, si es distinto al que hubiera dictado la sentencia rescindente y, a continuación, se seguirán las reglas siguientes:

a) Se otorgará al tercero un plazo de diez días para presentar escrito de contestación a la demanda de decomiso, con proposición de prueba, en relación con los hechos relevantes para el pronunciamiento que le afecte.

b) Presentado el escrito en plazo, el órgano jurisdiccional resolverá sobre la admisibilidad de prueba mediante auto y, con arreglo a las normas generales, se señalará fecha para la vista, cuyo objeto se ceñirá al enjuiciamiento de la acción civil planteada contra el tercero o de la afección de sus bienes, derechos o situación jurídica por la acción penal.

c) Frente a la sentencia se podrán interponer los recursos previstos en esta ley.

Si no se presenta escrito de contestación a la demanda en plazo o el tercero no comparece en la vista debidamente representado se dictará, sin más trámite, sentencia coincidente con la rescindida en los pronunciamientos afectados.

2. Los mismos derechos previstos en el apartado anterior se reconocen al tercero afectado que no hubiera tenido la oportunidad de oponerse al decomiso por desconocer su existencia.

Artículo añadido por Ley 41/2015, de 5 de octubre, de modificación de la Ley de Enjuiciamiento Criminal para la agilización de la justicia penal y el fortalecimiento de las garantías procesales. (BOE de 06/10/2015)

CAPÍTULO II
Procedimiento de decomiso autónomo

ART. 803 ter e. Objeto.

1. Podrá ser objeto del procedimiento de decomiso autónomo regulado en el presente Título la acción mediante la cual se solicita el decomiso de bienes, efectos o ganancias, o un valor equivalente a los mismos, cuando no hubiera sido ejercitada con anterioridad, salvo lo dispuesto en el artículo 803 ter p.

2. En particular, será aplicable este procedimiento en los siguientes casos:

a) Cuando el fiscal se limite en su escrito de acusación a solicitar el decomiso de bienes reservando expresamente para este procedimiento su determinación.

b) Cuando se solicite como consecuencia de la comisión de un hecho punible cuyo autor haya fallecido o no pueda ser enjuiciado por hallarse en rebeldía o incapacidad para comparecer en juicio.

3. En el caso de reserva de la acción por el fiscal, el procedimiento de decomiso autónomo solamente podrá ser iniciado cuando el proceso en el que se resuelva sobre las responsabilidades penales del encausado ya hubiera concluido con sentencia firme.

Artículo añadido por Ley 41/2015, de 5 de octubre, de modificación de la Ley de Enjuiciamiento Criminal para la agilización de la justicia penal y el fortalecimiento de las garantías procesales. (BOE de 06/10/2015)

ART. 803 ter f. Competencia.

Será competente para el conocimiento del procedimiento de decomiso autónomo:
a) el juez o tribunal que hubiera dictado la sentencia firme,
b) el juez o tribunal que estuviera conociendo de la causa penal suspendida, o
c) el juez o tribunal competente para el enjuiciamiento de la misma cuando ésta no se hubiera iniciado, en las circunstancias previstas en el artículo 803 ter e.

Artículo añadido por Ley 41/2015, de 5 de octubre, de modificación de la Ley de Enjuiciamiento Criminal para la agilización de la justicia penal y el fortalecimiento de las garantías procesales. (BOE de 06/10/2015)

ART. 803 ter g. Procedimiento.

Serán aplicables al procedimiento de decomiso autónomo las normas que regulan el juicio verbal regulado en el Título III del Libro II de la Ley de Enjuiciamiento Civil en lo que no sean contradictorias con las establecidas en este capítulo.

Artículo añadido por Ley 41/2015, de 5 de octubre, de modificación de la Ley de Enjuiciamiento Criminal para la agilización de la justicia penal y el fortalecimiento de las garantías procesales. (BOE de 06/10/2015)

ART. 803 ter h. Exclusividad del Ministerio Fiscal en el ejercicio de la acción.

La acción de decomiso en el procedimiento de decomiso autónomo será ejercitada exclusivamente por el Ministerio Fiscal.

Artículo añadido por Ley 41/2015, de 5 de octubre, de modificación de la Ley de Enjuiciamiento Criminal para la agilización de la justicia penal y el fortalecimiento de las garantías procesales. (BOE de 06/10/2015)

ART. 803 ter i. Asistencia letrada.

Serán aplicables a todas las personas cuyos bienes o derechos pudieren verse afectados por el decomiso las normas reguladoras del derecho a la asistencia letrada del encausado previstas en esta ley.

Artículo añadido por Ley 41/2015, de 5 de octubre, de modificación de la Ley de Enjuiciamiento Criminal para la agilización de la justicia penal y el fortalecimiento de las garantías procesales. (BOE de 06/10/2015)

ART. 803 ter j. Legitimación pasiva y citación a juicio.

1. Serán citados a juicio como demandados los sujetos contra los que se dirija la acción por su relación con los bienes a decomisar.

2. El encausado rebelde será citado mediante notificación dirigida a su representación procesal en el proceso suspendido y la fijación de edicto en el tablón de anuncios del tribunal.

3. El tercero afectado por el decomiso será citado de conformidad con lo previsto en el apartado 3 del artículo 803 ter b.

Artículo añadido por Ley 41/2015, de 5 de octubre, de modificación de la Ley de Enjuiciamiento Criminal para la agilización de la justicia penal y el fortalecimiento de las garantías procesales. (BOE de 06/10/2015)

ART. 803 ter k. Comparecencia del encausado rebelde o con la capacidad modificada judicialmente.

1. Si el encausado declarado rebelde en el proceso suspendido no comparece en el procedimiento autónomo de decomiso se le nombrará procurador y abogado de oficio que asumirán su representación y defensa.

2. La comparecencia en el procedimiento de decomiso autónomo del encausado con la capacidad modificada judicialmente para comparecer en el proceso penal suspendido se regirá por las normas de la Ley de Enjuiciamiento Civil.

Artículo añadido por Ley 41/2015, de 5 de octubre, de modificación de la Ley de Enjuiciamiento Criminal para la agilización de la justicia penal y el fortalecimiento de las garantías procesales. (BOE de 06/10/2015)

ART. 803 ter l. Demanda de solicitud de decomiso autónomo.

1. La demanda de decomiso autónomo se presentará por escrito que expresará en apartados separados y numerados:
a) Las personas contra las que se dirige la solicitud y sus domicilios.
b) El bien o bienes cuyo decomiso se pretende.
c) El hecho punible y su relación con el bien o bienes.
d) La calificación penal del hecho punible.
e) La situación de la persona contra la que se dirige la solicitud respecto al bien.
f) El fundamento legal del decomiso.
g) La proposición de prueba.
h) La solicitud de medidas cautelares, justificando la conveniencia de su adopción para garantizar la efectividad del decomiso, si procede.
2. Admitida la demanda, el órgano competente adoptará las siguientes resoluciones:
1.° Acordará o no las medidas cautelares solicitadas.
2.° Notificará la demanda de decomiso a las partes pasivamente legitimadas, a quienes otorgará un plazo de veinte días para personarse en el proceso y presentar escrito de contestación a la demanda de decomiso.
3. Adoptadas las medidas cautelares, la oposición, modificación o alzamiento de las mismas y la prestación de caución sustitutoria se desarrollará de acuerdo con lo previsto en el Título VI del Libro III de la Ley de Enjuiciamiento Civil en lo que no sea contradictorio con las normas establecidas en este capítulo.

Artículo añadido por Ley 41/2015, de 5 de octubre, de modificación de la Ley de Enjuiciamiento Criminal para la agilización de la justicia penal y el fortalecimiento de las garantías procesales. (BOE de 06/10/2015)

ART. 803 ter m. Escrito de contestación a la demanda de decomiso.

1. El escrito de contestación a la demanda de decomiso contendrá, en relación con los corrolativos del escrito de demanda, las alegaciones de la parte demandada.
2. Si el demandado no interpusiera su escrito de contestación en el plazo conferido o si desistiera del mismo, el órgano competente acordará el decomiso definitivo de los bienes, efectos o ganancias, o de un valor equivalente a los mismos.

Artículo añadido por Ley 41/2015, de 5 de octubre, de modificación de la Ley de Enjuiciamiento Criminal para la agilización de la justicia penal y el fortalecimiento de las garantías procesales. (BOE de 06/10/2015)

ART. 803 ter n. Resolución sobre prueba y vista.

El órgano competente resolverá sobre la prueba propuesta por auto, en el que señalará fecha y hora para la vista de acuerdo a las reglas generales. Esta resolución no será recurrible, aunque la solicitud de prueba podrá reiterarse en el juicio.

Artículo añadido por Ley 41/2015, de 5 de octubre, de modificación de la Ley de Enjuiciamiento Criminal para la agilización de la justicia penal y el fortalecimiento de las garantías procesales. (BOE de 06/10/2015)

ART. 803 ter o. Juicio y sentencia.

1. El juicio se desarrollará conforme a lo dispuesto en el artículo 433 de la Ley de Enjuiciamiento Civil y el juez o tribunal resolverá mediante sentencia en el plazo de 20 días desde su finalización, con alguno de los siguientes pronunciamientos:
1.° Estimar la demanda de decomiso y acordar el decomiso definitivo de los bienes.
2.° Estimar parcialmente la demanda de decomiso y acordar el decomiso definitivo por la cantidad que corresponda. En este caso, se dejarán sin efecto las medidas cautelares que hubieran sido acordadas respecto al resto de los bienes.
3.° Desestimar la demanda de decomiso y declarar que no procede por concurrir alguno de los motivos de oposición. En este caso, se dejarán sin efecto todas las medidas cautelares que hubieran sido acordadas.

2. Cuando la sentencia estime total o parcialmente la demanda de decomiso, identificará a los perjudicados y fijará las indemnizaciones que fueran procedentes.

3. El pronunciamiento en costas se regirá por las normas generales previstas en esta ley.

Artículo añadido por Ley 41/2015, de 5 de octubre, de modificación de la Ley de Enjuiciamiento Criminal para la agilización de la justicia penal y el fortalecimiento de las garantías procesales. (BOE de 06/10/2015)

ART. 803 ter p. Efectos de la sentencia de decomiso.

1. La sentencia desplegará los efectos materiales de la cosa juzgada en relación con las personas contra las que se haya dirigido la acción y la causa de pedir planteada, consistente en los hechos relevantes para la adopción del decomiso, relativos al hecho punible y la situación frente a los bienes del demandado.

2. Más allá del efecto material de la cosa juzgada establecido en el apartado anterior, el contenido de la sentencia del procedimiento de decomiso autónomo no vinculará en el posterior enjuiciamiento del encausado, si se produce.

En el proceso penal posterior contra el encausado, si se produce, no se solicitará ni será objeto de enjuiciamiento el decomiso de bienes sobre el que se haya resuelto con efecto de cosa juzgada en el procedimiento de decomiso autónomo.

3. A los bienes decomisados se les dará el destino previsto en esta ley y en el Código Penal.

4. Cuando el decomiso se hubiera acordado por un valor determinado, se requerirá a la persona con relación a la cual se hubiera acordado para que proceda al pago de la cantidad correspondiente dentro del plazo que se le determine; o, en otro caso, designe bienes por un valor suficiente sobre los que la orden de decomiso pueda hacerse efectiva.

Si el requerimiento no fuera atendido, se procederá del modo previsto en el artículo siguiente para la ejecución de la orden de decomiso.

Artículo añadido por Ley 41/2015, de 5 de octubre, de modificación de la Ley de Enjuiciamiento Criminal para la agilización de la justicia penal y el fortalecimiento de las garantías procesales. (BOE de 06/10/2015)

ART. 803 ter q. Investigación del Ministerio Fiscal.

1. El Ministerio Fiscal podrá llevar a cabo, por sí mismo, a través de la Oficina de Recuperación y Gestión de Activos o por medio de otras autoridades o de los funcionarios de la Policía Judicial, las diligencias de investigación que resulten necesarias para localizar los bienes o derechos titularidad de la persona con relación a la cual se hubiera acordado el decomiso.

Las autoridades y funcionarios de quienes el Ministerio Fiscal recabase su colaboración vendrán obligadas a prestarla bajo apercibimiento de incurrir en un delito de desobediencia, salvo que las normas que regulen su actividad dispongan otra cosa o fijen límites o restricciones que deban ser atendidos, en cuyo caso trasladarán al fiscal los motivos de su decisión.

2. Cuando el fiscal considere necesario llevar a cabo alguna diligencia de investigación que deba ser autorizada judicialmente, presentará la solicitud al juez o tribunal que hubiera conocido el procedimiento de decomiso.

3. Asimismo, el Ministerio Fiscal podrá dirigirse a las entidades financieras, organismos y registros públicos y personas físicas o jurídicas para que faciliten, en el marco de su normativa específica, la relación de bienes o derechos del ejecutado de los que tengan constancia.

Artículo añadido por Ley 41/2015, de 5 de octubre, de modificación de la Ley de Enjuiciamiento Criminal para la agilización de la justicia penal y el fortalecimiento de las garantías procesales. (BOE de 06/10/2015)

ART. 803 ter r. Recursos y revisión de la sentencia firme.

1. Son aplicables en el procedimiento de decomiso autónomo las normas reguladoras de los recursos aplicables al proceso penal abreviado.

2. Son aplicables al procedimiento de decomiso autónomo las normas reguladoras de la revisión de sentencias firmes.

Artículo añadido por Ley 41/2015, de 5 de octubre, de modificación de la Ley de Enjuiciamiento Criminal para la agilización de la justicia penal y el fortalecimiento de las garantías procesales. (BOE de 06/10/2015)

ART. 803 ter s. Incomparecencia del encausado rebelde y del tercero afectado.

La incomparecencia del encausado rebelde y del tercero afectado en el procedimiento de decomiso autónomo se regirá por lo dispuesto en el artículo 803 ter d.

Artículo añadido por Ley 41/2015, de 5 de octubre, de modificación de la Ley de Enjuiciamiento Criminal para la agilización de la justicia penal y el fortalecimiento de las garantías procesales. (BOE de 06/10/2015)

ART. 803 ter t. Acumulación de solicitud de decomiso contra el encausado rebelde o persona con la capacidad modificada judicialmente en la causa seguida contra otro encausado.

En el supuesto en que la causa seguida contra el encausado rebelde o persona con la capacidad modificada judicialmente continúe para el enjuiciamiento de uno o más encausados, podrá acumularse en la misma causa la acción de decomiso autónomo contra los primeros.

Artículo añadido por Ley 41/2015, de 5 de octubre, de modificación de la Ley de Enjuiciamiento Criminal para la agilización de la justicia penal y el fortalecimiento de las garantías procesales. (BOE de 06/10/2015)

ART. 803 ter u. Presentación de nueva solicitud de decomiso.

El Ministerio Fiscal podrá solicitar al juez o tribunal que dicte una nueva orden de decomiso cuando:

a) se descubra la existencia de bienes, efectos o ganancias a los que deba extenderse el decomiso pero de cuya existencia o titularidad no se hubiera tenido conocimiento cuando se inició el procedimiento de decomiso, y

b) no se haya resuelto anteriormente sobre la procedencia del decomiso de los mismos.

Artículo añadido por Ley 41/2015, de 5 de octubre, de modificación de la Ley de Enjuiciamiento Criminal para la agilización de la justicia penal y el fortalecimiento de las garantías procesales. (BOE de 06/10/2015)

TÍTULO IV
Del procedimiento por delitos de injuria y calumnia contra particulares

ART. 804.

No se admitirá querella por injuria o calumnia inferidas a particulares si no se presenta certificación de haber celebrado el querellante acto de conciliación con el querellado, o de haberlo intentado sin efecto.

Ver arts. 18 CE; 205 a 216 CP; 1.2 LO 1/1982, de 5 de mayo, de protección civil del derecho al honor, a la intimidad personal y familiar y a la propia imagen; 277, 278 y 279 LECrim.

ART. 805.

Si la querella fuere por injuria o calumnia vertidas en juicio, será necesario acreditar además la autorización del Juez o Tribunal ante quien hubiesen sido inferidas.

Esta autorización no se estimará prueba bastante de la imputación.

Ver arts. 279 LECrim; 215.2 CP.

ART. 806.

Si la injuria y calumnia se hubieren inferido por escrito, se presentará, siendo posible, el documento que la contenga.

Ver art. 211 CP.

ART. 807.

Cuando se trate de injurias o calumnias inferidas por escrito, reconocido éste por la persona legalmente responsable y comprobado si ha existido o no la publicidad a que se refiere el respectivo artículo del Código Penal, se dará por terminado el sumario, previo el procesamiento del querellado.

Ver art. 211 CP.

ART. 808.

Si se tratare de injurias o calumnias inferidas verbalmente, presentada la querella, el Juez instructor mandará convocar a juicio verbal al querellante, al querellado y a los testigos que puedan dar razón de los hechos, señalando el Secretario judicial día y hora para la celebración del juicio.

Modificado por Ley 13/2009, de 3 de noviembre, de reforma de la legislación procesal para la implantación de la nueva Oficina judicial. (BOE de 04/11/2009)

Ver. art. 962 LECrim.

ART. 809.

El juicio deberá celebrarse dentro de los tres días siguientes al de la presentación de la querella ante el Juez instructor a quien corresponda su conocimiento.

Si hubiere causa justa y se hiciere constar por certificación del Secretario, podrá ampliarse hasta ocho días el término para la celebración del juicio verbal.

ART. 810.

De las reglas establecidas en los tres artículos anteriores se exceptúan las injurias dirigidas contra funcionarios públicos sobre hechos concernientes al ejercicio de sus cargos, así como también la calumnia, cuando los acusados manifiesten querer probar antes del juicio oral la certeza de la imputación injuriosa o del hecho criminal que hubiesen imputado.

En uno y otro caso no podrá darse por terminado el sumario hasta que el querellante determine con toda precisión y claridad los hechos y las circunstancias de la imputación, para que el procesado pueda preparar sus pruebas y suministrarlas en el juicio oral. Si no lo hiciere en el plazo que el Juez le señale, se dará por terminado el sumario, teniendo en cuenta su falta u omisión para que no perjudique al acusado.

Ver arts. 207 y 210 CP.

ART. 811.

El que se querelle por injuria o calumnia deberá acompañar copia de la querella, que se entregará al querellado al tiempo de ser citado para el juicio.

Ver art. 962 LECrim.

ART. 812.

Celebrado el juicio en el día señalado y presentadas por el querellante las pruebas de los hechos que constituyan la injuria o calumnia verbal, el Juez acordará lo que corresponda respecto al procesamiento del querellado, dando seguidamente por terminado el sumario.

Ver arts. 384, 969 y ss. LECrim.

ART. 813.

No se admitirán testigos de referencia en las causas por injuria o calumnia vertidas de palabra.

Ver art. 710 LECrim.

ART. 814.

La ausencia del querellado no suspenderá la celebración ni la resolución del juicio, siempre que resulte habérsele citado en forma.

Ver arts. 793.1 y 971 LECrim.

ART. 815.

Las sesiones del juicio se documentarán en el acta conforme a lo dispuesto en el artículo 743 de esta Ley.

Modificado por Ley 13/2009, de 3 de noviembre, de reforma de la legislación procesal para la implantación de la nueva Oficina judicial. (BOE de 04/11/2009)

Ver arts. 743, 786 y 972 LECrim.

TÍTULO V
Del procedimiento por delitos cometidos por medio de la imprenta, el grabado u otro medio mecánico de publicación

ART. 816.

Inmediatamente que se dé principio a un procedimiento por delito cometido por medio de la imprenta, el grabado u otro medio mecánico de publicación, el Juez o Tribunal acordará el secuestro de los ejemplares del impreso o de la estampa donde quiera que se hallaren y del molde de ésta.

Se procederá asimismo inmediatamente a averiguar quién haya sido el autor real del escrito o estampa con cuya publicación se hubiese cometido el delito.

Primer párrafo redactado por Ley 13/2009, de 3 de noviembre, de reforma de la legislación procesal para la implantación de la nueva Oficina judicial. (BOE de 04/11/2009)

Ver arts. 20 CE; 30, 31 y 538 CP; LO 1/1982, de 5 de mayo, de protección civil del derecho al honor, a la intimidad personal y familiar y a la propia imagen; LO 2/1984, de 26 de marzo, reguladora del Derecho de Rectificación.

ART. 817.

Si el escrito o estampa se hubiese publicado en periódico, bien en el texto del mismo, bien en hoja aparte, se tomará declaración para averiguar quién haya sido el autor al Director o redactores de aquél y al Jefe o Regente del establecimiento tipográfico en que se haya hecho la impresión o grabado.

Para ello se reclamará el original de cualquiera de las personas que lo tenga en su poder, la cual, si no lo pusiere a disposición del Juez, manifestará la persona a quien lo haya entregado.

Ver arts. 30 y 31 CP y 334 y ss. LECrim.

ART. 818.

Si el delito se hubiese cometido por medio de la publicación de un escrito o de una estampa sueltos, se tomará la declaración expresada en el artículo anterior al Jefe y dependientes del establecimiento en que se haya hecho la impresión o estampación.

Ver art. 30 CP.

ART. 819.

Cuando no pudiere averiguarse quién sea el autor real del escrito o estampa, o cuando por hallarse domiciliado en el extranjero o por cualquier otra causa de las especificadas en el Código Penal no pudiere ser perseguido, se dirigirá el procedimiento contra las personas subsidiariamente responsables, por el orden establecido en el artículo respectivo del expresado Código.

Ver arts. 30 y 31 CP.

ART. 820.

No será bastante la confesión de un supuesto autor para que se le tenga como tal y para que no se dirija el procedimiento contra otras personas, si de las circunstancias de aquél o de las del delito resultaren indicios bastantes para creer que el confeso no fue el autor real del escrito o estampa publicados.

Pero una vez dictada sentencia firme en contra de los subsidiariamente responsables, no se podrá abrir nuevo procedimiento contra el responsable principal si llegare a ser conocido.

Ver arts. 406, 819 y 821 LECrim; y 30 y 31 CP.

ART. 821.

Si durante el curso de la causa apareciere alguna persona que, por el orden establecido en el artículo respectivo del Código Penal, deba responder criminalmente del delito antes que el procesado, se sobreseerá la causa respecto a éste, dirigiéndose el procedimiento contra aquélla.

Ver art. 30 CP.

ART. 822.

No se considerarán como instrumentos o efectos del delito más que los ejemplares impresos del escrito o estampa y el molde de ésta.

Ver arts. 334, 338 y 816 LECrim; 127 CP.

ART. 823.

Unidos a la causa el impreso, grabado u otro medio mecánico de publicación que haya servido para la comisión del delito, y averiguado el autor o la persona subsidiariamente responsable, se dará por terminado el sumario.

Ver. arts. 30 CP; y 622 LECrim.

ART. 823 bis.

Las normas del presente título serán también aplicables al enjuiciamiento de los delitos cometidos a través de medios sonoros o fotográficos, difundidos por escrito, radio, televisión, cinematógrafo u otros similares.

Los Jueces, al iniciar el procedimiento, podrán acordar, según los casos, el secuestro de la publicación o la prohibición de difundir o proyectar el medio a través del cual se produjo la actividad delictiva. Contra dicha resolución podrá interponerse directamente recurso de apelación, que deberá ser resuelto en el plazo de cinco días.

Artículo añadido por Ley Orgánica 8/2002, de 24 de octubre, complementaria de la Ley de reforma parcial de la Ley de Enjuiciamiento Criminal, sobre procedimiento para el enjuiciamiento rápido e inmediato de determinados delitos y faltas, y de modificación del procedimiento abreviado. (BOE de 28/10/2022)

TÍTULO VI
Del procedimiento para la extradición

ART. 824.

Los Fiscales de las Audiencias y el del Tribunal Supremo, cada uno en su caso y lugar, pedirán que el Juez o Tribunal proponga al Gobierno que solicite la extradición de los procesados o condenados por sentencia firme, cuando sea procedente con arreglo a derecho.

Ver LO 4/2000, de 11 de enero, sobre derechos y libertades de los extranjeros en España y su integración social; Ley 4/1985, de 21 de marzo, de extradición pasiva; Convenio Europeo de extradición, hecho en París el 13 diciembre de 1957; Instrumento de Ratificación de 21 abril de 1982, del Convenio Europeo de Extradición, hecho en París el 13 de diciembre de 1957; art. 3.15 del EOMF; art. 13.3 CE.

ART. 825.

Para que pueda pedirse o proponerse la extradición, será requisito necesario que se haya dictado auto motivado de prisión o recaído sentencia firme contra los acusados a que se refiera.

Ver arts. 384 y 502 y ss. LECrim.

ART. 826.

Sólo podrá pedirse o proponerse la extradición:

1.º De los españoles que habiendo delinquido en España se hayan refugiado en país extranjero.

2.º De los españoles que habiendo atentado en el extranjero contra la seguridad exterior del Estado, se hubiesen refugiado en país distinto del en que delinquieron.

3.º De los extranjeros que debiendo ser juzgados en España se hubiesen refugiado en un país que no sea el suyo.

Ver arts. 23 LOPJ y 581 a 603 CP; Ley 12/2009, de 30 de octubre, reguladora del derecho de asilo y de la protección subsidiaria; art. 13.3 y 4 CE; art. 8 CC.

ART. 827.

Procederá la petición de extradición:

1.º En los casos que se determinen en los Tratados vigentes con la potencia en cuyo territorio se hallase el individuo reclamado.

2.º En defecto de Tratado, en los casos en que la extradición proceda según el derecho escrito o consuetudinario vigente en el territorio a cuya nación se pida la extradición.

3.º En defecto de los dos casos anteriores, cuando la extradición sea procedente según el principio de reciprocidad.

Ver arts. 2, 3, 4 y 5 del Convenio Europeo de extradición, hecho en París el 13 diciembre de 1957. Instrumento de ratificación 21 abril 1982, del Convenio Europeo de Extradición, hecho en París el 13 de diciembre de 1957.

ART. 828.

El Juez o Tribunal que conozca de la causa en que estuviese procesado el reo ausente en territorio extranjero será el competente para pedir su extradición.

ART. 829.

El Juez o Tribunal que conociere de la causa acordará de oficio o a instancia de parte, en resolución fundada, pedir la extradición desde el momento en que, por el estado del proceso y por su resultado, sea procedente con arreglo a cualquiera de los números de los artículos 826 y 827.

ART. 830.

Contra el auto acordando o denegando pedir la extradición podrá interponerse el recurso de apelación, si lo hubiese dictado un Juez de instrucción.

Ver arts. 217 y 222 a 232 LECrim.

ART. 831.

La petición de extradición se hará en forma de suplicatorio dirigido al Ministro de Gracia y Justicia.

Se exceptúa el caso en que por el Tratado vigente con la nación en cuyo territorio se hallare el procesado pueda pedir directamente la extradición el Juez o Tribunal que conozca de la causa.

ART. 832.

Con el suplicatorio o comunicación que hayan de expedirse, según lo dispuesto en el artículo anterior, se remitirá testimonio en que se inserte literalmente el auto de extradición, y en relación la pretensión o dictamen fiscal en que se haya pedido y todas las diligencias de la causa necesarias para justificar la procedencia de la extradición con arreglo al número correspondiente del artículo 826 en que aquélla se funde.

ART. 833.

Cuando la extradición haya de pedirse por conducto del Ministro de Gracia y Justicia, se le remitirá el suplicatorio y testimonio por medio del Presidente de la Audiencia respectiva

Si el Tribunal que conociere de la causa fuese el Supremo o su Sala Segunda, los documentos mencionados se remitirán por medio del Presidente de dicho Tribunal.

Ver arts. 276 y 277 LOPJ.

TÍTULO VII
Del procedimiento contra reos ausentes

ART. 834.

Será declarado rebelde el procesado que en el término fijado en las requisitorias no comparezca, o que no fuese habido y presentado ante el Juez o Tribunal que conozca de la causa.

Ver arts. 384, 490.7º, 491, 512 a 515, 777, 784 y 839 LECrim.

ART. 835.

Será llamado y buscado por requisitoria:

1.º El procesado que al ir a notificársele cualquiera resolución judicial no fuere hallado en su domicilio por haberse ausentado, si se ignorase su paradero; y el que no tuviese domicilio conocido. El que practique la diligencia interrogará sobre el punto en que se hallare el procesado a la persona con quien dicha diligencia deba entenderse con arreglo a lo dispuesto en el artículo 172 de esta Ley.

2.º El que se hubiere fugado del establecimiento en que se hallase detenido o preso.

3.º El que, hallándose en libertad provisional, dejare de concurrir a la presencia judicial el día que le esté señalado o cuando sea llamado.

Ver arts. 172, 512, 530, 530, 532 y ss., 762.3.ª y 784.4 LECrim y 468 y 469 CP.

ART. 836.

Inmediatamente que un procesado se halle en cualquiera de los casos del artículo anterior, el Juez o Tribunal que conozca de la causa mandará expedir requisitorias para su llamamiento y busca.

Ver arts. 512 al 516 y 762.3ª y 4ª LECrim.

ART. 837.

La requisitoria expresará todas las circunstancias mencionadas en el artículo 513, excepto la última, cuando no se haya decretado la prisión o detención del procesado; y además las siguientes:

1.º La del número del artículo 835 que diere lugar a la expedición de la requisitoria.

2.º El término dentro del cual el procesado ausente deberá presentarse, bajo apercibimiento de que en otro caso será declarado rebelde y le parará el perjuicio a que hubiere lugar con arreglo a la Ley.

Ver arts. 513 y 784 LECrim.

ART. 838.

La requisitoria se remitirá a los Jueces, se publicará en los periódicos y se fijará en los sitios públicos mencionados en el artículo 512, uniéndose a los autos la original y un ejemplar de cada periódico en que se haya publicado.

Ver arts. 512, 514, 762.3ª y 4ª y 784.4º LECrim.

ART. 839.

Transcurrido el plazo de la requisitoria sin haber comparecido o sin haber sido presentado el ausente, se le declarará rebelde.

ART. 839 bis.

1. La persona jurídica imputada únicamente será llamada mediante requisitoria cuando no haya sido posible su citación para el acto de primera comparecencia por falta de un domicilio social conocido.

2. En la requisitoria de la persona jurídica se harán constar los datos identificativos de la entidad, el delito que se le imputa y su obligación de comparecer en el plazo que se haya fijado, con Abogado y Procurador, ante el Juez que conoce de la causa.

3. La requisitoria de la persona jurídica se publicará en el «Boletín Oficial del Estado» y, en su caso, en el «Boletín Oficial del Registro Mercantil» o en cualquier otro periódico o diario oficial relacionado con la naturaleza, el objeto social o las actividades del ente imputado.

4. Transcurrido el plazo fijado sin haber comparecido la persona jurídica, se la declarará rebelde, continuando los trámites procesales hasta su conclusión.

Artículo añadido por Ley 37/2011, de 10 de octubre, de medidas de agilización procesal. (BOE de 11/10/2011)

ART. 840.

Si la causa estuviere en sumario, se continuará hasta que se declare terminado por el Juez o Tribunal competente, suspendiéndose después su curso y archivándose los autos y las piezas de convicción que pudieren conservarse y no fueren de un tercero irresponsable.

Ver arts. 784 y 846 LECrim.

ART. 841.

Si al ser declarado en rebeldía el procesado se hallare pendiente el juicio oral, se suspenderá éste y se archivarán los autos.

Ver arts. 784 y 846 LECrim y 132 CP.

ART. 842.

Si fueren dos o más los procesados y no a todos se les hubiese declarado en rebeldía, se suspenderá el curso de la causa respecto a los rebeldes hasta que sean hallados, y se continuará respecto a los demás.

ART. 843.

En cualquiera de los casos de los tres artículos anteriores, se reservará, en el auto de suspensión, a la parte ofendida por el delito la acción que le corresponda para la restitución de la cosa, la reparación del daño y la indemnización de perjuicios, a fin de que pueda ejercitarla, independientemente de la causa, por la vía civil contra los que fueren responsables, a cuyo efecto no se alzarán los embargos hechos ni se cancelarán las fianzas prestadas.

Ver arts. 763 LECrim; 109 a 122 CP.

ART. 844.

Cuando la causa se archive por estar en rebeldía todos los procesados, se mandará devolver a los dueños, que no resulten civil ni criminalmente responsables del delito, los efectos o instrumentos del mismo o las demás piezas de convicción que hubiesen sido recogidas durante la causa; pero antes de hacerse la devolución, el Secretario extenderá diligencia consignando descripción minuciosa de todo lo que se devuelva.

Asimismo se verificará el reconocimiento pericial que habría de practicarse si la causa continuara su curso ordinario.

Para la devolución de los efectos y piezas de convicción pertenecientes a un tercero irresponsable, se observará lo que se dispone en los artículos 634 y 635.

Ver arts. 334 y ss., 367, 574, 620, 634, 635 y 822 LECrim y 127 CP.

ART. 845.

Si el reo se hubiere fugado u ocultado después de notificada la sentencia y estando pendiente recurso de casación, éste se sustanciará hasta definitiva, interesando el Secretario judicial que se nombre al rebelde Abogado y Procurador de oficio.

La sentencia que recaiga será firme.

Lo mismo sucederá si habiéndose ausentado u ocultado el reo después de haberle sido notificada la sentencia, se interpusiere el recurso por su representación o por el Ministerio fiscal después de su ausencia u ocultación.

Párrafo primero redactado por Ley 13/2009, de 3 de noviembre, de reforma de la legislación procesal para la implantación de la nueva Oficina judicial. (BOE de 04/11/2009)

ART. 846.

Cuando el declarado rebelde en los casos de los artículos 840 y 841 se presente o sea habido, el Juez o Tribunal abrirá nuevamente la causa para continuarla según su estado.

Modificado por Ley 13/2009, de 3 de noviembre, de reforma de la legislación procesal para la implantación de la nueva Oficina judicial. (BOE de 04/11/2009)

LIBRO V
DE LOS RECURSOS DE APELACIÓN, CASACIÓN Y REVISIÓN

TÍTULO I
Del recurso de apelación contra las sentencias y determinados autos

ART. 846 bis a).

Las sentencias dictadas, en el ámbito de la Audiencia Provincial y en primera instancia, por el Magistrado-Presidente del Tribunal del Jurado, serán apelables para ante la Sala de lo Civil y Penal del Tribunal Superior de Justicia de la correspondiente Comunidad Autónoma.

Serán también apelables los autos dictados por el Magistrado-Presidente del Tribunal del Jurado que se dicten resolviendo cuestiones a que se refiere el artículo 36 de la Ley Orgánica del Tribunal del Jurado así como en los casos señalados en el artículo 676 de la presente Ley.

La Sala de lo Civil y Penal se compondrá, para conocer de este recurso, de tres Magistrados.

ART. 846 bis b).

Pueden interponer el recurso tanto el Ministerio Fiscal como el condenado y las demás partes, dentro de los diez días siguientes a la última notificación de la sentencia.

También podrá recurrir el declarado exento de responsabilidad criminal si se le impusiere una medida de seguridad o se declarase su responsabilidad civil conforme a lo dispuesto en el Código Penal.

La parte que no haya apelado en el plazo indicado podrá formular apelación en el trámite de impugnación, pero este recurso quedará supeditado a que el apelante principal mantenga el suyo.

ART. 846 bis c).

El recurso de apelación deberá fundamentarse en alguno de los motivos siguientes:

a) Que en el procedimiento o en la sentencia se ha incurrido en quebrantamiento de las normas y garantías procesales, que causare indefensión, si se hubiere efectuado la oportuna reclamación de subsanación. Esta reclamación no será necesaria si la infracción denunciada implicase la vulneración de un derecho fundamental constitucionalmente garantizado.

A estos efectos podrán alegarse, sin perjuicio de otros: los relacionados en los artículos 850 y 851, entendiéndose las referencias a los Magistrados de los números 5 y 6 de este último como también hechas a los jurados; la existencia de defectos en el veredicto, bien por parcialidad en las instrucciones dadas al Jurado o defecto en la proposición del objeto de aquél, siempre que de ello se derive indefensión, bien por concurrir motivos de los que debieran haber dado lugar a su devolución al Jurado y ésta no hubiera sido ordenada.

b) Que la sentencia ha incurrido en infracción de precepto constitucional o legal en la calificación jurídica de los hechos o en la determinación de la pena, o de las medidas de seguridad o de la responsabilidad civil.

c) Que se hubiese solicitado la disolución del Jurado por inexistencia de prueba de cargo, y tal petición se hubiere desestimado indebidamente.

d) Que se hubiese acordado la disolución del Jurado y no procediese hacerlo.

e) Que se hubiese vulnerado el derecho a la presunción de inocencia porque, atendida la prueba practicada en el juicio, carece de toda base razonable la condena impuesta.

En los supuestos de las letras a), c) y d), para que pueda admitirse a trámite el recurso, deberá haberse formulado la oportuna protesta al tiempo de producirse la infracción denunciada.

ART. 846 bis d).

Del escrito interponiendo recurso de apelación el Secretario judicial dará traslado, una vez concluido el término para recurrir, a las demás partes, las que, en término de cinco días, podrán impugnar el recurso o formular recurso supeditado de apelación. Si lo interpusieren se dará traslado a las demás partes.

Concluido el término de cinco días sin que se impugne o se formule apelación supeditada o, en su caso, efectuado el traslado a las demás partes, el Secretario judicial emplazará a todas ante la Sala de lo Civil y Penal del Tribunal Superior de Justicia para que se personen en plazo de diez días.

Si el apelante principal no se personare o manifestare su renuncia al recurso, se devolverán por el Secretario judicial los autos a la Audiencia Provincial, que declarará firme la sentencia y procederá a su ejecución.

Modificado por Ley 13/2009, de 3 de noviembre por Ley 13/2009, de 3 de noviembre, de reforma de la legislación procesal para la implantación de la nueva Oficina judicial. (BOE de 04/11/2009)

ART. 846 bis e).

Personado el apelante, el Secretario judicial señalará día para la vista del recurso citando a las partes personadas y, en todo caso, al condenado y tercero responsable civil.

La vista se celebrará en audiencia pública, comenzando por el uso de la palabra la parte apelante seguido del Ministerio Fiscal, si éste no fuese el que apeló, y demás partes apeladas.

Si se hubiese formulado recurso supeditado de apelación, esta parte intervendrá después del apelante principal que, si no renunciase, podrá replicarle.

Párrafo primero modificado por Ley 13/2009, de 3 de noviembre, de reforma de la legislación procesal para la implantación de la nueva Oficina judicial. (BOE de 04/11/2009)

ART. 846 bis f).

Dentro de los cinco días siguientes a la vista, deberá dictarse sentencia, la cual, si estimase el recurso por algunos de los motivos a que se refieren las letras a) y d) del artículo 846 bis c), mandará devolver la causa a la Audiencia para celebración de nuevo juicio.

En los demás supuestos dictará la resolución que corresponda.

ART. 846 ter.

1. Los autos que supongan la finalización del proceso por falta de jurisdicción o sobreseimiento libre y las sentencias dictadas por las Audiencias Provinciales o la Sala de lo Penal de la Audiencia Nacional en primera instancia son recurribles en apelación ante las Salas de lo Civil y Penal de los Tribunales Superiores de Justicia de su territorio y ante la Sala de Apelación de la Audiencia Nacional, respectivamente, que resolverán las apelaciones en sentencia.

2. La Sala de lo Civil y Penal de los Tribunales Superiores de Justicia y la Sala de Apelación de la Audiencia Nacional se constituirán con tres magistrados para el conocimiento de los recursos de apelación previstos en el apartado anterior.

3. Los recursos de apelación contra las resoluciones previstas en el apartado 1 de este artículo se regirán por lo dispuesto en los artículos 790, 791 y 792 de esta ley, si bien las referencias efectuadas a los Juzgados de lo Penal se entenderán realizadas al órgano que haya dictado la resolución recurrida y las referencias a las Audiencias al que sea competente para el conocimiento del recurso.

Artículo añadido por Ley 41/2015, de 5 de octubre, de modificación de la Ley de Enjuiciamiento Criminal para la agilización de la justicia penal y el fortalecimiento de las garantías procesales. (BOE de 06/10/2015)

TÍTULO II
Del recurso de casación

CAPÍTULO PRIMERO
De los recursos de casación por infracción de Ley y por quebrantamiento de forma

Sección 1.ª De la procedencia del recurso.

ART. 847.

1. Procede recurso de casación:
a) Por infracción de ley y por quebrantamiento de forma contra:
1.º Las sentencias dictadas en única instancia o en apelación por la Sala de lo Civil y Penal de los Tribunales Superiores de Justicia.
2.º Las sentencias dictadas por la Sala de Apelación de la Audiencia Nacional.
b) Por infracción de ley del motivo previsto en el número 1.º del artículo 849 contra las sentencias dictadas en apelación por las Audiencias Provinciales y la Sala de lo Penal de la Audiencia Nacional.
2. Quedan exceptuadas aquellas que se limiten a declarar la nulidad de las sentencias recaídas en primera instancia.

> *Modificado por Ley 41/2015, de 5 de octubre, de modificación de la Ley de Enjuiciamiento Criminal para la agilización de la justicia penal y el fortalecimiento de las garantías procesales. (BOE de 06/10/2015)*

ART. 848.

Podrán ser recurridos en casación, únicamente por infracción de ley, los autos para los que la ley autorice dicho recurso de modo expreso y los autos definitivos dictados en primera instancia y en apelación por las Audiencias Provinciales o por la Sala de lo Penal de la Audiencia Nacional cuando supongan la finalización del proceso por falta de jurisdicción o sobreseimiento libre y la causa se haya dirigido contra el encausado mediante una resolución judicial que suponga una imputación fundada.

> *Artículo modificado por Ley 41/2015, de 5 de octubre, de modificación de la Ley de Enjuiciamiento Criminal para la agilización de la justicia penal y el fortalecimiento de las garantías procesales. (BOE de 06/10/2015)*
>
> *Ver arts. 25, 31, 40, 43, 69, 676, 637, 646 y 988 LECrim.*

ART. 849.

Se entenderá que ha sido infringida la Ley para el efecto de que pueda interponerse el recurso de casación:
1.º Cuando, dados los hechos que se declaren probados en las resoluciones comprendidas en los dos artículos anteriores, se hubiere infringido un precepto penal de carácter sustantivo u otra norma jurídica del mismo carácter que deba ser observada en la aplicación de la Ley penal.
2.º Cuando haya existido error en la apreciación de la prueba, basado en documentos que obren en autos, que demuestren la equivocación del juzgador sin resultar contradichos por otros elementos probatorios.

> *Ver arts. 855, 881 LECrim.*

ART. 850.

El recurso de casación podrá interponerse por quebrantamiento de forma:
1.º Cuando se haya denegado alguna diligencia de prueba que, propuesta en tiempo y forma por las partes, se considere pertinente.
2.º Cuando se haya omitido la citación del procesado, la del responsable civil subsidiario, la de la parte acusadora o la del actor civil para su comparecencia en el acto del juicio oral, a no ser que estas partes hubiesen comparecido en tiempo, dándose por citadas.

3.º Cuando el Presidente del Tribunal se niegue a que un testigo conteste, ya en audiencia pública, ya en alguna diligencia que se practique fuera de ella, a la pregunta o preguntas que se le dirijan siendo pertinentes y de manifiesta influencia en la causa.

4.º Cuando se desestime cualquier pregunta por capciosa, sugestiva o impertinente, no siéndolo en realidad, siempre que tuviese verdadera importancia para el resultado del juicio.

5.º Cuando el Tribunal haya decidido no suspender el juicio para los procesados comparecidos, en el caso de no haber concurrido algún acusado, siempre que hubiere causa fundada que se oponga a juzgarles con independencia y no haya recaído declaración de rebeldía.

> *Ver arts. 656, 659, 746.3º y 780 a 784 LECrim.*

ART. 851.

Podrá también interponerse el recurso de casación por la misma causa:

1.º Cuando en la sentencia no se exprese clara y terminantemente cuáles son los hechos que se consideren probados, o resulte manifiesta contradicción entre ellos, o se consignen como hechos probados conceptos que, por su carácter jurídico, impliquen la predeterminación del fallo.

2.º Cuando en la sentencia sólo se exprese que los hechos alegados por las acusaciones no se han probado, sin hacer expresa relación de los que resultaren probados.

3.º Cuando no se resuelva en ella sobre todos los puntos que hayan sido objeto de la acusación y defensa.

4.º Cuando se pene un delito más grave que el que haya sido objeto de la acusación, si el Tribunal no hubiere procedido previamente como determina el artículo 733.

5.º Cuando la sentencia haya sido dictada por menor número de Magistrados que el señalado en la Ley o sin la concurrencia de votos conformes que por la misma se exigen.

6.º Cuando haya concurrido a dictar sentencia algún Magistrado cuya recusación, intentada en tiempo y forma, y fundada en causa legal, se hubiese rechazado.

> *Ver arts. 248 y sigs. LOPJ.*

ART. 852.

En todo caso, el recurso de casación podrá interponerse fundándose en la infracción de precepto constitucional.

> *Modificado por Ley 1/2000, de 7 de enero, de Enjuiciamiento Civil. (BOE de 08/01/2000)*

ART. 853.

(SIN CONTENIDO)

> *Sin contenido por la Ley de 28 de junio de 1933*

ART. 854.

Podrán interponer el recurso de casación: el Ministerio fiscal, los que hayan sido parte en los juicios criminales, los que sin haberlo sido resulten condenados en la sentencia y los herederos de unos y otros.

Los actores civiles no podrán interponer el recurso sino en cuanto pueda afectar a las restituciones, reparaciones e indemnizaciones que hayan reclamado.

Sección 2.ª De la preparación del recurso.

ART. 855.

El que se proponga interponer recurso de casación pedirá, ante el Tribunal que haya dictado la resolución definitiva, un testimonio de la misma, y manifestará la clase o clases de recurso que trate de utilizar.

Cuando se pretenda interponer recurso de casación contra sentencia dictada en apelación por una Audiencia Provincial o la Sala de lo Penal de la Audiencia Nacional por infracción de ley, el recurrente deberá presentar escrito consignando, en párrafos separados, con la mayor claridad y concisión, la concurrencia de los requisitos exigidos, identificando el precepto o preceptos sustantivos que se consideran infringidos y explicando de modo sucinto las razones que fundan tal infracción.

Cuando el recurrente se proponga fundar el recurso en el número 2.º del artículo 849, deberá designar, sin razonamiento alguno, los particulares del documento que muestren el error en la apreciación de la prueba.

Si se propusiere utilizar el de quebrantamiento de forma, designará también, sin razonamiento alguno, la falta o faltas que se supongan cometidas, y, en su caso, la reclamación practicada para subsanarlas y su fecha.

Modificado por Real Decreto-ley 5/2023, de 28 de junio, por el que se adoptan y prorrogan determinadas medidas de respuesta a las consecuencias económicas y sociales de la Guerra de Ucrania, de apoyo a la reconstrucción de la isla de La Palma y a otras situaciones de vulnerabilidad; de transposición de Directivas de la Unión Europea en materia de modificaciones estructurales de sociedades mercantiles y conciliación de la vida familiar y la vida profesional de los progenitores y los cuidadores; y de ejecución y cumplimiento del Derecho de la Unión Europea. (BOE de 29/06/2023). Modificación con efectos desde el 29 de julio de 2023.

Ver art. 884.6º LECrim.

ART. 856.

La petición expresada en el precedente artículo se formulará mediante escrito autorizado por Abogado y Procurador, dentro de los cinco días siguientes al de la última notificación de la sentencia o auto contra que se intente entablar el recurso.

Ver arts. 160, 212 y 884.4º LECrim y 185 LOPJ.

ART. 857.

En dicho escrito se consignará la promesa solemne de constituir el depósito que establece el artículo 875 de la presente Ley.

Si la parte que prepare el recurso hubiera sido declarada insolvente, total o parcial, o se le hubiera reconocido el derecho a la asistencia jurídica gratuita, pedirá al Tribunal que se haga constar expresamente esta circunstancia en la certificación de la sentencia que deberá librarse, y se obligará además a responder, si llegare a mejor fortuna, del importe del depósito que, según los casos, deba constituir.

Párrafo segundo modificado por Ley 13/2009, de 3 de noviembre, de reforma de la legislación procesal para la implantación de la nueva Oficina judicial. (BOE de 04/11/2009)

ART. 858.

El Tribunal, dentro de los tres días siguientes, sin oír a las partes, tendrá por preparado el recurso si la resolución reclamada es recurrible en casación y se han cumplido todos los requisitos exigidos en los artículos anteriores, y, en el caso contrario, lo denegará por auto motivado.

Cuando se trate de recurso de casación contra sentencia dictada en apelación por una Audiencia Provincial o la Sala de lo Penal de la Audiencia Nacional, el Tribunal denegará, por auto motivado, la preparación cuando se aleguen motivos distintos al previsto en el artículo 849.1, no se identifique un precepto sustantivo supuestamente infringido, no se consigne el breve extracto exigido, o su contenido se aparte del ámbito del artículo 849.1.º

De los autos que se deniegue tener por preparada la resolución, se dará copia certificada en el acto de la notificación a la parte recurrente.

Modificado por Real Decreto-ley 5/2023, de 28 de junio, por el que se adoptan y prorrogan determinadas medidas de respuesta a las consecuencias económicas y sociales de la Guerra de Ucrania, de apoyo a la reconstrucción de la isla de La Palma y a otras situaciones de vulnerabilidad; de transposición de Directivas de la Unión Europea en materia de modificaciones estructurales de sociedades mercantiles y conciliación de la vida familiar y la vida profesional de los progenitores y los cuidadores; y de ejecución y cumplimiento del Derecho de la Unión Europea. (BOE de 29/06/2023). Modificación con efectos desde el 29 de julio de 2023.

Ver arts. 862, 864 y 870 LECrim.

ART. 859.

En la misma resolución en que se tenga por preparado el recurso se mandará que el Secretario judicial expida, en el plazo de tres días, el testimonio de la sentencia, con los votos particulares si los hubiere y una vez librado, el Secretario judicial emplazará a las partes para que comparezcan ante la Sala Segunda del Tribunal Supremo, dentro del término improrrogable de 15 días, si se refiere a resoluciones dictadas por Tribunales con sede en la Península; de 20 días, si tienen sede en la Comunidad Autónoma de las Illes Balears y de 30, si tienen sede en la Comunidad Autónoma de Canarias o en las ciudades autónomas de Ceuta o Melilla.

Modificado por Ley 13/2009, de 3 de noviembre, de reforma de la legislación procesal para la implantación de la nueva Oficina judicial. (BOE de 04/11/2009)

Ver arts. 861, 863 y 873 LECrim.

ART. 860.

El recurrente a quien, para su defensa, se hubiera reconocido el derecho a la asistencia jurídica gratuita o hubiera sido declarado insolvente, total o parcial, podrá solicitar del Tribunal sentenciador que remita directamente a la Sala Segunda del Supremo el testimonio necesario para la interposición del recurso, o, en su caso, la certificación del auto denegatorio del mismo.

La Sala acordará que el Secretario judicial interese el nombramiento de Abogado y Procurador que puedan interponer el recurso que corresponda, si el recurrente no les hubiera designado. En uno y otro caso, la Sala señalará el plazo dentro del cual haya de interponerse.

Modificado por Ley 13/2009, de 3 de noviembre, de reforma de la legislación procesal para la implantación de la nueva Oficina judicial. (BOE de 04/11/2009)

ART. 861.

El Tribunal sentenciador, en el mismo día en que entregue o remita el testimonio de la sentencia o del auto, enviará a la Sala Segunda del Tribunal Supremo certificación de los votos reservados, si los hubiere, o negativa en su caso, y dispondrá que se notifique a los que hayan sido parte en la causa, además del recurrente, la entrega o remesa del testimonio, emplazándoles para que puedan comparecer ante la referida Sala a hacer valer su derecho dentro de los términos fijados en el artículo 859.

A la vez que la certificación expresada, el Secretario judicial remitirá otra en la que expresará sucintamente la causa, los nombres de las partes, el delito, la fecha de entrega del testimonio al recurrente y, si el acusado se encuentra en prisión provisional, la fecha en que concluye tal situación, así como la del emplazamiento a las partes.

También remitirá la causa o el ramo de ella en que se suponga cometida la falta, o que contenga el documento auténtico, cuando el recurso se haya preparado por quebrantamiento de forma o al amparo del número 2.º del artículo 849.

La parte que no haya preparado el recurso podrá adherirse a él, en el término del emplazamiento o al instruirse del formulado por la otra, alegando los motivos que le convengan.

Párrafo segundo modificado por la Ley 3/2009, de 3 de noviembre, de reforma de la legislación procesal para la implantación de la nueva Oficina judicial. (BOE de 04/11/2009)

Ver arts. 849.2º y 859 LECrim; 260 LOPJ.

ART. 861 bis a).

Las sentencias contra las cuales pueda interponerse recurso de casación no se ejecutarán hasta que transcurra el término señalado para prepararlo.

Si en dicho término se preparare el recurso, el Tribunal dispondrá, al remitir la causa o ramo, que se contraiga testimonio de resguardo de la resolución recurrida, que conservará con las piezas separadas de la causa para ejecución de aquélla en su caso.

También acordará en la misma resolución que continúe o se modifique la situación del reo o reos y lo pertinente en cuanto a responsabilidades pecuniarias, así como adoptará en las mismas piezas los acuerdos procedentes durante la tramitación del recurso para asegurar en todo caso la ejecución de la sentencia que recayere.

Si la sentencia recurrida fuere absolutoria y el reo estuviere preso, será puesto en libertad.

Ver art. 983 LECrim.

ART. 861 bis b).

Cuando el recurso hubiere sido preparado por uno de los procesados, podrá llevarse a efecto la sentencia desde luego en cuanto a los demás, sin perjuicio de lo dispuesto en el artículo 903.

ART. 861 bis c).

El desistimiento del recurso podrá hacerse en cualquier estado del procedimiento, previa ratificación del interesado, o presentando su Procurador poder suficiente para ello. Si las partes estuvieren citadas para la decisión del recurso, perderá el particular que desista la mitad del depósito, si lo hubiere constituido, y pagará las costas procesales que se hubiesen ocasionado por su culpa.

Ver arts. 239 y sigs. LECrim.

Sección 3.ª Del recurso de queja por denegación del testimonio pedido para interponer el recurso de casación.

ART. 862.

Si el recurrente se creyere agraviado por el auto denegatorio de que se habla en el artículo 858, podrá acudir en queja a la Sala Segunda del Tribunal Supremo, haciéndolo presente al Tribunal sentenciador, dentro de los dos días siguientes al de la notificación de dicho auto, a los efectos de lo dispuesto en el artículo 863.

ART. 863.

El Tribunal dispondrá que se remita copia certificada del auto denegatorio a la Sala Segunda del Tribunal Supremo y mandará emplazar a las partes para que comparezcan ante la misma en los términos que previene el artículo 859, según los respectivos casos.

ART. 864.

En las copias certificadas de los autos denegatorios previstas en los artículos anteriores, el Secretario judicial hará constar también la situación económica de los que intenten la queja en los términos que previene el artículo 858.

Modificado por Ley 13/2009, de 3 de noviembre, de reforma de la legislación procesal para la implantación de la nueva Oficina judicial. (BOE de 04/11/2009)

ART. 865.

(SIN CONTENIDO)

Sin contenido por la Ley de 16 de julio de 1949.

ART. 866.

Transcurrido el término del emplazamiento sin que haya comparecido el recurrente en queja, el Secretario judicial dictará decreto declarando desierto el recurso, con las costas, y lo comunicará al Tribunal sentenciador para los efectos que correspondan, y quedará firme y consentido el auto denegatorio. Contra este decreto cabrá recurso directo de revisión.

Modificado por Ley 13/2009, de 3 de noviembre, de reforma de la legislación procesal para la implantación de la nueva Oficina judicial. (BOE de 04/11/2009)

ART. 867.

Si el recurrente compareciere en tiempo, al verificarlo formulará, en escrito firmado por Abogado y Procurador, con la mayor concisión y claridad, los fundamentos de la queja.

De dicho escrito y del auto denegatorio acompañará copias autorizadas para las demás partes personadas en la causa; una de dichas copias se entregará al Ministerio Fiscal, y transcurridos tres días, durante los cuales deberá éste exponer a la Sala lo que estime conveniente sobre la procedencia o improcedencia de la queja, se pasará el rollo al Magistrado ponente.

ART. 867 bis.

Cuando alguna de las partes emplazadas comparezca en forma legal, dentro del término de emplazamiento, se le entregará copia del escrito del recurso y del auto denegatorio para que, si lo estima conducente, pueda impugnarlo en el mismo término de tercero día que se concede al Ministerio Fiscal.

ART. 868.

Cuando el recurrente fuere insolvente total o parcial o cuando tuviere reconocido el derecho a la asistencia jurídica gratuita, y durante el término del emplazamiento compareciere ante la Sala Segunda del Tribunal Supremo en la forma que previene el artículo 874, la sala acordará que el Secretario judicial interese el nombramiento de Abogado y Procurador de oficio para su defensa, y que les entregue la copia certificada del auto denegatorio para que, en el término de tres días, formalicen el recurso de queja, si lo consideraren procedente, o se excuse el Abogado en el caso de no hallar méritos para ello.

Modificado por Ley 13/2009, de 3 de noviembre, de reforma de la legislación procesal para la implantación de la nueva Oficina judicial. (BOE de 04/11/2009)

ART. 869.

La Sala Segunda del Tribunal Supremo, previo informe del Magistrado ponente y sin más trámites, dictará en vista de los escritos presentados la resolución que proceda.

ART. 870.

Cuando la Sala estime fundada la queja revocará el auto denegatorio y mandará al Tribunal sentenciador que expida la certificación de la resolución reclamada y practique lo demás que se previene en los artículos 858 y 861.

Cuando la queja no sea procedente, a juicio de la Sala, la desestimará con las costas y lo comunicará al Tribunal sentenciador para los efectos correspondientes.

Cuando resulten falsos los hechos alegados como fundamento de la queja, la sala podrá imponer al particular recurrente, de forma motivada, una multa que podrá oscilar de 180 a 6.000 euros respetando en todo caso el principio de proporcionalidad y teniendo en cuenta las circunstancias del hecho de que se trate, así como los perjuicios que se hubieren podido causar al procedimiento o al resto de partes procesales.

Ante la falsedad de los hechos alegados en la queja y sin perjuicio de lo dispuesto en el párrafo anterior, el Tribunal acordará dar traslado de la actuación realizada contra las normas de la buena fe procesal a los colegios profesionales competentes por si pudiera proceder la imposición de algún tipo de sanción disciplinaria.

Modificado por Ley 13/2009, de 3 de noviembre, de reforma de la legislación procesal para la implantación de la nueva Oficina judicial. (BOE de 04/11/2009)

ART. 871.

Contra la decisión de la Sala Segunda del Tribunal Supremo, resolviendo la queja, no se da recurso alguno.

ART. 872.

(DEROGADO)

Derogado por la Ley de 16 de julio de 1949

Sección 4.ª De la interposición del recurso.

ART. 873.

El recurso de casación se interpondrá ante la Sala Segunda del Tribunal Supremo dentro de los términos señalados en el artículo 859. Transcurridos estos términos sin interponerlo, o en su caso el que hubiese concedido la Sala, de conformidad con lo dispuesto en el artículo 860, el Secretario judicial dictará decreto declarando desierto el recurso, y quedará firme y consentida dicha resolución. Contra este decreto cabrá recurso directo de revisión.

En los mismos términos podrán adherirse al recurso las demás partes, conforme a lo dispuesto en el artículo 861.

Párrafo primero modificado por Ley 13/2009, de 3 de noviembre, de reforma de la legislación procesal para la implantación de la nueva Oficina judicial. (BOE de 04/11/2009)

ART. 874.

Este recurso se interpondrá en escrito, firmado por Abogado y Procurador autorizado con poder bastante, sin que en ningún caso pueda admitirse la protesta de presentarlo. En dicho escrito se consignará, en párrafos numerados, con la mayor concisión y claridad:

1.º El fundamento o los fundamentos doctrinales y legales aducidos como motivos de casación por quebrantamiento de forma, por infracción de ley o por ambas causas, encabezados con un breve extracto de su contenido.

2.º El artículo de esta Ley que autorice cada motivo de casación.

3.º La reclamación o reclamaciones practicadas para subsanar el quebrantamiento de forma que se suponga cometido y su fecha, si la falta fuese de las que exigen este requisito.

Con este escrito se presentará el testimonio a que se refiere el artículo 859, si hubiese sido entregado al recurrente, y copia literal del mismo y del recurso, autorizada por su representación, para cada una de las demás partes emplazadas.

La falta de presentación de copias producirá la desestimación del escrito y, en su caso, se considerará comprendida en el número 4.º del artículo 884.

La adhesión al recurso se interpondrá en la forma expresada en los párrafos anteriores de este artículo.

Ver art. 884.4° LECrim.

ART. 875.

Cuando el recurrente fuese el acusador privado y el delito sea de los que pueden perseguirse de oficio, presentará su Procurador, con el escrito de interposición, el documento que acredite haber depositado 12.000 pesetas en el establecimiento público destinado al efecto, debiendo consignarse tantos depósitos como acusadores recurrentes haya, a no ser que todos ellos hubiesen comparecido bajo la misma representación.

Cuando el delito fuere de los que sólo pueden perseguirse a instancia de parte, el depósito será de 6.000 pesetas.

Cuando el recurrente fuese el actor civil, el depósito será de 7.500 pesetas.

Cuando el recurso se interponga el último día, se considerará cumplido el requisito del depósito si se acompaña al escrito el importe correspondiente en dinero de curso legal, y en el plazo de las cuarenta y ocho horas siguientes se sustituye por el resguardo acreditativo de haber efectuado el depósito en el establecimiento destinado al efecto.

Si el recurrente tuviese reconocido el derecho a la asistencia jurídica gratuita o apareciese declarado insolvente total o parcial, quedará obligado a responder de la cantidad referida, si viniere a mejor fortuna, en la forma que dispone el artículo 857.

ART. 876.

Cuando dentro del emplazamiento o al día siguiente de la designación manifieste el Procurador del recurrente su propósito de interponer el recurso, o el Fiscal lo solicitare, se mandará por la Sala abrir el pliego que contenga la certificación de votos reservados y comunicarle con los autos a las partes. En otro caso no se abrirá hasta que el recurso sea interpuesto, y desde el día de su señalamiento para la vista hasta su celebración lo podrán examinar las partes en la Oficina judicial.

Modificado por Ley 13/2009, de 3 de noviembre, de reforma de la legislación procesal para la implantación de la nueva Oficina judicial. (BOE de 04/11/2009)

ART. 877.

Los recursos se numerarán correlativamente por el orden de su presentación, y del núm. que corresponda a cada uno se dará certificación a la parte que lo pidiere.

Se establecerá, además de la general, una numeración separada para los recursos interpuestos contra las resoluciones dimanantes de causas en que los condenados se hallen en prisión.

Párrafo segundo modificado por Ley 13/2009, de 3 de noviembre, de reforma de la legislación procesal para la implantación de la nueva Oficina judicial. (BOE de 04/11/2009)

ART. 878.

Transcurrido el término de emplazamiento sin que haya comparecido el recurrente en la forma que, según los casos, previene esta Ley, el Secretario judicial dictará sin más trámites decreto declarando desierto el recurso con imposición de las costas al particular recurrente comunicándolo así al Tribunal de instancia para los efectos que procedan. Contra este decreto cabrá recurso directo de revisión.

Modificado por Ley 13/2009, de 3 de noviembre, de reforma de la legislación procesal para la implantación de la nueva Oficina judicial. (BOE de 04/11/2009)

ART. 879.

El Ministerio Fiscal se ajustará, para la preparación e interposición del recurso, a los términos y formas prescritos en los artículos 855, 873 y 874, en cuanto le sean aplicables.

Sección 5.ª De la sustanciación del recurso.

ART. 880.

Interpuesto el recurso y transcurrido el término del emplazamiento el Secretario judicial designará al Magistrado ponente que por turno corresponda y formará nota autorizada del recurso en término de diez días. Dicha nota contendrá copia literal de la parte dispositiva de la resolución recurrida, del fundamento de hecho de la misma y del extracto de los motivos de casación prevenido en el número primero del artículo 874, y en relación de los antecedentes de la causa y de cualquier otro particular que se considere necesario para la resolución del recurso.

El Secretario judicial entregará a las respectivas partes las copias del recurso.

Modificado por Ley 13/2009, de 3 de noviembre, de reforma de la legislación procesal para la implantación de la nueva Oficina judicial. (BOE de 04/11/2009)

Ver arts. 203 a 206 LOPJ; 874.1°, 882 y sigs. LECrim.

ART. 881.

Igualmente, el Secretario judicial interesará el nombramiento de Abogado y Procurador para la defensa del procesado, condenado o absuelto por la sentencia, cuando no fuese el recurrente ni hubiese comparecido.

El Abogado así nombrado no podrá excusarse de aceptar la defensa del procesado, como no sea por razón de alguna incompatibilidad, en cuyo caso se procederá al nombramiento de otro Letrado.

Párrafo primero modificado por Ley 13/2009, de 3 de noviembre, de reforma de la legislación procesal para la implantación de la nueva Oficina judicial. (BOE de 04/11/2009)

Ver Ley 1/1996, de 10 de enero, de Asistencia Jurídica Gratuita.

ART. 882.

Dentro del término señalado para formación de la nota por el artículo 880, el Fiscal y las partes se instruirán y podrán impugnar la admisión del recurso o la adhesión al mismo.

Si la impugnaren, acompañarán con el escrito de impugnación tantas copias del mismo cuantas sean las demás partes a quienes el letrado o letrada de la Administración de Justicia hará inmediatamente entrega.

Modificado por Real Decreto-ley 5/2023, de 28 de junio, por el que se adoptan y prorrogan determinadas medidas de respuesta a las consecuencias económicas y sociales de la Guerra de Ucrania, de apoyo a la reconstrucción de la isla de La Palma y a otras situaciones de vulnerabilidad; de transposición de Directivas de la Unión Europea en materia de modificaciones estructurales de sociedades mercantiles y conciliación de la vida familiar y la vida profesional de los progenitores y los cuidadores; y de ejecución y cumplimiento del Derecho de la Unión Europea. (BOE de 29/06/2023). Modificación con efectos desde el 29 de julio de 2023.

ART. 882 bis.

En su escrito de interposición, el recurrente podrá solicitar la celebración de vista; la misma solicitud podrán hacer las demás partes al instruirse del recurso.

Ver art. 893 bis a) LECrim.

ART. 883.

Formada la nota, se unirá al rollo, y pasarán los autos al Magistrado ponente para instrucción, por término de diez días.

Previo informe del Ponente, la Sala dictará la resolución que proceda sobre la admisión o inadmisión del recurso.

ART. 884.

El recurso será inadmisible:

1.º Cuando se interponga por causas distintas de las expresadas en los artículos 849 a 851.

2.º Cuando se interponga contra resoluciones distintas de las comprendidas en los artículos 847 y 848.

3.º Cuando no se respeten los hechos que la sentencia declare probados o se hagan alegaciones jurídicas en notoria contradicción o incongruencia con aquéllos, salvo lo dispuesto en el número 2.º del artículo 849.

4.º Cuando no se hayan observado los requisitos que la Ley exige para su preparación o interposición.

5.º En los casos del artículo 850, cuando la parte que intente interponerlo no hubiese reclamado la subsanación de la falta mediante los recursos procedentes o la oportuna protesta.

6.º En el caso del número 2.º del artículo 849, cuando el documento o documentos no hubieran figurado en el proceso o no se designen concretamente las declaraciones de aquellos que se opongan a las de la resolución recurrida.

ART. 885.

Podrá, igualmente, inadmitirse el recurso:

1.º Cuando carezca manifiestamente de fundamento.

2.º Cuando el Tribunal Supremo hubiese ya desestimado en el fondo otros recursos sustancialmente iguales.

La inadmisión de recurso podrá afectar a todos los motivos aducidos o referirse solamente a algunos de ellos.

ART. 886.

(DEROGADO)

Derogado por la Ley de 23 de junio de 1933

ART. 887.

La resolución se formulará de uno de los dos modos siguientes:

1.º Admitido y concluso para la vista o fallo.

2.º No ha lugar a la admisión y comuníquese al Tribunal sentenciador para los efectos correspondientes.

ART. 888.

La resolución en que se deniegue la admisión del recurso adoptará la forma de auto y se publicará en la «Colección Legislativa», expresando el nombre del ponente. La resolución en que se admita no se publicará.

Los antecedentes de hecho y los fundamentos de derecho de las decisiones se limitarán a los puntos pertinentes a la cuestión resuelta.

Cuando en una misma resolución se deniegue la admisión del recurso por alguno de sus fundamentos y se admita en cuanto a otros, o cuando se admita el recurso interpuesto por un interesado y se deniegue respecto de otro, deberá fundarse aquélla en cuanto a la parte denegatoria y publicarse en la «Colección Legislativa».

Modificado por Ley 13/2009, de 3 de noviembre, de reforma de la legislación procesal para la implantación de la nueva Oficina judicial. (BOE de 04/11/2009)

Ver arts. 245 y 248 LOPJ.

ART. 889.

Para denegar la admisión del recurso será necesario que el acuerdo se adopte por unanimidad.

La inadmisión a trámite del recurso de casación en el supuesto previsto en el artículo 847.1.b) podrá acordarse por providencia sucintamente motivada siempre que haya unanimidad por carencia de interés casacional.

La inadmisión a trámite del recurso de casación en el supuesto previsto en el artículo 847.1.a) podrá acordarse por providencia sucintamente motivada siempre que haya unanimidad por carencia de relevancia casacional y la pena privativa de libertad impuesta, o la suma de las penas privativas de libertad impuestas, no sea superior a cinco años, o bien se hayan impuesto cualesquiera otras penas de distinta naturaleza bien sean únicas, conjuntas o alternativas, cualquiera que sea su cuantía o duración.

Modificado por Real Decreto-ley 5/2023, de 28 de junio, por el que se adoptan y prorrogan determinadas medidas de respuesta a las consecuencias económicas y sociales de la Guerra de Ucrania, de apoyo a la reconstrucción de la isla de La Palma y a otras situaciones de vulnerabilidad; de transposición de Directivas de la Unión Europea en materia de modificaciones estructurales de sociedades mercantiles y conciliación de la vida familiar y la vida profesional de los progenitores y los cuidadores; y de ejecución y cumplimiento del Derecho de la Unión Europea. (BOE de 29/06/2023). Modificación con efectos desde el 29 de julio de 2023.

Artículo anteriormente modificado por Ley 41/2015, de 5 de octubre, de modificación de la Ley de Enjuiciamiento Criminal para la agilización de la justicia penal y el fortalecimiento de las garantías procesales. (BOE de 06/10/2015)

Ver art. 255 LOPJ.

ART. 890.

Cuando la Sala deniegue la admisión del recurso y el recurrente haya constituido depósito, se le condenará a perderlo y se aplicará por la Sala de Gobierno para atender exclusivamente con su importe a las necesidades imprevistas de la Administración de Justicia, de personal y material.

Si el recurrente no hubiere constituido depósito por su pobreza o insolvencia, total o parcial, se dictará la misma resolución para cuando mejore de fortuna.

Ver art. 875 y 901 LECrim.

ART. 891.

(DEROGADO)

Derogado por la Ley de 16 de julio de 1949

ART. 892.

Contra la resolución de la Sala, admitiendo o denegando la admisión del recurso y la adhesión, no se dará ningún otro.

ART. 893.

Si a juicio de la Sala fuere admisible el recurso y, en su caso, la adhesión al mismo, lo acordará de plano mediante providencia. La providencia en que se acuerde la admisión del recurso dispondrá igualmente que por el Secretario judicial se proceda al señalamiento para la vista, en su caso. De no celebrarse vista, la sala señalará día para el fallo.

Si se decidiera la celebración de vista, el Secretario judicial hará el señalamiento.

Modificado por Ley 13/2009, de 3 de noviembre, de reforma de la legislación procesal para la implantación de la nueva Oficina judicial. (BOE de 04/11/2009)

Sección 6.ª De la decisión del recurso

ART. 893 bis a).

La Sala podrá decidir el fondo del recurso, sin celebración de vista, señalando día para fallo, salvo cuando las partes solicitaran la celebración de aquélla y la duración de la pena impuesta o que pueda imponerse fuese superior a seis años o cuando el Tribunal, de oficio o a instancia de parte, estime necesaria la vista.

El Tribunal acordará en todo caso la vista cuando las circunstancias concurrentes o la trascendencia del asunto hagan aconsejable la publicidad de los debates o cuando, cualquiera que sea la pena, se trate de delitos comprendidos en los títulos I, II, IV o VII del libro II del Código Penal.

Ver arts. 138 y sigs., 144 a 146, 157 a 158, 173 y sigs., 404 y sigs., 446 y sigs., 472 y sigs., 544 y sigs. y 581 y sigs. CP.

ART. 893 bis b).

Si la Sala hiciere uso de la facultad que le otorga el artículo anterior, dictará sentencia en los términos que prescriben los artículos 899 y 900.

ART. 894.

Admitido el recurso y señalado día para la vista por el Secretario judicial, se verificará ésta en audiencia pública, con asistencia del Ministerio fiscal y de los defensores de las partes.

La incomparecencia injustificada de estos últimos no será, sin embargo, motivo de suspensión de la vista si la sala así lo estima.

La sala podrá imponer a los letrados que no concurran las correcciones disciplinarias que estime necesarias, atendida la gravedad e importancia del asunto. En todo caso, la sala acordará que el Secretario judicial comunique dicha inasistencia al Colegio de Abogados correspondiente a efectos de la responsabilidad disciplinaria a la que, en su caso, hubiere lugar.

Modificado por Ley 13/2009, de 3 de noviembre, de reforma de la legislación procesal para la implantación de la nueva Oficina judicial. (BOE de 04/11/2009)

Ver arts. 552 a 557 LOPJ; Real Decreto 135/2021, de 2 de marzo, por el que se aprueba el Estatuto General de la Abogacía Española.

ART. 895.

La Sala mandará traer a la vista los recursos por el orden de su admisión, estableciendo turnos especiales de preferencia para los comprendidos en el artículo 877.

Si por cualquier causa no pudiese tener lugar la vista en el día señalado, el Secretario judicial designará otro a la mayor brevedad, cuidando de no alterar en lo posible el orden establecido.

Párrafo segundo modificado por Ley 13/2009, de 3 de noviembre, de reforma de la legislación procesal para la implantación de la nueva Oficina judicial. (BOE de 04/11/2009)

ART. 896.

La vista comenzará dando cuenta el Secretario del asunto de que se trate.

Informará primero el Abogado del recurrente; después, el de la parte que se haya adherido al recurso, y, por último, el de la parte recurrida que lo impugnare. Si el Ministerio fiscal fuere el recurrente, hablará el primero, y si apoyare el recurso, informará a continuación de quien lo hubiere interpuesto.

Ver art. 882 LECrim.

ART. 897.

El Ministerio fiscal y los Letrados podrán rectificar brevemente, por el orden mismo en que hayan usado de la palabra.

El Presidente, por propia iniciativa o a requerimiento de cualquier Magistrado, podrá solicitar del Ministerio fiscal y de los Letrados un mayor esclarecimiento de la cuestión debatida, formulando concretamente la tesis que ofrezca duda al Tribunal.

No permitirá el Presidente discusión alguna sobre la existencia de los hechos consignados en la resolución recurrida, salvo cuando el recurso se hubiere interpuesto por el motivo del párrafo 2.º del artículo 849, y llamará al orden al que intente discutirlos, pudiendo llegar a retirarle la palabra.

ART. 898.

Constituirán la Sala tres Magistrados, salvo cuando la duración de la pena impuesta o la que pudiere imponerse, caso de que prosperasen los motivos articulados por las partes acusadoras, sea superior a doce años, en cuyo caso se formará por cinco.

ART. 899.

Concluida la audiencia pública, la Sala resolverá el recurso dentro de los diez días siguientes.

Antes de dictar sentencia, si la Sala lo estimare necesario para la mejor comprensión de los hechos relatados en la resolución recurrida, podrá reclamar del Tribunal sentenciador la remisión de los autos, con suspensión del término fijado en el plazo anterior.

También podrá el Magistrado ponente, al instruirse del recurso, proponer a la Sala que la causa sea reclamada desde luego.

ART. 900.

Las sentencias se redactarán de la manera siguiente:

1.º Encabezamiento. Se expresará la fecha, el delito sobre que verse la causa, los nombres de los recurrentes, procesados y acusadores particulares que en ella hayan intervenido; el Tribunal de donde proceda, las demás circunstancias generales que sirvan para determinar el asunto objeto del recurso y el nombre del Magistrado ponente.

2.º Antecedentes del hecho. Con separación se transcribirán literalmente los hechos declarados probados en la sentencia o auto recurrido, excepto aquellos que sean de manifiesta impertinencia, así como la parte dispositiva de la misma resolución.

3.º Motivos de casación. Se relacionarán los motivos de casación alegados por las respectivas partes.

4.º Fundamentos de derecho. Separadamente se consignarán los fundamentos de derecho de la resolución.

5.º El fallo.

Ver arts. 142 LECrim y 248.3 LOPJ.

ART. 901.

Cuando la Sala estime cualquiera de los motivos de casación alegados, declarará haber lugar al recurso y casará y anulará la resolución sobre que verse, mandando devolver el depósito al que lo hubiere constituido, y declarando de oficio las costas.

Si lo desestimare, declarará no haber lugar al recurso y condenará al recurrente en costas y a la pérdida del depósito con destino a las atenciones determinadas en el artículo 890, o satisfacer la cantidad equivalente, si tuviese reconocido el derecho de asistencia jurídica gratuita, para cuando mejore su fortuna.

Se exceptúa el Ministerio fiscal de la imposición de costas.

Párrafo segundo modificado por Ley 13/2009, de 3 de noviembre, de reforma de la legislación procesal para la implantación de la nueva Oficina judicial. (BOE de 04/11/2009)

Ver arts. 239 y sigs. LECrim.

ART. 901 bis a).

Cuando la Sala estime haberse cometido el quebrantamiento de forma en que se funda el recurso, declarará haber lugar a él y ordenará la devolución de la causa al Tribunal de que proceda para que, reponiéndola al estado que tenía cuando se cometió la falta, la sustancie y termine con arreglo a derecho.

ART. 901 bis b).

Si la Sala estima no haberse cometido el quebrantamiento de forma alegado, declarará no haber lugar al mismo y procederá en la propia sentencia a resolver los motivos de casación por infracción de ley.

En todo caso mandará devolver la causa al Tribunal sentenciador.

ART. 902.

Si la Sala casa la resolución objeto del recurso a virtud de algún motivo fundado en la infracción de la ley, dictará a continuación, pero separadamente, la sentencia que proceda conforme a derecho, sin más limitación que la de no imponer pena superior a la señalada en la sentencia casada o a la que correspondería conforme a las peticiones del recurrente, en el caso de que se solicitase pena mayor.

Cuando la Sala crea indicado proponer el indulto, lo razonará debidamente en la sentencia.

ART. 903.

Cuando sea recurrente uno de los procesados, la nueva sentencia aprovechará a los demás en lo que les fuere favorable, siempre que se encuentren en la misma situación que el recurrente y les sean aplicables los motivos alegados por los que se declare la casación de la sentencia. Nunca les perjudicará en lo que les fuere adverso.

Ver art. 861 bis b) LECrim.

ART. 904.

Contra la sentencia de casación y la que se dicte en virtud de la misma, no se dará recurso alguno.

ART. 905.

Las sentencias en que se declare haber o no lugar al recurso de casación se publicarán en la «Colección Legislativa».

ART. 906.

Si las sentencias de que se trata en el artículo anterior recayeren en causas seguidas por cualquiera de los delitos contra la libertad e indemnidad sexuales o contra el honor o concurriesen circunstancias especiales a juicio de la sala, se publicarán suprimiendo los nombres propios de las personas, los de los lugares y las circunstancias que puedan dar a conocer a los acusadores y a los acusados y a los Tribunales que hayan fallado el proceso.

Si estimare la sala que la publicación de la sentencia afecta al derecho al honor, a la intimidad personal o familiar o a la propia imagen de la víctima o bien a la seguridad pública, podrá ordenar en la propia sentencia que no se publique total o parcialmente.

Modificado por Ley 13/2009, de 3 de noviembre, de reforma de la legislación procesal para la implantación de la nueva Oficina judicial. (BOE de 04/11/2009)

ART. 907 a 909.

(DEROGADOS)

Derogados por la Ley de 16 de julio de 1949

CAPÍTULO II
De los recursos de casación por quebrantamiento de forma

ART. 910 a 933.

(DEROGADOS)

Derogados por la Ley de 16 de julio de 1949

CAPÍTULO III
De la interposición, sustanciación y resolución del recurso de casación por infracción de ley y por quebrantamiento de forma

ART. 934 a 946.

(DEROGADOS)

Derogados por la Ley de 16 de julio de 1949

CAPÍTULO IV
Del recurso de casación en las causas de muerte

ART. 947 a 953.

(SIN CONTENIDO)

Sin contenido por Ley 13/2009, de 3 de noviembre, de reforma de la legislación procesal para la implantación de la nueva Oficina judicial. (BOE de 04/11/2009)

TÍTULO III
Del recurso de revisión

ART. 954.

1. Se podrá solicitar la revisión de las sentencias firmes en los casos siguientes:

a) Cuando haya sido condenada una persona en sentencia penal firme que haya valorado como prueba un documento o testimonio declarados después falsos, la confesión del encausado arrancada por violencia o coacción o cualquier otro hecho punible ejecutado por un tercero, siempre que tales extremos resulten declarados por sentencia firme en procedimiento penal seguido al efecto. No será exigible la sentencia condenatoria cuando el proceso penal iniciado a tal fin sea archivado por prescripción, rebeldía, fallecimiento del encausado u otra causa que no suponga una valoración de fondo.

b) Cuando haya recaído sentencia penal firme condenando por el delito de prevaricación a alguno de los magistrados o jueces intervinientes en virtud de alguna resolución recaída en el proceso en el que recayera la sentencia cuya revisión se pretende, sin la que el fallo hubiera sido distinto.

c) Cuando sobre el mismo hecho y encausado hayan recaído dos sentencias firmes.

d) Cuando después de la sentencia sobrevenga el conocimiento de hechos o elementos de prueba, que, de haber sido aportados, hubieran determinado la absolución o una condena menos grave.

e) Cuando, resuelta una cuestión prejudicial por un tribunal penal, se dicte con posterioridad sentencia firme por el tribunal no penal competente para la resolución de la cuestión que resulte contradictoria con la sentencia penal.

2. Será motivo de revisión de la sentencia firme de decomiso autónomo la contradicción entre los hechos declarados probados en la misma y los declarados probados en la sentencia firme penal que, en su caso, se dicte.

3. Se podrá solicitar la revisión de una resolución judicial firme cuando el Tribunal Europeo de Derechos Humanos haya declarado que dicha resolución fue dictada en violación de alguno de los derechos reconocidos en el Convenio Europeo para la Protección de los Derechos Humanos y libertades Fundamentales y sus Protocolos, siempre que la violación, por su naturaleza y gravedad, entrañe efectos que persistan y no puedan cesar de ningún otro modo que no sea mediante esta revisión.

En este supuesto, la revisión solo podrá ser solicitada por quien, estando legitimado para interponer este recurso, hubiera sido demandante ante el Tribunal Europeo de Derechos Humanos. La solicitud deberá formularse en el plazo de un año desde que adquiera firmeza la sentencia del referido Tribunal.

En estos supuestos, salvo en aquellos procedimientos en que alguna de las partes esté representada y defendida por el abogado o abogada del Estado, el letrado o letrada de la Administración de Justicia dará traslado a la Abogacía General del Estado de la presentación de la demanda de revisión, así como de la decisión sobre su admisión. La Abogacía del Estado podrá intervenir, sin tener la condición de parte, por propia iniciativa o a instancia del órgano judicial, mediante la aportación de información o presentación de observaciones escritas sobre cuestiones relativas a la ejecución de la Sentencia del Tribunal Europeo de Derechos Humanos.

El letrado o letrada de la Administración de Justicia notificará igualmente la decisión de la revisión a la Abogacía General del Estado. Del mismo modo, en caso de estimarse la revisión, los letrados o letradas de la Administración de Justicia de los tribunales correspondientes informarán a la Abogacía General del Estado de las principales actuaciones que se lleven a cabo como consecuencia de la revisión.

Apdo. 3 modificado por el Real Decreto-ley 6/2023, de 19 de diciembre, por el que se aprueban medidas urgentes para la ejecución del Plan de Recuperación, Transformación y Resiliencia en materia de servicio público de justicia, función pública, régimen local y mecenazgo. (BOE de 20/12/2023). En vigor desde el 20 de marzo de 2024.

Artículo anteriormente modificado por Ley 41/2015, de 5 de octubre, de modificación de la Ley de Enjuiciamiento Criminal para la agilización de la justicia penal y el fortalecimiento de las garantías procesales. (BOE de 06/10/2015).

Ver arts. 292 y sigs. LOPJ; 121 CE; 40.1 LOTC; 793 LECrim.

ART. 955.

Están legitimados para promover e interponer, en su caso, el recurso de revisión, el penado y, cuando éste haya fallecido, su cónyuge, o quien haya mantenido convivencia como tal, ascendientes y descendientes, con objeto de rehabilitar la memoria del difunto y de que se castigue, en su caso, al verdadero culpable.

ART. 956.

El Ministerio de Gracia y Justicia, previa formación de expediente, podrá ordenar al Fiscal del Tribunal Supremo que interponga el recurso, cuando a su juicio hubiese fundamento bastante para ello.

Ver arts. 8 EOMF; y 961 LECrim.

ART. 957.

La Sala, previa audiencia del Ministerio Fiscal, autorizará o denegará la interposición del recurso. Antes de dictar la resolución, la Sala podrá ordenar, si lo entiende oportuno y dadas las dudas razonables que suscite el caso, la práctica de las diligencias que estime pertinentes, a cuyo efecto podrá solicitar la cooperación judicial necesaria. Los autos en los que se acuerde la autorización o denegación a efectos de la interposición, no son susceptibles de recurso alguno. Autorizado el recurso, el promovente dispondrá de quince días para su interposición.

ART. 958.

En el caso del número 1.º del artículo 954, la Sala declarará la contradicción entre las sentencias, si en efecto existiere, anulando una y otra, y mandará instruir de nuevo la causa al Tribunal a quien corresponda el conocimiento del delito.

En el caso del número 2.º del mismo artículo, la Sala, comprobada la identidad de la persona cuya muerte hubiese sido penada, anulará la sentencia firme.

En el caso del número 3.º del referido artículo, dictará la Sala la misma resolución, con vista de la ejecutoria que declare la falsedad del documento y mandará al Tribunal a quien corresponda el conocimiento del delito instruir de nuevo la causa.

En el caso del número 4.º del citado artículo, la Sala instruirá una información supletoria, de la que dará vista al Fiscal, y si en ella resultare evidenciada la inocencia del condenado, se anulará la sentencia y mandará, en su caso, a quien corresponda el conocimiento del delito, instruir de nuevo la causa.

ART. 959.

El recurso de revisión se sustanciará oyendo por escrito una sola vez al Fiscal y otra a los penados, que deberán ser citados si antes no comparecieren. Cuando pidieren la unión de antecedentes a los autos, la Sala acordará sobre este particular lo que estime más oportuno. Después seguirá el recurso los trámites establecidos para el de casación por infracción de ley, y la Sala, con informe oral o sin él, según acuerde en vista de las circunstancias del caso, dictará sentencia, que será irrevocable.

ART. 960.

Cuando por consecuencia de la sentencia firme anulada hubiese sufrido el condenado alguna pena corporal, si en la nueva sentencia se le impusiere alguna otra, se tendrá en cuenta para el cumplimiento de ésta todo el tiempo de la anteriormente sufrida y su importancia.

Cuando en virtud de recurso de revisión se dicte sentencia absolutoria, los interesados en ella o sus herederos tendrán derecho a las indemnizaciones civiles a que hubiere lugar según el derecho común, las cuales serán satisfechas por el Estado, sin perjuicio del derecho de éste de repetir contra el Juez o Tribunal sentenciador que hubieren incurrido en responsabilidad o contra la persona directamente declarada responsable o sus herederos.

ART. 961.

El Fiscal General del Estado podrá también interponer el recurso siempre que tenga conocimiento de algún caso en el que proceda y que, a su juicio, haya fundamento bastante para ello, de acuerdo con la información que haya practicado.

LIBRO VI
DEL PROCEDIMIENTO PARA EL JUICIO SOBRE DELITOS LEVES

ART. 962.

1. Cuando la Policía Judicial tenga noticia de un hecho que presente los caracteres de delito leve de lesiones o maltrato de obra, de hurto flagrante, de amenazas, de coacciones o de injurias, cuyo enjuiciamiento corresponda al Juzgado de Instrucción al que se debe entregar el atestado o a otro del mismo partido judicial, procederá de forma inmediata a citar ante el Juzgado de Guardia a los ofendidos y perjudicados, al denunciante, al denunciado y a los testigos que puedan dar razón de los hechos. Al hacer dicha citación se apercibirá a las personas citadas de las respectivas consecuencias de no comparecer ante el Juzgado de guardia. Asimismo, se les apercibirá de que podrá celebrarse el juicio de forma inmediata en el Juzgado de guardia, incluso aunque no comparezcan, y de que han de comparecer con los medios de prueba de que intenten valerse. Al denunciante y al ofendido o perjudicado se les informará de sus derechos en los términos previstos en los artículos 109, 110 y 967.

En el momento de la citación se les solicitará que designen, si disponen de ellos, una dirección de correo electrónico y un número de teléfono a los que serán remitidas las comunicaciones y notificaciones que deban realizarse. Si no los pudieran facilitar o lo solicitaren expresamente, las notificaciones les serán remitidas por correo ordinario al domicilio que designen.

2. A la persona denunciada se le informará sucintamente de los hechos en que consista la denuncia y del derecho que le asiste de comparecer asistido de abogado. Dicha información se practicará en todo caso por escrito.

3. En estos casos, la Policía Judicial hará entrega del atestado al Juzgado de guardia, en el que consten las diligencias y citaciones practicadas y, en su caso, la denuncia del ofendido.

4. Para la realización de las citaciones a que se refiere este artículo, la Policía Judicial fijará la hora de la comparecencia coordinadamente con el Juzgado de guardia. A estos efectos, el Consejo General del Poder Judicial, de acuerdo con lo establecido en el artículo 110 de la Ley Orgánica del Poder Judicial, dictará los Reglamentos oportunos para la ordenación de los servicios de guardia de los Juzgados de Instrucción en relación con la práctica de estas citaciones, coordinadamente con la Policía Judicial.

5. En el supuesto de que la competencia para conocer corresponda al Juzgado de Violencia sobre la Mujer, la Policía Judicial habrá de realizar las citaciones a que se refiere este artículo ante dicho Juzgado en el día hábil más próximo. Para la realización de las citaciones antes referidas, la Policía Judicial fijará el día y la hora de la comparecencia coordinadamente con el Juzgado de Violencia sobre la Mujer.

A estos efectos el Consejo General del Poder Judicial, de acuerdo con lo establecido en el artículo 110 de la Ley Orgánica del Poder Judicial, dictará los Reglamentos oportunos para asegurar esta coordinación.

Apartado 1 modificado por Ley Orgánica 1/2015, de 30 de marzo, por la que se modifica la Ley Orgánica 10/1995, de 23 de noviembre, del Código Penal. (BOE de 31/03/2015)

ART. 963.

1. Recibido el atestado conforme a lo previsto en el artículo anterior, si el juez estima procedente la incoación del juicio, adoptará alguna de las siguientes resoluciones:

1.ª Acordará el sobreseimiento del procedimiento y el archivo de las diligencias cuando lo solicite el Ministerio Fiscal a la vista de las siguientes circunstancias:

a) El delito leve denunciado resulte de muy escasa gravedad a la vista de la naturaleza del hecho, sus circunstancias, y las personales del autor, y

b) no exista un interés público relevante en la persecución del hecho. En los delitos leves patrimoniales, se entenderá que no existe interés público relevante en su persecución cuando se hubiere procedido a la reparación del daño y no exista denuncia del perjudicado.

En este caso comunicará inmediatamente la suspensión del juicio a todos aquellos que hubieran sido citados conforme al apartado 1 del artículo anterior.

El sobreseimiento del procedimiento será notificado a los ofendidos por el delito.

2.ª Acordará la inmediata celebración del juicio en el caso de que hayan comparecido las personas citadas o de que, aun no habiendo comparecido alguna de ellas, el juzgado reputare innecesaria su presencia. Asimismo, para acordar la inmediata celebración del juicio, el Juzgado de guardia tendrá en cuenta si ha de resultar imposible la práctica de algún medio de prueba que se considere imprescindible.

2. Para acordar la celebración inmediata del juicio, será necesario que el asunto le corresponda al Juzgado de guardia en virtud de las normas de competencia y de reparto.

Modificado por Ley Orgánica 1/2015, de 30 de marzo, por la que se modifica la Ley Orgánica 10/1995, de 23 de noviembre, del Código Penal. (BOE de 31/03/2015)

ART. 964.

1. En los supuestos no contemplados por el artículo 962, cuando la Policía Judicial tenga noticia de un hecho que presente los caracteres de algún delito leve, formará de manera inmediata el correspondiente atestado que remitirá sin dilación al Juzgado de guardia salvo para aquellos supuestos exceptuados en el artículo 284 de esta ley. Dicho atestado recogerá las diligencias practicadas, así como el ofrecimiento de acciones al ofendido o perjudicado, practicado conforme a los artículos 109, 110 y 967, y la designación, si disponen de ellos, de una dirección de correo electrónico y un número de teléfono a los que serán remitidas las comunicaciones y notificaciones que deban realizarse. Si no los pudieran facilitar o lo solicitaren expresamente, las notificaciones les serán remitidas por correo ordinario al domicilio que designen.

2. Recibido el atestado conforme a lo previsto en el párrafo anterior, y en todos aquellos casos en que el procedimiento se hubiere iniciado en virtud de denuncia presentada directamente por el ofendido ante el órgano judicial, el juez podrá adoptar alguna de las siguientes resoluciones:

a) Acordará el sobreseimiento del procedimiento y el archivo de las diligencias cuando resulte procedente conforme a lo dispuesto en el numeral 1.ª del apartado 1 del artículo anterior.

La resolución de sobreseimiento será notificada a los ofendidos por el delito.

b) Acordará celebrar de forma inmediata el juicio si, estando identificado el denunciado, fuere posible citar a todas las personas que deban ser convocadas para que comparezcan mientras dure el servicio de guardia y concurran el resto de requisitos exigidos por el artículo 963.

3. Las citaciones se harán al Ministerio Fiscal, salvo que el delito leve fuere perseguible sólo a instancia de parte, al querellante o denunciante, si lo hubiere, al denunciado y a los testigos y peritos que puedan dar razón de los hechos. Al practicar las citaciones, se apercibirá a las personas citadas de las respectivas consecuencias de no comparecer ante el Juzgado de guardia, se les informará que podrá celebrarse el juicio aunque no asistan, y se les indicará que han de comparecer con los medios de prueba de que intenten valerse. Asimismo, se practicarán con el denunciado las actuaciones señaladas en el apartado 2 del artículo 962.

Apartado 1 modificado por Ley 41/2015, de 5 de octubre, de modificación de la Ley de Enjuiciamiento Criminal para la agilización de la justicia penal y el fortalecimiento de las garantías procesales. (BOE de 06/10/2015)

ART. 965.

1. Si no fuere posible la celebración del juicio durante el servicio de guardia, se seguirán las reglas siguientes:

1.ª Si el juez estimare que la competencia para el enjuiciamiento corresponde al propio juzgado de instrucción y que no procede el sobreseimiento conforme a lo dispuesto en el numeral 1.ª del apartado 1 del artículo 963, el secretario judicial procederá en todo caso al señalamiento para la celebración del juicio y a las citaciones procedentes para el día hábil más próximo posible dentro de los predeterminados a tal fin, y en cualquier caso en un plazo no superior a siete días.

2.ª Si el juez estimare que la competencia para el enjuiciamiento corresponde a otro juzgado, el secretario judicial le remitirá lo actuado para que se proceda a realizar el señalamiento del juicio y las citaciones con arreglo a lo dispuesto en la regla anterior.

2. El Consejo General del Poder Judicial, de acuerdo con lo establecido en el artículo 110 de la Ley Orgánica del Poder Judicial, dictará los reglamentos oportunos para la ordenación, coordinadamente con el Ministerio Fiscal, de los señalamientos de juicios de faltas.

Apdo. 1 modificado por Ley Orgánica 1/2015, de 30 de marzo, por la que se modifica la Ley Orgánica 10/1995, de 23 de noviembre, del Código Penal. (BOE de 31/03/2015)

ART. 966.

Las citaciones para la celebración del juicio previsto en el artículo anterior se harán al Ministerio Fiscal, al querellante o denunciante, si lo hubiere, al denunciado y a los testigos y peritos que puedan dar razón de los hechos.

A tal fin, se solicitará a cada uno de ellos en su primera comparecencia ante la Policía Judicial o el Juez de Instrucción que designen, si disponen de ellos, una dirección de correo electrónico y un número de teléfono a los que serán remitidas las comunicaciones y notificaciones que deban realizarse. Si no los pudieran facilitar o lo solicitaren expresamente, las notificaciones les serán remitidas por correo ordinario al domicilio que designen.

Modificado por Ley Orgánica 1/2015, de 30 de marzo, por la que se modifica la Ley Orgánica 10/1995, de 23 de noviembre, del Código Penal. (BOE de 31/03/2015)

ART. 967.

1. En las citaciones que se efectúen al denunciante, al ofendido o perjudicado y al investigado para la celebración del juicio, se les informará de que pueden ser asistidos por abogado si lo desean y de que deberán acudir al juicio con los medios de prueba de que intenten valerse. A la citación del investigado se acompañará copia de la querella o de la denuncia que se haya presentado.

Sin perjuicio de lo dispuesto en el párrato anterior, para el enjuiciamiento de delitos leves que lleven aparejada pena de multa cuyo límite máximo sea de al menos seis meses, se aplicarán las reglas generales de defensa y representación.

2. Cuando los citados como partes, los testigos y los peritos no comparezcan ni aleguen justa causa para dejar de hacerlo, podrán ser sancionados con una multa de 200 a 2.000 euros.

Apartado 1 modificado por Ley Orgánica 13/2015, de 5 de octubre, de modificación de la Ley de Enjuiciamiento Criminal para el fortalecimiento de las garantías procesales y la regulación de las medidas de investigación tecnológica. (BOE de 06/10/2015)

ART. 968.

En el caso de que por motivo justo no pueda celebrarse el juicio oral en el día señalado o de que no pueda concluirse en un solo acto, el Secretario judicial señalará para su celebración o continuación el día más inmediato posible y, en todo caso, dentro de los siete siguientes, haciéndolo saber a los interesados.

Modificado por Ley 13/2009, de 3 de noviembre, de reforma de la legislación procesal para la implantación de la nueva Oficina judicial. (BOE de 04/11/2009)

ART. 969.

1. El juicio será público, dando principio por la lectura de la querella o de la denuncia, si las hubiere, siguiendo a esto el examen de los testigos convocados, y practicándose las demás pruebas que propongan el querellante, el denunciante y el Fiscal, si asistiere, siempre que el Juez las considere admisibles. La querella habrá de reunir los requisitos del artículo 277, salvo que no necesite firma de abogado ni de procurador. Seguidamente, se oirá al acusado, se examinarán los testigos que presente en su descargo y se practicarán las demás pruebas que ofrezca y fueren pertinentes, observándose las prescripciones de esta Ley en cuanto sean aplicables. Acto continuo expondrán de palabra las partes lo que

crean conveniente en apoyo de sus respectivas pretensiones, hablando primero el Fiscal, si asistiere, después el querellante particular o el denunciante y, por último, el acusado.

2. El fiscal asistirá a los juicios por delito leve siempre que a ellos sea citado. Sin embargo, el Fiscal General del Estado impartirá instrucciones sobre los supuestos en los que, en atención al interés público, los fiscales podrían dejar de asistir al juicio y de emitir los informes a que se refieren los artículos 963.1 y 964.2, cuando la persecución del delito leve exija la denuncia del ofendido o perjudicado. En estos casos, la declaración del denunciante en el juicio afirmando los hechos denunciados tendrá valor de acusación, aunque no los califique ni señale pena.

Apartado 2 modificado por Ley Orgánica 1/2015, de 30 de marzo, por la que se modifica la Ley Orgánica 10/1995, de 23 de noviembre, del Código Penal. (BOE de 31/03/2015)

ART. 970.

Si el denunciado reside fuera de la demarcación del Juzgado, no tendrá obligación de concurrir al acto del juicio, y podrá dirigir al Juez escrito alegando lo que estime conveniente en su defensa, así como apoderar a abogado o procurador que presente en aquel acto las alegaciones y las pruebas de descargo que tuviere.

Modificado por Ley 38/2002, de 24 de octubre, de reforma parcial de la Ley de Enjuiciamiento Criminal, sobre procedimiento para el enjuiciamiento rápido e inmediato de determinados delitos y faltas, y de modificación del procedimiento abreviado. (BOE de 28/10/2022)

ART. 971.

La ausencia injustificada del acusado no suspenderá la celebración ni la resolución del juicio, siempre que conste habérsele citado con las formalidades prescritas en esta Ley, a no ser que el Juez, de oficio o a instancia de parte, crea necesaria la declaración de aquél.

Modificado por Ley 38/2002, de 24 de octubre, de reforma parcial de la Ley de Enjuiciamiento Criminal, sobre procedimiento para el enjuiciamiento rápido e inmediato de determinados delitos y faltas, y de modificación del procedimiento abreviado. (BOE de 28/10/2022)

ART. 972.

En cuanto se refiere a la grabación de la vista y a su documentación, serán aplicables las disposiciones contenidas en el artículo 743.

Modificado por Ley 13/2009, de 3 de noviembre, de reforma de la legislación procesal para la implantación de la nueva Oficina judicial. (BOE de 04/11/2009)

ART. 973.

1. El Juez, en el acto de finalizar el juicio, y a no ser posible dentro de los tres días siguientes, dictará sentencia apreciando, según su conciencia, las pruebas practicadas, las razones expuestas por el Fiscal y por las demás partes o sus defensores y lo manifestado por los propios acusados, y siempre que haga uso del libre arbitrio que para la calificación de la falta o para la imposición de la pena le otorga el Código Penal, deberá expresar si ha tomado en consideración los elementos de juicio que el precepto aplicable de aquél obligue a tener en cuenta.

2. La sentencia se notificará a los ofendidos y perjudicados por el delito leve, aunque no se hayan mostrado parte en el procedimiento. En la notificación se harán constar los recursos procedentes contra la resolución comunicada, así como el plazo para su presentación y órgano judicial ante quien deba interponerse.

Apartado 2 modificado por Ley Orgánica 1/2015, de 30 de marzo, por la que se modifica la Ley Orgánica 10/1995, de 23 de noviembre, del Código Penal. (BOE de 31/03/2015)

ART. 974.

1. La sentencia se llevará a efecto inmediatamente transcurrido el término fijado en el párrafo tercero del artículo 212, si no hubiere apelado ninguna de las partes y hubiere transcurrido, también, el plazo de impugnación para los ofendidos y perjudicados no comparecidos en el juicio.

2. Si en la sentencia se hubiere condenado al pago de la responsabilidad civil, sin fijar su importe en cantidad líquida, se estará a lo que dispone el artículo 984.

Modificado por Ley 38/2002, de 24 de octubre, de reforma parcial de la Ley de Enjuiciamiento Criminal, sobre procedimiento para el enjuiciamiento rápido e inmediato de determinados delitos y faltas, y de modificación del procedimiento abreviado. (BOE de 28/10/2022)

ART. 975.

Si las partes, conocido el fallo, expresan su decisión de no recurrir, el Juez, en el mismo acto, declarará la firmeza de la sentencia.

ART. 976.

1. La sentencia es apelable en el plazo de los cinco días siguientes al de su notificación. Durante este período se hallarán las actuaciones en secretaría a disposición de las partes.

2. El recurso se formalizará y tramitará conforme a lo dispuesto en los artículos 790 a 792.

3. La sentencia de apelación se notificará a los ofendidos y perjudicados por el delito leve, aunque no se hayan mostrado parte en el procedimiento.

Apartado 3 modificado por Ley Orgánica 1/2015, de 30 de marzo, por la que se modifica la Ley Orgánica 10/1995, de 23 de noviembre, del Código Penal. (BOE de 31/03/2015)

ART. 977.

Contra la sentencia que se dicte en segunda instancia no habrá lugar a recurso alguno. El órgano que la hubiese dictado mandará devolver al Juez los autos originales, con certificación de la sentencia dictada, para que proceda a su ejecución.

ART. 978 a 982.

(DEROGADOS)

Derogados por Ley 10/1992, de 30 de abril, de medidas urgentes de reforma procesal. (BOE de 05/05/1992)

LIBRO VII
DE LA EJECUCIÓN DE LAS SENTENCIAS

ART. 983.

Todo procesado absuelto por la sentencia será puesto en libertad inmediatamente, a menos que el ejercicio de un recurso que produzca efectos suspensivos o la existencia de otros motivos legales hagan necesario el aplazamiento de la excarcelación, lo cual se ordenará por auto motivado.

ART. 984.

La ejecución de la sentencia en los juicios sobre faltas corresponde al órgano que haya conocido del juicio. Cuando no pudiera practicar por sí mismo todas las diligencias necesarias se dirigirá al órgano judicial de la circunscripción en que deban tener efecto, para que las practique.

El Juez de Instrucción que haya conocido en apelación de un juicio de faltas mandará remitir los autos originales, acompañándolos con certificación de la sentencia firme, al Juez que haya conocido del juicio en primera instancia para los efectos del párrafo anterior.

Para la ejecución de la sentencia, en cuanto se refiere a la reparación del daño causado e indemnización de perjuicios, se aplicarán las disposiciones establecidas en la Ley de Enjuiciamiento Civil, si bien será en todo caso promovida de oficio por el Juez que la dictó.

Modificado por Ley 13/2009, de 3 de noviembre, de reforma de la legislación procesal para la implantación de la nueva Oficina judicial. (BOE de 04/11/2009)

Ver arts. 109 y sigs. CP; 613 y 977 LECrim.

ART. 985.

La ejecución de las sentencias en causas por delito corresponde al Tribunal que haya dictado la que sea firme.

La ejecución de las sentencias recaídas en el proceso por aceptación de decreto, cuando el delito sea leve, corresponde al juzgado que la hubiera dictado.

Párrafo segundo añadido por Ley 41/2015, de 5 de octubre, de modificación de la Ley de Enjuiciamiento Criminal para la agilización de la justicia penal y el fortalecimiento de las garantías procesales. (BOE de 06/10/2015)

Ver arts. 9 y 794 LECrim.

ART. 986.

Sin embargo de lo dispuesto en el artículo anterior, la sentencia dictada a continuación de la de casación por la Sala Segunda del Tribunal Supremo se ejecutará por el Tribunal que hubiese pronunciado la sentencia casada, en vista de la certificación que al efecto le remitirá la referida Sala.

ART. 987.

Cuando el Tribunal a quien corresponda la ejecución de la sentencia no pudiere practicar por sí mismo todas las diligencias necesarias, se dirigirá al órgano judicial competente del partido o demarcación en que deban tener efecto para que las practique.

Modificado por Ley 13/2009, de 3 de noviembre, de reforma de la legislación procesal para la implantación de la nueva Oficina judicial. (BOE de 04/11/2009)

ART. 988.

Cuando una sentencia sea firme, con arreglo a lo dispuesto en el artículo 141 de esta Ley, lo declarará así el Juez o el Tribunal que la hubiera dictado.

Hecha esta declaración, se procederá a ejecutar la sentencia aunque el reo esté sometido a otra causa, en cuyo caso se le conducirá, cuando sea necesario, desde el establecimiento penal en que se halle cumpliendo la condena al lugar donde se esté instruyendo la causa pendiente.

Cuando el culpable de varias infracciones penales haya sido condenado en distintos procesos por hechos que pudieron ser objeto de uno solo, conforme a lo previsto en el artículo 17 de esta Ley, el Juez o Tribunal que hubiera dictado la última sentencia, de oficio, a instancia del Ministerio Fiscal o del condenado, procederá a fijar el límite del cumplimiento de las penas impuestas conforme a lo dispuesto en el artículo 76 del Código Penal. Para ello, el Secretario judicial reclamará la hoja histórico-penal del Registro central de penados y rebeldes y testimonio de las sentencias condenatorias y previo dictamen del Ministerio Fiscal, cuando no sea el solicitante, el Juez o Tribunal dictará auto en el que se relacionarán todas las penas impuestas al reo, determinando el máximo de cumplimiento de las mismas. Contra tal auto podrán el Ministerio Fiscal y el condenado interponer recurso de casación por infracción de Ley.

Párrafo tercero modificado por Ley 13/2009, de 3 de noviembre, de reforma de la legislación procesal para la implantación de la nueva Oficina judicial. (BOE de 04/11/2009)

ART. 988 bis.

1. El juez o tribunal dará traslado del auto de incoación de la ejecutoria a la representación de cada uno de los condenados para que, en el plazo de diez días, se pronuncien en un mismo escrito sobre las siguientes circunstancias:

a) Cuando hubieran sido impuestas penas privativas de libertad susceptibles de ser suspendidas conforme al Código Penal y la sentencia no se hubiera pronunciado acerca de su suspensión, sobre la modalidad o modalidades de suspensión de la ejecución de las penas privativas de libertad que solicite.

b) Para el caso de haber sido impuestas responsabilidades pecuniarias, sobre la forma de cumplimiento y, en particular, si solicita su aplazamiento y en qué términos, así como el plazo máximo para su cumplimiento.

c) Cualquier otra solicitud relativa a la ejecución de los pronunciamientos de la sentencia, incluida la sustitución de la pena en los casos en que proceda.

2. Presentado el escrito, al que deberán acompañarse los informes o la documentación en que se funden las peticiones, el juez o tribunal realizará, en su caso, las comprobaciones necesarias sobre la concurrencia de los requisitos de la suspensión y del resto de peticiones realizadas, tras lo cual dará traslado de la solicitud y de lo practicado al Ministerio Fiscal, a las partes acusadoras personadas y víctimas, directamente afectadas por la decisión, para que, en el plazo de diez días, formulen alegaciones. Transcurrido el plazo, en el término de cinco días el juez, la jueza o el tribunal resolverán mediante auto sobre todas las peticiones.

3. La tramitación descrita en los apartados anteriores podrá ser sustituida, a criterio del juez, la jueza o el tribunal, por una vista que habrá de celebrarse en el plazo de diez días y a la que deberá citarse al acusado y su defensa, al Ministerio Fiscal, a las partes acusadoras y víctimas, directamente afectadas por la decisión.

Celebrada la vista, el juez, la jueza o el tribunal resolverá en el acto o, de no ser posible, en los tres días siguientes, sobre todas las cuestiones planteadas.

4. El letrado o la letrada de la Administración de Justicia citará al condenado a una comparecencia en la que le requerirá de cumplimiento de las penas, decomiso y responsabilidades civiles que le hubieran sido impuestas y le informará de las responsabilidades en que pueda incurrir en el supuesto de incumplimiento.

Asimismo, practicará las liquidaciones de condena, que comprenderán, en todo caso, los siguientes particulares:

a) la fecha de inicio del cumplimiento,

b) el tiempo abonable por haber estado privado de libertad provisionalmente en la causa o por la aplicación de cualquier otra medida cautelar,

c) el tiempo de duración de la condena, y

d) el tiempo de cumplimiento.

A tales efectos, el cómputo se hará por años, meses y días, de acuerdo con las siguientes reglas: los meses completos serán de treinta días y los años completos serán de trescientos sesenta y cinco días.

De dichas liquidaciones, que se notificarán personalmente al condenado, se dará traslado al Ministerio Fiscal y a las partes, que podrán impugnarlas en el plazo de dos días. Transcurrido el plazo sin impugnación, el letrado o la letrada de la Administración de Justicia la aprobará mediante decreto.

Si fueran impugnadas por alguna de las partes, se dará traslado al resto para alegaciones por de dos días. Transcurrido el mismo, hubieren o no presentado escrito las demás partes, el juez, la jueza o el tribunal resolverá mediante auto, que será dictado en el plazo de dos días. Una vez firme éste, si corrigiere la liquidación de condena será notificado personalmente al condenado.

Añadido por Ley Orgánica 1/2025, de 2 de enero, de medidas en materia de eficiencia del Servicio Público de Justicia (BOE de 03-01-2025). Este artículo entró en vigor el 03-04-2025.

ART. 989.

1. Los pronunciamientos sobre responsabilidad civil serán susceptibles de ejecución provisional con arreglo a lo dispuesto en la Ley 1/2000, de 7 de enero, de Enjuiciamiento Civil.

2. En todo lo que no estuviera regulado en el Código Penal o en otra norma penal, sustantiva o procesal, para la ejecución de la responsabilidad civil derivada del delito se aplicarán las disposiciones sobre ejecución de la Ley 1/2000, de 7 de enero. El letrado de la Administración de Justicia podrá encomendar a la Agencia Estatal de Administración Tributaria o, en su caso, a los organismos tributarios de las Haciendas forales, las actuaciones de investigación patrimonial necesarias para poner de manifiesto las rentas y el patrimonio presente y los que vaya adquiriendo el condenado hasta tanto no se haya satisfecho la responsabilidad civil determinada en sentencia.

Cuando dichas entidades alegaren razones legales o de respeto a los derechos fundamentales para no realizar la entrega o atender a la colaboración que les hubiese sido requerida por el letrado de la Administración de Justicia, éste dará cuenta al juez o tribunal para resolver lo que proceda.

Modificado por Ley Orgánica 1/2025, de 2 de enero, de medidas en materia de eficiencia del Servicio Público de Justicia (BOE de 03-01-2025). Esta modificación entró en vigor el 03-04-2025.

Apartado 2 anteriormente modificado por Ley 13/2009, de 3 de noviembre, de reforma de la legislación procesal para la implantación de la nueva Oficina judicial. (BOE de 04-11-2009)

ART. 990.

Las penas se ejecutarán en la forma y tiempo prescritos en el Código Penal y en los reglamentos.

Corresponde al Juez o Tribunal a quien el presente Código impone el deber de hacer ejecutar la sentencia adoptar sin dilación las medidas necesarias para que el condenado ingrese en el establecimiento penal destinado al efecto, a cuyo fin requerirá el auxilio de las Autoridades administrativas, que deberán prestárselo sin excusa ni pretexto alguno.

La competencia del Juez o Tribunal para hacer cumplir la sentencia excluye la de cualquier Autoridad gubernativa hasta que el condenado tenga ingreso en el establecimiento penal o se traslade al lugar en donde deba cumplir la condena.

En los supuestos de delitos contra la Hacienda pública, contrabando y contra la Seguridad Social, los órganos de recaudación de la Administración Tributaria o, en su caso, de la Seguridad Social, tendrán competencia para investigar, bajo la supervisión de la autoridad judicial, el patrimonio que pueda llegar a resultar afecto al pago de las responsabilidades civiles derivadas del delito, ejercer las facultades previstas en la legislación tributaria o de Seguridad Social, remitir informes sobre la situación patrimonial, y poner en conocimiento del juez o tribunal las posibles modificaciones de las circunstancias de que puedan llegar a tener conocimiento y que sean relevantes para que el juez o tribunal resuelvan sobre la ejecución de la pena, su suspensión o la revocación de la misma.

Los Tribunales ejercerán además las facultades de inspección que las Leyes y Reglamentos les atribuyan sobre la manera de cumplirse las penas.

Corresponde al Secretario judicial impulsar el proceso de ejecución de la sentencia dictando al efecto las diligencias necesarias, sin perjuicio de la competencia del Juez o Tribunal para hacer cumplir la pena.

El Secretario judicial pondrá en conocimiento de los directamente ofendidos y perjudicados por el delito y, en su caso a los testigos, todas aquellas resoluciones relativas al penado que puedan afectar a su seguridad.

Párrafo cuarto introducido por Ley Orgánica 1/2015, de 30 de marzo, por la que se modifica la Ley Orgánica 10/1995, de 23 de noviembre, del Código Penal. (BOE de 31/03/2015)

Párrafos quinto y sexto añadidos por Ley 13/2009, de 3 de noviembre, de reforma de la legislación procesal para la implantación de la nueva Oficina judicial. (BOE de 04/11/2009)

ART. 991.

Los confinados que se supongan en estado de demencia serán constituidos en observación, instruyéndose al efecto por la Comandancia del presidio en que aquéllos se encuentren un expediente informativo de los hechos y motivos que hayan dado lugar a la sospecha de la demencia, en el que se consigne el primer juicio, o por lo menos la certificación de los facultativos que los hayan examinado y observado.

Ver arts. 60 CP; y 383 LECrim.

ART. 992.

Consignada la gravedad de la sospecha, el Comandante del presidio dará cuenta inmediatamente, con copia literal del expediente instruido, al Presidente del Tribunal sentenciador de que procedan los confinados, sin perjuicio de ponerlo en conocimiento de la Dirección General de Establecimientos Penales.

ART. 993.

El Presidente pasará el expediente a que se refiere el artículo anterior al Tribunal sentenciador, el cual, con preferencia, oirá al Fiscal y al acusador particular de la causa, si lo hubiere, y dándose intervención y audiencia al defensor del penado, o nombrándosele de oficio para este caso si no lo tuviese, acordará la instrucción más amplia y formal sobre los hechos y el estado físico y moral de los pacientes, por los mismos medios legales de prueba que se hubieran empleado si el incidente hubiese ocurrido durante el seguimiento de la causa, comisionando al efecto al Juez de instrucción del partido en que se hallen los confinados.

ART. 994.

Sustanciado el incidente a que se refieren los artículos anteriores en juicio contradictorio si hubiese oposición, y en forma ordinaria si no la hubiese, y después de oír las declaraciones juradas de los peritos en el arte de curar, y, en su caso, de la Academia de Medicina y Cirugía, se dictará el fallo que proceda. El fallo se comunicará al Comandante del presidio, quien, si se hubiese declarado la demencia, trasladará al penado demente al establecimiento que corresponda, todo sin perjuicio de cumplir con lo que el Código penal previene si en cualquier tiempo el demente recobrase su juicio.

ART. 995.

(SUPRIMIDO)

Suprimido por Ley 6/1984, de 31 de marzo, de modificación de determinados artículos de los Códigos Civil y de Comercio y de las Leyes Hipotecaria, de Enjuiciamiento Criminal y de Régimen Jurídico de las Sociedades Anónimas, sobre interdicción. (BOE de 03/04/1984)

ART. 996.

Las tercerías de dominio o de mejor derecho que puedan deducirse se sustanciarán y decidirán con sujeción a las disposiciones establecidas en la Ley de Enjuiciamiento Civil.

Ver arts. 595 y sigs. LEC.

ART. 997.

El Juez de instrucción a quien se hubiere cometido la práctica de algunas diligencias para la ejecución de la sentencia dará inmediatamente cuenta del cumplimiento de las mismas al Tribunal sentenciador, con testimonio en relación de las practicadas al intento, el cual se unirá a la causa.

ART. 998.

Las referidas diligencias se archivarán por el Secretario judicial que en ellas haya intervenido.

Modificado por Ley 13/2009, de 3 de noviembre, de reforma de la legislación procesal para la implantación de la nueva Oficina judicial. (BOE de 04/11/2009)

ART. 999.

1. En la ejecución de sentencias por delitos contra la Hacienda Pública, la disconformidad del obligado al pago con las modificaciones que con arreglo a lo previsto en la Ley General Tributaria lleve a cabo la Administración Pública se pondrá de manifiesto al Tribunal competente para la ejecución, en el plazo de 30 días desde su notificación, que, previa audiencia de la Administración ejecutante y del Ministerio Fiscal por idéntico plazo, resolverá mediante auto si la modificación practicada es conforme a lo declarado en sentencia o si se ha apartado de la misma, en cuyo caso, indicará con claridad los términos en que haya de modificarse la liquidación.

2. Contra el auto que resuelva este incidente cabrá recurso de apelación en un solo efecto o, en su caso, el correspondiente de súplica.

Artículo añadido por Ley 34/2015, de 21 de septiembre, de modificación parcial de la Ley 58/2003, de 17 de diciembre, General Tributaria. (BOE de 22/09/2015)

DISPOSICIONES ADICIONALES

D.A. 1.ª

En los supuestos de amenazas o coacciones previstos en el artículo 572.1.3.º del Código Penal, el juez o tribunal adoptará, al iniciar las primeras diligencias, las medidas necesarias para garantizar la confidencialidad de los datos que figuren en los distintos registros públicos que afecten a la víctima de las amenazas o coacciones, de tal forma que dichos datos no puedan servir como información para la comisión de delitos de terrorismo contra dichas personas.

Renumerada por Ley Orgánica 15/2003, de 25 de noviembre, por la que se modifica la Ley Orgánica 10/1995, de 23 de noviembre, del Código Penal. (BOE de 26/11/2003)

D.A. 2.ª

Las medidas cautelares de prisión provisional, su duración máxima y su cesación, así como las demás medidas cautelares adoptadas en el curso de los procedimientos penales, se anotarán en un registro central, de ámbito nacional, que existirá en el Ministerio de Justicia.

El Gobierno, a propuesta del Ministerio de Justicia, oídos el Consejo General del Poder Judicial y la Agencia de Protección de Datos, dictará las disposiciones reglamentarias oportunas relativas a la organización y competencias de dicho registro central, determinando el momento de su entrada en funcionamiento, así como el régimen de inscripción y cancelación de sus asientos y el acceso a la información contenida en el mismo, asegurando en todo caso su confidencialidad.

Disposición añadida por Ley Orgánica 15/2003, de 25 de noviembre, por la que se modifica la Ley Orgánica 10/1995, de 23 de noviembre, del Código Penal. (BOE de 26/11/2003)

D.A. 3.ª

El Gobierno, a propuesta conjunta de los Ministerios de Justicia y de Interior, y previos los informes legalmente procedentes, regulará mediante real decreto la estructura, composición, organización y funcionamiento de la Comisión nacional sobre el uso forense del ADN, a la que corresponderá la acreditación de los laboratorios facultados para contrastar perfiles genéticos en la investigación y persecución de delitos y la identificación de cadáveres, el establecimiento de criterios de coordinación entre ellos, la elaboración de los protocolos técnicos oficiales sobre la obtención, conservación y análisis de las muestras, la determinación de las condiciones de seguridad en su custodia y la fijación de todas aquellas medidas que garanticen la estricta confidencialidad y reserva de las muestras, los análisis y los datos que se obtengan de los mismos, de conformidad con lo establecido en las leyes.

Disposición añadida por Ley Orgánica 15/2003, de 25 de noviembre, por la que se modifica la Ley Orgánica 10/1995, de 23 de noviembre, del Código Penal. (BOE de 26/11/2003)

D.A. 4.ª

1. Las referencias que se hacen al Juez de Instrucción y al Juez de Primera Instancia en los apartados 1 y 7 del artículo 544 ter de esta Ley, en la redacción dada por la Ley 27/2003, de 31 de julio, reguladora de la Orden de Protección de las Víctimas de la Violencia Doméstica se entenderán hechas, en su caso, al Juez de Violencia sobre la Mujer.

2. Las referencias que se hacen al Juez de Guardia en el título III del libro IV, y en los artículos 962 a 971 de esta Ley, se entenderán hechas, en su caso, al Juez de Violencia sobre la Mujer.

Disposición añadida por Ley Orgánica 1/2004, de 28 de diciembre, de Medidas de Protección Integral contra la Violencia de Genero. (BOE de 29/12/2004)

D.A. 5.ª Comunicación de actuaciones al Instituto Nacional de la Seguridad Social y al Instituto Social de la Marina.

Los Letrados de la Administración de Justicia de los juzgados y tribunales comunicarán al Instituto Nacional de la Seguridad Social y al Instituto Social de la Marina cualquier resolución judicial de la que se deriven indicios racionales de criminalidad por la comisión de un delito doloso de homicidio en cualquiera de sus formas, en que la víctima fuera ascendiente, descendiente, hermano, cónyuge o excónyuge del investigado, o estuviera o hubiese estado ligada a él por una relación de afectividad análoga a la conyugal. Asimismo, comunicarán a dichos organismos oficiales las resoluciones judiciales firmes que pongan fin a los procedimientos penales. Dichas comunicaciones se realizarán, a los efectos previstos en los artículos 231, 232, 233 y 234 del texto refundido de la Ley General de la Seguridad Social, aprobado por el Real Decreto Legislativo 8/2015, de 30 de octubre, en los artículos 37 bis y 37 ter del texto refundido de la Ley de Clases Pasivas del Estado, aprobado por el Real Decreto Legislativo 670/1987, de 30 de abril, y en los artículos 4, 5, 6, 7 y 10 del Real Decreto-ley 20/2020, de 29 de mayo, por el que se establece el ingreso mínimo vital.

Modificada por Real Decreto-ley 30/2020, de 29 de septiembre, de medidas sociales en defensa del empleo (BOE de 30/09/2020).

D.A. 6.ª Oficina de Recuperación y Gestión de Activos.

1. La Oficina de Recuperación y Gestión de Activos es el órgano administrativo al que corresponden las funciones de localización, recuperación, conservación, administración y realización de efectos procedentes de actividades delictivas en los términos previstos en la legislación penal y procesal.

Cuando sea necesario para el desempeño de sus funciones y realización de sus fines, la Oficina de Recuperación y Gestión de Activos podrá recabar la colaboración de cualesquiera entidades públicas y privadas, que estarán obligadas a prestarla de conformidad con su normativa específica.

2. Los recursos que se encomienden a la Oficina de Recuperación y Gestión de Activos con anterioridad a que se dicte resolución judicial firme de decomiso se podrán gestionar a través de la cuenta de depósitos y consignaciones judiciales cuando se trate del dinero resultante del embargo o la realización anticipada de los efectos. Para los restantes bienes, en atención a las circunstancias, la Oficina podrá gestionarlos de cualquiera de las formas previstas en la legislación aplicable a las Administraciones Públicas. Los intereses del dinero y los rendimientos y frutos de los bienes se destinarán a satisfacer los costes de gestión, incluyendo los que correspondan a la Oficina; la cantidad restante se conservará a resultas de lo que se disponga mediante resolución judicial firme de decomiso.

Cuando recaiga resolución judicial firme de decomiso, los recursos obtenidos serán objeto de realización y la cantidad obtenida se aplicará en la forma prevista en el artículo 367 quinquies de la Ley de Enjuiciamiento Criminal. La cantidad restante, así como el producto obtenido por la gestión de los bienes durante el proceso, se transferirá al Tesoro como ingreso de derecho público, del que una vez deducidos los gastos de funcionamiento y gestión de la Oficina de Recuperación y Gestión de Activos, dotados en el Presupuesto del Ministerio de Justicia, se afecta hasta un 50 por ciento a la satisfacción de los fines señalados en el apartado siguiente. Estos ingresos generarán crédito en el presupuesto del Ministerio de Justicia, de acuerdo con lo establecido en la Ley General Presupuestaria.

Los costes de gestión y los gastos previstos en los párrafos anteriores podrán estimarse de la forma en que se determine reglamentariamente.

3. Son fines propios de los recursos obtenidos por la Oficina de Recuperación y Gestión de Activos como consecuencia de las resoluciones judiciales de decomiso los siguientes:

a) el apoyo a programas de atención a víctimas del delito, incluido el impulso y dotación de las Oficinas de Asistencia a las Víctimas,

b) el apoyo a los programas sociales orientados a la prevención del delito y el tratamiento del delincuente,

c) la intensificación y mejora de las actuaciones de prevención, investigación, persecución y represión de delitos,

d) la cooperación internacional en la lucha contra las formas graves de criminalidad,

e) y los que puedan determinarse reglamentariamente.

4. En la Ley de Presupuestos Generales del Estado de cada año se determinará el porcentaje objeto de afectación a los fines señalados en esta disposición. Los criterios para la distribución de los recursos afectados serán fijados anualmente mediante acuerdo del Consejo de Ministros.

Disposición añadida por Ley 41/2015, de 5 de octubre, de modificación de la Ley de Enjuiciamiento Criminal para la agilización de la justicia penal y el fortalecimiento de las garantías procesales. (BOE de 06/10/2015)

D.A. 7.ª Procedimiento.

Sin perjuicio de lo establecido para los procesos especiales, los delitos que alternativa o conjuntamente estén castigados con una pena leve y otra menos grave se sustanciarán por el procedimiento abreviado o, en su caso, por el procedimiento para el enjuiciamiento rápido de determinados delitos o por el proceso por aceptación de decreto.

Disposición añadida por Ley 41/2015, de 5 de octubre, de modificación de la Ley de Enjuiciamiento Criminal para la agilización de la justicia penal y el fortalecimiento de las garantías procesales. (BOE de 06/10/2015)

D.A. 8.ª Procesos con víctimas menores de edad.

Los procesos penales en los que esté involucrado como víctima una persona menor de edad, serán de tramitación preferente.

Añadida por Ley Orgánica 1/2025, de 2 de enero, de medidas en materia de eficiencia del Servicio Público de Justicia (BOE de 03-01-2025). Esta disposición entró en vigor el 03-04-2025.

D.A. 9.ª Justicia restaurativa.

1. La justicia restaurativa se sujetará a los principios de voluntariedad, gratuidad, oficialidad y confidencialidad.

2. Las partes que se sometan a un procedimiento de justicia restaurativa, antes de prestar su consentimiento, serán informadas de sus derechos, de la naturaleza de este y de las consecuencias posibles de la decisión de someterse al mismo.

3. La justicia restaurativa es voluntaria. Ninguna parte podrá ser obligada a someterse a un procedimiento de justicia restaurativa, pudiendo, en cualquier momento, revocar el consentimiento y apartarse del mismo. La negativa de las partes a someterse a un procedimiento de justicia restaurativa, o el abandono del ya iniciado, no implicará consecuencia alguna en el proceso penal.

4. Se garantizará la confidencialidad de la información que se obtenga del procedimiento de justicia restaurativa. Las informaciones vertidas en el marco del procedimiento restaurativo no podrán utilizarse posteriormente, salvo que expresamente

lo acuerden las partes afectadas. El juez o el Tribunal no tendrán conocimiento del desarrollo del procedimiento de justicia restaurativa hasta que este haya finalizado, en su caso, mediante la remisión del acta de reparación.

5. El juez o el Tribunal, valorando las circunstancias del hecho, de la persona investigada, acusada o condenada y de la víctima, podrá, de oficio o a instancia de parte, remitir a las partes a un procedimiento restaurativo, salvo en los casos excluidos por ley. El inicio del procedimiento restaurativo en fase de instrucción no eximirá de la práctica de las diligencias indispensables para la comprobación de delito. El sometimiento a justicia restaurativa en el proceso por delitos leves interrumpirá el plazo de prescripción de la correspondiente infracción penal.

6. La resolución que acuerde la remisión a los servicios de justicia restaurativa fijará un plazo máximo para su desarrollo, que no podrá exceder de tres meses prorrogables por un plazo igual. Acordada la remisión, el órgano judicial facilitará el acceso al contenido del procedimiento por parte del equipo de justicia restaurativa.

7. De no consentir las partes en someterse a un procedimiento restaurativo, los servicios restaurativos pondrán inmediatamente esta circunstancia en conocimiento del órgano judicial, que continuará la tramitación del procedimiento penal.

8. Concluido el procedimiento restaurativo, los servicios emitirán un informe sobre el resultado positivo o negativo de la actividad realizada, acompañando, en caso positivo, el acta de reparación con los acuerdos a los que las partes hayan llegado, que estará firmado por las partes personalmente y por sus letrados, si los hubiera. El informe, del que se entregará copia a las partes del procedimiento restaurativo, no debe revelar el contenido de las comunicaciones mantenidas entre las partes ni expresar opinión, valoración o juicio sobre el comportamiento de las mismas durante el desarrollo del procedimiento de justicia restaurativa.

9. En caso de existir acuerdo, el órgano judicial, previa audiencia del Ministerio Fiscal, de las partes personadas y de la víctima del delito, por término de tres días, valorando los acuerdos a los que las partes hayan llegado, las circunstancias concurrentes y el estado del procedimiento, podrá:

a) Si se tratase de un delito leve, decretar el archivo, a la vista del cumplimiento de los acuerdos alcanzados, de conformidad con lo establecido en el artículo 963 de la Ley de Enjuiciamiento Criminal.

b) Si la causa se siguiera por un delito privado o un delito en el que el perdón extingue la responsabilidad criminal, acordar el sobreseimiento del procedimiento y su archivo, dejando sin efecto las medidas cautelares que se hubieren acordado en su caso.

c) Si la causa estuviera en el órgano de instrucción, acordará la conclusión de la misma y la remisión de la causa al órgano competente para la celebración del juicio de conformidad en los términos de los artículos 655 y 787 ter de la Ley de Enjuiciamiento Criminal.

d) Si la causa estuviese en el órgano de enjuiciamiento, se seguirá por los trámites del juicio de conformidad. La sentencia de conformidad incluirá los acuerdos alcanzados por las partes.

e) Resolver sobre la suspensión de la ejecución de la pena privativa de libertad, valorando el resultado del procedimiento restaurativo para el establecimiento de las condiciones, medidas u obligaciones de la suspensión; o, en su caso, sobre el contenido de los trabajos en beneficio de la comunidad.

Añadida por Ley Orgánica 1/2025, de 2 de enero, de medidas en materia de eficiencia del Servicio Público de Justicia (BOE de 03-01-2025). Esta disposición entró en vigor el 03-04-2025.

DISPOSICIONES FINALES

D.F. Única.

Quedan derogadas todas las Leyes, Reales Decretos, Reglamentos, Órdenes y Fueros anteriores en cuanto contengan reglas de enjuiciamiento criminal para los Jueces y Tribunales del fuero común.

Se exceptúan de lo dispuesto en el párrafo anterior el Real Decreto de 20 de junio de 1852 y las demás disposiciones vigentes sobre el procedimiento por delitos de contrabando y defraudación.

ÍNDICE ANALÍTICO

A

ÍNDICE ANALÍTICO

AUTOS (EN GENERAL)

AUTOS (EN PARTICULAR)

Índice
Analítico

ÍNDICE ANALÍTICO

D

E

FISCAL GENERAL DEL ESTADO

FORMACIÓN DEL SUMARIO

FOTOGRAFÍAS

FUEROS

FUERZA PÚBLICA

FUNCIONARIOS DE PRISIONES

FUNCIONARIOS PÚBLICOS

G

GENERALES DE LA LEY

GOBIERNO

GRABACIÓN DE COMUNICACIONES ORALES

GRABADO

GUARDAS JURADOS

GUARDIA CIVIL

GUARDIA MUNICIPAL

H

HACIENDA PÚBLICA

HECHO
Comprobación del denunciado, 269
Nuevo, en recurso de revisión, después de la sentencia, 954.1 d) y 958

HECHOS PROBADOS
En recurso de casación, 851.1° y 884.3.°
Indiscutibilidad en vista recurso casación infracción Ley, 897
Infracción de Ley en base a ellos, 849.1° y 884.°
Se consignarán en sentencias, 142.2ª y 4ª y 794
Transcripción en sentencias recurso casación del Tribunal Supremo, 900.1.°

HEREDEROS
Acción civil contra ellos, 115
Exención de fianza, 281.2°
Recurso de casación, legitimación para su interposición, 276

HERMANOS
Dispensa en declarar, 416.1
Promoción del recurso de revisión, 955

HIJOS
Acción penal de cónyuges sobre ellos, 103.1°
Exención de fianza, 281.2°
No están obligados a denunciar a sus padres, 261.2° y 3°
Requerimiento para señalar bienes embargables de la familia del procesado, 598

HIPOTECA
Aseguramiento de responsabilidades por fianza, 591, 593 a 595

HOMBRES BUENOS
Hombres buenos, 321

HOMICIDIO
Recurso de revisión, 954 y 958
Exención de fianza en querella, 281.2°

HONORARIOS
De abogados, 121 y 242
De peritos, 121, 206, 241, 242, 358, 465 y 471

HOSPITALIZACIÓN DE HERIDOS
Hospitalización de heridos, 778.5

HURTO
Hurto, 364, 795.1, 962

I

IDENTIDAD
De la víctima, 335, 340 a 342
Del denunciante, 268
Del detenido, 493
En procedimiento abreviado, 762.7ª

IDENTIDAD DEL DELINCUENTE
Constancia de señas personales, 374
Duda sobre su identidad, 373
Forma de acreditar edad, 375
Forma de reconocimiento, 369 y 370
Indicios de enajenación, 382 y 383
Informe sobre moralidad, 377, 762.10.ª
Obligación, 368
Precauciones para evitar el desfiguramiento, 371 y 372
Procesado mayor de nueve años, 380
Regulación, 368 a 384

IDENTIFICACIÓN
Del cadáver, 340 y sigs.
Del imputado, 762.7 y 775
Del inculpado, 378 y sigs.
Del procesado, 373 y sigs.

INTERVENCIÓN
Del vehículo, 764.4 y 770.6.ª

INVARIABILIDAD
De sentencias, 161

INVESTIGADOS
Investigados, 468 y sigs., 762.7°

J

JEFATURA CENTRAL DE TRÁFICO
Comunicación intervención permisos, circulación y conducción, 764.4, 770.6.ª
Comunicación de sentencias condenatorias, 794
Constituyen Policía Judicial, 283.9.°

JUEZ DE GUARDIA
Competencia para dictar sentencias de conformidad, 14

JUEZ DE INSTRUCCIÓN
Apelación en auto de inhibición, 25
Apertura y registro de la correspondencia, 586
Calificación del comportamiento de la Policía Judicial, 298
Careo a su presencia, 451 y sigs.
Competencia para interponer querella, 272 y 273
Competencia para pedir extradición, 828
Competencia subsidiaria, 15
Competencia territorial, 14.2°
Conclusión del sumario, 622
Correcciones disciplinarias, 389 y 393
Delegación de atribuciones en Juez municipal, 310
Delegación en autopsias, 353
Delegación para registrar, 563
Ejecución de fallos de su competencia, 798
En derechos y recursos del presunto reo, 2
En juicio de faltas en segunda instancia, 977
En libertad del reo bajo fianza, 530, 531
En estadística, 248
Envío antecedentes penales, 379
Falta celo en instrucción sumario, 325
Firma diligencia apertura de correspondencia, 588
Imposición de correcciones disciplinarias, 258
Imposibilidad ejercicio acción penal, 102.3°
Libro de procesados en rebeldía, 255
Libro de registro de penados, 254
Noticias del sumario al Fiscal, 324
Plazo elevación detención a prisión o dejación sin efecto, 497 y 499
Preguntas a peritos, 483
Recepción de declaraciones, corrección disciplinaria de no hacerlo, 445
Recepción de declaraciones en domicilio impedidos, 419
Remisión de diligencia a Juez si el hecho fuese falta, 624
Traslado al lugar, 318
Visita a prisiones, 526

JUEZ DE LO PENAL
Juez de lo penal, 14 y 792 y sigs.

JUEZ DE VIOLENCIA SOBRE LA MUJER
Competencia del Juez de Violencia sobre la Mujer, 14, 15 bis, 17 bis

JUEZ INSTRUCTOR ESPECIAL
Nombramiento, 303 a 305.ª

JUICIO DE FALTAS
Ver JUICIO SOBRE DELITOS LEVES

ÍNDICE ANALÍTICO

Prisión provisional, 539
Queja, recurso de, 309 bis
Sumario, formación del, 306

JURAMENTO
Militares, 429
Notario, 321
Peritos, 474
Testigos, 433 y sigs. y 706

JURISDICCIÓN
Improrrogabilidad de la criminal, 8
Ordinaria, 1, 10 y 11

JURISDICCIÓN MILITAR
Auto inhibición de procedimiento abreviado, 779.1.3.°
Casos de su competencia, 10
Delitos conexos, 16

JUSTICIA RESTAURATIVA
Procedimiento, D.A. 9.ª

L

LECTURA
De declaraciones, 443
De resoluciones, 170
De sentencias, 160

LEGALIDAD
Principio de legalidad procesal, 1

LESIONES
Lesiones, 350 a 352, 355, 778.2

LETRADOS
Ver **ABOGADOS**

LIBERTAD
Detenido, 496, 497, 520 y 528
Estimación de excepciones penales, 675
Sentencia absolutoria, 983
Sentencia absolutoria de casación, 861 bis a)

LIBERTAD PROVISIONAL
Conductores de vehículos de motor, 529 bis
Determinación de fianza, 529 y 531
Incomparecencia del acusado al primer llamamiento, 534
Pieza separada, 544
Reforma de oficio, 539
Regulación de la fianza, 532, 533 y 541
Regulación legal, 528 a 544

LIBROS
De autos y sentencias, 162
Examen por el Tribunal, 726
Examen por las partes, 654
Medidas adoptadas en registros domiciliarios, 567
Permitidos a incomunicados, 509 y 527
Recogidos en registros, 574
Registro de penados, 254
Registros de procesados en rebeldía, 255 y sigs.

LICENCIA
A Médicos Forenses, 345
Del Juez para proceder en calumnia o injuria vertida en juicio, 279
Para registro de buques extranjeros, 561

MANDATO

MATRIMONIO

MÉDICOS

MÉDICO FORENSE

MEDIDAS CAUTELARES

MEJOR FORTUNA

MENOR DE EDAD

MILITARES

MINISTERIO FISCAL

PAPELES
En diligencia de entrada y registro, 546, 567, 573 a 576
Examen por el Tribunal, 726
Examen por las partes, 629 y 654

PARENTESCO
Acción penal de incapacitados, 102
Causa de exención de fianza, 281.2.ª
Causa de exención de la obligación de denunciar, 261
Causa de exención del deber de declarar, 416 y 418
Causa de recusación de Jueces y Magistrados, 54.1 y 2
Causa de recusación de peritos, 468
Entrega de cédula en actos de comunicación, 172, 173 y 175
Exención del deber de declarar, 416, 418 y 707
Legitimación para interponer recurso de revisión, 955

PARTES EMITIDOS POR LOS JUECES
Estado del sumario, 324
Formación de sumario, 308

PARTICULARES
En recurso de apelación, testimonio de, 225
En recurso de casación, testimonio de, 861

PENA
Abono para su cumplimiento, 960
Conformidad con la más grave, 655 y 785.4, 787. ter
Determinación competencia, 14 y 757
Ejecución, 990 y 794
En escrito de calificación, 650.5.ª
Límite de cumplimiento, 988
Por delito más grave que el acusado, recurso de casación, 851.4º, 789.3 y 884
Principio de legalidad, 4

PENSIÓN
A víctimas en delitos de circulación, 765.1 y 783

PERDÓN DEL OFENDIDO
Con relación a la acción penal, 106 y 107

PERIÓDICOS
Citación de testigos, 432
Citación en procedimiento abreviado, 762.3º
Inserción de edictos, 762.4
Sumarios, 816 a 823

PERITOS
Análisis químicos, 356 a 363
En caso de rebeldía, 844
En juicio oral, 724 y sigs.
En el sumario, 456 a 485
Honorarios, 241.3º, 242 y 465
Juramento, 474
Lista, 656 y 657
Normas generales, 456 y sigs.
Reconocimiento del cuerpo del delito, 336 y 339
Recusaciones, 467 a 470, 662 y 723
Responsabilidad, 463 y 464
Valoraciones, 365

PERJUDICADOS
Comunicación de actos procesales, 109
En procedimiento abreviado, 761
Instrucción de sus derechos, 771
Medidas de protección, 544 bis
Ofrecimiento de acciones, 109, 110 y 761
Renuncia de acciones, 106 a 108
Ver OFENDIDO

PERJUICIOS

PERMISOS DE CONDUCCIÓN Y CIRCULACIÓN

PERSONA CON DISCAPACIDAD NECESITADA DE ESPECIAL PROTECCIÓN

PERSONACIÓN

PERSONAS REALES

PIEZAS DE CONVICCIÓN

PIEZAS SEPARADAS

PLANO

PLANTEAMIENTO DE LA TESIS

PLAZOS

PROCEDIMIENTO CONTRA REOS AUSENTES

PROCEDIMIENTOS ESPECIALES

PROCEDIMIENTO PARA EL JUICIO SOBRE DELITOS LEVES

PROCEDIMIENTOS POR DELITOS COMETIDOS POR MEDIO DE IMPRENTA, EL GRABADO U OTRO MEDIO MECÁNICO DE PUBLICACIÓN

PROVIDENCIAS
Admisión en recurso de casación, 893
Apelables, 646
Competencia, 9
Concepto, 141
De tramitación, 9
Dictadas fuera de plazo, 197 a 200
Discordia, 163 a 165
Firma, 204 y 205
Forma, 141
Fuera de plazo, 197 a 200
Mayoría de votos, 153
Número de Magistrados para dictarlas, 145
Plazo, 204 y sigs.

PRUEBAS
Admisión, 659
Anticipación, 657
No propuesta, 728 y sigs.
De inspección ocular
Ver INSPECCIÓN OCULAR
Documental, 726
Limitación, 231, 695, 728 y 962
No propuesta, 728 y sigs.
Prueba pericial
Ver PERITOS
Prueba testifical
Ver TESTIGOS
Práctica en el juicio oral, 688 y sigs.
Procedimiento abreviado, 785.1, 787.3, y 788
Proposición, 656
Valoración, 741

PUBLICACIÓN DE AUTOS Y SENTENCIAS EN LA «COLECCIÓN LEGISLATIVA»
Publicación de autos y sentencias en la «Colección legislativa», 888, 905 y 906

PUBLICIDAD
Comprobación de calumnia e injuria vertida por escrito, 807
De los actos del procesado, 649
De los debates, 60 y sigs.

PUERTA CERRADA
Forma de celebración del juicio oral, 680 a 682
Votación de sentencias, 150

Q

QUEBRANTAMIENTO DE CONDENA
Detención del reo fugado, 490 y 491

QUEBRANTAMIENTO DE FORMA
Ver RECURSO DE CASACIÓN y RECURSO DE APELACIÓN LOTJ

QUEJA
Ver RECURSO DE QUEJA

QUERELLA
Abandono, 275 y 276
Admisión, 312
Calumnia e injuria, 279, 804 y 805
Costas: condena y abono, 240.3º
Delito in fraganti, 273
Derecho a querellarse, 270
Diligencias solicitadas, 311 y 312
Examen de piezas de convicción, 629

Fianza, 280 y 281
Forma, 277
Incomparecencia del querellado, 814
Intervención en el sumario, 317 y 385
Juez competente, 272
Juicio oral, apertura, 627, 632 y 633
Legitimación, 270
Ministerio Fiscal, ejercicio, 271
Nombramiento de peritos, 471 y 472
Notificación auto conclusión del sumario, 623
Presunción del querellante por calumnia, 638
Procedimiento abreviado, 761
Requisitos, 277
Responsabilidad, 274
Sobreseimiento, 627, 632 y 645
Temeridad, imposición de costas, 240.3°

QUERELLANTE
Audiencia en inhibitoria, 37
Ciudadano español, 270
Condena en costas, 240
Cuestión de competencia, 19
Del Fiscal, 272
Legitimación para interponer recurso de casación, 854
Legitimación para recusar, 53
En juicio de faltas, 969
Extranjeros, 270
Fianzas, 280
Firma 277
Nombramiento de perito, 471
Primeras diligencias, 273
Sometimiento, 274

QUÓRUM
Autos, 145
Providencias, 145
Resoluciones, 153
Sentencias, 145 y 851.5°
Vistas en casación, celebración, 893 bis a)

R

RAPTO
No precisa previa conciliación la querella, 278

RATIFICACIÓN
Conformidad del letrado con pena solicitada y aceptada por el procesado, 655
Del auto de prisión, 763
Recusación de Jueces y Magistrados, 57
Recurso de casación, desistimiento, 861 bis c)

REBELDÍA
Encausado en procedimiento abreviado, 784
Apertura de correspondencia, 585 a 588
Detención, 490.7° y 491
Encausado en delito de circulación, 765.2, 775
Envío de nota al Registro Central, 252
Encausado en delito de circulación, 762.11.ª
Presentación por fiador, 534 a 538
Procedimiento contra reos ausentes, 834 a 846
Recurso abreviado, 793
Requisitorias, 512 a 515 y 784

REBELIÓN, DELITO DE

RECADO

RECIBO

RECONOCIMIENTO

RECORDATORIOS

RECTIFICACIÓN

RECURSO DE ACLARACIÓN

RECURSO DE ANULACIÓN

RECURSO DE APELACIÓN

RECURSO DE APELACIÓN LOTJ

ÍNDICE ANALÍTICO

S

SACERDOTES
Visita a detenidos, 523

SECRETARIOS JUDICIALES
Actas de apertura de objetos sumariales, 626
Actas de juicio oral, 743 y 788.6
Apertura correspondencia, 588
Dación de cuenta, 206
Declaraciones de testigos, 444, 718 y 746.3°
Formación de sumarios, 321
Libramiento de copias, 762.6ª
Notificaciones, 167
Recogida de la causa, 215
Recusación, 84 a 93
Registro domiciliario, 569
Sustituciones urgentes, 321
Tasación de costas, 242

SECRETARIOS DE ESTADO
Declaraciones, 413.5.10.ª, 413 y 703

SECRETO
De las declaraciones de testigos, 435
Del sumario, 301 y 322
Diligencias previas, 777
Durante el juicio oral, 680 a 682
Profesional, 263

SECUESTRO
De ejemplares impresos, 816
En procedimiento abreviado, 770.3ª

SEGURO OBLIGATORIO DE RESPONSABILIDAD CIVIL
Procedimiento abreviado, 764.3
Seguro obligatorio de responsabilidad civil, 762.11.ª
Señalamiento de pensión, 764 y 765.1

SENADORES
Causa contra ellos, 750 y sigs.
Declaraciones, 412.5.1.ª, 703

SENTENCIAS
Aclaración, 161
Alcance de las cuestiones prejudiciales, 5
Anulación por casación, 901
Apelaciones:
    De Audiencias, 847 y 884
    De Juez de lo Penal Central, 790
Concepto, 141
Conformidad
    Forma, 655.6
Consentidas, 38
Contenido, 742, 789
Contradicción en hechos probados, 851.1° y 884.3.°
Cuando confiese el reo, 695
Del Juez de lo Penal, 790
Dictada fuera del plazo, 197 a 200
Discusión y votación, 149 y sigs.
Ejecución, 798 y 983 y sigs.
Ejecutada, 38
En casación, 899 y sigs. y 986
En procedimiento abreviado, 789
Falta de claridad hechos probados, 851.1° y 884.3.°
Falta relación hechos probados, 851.2° y 884.3°

USO Y CIRCULACIÓN DE VEHÍCULOS DE MOTOR
Declaración del conductor, 762.11.ª
Intervención inmediata del vehículo, 764.4
Prisión provisional, 765.1
Retención del permiso de conducir, 764.4

V

VALIDEZ DE UN MATRIMONIO
Cuestión prejudicial, 5

VALORES
Depósito de los embargados, 600
Para asegurar responsabilidades, 591 y 593
Realización de fianzas, 536

VECINDAD
Vecindad, 592

VEHÍCULOS
Intervención de vehículos, 764.4, 770.6.ª y 783.2

VENCIMIENTO DE LOS TÉRMINOS
Vencimiento de los términos, 214

VÍA DIPLOMÁTICA
Para exhortos a Tribunales extranjeros, 193

VÍA DE APREMIO
Para abono de costas, 242 y 245
Para realizar fianzas, 536

VÍA PÚBLICA
Traslado de cadáver, 770.4.ª

VÍA TELEMÁTICA
Actos procesales, 258 bis
Denuncia, 266

VÍCTIMA DEL DELITO
Descripción y reconocimiento, 335
Identificación, 341 y 342
Testigos víctimas del delito, 433

VIOLENCIA CONTRA LA INFANCIA Y ADOLESCENCIA
Violencia contra la infancia y adolescencia, 14

VIOLENCIA DOMÉSTICA
Violencia doméstica, 544 ter, D.A. 4ª

VISITAS
A las cárceles de autoridades judiciales, 526
A los presos, 523

VISTAS
Ante Audiencia sentencia de apelación del Juez de lo Penal, 790
Artículos previo pronunciamiento, 786
De autos por las partes en apelación, 229
De la admisión de la casación, 894 y 895
De los recursos de casación, 894 a 898
De los recursos de revisión, 959
En procedimiento abreviado, 786
Recusación, 67
Señalamiento de día, 659

VIUDEDAD
Exención de fianza, 281.2.º

VOCALES DEL CONSEJO GENERAL DEL PODER JUDICIAL
Declaraciones, 412.5.º y 703

LEGISLACIÓN COMPLEMENTARIA

I. LEY ORGÁNICA 5/1995, DE 22 DE MAYO, DEL TRIBUNAL DEL JURADO

–BOE núm. 122, de 23 de mayo de 1995–

JUAN CARLOS I
REY DE ESPAÑA

A todos los que la presente vieren y entendieren,
Sabed: Que las Cortes Generales han aprobado y Yo vengo en sancionar la siguiente Ley Orgánica:

EXPOSICIÓN DE MOTIVOS

I

FUNDAMENTO CONSTITUCIONAL

El artículo 125 de la Constitución española de 1978 establece que «los ciudadanos podrán participar en la Administración de Justicia mediante la institución del Jurado, en la forma y con respecto a aquellos procesos penales que la ley determine».

Nuestro texto constitucional cumple con ello lo que puede considerarse una constante en la historia del derecho constitucional español; cada período de libertad ha significado la consagración del jurado; así en la Constitución de Cádiz de 1812, y en las de 1837, 1869 y 1931, y por el contrario cada época de retroceso de las libertades públicas ha eliminado o restringido considerablemente ese instrumento de participación ciudadana, en paralelo y como complemento a las restricciones del conjunto de sus derechos y de los instrumentos de participación en los asuntos públicos.

Se retoma por tanto un instrumento de indiscutible raigambre liberal, y se hace desde el dato indiscutible de que, desde el primer esbozo de 1820 hasta su suspensión en el año de 1936, pocas instituciones jurídicas han padecido -y por tanto han sido enriquecidas- con una depuración crítica tan acentuada como el Tribunal del Jurado, lo que ha permitido extraer la masa ingente de datos sueltos, experiencias y precedentes que han facilitado la captación íntegra de la Institución.

Por encima de concepciones pro o antijuradistas, nuestra Norma Fundamental enlaza el instrumento del jurado, de forma indiscutible, con dos derechos fundamentales: La participación directa de los ciudadanos en los asuntos públicos, del artículo 23.1 de la Constitución española, y el derecho al juez ordinario predeterminado por la ley del 24.2 de nuestro texto fundamental.

En efecto, nos encontramos, de una parte ante una modalidad del ejercicio del derecho subjetivo a participar en los asuntos públicos, perteneciente a la esfera del *«status activae civitatis»*, cuyo ejercicio no se lleva a cabo a través de representantes, sino que se ejercita directamente al acceder el ciudadano personalmente a la condición de jurado. De ahí que deba descartarse el carácter representativo de la Institución y deba reconocerse exclusivamente su carácter participativo y directo.

Por ello, puede predicarse que el Instituto que se regula difiere de otros modelos por la forma peculiar en que se articula el derecho-deber del ciudadano a participar de manera directa en un poder real del Estado; nos encontramos ante un derecho-deber, lo que tiene reflejo en el texto legal al adoptar medidas coercitivas que aseguren el cumplimiento de la obligación y, consiguientemente, el establecimiento de aquellas otras encaminadas a mitigar, en lo posible, la excesiva onerosidad del cumplimiento del deber, a través de la retribución de la función y la indemnización de los gastos ocasionados por su ejercicio. La Ley parte de la concepción de que el Estado democrático se caracteriza por la participación del ciudadano en los asuntos públicos. Entre ellos no hay razón alguna para excepcionar los referidos a impartir justicia, sino que por el contrario se debe establecer un procedimiento que satisfaga ese derecho constitucional de la forma más plena posible.

No se trata, en definitiva, de confiar en la capacidad de los ciudadanos, como si fuera tolerable en un sistema democrático la alternativa negativa. Se trata sólo de tener por superadas cualesquiera razones explicativas no ya de su discutible fracaso histórico, sino de su autoritaria y antidemocrática suspensión.

Pero la institución del Jurado es al mismo tiempo y de forma complementaria, una manifestación del artículo 24 de la Constitución que declara que todos tienen derecho al Juez ordinario predeterminado por la Ley; cumple por tanto una función necesaria para el debido proceso, pero lo hace desde una óptica distinta a la que tenía atribuida en su recepción en el Estado liberal burgués; no hay reticencia alguna al Juez profesional; no se trata de instaurar una Justicia alternativa en paralelo y menos aún en contradicción a la de los Jueces y Magistrados de carrera a que se refiere el artículo 122 de la Constitución, sino de establecer unas normas procedimentales que satisfagan al mismo tiempo y en paralelo todas las exigencias de los procesos penales con el derecho-deber de los ciudadanos a participar directamente en la función constitucional de juzgar.

El artículo 125 de la Constitución supone en definitiva un inequívoco emplazamiento constitucional que fuerza el largo paréntesis de limitadas vivencias y expectativas de participación del ciudadano en los asuntos públicos, y en el que la institución del Jurado reaparece con una renovada carga de sugerencias y matices capaces de dar sentido y proyección a la realidad social, hoy suficientemente contrastada, que demanda un cambio urgente en los modos de administrar justicia.

Su desarrollo no es, en consecuencia, tan sólo un imperativo constitucional, sino que es una urgente necesidad en cuanto que pieza decisiva de una reforma en profundidad del conjunto de la Administración de Justicia, que es sentida como necesidad inaplazable por buena parte de los ciudadanos.

Esta realidad ha sido también reconocida por el Consejo General del Poder Judicial. Así, en las memorias elaboradas en los años 1991 y 1992 y en la Relación Circunstanciada de las Necesidades de la Administración de Justicia para el año 1993, en el epígrafe referente a las modificaciones legislativas que estimaba convenientes para el adecuado ejercicio de la potestad jurisdiccional tendentes a conseguir una agilización de los procesos, al referirse al proceso penal, destaca que «la implantación del Jurado, prevista en el artículo 125 de la Constitución española, requerirá una sustancial modificación de la institución mediante su incardinación en el sistema procesal, sin que ello suponga un elemento retardatario de la justicia penal».

Con la aprobación de esta Ley se da un paso cualitativo más, desde una perspectiva técnico-legal, encaminada a cerrar el modelo básico de la Justicia diseñado por la Constitución y la Ley Orgánica del Poder Judicial, facilitando la participación de los ciudadanos en la Administración de Justicia. El establecimiento del Tribunal del Jurado debe ser considerado como uno de los contenidos constitucionales aún pendientes de desarrollo. Con su regulación en esta Ley se da cumplimiento a un mandato constitucional tantas veces diferido y se establece una de las piezas básicas en el funcionamiento de la Administración de Justicia diseñado por el constituyente.

II

LOS CIUDADANOS JURADOS

Ya hemos advertido que la presente Ley parte de que el Jurado implica una manifestación del derecho de participación, y ello determina sin duda que las cuestiones verdaderamente esenciales a dilucidar sean la del ámbito de conocimiento del Tribunal del Jurado y, dentro de éste, la función que viene reconocida a los ciudadanos participantes.

Una elemental prudencia aconseja la graduación en el proceso de instauración de la Institución, tanto a la hora de seleccionar el número de asuntos, cuanto la naturaleza de éstos. Razones para su adecuada implantación aconsejan que todos los que han de intervenir en este tipo de procesos se familiaricen con sus peculiaridades tan distintas a la actual manera de celebrarse los juicios. La concreción del objeto del juicio, las alegaciones de las partes, el material probatorio a atender, el lenguaje a utilizar, el contenido mismo de las resoluciones deben variar sustancialmente.

La Ley tiene muy en cuenta que el juicio por Jurados constituye expresión plena de los principios básicos procesales de inmediación, prueba formada con fundamento en la libre convicción, exclusión de pruebas ilegales, publicidad y oralidad. Por ello se han seleccionado aquellos delitos en los que la acción típica carece de excesiva complejidad o en los que los elementos normativos integrantes son especialmente aptos para su valoración por ciudadanos no profesionalizados en la función judicial.

El ámbito competencial correspondiente al Tribunal del Jurado se fija en el artículo 1. Sin embargo, el legislador en el futuro valorará sin duda, a la vista de la experiencia y de la consolidación social de la institución, la ampliación progresiva de los delitos que han de ser objeto de enjuiciamiento.

La conformación del colegio decisor dentro del Tribunal del Jurado requiere una respuesta legislativa cuyo acierto no pasa necesariamente por resolver la vieja cuestión lógica sobre la escindibilidad entre el hecho y el derecho.

Los autores de nuestra vieja Ley de Jurado, vinculando el origen histórico del instituto al testimonio de los vecinos como fórmula de decidir el litigio, patrocinaron para el ciudadano jurado una intervención limitada a la proclamación del hecho probado.

Tal origen es discutible y, además, no siempre es posible decidir sobre la veracidad de una afirmación histórica, presupuesto típico del delito, sin pensar en valoraciones jurídicas. Pero, en todo caso, y ello es lo más relevante, el modelo ahora propuesto en la Ley alcanza una profundidad legitimadora entonces inatendida. Por eso, en la Ley, el Jurado no se limita a decidir si el hecho está o no probado, sino que valora aspectos como son los componentes normativos que dan lugar a la exención o no de la responsabilidad penal.

En la Ley, la opción adoptada respecto al proceso selectivo de los jurados es coherente con la consideración de que su participación constituye un derecho-deber. La ciudadanía, en las condiciones que habilitan para el pleno ejercicio de los derechos cívicos, constituye el índice de la capacidad presunta no necesitada de otras exclusiones o acreditaciones de capacidad probada, salvo aquellas que notoriamente impedirían el ejercicio de la función de enjuiciamiento.

La conveniencia de una participación lo más aceptada posible, lleva a reconocer un régimen de excusas generoso y remitido a la prudencia de la jurisdicción que ha de apreciarlas.

El sistema selectivo se caracteriza: a) por la sucesión de etapas que permitan garantizar la presencia de candidatos en número adecuado para evitar suspensiones en los señalamientos y el anticipado conocimiento por aquéllos de su eventual llamada a intervenir; b) por la transparencia y publicidad del proceso selectivo en que se insertan no sólo los mecanismos que permitan detectar las causas de exclusión, sino las garantías jurisdiccionales tanto para el candidato como, en momento ulterior, para las partes en el juicio; c) por el sorteo a partir de las listas censales como sistema, no sólo democrático en cuanto excluye criterios elitistas -ni aún a fuero de científicos-, sino coherente con el fundamento mismo de la participación.

Se ha considerado que, si se admitiese en esta Ley un criterio de exclusión, diverso del antes indicado, so pretexto de alcanzar un plus de capacidad sobre la presunta derivada de la inclusión en el censo, se estaría distorsionando el concepto mismo de pueblo.

Pero ello no debe impedir una cierta conciliación entre el derecho a participar en el sorteo con el derecho de las partes a procurar un cierto pluralismo en el colegio jurisdicente. En alguna medida a ello tiende el número de jurados a designar (nueve), pero lo hace aún más la posibilidad de que las partes puedan recusar sin necesidad de alegar causa atendiendo a subjetivas valoraciones acerca de los criterios de decisión del candidato. Aunque esta posibilidad haya de someterse a fuertes limitaciones de número que eviten los funestos resultados producidos en la experiencia histórica.

III

NECESARIAS REFORMAS PROCESALES COMO GARANTIA DE LA VIABILIDAD DEL FUNCIONAMIENTO DEL JURADO

1

En la denominada fase intermedia

Algunos han proclamado que cualquier especialidad procedimental debe comenzar allí donde empieza la intervención del Jurado, esto es, en la fase de juicio oral. Se ha sostenido que si el Jurado se limita a intervenir en el juicio oral, no debe modificarse el modelo acusatorio formal o mixto de la Ley de Enjuiciamiento Criminal.

Tal opinión hace caso omiso de obligadas consideraciones:

a) El actual sistema de enjuiciamiento mediante jueces técnicos se sustenta sobre premisas normativas difícilmente trasladables al juicio oral ante el Tribunal del Jurado, que de mantenerse podría determinar el fracaso del enjuiciamiento por ciudadanos no profesionalizados. Las modificaciones necesarias deberán inexorablemente proyectarse sobre la fase preparatoria del juicio oral.

b) Nuestro Tribunal Constitucional ha venido estableciendo un cuerpo de doctrina que no sólo resulta enriquecedora, por enervar tradicionales defectos de nuestra ley procesal, sino que sería difícilmente tolerable ignorarla en la Ley.

Se quejaba Alonso Martínez de la costumbre, tan arraigada de nuestros Jueces y Tribunales, de dar escaso o ningún valor a las pruebas del plenario, buscando principal o casi exclusivamente la verdad en las diligencias sumariales practicadas a espaldas del acusado. La presente Ley concibe que el juicio oral ante el Tribunal del Jurado debe culminar la erradicación de esa malformación procesal mediante la práctica ante él de toda la prueba.

El consiguiente riesgo de prolongación excesiva del acto del juicio aconseja la introducción de mecanismos de simplificación. De ellos el más esencial es la precisa definición del objeto del enjuiciamiento que habrá de efectuarse en la fase precedente al mismo.

El vigente sistema de resolución sobre la apertura del juicio oral se manifiesta bajo dos modalidades procedimentales diferentes -según se trate de procedimiento ordinario o abreviado- aunque, en ambas, se limita a una decisión meramente negativa que resulta disfuncional para el enjuiciamiento por jurado. Por ello, el modelo debía optar por uno u otro procedimiento, siendo difícilmente explicable que, transcendiendo la fase intermedia o juicio de acusación a la de juicio, la unidad procedimental de ésta no exigiese igual unidad en aquélla.

De otra parte, el carácter meramente negativo de la decisión sobre la apertura del juicio oral resulta poco apto para la precisa definición del objeto del juicio, presupuesto imprescindible para asegurar un desarrollo de éste que garantice la ausencia de confusión de los hechos a probar, que evite las dilaciones inherentes a aquella falta de precisión objetiva y que, con la información adecuada e imparcialmente elaborada, permita prescindir de la no deseada «reproducción» del sumario o diligencias previas.

También ha proclamado nuestro Tribunal Constitucional la exigencia de promover, en la fase intermedia del procedimiento, el debate procesal en condiciones que respeten la contradicción e igualdad de acusación y defensa.

Con tales precedentes la Ley ha considerado oportuno:

a) Optar por una resolución sobre la apertura del juicio oral precisa y fundada. Desde luego, conforme venía advirtiendo una parte de la doctrina, difícilmente puede efectuarse un control jurisdiccional sobre la apertura del juicio oral sin la previa formalización de la acusación. De esta manera el control judicial previo sobre la razonabilidad de la acusación no se limita al reenvío. Por el contrario, el ámbito de decisión atribuido al órgano jurisdiccional se incrementa pudiendo adoptar la decisión de sobreseimiento por cualquiera de sus motivos.

b) Tal control culmina no sólo decidiendo una genérica viabilidad del juicio oral sino precisando que hechos concretos, de los múltiples posibles alegados por acusación y defensa, deben constituir objeto de la actividad probatoria y determinantes para su resolución en el juicio.

Debe retenerse que el contenido de la anterior decisión se erige en una de las más relevantes condiciones del éxito o fracaso de la Institución.

c) A su vez el contenido y función de tal resolución se relaciona, en mutua exigencia, con la exclusión del auto de procesamiento, que vendría exigido por la necesaria unidad de sistema en lo concerniente a la inculpación.

2

En la fase de instrucción

La opción que acoge la Ley sobre el sistema para adoptar la decisión que remite a juicio oral, se proyecta sobre la fase del procedimiento que le precede:

a) Por la garantía de imparcialidad del órgano jurisdiccional que se refuerza especialmente. Así deberá valorarse la suficiencia y aún el éxito de la investigación, pero atendiendo, a la vez, a pretensiones y resistencias contrapuestas o de signo contrario, formuladas las unas por la acusación, las otras por la defensa. Se valorará, asimismo, la probabilidad de veracidad de unas afirmaciones históricas y aun de la transcendencia en cuanto a la calificación jurídica.

El modelo que se adopta exige, por elemental coherencia, permitir, tan pronto como conste la imputación de un hecho justiciable determinado a persona concreta, la reubicación del Juez de Instrucción que luego habrá de resolver sobre la apertura del juicio oral, en una reforzada posición de imparcialidad, con la función de controlar la imputación del delito mediante la previa valoración de su verosimilitud y con la facultad de investigar de forma complementaria sobre los hechos afirmados por las partes.

Lo que es ineludible es que una excesiva tendencia hacia pesquisas generales, inacabables en el tiempo, no contribuya al fracaso de la viabilidad del enjuiciamiento por Jurado.

De otra parte, mal puede admitirse el reproche de que el sistema que acoge la Ley dejase sin mecanismo de efectividad el principio de obligatoriedad de la acción penal. Dejando a un lado lo que hay de acusación indiscriminada sobre una posible actitud de inhibición del Ministerio Fiscal, tal reproche olvida que para iniciarse este procedimiento tiene que haber precedido denuncia o querella de alguien que, de no ser el Ministerio Fiscal, bien puede, dada la afortunada previsión constitucional de la acción popular, suplir la falta de instancia del acusador público. Y a tal fin tiende la convocatoria a la acción pública que el Juez discrepante puede hacer al modo previsto para la fase intermedia en nuestra Ley de Enjuiciamiento Criminal dentro del procedimiento ordinario.

Se olvida cuando se reprocha la habilitación del Juez instructor en la determinación del hecho y persona a investigar, que otro tanto ocurre en el actual sistema de la Ley de Enjuiciamiento Criminal, en la que, en definitiva, sólo será objeto y sujeto pasivo en el juicio oral cuanto venga determinado previamente por la acusación. La Ley sigue en este punto idéntico principio al acogido por la vigente legislación procesal.

b) Por la exigencia de imputación judicial previa a toda acusación, ya que la decisión sobre la apertura del juicio oral exige como presupuesto que se haya formalizado tal exigencia.

Ya denunciaba el Tribunal Constitucional cómo durante casi un siglo el sistema procesal permitía, entre nosotros, que el Juez Instructor inquiriese sin comunicar lo que buscaba e interrogase a un sospechoso sin hacerle saber de qué y por qué sospechaba de él, sin hacer posible su autodefensa y sin proveerle de asistencia de letrado. La Constitución de 1978 y la reforma de la Ley de Enjuiciamiento Criminal por Ley 53/1978 obligaron a un sesgo crucial. El Tribunal Constitucional reconoció la nueva categoría de imputado a toda persona a quien se atribuya, más o menos fundadamente, un acto punible.

La presentación de denuncia o querella o la existencia de una actuación procesal en curso de la que derive la atribución de un hecho delictivo a persona determinada, ha de ser objeto de una imprescindible valoración circunstanciada por el Juez para decidir sobre el seguimiento de causa penal. Tal decisión no podrá demorarse arbitrariamente, debiendo sancionarse, conforme a aquella doctrina, como nulas e ilícitas las investigaciones verificadas sin esa previa comunicación, cuando correspondiera.

La relación de la referida doctrina con la que promueve el debate en condiciones de igualdad y con la que exige que quien va a realizar funciones de enjuiciamiento no formule acusaciones, han determinado que la Ley se decante por una instrucción que, desde el momento en que el hecho justiciable y la persona sean determinadas y corresponda este procedimiento, obliga a:

a) que alguien ajeno al Juez formule una imputación, precisamente antes de iniciar la investigación,

b) que la prosecución de ésta exija una valoración por un órgano jurisdiccional precedida de la oportunidad de debate entre las partes,

c) que durante la investigación que el Juez estime razonable seguir, éste mantenga una posición diferenciada de la de las partes, y

d) que sea este Juez, así preservado en una cierta imparcialidad, el que controle la procedencia de la apertura o no del juicio oral, de manera positiva y no solo negativa, con precisión del objeto del juicio y decisión de la información necesaria a remitir al Tribunal del Jurado que, sin embargo, impida la disposición del material sumarial que podría limitar la efectiva incidencia de los principios de oralidad, inmediación y celeridad necesarios en dicho enjuiciamiento.

IV

EL JUICIO ORAL

1

Cuestiones previas

La preocupación por una adecuada preparación del juicio oral obstinadamente dirigida a impedir su fracaso, lleva en la Ley a intensificar el papel asignado al Magistrado en ese preámbulo de la celebración del juicio oral ya abierto.

La decisión, adoptada por el Instructor sobre la apertura del juicio oral, puede, sin duda, ser objeto de la discrepancia de las partes. La que concierne a la procedencia o no del juicio recibe un tratamiento en la Ley similar al de la Ley de Enjuiciamiento Criminal; apelación contra el sobreseimiento e irrecurribilidad de la apertura, sin perjuicio de que en este último supuesto las partes al personarse puedan plantear las cuestiones previas o excepciones a que se refiere el artículo 36 de la Ley.

Pero la discrepancia puede suscitarse en relación a aspectos particulares de la resolución referidos al objeto del juicio y en este supuesto la técnica del recurso resulta innecesariamente dilatoria, ya que el mismo objetivo puede lograrse mediante el planteamiento de la reclamación como cuestión previa al Magistrado que ha de presidir el Tribunal.

Esa facultad revisora se complementa en la Ley con la de dirección del debate que se traduce en la formulación, ajustada a la estructura del veredicto de su objeto.

La decisión sobre la admisión de la prueba, supeditada a su pertinencia, viene atribuida en la Ley al Magistrado que anteriormente ya ha configurado el objeto del juicio y con ello los hechos objetivos de prueba, y a él también le corresponde valorar la imposibilidad del aplazamiento que exija la práctica anticipada y, en definitiva, resolver sobre las eventuales alegaciones de ilicitud probatoria.

2

Constitución del Tribunal del Jurado

El Tribunal del Jurado no constituye, y ello es una de sus notas más definidoras, un órgano jurisdiccional permanente, lo que exigió siempre el señalamiento del período durante el cual el constituido iba a conocer. De esa manera las causas a conocer se determinaban en función de dos datos: el tiempo para el que se había conformado el Tribunal y el Partido Judicial de procedencia de las causas.

El primer criterio ha sido sustituido en la Ley por la conformación de un Jurado para cada causa acentuándose así la nota de temporalidad del órgano judicial. Varias razones aconsejan esta solución. La primera que, al menos, en el inicio de la reinstauración de la Institución, no se haga recaer sobre unos pocos Jurados la carga de examinar todas las causas a enjuiciar en un período, repartiéndose entre más ciudadanos esa labor. La segunda que, de la forma propuesta se contribuya, por efecto de una mayor rotación en el desempeño de la función, al logro de uno de los efectos más beneficiosos de la Institución, a saber: que la experiencia del ejercicio de la función de juzgar actúe como escuela de ciudadanía para el mayor número posible de ciudadanos.

Mantener una disposición que fija los períodos de sesiones ha perdido hoy su carácter necesario. Sin embargo, mantiene con ella no solo el efecto simbólico, recordando esa transitoriedad de la función judicial en el ciudadano, sino también una pauta de organización de señalamientos. Conforme a ella podrá efectuarse el sorteo con tiempo suficiente para un determinado período en un solo acto. Al mismo tiempo, nada impedirá, al conformarse Jurados por cada causa que, la naturaleza y circunstancias de ésta, aconsejen un sorteo preconstituyente del Tribunal en fecha a señalar prudentemente por el Magistrado-Presidente.

No menor transcendencia tiene la segunda opción adoptada en la Ley en relación con el origen de los candidatos a jurado. La vecindad ha sido históricamente una de las notas esenciales de los llamados a juzgar como jurados. De ahí que éstos hayan de ser, si no de la localidad o del partido judicial, al menos de la provincia en cuyo territorio el hecho ha tenido lugar.

La prudencia aconseja la apertura de tiempos hasta donde sea posible que permitan la anticipada comunicación de cualquier causa que pueda implicar el defecto de número de jurados hábiles el día señalado para el juicio. A ello responde en la Ley con la ausencia de rígidas preclusiones y la anticipación en la formación de listas de candidatos a jurado, así como, la previsión de la reiteración de sorteos antes de dicho día.

La Ley prevé la posible recusación por las partes presentes en el inicio de las sesiones. El fundamento de la recusación admitida, incluso sin alegación de causa por el recusante, no es otro que el de lograr, no ya la imparcialidad de los llamados a juzgar, sino que tal imparcialidad se presente como real ante los que acuden a instar la Justicia. Pero tal ideal, que exigiría la inexistencia de límites en la recusación, ha de conciliarse con las exigencias de que la Institución no se vea frustrada en su funcionamiento efectivo.

3

El debate

Aun cuando la Ley apenas se limita a una remisión a las normas comunes, sería un error olvidar que precisamente en la dirección del debate del juicio oral se encuentra una de las claves esenciales de éxito o fracaso de la Institución. Si hubiere de fracasar, quizás fuere tan imputable a la falta de acierto del Juez técnico en la preparación del juicio a que le emplaza la Ley, como al ciudadano no profesional que carezca de la aptitud necesaria para el desempeño de la función que aquélla le asigna.

La brevedad de la remisión en este apartado viene permitida porque antes, como se expuso, la Ley se ha preocupado de resolver aspectos esenciales. De una parte, la minuciosa precisión del «thema probandi», rígida e inteligible referencia que debe guiar inexorablemente lo que en el juicio oral pueda ocurrir. Aquella determinación del objeto del juicio, precisamente articulada en la forma en que debe ser examinada la prueba para la emisión del veredicto, y en lenguaje inteligible al ciudadano no profesional, se presenta en la Ley como preferible a las experiencias de ilustración al Jurado mediante notas o relaciones.

De otra, la exclusión de la presencia, incluso física, del sumario en el juicio oral evita indeseables confusiones de fuentes cognoscitivas atendibles, contribuyendo así a orientar sobre el alcance y la finalidad de la práctica probatoria a realizar en el debate.

La oralidad, inmediación y publicidad en la prueba que ha de derogar la presunción de inocencia lleva en la Ley a incidir en una de las cuestiones que más polémica ha suscitado cual es la del valor probatorio dado a las diligencias sumariales o previas al juicio y que se veta en el texto del mismo.

Un aspecto que merece especial consideración es la participación del Jurado en la actividad probatoria. De la misma manera que nuestra Ley de Enjuiciamiento Criminal ha optado por una transacción entre el principio de aportación de parte y el de investigación de oficio, autorizando al Tribunal a contribuir a la producción de medios de prueba en el juicio oral, se traslada esa posibilidad al Jurado que es precisamente quien tiene ahora la responsabilidad de la valoración probatoria sobre la veracidad de la imputación.

4

La disolución del Jurado

La disolución del Jurado, sin duda, constituye una de las más llamativas novedades respecto de nuestra experiencia histórica. La proclamación constitucional del derecho fundamental a la presunción de inocencia no podía dejar de proyectar su influencia en la Ley proyectada. Una influencia que es tributaria en buena parte del modelo en que aquella garantía constitucional surgió.

Como antecedente en el derecho comparado, cabe así citar la previsión de las reglas federales para el procedimiento criminal en los Estados Unidos de América que permiten instar la disolución del Jurado después de terminada la prueba de ambas partes, si dicha prueba fuera insuficiente para sostener la convicción por dicho delito o delitos.

Sin duda el alcance y efectos del derecho que garantiza el artículo 24.2 de nuestra Constitución es discutible y discutido. La Ley parte de dos premisas: a) la distinción en el contenido de la garantía de un aspecto objetivo concerniente a la existencia de una verdadera prueba y otro, subjetivo, referido al momento de valoración de aquélla; y b) la distribución de funciones entre el Magistrado y los Jurados, atribuyendo al primero el control de aquella dimensión objetiva como cuestión jurídica.

Tal control se resuelve en la Ley en consideraciones sobre la licitud u observancia de garantías en la producción probatoria. Aunque también en la apreciación objetiva sobre la existencia de elementos incriminadores. No tanto de la suficiencia para justificar la condena. Esta forma parte también del contenido del derecho fundamental pero exige ya la labor de valoración del medio de prueba lo que corresponde al Jurado.

En definitiva, el criterio que separa la valoración de la existencia de prueba respecto del de la suficiencia de la misma, puede ser el imperante en la jurisprudencia del ámbito cultural del que es oriunda la garantía: no existirá prueba si, ni aún en la interpretación de la practicada más favorable a las tesis de la acusación, ésta habría de ser rechazada.

Limitada la atribución del Magistrado a un aspecto tan evidente, no resulta extemporánea al final del debate. Cierto que antes ya se habrá valorado por el Juez la existencia de indicios que justificaron la apertura del juicio oral, por lo que puede caerse en el error de creer que la mínima actividad probatoria, lícita y de cargo ha sido ya alcanzada. Una tesis tal desconocería que hasta el juicio oral no existe verdadera prueba, que la valoración de su existencia como tal corresponde al órgano del juicio y, lo importante, que en el juicio, durante todo él, se pueda poner de manifiesto la ilegalidad o la absoluta falta de fuerza incriminadora de los medios de prueba de que se dispuso.

También aconseja tal medida la experiencia histórica que da noticia de uno de los reproches más generalizados respecto al funcionamiento del Jurado: la emisión de veredictos sorprendentes. Una vez más la Ley deposita un alto grado de confianza en la magistratura como garantía del buen funcionamiento de la Institución.

V

EL VEREDICTO

1

El objeto

Entendió Alonso Martínez que extender la competencia al «*nomen iuris*» del delito era manifestación de la confusión entre el hecho y el derecho y, aún más, suponía la invasión por el Jurado de facultades del legislador. Ni esto último parece fácilmente compatible, ni la escisión de lo histórico y lo normativo en el enjuiciamiento es fácil. Por otro lado, ha sido constante el reproche por la ausencia de motivación hacia sistemas organizativos del jurado que admiten la emisión de veredicto por sólo ciudadanos.

A una y otra objeción trata de dar prudente respuesta la Ley. De una parte, porque el hecho no se estima concebible desde una reduccionista perspectiva naturalista, sino, precisa y exclusivamente, en cuanto jurídicamente relevante. Un hecho, en una concreta selección de su proteica accidentalidad, se declara probado sólo en tanto en cuanto jurídicamente constituye un delito.

Privar al Jurado de la toma en consideración de ese inescindible vínculo entre la configuración del dato histórico y su consecuencia normativa es, por un lado, inútil ya que el debate le habrá advertido de la consecuencia de su decisión sobre la verdad proclamada y no podrá omitir en su decisión la referencia de las consecuencias de su veredicto pretendidamente sólo fáctico.

Pero, además, con tal escisión se reproduciría una de las causas de mayor reproche al Tribunal del Jurado en nuestra experiencia. La difícil articulación de las cuestiones, con exclusión de los proscriptos aspectos de técnica jurídica, produjo constantes debates sobre la corrección de los veredictos y sentencias.

También era necesario optar entre el sistema de respuesta única o articulación secuencial. Aquella fórmula se acomoda más a una concepción ajena al de plena vigencia y supremacía del principio de legalidad. Allí donde el Jurado puede, desde la irresponsabilidad, sustituir el genérico y apriorístico criterio del legislador por su concepción en el caso concreto, el apodíctico veredicto no está necesitado ni de articulación ni de motivación.

En nuestro sistema el Jurado debe sujetarse inexorablemente al mandato del legislador. Y tal adecuación sólo es susceptible de control en la medida en que el veredicto exterioriza el curso argumental que lo motivó.

Y a ello tiende la Ley:

a) Confirmando al Magistrado la articulación racional de los hechos a proclamar como probados en una secuencia lógica.

b) Reclamando como criterio la necesaria inequivocidad de la cuestión.

c) Permitiendo al Jurado una flexibilidad, que, sin abdicar de la obligada respuesta a la cuestión que le es formulada, pueda introducir las matizaciones o complementos que permita adecuar el veredicto a su conciencia en el examen del hecho. Lo que, además, conseguirá evitar previsibles veredictos sorprendentes de inculpabilidad a que llevaría la rigidez en la exigencia de respuesta que situase al Jurado en insoportables incomodidades para expresar su opinión. Con ello se elude el catálogo de preguntas a contestar con monosílabos, porque éste no puede recoger la total opinión del Jurado, pero se evita el sistema ya rechazado por una doctrina cualificada de conferir a éste la carga de la redacción del hecho probado.

d) Exigiendo del Jurado que su demostrada capacidad para decidirse por una u otra versión alcance el grado necesario para la exposición de sus motivos. Bien es cierto que la exposición de lo tenido por probado explicita la argumentación de la conclusión de culpabilidad o inculpabilidad. Pero hoy, la exigencia constitucional de motivación no se satisface con ello. También la motivación de esos argumentos es necesaria. Y desde luego posible si se considera que en modo alguno requiere especial artificio y cuenta en todo caso el Jurado con la posibilidad de instar el asesoramiento necesario.

e) Añadiendo a ese contenido el pronunciamiento sobre la valoración que el hecho merece en función de su tipificación legal. Para tal pronunciamiento, no estribará tanto la dificultad en una tarea de calificación técnica del hecho, como en optar en las diversas versiones de éste. Una vez más la prudencia y buen hacer del Magistrado viene a constituir una garantía del éxito del modelo.

f) La conformación del objeto del veredicto no puede prescindir de la consideración del objeto del proceso como vinculado a las alegaciones de todas las partes, a los intereses de la defensa y de la acusación y, también, al derecho de éstas a participar en la definitiva redacción mediando la oportuna audiencia.

2

Instrucciones

En ellas radica otra de las condiciones del éxito o fracaso del enjuiciamiento por Jurado. Pero su justificación, que no es otra que suplir las deficiencias que puedan derivarse del desconocimiento técnico de la Ley, impide que puedan extenderse a aspectos en los que los Jurados deben y pueden actuar con espontaneidad.

Por ello se estima adecuado suprimir entre sus contenidos uno cuya inclusión determinó una gran polémica en nuestra pasada experiencia histórica: el resumen de la prueba practicada.

Sin embargo el asesoramiento técnico no puede prescindir de la advertencia de no atendibilidad de aquellas actividades probatorias que adolezcan de defectos legales que obligan a desecharlas. En la medida en que las instrucciones tienen consustancial transcendencia en la determinación del veredicto, parece oportuno que se sometan al control de las partes para que éstas resulten convencidas de la imparcialidad de aquéllas y, si no, dispongan de la oportunidad de combatir la infracción.

Necesidad de instrucción y espontaneidad del Jurado son objetivos que pueden estorbarse y que hacen necesaria su conciliación. Así, aun cuando el Jurado debe reunirse para deliberar sin interferencias mediatizadoras, no se ha querido prescindir de la permanente disponibilidad de acceso al asesoramiento que, libremente, quieran exigir.

Especial consideración merece la posibilidad que se permite en la Ley para que, aun sin mediar petición de los Jurados, pueda el Magistrado impartir aquellas instrucciones que tienden a evitar una innecesaria prolongación de la deliberación. Se trata de evitar que la inexperiencia de los deliberantes unida a su reticencia a instar la instrucción, produzca una injustificada dilación en la emisión del veredicto que afectaría al prestigio de la Institución.

3

Deliberación y votación

El secreto de la deliberación no ha de impedir la imprescindible responsabilidad de los jurados. Por ello la votación se impone nominal lo que permite identificar la abstención prohibida en la Ley.

Sin duda la regla de decisión que exige la unanimidad en el sentido de la misma para tener por producido el veredicto, se presenta como la más adecuada para compeler a los jurados a un debate más rico. Sin embargo tal regla lleva implícito un elevadísimo riesgo de fracaso de no alcanzarse tal unanimidad. Una adecuada transacción entre los objetivos de una deliberación indirectamente orientada a la votación desde su inicio, por formación de fáciles mayorías simples, y la evitación de excesivas disoluciones del Jurado, que puedan venir motivadas por la simple e injustificable obstinación de uno o pocos jurados, ha aconsejado, al menos en el inicio del funcionamiento de la Institución, una regla de decisión menos exigente.

Para el adecuado funcionamiento de la Institución la Ley rechaza la posibilidad, históricamente admitida, de devolución del veredicto por discrepancia en el sentido del mismo. Pero ello no debe impedir que la presencia en él de defectos, de los que darían lugar a su revocación por vía de recurso dada su oposición a la Ley, pueda subsanarse mediante la intervención del Magistrado, con la presencia de las partes, haciendo presente dichos defectos e indicando lo necesario al Jurado para dicha subsanación.

VI

SENTENCIA

La vinculación del Magistrado por el veredicto se refleja en la recepción que de éste ha de hacerse en la sentencia y en el sentido absolutorio o condenatorio del fallo. El Magistrado, vinculado también por el título jurídico de la condena, procederá a la calificación necesaria para determinar el grado de ejecución, participación del condenado y sobre la procedencia o no de las circunstancias modificativas de la responsabilidad y, en consecuencia, a la concreción de la pena aplicable.

Es de resaltar que la preocupación en la Ley por la motivación de la resolución lleva también a exigir al Magistrado que, con independencia de la motivación que los jurados hagan de la valoración de la prueba existente, aquél ha de motivar por qué consideró que existía dicha prueba sobre la que autorizó el veredicto. De esta suerte pretende la Ley obstar las críticas suscitadas en torno a la fórmula de separación del colegio decisor, tanto en lo relativo a la inescindibilidad del hecho y del derecho, como en lo concerniente a la supuesta irresponsabilidad por falta de motivación en el veredicto y sentencia, que, se dice, deberían ser inherentes a dicho sistema.

VII

MODIFICACIONES DE CUERPOS LEGALES Y ESPECIALIDADES PROCESALES

1

Modificación de la Ley Orgánica del Poder Judicial

Los criterios contenidos en la Ley recogen sustancialmente los principios que el artículo 83.2 de la Ley Orgánica 6/1985, de 1 de julio, remitía a la futura Ley del Jurado, por lo que aprobada la completa regulación de esta Institución, resulta innecesaria tal previsión. Dado que la doctrina constitucional ha venido exigiendo un texto normativo unitario para el desarrollo del artículo 122.1 de la Constitución, se ha procedido a modificar el referido precepto de la Ley Orgánica del Poder Judicial, en la medida que la presente Ley afecta a las competencias y funciones de los órganos jurisdiccionales, estableciendo en el artículo 83.2 la obligada referencia a la Ley Orgánica del Tribunal del Jurado.

2

El Ministerio Fiscal en la fase de instrucción

Si bien debe corresponder al Juez la realización de los actos sumariales, las peculiaridades que deben presidir el procedimiento ante el Jurado y la oportunidad de que se consolide el principio acusatorio, hacen necesaria la potenciación de las atribuciones del Ministerio Fiscal. De esta forma, la incoación y su adaptación al nuevo procedimiento, así como la constitución del Ministerio Fiscal junto al Juez instructor y la inmediata puesta en conocimiento de la imputación, en los términos previstos en los artículos 24 y 25 de la Ley, tienen también su marco procesal mediante la incorporación de sendas previsiones en el artículo 309, para el procedimiento ordinario, y en los artículos 780 y 789.3 de la Ley de Enjuiciamiento Criminal, para el abreviado.

Resulta coherente, por otra parte, con la remisión del artículo 36 de la Ley a los artículos 668 a 677 de la Ley de Enjuiciamiento Criminal para la tramitación de incidentes por el planteamiento de cuestiones previas, adicionar al artículo 678 de la misma la exclusión de la posibilidad -en los procedimientos ante el Jurado- de reproducir en el juicio oral las cuestiones desestimadas. La misma coherencia se predica de la sustitución del recurso procedente contra el auto resolutorio de la declinatoria o de la admisión de las excepciones del artículo 666 de la Ley de Enjuiciamiento Criminal, que introduce el de apelación, en congruencia con la recurribilidad prevista contra las sentencias de la Audiencia Provincial.

3

Medidas cautelares

La introducción de un nuevo artículo 504 bis 2 en la Ley de Enjuiciamiento Criminal, respecto a la adopción de medidas cautelares de privación o restricción de la libertad, incorpora una necesaria audiencia del Ministerio Fiscal, las partes y el imputado asistido de letrado, inspirada en el principio acusatorio, y suprime la exigencia de ratificación del auto de prisión. De esta forma, la limitación de la iniciativa judicial se equilibra con la instauración de los beneficios del contradictorio, sin perjuicio del carácter reformable de las medidas adoptadas durante todo el curso de la causa.

4
Recursos de apelación y casación

El nuevo Libro V de la Ley de Enjuiciamiento Criminal denominado «De los recursos de apelación, casación y revisión», está encaminado a extender la apelación contra autos y sentencias derivados del procedimiento ante el Tribunal del Jurado, así como para determinadas resoluciones del penal ordinario en los supuestos del artículo 676 de la norma procesal. La nueva apelación aspira a colmar el derecho al «doble examen», o «doble instancia», en tanto su régimen cumple suficientemente con la exigencia de que tanto el fallo condenatorio como la pena impuesta sean sometidas a un tribunal superior, en función del carácter especial del procedimiento ante el Jurado, y sin perjuicio de la función propia que debe desempeñar, respecto de todos los delitos, el recurso de casación.

Para ello, la Ley adecua los motivos de impugnación previstos a ese carácter especialísimo del procedimiento y atribuye la competencia resolutiva a las Salas de lo Civil y Penal de los Tribunales Superiores de Justicia, lo cual, aparte de los necesarios ajustes en medios personales, responde a una ya antigua aspiración en la delimitación competencial para el conocimiento de la apelación.

Preámbulo modificado por Ley Orgánica 8/1995, de 16 de noviembre, por la que se modifica la Ley Orgánica 5/1995, de 22 de mayo, del Tribunal del Jurado. (BOE de 17/11/1995).

CAPITULO I
Disposiciones generales

ART. 1. Competencia del Tribunal del Jurado.

1. El Tribunal del Jurado, como institución para la participación de los ciudadanos en la Administración de Justicia, tendrá competencia para el enjuiciamiento de los delitos atribuidos a su conocimiento y fallo por esta u otra Ley respecto de los contenidos en las siguientes rúbricas:
   a) Delitos contra las personas.
   b) Delitos cometidos por los funcionarios públicos en el ejercicio de sus cargos.
   c) Delitos contra el honor.
   d) Delitos contra la libertad y la seguridad.

2. Dentro del ámbito de enjuiciamiento previsto en el apartado anterior, el Tribunal del Jurado será competente para el conocimiento y fallo de las causas por los delitos tipificados en los siguientes preceptos del Código Penal:
   a) Del homicidio (artículos 138 a 140).
   b) De las amenazas (artículo 169.1.º).
   c) De la omisión del deber de socorro (artículos 195 y 196).
   d) Del allanamiento de morada (artículos 202 y 204).
   e) De la infidelidad en la custodia de documentos (artículos 413 a 415).
   f) Del cohecho (artículos 419 a 426).
   g) Del tráfico de influencias (artículos 428 a 430).
   h) De la malversación de caudales públicos (artículos 432 a 434).
   i) De los fraudes y exacciones ilegales (artículos 436 a 438)
   j) De las negociaciones prohibidas a funcionarios (artículos 439 y 440).
   k) De la infidelidad en la custodia de presos (artículo 471).

3. El juicio del Jurado se celebrará solo en el ámbito de la Audiencia Provincial y, en su caso, de los Tribunales que correspondan por razón del aforamiento del acusado. En todo caso quedan excluidos de la competencia del Jurado los delitos cuyo enjuiciamiento venga atribuido a la Audiencia Nacional y aquellos cuya competencia haya sido asumida por la Fiscalía Europea.

Apdo. 3 modificado por Ley Orgánica 9/2021, de 1 de julio, de aplicación del Reglamento (UE) 2017/1939 del Consejo, de 12 de octubre de 2017, por el que se establece una cooperación reforzada para la creación de la Fiscalía Europea. (BOE de 02/07/2021)

Artículo anteriormente modificado por Ley Orgánica 1/2015, de 30 de marzo, por la que se modifica la Ley Orgánica 10/1995, de 23 de noviembre, del Código Penal. (BOE de 31/03/2015).

ART. 2. Composición del Tribunal del Jurado.

1. El Tribunal del Jurado se compone de nueve jurados y un Magistrado integrante de la Audiencia Provincial, que lo presidirá.

Si, por razón del aforamiento del acusado, el juicio del Jurado debe celebrarse en el ámbito del Tribunal Supremo o de un Tribunal Superior de Justicia, el Magistrado-Presidente del Tribunal del Jurado será un Magistrado de la Sala de lo Penal del Tribunal Supremo o de la Sala de lo Civil y Penal del Tribunal Superior de Justicia, respectivamente.

2. Al juicio del Jurado asistirán, además, dos jurados suplentes, a los que les será aplicable lo previsto en los artículos 6 y 7.

Modificado por Ley Orgánica 8/1995, de 16 de noviembre, por la que se modifica la Ley Orgánica 5/1995, de 22 de mayo, del Tribunal del Jurado. (BOE de 17/11/1995).

ART. 3. Función de los jurados.

1. Los jurados emitirán veredicto declarando probado o no probado el hecho justiciable que el Magistrado-Presidente haya determinado como tal, así como aquellos otros hechos que decidan incluir en su veredicto y no impliquen variación sustancial de aquél.

2. También proclamarán la culpabilidad o inculpabilidad de cada acusado por su participación en el hecho o hechos delictivos respecto de los cuales el Magistrado-Presidente hubiese admitido acusación.

3. Los jurados en el ejercicio de sus funciones actuarán con arreglo a los principios de independencia, responsabilidad y sumisión a la Ley, a los que se refiere el artículo 117 de la Constitución para los miembros del Poder Judicial.

4. Los jurados que en el ejercicio de su función se consideren inquietados o perturbados en su independencia, en los términos del artículo 14 de la Ley Orgánica del Poder Judicial, podrán dirigirse al Magistrado-Presidente para que les ampare en el desempeño de su cargo.

Modificado por Ley Orgánica 8/1995, de 16 de noviembre, por la que se modifica la Ley Orgánica 5/1995, de 22 de mayo, del Tribunal del Jurado. (BOE de 17/11/1995).

ART. 4. Función del Magistrado-Presidente.

El Magistrado-Presidente, además de otras funciones que le atribuye la presente Ley, dictará sentencia en la que recogerá el veredicto del Jurado e impondrá, en su caso, la pena y medida de seguridad que corresponda.

También resolverá, en su caso, sobre la responsabilidad civil del penado o terceros respecto de los cuales se hubiera efectuado reclamación.

ART. 5. Determinación de la competencia del Tribunal del Jurado.

1. La determinación de la competencia del Tribunal del Jurado se hará atendiendo al presunto hecho delictivo, cualquiera que sea la participación o el grado de ejecución atribuido al acusado. No obstante, en el supuesto del artículo 1.1.a) sólo será competente si el delito fuese consumado.

2. La competencia del Tribunal del Jurado se extenderá al enjuiciamiento de los delitos conexos, siempre que la conexión tenga su origen en alguno de los siguientes supuestos: a) Que dos o más personas reunidas cometan simultáneamente los distintos delitos; b) que dos o más personas cometan más de un delito en distintos lugares o tiempos, si hubiere precedido concierto para ello; c) que alguno de los delitos se haya cometido para perpetrar otros, facilitar su ejecución o procurar su impunidad.

No obstante lo anterior, y sin perjuicio de lo previsto en el artículo 1 de la presente Ley, en ningún caso podrá enjuiciarse por conexión el delito de prevaricación, así como aquellos delitos conexos cuyo enjuiciamiento pueda efectuarse por separado sin que se rompa la continencia de la causa.

3. Cuando un solo hecho pueda constituir dos o más delitos será competente el Tribunal del Jurado para su enjuiciamiento si alguno de ellos fuera de los atribuidos a su conocimiento.

Asimismo, cuando diversas acciones y omisiones constituyan un delito continuado será competente el Tribunal del Jurado si éste fuere de los atribuidos a su conocimiento.

4. La competencia territorial del Tribunal del Jurado se ajustará a las normas generales.

Modificado por Ley Orgánica 8/1995, de 16 de noviembre, por la que se modifica la Ley Orgánica 5/1995, de 22 de mayo, del Tribunal del Jurado. (BOE de 17/11/1995).

CAPITULO II
Los jurados

Sección 1.ª Disposiciones generales

ART. 6. Derecho y deber de jurado.

La función de jurado es un derecho ejercitable por aquellos ciudadanos en los que no concurra motivo que lo impida y su desempeño un deber para quienes no estén incursos en causa de incompatibilidad o prohibición ni puedan excusarse conforme a esta Ley.

ART. 7. Retribución y efectos laborales y funcionariales del desempeño de la función de jurado.

1. El desempeño de las funciones de jurado será retribuido e indemnizado en la forma y cuantía que reglamentariamente se determine.

2. El desempeño de la función de jurado tendrá, a los efectos del ordenamiento laboral y funcionarial, la consideración de cumplimiento de un deber inexcusable de carácter público y personal.

Sección 2.ª Requisitos, incapacidades, incompatibilidades, prohibiciones y excusas

ART. 8. Requisitos para ser jurado.

Son requisitos para ser jurado:
1. Ser español mayor de edad.
2. Encontrarse en el pleno ejercicio de sus derechos políticos.
3. Saber leer y escribir.
4. Ser vecino, al tiempo de la designación, de cualquiera de los municipios de la provincia en que el delito se hubiere cometido.
5. Contar con la aptitud suficiente para el desempeño de la función de jurado. Las personas con discapacidad no podrán ser excluidas por esta circunstancia de la función de jurado, debiéndoseles proporcionar por parte de la Administración de Justicia los apoyos precisos, así como efectuar los ajustes razonables, para que puedan desempeñar con normalidad este cometido.

Modificado por Ley Orgánica 1/2017, de 13 de diciembre, de modificación de la Ley Orgánica 5/1995, de 22 de mayo, del Tribunal del Jurado, para garantizar la participación de las personas con discapacidad sin exclusiones. (BOE de 14/12/2017).

ART. 9. Falta de capacidad para ser jurado.

Están incapacitados para ser jurado:
1. Los condenados por delito doloso, que no hayan obtenido la rehabilitación.
2. Los procesados y aquellos acusados respecto de los cuales se hubiera acordado la apertura de juicio oral y quienes estuvieren sufriendo detención, prisión provisional o cumpliendo pena por delito.
3. Los suspendidos, en un procedimiento penal, en su empleo o cargo público, mientras dure dicha suspensión.

ART. 10. Incompatibilidad para ser jurado.

Serán incompatibles para el desempeño de la función de jurado:
1. El Rey y los demás miembros de la Familia Real Española incluidos en el Registro Civil que regula el Real Decreto 2917/1981, de 27 de noviembre, así como sus cónyuges.

2. El Presidente del Gobierno, los Vicepresidentes, Ministros, Secretarios de Estado, Subsecretarios, Directores generales y cargos asimilados. El Director y los Delegados provinciales de la Oficina del Censo Electoral. El Gobernador y el Subgobernador del Banco de España.

3. Los Presidentes de las Comunidades Autónomas, los componentes de los Consejos de Gobierno, Viceconsejeros, Directores generales y cargos asimilados de aquéllas.

4. Los Diputados y Senadores de las Cortes Generales, los Diputados del Parlamento Europeo, los miembros de las Asambleas Legislativas de las Comunidades Autónomas y los miembros electos de las Corporaciones locales.

5. El Presidente y los Magistrados del Tribunal Constitucional. El Presidente y los miembros del Consejo General del Poder Judicial y el Fiscal general del Estado. El Presidente y los miembros del Tribunal de Cuentas y del Consejo de Estado, y de los órganos e instituciones de análoga naturaleza de las Comunidades Autónomas.

6. El Defensor del Pueblo y sus adjuntos, así como los cargos similares de las Comunidades Autónomas.

7. Los miembros en activo de la Carrera Judicial y Fiscal, de los Cuerpos de Secretarios Judiciales, Médicos Forenses, Oficiales, Auxiliares y Agentes y demás personal al servicio de la Administración de Justicia, así como los miembros en activo de las unidades orgánicas de Policía Judicial. Los miembros del Cuerpo Jurídico Militar de la Defensa y los Auxiliares de la Jurisdicción y Fiscalía Militar, en activo.

8. Los Delegados del Gobierno en las Comunidades Autónomas, en las Autonomías de Ceuta y Melilla, los Delegados insulares del Gobierno y los Gobernadores civiles.

9. Los letrados en activo al servicio de los órganos constitucionales y de las Administraciones públicas o de cualesquiera Tribunales, y los abogados y procuradores en ejercicio. Los profesores universitarios de disciplinas jurídicas o de medicina legal.

10. Los miembros en activo de las Fuerzas y Cuerpos de Seguridad.

11. Los funcionarios de Instituciones Penitenciarias.

12. Los Jefes de Misión Diplomática acreditados en el extranjero, los Jefes de las Oficinas Consulares y los Jefes de Representaciones Permanentes ante Organizaciones Internacionales.

Modificado por Ley Orgánica 8/1995, de 16 de noviembre, por la que se modifica la Ley Orgánica 5/1995, de 22 de mayo, del Tribunal del Jurado. (BOE de 17/11/1995).

ART. 11. Prohibición para ser jurado.

Nadie podrá formar parte como jurado del Tribunal que conozca de una causa en la que:

1. Sea acusador particular o privado, actor civil, acusado o tercero responsable civil.

2. Mantenga con quien sea parte alguna de las relaciones a que se refiere el artículo 219, en sus apartados 1 al 8, de la Ley Orgánica del Poder Judicial que determinan el deber de abstención de los Jueces y Magistrados.

3. Tenga con el Magistrado-Presidente del Tribunal, miembro del Ministerio Fiscal o Secretario Judicial que intervenga en la causa o con los abogados o procuradores el vínculo de parentesco o relación a que se refieren los apartados 1, 2, 3, 4, 7, 8 y 11 del artículo 219 de la Ley Orgánica del Poder Judicial.

4. Haya intervenido en la causa como testigo, perito, fiador o intérprete.

5. Tenga interés, directo o indirecto, en la causa.

Modificado por Ley Orgánica 8/1995, de 16 de noviembre, por la que se modifica la Ley Orgánica 5/1995, de 22 de mayo, del Tribunal del Jurado. (BOE de 17/11/1995).

ART. 12. Excusa para actuar como jurado.

Podrán excusarse para actuar como jurado:

1. Los mayores de sesenta y cinco años y las personas con discapacidad.

2. Los que hayan desempeñado efectivamente funciones de jurado dentro de los cuatro años precedentes al día de la nueva designación.

3. Los que sufran grave trastorno por razón de las cargas familiares.

4. Los que desempeñen trabajo de relevante interés general, cuya sustitución originaría importantes perjuicios al mismo.

5. Los que tengan su residencia en el extranjero.

6. Los militares profesionales en activo cuando concurran razones de servicio.

7. Los que aleguen y acrediten suficientemente cualquier otra causa que les dificulte de forma grave el desempeño de la función de jurado.

Modificado por Ley Orgánica 1/2017, de 13 de diciembre, de modificación de la Ley Orgánica 5/1995, de 22 de mayo, del Tribunal del Jurado, para garantizar la participación de las personas con discapacidad sin exclusiones. (BOE de 14/12/2017).

Sección 3.ª Designación de los jurado

ART. 13. Listas de candidatos a jurados.

1. Las Delegaciones Provinciales de la Oficina del Censo Electoral efectuarán un sorteo por cada provincia, dentro de los quince últimos días del mes de septiembre de los años pares, a fin de establecer la lista bienal de candidatos a jurados.

A tal efecto, los Presidentes de las Audiencias Provinciales, con una antelación mínima de tres días a la fecha prevista para el sorteo, determinarán y comunicarán al Delegado de aquella Oficina el número de candidatos a jurados que estimen necesario obtener por sorteo dentro de la provincia. Dicho número se calculará multiplicando por 50 el número de causas que se prevea vaya a conocer el Tribunal del Jurado, en estimación hecha atendiendo a las enjuiciadas en años anteriores en la respectiva provincia, más su posible incremento.

2. Los candidatos a jurados a obtener por sorteo se extraerán de la lista del censo electoral vigente a la fecha del sorteo, ordenada por municipios, relacionada, dentro de éstos, alfabéticamente y numerada correlativamente dentro del conjunto de la provincia. Dicha lista se remitirá para su anticipada exposición durante siete días a los respectivos Ayuntamientos.

El sorteo, que se celebrará en sesión pública previamente anunciada en un local habilitado al efecto por la correspondiente Audiencia Provincial, se desarrollará en la forma que reglamentariamente se determine.

3. Dentro de los siete días siguientes a la celebración del sorteo, cualquier ciudadano podrá formular, ante la Audiencia Provincial, reclamación contra el acto de sorteo.

La Audiencia, constituida por el Presidente y el Magistrado más antiguo y más moderno de los destinados en el Tribunal, y actuando como Secretario el del Tribunal o, en su caso, el de la Sección Primera, procederá a recabar informe del Delegado provincial de la Oficina del Censo Electoral y practicar las diligencias que estime pertinentes.

Antes del quince de octubre, resolverá por resolución motivada no susceptible de recurso, comunicando lo decidido a la Delegación Provincial de la Oficina del Censo Electoral para que, si así se resuelve, reitere el sorteo.

4. La Delegación Provincial de la Oficina del Censo Electoral enviará la lista de los candidatos a jurados a la respectiva Audiencia Provincial quien la remitirá a los Ayuntamientos y al «Boletín Oficial» de la provincia correspondiente, para su debida exposición o publicación, respectivamente, durante los quince últimos días del citado mes de octubre. Igualmente, en dicho plazo, se procederá por el Secretario de la Audiencia Provincial, mediante oficio remitido por correo, a notificar a cada candidato a jurado su inclusión en la referida lista, al tiempo que se le hará entrega de la pertinente documentación en la que se indicarán las causas de incapacidad, incompatibilidad y excusa, y el procedimiento para su alegación.

ART. 14. Reclamaciones contra la inclusión en las listas.

1. Durante los quince primeros días del mes de noviembre, los candidatos a jurados, si entendieren que concurre en ellos la falta de requisitos establecidos en el artículo 8, o una causa de incapacidad, incompatibilidad o excusa, podrán formular reclamación ante el Juez Decano de los de Primera Instancia e Instrucción del partido judicial al que corresponda el Municipio de su vecindad a efectos de su exclusión de la lista.

También podrá formular dicha reclamación cualquier ciudadano que entienda que alguno de los candidatos a jurados carece de los requisitos, de la capacidad o incurre en las causas de incompatibilidad a que se refieren los artículos 8, 9 y 10 de esta Ley.

2. Culminado el período de exposición, los Secretarios de los Ayuntamientos remitirán al Juez Decano de los del partido judicial relación de personas que, incluidas en la lista de candidatos a jurados, pudieran, en esa fecha, estar incursas en la falta de requisitos o causa de incapacidad o incompatibilidad a que se refieren los artículos 8, 9 y 10 de esta Ley.

ART. 15. Resolución de las reclamaciones.

El Juez Decano dará traslado de la reclamación o advertencia, en su caso, al interesado no reclamante, por tres días. Practicará las diligencias informativas que le propongan y las que estime imprescindibles y dictará resolución motivada sobre cada una de las reclamaciones o advertencias efectuadas antes del día 30 del mismo mes de noviembre.

Si alguna fuese estimada, mandará hacer las rectificaciones o exclusiones que corresponda, comunicando su resolución a la Delegación Provincial de la Oficina del Censo Electoral y notificándola al interesado. Contra dicha resolución no cabe recurso.

ART. 16. Comunicación y rectificación de las listas definitivas.

1. Ultimada la lista definitiva por cada provincia, la Delegación Provincial de la Oficina del Censo Electoral la enviará al Presidente de la Audiencia Provincial respectiva, quien remitirá copia al Presidente del Tribunal Superior de Justicia correspondiente y al Presidente de la Sala de lo Penal del Tribunal Supremo. Asimismo, remitirá copia a los Ayuntamientos de la respectiva provincia para su exposición durante los dos años de vigencia de la citada lista.

2. Los incluidos en la lista de candidatos a jurados podrán ser convocados a formar parte del Tribunal del Jurado durante dos años a contar del uno de enero siguiente. A tal efecto, tendrán la obligación de comunicar a la Audiencia Provincial cualquier cambio de domicilio o circunstancia que influya en los requisitos, en su capacidad o determine incompatibilidad para intervenir como jurado.

3. Asimismo, cualquier ciudadano podrá comunicar a la Audiencia Provincial las causas de incapacidad o incompatibilidad en que, durante el citado período, pueda incurrir el candidato a jurado. También el Alcalde del Ayuntamiento respectivo deberá comunicar esa incidencia, si de ella existiera constancia.

4. La Audiencia Provincial, con la composición prevista en el apartado 3 del artículo 13, practicará las diligencias informativas que estime oportunas y, tras oír, en su caso, al interesado no reclamante, resolverá motivadamente, sin que contra su resolución quepa recurso, notificándolo al interesado y efectuando, en su caso, la exclusión oportuna en la lista de candidatos a jurados.

ART. 17. Alardes de causas y períodos de sesiones.

Las Audiencias Provinciales, y, en su caso, la Sala de lo Civil y Penal de los Tribunales Superiores de Justicia y la Sala Segunda del Tribunal Supremo, efectuarán, antes del cuadragésimo día anterior al período de sesiones correspondiente, un alarde de las causas señaladas para juicio oral, en las que hayan de intervenir jurados.

A ese efecto, los períodos de sesiones serán: 1) desde el 1 de enero al 20 de marzo; 2) desde el 21 de marzo al 10 de junio; 3) desde el 11 de junio al 30 de septiembre, y 4) del 1 de octubre al 31 de diciembre.

ART. 18. Designación de candidatos a jurados para cada causa.

Con anticipación de al menos treinta días al día señalado para la primera vista de juicio oral, habiendo citado a las partes, el Magistrado que, conforme a las normas de reparto, haya de presidir el Tribunal del Jurado, dispondrá que el Secretario, en audiencia pública, realice el sorteo, de entre los candidatos a jurados de la lista de la provincia correspondiente, de 36 candidatos a jurados por cada causa señalada en el período de sesiones siguiente. El sorteo no se suspenderá por la inasistencia de cualquiera de dichas representaciones.

Modificado por Ley Orgánica 8/1995, de 16 de noviembre, por la que se modifica la Ley Orgánica 5/1995, de 22 de mayo, del Tribunal del Jurado. (BOE de 17/11/1995).

ART. 19. Citación de los candidatos a jurados designados para una causa.

1. El Secretario del Tribunal ordenará lo necesario para la notificación a los candidatos a jurados de su designación y para la citación a fin de que comparezcan el día señalado para la vista del juicio oral en el lugar en que se haya de celebrar.

2. La cédula de citación contendrá un cuestionario, en el que se especificarán las eventuales faltas de requisitos, causas de incapacidad, incompatibilidad o prohibición que los candidatos a jurados designados vienen obligados a manifestar así como los supuestos de excusa que por aquéllos puedan alegarse.

3. A la cédula se acompañará la necesaria información para los designados acerca de la función constitucional que están llamados a cumplir, los derechos y deberes inherentes a ésta y la retribución que les corresponda.

Modificado por Ley Orgánica 8/1995, de 16 de noviembre, por la que se modifica la Ley Orgánica 5/1995, de 22 de mayo, del Tribunal del Jurado. (BOE de 17/11/1995).

ART. 20. Devolución del cuestionario.

Dentro de los cinco días siguientes a la recepción del cuestionario, los candidatos a jurados designados lo devolverán al Magistrado que haya de presidir el Tribunal del Jurado, por correo con franqueo oficial, debidamente cumplimentado, haciendo constar, en su caso, aquellas circunstancias personales asociadas a situaciones de discapacidad que pudieran presentar y que fueran relevantes para el ejercicio regular de esta función; asimismo acompañarán las justificaciones documentales que estimen oportunas y concretarán la solicitud de los medios de apoyo y ajustes razonables que necesiten para desempeñar su función.

Modificado por Ley Orgánica 1/2017, de 13 de diciembre, de modificación de la Ley Orgánica 5/1995, de 22 de mayo, del Tribunal del Jurado, para garantizar la participación de las personas con discapacidad sin exclusiones. (BOE de 14/12/2017).

ART. 21. Recusación.

El Ministerio Fiscal y las demás partes, a quienes se ha debido entregar previamente el cuestionario cumplimentado por los candidatos a jurados, podrán formular recusación, dentro de los cinco días siguientes al de dicha entrega, por concurrir falta de requisitos o cualquiera de las causas de incapacidad, incompatibilidad o prohibición previstas en esta Ley. También propondrán la prueba de que intenten valerse.

Cualquier causa de recusación de la que se tenga conocimiento en ese tiempo, que no sea formulada, no podrá alegarse posteriormente.

Modificado por Ley Orgánica 8/1995, de 16 de noviembre, por la que se modifica la Ley Orgánica 5/1995, de 22 de mayo, del Tribunal del Jurado. (BOE de 17/11/1995).

ART. 22. Resolución de las excusas, advertencias y recusaciones.

El Magistrado-Presidente señalará día para la vista de la excusa, advertencia o recusación presentada, citando a las partes y a quienes hayan expresado advertencia o excusa. Practicadas en el acto las diligencias propuestas, resolverá dentro de los tres días siguientes.

Modificado por Ley Orgánica 8/1995, de 16 de noviembre, por la que se modifica la Ley Orgánica 5/1995, de 22 de mayo, del Tribunal del Jurado. (BOE de 17/11/1995).

ART. 23. Nuevo sorteo para completar la lista de candidatos a jurados designados para una causa.

1. Si, como consecuencia de la resolución anterior, la lista de candidatos a jurados designados para una causa quedase reducida a menos de veinte, el Magistrado-Presidente dispondrá que el Secretario proceda al inmediato sorteo, en igual forma que el inicial, de los jurados necesarios para completar dicho número, entre los de la lista bienal de la provincia correspondiente, previa convocatoria de las partes, citando a los designados para el día del juicio oral.

2. A los candidatos a jurados así designados les será, asimismo, de aplicación lo dispuesto en los artículos 19 a 22 de esta Ley.

Modificado por Ley Orgánica 8/1995, de 16 de noviembre, por la que se modifica la Ley Orgánica 5/1995, de 22 de mayo, del Tribunal del Jurado. (BOE de 17/11/1995).

CAPITULO III
Del procedimiento para las causas ante el Tribunal del Jurado

Sección 1.ª Incoación e instrucción complementaria

ART. 24. Incoación del procedimiento ante el Tribunal del Jurado.

1. Cuando de los términos de la denuncia o de la relación circunstanciada del hecho en la querella, y tan pronto como de cualquier actuación procesal, resulte contra persona o

personas determinadas la imputación de un delito, cuyo enjuiciamiento venga atribuido al Tribunal del Jurado, previa valoración de su verosimilitud, procederá el Juez de Instrucción a dictar resolución de incoación del procedimiento para el juicio ante el Tribunal del Jurado, cuya tramitación se acomodará a las disposiciones de esta Ley, practicando, en todo caso, aquellas actuaciones inaplazables a que hubiere lugar.

2. La aplicación de la Ley de Enjuiciamiento Criminal será supletoria en lo que no se oponga a los preceptos de la presente Ley.

Modificado por Ley Orgánica 8/1995, de 16 de noviembre, por la que se modifica la Ley Orgánica 5/1995, de 22 de mayo, del Tribunal del Jurado. (BOE de 17/11/1995).

ART. 25. Traslado de la imputación.

1. Incoado el procedimiento por delito cuyo enjuiciamiento venga atribuido al Tribunal del Jurado, el Juez de Instrucción lo pondrá inmediatamente en conocimiento de los imputados. Con objeto de concretar la imputación, les convocará en el plazo de cinco días a una comparecencia así como al Ministerio Fiscal y demás partes personadas. Al tiempo de la citación, dará traslado a los imputados de la denuncia o querella admitida a trámite, si no se hubiese efectuado con anterioridad. El imputado estará necesariamente asistido de letrado de su elección o, caso de no designarlo, de letrado de oficio.

2. Si son conocidos los ofendidos o los perjudicados por el delito no personados, se les citará para ser oídos en la comparecencia prevista en el apartado anterior y, al tiempo de la citación, se les instruirá por medio de escrito, de los derechos a que hacen referencia los artículos 109 y 110 de la Ley de Enjuiciamiento Criminal, si tal diligencia no se efectuó con anterioridad. Especialmente se les indicará el derecho a formular alegaciones y solicitar lo que estimen oportuno si se personan en legal forma en dicho acto y a solicitar, en las condiciones establecidas en el artículo 119 de aquella Ley, el derecho de asistencia jurídica gratuita.

3. En la citada comparecencia, el Juez de Instrucción comenzará por oír al Ministerio Fiscal y, sucesivamente, a los acusadores personados, quienes concretarán la imputación. Seguidamente, oirá al letrado del imputado, quien manifestará lo que estime oportuno en su defensa y podrá instar el sobreseimiento, si hubiere causa para ello, conforme a lo dispuesto en los artículos 637 ó 641 de la Ley de Enjuiciamiento Criminal. En sus intervenciones, las partes podrán solicitar las diligencias de investigación que estimen oportunas.

Modificado por Ley Orgánica 8/1995, de 16 de noviembre, por la que se modifica la Ley Orgánica 5/1995, de 22 de mayo, del Tribunal del Jurado. (BOE de 17/11/1995).

ART. 26. Decisión sobre la continuación del procedimiento.

1. Oídas las partes, el Juez de Instrucción decidirá la continuación del procedimiento, o el sobreseimiento, si hubiera causa para ello, conforme a lo dispuesto en los artículos 637 ó 641 de la Ley de Enjuiciamiento Criminal.

2. Si el Ministerio Fiscal y demás partes personadas instan el sobreseimiento, el Juez podrá adoptar las resoluciones a que se refieren los artículos 642 y 644 de la Ley de Enjuiciamiento Criminal.

El auto por el que acuerde el sobreseimiento será apelable ante la Audiencia Provincial.

Modificado por Ley Orgánica 8/1995, de 16 de noviembre, por la que se modifica la Ley Orgánica 5/1995, de 22 de mayo, del Tribunal del Jurado. (BOE de 17/11/1995).

ART. 27. Diligencias de investigación.

1. Si el Juez de Instrucción acordase la continuación del procedimiento, resolverá sobre la pertinencia de las diligencias solicitadas por las partes, ordenando practicar o practicando por sí solamente las que considere imprescindibles para decidir sobre la procedencia de la apertura del juicio oral y no pudiesen practicarse directamente en la audiencia preliminar prevista en la presente Ley.

2. También podrán, las partes, solicitar nuevas diligencias dentro de los cinco días siguientes al de la comparecencia o al de aquel en que se practicase la última de las ordenadas. Esta circunstancia será notificada a las partes al objeto de que puedan instar lo que a su derecho convenga.

3. Además podrá el Juez ordenar, como complemento de las solicitadas por las partes, las diligencias que estime necesarias, limitadas a la comprobación del hecho justiciable y respecto de las personas objeto de imputación por las partes acusadoras.

4. Si el Juez considerase improcedentes las solicitadas y no ordenase ninguna de oficio, conferirá nuevo traslado a las partes a fin de que insten, en el plazo de cinco días, lo que estimen oportuno respecto a la apertura del juicio oral, formulando escrito de conclusiones provisionales. Lo mismo mandará el Juez cuando estime innecesaria la práctica de más diligencias, aun cuando no haya finalizado la práctica de las ya ordenadas.

Modificado por Ley Orgánica 8/1995, de 16 de noviembre, por la que se modifica la Ley Orgánica 5/1995, de 22 de mayo, del Tribunal del Jurado. (BOE de 17/11/1995).

ART. 28. Indicios de distinto delito.

Si de las diligencias practicadas resultaren indicios racionales de delito distinto del que es objeto de procedimiento o la participación de personas distintas de las inicialmente imputadas, se actuará en la forma establecida en el artículo 25 de esta Ley o, en su caso, se incoará el procedimiento que corresponda si el delito no fuese de los atribuidos al Tribunal del Jurado.

Modificado por Ley Orgánica 8/1995, de 16 de noviembre, por la que se modifica la Ley Orgánica 5/1995, de 22 de mayo, del Tribunal del Jurado. (BOE de 17/11/1995).

ART. 29. Escrito de solicitud de juicio oral y calificación.

1. El escrito solicitando la apertura del juicio oral tendrá el contenido a que se refiere el artículo 650 de la Ley de Enjuiciamiento Criminal.

2. De dicho escrito se dará traslado a la representación del acusado, quien formulará escrito en los términos del artículo 652 de la Ley de Enjuiciamiento Criminal.

3. En ambos casos, se podrá hacer uso de las alternativas previstas en el artículo 653 de la Ley de Enjuiciamiento Criminal.

4. En sus respectivos escritos, las partes podrán proponer diligencias complementarias para su práctica en la audiencia preliminar, sin que puedan ser reiteradas las que hayan sido ya practicadas con anterioridad.

5. Las partes, cuando entiendan que todos los hechos delictivos objeto de acusación no son de los que tienen atribuido su enjuiciamiento al Tribunal del Jurado, instarán en sus respectivos escritos de solicitud de juicio oral la pertinente adecuación del procedimiento.

Si estiman que la falta de competencia ocurre sólo respecto de alguno de los delitos objeto de la acusación, la solicitud se limitará a la correspondiente deducción de testimonio suficiente, en relación con el que deba excluirse del procedimiento seguido para ante el Tribunal del Jurado, y a la remisión al órgano jurisdiccional competente para el seguimiento de la causa que corresponda.

Modificado por Ley Orgánica 8/1995, de 16 de noviembre, por la que se modifica la Ley Orgánica 5/1995, de 22 de mayo, del Tribunal del Jurado. (BOE de 17/11/1995).

Sección 2.ª Audiencia preliminar

ART. 30. Convocatoria de la audiencia preliminar.

1 Una vez presentado el escrito de calificación de la defensa, el Juez señalará el día más próximo posible para audiencia preliminar de las partes sobre la procedencia de la apertura del juicio oral, salvo que estén pendientes de practicarse las diligencias de investigación solicitadas por la defensa del imputado y declaradas pertinentes por el Juez. Una vez practicadas éstas, el Juez procederá a efectuar el referido señalamiento. Al tiempo resolverá sobre la admisión y práctica de las diligencias interesadas por las partes para el acto de dicha audiencia preliminar.

Si el Juez no acordare la convocatoria de la audiencia preliminar, las partes podrán acudir en queja ante la Audiencia Provincial.

2. La audiencia preliminar podrá ser renunciada por la defensa de los acusados, aquietándose con la apertura del juicio oral, en cuyo caso, el Juez decretará ésta, sin más, en los términos del artículo 33 de la presente Ley. Para que dicha renuncia surta efecto ha de ser solicitada por la defensa de todos los acusados.

Modificado por Ley Orgánica 8/1995, de 16 de noviembre, por la que se modifica la Ley Orgánica 5/1995, de 22 de mayo, del Tribunal del Jurado. (BOE de 17/11/1995).

ART. 31. Celebración de la audiencia preliminar.

1. En el día y hora señalados se celebrará la audiencia preliminar comenzando por la práctica de las diligencias propuestas por las partes.

2. Las partes podrán proponer en este momento diligencias para practicarse en el acto. El Juez denegará toda diligencia propuesta que no sea imprescindible para la adecuada decisión sobre la procedencia de la apertura del juicio oral.

3. Terminada la práctica de las diligencias admitidas, se oirá a las partes sobre la procedencia de la apertura del juicio oral y, en su caso, sobre la competencia del Tribunal del Jurado para el enjuiciamiento. Las acusaciones pueden modificar los términos de su petición de apertura de juicio oral, sin que sea admisible la introducción de nuevos elementos que alteren el hecho justiciable o la persona acusada.

ART. 32. Auto de sobreseimiento o de apertura de juicio oral.

1. Concluida la audiencia preliminar, en el mismo acto o dentro de los tres días siguientes, el Juez dictará auto por el que decidirá la apertura o no del juicio oral. Si decide la no apertura del juicio oral acordará el sobreseimiento. Podrá asimismo decretar la apertura del juicio oral y el sobreseimiento parcial en los términos del artículo 640 de la Ley de Enjuiciamiento Criminal si concurre en alguno de los acusados lo previsto en el artículo 637.3.º de la Ley de Enjuiciamiento Criminal.

2. La resolución por la que acuerda el sobreseimiento es apelable ante la Audiencia Provincial. La que acuerda la apertura del juicio oral no es recurrible, sin perjuicio de lo previsto en el artículo 36 de la presente Ley.

3. También podrá el Juez ordenar la práctica de alguna diligencia complementaria, antes de resolver, si la estimase imprescindible de resultas de lo actuado en la audiencia preliminar.

4. En su caso, podrá el Juez ordenar la acomodación al procedimiento que corresponda cuando no fuese aplicable al regulado en esta Ley. Si considera que el que corresponde es el regulado en el Título II del Libro IV de la Ley de Enjuiciamiento Criminal, acordará la apertura del juicio oral, si la estima procedente, y remitirá la causa a la Audiencia Provincial o al Juez de lo Penal competente para que prosigan el conocimiento de la causa en los términos de los artículos 785 y siguientes de dicha Ley.

Modificado por Ley 38/2002, de 24 de octubre, de reforma parcial de la Ley de Enjuiciamiento Criminal, sobre procedimiento para el enjuiciamiento rápido e inmediato de determinados delitos y faltas, y de modificación del procedimiento abreviado. (BOE de 28/10/2022).

ART. 33. Contenido del auto de apertura del juicio oral.

El auto que decrete la apertura del juicio oral determinará:

a) El hecho o hechos justiciables de entre los que han sido objeto de acusación y respecto de los cuales estime procedente el enjuiciamiento.

b) La persona o personas que podrán ser juzgadas como acusados o terceros responsables civilmente.

c) La fundamentación de la procedencia de la apertura del juicio con indicación de las disposiciones legales aplicables.

d) El órgano competente para el enjuiciamiento.

Modificado por Ley Orgánica 8/1995, de 16 de noviembre, por la que se modifica la Ley Orgánica 5/1995, de 22 de mayo, del Tribunal del Jurado. (BOE de 17/11/1995).

ART. 34. Testimonios.

1. En la misma resolución, el Juez acordará que se deduzca testimonio de:

a) Los escritos de calificación de las partes.

b) La documentación de las diligencias no reproducibles y que hayan de ser ratificadas en el juicio oral.

c) El auto de apertura del juicio oral.

2. El testimonio, efectos e instrumentos del delito ocupados y demás piezas de convicción, serán inmediatamente remitidos al Tribunal competente para el enjuiciamiento.

3. Las partes podrán pedir, en cualquier momento, los testimonios que les interesen para su ulterior utilización en el juicio oral.

Modificado por Ley Orgánica 8/1995, de 16 de noviembre, por la que se modifica la Ley Orgánica 5/1995, de 22 de mayo, del Tribunal del Jurado. (BOE de 17/11/1995).

ART. 35. Emplazamiento de las partes y designación del Magistrado-Presidente.

1. El Juez mandará emplazar a las partes para que se personen dentro del término de quince días ante el Tribunal competente para el enjuiciamiento.

2. Recibidas las actuaciones en la Audiencia Provincial, se designará al Magistrado que por turno corresponda.

Sección 3.ª Cuestiones previas al juicio ante el Tribunal del Jurado

ART. 36. Planteamiento de cuestiones previas.

1. Al tiempo de personarse las partes podrán:

a) Plantear alguna de las cuestiones o excepciones previstas en el artículo 666 de la Ley de Enjuiciamiento Criminal o alegar lo que estimen oportuno sobre la competencia o inadecuación del procedimiento.

b) Alegar la vulneración de algún derecho fundamental.

c) Interesar la ampliación del juicio a algún hecho respecto del cual hubiese inadmitido la apertura el Juez de Instrucción.

d) Pedir la exclusión de algún hecho sobre el que se hubiera abierto el juicio oral, si se denuncia que no estaba incluido en los escritos de acusación.

e) Impugnar los medios de prueba propuestos por las demás partes y proponer nuevos medios de prueba.

En este caso, se dará traslado a las demás partes para que en el término de tres días puedan instar por escrito su inadmisión.

2. Si se plantease alguno de estos incidentes se le dará la tramitación establecida en los artículos 668 a 677 de la Ley de Enjuiciamiento Criminal.

Ver arts. 666, 668 a 677, 678 y 846 bis, a) LECrim; 57.2° y 3° y 73.3.c) LOPJ y 2.1, 32.2 y 33 LOTJ.

ART. 37. Auto de hechos justiciables, procedencia de prueba y señalamiento de día para la vista del juicio oral.

Personadas las partes y resueltas, en su caso, las cuestiones propuestas, si ello no impidiese el juicio oral, el Magistrado que vaya a presidir el Tribunal del Jurado dictará auto cuyo contenido se ajustará a las siguientes reglas:

a) Precisará, en párrafos separados, el hecho o hechos justiciables. En cada párrafo no se podrán incluir términos susceptibles de ser tenidos por probados unos y por no probados otros. Excluirá, asimismo, toda mención que no resulte absolutamente imprescindible para la calificación.

En dicha relación se incluirán tanto los hechos alegados por las acusaciones como por la defensa. Pero, si la afirmación de uno supone la negación del otro, sólo se incluirá una proposición.

b) Seguidamente, con igual criterio, se expondrán en párrafos separados los hechos que configuren el grado de ejecución del delito y el de participación del acusado, así como la posible estimación de la exención, agravación o atenuación de la responsabilidad criminal.

c) A continuación, determinará el delito o delitos que dichos hechos constituyan.

d) Asimismo, resolverá sobre la procedencia de los medios de prueba propuestos por las partes y sobre la anticipación de su práctica.

Contra la resolución que declare la procedencia de algún medio de prueba no se admitirá recurso. Si se denegare la práctica de algún medio de prueba podrán las partes formular su oposición a efectos de ulterior recurso.

e) También señalará día para la vista del juicio oral adoptando las medidas a que se refieren los artículos 660 a 664 de la Ley de Enjuiciamiento Criminal.

Modificado por Ley Orgánica 8/1995, de 16 de noviembre, por la que se modifica la Ley Orgánica 5/1995, de 22 de mayo, del Tribunal del Jurado. (BOE de 17/11/1995).

Ver arts. 660 a 664 LECrim.

Sección 4.ª Constitución del Tribunal del Jurado

ART. 38. Concurrencia de los integrantes del Tribunal del Jurado y recusación de candidatos a jurados.

1. El día y hora señalado para el juicio se constituirá el Magistrado que haya de presidir el Tribunal del Jurado con la asistencia del Secretario y la presencia de las partes. Si concu-

rriesen al menos veinte de los candidatos a jurados convocados, el Magistrado-Presidente abrirá la sesión. Si no concurriese dicho número, se procederá en la forma indicada en el artículo siguiente.

2. El Magistrado-Presidente interrogará nuevamente a los jurados por si en ellos concurriera falta de requisitos, alguna causa de incapacidad, incompatibilidad, prohibición o excusa prevista en esta Ley. También podrán las partes por sí o a través del Magistrado-Presidente interrogar a los jurados respecto a las materias relacionadas en el párrafo anterior.

3. También las partes podrán recusar a aquellos en quienes afirmen concurre causa de incapacidad, incompatibilidad o prohibición.

Las recusaciones se oirán y resolverán en el propio acto por el Magistrado-Presidente, ante la presencia de las partes y oído el candidato a jurado afectado.

4. El Magistrado-Presidente decidirá sobre la recusación, sin que quepa recurso, pero sí protesta a los efectos del recurso que pueda ser interpuesto contra la sentencia.

Modificado por Ley Orgánica 8/1995, de 16 de noviembre, por la que se modifica la Ley Orgánica 5/1995, de 22 de mayo, del Tribunal del Jurado. (BOE de 17/11/1995).

Ver arts. 6 a 23, 39 y 40 LOTJ y 846 bis e) y 851.6° LECrim.

ART. 39. Forma de completar el número mínimo de candidatos a jurados y posibles sanciones.

1. Si, como consecuencia de la incomparecencia de algunos de los candidatos a jurados convocados, o de las exclusiones que se deriven de lo dispuesto en el artículo anterior, no resultasen al menos veinte candidatos a jurados, se procederá a un nuevo señalamiento dentro de los quince días siguientes. Se citará al efecto a los comparecidos y a los ausentes y a un número no superior a ocho que serán designados por sorteo en el acto de entre los de la lista bienal. Si las partes alegasen en ese momento alguna causa de incapacidad, incompatibilidad o prohibición de los así designados que fuese aceptada por el Magistrado-Presidente sin protesta de las demás partes no recusantes, se completará con un nuevo sorteo hasta obtener la cifra de los ocho complementarios.

2. El Magistrado-Presidente impondrá la multa de 25.000 pesetas al candidato a jurado convocado que no hubiera comparecido a la primera citación ni justificado su ausencia. Si no compareciera a la segunda citación, la multa será de 100.000 a 250.000 pesetas.

Al tiempo de la segunda citación, el Magistrado-Presidente acordará que se les advierta de la sanción que les puede corresponder si no comparecen.

En la determinación de la cuantía de la segunda multa se tendrá en cuenta la situación económica del jurado que no ha comparecido.

3. Si en la segunda convocatoria tampoco se obtuviera el número mínimo de jurados concurrentes, se procederá de igual manera que en la primera a sucesivas convocatorias y sorteos complementarios, hasta obtener la concurrencia necesaria.

4. En todo caso, se adoptarán las medidas necesarias respecto de los medios de prueba propuestos para hacer posible su práctica una vez constituido el Tribunal del Jurado.

Modificado por Ley Orgánica 8/1995, de 16 de noviembre, por la que se modifica la Ley Orgánica 5/1995, de 22 de mayo, del Tribunal del Jurado. (BOE de 17/11/1995).

Ver arts. 19 a 22, 38, 40 y D.A. 2ª de la LOTJ; arts. 244 LOPJ y 175 LECrim.

ART. 40. Selección de los jurados y constitución del Tribunal.

1. Si concurriese el número suficiente de jurados, se procederá a un sorteo sucesivo para seleccionar a los nueve jurados que formarán parte del Tribunal, y otros dos más como suplentes.

2. Introducidos los nombres de los jurados en una urna, serán extraídos, uno a uno, por el Secretario quien leerá su nombre en alta voz.

3. Las partes, después de formular al nombrado las preguntas que estimen oportunas y el Magistrado-Presidente declare pertinentes, podrán recusar sin alegación de motivo determinado hasta cuatro de aquéllos por parte de las acusaciones y otros cuatro por parte de las defensas.

Si hubiere varios acusadores y acusados, deberán actuar de mutuo acuerdo para indicar los jurados que recusan sin alegación de causa. De no mediar acuerdo, se decidirá por sorteo el orden en que las partes acusadoras o acusadas pueden formular la recusación, hasta que se agote el cupo de recusables.

El actor civil y los terceros responsables civiles no pueden formular recusación sin causa.

4. A continuación se procederá de igual manera para la designación de los suplentes. Cuando sólo resten dos para ser designados suplentes, no se admitirá recusación sin causa.

5. Culminado el sorteo, del que el Secretario extenderá acta, se constituirá el Tribunal.

Modificado por Ley Orgánica 8/1995, de 16 de noviembre, por la que se modifica la Ley Orgánica 5/1995, de 22 de mayo, del Tribunal del Jurado. (BOE de 17/11/1995).

Ver arts. 2, 38, 39 y 41 LOTJ.

ART. 41. Juramento o promesa de los designados.

1. Una vez que el Tribunal se haya constituido, se procederá a recibir juramento o promesa a los seleccionados para actuar como jurados. Puestos en pie el Magistrado-Presidente dirá:

"¿Juran o prometen desempeñar bien y fielmente la función del jurado, con imparcialidad, sin odio ni afecto, examinando la acusación, apreciando las pruebas y resolviendo si son culpables o no culpables de los delitos objeto del procedimiento los acusados..., así como guardar secreto de las deliberaciones?".

2. Los jurados se irán aproximando, de uno en uno, a la presencia del Magistrado-Presidente y, colocados frente a él, dirán: «sí juro» o «sí prometo», y tomarán asiento en el lugar destinado al efecto.

3. El Magistrado-Presidente, cuando todos hayan jurado o prometido, mandará comenzar la audiencia pública.

4. Nadie podrá ejercer las funciones de jurado sin prestar el juramento o promesa indicados. Quien se negase a prestarlo será conminado con el pago de una multa de 50.000 pesetas que el Magistrado-Presidente impondrá en el acto. Si el llamado persiste en su negativa se deduciría el oportuno tanto de culpa y en su lugar será llamado el suplente.

Modificado por Ley Orgánica 8/1995, de 16 de noviembre, por la que se modifica la Ley Orgánica 5/1995, de 22 de mayo, del Tribunal del Jurado. (BOE de 17/11/1995).

Ver arts. 40, 42, 43 y D.A. 2ª LOTJ; 244 LOPJ.

Sección 5.ª El juicio oral

ART. 42. Aplicación de la Ley de Enjuiciamiento Criminal.

1. Tras el juramento o promesa, se dará comienzo a la celebración del juicio oral siguiendo lo dispuesto en los artículos 680 y siguientes de la Ley de Enjuiciamiento Criminal.

2. El acusado o acusados se encontrarán situados de forma que sea posible su inmediata comunicación con los defensores.

Ver arts. 680 y sigs. LECrim y 187.2 LOPJ.

ART. 43. Celebración a puerta cerrada.

Para la decisión de celebración a puerta cerrada, el Magistrado-Presidente, oídas las partes, decidirá lo que estime pertinente, previa consulta al Jurado.

Modificado por Ley Orgánica 8/1995, de 16 de noviembre, por la que se modifica la Ley Orgánica 5/1995, de 22 de mayo, del Tribunal del Jurado. (BOE de 17/11/1995).

Ver arts. 120.2 y 24.2 CE; 6.1 CEDH; 680 LECrim; y 186, 232, 238.3ª y 240 LOPJ.

ART. 44. Asistencia del acusado y del abogado defensor.

La celebración del juicio oral requiere la asistencia del acusado y del abogado defensor. Este último estará a disposición del Tribunal del Jurado hasta que se emita el veredicto, teniendo el juicio oral ante este Tribunal prioridad frente a cualquier otro señalamiento o actuación procesal sea cual sea el orden jurisdiccional ante el que tenga lugar.

No obstante, si hubiere varios acusados y alguno de ellos deja de comparecer, podrá el Magistrado-Presidente acordar, oídas las partes, la continuación del juicio para los restantes.

La ausencia injustificada del tercero responsable civil citado en debida forma no será por sí misma causa de suspensión del juicio, ni de su enjuiciamiento.

Modificado por Ley Orgánica 8/1995, de 16 de noviembre, por la que se modifica la Ley Orgánica 5/1995, de 22 de mayo, del Tribunal del Jurado. (BOE de 17/11/1995).

Ver arts. 746, 786 y 802 LECrim; y 68 LOTJ.

ART. 45. Alegaciones previas de las partes al Jurado.

El juicio comenzará mediante la lectura por el Secretario de los escritos de calificación. Seguidamente el Magistrado-Presidente abrirá un turno de intervención de las partes para que expongan al Jurado las alegaciones que estimen convenientes a fin de explicar el contenido de sus respectivas calificaciones y la finalidad de la prueba que han propuesto. En tal ocasión podrán proponer al Magistrado-Presidente nuevas pruebas para practicarse en el acto, resolviendo éste tras oír a las demás partes que deseen oponerse a su admisión.

Modificado por Ley Orgánica 8/1995, de 16 de noviembre, por la que se modifica la Ley Orgánica 5/1995, de 22 de mayo, del Tribunal del Jurado. (BOE de 17/11/1995).

Ver arts. 29, 36 e) y 37 e) LOTJ y 701, 785 y 786 LECrim.

ART. 46. Especialidades probatorias.

1. Los jurados, por medio del Magistrado-Presidente y previa declaración de pertinencia, podrán dirigir, mediante escrito, a testigos, peritos y acusados las preguntas que estimen conducentes a fijar y aclarar los hechos sobre los que verse la prueba.

2. Los jurados verán por sí los libros, documentos, papeles y demás piezas de convicción a que se refiere el artículo 726 de la Ley de Enjuiciamiento Criminal.

3. Para la prueba de inspección ocular, se constituirá el Tribunal en su integridad, con los jurados, en el lugar del suceso.

4. Las diligencias remitidas por el Juez Instructor podrán ser exhibidas a los jurados en la práctica de la prueba.

5. El Ministerio Fiscal, los letrados de la acusación y los de la defensa podrán interrogar al acusado, testigos y peritos sobre las contradicciones que estimen que existen entre lo que manifiesten en el juicio oral y lo dicho en la fase de instrucción. Sin embargo, no podrá darse lectura a dichas previas declaraciones, aunque se unirá al acta el testimonio que quien interroga debe presentar en el acto.

Las declaraciones efectuadas en la fase de instrucción, salvo las resultantes de prueba anticipada, no tendrán valor probatorio de los hechos en ellas afirmados.

Modificado por Ley Orgánica 8/1995, de 16 de noviembre, por la que se modifica la Ley Orgánica 5/1995, de 22 de mayo, del Tribunal del Jurado. (BOE de 17/11/1995).

Ver arts. 688 a 731 bis LECrim y 34 LOTJ.

ART. 47. Suspensión del procedimiento.

Cuando, conforme a la Ley de Enjuiciamiento Criminal, haya de suspenderse la celebración del juicio oral, el Magistrado-Presidente podrá decidir la disolución del Jurado, que acordará, en todo caso, siempre que dicha suspensión se haya de prolongar durante cinco o más días.

MODIFICACIONES

Modificado por Ley Orgánica 8/1995, de 16 de noviembre, por la que se modifica la Ley Orgánica 5/1995, de 22 de mayo, del Tribunal del Jurado. (BOE de 17/11/1995).

CONCORDANCIAS

Ver arts. 744 a 749 y 788 LECrim.

ART. 48. Modificación de las conclusiones provisionales y conclusiones definitivas.

1. Concluida la práctica de la prueba, las partes podrán modificar sus conclusiones provisionales.

2. El Magistrado-Presidente requerirá a las partes en los términos previstos en el apartado 3 del artículo 788 de la Ley de Enjuiciamiento Criminal, estándose, en su caso, a lo dispuesto en el apartado 4 del citado precepto.

3. Aun cuando en sus conclusiones definitivas las partes calificasen los hechos como constitutivos de un delito de los no atribuidos al enjuiciamiento del Tribunal del Jurado, éste continuará conociendo.

Modificado por Ley 38/2002, de 24 de octubre, de reforma parcial de la Ley de Enjuiciamiento Criminal, sobre procedimiento para el enjuiciamiento rápido e inmediato de determinados delitos y faltas, y de modificación del procedimiento abreviado. (BOE de 28/10/2022).

Ver arts. 29.1, 33.a) y b), 36.c) y d), 37.a) y b), 47, 50, 52.1 LOTJ y 732, 733, 793 y 846 bis c) apdo. a) LECrim.

ART. 49. Disolución anticipada del Jurado.

Una vez concluidos los informes de la acusación, la defensa puede solicitar del Magistrado-Presidente, o éste decidir de oficio, la disolución del Jurado si estima que del juicio no resulta la existencia de prueba de cargo que pueda fundar una condena del acusado.

Si la inexistencia de prueba de cargo sólo afecta a algunos hechos o acusados, el Magistrado-Presidente podrá decidir que no ha lugar a emitir veredicto en relación con los mismos.

En tales supuestos se dictará, dentro de tercero día, sentencia absolutoria motivada.

Ver arts. 24.2 CE; 741 y 846 bis c) LECrim y 32 LOTJ.

ART. 50. Disolución del Jurado por conformidad de las partes.

1. Igualmente, procederá la disolución del Jurado si las partes interesaren que se dicte sentencia de conformidad con el escrito de calificación que solicite pena de mayor gravedad, o con el que presentaren en el acto, suscrito por todas, sin inclusión de otros hechos que los objeto de juicio, ni calificación más grave que la incluida en las conclusiones provisionales. La pena conformada no podrá exceder de seis años de privación de libertad, sola o conjuntamente con las de multa y privación de derechos.

2. El Magistrado-Presidente dictará la sentencia que corresponda, atendidos los hechos admitidos por las partes, pero, si entendiese que existen motivos bastantes para estimar que el hecho justiciable no ha sido perpetrado o que no lo fue por el acusado, no disolverá el Jurado y mandará seguir el juicio.

3. Asimismo, si el Magistrado-Presidente entendiera que los hechos aceptados por las partes pudieran no ser constitutivos de delito, o que pueda resultar la concurrencia de una causa de exención o de preceptiva atenuación, no disolverá el Jurado, y, previa audiencia de las partes, someterá a aquél por escrito el objeto del veredicto.

Ver arts. 33, 36 y 52 LOTJ; 655 y sigs. 688 y 787 LECrim.

ART. 51. Disolución del Jurado por desistimiento en la petición de condena.

Cuando el Ministerio Fiscal y demás partes acusadoras, en sus conclusiones definitivas, o en cualquier momento anterior del juicio, manifestasen que desisten de la petición de condena del acusado, el Magistrado-Presidente disolverá el Jurado y dictará sentencia absolutoria.

Ver arts. 24.2 CE y 732, 733 y 846 bis e) LECrim.

CAPITULO IV
Del veredicto

Sección 1.ª Determinación del objeto del veredicto

ART. 52. Objeto del veredicto.

1. Concluido el juicio oral, después de producidos los informes y oídos los acusados, el Magistrado-Presidente procederá a someter al Jurado por escrito el objeto del veredicto conforme a las siguientes reglas:

a) Narrará en párrafos separados y numerados los hechos alegados por las partes y que el Jurado deberá declarar probados o no, diferenciando entre los que fueren contrarios al acusado y los que resultaren favorables. No podrá incluir en un mismo párrafo hechos favorables y desfavorables o hechos de los que unos sean susceptibles de tenerse por probados y otros no.

Comenzará por exponer los que constituyen el hecho principal de la acusación y después narrará los alegados por las defensas. Pero si la consideración simultánea de aquéllos y éstos como probados no es posible sin contradicción, sólo incluirá una proposición.

Cuando la declaración de probado de un hecho se infiera de igual declaración de otro, éste habrá de ser propuesto con la debida prioridad y separación.

b) Expondrá después, siguiendo igual criterio de separación y numeración de párrafos, los hechos alegados que puedan determinar la estimación de una causa de exención de responsabilidad.

c) A continuación incluirá, en párrafos sucesivos, numerados y separados, la narración del hecho que determine el grado de ejecución, participación y modificación de la responsabilidad.

d) Finalmente precisará el hecho delictivo por el cual el acusado habrá de ser declarado culpable o no culpable.

e) Si fueren enjuiciados diversos delitos, efectuará la redacción anterior separada y sucesivamente por cada delito.

f) Igual hará si fueren varios los acusados.

g) El Magistrado-Presidente, a la vista del resultado de la prueba, podrá añadir hechos o calificaciones jurídicas favorables al acusado siempre que no impliquen una variación sustancial del hecho justiciable, ni ocasionen indefensión.

Si el Magistrado-Presidente entendiese que de la prueba deriva un hecho que implique tal variación sustancial, ordenará deducir el correspondiente tanto de culpa.

2. Asimismo, el Magistrado-Presidente recabará, en su caso, el criterio del jurado sobre la aplicación de los beneficios de remisión condicional de la pena y la petición o no de indulto en la propia sentencia.

Modificado por Ley Orgánica 8/1995, de 16 de noviembre, por la que se modifica la Ley Orgánica 5/1995, de 22 de mayo, del Tribunal del Jurado. (BOE de 17/11/1995).

ART. 53. Audiencia a las partes.

1. Antes de entregar a los jurados el escrito con el objeto del veredicto, el Magistrado-Presidente oirá a las partes, que podrán solicitar las inclusiones o exclusiones que estimen pertinentes, decidiendo aquél de plano lo que corresponda.

2. Las partes cuyas peticiones fueran rechazadas podrán formular protesta a los efectos del recurso que haya lugar contra la sentencia.

3. El Secretario del Tribunal del Jurado incorporará el escrito con el objeto del veredicto al acta del juicio, entregando copia de ésta a las partes y a cada uno de los jurados, y hará constar en aquélla las peticiones de las partes que fueren denegadas.

Modificado por Ley Orgánica 8/1995, de 16 de noviembre, por la que se modifica la Ley Orgánica 5/1995, de 22 de mayo, del Tribunal del Jurado. (BOE de 17/11/1995).

ART. 54. Instrucciones a los jurados.

1. Inmediatamente, el Magistrado-Presidente en audiencia pública, con asistencia del Secretario, y en presencia de las partes, procederá a hacerles entrega a los jurados del escrito con el objeto del veredicto. Al mismo tiempo, les instruirá sobre el contenido de la función que tienen conferida, reglas que rigen su deliberación y votación y la forma en que deben reflejar su veredicto.

2. También les expondrá detenidamente, en forma que puedan entender, la naturaleza de los hechos sobre los que haya versado la discusión, determinando las circunstancias constitutivas del delito imputado a los acusados y las que se refieran a supuestos de exención o modificación de la responsabilidad. Todo ello con referencia a los hechos recogidos en el escrito que se les entrega.

3. Cuidará el Magistrado-Presidente de no hacer alusión alguna a su opinión sobre el resultado probatorio, pero sí sobre la necesidad de que no atiendan a aquellos medios probatorios cuya ilicitud o nulidad hubiese sido declarada por él. Asimismo informará que,

si tras la deliberación no les hubiese sido posible resolver las dudas que tuvieran sobre la prueba, deberán decidir en el sentido más favorable al acusado.

Modificado por Ley Orgánica 8/1995, de 16 de noviembre, por la que se modifica la Ley Orgánica 5/1995, de 22 de mayo, del Tribunal del Jurado. (BOE de 17/11/1995).

Sección 2.ª Deliberación y veredicto

ART. 55. Deliberación del Jurado.

1. Seguidamente el Jurado se retirará a la sala destinada para su deliberación.

2. Presididos inicialmente por aquél cuyo nombre fuese el primero en salir en el sorteo, procederán a elegir al portavoz.

3. La deliberación será secreta, sin que ninguno de los jurados pueda revelar lo en ella manifestado.

ART. 56. Incomunicación del Jurado.

1. La deliberación tendrá lugar a puerta cerrada, sin que les sea permitida comunicación con persona alguna hasta que hayan emitido el veredicto, adoptándose por el Magistrado-Presidente las medidas oportunas al efecto.

2. Si la deliberación durase tanto tiempo que fuese necesario el descanso, el Magistrado-Presidente, de oficio o a petición del Jurado, lo autorizará, manteniendo la incomunicación.

Modificado por Ley Orgánica 8/1995, de 16 de noviembre, por la que se modifica la Ley Orgánica 5/1995, de 22 de mayo, del Tribunal del Jurado. (BOE de 17/11/1995).

ART. 57. Ampliación de instrucciones.

1. Si alguno de los jurados tuviere duda sobre cualquiera de los aspectos del objeto del veredicto, podrá pedir, por escrito y a través del Secretario, la presencia del Magistrado-Presidente para que amplíe las instrucciones. La comparecencia de éste se hará en audiencia pública, asistido del Secretario y en presencia del Ministerio Fiscal y demás partes.

2. Transcurridos dos días desde el inicio de la deliberación sin que los jurados hicieren entrega del acta de la votación, el Magistrado-Presidente podrá convocarles a la comparecencia prevista en el apartado anterior. Si en dicha comparecencia ninguno de los jurados expresara duda sobre cualquiera de los aspectos del objeto del veredicto, el Magistrado-Presidente emitirá las instrucciones previstas en el apartado 1 del artículo 64 de esta Ley con los efectos atribuidos en la misma a la devolución del acta.

Modificado por Ley Orgánica 8/1995, de 16 de noviembre, por la que se modifica la Ley Orgánica 5/1995, de 22 de mayo, del Tribunal del Jurado. (BOE de 17/11/1995).

ART. 58. Votación nominal.

1. La votación será nominal, en alta voz y por orden alfabético, votando en último lugar el portavoz.

2. Ninguno de los jurados podrá abstenerse de votar. Si alguno insistiere en abstenerse, después de requerido por el portavoz, se hará constar en acta y, en su momento, será sancionado por el Magistrado-Presidente con 75.000 pesetas de multa. Si, hecha la constancia y reiterado el requerimiento, persistiera la negativa de voto, se dejará nueva constancia en acta de la que se deducirá el testimonio correspondiente para exacción de la derivada responsabilidad penal.

3. En todo caso, la abstención se entenderá voto a favor de no considerar probado el hecho perjudicial para la defensa y de la no culpabilidad del acusado.

Modificado por Ley Orgánica 8/1995, de 16 de noviembre, por la que se modifica la Ley Orgánica 5/1995, de 22 de mayo, del Tribunal del Jurado. (BOE de 17/11/1995).

ART. 59. Votación sobre los hechos.

1. El portavoz someterá a votación cada uno de los párrafos en que se describen los hechos, tal y como fueron propuestos por el Magistrado-Presidente. Los jurados votarán si

estiman probados o no dichos hechos. Para ser declarados tales, se requiere siete votos, al menos, cuando fuesen contrarios al acusado, y cinco votos, cuando fuesen favorables.

2. Si no se obtuviese dicha mayoría, podrá someterse a votación el correspondiente hecho con las precisiones que se estimen pertinentes por quien proponga la alternativa y, nuevamente redactado así el párrafo, será sometido a votación hasta obtener la indicada mayoría.

La modificación no podrá suponer dejar de someter a votación la parte del hecho propuesta por el Magistrado-Presidente. Pero podrá incluirse un párrafo nuevo, o no propuesto, siempre que no suponga una alteración sustancial ni determine una agravación de la responsabilidad imputada por la acusación.

Modificado por Ley Orgánica 8/1995, de 16 de noviembre, por la que se modifica la Ley Orgánica 5/1995, de 22 de mayo, del Tribunal del Jurado. (BOE de 17/11/1995).

ART. 60. Votación sobre culpabilidad o inculpabilidad, remisión condicional de la pena y petición de indulto.

1. Si se hubiese obtenido la mayoría necesaria en la votación sobre los hechos, se someterá a votación la culpabilidad o inculpabilidad de cada acusado por cada hecho delictivo imputado.

2. Serán necesarios siete votos para establecer la culpabilidad y cinco votos para establecer la inculpabilidad.

3. El criterio del Jurado sobre la aplicación al declarado culpable de los beneficios de remisión condicional de la pena, así como sobre la petición de indulto en la sentencia, requerirán el voto favorable de cinco jurados.

Modificado por Ley Orgánica 8/1995, de 16 de noviembre, por la que se modifica la Ley Orgánica 5/1995, de 22 de mayo, del Tribunal del Jurado. (BOE de 17/11/1995).

ART. 61. Acta de la votación.

1. Concluida la votación, se extenderá un acta con los siguientes apartados:

a) Un primer apartado, iniciado de la siguiente forma: «Los jurados han deliberado sobre los hechos sometidos a su resolución y han encontrado probados, y así lo declaran por (unanimidad o mayoría), los siguientes...».

Si lo votado fuera el texto propuesto por el Magistrado-Presidente, podrán limitarse a indicar su número.

Si el texto votado incluyese alguna modificación, escribirán el texto tal como fue votado.

b) Un segundo apartado, iniciado de la siguiente forma: «Asimismo, han encontrado no probados, y así lo declaran por (unanimidad o mayoría), los hechos descritos en los números siguientes del escrito sometido a nuestra decisión». Seguidamente indicarán los números de los párrafos de dicho escrito, pudiendo reproducir su texto.

c) Un tercer apartado, iniciado de la siguiente forma: «Por lo anterior, los jurados por (unanimidad o mayoría) encontramos al acusado... culpable/no culpable del hecho delictivo de...».

En este apartado harán un pronunciamiento separado por cada delito y acusado. De la misma forma se pronunciarán, en su caso, sobre el criterio del Jurado en cuanto a la aplicación al declarado culpable de los beneficios de remisión condicional de la pena que se impusiere, para el caso de que concurran los presupuestos legales al efecto, y sobre la petición o no de indulto en la sentencia.

d) Un cuarto apartado, iniciado de la siguiente forma: «Los jurados han atendido como elementos de convicción para hacer las precedentes declaraciones a los siguientes: ...». Este apartado contendrá una sucinta explicación de las razones por las que han declarado o rechazado declarar determinados hechos como probados.

e) Un quinto apartado en el que harán constar los incidentes acaecidos durante la deliberación, evitando toda identificación que rompa el secreto de la misma, salvo la correspondiente a la negativa a votar.

2. El acta será redactada por el portavoz, a no ser que disienta del parecer mayoritario, en cuyo caso los jurados designarán al redactor.

Si lo solicitara el portavoz, el Magistrado-Presidente podrá autorizar que el Secretario o un oficial le auxilie, estrictamente en la confección o escrituración del acta. En los mismos términos podrá solicitarlo quien haya sido designado redactor en sustitución de aquél.

3. El acta será firmada por todos los jurados, haciéndolo el portavoz por el que no pueda hacerlo por sí. Si alguno de los jurados se negara a firmar, se hará constar en el acta tal circunstancia.

Modificado por Ley Orgánica 8/1995, de 16 de noviembre, por la que se modifica la Ley Orgánica 5/1995, de 22 de mayo, del Tribunal del Jurado. (BOE de 17/11/1995).

ART. 62. Lectura del veredicto.

Extendida el acta, lo harán saber al Magistrado-Presidente entregándole una copia. Este, salvo que proceda la devolución, conforme a lo dispuesto en el artículo siguiente, convocará a las partes por un medio que permita su inmediata recepción para que, seguidamente, se lea el veredicto en audiencia pública por el portavoz del Jurado.

Modificado por Ley Orgánica 8/1995, de 16 de noviembre, por la que se modifica la Ley Orgánica 5/1995, de 22 de mayo, del Tribunal del Jurado. (BOE de 17/11/1995).

ART. 63. Devolución del acta al Jurado.

1. El Magistrado-Presidente devolverá el acta al Jurado si, a la vista de la copia de la misma, apreciase alguna de las siguientes circunstancias:

a) Que no se ha pronunciado sobre la totalidad de los hechos.

b) Que no se ha pronunciado sobre la culpabilidad o inculpabilidad de todos los acusados y respecto de la totalidad de los hechos delictivos imputados.

c) Que no se ha obtenido en alguna de las votaciones sobre dichos puntos la mayoría necesaria.

d) Que los diversos pronunciamientos son contradictorios, bien los relativos a los hechos declarados probados entre sí, bien el pronunciamiento de culpabilidad respecto de dicha declaración de hechos probados.

e) Que se ha incurrido en algún defecto relevante en el procedimiento de deliberación y votación.

2. Si el acta incluyese la declaración de probado de un hecho que, no siendo de los propuestos por el Magistrado, implique una alteración sustancial de éstos o determine una responsabilidad más grave que la imputada, se tendrá por no puesta.

3. Antes de devolver el acta se procederá en la forma establecida en el artículo 53 de la presente Ley.

Modificado por Ley Orgánica 8/1995, de 16 de noviembre, por la que se modifica la Ley Orgánica 5/1995, de 22 de mayo, del Tribunal del Jurado. (BOE de 17/11/1995).

ART. 64. Justificación de la devolución del acta.

1. Al tiempo de devolver el acta, constituido el Tribunal, asistido del Secretario y en presencia de las partes, el Magistrado-Presidente explicará detenidamente las causas que justifican la devolución y precisará la forma en que se deben subsanar los defectos de procedimiento o los puntos sobre los que deberán emitir nuevos pronunciamientos.

2. De dicha incidencia extenderá el Secretario la oportuna acta.

Modificado por Ley Orgánica 8/1995, de 16 de noviembre, por la que se modifica la Ley Orgánica 5/1995, de 22 de mayo, del Tribunal del Jurado. (BOE de 17/11/1995).

ART. 65. Disolución del Jurado y nuevo juicio oral.

1. Si después de una tercera devolución permaneciesen sin subsanar los defectos denunciados o no se hubiesen obtenido las necesarias mayorías, el Jurado será disuelto y se convocará juicio oral con un nuevo Jurado.

2. Si celebrado el nuevo juicio no se obtuviere un veredicto por parte del segundo Jurado, por cualquiera de las causas previstas en el apartado anterior, el Magistrado-Presidente procederá a disolver el Jurado y dictará sentencia absolutoria.

Modificado por Ley Orgánica 8/1995, de 16 de noviembre, por la que se modifica la Ley Orgánica 5/1995, de 22 de mayo, del Tribunal del Jurado. (BOE de 17/11/1995).

ART. 66. Cese del Jurado en sus funciones.

1. Leído el veredicto, el Jurado cesará en sus funciones.

2. Hasta ese momento los suplentes habrán permanecido a disposición del Tribunal en el lugar que se les indique.

CAPITULO V
De la sentencia

ART. 67. Veredicto de inculpabilidad.

Si el veredicto fuese de inculpabilidad, el Magistrado-Presidente dictará en el acto sentencia absolutoria del acusado a que se refiera, ordenando, en su caso, la inmediata puesta en libertad.

Modificado por Ley Orgánica 8/1995, de 16 de noviembre, por la que se modifica la Ley Orgánica 5/1995, de 22 de mayo, del Tribunal del Jurado. (BOE de 17/11/1995).

ART. 68. Veredicto de culpabilidad.

Cuando el veredicto fuese de culpabilidad, el Magistrado-Presidente concederá la palabra al Fiscal y demás partes para que, por su orden, informen sobre la pena o medidas que debe imponerse a cada uno de los declarados culpables y sobre la responsabilidad civil. El informe se referirá, además, a la concurrencia de los presupuestos legales de la aplicación de los beneficios de remisión condicional, si el Jurado hubiere emitido un criterio favorable a ésta.

Modificado por Ley Orgánica 8/1995, de 16 de noviembre, por la que se modifica la Ley Orgánica 5/1995, de 22 de mayo, del Tribunal del Jurado. (BOE de 17/11/1995).

ART. 69. Acta de las sesiones.

1. El Secretario extenderá acta de cada sesión haciendo constar de forma sucinta lo más relevante de lo acaecido y de forma literal las protestas que se formulen por las partes y las resoluciones del Magistrado-Presidente respecto de los incidentes que fuesen suscitados.

2. El acta se leerá al final de cada sesión, y se firmará por el Magistrado-Presidente, los jurados y los abogados de las partes.

Modificado por Ley Orgánica 8/1995, de 16 de noviembre, por la que se modifica la Ley Orgánica 5/1995, de 22 de mayo, del Tribunal del Jurado. (BOE de 17/11/1995).

ART. 70. Contenido de la sentencia.

1. El Magistrado-Presidente procederá a dictar sentencia en la forma ordenada en el artículo 248.3 de la Ley Orgánica del Poder Judicial, incluyendo, como hechos probados y delito objeto de condena o absolución, el contenido correspondiente del veredicto.

2. Asimismo, si el veredicto fuese de culpabilidad, la sentencia concretará la existencia de prueba de cargo exigida por la garantía constitucional de presunción de inocencia.

3. La sentencia, a la que se unirá el acta del Jurado, se publicará y se archivará en legal forma, extendiendo en la causa certificación de la misma.

Modificado por Ley Orgánica 8/1995, de 16 de noviembre, por la que se modifica la Ley Orgánica 5/1995, de 22 de mayo, del Tribunal del Jurado. (BOE de 17/11/1995).

DISPOSICIONES ADICIONALES

D.A. 1.ª Supresión del antejuicio.

Quedan derogados el artículo 410 de la Ley Orgánica 6/1985, de 1 de julio, del Poder Judicial, y el Título II del Libro IV de la Ley de Enjuiciamiento Criminal.

D.A. 2.ª Infracciones penales.

1. Los jurados que abandonen sus funciones sin causa legítima, o incumplan las obligaciones que les imponen los artículos 41.4 y 58.2 de esta Ley incurrirán en la pena de multa de 100.000 a 500.000 pesetas.

2. Los jurados que incumplan las obligaciones impuestas en el apartado 3 del artículo 55, incurrirán en la pena de arresto mayor y multa de 100.000 a 500.000 pesetas.

D.A. 3.ª Provisión de los medios de apoyo.

Las Administraciones Públicas competentes proveerán los medios de apoyo necesarios en los Tribunales de Justicia para que las personas con discapacidad puedan ejercer su derecho a ser jurado.

Añadida por Ley Orgánica 1/2017, de 13 de diciembre, de modificación de la Ley Orgánica 5/1995, de 22 de mayo, del Tribunal del Jurado, para garantizar la participación de las personas con discapacidad sin exclusiones. (BOE de 14/12/2017).

DISPOSICIONES TRANSITORIAS

D.T. 1.ª Causas penales en tramitación.

Los procesos penales incoados o que se incoen por hechos acaecidos con anterioridad a la entrada en vigor de esta Ley se tramitarán ante el órgano jurisdiccional competente conforme a las normas vigentes en el momento de acontecer aquéllos.

D.T. 2.ª Régimen de recursos.

El régimen de recursos previsto en esta Ley será de aplicación únicamente a las resoluciones judiciales que se dicten en los procedimientos incoados con posterioridad a su entrada en vigor.

D.T. 3.ª Primera lista de candidatos a jurados.

La primera lista de candidatos a jurados, que extenderá su eficacia hasta el 31 de diciembre de 1996, se obtendrá aplicando las previsiones contenidas en los artículos 13, 14, 15 y 16 de la presente Ley, si bien las referencias que en ellos se hace a los meses de septiembre, octubre y noviembre se entenderán hechas, respectivamente, a los tres meses correlativos siguientes a la entrada en vigor de la presente disposición transitoria.

DISPOSICIONES FINALES

D.F. 1.ª Modificación de la Ley Orgánica del Poder Judicial.

1. La letra c) del apartado 3 del artículo 73 de la Ley Orgánica 6/1985, de 1 de julio, del Poder Judicial, cuyo actual contenido pasa a ser la letra d) del mismo apartado, queda redactada en los siguientes términos:

«c) El conocimiento de los recursos de apelación en los casos previstos por las leyes.»

2. El apartado 2 del artículo 83 de la Ley Orgánica 6/1985, de 1 de julio, del Poder Judicial, queda redactado en los siguientes términos:

«2. La composición y competencia del Jurado es la regulada en la Ley Orgánica del Tribunal del Jurado.»

D.F. 2.ª Modificación de la Ley de Enjuiciamiento Criminal.

Los artículos y rúbricas que a continuación se relacionan de la Ley de Enjuiciamiento Criminal quedan modificados en los términos siguientes:

1 Se añade un segundo párrafo al apartado tercero del artículo 14 con la siguiente redacción:

«No obstante, en los supuestos de competencia del Juez de lo Penal, si el delito fuere de los atribuidos al Tribunal del Jurado, el conocimiento y fallo corresponderá a éste.»

2. Se añade un segundo párrafo al apartado cuarto del artículo 14 con la siguiente redacción:

«No obstante, en los supuestos de competencia de la Audiencia Provincial, si el delito fuere de los atribuidos al Tribunal del Jurado, el conocimiento y fallo corresponderá a éste.»

3. Se añade un tercer párrafo al artículo 306 con la siguiente redacción:

«Tan pronto como se ordene la incoación del procedimiento para las causas ante el Tribunal del Jurado, se pondrán en conocimiento del Ministerio Fiscal quien comparecerá e intervendrá en cuantas actuaciones se lleven a cabo ante aquél.»

4. Se incorpora un nuevo artículo 309 bis con la siguiente redacción:

«Artículo 309 bis.

Cuando de los términos de la denuncia o de la relación circunstanciada del hecho en la querella, así como cuando de cualquier actuación procesal, resulte contra persona o personas determinadas la imputación de un delito, cuyo enjuiciamiento venga atribuido al Tribunal del Jurado, procederá el Juez a la incoación del procedimiento previsto en su ley reguladora, en el que, en la forma que en ella se establece, se pondrá inmediatamente aquella imputación en conocimiento de los presuntamente inculpados.

El Ministerio Fiscal, demás partes personadas, y el imputado en todo caso, podrán instarlo así, debiendo el Juez resolver en plazo de una audiencia. Si no lo hiciere, o desestimare la petición, las partes podrán recurrir directamente en queja ante la Audiencia Provincial que resolverá antes de ocho días, recabando el informe del Instructor por el medio más rápido.»

5. Se incorpora un nuevo artículo 504 bis 2 con la siguiente redacción:

«Artículo 504 bis 2.

Desde que el detenido es puesto a disposición del Juez de Instrucción o Tribunal que deba conocer de la causa, éste convocará a audiencia, dentro de las setenta y dos horas siguientes, al Ministerio Fiscal, demás partes personadas y al imputado, que deberá estar asistido de Letrado por él elegido o designado de oficio. El Ministerio Fiscal y el imputado, asistido de su letrado, tendrán obligación de comparecer.

En dicha audiencia podrán proponer los medios de prueba que puedan practicarse en el acto o dentro de las veinticuatro horas siguientes, sin rebasar en ningún caso las setenta y dos horas antes indicadas.

Si en tal audiencia alguna parte lo interesase, oídas las alegaciones de todas las que concurrieren, el Juez resolverá sobre la procedencia o no de la prisión o libertad provisionales. Si ninguna de las partes lo instase, el Juez necesariamente acordará la cesación de la detención e inmediata puesta en libertad del imputado.

Si por cualquier razón la comparecencia no pudiera celebrarse, el Juez acordará la prisión o libertad provisional, si concurrieren los presupuestos y estimase riesgo de fuga; pero deberá convocarla nuevamente dentro de las siguientes setenta y dos horas, adoptando las medidas disciplinarias a que hubiere lugar en relación con la causa de no celebración de la comparecencia.

Contra las resoluciones que se dicten sobre la procedencia o no de la libertad provisional cabrá recurso de apelación ante la Audiencia Provincial.»

6. El artículo 516 queda sin contenido.

7. El artículo 539 queda redactado de la forma siguiente:

«Artículo 539.

Los autos de prisión y libertad provisionales y de fianza serán reformables durante todo el curso de la causa.

En su consecuencia, el imputado podrá ser preso y puesto en libertad cuantas veces sea procedente, y la fianza podrá ser modificada en lo que resulte necesario para asegurar las consecuencias del juicio.

Para acordar la prisión o libertad provisional de quien estuviere en libertad o agravar las condiciones de la libertad provisional ya acordada, se requerirá solicitud del Ministerio Fiscal o de alguna parte acusadora, resolviéndose previa celebración de la comparecencia a que se refiere el artículo 504 bis 2.

No obstante, si a juicio del Juez o Tribunal concurriere riesgo de fuga, procederá a dictar auto de reforma de la medida cautelar, o incluso de prisión, si el imputado se encontrase en libertad, pero debiendo convocar, para dentro de las setenta y dos horas siguientes, a la indicada comparecencia.

Siempre que el Juez o Tribunal entienda que procede la libertad o la modificación de la libertad provisional en términos más favorables al sometido a la medida, podrá acordarla, en cualquier momento, de oficio y sin someterse a la petición de parte.»

8. El tercer párrafo del artículo 676 queda redactado en la siguiente forma:

«Contra el auto resolutorio de la declinatoria y contra el que admita las excepciones 2.a, 3.a y 4.a del artículo 666, procede el recurso de apelación. Contra el que las desestime, no se da recurso alguno salvo el que proceda contra la sentencia, sin perjuicio de lo dispuesto en el artículo 678.»

9. Se añade un segundo párrafo al artículo 678 con la siguiente redacción:

«Lo anterior no será de aplicación en las causas competencia del Tribunal del Jurado, sin perjuicio de lo que pueda alegarse al recurrir contra la sentencia.»

10. En el artículo 780 se incorpora un nuevo párrafo tercero con la siguiente redacción:

«Iniciado un proceso conforme a las normas de esta Ley, en cuanto aparezca que el hecho podría constituir un delito cuyo enjuiciamiento sea competencia del Tribunal del Jurado, se estará a lo dispuesto en los artículos 309 bis o 789.3, párrafos segundo y tercero de esta Ley.»

El actual tercer párrafo de dicho artículo pasa a ser párrafo cuarto del mismo.

11. Se añade un último párrafo al artículo 781 con la siguiente redacción:

«Tan pronto como se ordene la incoación del procedimiento para las causas ante el Tribunal del Jurado, se pondrá en conocimiento del Ministerio Fiscal quien comparecerá e intervendrá en cuantas actuaciones se lleven a cabo ante aquél.»

12. En el apartado 3 del artículo 789 se introducen dos nuevos párrafos con la siguiente redacción:

«Cuando de los términos de la denuncia o de la relación circunstanciada del hecho en la querella, así como cuando de cualquier actuación procesal ordenada conforme al párrafo anterior, resulte contra persona o personas determinadas la imputación de un delito, cuyo enjuiciamiento venga atribuido al Tribunal del Jurado, procederá el Juez a la incoación del procedimiento previsto en su ley reguladora, en el que, en la forma que en ella se establece, se pondrá inmediatamente aquella imputación en conocimiento de los presuntamente inculpados.

El Ministerio Fiscal, demás partes personadas, y el imputado en todo caso, podrán instarlo así, debiendo el Juez resolver en plazo de una audiencia. Si no lo hiciere, o desestimare la petición, las partes podrán recurrir en queja ante la Audiencia Provincial que resolverá antes de ocho días, recabando el informe del Instructor por el medio más rápido.»

13. El Libro V pasa a tener la siguiente denominación: *«De los recursos de apelación, casación y revisión».*

14. Se incorpora al Libro V un nuevo Título I, denominado *«Del recurso de apelación contra las sentencias y determinados autos»* e integrado por los siguientes artículos:

«Artículo 846 bis a).

Las sentencias dictadas, en el ámbito de la Audiencia Provincial y en primera instancia, por el Magistrado-Presidente del Tribunal del Jurado, serán apelables para ante la Sala de lo Civil y Penal del Tribunal Superior de Justicia de la correspondiente Comunidad Autónoma.

Serán también apelables los autos dictados por el Magistrado-Presidente del Tribunal del Jurado cuando acuerden el sobreseimiento, cualquiera que sea su clase, y los que se dicten resolviendo cuestiones a que se refiere el artículo 36 de la Ley Orgánica del Tribunal del Jurado así como en los casos señalados en el artículo 676 de la presente Ley.

La Sala de lo Civil y Penal se compondrá, para conocer de este recurso, de tres Magistrados.

Artículo 846 bis b).

Pueden interponer el recurso tanto el Ministerio Fiscal como el condenado y las demás partes, dentro de los diez días siguientes a la última notificación de la sentencia.

La parte que no haya apelado en el plazo indicado podrá formular apelación en el trámite de impugnación, pero este recurso quedará supeditado a que el apelante principal mantenga el suyo.

Artículo 846 bis c).

El recurso de apelación deberá fundamentarse en alguno de los motivos siguientes:

a) Que en el procedimiento o en la sentencia se ha incurrido en quebrantamiento de las normas y garantías procesales, que causare indefensión, si se hubiere efectuado la oportuna reclamación de subsanación. Esta reclamación no será necesaria si la infracción denunciada implicase la vulneración de un derecho fundamental constitucionalmente garantizado.

A estos efectos podrán alegarse, sin perjuicio de otros: los relacionados en los artículos 850 y 851, entendiéndose las referencias a los Magistrados de los números 5 y 6 de este último como también hechas a los jurados; la existencia de defectos en el veredicto, bien por parcialidad en las instrucciones dadas al Jurado o defecto en la proposición del objeto de aquél, siempre que de ello se derive indefensión, bien por concurrir motivos de los que debieran haber dado lugar a su devolución al Jurado y ésta no hubiera sido ordenada.

b) Que la sentencia ha incurrido en infracción de precepto constitucional o legal en la calificación jurídica de los hechos o en la determinación de la pena, o de las medidas de seguridad o de la responsabilidad civil.

c) Que se hubiese solicitado la disolución del Jurado por inexistencia de prueba de cargo, y tal petición se hubiere desestimado indebidamente.

d) Que se hubiese acordado la disolución del Jurado y no procediese hacerlo.

e) Que se hubiese vulnerado el derecho a la presunción de inocencia porque, atendida la prueba practicada en el juicio, carece de toda base razonable la condena impuesta.

En los supuestos de las letras a), c) y d), para que pueda admitirse a trámite el recurso, deberá haberse formulado la oportuna protesta al tiempo de producirse la infracción denunciada.

Artículo 846 bis d).

Del escrito interponiendo recurso de apelación se dará traslado, una vez concluido el término para recurrir, a las demás partes, las que, en término de cinco días, podrán formular recurso supeditado de apelación. Si lo interpusieren se dará traslado a las demás partes.

Concluido el término de cinco días sin que se formule dicha apelación supeditada o, si se formuló, efectuado el traslado a las demás partes, se emplazará a todas ante la Sala de lo Civil y Penal del Tribunal Superior de Justicia para que se personen en plazo de diez días.

Si el apelante principal no se personare o manifestare su renuncia al recurso, se devolverán los autos a la Audiencia Provincial, declarándose firme la sentencia y procediendo a su ejecución.

Artículo 846 bis e).

Personado el apelante, se señalará día para la vista del recurso citando a las partes personadas y, en todo caso, al condenado y tercero responsable civil.

La vista se celebrará en audiencia pública, comenzando por el uso de la palabra la parte apelante seguido del Ministerio Fiscal, si éste no fuese el que apeló, y demás partes apeladas.

Si se hubiese formulado recurso supeditado de apelación, esta parte intervendrá después del apelante principal que, si no renunciase, podrá replicarle.

Artículo 846 bis f).

Dentro de los cinco días siguientes a la vista, deberá dictarse sentencia, la cual, si estimase el recurso por algunos de los motivos a que se refieren las letras a) y d) del artículo 846 bis 3, mandará devolver la causa a la Audiencia para celebración de nuevo juicio.

En los demás supuestos dictará la resolución que corresponda.»

15. Los actuales Títulos I y II del Libro V pasan a ser Títulos II y III, respectivamente, del mismo Libro.

16. El artículo 847 queda redactado de la siguiente forma:

«Artículo 847.

Procede el recurso de casación por infracción de ley y por quebrantamiento de forma contra: a) las sentencias dictadas por la Sala de lo Civil y Penal de los Tribunales Superiores de Justicia en única o en segunda instancia; y b) las sentencias dictadas por las Audiencias Provinciales en juicio oral y única instancia.»

17. El primer párrafo del artículo 848 queda redactado de la siguiente forma:

«Contra los autos dictados, bien en apelación por las Salas de lo Civil y Penal de los Tribunales Superiores de Justicia bien con carácter definitivo por las Audiencias, sólo procede el recurso de casación, y únicamente por infracción de ley, en los casos en que ésta lo autorice de modo expreso.»

Modificada por Ley Orgánica 8/1995, de 16 de noviembre, por la que se modifica la Ley Orgánica 5/1995, de 22 de mayo, del Tribunal del Jurado. (BOE de 17/11/1995).

D.F. 3.ª Carácter de la Ley.

La presente Ley tiene naturaleza de orgánica a excepción del capítulo III, la disposición transitoria segunda y los apartados 1, 2, 3, 4, 8, 9, 10, 11, 12, 13, 14, 15, 16 y 17 de la disposición final segunda que tienen el carácter de ley ordinaria.

D.F. 4.ª Futuras reformas procesales.

En el plazo de un año, desde la aprobación de la presente Ley, el Gobierno enviará a las Cortes Generales, un proyecto de Ley de modificación de la Ley de Enjuiciamiento Criminal, generalizando los criterios procesales instaurados en esta Ley y en el que se establezca un procedimiento fundado en los principios acusatorio y de contradicción entre las partes, previstos en la Constitución, simplificando asimismo el proceso de investigación para evitar su prolongación excesiva.

Asimismo, en dicho plazo, se adoptarán las reformas legales necesarias que adapten a tal procedimiento el Estatuto y funciones del Ministerio Fiscal, y se habilitarán por las Cortes Generales y el Gobierno los medios materiales, técnicos y humanos necesarios.

Modificada por Ley Orgánica 8/1995, de 16 de noviembre, por la que se modifica la Ley Orgánica 5/1995, de 22 de mayo, del Tribunal del Jurado. (BOE de 17/11/1995).

D.F. 5.ª Entrada en vigor.

La presente Ley Orgánica entrará en vigor a los seis meses de su publicación en el «Boletín Oficial del Estado», con excepción de lo prevenido en su capítulo II y en su disposición transitoria tercera, que entrará en vigor a los dos meses de dicha publicación.

Por tanto,
Mando a todos los españoles, particulares y autoridades que guarden y hagan guardar esta Ley Orgánica.

Madrid, 22 de mayo de 1995.
JUAN CARLOS R.

El Presidente del Gobierno,
FELIPE GONZÁLEZ MÁRQUEZ

II. LEY 4/2015, DE 27 DE ABRIL, DEL ESTATUTO DE LA VÍCTIMA DEL DELITO

–BOE núm. 101, de 28 de abril de 2015–

FELIPE VI
REY DE ESPAÑA
A todos los que la presente vieren y entendieren.
Sabed: Que las Cortes Generales han aprobado y Yo vengo en sancionar la siguiente ley:

PREÁMBULO

I

La finalidad de elaborar una ley constitutiva del estatuto jurídico de la víctima del delito es ofrecer desde los poderes públicos una respuesta lo más amplia posible, no sólo jurídica sino también social, a las víctimas, no sólo reparadora del daño en el marco de un proceso penal, sino también minimizadora de otros efectos traumáticos en lo moral que su condición puede generar, todo ello con independencia de su situación procesal.

Por ello, el presente Estatuto, en línea con la normativa europea en la materia y con las demandas que plantea nuestra sociedad, pretende, partiendo del reconocimiento de la dignidad de las víctimas, la defensa de sus bienes materiales y morales y, con ello, los del conjunto de la sociedad.

Con este Estatuto, España aglutinará en un solo texto legislativo el catálogo de derechos de la víctima, de un lado transponiendo las Directivas de la Unión Europea en la materia y, de otro, recogiendo la particular demanda de la sociedad española.

II

Los antecedentes y fundamentos remotos del presente Estatuto de la víctima del delito se encuentran en la Decisión Marco 2001/220/JAI del Consejo, de 15 de marzo de 2001, relativa al estatuto de la víctima en el proceso penal, que reconoce un conjunto de derechos de las víctimas en el ámbito del proceso penal, incluido el derecho de protección e indemnización, y que fue el primer proyecto profundo del legislador europeo para lograr un reconocimiento homogéneo de la víctima en el ámbito de la Unión Europea, germen de la normativa especial posterior.

El grado de cumplimiento de dicha Decisión Marco fue objeto del Informe de la Comisión Europea de abril de 2009, que puso de relieve que ningún Estado miembro había aprobado un texto legal único que recogiera, sistemáticamente, los derechos de la víctima y destacó la necesidad de un desarrollo general y efectivo de algunos aspectos del mencionado Estatuto.

Respecto de España, este Informe destaca la existencia de un marco normativo garante de los derechos de la víctima, aunque gran parte de esos derechos son exclusivamente procesales o se centran en algunos tipos muy concretos de víctimas de acuerdo con su normativa particular, esto es, la Ley 35/1995, de 11 de diciembre, de ayudas y asistencia a las víctimas de delitos violentos y contra la libertad sexual (desarrollada por el Real Decreto 738/1997, de 23 de mayo), la Ley Orgánica 1/1996, de 15 de enero, de Protección Jurídica del Menor, la Ley Orgánica 1/2004, de 28 de diciembre, de Medidas de Protección Integral contra la Violencia de Género, así como la Ley 29/2011, de 22 de septiembre, de Reconocimiento y Protección Integral a las Víctimas del Terrorismo.

La Comunicación de la Comisión al Parlamento Europeo, al Consejo, al Comité Económico y Social Europeo y al Comité de las Regiones de 18 de mayo de 2011, denominada «Refuerzo de los derechos de las víctimas en la Unión Europea», reitera el examen de los aspectos de la protección existente hasta la fecha que conviene reforzar y la necesidad de un marco europeo de protección, como el diseñado con la Directiva 2011/99/UE del Parlamento Europeo y del Consejo, de 13 de diciembre de 2011, sobre la orden europea de protección.

En este contexto, se ha producido la aprobación de la Directiva 2012/29/UE del Parlamento Europeo y del Consejo, de 25 de octubre de 2012, por la que se establecen normas mínimas sobre los derechos, el apoyo y la protección de las víctimas de delitos, y por la que se sustituye la Decisión Marco 2001/220/JAI del Consejo. Procede, por tanto, transponer al derecho interno, no sólo las cuestiones que traslucía el informe de la Comisión de 2009 respecto al grado de transposición de la Decisión Marco 2001/220/JAI, sino también las cuestiones pendientes de transponer con arreglo a las Directivas especiales y los nuevos derechos y exigencias que recoge la nueva Directiva de 2012.

Así pues, el presente texto legislativo no sólo responde a la exigencia de mínimos que fija el legislador europeo con el texto finalmente aprobado en la citada Directiva 2012/29/UE, sino que trata de ser más ambicioso, trasladando al mismo las demandas y necesidades de la sociedad española, en aras a completar el diseño del Estado de Derecho, centrado casi siempre en las garantías procesales y los derechos del imputado, acusado, procesado o condenado.

Efectivamente, con ese foco de atención se ha podido advertir, y así lo traslada nuestra sociedad con sus demandas, una cierta postración de los derechos y especiales necesidades de las víctimas del delito que, en atención al valor superior de justicia que informa nuestro orden constitucional, es necesario abordar, siendo oportuno hacerlo precisamente con motivo de dicha transposición.

El horizonte temporal marcado por dicha Directiva para proceder a su incorporación al derecho interno se extiende hasta el 16 de noviembre de 2015, pero como quiera que esta norma europea, de carácter general, está precedida de otras especiales que requieren una transposición en fechas más cercanas, se ha optado por abordar esta tarea en el presente texto y añadir al catálogo general de derechos de las víctimas otras normas de aplicación particular para algunas categorías de éstas.

Asimismo, se considera oportuno, dado que uno de los efectos de la presente Ley es la de ofrecer un concepto unitario de víctima de delito, más allá de su consideración procesal, incluir en el concepto de víctima indirecta algunos supuestos que no vienen impuestos por la norma europea, pero sí por otras normas internacionales, como la Convención de Naciones Unidas para la protección de todas las personas contra las desapariciones forzadas.

III

El presente Estatuto de la Víctima del Delito tiene la vocación de ser el catálogo general de los derechos, procesales y extraprocesales, de todas las víctimas de delitos, no obstante las remisiones a normativa especial en materia de víctimas con especiales necesidades o con especial vulnerabilidad. Es por ello una obligación que, cuando se trate de menores, el interés superior del menor actúe a modo de guía para cualquier medida y decisión que se tome en relación a un menor víctima de un delito durante el proceso penal. En este sentido, la adopción de las medidas de protección del Título III, y especialmente la no adopción de las mismas, deben estar fundamentadas en el interés superior del menor.

Se parte de un concepto amplio de víctima, por cualquier delito y cualquiera que sea la naturaleza del perjuicio físico, moral o material que se le haya irrogado. Comprende a la víctima directa, pero también a víctimas indirectas, como familiares o asimilados.

Por otro lado, la protección y el apoyo a la víctima no es sólo procesal, ni depende de su posición en un proceso, sino que cobra una dimensión extraprocesal. Se funda en un concepto amplio de reconocimiento, protección y apoyo, en aras a la salvaguarda integral de la víctima. Para ello, es fundamental ofrecer a la víctima las máximas facilidades para el ejercicio y tutela de sus derechos, con la minoración de trámites innecesarios que supongan la segunda victimización, otorgarle una información y orientación eficaz de los derechos y servicios que le corresponden, la derivación por la autoridad competente, un trato humano y la posibilidad de hacerse acompañar por la persona que designe en todos sus trámites, no obstante la representación procesal que proceda, entre otras medidas.

Las actuaciones han de estar siempre orientadas a la persona, lo que exige una evaluación y un trato individualizado de toda víctima, sin perjuicio del trato especializado que exigen ciertos tipos de víctimas.

Como ya se ha indicado, el reconocimiento, protección y apoyo a la víctima no se limita a los aspectos materiales y a la reparación económica, sino que también se extiende a su dimensión moral.

Por otra parte, el reconocimiento, protección y apoyo a la víctima se otorga atendiendo, a su vez, a las especialidades de las víctimas que no residen habitualmente en nuestro país.

La efectividad de estos derechos hace necesaria la máxima colaboración institucional e implica no sólo a las distintas Administraciones Públicas, al Poder Judicial y a colectivos de profesionales y víctimas, sino también a las personas concretas que, desde su puesto de trabajo, tienen contacto y se relacionan con las víctimas y, en último término, al conjunto de la sociedad. Por ello, es tan necesario dotar a las instituciones de protocolos de actuación y de procedimientos de coordinación y colaboración, como también el fomento de oficinas especializadas, de la formación técnica, inicial y continuada del personal, y de la sensibilización que el trato a la víctima comporta, sin olvidar la participación de asociaciones y colectivos.

No obstante la vocación unificadora del Estatuto y las remisiones a la normativa especial de ciertos colectivos de víctimas, que verían ampliada su asistencia y protección con el catálogo general de derechos de la víctima, ante la ausencia de una regulación específica para ciertos colectivos de víctimas con especial vulnerabilidad, se pretende otorgarles una protección especial en este texto mediante la transposición de otras dos Directivas recientes: la Directiva 2011/92/UE del Parlamento Europeo y del Consejo, de 13 de diciembre de 2011, relativa a la lucha contra los abusos sexuales y la explotación sexual de los menores y la pornografía infantil, así como la Directiva 2011/36/UE del Parlamento Europeo y del Consejo, de 5 abril de 2011, relativa a la prevención y lucha contra la trata de seres humanos y a la protección de las víctimas y por la que se sustituye la Decisión Marco 2002/629/JAI del Consejo.

<h2 style="text-align:center">IV</h2>

En cuanto al contenido y estructura de la Ley, se inicia mediante un Título preliminar, dedicado a las disposiciones generales, que viene a establecer un concepto de víctima omnicomprensivo, por cuanto se extiende a toda persona que sufra un perjuicio físico, moral o económico como consecuencia de un delito.

También se reconoce la condición de víctima indirecta al cónyuge o persona vinculada a la víctima por una análoga relación de afectividad, sus hijos y progenitores, parientes directos y personas a cargo de la víctima directa por muerte o desaparición ocasionada por el delito, así como a los titulares de la patria potestad o tutela en relación a la desaparición forzada de las personas a su cargo, cuando ello determine un peligro relevante de victimización secundaria.

Los derechos que recoge la Ley serán de aplicación a todas las víctimas de delitos ocurridos en España o que puedan ser perseguidos en España, con independencia de la nacionalidad de la víctima o de si disfrutan o no de residencia legal.

Así, el Título preliminar recoge un catálogo general de derechos comunes a todas las víctimas, que se va desarrollando posteriormente a lo largo del articulado y que se refiere tanto a los servicios de apoyo como a los de justicia reparadora que se establezcan legalmente, y a las actuaciones a lo largo del proceso penal en todas sus fases -incluidas las primeras diligencias y la ejecución-, con independencia del resultado del proceso penal. En ese catálogo general, se recogen, entre otros, el derecho a la información, a la protección y al apoyo en todo caso, el derecho a participar activamente en el proceso penal, el derecho al reconocimiento como tal víctima y el derecho a un trato respetuoso, profesional, individualizado y no discriminatorio.

<h2 style="text-align:center">V</h2>

El Título I reconoce una serie de derechos extraprocesales, también comunes a todas las víctimas, con independencia de que sean parte en un proceso penal o hayan decidido o no ejercer algún tipo de acción, e incluso con anterioridad a la iniciación del proceso penal.

Resulta novedoso que toda víctima, en aras a facilitar que se encuentre arropada desde el punto de vista personal, pueda hacerse acompañar por la persona que designe, sin perjuicio de la intervención de abogado cuando proceda, en sus diligencias y trato con las autoridades.

En este Título se regula el derecho a obtener información de toda autoridad o funcionario al que se acuda, con lenguaje sencillo y accesible, desde el primer contacto. Esa información, que deberá ser detallada y sucesivamente actualizada, debe orientar e informar sobre los derechos que asisten a la víctima en cuestiones tales como: medidas de apoyo disponibles; modo de ejercicio de su derecho a denunciar; modo y condiciones de protección, del asesoramiento jurídico y de la defensa jurídica; indemnizaciones, interpretación y traducción; medidas de efectividad de sus intereses si residen en distinto país de la Unión Europea; procedimiento de denuncia por inactividad de la autoridad competente; datos de contacto para comunicaciones; servicios disponibles de justicia reparadora; y el modo de reembolso de gastos judiciales.

Se regula específicamente el derecho de la víctima como denunciante y, en particular, su derecho a obtener una copia de la denuncia, debidamente certificada, asistencia lingüística gratuita a la víctima que desee interponer denuncia y traducción gratuita de la copia de la denuncia presentada.

Asimismo, con independencia de personarse en el proceso penal, se reconoce el derecho de la víctima a recibir información sobre ciertos hitos de la causa penal.

Se desarrolla, de acuerdo con la normativa europea, el derecho a la traducción e interpretación, tanto en las entrevistas, incluidas las policiales, como en la participación activa en vistas, e incluye el derecho a la traducción escrita y gratuita de la información esencial, en particular la decisión de poner término a la causa y la designación de lugar y hora del juicio.

Se regula el acceso a los servicios de apoyo, que comprende la acogida inicial, orientación e información y medidas concretas de protección, sin perjuicio de apoyos específicos para cada víctima, según aconseje su evaluación individual y para ciertas categorías de víctimas de especial vulnerabilidad.

Igualmente se busca visibilizar como víctimas a los menores que se encuentran en un entorno de violencia de género o violencia doméstica, para garantizarles el acceso a los servicios de asistencia y apoyo, así como la adopción de medidas de protección, con el objetivo de facilitar su recuperación integral.

VI

El Título II sistematiza los derechos de la víctima en cuanto a su participación en el proceso penal, como algo independiente de las medidas de protección de la víctima en el proceso, que son objeto del Título III.

Se reconoce a la víctima el derecho a participar en el proceso, de acuerdo con lo dispuesto en la Ley de Enjuiciamiento Criminal, y se refuerza la efectividad material del mismo a través de diversas medidas: por un lado, la notificación de las resoluciones de sobreseimiento y archivo y el reconocimiento del derecho a impugnarlas dentro de un plazo de tiempo suficiente a partir de la comunicación, con independencia de que se haya constituido anteriormente o no como parte en el proceso; por otro lado, el reconocimiento del derecho a obtener el pago de las costas que se le hubieran causado, con preferencia al derecho del Estado a ser indemnizado por los gastos hechos en la causa, cuando el delito hubiera sido finalmente perseguido únicamente a su instancia o el sobreseimiento de la misma hubiera sido revocado por la estimación del recurso interpuesto por ella.

El Estado, como es propio de cualquier modelo liberal, conserva el monopolio absoluto sobre la ejecución de las penas, lo que no es incompatible con que se faciliten a la víctima ciertos cauces de participación que le permitan impugnar ante los Tribunales determinadas resoluciones que afecten al régimen de cumplimiento de condena de delitos de carácter especialmente grave, facilitar información que pueda ser relevante para que los Jueces y Tribunales resuelvan sobre la ejecución de la pena, responsabilidades civiles o comiso ya acordados, y solicitar la adopción de medidas de control con relación a liberados condicionales que hubieran sido condenados por hechos de los que pueda derivarse razonablemente una situación de peligro para la víctima.

La regulación de la intervención de la víctima en la fase de ejecución de la pena, cuando se trata del cumplimiento de condenas por delitos especialmente graves, garantiza la confianza y colaboración de las víctimas con la justicia penal, así como la observancia del principio de legalidad, dado que la decisión corresponde siempre a la autoridad judicial, por lo que no se ve afectada la reinserción del penado.

Asimismo, se facilita a la víctima el ejercicio de sus derechos, permitiendo la presentación de solicitudes de justicia gratuita ante la autoridad o funcionario encargado de informarle de sus derechos, evitándose de este modo el peregrinaje por diversas oficinas; y se regula el procedimiento aplicable en los casos de presentación en España de denuncia por hechos delictivos cometidos en otros países de la Unión Europea, así como la comunicación a la víctima de su remisión, en su caso, a las autoridades competentes.

El Estatuto reconoce también el derecho de la víctima a obtener la devolución inmediata de los efectos de su propiedad, salvo en los supuestos excepcionales en los que el efecto en cuestión, temporalmente o de forma definitiva, tuviera que permanecer bajo la custodia de las autoridades para garantizar el correcto desarrollo del proceso.

Finalmente, se incluye una referencia a la posible actuación de los servicios de justicia restaurativa. En este punto, el Estatuto supera las referencias tradicionales a la mediación entre víctima e infractor y subraya la desigualdad moral que existe entre ambos. Por ello, la actuación de estos servicios se concibe orientada a la reparación material y moral de la víctima, y tiene como presupuesto el consentimiento libre e informado de la víctima y el previo reconocimiento de los hechos esenciales por parte del autor. En todo caso, la posible actuación de los servicios de justicia restaurativa quedará excluida cuando ello pueda conllevar algún riesgo para la seguridad de la víctima o pueda ser causa de cualquier otro perjuicio.

VII

En el Título III se abordan cuestiones relativas a la protección y reconocimiento de las víctimas, así como las medidas de protección específicas para cierto tipo de víctimas.

Las medidas de protección buscan la efectividad frente a represalias, intimidación, victimización secundaria, daños psíquicos o agresiones a la dignidad durante los interrogatorios y declaraciones como testigo, e incluyen desde las medidas de protección física hasta otras, como el uso de salas separadas en los Tribunales, para evitar contacto de la víctima con el infractor y cualesquiera otras, bajo discrecionalidad judicial, que exijan las circunstancias.

Para evitar la victimización secundaria en particular, se trata de obtener la declaración de la víctima sin demora tras la denuncia, reducir el número de declaraciones y reconocimientos médicos al mínimo necesario, y garantizar a la víctima su derecho a hacerse acompañar, no ya solo del representante procesal, sino de otra persona de su elección, salvo resolución motivada.

La adopción de medidas y el acceso a ciertos servicios vienen precedidos de una evaluación individualizada de la víctima, para determinar sus necesidades de protección específica y de eventuales medidas especiales. Dichas medidas han de actualizarse con arreglo al transcurso del proceso y a las circunstancias sobrevenidas.

Las medidas de protección específica se adoptan atendiendo al carácter de la persona, al delito y sus circunstancias, a la entidad del daño y su gravedad o a la vulnerabilidad de la víctima. Así, junto a las remisiones a la vigente normativa especial en la materia, se incluyen aquellas medidas concretas de protección para colectivos que carecen de legislación especial y, particularmente, las de menores de edad víctimas de abuso, explotación o pornografía infantil, víctimas de trata de seres humanos, personas con discapacidad y otros colectivos, como los delitos con pluralidad de afectados y los de efecto catastrófico.

VIII

El Título IV, finalmente, recoge una serie de disposiciones comunes, como son las relativas a la organización y funcionamiento de las Oficinas de Asistencia a las Víctimas de delito, el fomento de la formación de operadores jurídicos y del personal al servicio de la Administración de Justicia en el trato a las víctimas, la sensibilización y concienciación mediante campañas de información, la investigación y educación en materia de apoyo, protección y solidaridad con las víctimas, la cooperación con la sociedad civil y en el ámbito internacional, así como el fomento de la autorregulación por los medios de comunicación del tratamiento de informaciones que afecten a la dignidad de las víctimas.

En este Título cabe destacar, asimismo, que se introducen distintas previsiones para reforzar la coordinación entre los distintos servicios que realizan funciones en materia de asistencia a las víctimas, así como la colaboración con redes públicas y privadas, en la línea de alcanzar una mayor eficacia en los servicios que se prestan a los ciudadanos, siguiendo así las directrices de la Comisión para la Reforma de las Administraciones Públicas (CORA).

Se regula por último la obligación de reembolso en el caso de las víctimas fraudulentas, condenadas por simulación de delito o denuncia falsa, que hayan ocasionado gastos a la

Administración por su reconocimiento, información, protección y apoyo, así como por los servicios prestados, sin perjuicio de las demás responsabilidades, civiles o penales, que en su caso procedan.

IX

La Ley incorpora dos disposiciones adicionales. La disposición adicional primera, que prevé la creación y ulterior desarrollo reglamentario de un mecanismo de evaluación periódica global del sistema de apoyo y protección a las víctimas, con participación de los agentes y colectivos implicados, que sirva de base a futuras iniciativas y a la mejora paulatina del mismo; y la disposición adicional segunda relativa a los medios.

En cuanto a las disposiciones finales, destaca la disposición final primera, que modifica la vigente Ley de Enjuiciamiento Criminal. Estos ajustes en la norma procesal penal resultan necesarios para complementar la regulación sustantiva de derechos que se recoge en la presente Ley, que transpone la Directiva 2012/29/UE.

El resto de disposiciones finales se refieren a la introducción de una reforma muy puntual en el Código Penal, al título competencial, al desarrollo reglamentario, a la adaptación de los Estatutos Generales de la Abogacía y Procuraduría y a la entrada en vigor.

TÍTULO PRELIMINAR
Disposiciones generales

ART. 1. Ámbito.

Las disposiciones de esta Ley serán aplicables, sin perjuicio de lo dispuesto en el artículo 17, a las víctimas de delitos cometidos en España o que puedan ser perseguidos en España, con independencia de su nacionalidad, de si son mayores o menores de edad o de si disfrutan o no de residencia legal.

ART. 2. Ámbito subjetivo. Concepto general de víctima.

Las disposiciones de esta Ley serán aplicables:

a) Como víctima directa, a toda persona física que haya sufrido un daño o perjuicio sobre su propia persona o patrimonio, en especial lesiones físicas o psíquicas, daños emocionales o perjuicios económicos directamente causados por la comisión de un delito.

b) Como víctima indirecta, en los casos de muerte o desaparición de una persona que haya sido causada directamente por un delito, salvo que se tratare de los responsables de los hechos:

1.º A su cónyuge no separado legalmente o de hecho y a los hijos de la víctima o del cónyuge no separado legalmente o de hecho que en el momento de la muerte o desaparición de la víctima convivieran con ellos; a la persona que hasta el momento de la muerte o desaparición hubiera estado unida a ella por una análoga relación de afectividad y a los hijos de ésta que en el momento de la muerte o desaparición de la víctima convivieran con ella; a sus progenitores y parientes en línea recta o colateral dentro del tercer grado que se encontraren bajo su guarda y a las personas sujetas a su tutela o curatela o que se encontraren bajo su acogimiento familiar.

2.º En caso de no existir los anteriores, a los demás parientes en línea recta y a sus hermanos, con preferencia, entre ellos, del que ostentara la representación legal de la víctima.

Las disposiciones de esta Ley no serán aplicables a terceros que hubieran sufrido perjuicios derivados del delito.

ART. 3. Derechos de las víctimas.

1. Toda víctima tiene derecho a la protección, información, apoyo, asistencia, atención y reparación, así como a la participación activa en el proceso penal y a recibir un trato respetuoso, profesional, individualizado y no discriminatorio desde su primer contacto con las autoridades o funcionarios, durante la actuación de los servicios de asistencia y apoyo a las víctimas y, en su caso, de justicia restaurativa, a lo largo de todo el proceso penal y por un período de tiempo adecuado después de su conclusión, con independencia de que se conozca o no la identidad del infractor y del resultado del proceso.

En todo caso estará vedada la mediación y la conciliación en supuestos de violencia sexual y de violencia de género.

2. El ejercicio de estos derechos se regirá por lo dispuesto en la presente Ley y en las disposiciones reglamentarias que la desarrollen, así como por lo dispuesto en la legislación especial y en las normas procesales que resulten de aplicación.

Apdo. 1 modificado por Ley Orgánica 10/2022, de 6 de septiembre, de garantía integral de la libertad sexual. (BOE de 07/09/2022).

TÍTULO I
Derechos básicos

ART. 4. Derecho a entender y ser entendida.

Toda víctima tiene el derecho a entender y ser entendida en cualquier actuación que deba llevarse a cabo desde la interposición de una denuncia y durante el proceso penal, incluida la información previa a la interposición de una denuncia.

A tal fin:

a) Todas las comunicaciones con las víctimas, orales o escritas, se harán en un lenguaje claro, sencillo y accesible, de un modo que tenga en cuenta sus características personales y, especialmente, las necesidades de las personas con discapacidad sensorial, intelectual o mental o su minoría de edad. Si la víctima fuera menor o tuviera la capacidad judicialmente modificada, las comunicaciones se harán a su representante o a la persona que le asista.

b) Se facilitará a la víctima, desde su primer contacto con las autoridades o con las Oficinas de Asistencia a las Víctimas, la asistencia o apoyos necesarios para que pueda hacerse entender ante ellas, lo que incluirá la interpretación en las lenguas de signos reconocidas legalmente y los medios de apoyo a la comunicación oral de personas sordas, con discapacidad auditiva y sordociegas.

c) La víctima podrá estar acompañada de una persona de su elección desde el primer contacto con las autoridades y funcionarios.

ART. 5. Derecho a la información desde el primer contacto con las autoridades competentes.

1. Toda víctima tiene derecho, desde el primer contacto con las autoridades y funcionarios, incluyendo el momento previo a la presentación de la denuncia, a recibir, de manera inmediata, información adaptada a sus circunstancias y condiciones personales y a la naturaleza del delito cometido y de los daños y perjuicios sufridos, sobre los siguientes extremos:

a) Medidas de asistencia y apoyo disponibles, sean médicas, psicológicas o materiales, y procedimiento para obtenerlas. Dentro de estas últimas se incluirá, cuando resulte oportuno, información sobre las posibilidades de obtener un alojamiento alternativo.

b) Derecho a denunciar y, en su caso, el procedimiento para interponer la denuncia y derecho a facilitar elementos de prueba a las autoridades encargadas de la investigación.

c) Procedimiento para obtener asesoramiento y defensa jurídica y, en su caso, condiciones en las que pueda obtenerse gratuitamente.

d) Posibilidad de solicitar medidas de protección y, en su caso, procedimiento para hacerlo.

e) Indemnizaciones a las que pueda tener derecho y, en su caso, procedimiento para reclamarlas.

f) Servicios de interpretación y traducción disponibles.

g) Ayudas y servicios auxiliares para la comunicación disponibles.

h) Procedimiento por medio del cual la víctima pueda ejercer sus derechos en el caso de que resida fuera de España.

i) Recursos que puede interponer contra las resoluciones que considere contrarias a sus derechos.

j) Datos de contacto de la autoridad encargada de la tramitación del procedimiento y cauces para comunicarse con ella.

k) Servicios de justicia restaurativa disponibles, en los casos en que sea legalmente posible.

l) Supuestos en los que pueda obtener el reembolso de los gastos judiciales y, en su caso, procedimiento para reclamarlo.

m) a ser notificada de las resoluciones a las que se refiere el artículo 7. A estos efectos, la víctima podrá designar una dirección de correo electrónico o, en su defecto, una dirección postal o domicilio, al que serán remitidas las comunicaciones y notificaciones por la autoridad.

2. Esta información será actualizada en cada fase del procedimiento, para garantizar a la víctima la posibilidad de ejercer sus derechos.

Apdo. 1 modificado por Ley Orgánica 10/2022, de 6 de septiembre, de garantía integral de la libertad sexual. (BOE de 07/09/2022).

ART. 6. Derechos de la víctima como denunciante.

Toda víctima tiene, en el momento de presentar su denuncia, los siguientes derechos:

a) A obtener una copia de la denuncia, debidamente certificada.

b) A la asistencia lingüística gratuita y a la traducción escrita de la copia de la denuncia presentada, cuando no entienda o no hable ninguna de las lenguas que tengan carácter oficial en el lugar en el que se presenta la denuncia.

ART. 7. Derecho a recibir información sobre la causa penal.

1. Toda víctima será informada de manera inmediata de la fecha, hora y lugar del juicio, así como del contenido de la acusación dirigida contra el infractor, y se le notificarán las siguientes resoluciones:

a) La resolución por la que se acuerde no iniciar el procedimiento penal.

b) La sentencia que ponga fin al procedimiento.

c) Las resoluciones que acuerden la prisión o la posterior puesta en libertad del infractor, así como la posible fuga del mismo.

d) Las resoluciones que acuerden la adopción de medidas cautelares personales o que modifiquen las ya acordadas, cuando hubieran tenido por objeto garantizar la seguridad de la víctima.

e) Las resoluciones o decisiones de cualquier autoridad judicial o penitenciaria que afecten a sujetos condenados por delitos cometidos con violencia o intimidación y que supongan un riesgo para la seguridad de la víctima. En estos casos y a estos efectos, la Administración penitenciaria comunicará inmediatamente a la autoridad judicial la resolución adoptada para su notificación a la víctima afectada.

f) Las resoluciones a que se refiere el artículo 13.

Estas comunicaciones incluirán, al menos, la parte dispositiva de la resolución y un breve resumen del fundamento de la misma, y serán remitidas a su dirección de correo electrónico. Excepcionalmente, si la víctima no dispusiera de una dirección de correo electrónico, se remitirán por correo ordinario a la dirección que hubiera facilitado. En el caso de ciudadanos residentes fuera de la Unión Europea, si no se dispusiera de una dirección de correo electrónico o postal en la que realizar la comunicación, se remitirá a la oficina diplomática o consular española en el país de residencia para que la publique.

Si la víctima se hubiera personado formalmente en el procedimiento, las resoluciones serán notificadas a su procurador y serán comunicadas a la víctima en la dirección de correo electrónico que haya facilitado, sin perjuicio de lo dispuesto en el apartado siguiente.

2. Las víctimas podrán manifestar en cualquier momento su deseo de no ser informadas de las resoluciones a las que se refiere este artículo, quedando sin efecto la solicitud realizada.

3. Cuando se trate de víctimas de delitos de violencia de género, les serán notificadas las resoluciones a las que se refieren las letras c) y d) del apartado 1, sin necesidad de que la víctima lo solicite, salvo en aquellos casos en los que manifieste su deseo de no recibir dichas notificaciones.

4. Asimismo, se le facilitará, cuando lo solicite, información relativa a la situación en que se encuentre el procedimiento, salvo que ello pudiera perjudicar el correcto desarrollo de la causa.

Apdo. 1 modificado por Ley Orgánica 10/2022, de 6 de septiembre, de garantía integral de la libertad sexual. (BOE de 07/09/2022).

ART. 8. Período de reflexión en garantía de los derechos de la víctima.

1. Los Abogados y Procuradores no podrán dirigirse a las víctimas directas o indirectas de catástrofes, calamidades públicas u otros sucesos que hubieran producido un número elevado de víctimas que cumplan los requisitos que se determinen reglamentariamente y que puedan constituir delito, para ofrecerles sus servicios profesionales hasta transcurridos 45 días desde el hecho.

Esta prohibición quedará sin efecto en el caso de que la prestación de estos servicios profesionales haya sido solicitada expresamente por la víctima.

2. El incumplimiento de esta prohibición dará lugar a responsabilidad disciplinaria por infracción muy grave, sin perjuicio de las demás responsabilidades que procedan.

ART. 9. Derecho a la traducción e interpretación.

1. Toda víctima que no hable o no entienda el castellano o la lengua oficial que se utilice en la actuación de que se trate tendrá derecho:

a) A ser asistida gratuitamente por un intérprete que hable una lengua que comprenda cuando se le reciba declaración en la fase de investigación por el Juez, el Fiscal o funcionarios de policía, o cuando intervenga como testigo en el juicio o en cualquier otra vista oral.

Este derecho será también aplicable a las personas con limitaciones auditivas o de expresión oral.

b) A la traducción gratuita de las resoluciones a las que se refieren el apartado 1 del artículo 7 y el artículo 12. La traducción incluirá un breve resumen del fundamento de la resolución adoptada, cuando la víctima así lo haya solicitado.

c) A la traducción gratuita de aquella información que resulte esencial para el ejercicio de los derechos a que se refiere el Título II. Las víctimas podrán presentar una solicitud motivada para que se considere esencial un documento.

d) A ser informada, en una lengua que comprenda, de la fecha, hora y lugar de celebración del juicio.

2. La asistencia de intérprete se podrá prestar por medio de videoconferencia o cualquier medio de telecomunicación, salvo que el Juez o Tribunal, de oficio o a instancia de parte, acuerde la presencia física del intérprete para salvaguardar los derechos de la víctima.

3. Excepcionalmente, la traducción escrita de documentos podrá ser sustituida por un resumen oral de su contenido en una lengua que comprenda, cuando de este modo también se garantice suficientemente la equidad del proceso.

4. Cuando se trate de actuaciones policiales, la decisión de no facilitar interpretación o traducción a la víctima podrá ser recurrida ante el Juez de instrucción. Este recurso se entenderá interpuesto cuando la persona afectada por la decisión hubiera expresado su disconformidad en el momento de la denegación.

5. La decisión judicial de no facilitar interpretación o traducción a la víctima podrá ser recurrida en apelación.

ART. 10. Derecho de acceso a los servicios de asistencia y apoyo.

Toda víctima tiene derecho a acceder, de forma gratuita y confidencial, en los términos que reglamentariamente se determine, a los servicios de asistencia y apoyo facilitados por las Administraciones públicas, así como a los que presten las Oficinas de Asistencia a las Víctimas. Este derecho podrá extenderse a los familiares de la víctima, en los términos que asimismo se establezcan reglamentariamente, cuando se trate de delitos que hayan causado perjuicios de especial gravedad.

Las autoridades o funcionarios que entren en contacto con las víctimas deberán derivarlas a las Oficinas de Asistencia a las Víctimas cuando resulte necesario en atención a la gravedad del delito o en aquellos casos en los que la víctima lo solicite.

Los hijos menores y los menores sujetos a tutela, guarda y custodia de las víctimas de violencia de género, de violencia sexual, o de personas víctimas de violencia doméstica tendrán derecho a las medidas de asistencia y protección previstas en los Títulos I y III de esta ley.

Párrafo tercero modificado por Ley Orgánica 10/2022, de 6 de septiembre, de garantía integral de la libertad sexual. (BOE de 07/09/2022).

TÍTULO II
Participación de la víctima en el proceso penal

ART. 11. Participación activa en el proceso penal.

Toda víctima tiene derecho:

a) A ejercer la acción penal y la acción civil conforme a lo dispuesto en la Ley de Enjuiciamiento Criminal, sin perjuicio de las excepciones que puedan existir.

b) A comparecer ante las autoridades encargadas de la investigación para aportarles las fuentes de prueba y la información que estime relevante para el esclarecimiento de los hechos.

ART. 12. Comunicación y revisión del sobreseimiento de la investigación a instancia de la víctima.

1. La resolución de sobreseimiento será comunicada, de conformidad con lo dispuesto en la Ley de Enjuiciamiento Criminal, a las víctimas directas del delito que hubieran denunciado los hechos, así como al resto de víctimas directas de cuya identidad y domicilio se tuviera conocimiento.

En los casos de muerte o desaparición de una persona que haya sido causada directamente por un delito, se comunicará, conforme a lo dispuesto en la Ley de Enjuiciamiento Criminal, a las personas a que se refiere el apartado b) del artículo 2. En estos supuestos, el Juez o Tribunal podrá acordar, motivadamente, prescindir de la comunicación a todos los familiares cuando ya se haya dirigido con éxito a varios de ellos o cuando hayan resultado infructuosas cuantas gestiones se hubieren practicado para su localización.

2. La víctima podrá recurrir la resolución de sobreseimiento conforme a lo dispuesto en la Ley de Enjuiciamiento Criminal, sin que sea necesario para ello que se haya personado anteriormente en el proceso.

ART. 13. Participación de la víctima en la ejecución.

1. Las víctimas que hubieran solicitado, conforme a la letra m) del artículo 5.1, que les sean notificadas las resoluciones siguientes, podrán recurrirlas de acuerdo con lo establecido en la Ley de Enjuiciamiento Criminal, aunque no se hubieran mostrado parte en la causa:

a) El auto por el que el Juez de Vigilancia Penitenciaria autoriza, conforme a lo previsto en el párrafo tercero del artículo 36.2 del Código Penal, la posible clasificación del penado en tercer grado antes de que se extinga la mitad de la condena, cuando la víctima lo fuera de alguno de los siguientes delitos:

1.º Delitos de homicidio.
2.º Delitos de aborto del artículo 144 del Código Penal.
3.º Delitos de lesiones.
4.º Delitos contra la libertad.
5.º Delitos de tortura y contra la integridad moral.
6.º Delitos contra la libertad e indemnidad sexual.
7.º Delitos de robo cometidos con violencia o intimidación.
8.º Delitos de terrorismo.
9.º Delitos de trata de seres humanos.

b) El auto por el que el Juez de Vigilancia Penitenciaria acuerde, conforme a lo previsto en el artículo 78.3 del Código Penal, que los beneficios penitenciarios, los permisos de salida, la clasificación en tercer grado y el cómputo de tiempo para la libertad condicional se refieran al límite de cumplimiento de condena, y no a la suma de las penas impuestas, cuando la víctima lo fuera de alguno de los delitos a que se refiere la letra a) de este apartado o de un delito cometido en el seno de un grupo u organización criminal.

c) El auto por el que se conceda al penado la libertad condicional, cuando se trate de alguno de los delitos a que se refiere el párrafo segundo del artículo 36.2 del Código Penal o de alguno de los delitos a que se refiere la letra a) de este apartado, siempre que se hubiera impuesto una pena de más de cinco años de prisión.

La víctima deberá anunciar al Secretario judicial competente su voluntad de recurrir dentro del plazo máximo de cinco días contados a partir del momento en que se hubiera notificado conforme a lo dispuesto en los párrafos segundo y tercero del artículo 7.1, e interponer el recurso dentro del plazo de quince días desde dicha notificación.

Para el anuncio de la presentación del recurso no será necesaria la asistencia de abogado.

2. Las víctimas estarán también legitimadas para:

a) Interesar que se impongan al liberado condicional las medidas o reglas de conducta previstas por la ley que consideren necesarias para garantizar su seguridad, cuando aquél hubiera sido condenado por hechos de los que pueda derivarse razonablemente una situación de peligro para la víctima;

b) Facilitar al Juez o Tribunal cualquier información que resulte relevante para resolver sobre la ejecución de la pena impuesta, las responsabilidades civiles derivadas del delito o el comiso que hubiera sido acordado.

3. Antes de que el Juez de Vigilancia Penitenciaria tenga que dictar alguna de las resoluciones indicadas en el apartado 1 de este artículo, dará traslado a la víctima para que en el plazo de cinco días formule sus alegaciones, siempre que ésta hubiese efectuado la solicitud a que se refiere la letra m) del apartado 1 del artículo 5 de esta Ley.

ART. 14. Reembolso de gastos.

La víctima que haya participado en el proceso tendrá derecho a obtener el reembolso de los gastos necesarios para el ejercicio de sus derechos y las costas procesales que se le hubieren causado con preferencia respecto del pago de los gastos que se hubieran causado al Estado, cuando se imponga en la sentencia de condena su pago y se hubiera condenado al acusado, a instancia de la víctima, por delitos por los que el Ministerio Fiscal no hubiera formulado acusación o tras haberse revocado la resolución de archivo por recurso interpuesto por la víctima.

ART. 15. Servicios de justicia restaurativa.

1. Las víctimas podrán acceder a servicios de justicia restaurativa, en los términos que reglamentariamente se determinen, con la finalidad de obtener una adecuada reparación material y moral de los perjuicios derivados del delito, cuando se cumplan los siguientes requisitos:

a) el infractor haya reconocido los hechos esenciales de los que deriva su responsabilidad;

b) la víctima haya prestado su consentimiento, después de haber recibido información exhaustiva e imparcial sobre su contenido, sus posibles resultados y los procedimientos existentes para hacer efectivo su cumplimiento;

c) el infractor haya prestado su consentimiento;

d) el procedimiento de mediación no entrañe un riesgo para la seguridad de la víctima, ni exista el peligro de que su desarrollo pueda causar nuevos perjuicios materiales o morales para la víctima; y

e) no esté prohibida por la ley para el delito cometido.

2. Los debates desarrollados dentro del procedimiento de mediación serán confidenciales y no podrán ser difundidos sin el consentimiento de ambas partes. Los mediadores y otros profesionales que participen en el procedimiento de mediación, estarán sujetos a secreto profesional con relación a los hechos y manifestaciones de que hubieran tenido conocimiento en el ejercicio de su función.

3. La víctima y el infractor podrán revocar su consentimiento para participar en el procedimiento de mediación en cualquier momento.

ART. 16. Justicia gratuita.

Las víctimas podrán presentar sus solicitudes de reconocimiento del derecho a la asistencia jurídica gratuita ante el funcionario o autoridad que les facilite la información a la que se refiere la letra c) del artículo 5.1, que la trasladará, junto con la documentación aportada, al Colegio de Abogados correspondiente.

La solicitud también podrá ser presentada ante las Oficinas de Asistencia a las Víctimas de la Administración de Justicia, que la remitirán al Colegio de Abogados que corresponda.

ART. 17. Víctimas de delitos cometidos en otros Estados miembros de la Unión Europea.

Las víctimas residentes en España podrán presentar ante las autoridades españolas denuncias correspondientes a hechos delictivos que hubieran sido cometidos en el territorio de otros países de la Unión Europea.

En el caso de que las autoridades españolas resuelvan no dar curso a la investigación por falta de jurisdicción, remitirán inmediatamente la denuncia presentada a las autoridades competentes del Estado en cuyo territorio se hubieran cometido los hechos y se lo comunicarán al denunciante por el procedimiento que hubiera designado conforme a lo previsto en la letra m) del artículo 5.1 de la presente Ley.

ART. 18. Devolución de bienes.

Las víctimas tendrán derecho a obtener, de conformidad con lo dispuesto en la Ley de Enjuiciamiento Criminal, la devolución sin demora de los bienes restituibles de su propiedad que hubieran sido incautados en el proceso.

La devolución podrá ser denegada cuando la conservación de los efectos por la autoridad resulte imprescindible para el correcto desarrollo del proceso penal y no sea suficiente con la imposición al propietario de una obligación de conservación de los efectos a disposición del Juez o Tribunal.

Asimismo, la devolución de dichos efectos podrá denegarse, conforme a lo previsto en la legislación que sea de aplicación, cuando su conservación sea necesaria en un procedimiento de investigación técnica de un accidente.

TÍTULO III
Protección de las víctimas

ART. 19. Derecho de las víctimas a la protección.

Las autoridades y funcionarios encargados de la investigación, persecución y enjuiciamiento de los delitos adoptarán las medidas necesarias, de acuerdo con lo establecido en la Ley de Enjuiciamiento Criminal, para garantizar la vida de la víctima y de sus familiares, su integridad física y psíquica, libertad, seguridad, libertad e indemnidad sexuales, así como para proteger adecuadamente su intimidad y su dignidad, particularmente cuando se les reciba declaración o deban testificar en juicio, y para evitar el riesgo de su victimización secundaria o reiterada.

En el caso de las víctimas menores de edad, la Fiscalía velará especialmente por el cumplimiento de este derecho de protección, adoptando las medidas adecuadas a su interés superior cuando resulte necesario para impedir o reducir los perjuicios que para ellos puedan derivar del desarrollo del proceso.

ART. 20. Derecho a que se evite el contacto entre víctima e infractor.

Las dependencias en las que se desarrollen los actos del procedimiento penal, incluida la fase de investigación, estarán dispuestas de modo que se evite el contacto directo entre las víctimas y sus familiares, de una parte, y el sospechoso de la infracción o acusado, de otra, con arreglo a la Ley de Enjuiciamiento Criminal y sin perjuicio de lo dispuesto en los artículos siguientes.

ART. 21. Protección de la víctima durante la investigación penal.

Las autoridades y funcionarios encargados de la investigación penal velarán por que, en la medida que ello no perjudique la eficacia del proceso:

a) Se reciba declaración a las víctimas, cuando resulte necesario, sin dilaciones injustificadas.

b) Se reciba declaración a las víctimas el menor número de veces posible, y únicamente cuando resulte estrictamente necesario para los fines de la investigación penal.

c) Las víctimas puedan estar acompañadas, además de por su representante procesal y en su caso el representante legal, por una persona de su elección, durante la práctica de aquellas diligencias en las que deban intervenir, salvo que motivadamente se resuelva lo contrario por el funcionario o autoridad encargado de la práctica de la diligencia para garantizar el correcto desarrollo de la misma.

d) Los reconocimientos médicos de las víctimas solamente se lleven a cabo cuando resulten imprescindibles para los fines del proceso penal, y se reduzca al mínimo el número de los mismos.

ART. 22. Derecho a la protección de la intimidad.

Los Jueces, Tribunales, Fiscales y las demás autoridades y funcionarios encargados de la investigación penal, así como todos aquellos que de cualquier modo intervengan o participen en el proceso, adoptarán, de acuerdo con lo dispuesto en la Ley, las medidas necesarias para proteger la intimidad de todas las víctimas y de sus familiares y, en particular, para impedir la difusión de cualquier información que pueda facilitar la identificación de las víctimas menores de edad o de víctimas con discapacidad necesitadas de especial protección.

ART. 23. Evaluación individual de las víctimas a fin de determinar sus necesidades especiales de protección.

1. La determinación de qué medidas de protección, reguladas en los artículos siguientes, deben ser adoptadas para evitar a la víctima perjuicios relevantes que, de otro modo, pudieran derivar del proceso, se realizará tras una valoración de sus circunstancias particulares.

2. Esta valoración tendrá especialmente en consideración:

a) Las características y circunstancias personales de la víctima y en particular:

1.º Si se trata de una persona con discapacidad o si existe una relación de dependencia entre la víctima y el supuesto autor del delito.

2.º Si se trata de víctimas menores de edad o de víctimas necesitadas de especial protección o en las que concurran factores de especial vulnerabilidad.

b) La naturaleza del delito y la gravedad de los perjuicios causados a la víctima, así como el riesgo de reiteración del delito. A estos efectos, se valorarán especialmente las necesidades de protección de las víctimas de los siguientes delitos:

1.º Delitos de terrorismo.

2.º Delitos cometidos por una organización criminal.

3.º Delitos cometidos sobre el cónyuge o sobre persona que esté o haya estado ligada al autor por una análoga relación de afectividad, aun sin convivencia, o sobre los descendientes, ascendientes o hermanos por naturaleza, adopción o afinidad, propios o del cónyuge o conviviente.

4.º Delitos contra la libertad o indemnidad sexual.

5.º Delitos de trata de seres humanos.

6.º Delitos de desaparición forzada.

7.º Delitos cometidos por motivos racistas, antisemitas u otros referentes a la ideología, religión o creencias, situación familiar, la pertenencia de sus miembros a una etnia, raza o nación, su origen nacional, su sexo, orientación o identidad sexual, enfermedad o discapacidad.

c) Las circunstancias del delito, en particular si se trata de delitos violentos.

3. A lo largo del proceso penal, la adopción de medidas de protección para víctimas menores de edad tendrá en cuenta su situación personal, necesidades inmediatas, edad, género, discapacidad y nivel de madurez, y respetará plenamente su integridad física, mental y moral.

4. En el caso de víctimas de algún delito contra la libertad sexual se aplicarán en todo caso las medidas expresadas en los párrafos a), b), c) y d) del artículo 25.1.

Apdos. 2.a) y 4 modificados por Ley Orgánica 10/2022, de 6 de septiembre, de garantía integral de la libertad sexual. (BOE de 07/09/2022).

ART. 24. Competencia y procedimiento de evaluación.

1. La valoración de las necesidades de la víctima y la determinación de las medidas de protección corresponden:

a) Durante la fase de investigación del delito, al Juez de Instrucción o al de Violencia sobre la Mujer, sin perjuicio de la evaluación y resolución provisionales que deberán realizar y adoptar el Fiscal, en sus diligencias de investigación o en los procedimientos sometidos a la Ley Orgánica de Responsabilidad Penal de los Menores, o los funcionarios de policía que actúen en la fase inicial de las investigaciones.

b) Durante la fase de enjuiciamiento, al Juez o Tribunal a los que correspondiera el conocimiento de la causa.

La resolución que se adopte deberá ser motivada y reflejará cuáles son las circunstancias que han sido valoradas para su adopción.

Se determinará reglamentariamente la tramitación, la constancia documental y la gestión de la valoración y sus modificaciones.

2. La valoración de las necesidades de protección de la víctima incluirá siempre la de aquéllas que hayan sido manifestadas por ella con esa finalidad, así como la voluntad que hubiera expresado.

La víctima podrá renunciar a las medidas de protección que hubieran sido acordadas de conformidad con los artículos 25 y 26.

3. En el caso de las víctimas que sean menores de edad o personas con discapacidad necesitadas de especial protección, su evaluación tomará en consideración sus opiniones e intereses.

4. Los servicios de asistencia a la víctima solamente podrán facilitar a terceros la información que hubieran recibido de la víctima con el consentimiento previo e informado de la misma. Fuera de esos casos, la información solamente podrá ser trasladada, en su caso, y con carácter reservado, a la autoridad que adopta la medida de protección.

5. Cualquier modificación relevante de las circunstancias en que se hubiera basado la evaluación individual de las necesidades de protección de la víctima, determinará una actualización de la misma y, en su caso, la modificación de las medidas de protección que hubieran sido acordadas.

ART. 25. Medidas de protección.

1. Durante la fase de investigación podrán ser adoptadas las siguientes medidas para la protección de las víctimas:

a) Que se les reciba declaración en dependencias especialmente concebidas o adaptadas a tal fin.

b) Que se les reciba declaración por profesionales que hayan recibido una formación especial para reducir o limitar perjuicios a la víctima, así como en perspectiva de género, o con su ayuda.

c) Que todas las tomas de declaración a una misma víctima le sean realizadas por la misma persona, salvo que ello pueda perjudicar de forma relevante el desarrollo del proceso o deba tomarse la declaración directamente por un Juez o un Fiscal.

d) Que la toma de declaración, cuando se trate de alguna de las víctimas a las que se refieren los números 3.º y 4.º de la letra b) del apartado 2 del artículo 23 y las víctimas de trata con fines de explotación sexual, se lleve a cabo por una persona que, además de cumplir los requisitos previstos en la letra b) de este apartado, sea del mismo sexo que la víctima, cuando esta así lo solicite, salvo que ello pueda perjudicar de forma relevante el desarrollo del proceso o deba tomarse la declaración directamente por un juez o fiscal.

2. Durante la fase de enjuiciamiento podrán ser adoptadas, conforme a lo dispuesto en la Ley de Enjuiciamiento Criminal, las siguientes medidas para la protección de las víctimas:

a) Medidas que eviten el contacto visual entre la víctima y el supuesto autor de los hechos, incluso durante la práctica de la prueba, para lo cual podrá hacerse uso de tecnologías de la comunicación.

b) Medidas para garantizar que la víctima pueda ser oída sin estar presente en la sala de vistas, mediante la utilización de tecnologías de la comunicación adecuadas.

c) Medidas para evitar que se formulen preguntas relativas a la vida privada de la víctima que no tengan relevancia con el hecho delictivo enjuiciado, salvo que el Juez o Tribunal consideren excepcionalmente que deben ser contestadas para valorar adecuadamente los hechos o la credibilidad de la declaración de la víctima.

d) Celebración de la vista oral sin presencia de público. En estos casos, el Juez o el Presidente del Tribunal podrán autorizar, sin embargo, la presencia de personas que acrediten un especial interés en la causa.

Las medidas a las que se refieren las letras a) y c) también podrán ser adoptadas durante la fase de investigación.

3. Asimismo, también podrá acordarse, para la protección de las víctimas, la adopción de alguna o algunas de las medidas de protección a que se refiere el artículo 2 de la Ley Orgánica 19/1994, de 23 de diciembre, de protección a testigos y peritos en causas criminales.

Apdos. 1.b) y d) modificados por Ley Orgánica 10/2022, de 6 de septiembre, de garantía integral de la libertad sexual. (BOE de 07/09/2022).

ART. 26. Medidas de protección para menores, personas con discapacidad necesitadas de especial protección y víctimas de violencias sexuales.

1. En el caso de las víctimas menores de edad, víctimas con discapacidad necesitadas de especial protección y víctimas de violencias sexuales, además de las medidas previstas en el artículo anterior se adoptarán, de acuerdo con lo dispuesto en la Ley de Enjuiciamiento Criminal, las medidas que resulten necesarias para evitar o limitar, en la medida de lo posi-

ble, que el desarrollo de la investigación o la celebración del juicio se conviertan en una nueva fuente de perjuicios para la víctima del delito. En particular, serán aplicables las siguientes:

a) Las declaraciones recibidas durante la fase de investigación serán grabadas por medios audiovisuales y podrán ser reproducidas en el juicio en los casos y condiciones determinadas por la Ley de Enjuiciamiento Criminal.

b) La declaración podrá recibirse por medio de personas expertas.

2. El Fiscal recabará del Juez o Tribunal la designación de un defensor judicial de la víctima, para que la represente en la investigación y en el proceso penal, en los siguientes casos:

a) Cuando valore que los representantes legales de la víctima menor de edad o con capacidad judicialmente modificada tienen con ella un conflicto de intereses, derivado o no del hecho investigado, que no permite confiar en una gestión adecuada de sus intereses en la investigación o en el proceso penal.

b) Cuando el conflicto de intereses a que se refiere la letra a) de este apartado exista con uno de los progenitores y el otro no se encuentre en condiciones de ejercer adecuadamente sus funciones de representación y asistencia de la víctima menor o con capacidad judicialmente modificada.

c) Cuando la víctima menor de edad o con capacidad judicialmente modificada no esté acompañada o se encuentre separada de quienes ejerzan la patria potestad o cargos tutelares.

3. Cuando existan dudas sobre la edad de la víctima y no pueda ser determinada con certeza, se presumirá que se trata de una persona menor de edad, a los efectos de lo dispuesto en esta Ley.

Apdo. 1 y rúbrica modificados por Ley Orgánica 10/2022, de 6 de septiembre, de garantía integral de la libertad sexual. (BOE de 07/09/2022).

TÍTULO IV
Disposiciones comunes

CAPÍTULO I
Oficinas de Asistencia a las Víctimas

ART. 27. Organización de las Oficinas de Asistencia a las Víctimas.

1. El Gobierno y las Comunidades Autónomas que hayan asumido competencias en materia de Justicia organizarán, en el ámbito que les es propio, Oficinas de Asistencia a las Víctimas.

2. El Ministerio de Justicia o las Comunidades Autónomas podrán celebrar convenios de colaboración con entidades públicas y privadas, sin ánimo de lucro, para prestar los servicios de asistencia y apoyo a que se refiere este Título.

ART. 28. Funciones de las Oficinas de Asistencia a las Víctimas.

1. Las Oficinas de Asistencia a las Víctimas prestarán una asistencia que incluirá como mínimo:

a) Información general sobre sus derechos y, en particular, sobre la posibilidad de acceder a un sistema público de indemnización.

b) Información sobre los servicios especializados disponibles que puedan prestar asistencia a la víctima, a la vista de sus circunstancias personales y la naturaleza del delito de que pueda haber sido objeto.

c) Apoyo emocional a la víctima.

d) Asesoramiento sobre los derechos económicos relacionados con el proceso, en particular, el procedimiento para reclamar la indemnización de los daños y perjuicios sufridos y el derecho a acceder a la justicia gratuita.

e) Asesoramiento sobre el riesgo y la forma de prevenir la victimización secundaria o reiterada, o la intimidación o represalias.

f) Coordinación de los diferentes órganos, instituciones y entidades competentes para la prestación de servicios de apoyo a la víctima.

g) Coordinación con Jueces, Tribunales y Ministerio Fiscal para la prestación de los servicios de apoyo a las víctimas.

2. Las Oficinas de Asistencia a las Víctimas realizarán una valoración de sus circunstancias particulares, especialmente en lo relativo a las circunstancias a las que se refiere el

apartado 2 del artículo 23, con la finalidad de determinar qué medidas de asistencia y apoyo deben ser prestadas a la víctima, entre las que se podrán incluir:

a) La prestación de apoyo o asistencia psicológica.

b) El acompañamiento a juicio.

c) La información sobre los recursos psicosociales y asistenciales disponibles y, si la víctima lo solicita, derivación a los mismos.

d) Las medidas especiales de apoyo que puedan resultar necesarias cuando se trate de una víctima con necesidades especiales de protección.

e) La derivación a servicios de apoyo especializados.

3. El acceso a los servicios de apoyo a las víctimas no se condicionará a la presentación previa de una denuncia.

4. Los familiares de la víctima podrán acceder a los servicios de apoyo a las víctimas conforme a lo que se disponga reglamentariamente, cuando se trate de delitos que hayan causado perjuicios de especial gravedad.

5. Las víctimas con discapacidad o con necesidades especiales de protección, así como en su caso sus familias, recibirán, directamente o mediante su derivación hacia servicios especializados, la asistencia y apoyo que resulten necesarios.

ART. 29. Funciones de apoyo a actuaciones de justicia restaurativa y de solución extraprocesal.

Las Oficinas de Asistencia a las Víctimas prestarán, en los términos que reglamentariamente se determine, apoyo a los servicios de justicia restaurativa y demás procedimientos de solución extraprocesal que legalmente se establezcan.

CAPÍTULO II
Formación

ART. 30. Formación en los principios de protección de las víctimas.

1. El Ministerio de Justicia, el Consejo General del Poder Judicial, la Fiscalía General del Estado y las Comunidades Autónomas, en el ámbito de sus respectivas competencias, asegurarán una formación general y específica, relativa a la protección de las víctimas en el proceso penal, en los cursos de formación de Jueces y Magistrados, Fiscales, Secretarios judiciales, Fuerzas y Cuerpos de Seguridad, médicos forenses, personal al servicio de la Administración de Justicia, personal de las Oficinas de Asistencia a las Víctimas y, en su caso, funcionarios de la Administración General del Estado o de las Comunidades Autónomas que desempeñen funciones en esta materia.

En estos cursos de formación se prestará particular atención a las víctimas necesitadas de especial protección, a aquellas en las que concurran factores de especial vulnerabilidad y a las víctimas menores o con discapacidad.

2. Los Colegios de Abogados y de Procuradores impulsarán la formación y sensibilización de sus colegiados en los principios de protección de las víctimas contenidos en esta Ley.

ART. 31. Protocolos de actuación.

El Gobierno y las Comunidades Autónomas en el marco de sus competencias, con el fin de hacer más efectiva la protección de las víctimas y de sus derechos reconocidos por esta Ley, aprobarán los Protocolos que resulten necesarios para la protección de las víctimas.

Asimismo, los Colegios profesionales que integren a aquellos que, en su actividad profesional, se relacionan y prestan servicios a las víctimas de delitos, promoverán igualmente la elaboración de Protocolos de actuación que orienten su actividad hacia la protección de las víctimas.

CAPÍTULO III
Cooperación y buenas prácticas

ART. 32. Cooperación con profesionales y evaluación de la atención a las víctimas.

Los poderes públicos fomentarán la cooperación con los colectivos profesionales especializados en el trato, atención y protección a las víctimas.

Se fomentará la participación de estos colectivos en los sistemas de evaluación del funcionamiento de las normas, medidas y demás instrumentos que se adopten para la protección y asistencia a las víctimas.

ART. 33. Cooperación internacional.

Los poderes públicos promoverán la cooperación con otros Estados y especialmente con los Estados miembros de la Unión Europea en materia de derechos de las víctimas de delito, en particular mediante el intercambio de experiencias, fomento de información, remisión de información para facilitar la asistencia a las víctimas concretas por las autoridades de su lugar de residencia, concienciación, investigación y educación, cooperación con la sociedad civil, asistencia a redes sobre derecho de las víctimas y otras actividades relacionadas.

ART. 34. Sensibilización.

Los poderes públicos fomentarán campañas de sensibilización social en favor de las víctimas, así como la autorregulación de los medios de comunicación social de titularidad pública y privada en orden a preservar la intimidad, la imagen, la dignidad y los demás derechos de las víctimas. Estos derechos deberán ser respetados por los medios de comunicación social.

Modificado por Ley Orgánica 10/2022, de 6 de septiembre, de garantía integral de la libertad sexual. (BOE de 07/09/2022).

CAPÍTULO IV
Obligación de reembolso

ART. 35. Obligación de reembolso.

1. La persona que se hubiera beneficiado de subvenciones o ayudas percibidas por su condición de víctima y que hubiera sido objeto de alguna de las medidas de protección reguladas en esta Ley, vendrá obligada a reembolsar las cantidades recibidas en dicho concepto y al abono de los gastos causados a la Administración por sus actuaciones de reconocimiento, información, protección y apoyo, así como por los servicios prestados con un incremento del interés legal del dinero aumentado en un cincuenta por ciento, si fuera condenada por denuncia falsa o simulación de delito.

2. El procedimiento de liquidación de la anterior obligación de reembolso y la determinación de las cuantías que puedan corresponder a cada concepto se determinarán reglamentariamente.

3. Esta disposición se aplicará sin perjuicio de lo previsto en la Ley de Asistencia Jurídica Gratuita.

DISPOSICIONES ADICIONALES

D.A. 1.ª Evaluación periódica del sistema de atención a las víctimas del delito en España.

El funcionamiento de las instituciones, mecanismos y garantías de asistencia a las víctimas del delito será objeto de una evaluación anual, que se llevará a cabo por el Ministerio de Justicia conforme al procedimiento que se determine reglamentariamente.

Estas evaluaciones, cuyos resultados serán publicados en la página web, orientarán la mejora del sistema de protección y la adopción de nuevas medidas para garantizar su eficacia.

El Gobierno remitirá a las Cortes Generales un informe anual con la evaluación y las propuestas de mejora del sistema de protección de las víctimas y de las medidas que garanticen su eficacia.

D.A. 2.ª Medios.

Las medidas incluidas en esta Ley no podrán suponer incremento de dotaciones de personal, ni de retribuciones ni de otros gastos de personal.

DISPOSICIONES TRANSITORIAS

D.T. UNICA. Aplicación temporal.

Las disposiciones contenidas en esta Ley serán aplicables a las víctimas de delitos a partir de la fecha de su entrada en vigor, sin que ello suponga una retroacción de los trámites que ya se hubieran cumplido.

DISPOSICIONES DEROGATORIAS

D.DT. UNICA. Derogación normativa.

Quedan derogadas todas las normas de rango igual o inferior en cuanto contradigan lo dispuesto en la presente Ley.

DISPOSICIONES FINALES

D.F. 1.ª Modificación de la Ley de Enjuiciamiento Criminal a efectos de la transposición de algunas de las disposiciones contenidas en la Directiva 2012/29/UE del Parlamento Europeo y del Consejo, de 25 de octubre de 2012, por la que se establecen normas mínimas sobre los derechos, el apoyo y la protección de las víctimas de delitos.

La Ley de Enjuiciamiento Criminal queda modificada como sigue:

Uno. Se modifica el artículo 109, que queda redactado como sigue:

«Artículo 109.

En el acto de recibirse declaración por el Juez al ofendido que tuviese la capacidad legal necesaria, el Secretario judicial le instruirá del derecho que le asiste para mostrarse parte en el proceso y renunciar o no a la restitución de la cosa, reparación del daño e indemnización del perjuicio causado por el hecho punible. Asimismo le informará de los derechos recogidos en la legislación vigente, pudiendo delegar esta función en personal especializado en la asistencia a víctimas.

Si fuera menor o tuviera la capacidad judicialmente modificada, se practicará igual diligencia con su representante legal o la persona que le asista.

Fuera de los casos previstos en los dos párrafos anteriores, no se hará a los interesados en las acciones civiles o penales notificación alguna que prolongue o detenga el curso de la causa, lo cual no obsta para que el Secretario judicial procure instruir de aquel derecho al ofendido ausente.

En cualquier caso, en los procesos que se sigan por delitos comprendidos en el artículo 57 del Código Penal, el Secretario judicial asegurará la comunicación a la víctima de los actos procesales que puedan afectar a su seguridad.»

Dos. Se introduce un nuevo artículo 109 bis, con la siguiente redacción:

«Artículo 109 bis.

1. Las víctimas del delito que no hubieran renunciado a su derecho podrán ejercer la acción penal en cualquier momento antes del trámite de calificación del delito, si bien ello no permitirá retrotraer ni reiterar las actuaciones ya practicadas antes de su personación.

En el caso de muerte o desaparición de la víctima a consecuencia del delito, la acción penal podrá ser ejercida por su cónyuge no separado legalmente o de hecho y por los hijos de ésta o del cónyuge no separado legalmente o de hecho que en el momento de la muerte o desaparición de la víctima convivieran con ellos; por la persona que hasta el momento de la muerte o desaparición hubiera estado unida a ella por una análoga relación de afectividad y por los hijos de ésta que en el momento de la muerte o desaparición de la víctima convivieran con ella; por sus progenitores y parientes en línea recta o colateral dentro del tercer grado que se encontraren bajo su guarda, personas sujetas a su tutela o curatela o que se encontraren bajo su acogimiento familiar.

En caso de no existir los anteriores, podrá ser ejercida por los demás parientes en línea recta y por sus hermanos, con preferencia, entre ellos, del que ostentara la representación legal de la víctima.

2. El ejercicio de la acción penal por alguna de las personas legitimadas conforme a este artículo no impide su ejercicio posterior por cualquier otro de los legitimados. Cuando exista una pluralidad de víctimas, todas ellas podrán personarse independientemente con su propia representación. Sin embargo, en estos casos, cuando pueda verse afectado el buen orden del proceso o el derecho a un proceso sin dilaciones indebidas, el Juez o Tribunal, en resolución motivada y tras oír a todas las partes, podrá imponer que se agrupen en una o varias representaciones y que sean dirigidos por la misma o varias defensas, en razón de sus respectivos intereses.

3. La acción penal también podrá ser ejercitada por las asociaciones de víctimas y por las personas jurídicas a las que la ley reconoce legitimación para defender los derechos de las víctimas, siempre que ello fuera autorizado por la víctima del delito.

Cuando el delito o falta cometida tenga por finalidad impedir u obstaculizar a los miembros de las corporaciones locales el ejercicio de sus funciones públicas, podrá también personarse en la causa la Administración local en cuyo territorio se hubiere cometido el hecho punible.»

Tres. Se modifica el artículo 110, que queda redactado como sigue:

«Artículo 110.

Los perjudicados por un delito o falta que no hubieren renunciado a su derecho podrán mostrarse parte en la causa si lo hicieran antes del trámite de calificación del delito y ejercitar las acciones civiles que procedan, según les conviniere, sin que por ello se retroceda en el curso de las actuaciones.

Aun cuando los perjudicados no se muestren parte en la causa, no por esto se entiende que renuncian al derecho de restitución, reparación o indemnización que a su favor puede acordarse en sentencia firme, siendo necesario que la renuncia de este derecho se haga en su caso de una manera clara y terminante.»

Cuatro. Se modifica el artículo 261, que queda redactado como sigue:

«Artículo 261.

Tampoco estarán obligados a denunciar:

1.º El cónyuge del delincuente no separado legalmente o de hecho o la persona que conviva con él en análoga relación de afectividad.

2.º Los ascendientes y descendientes del delincuente y sus parientes colaterales hasta el segundo grado inclusive.»

Cinco. Se modifica el artículo 281, que queda redactado como sigue:

«Artículo 281.

Quedan exentos de cumplir lo dispuesto en el artículo anterior:

1.º El ofendido y sus herederos o representantes legales.

2.º En los delitos de asesinato o de homicidio, el cónyuge del difunto o persona vinculada a él por una análoga relación de afectividad, los ascendientes y descendientes y sus parientes colaterales hasta el segundo grado inclusive, los herederos de la víctima y los padres, madres e hijos del delincuente.

3.º Las asociaciones de víctimas y las personas jurídicas a las que la ley reconoce legitimación para defender los derechos de las víctimas siempre que el ejercicio de la acción penal hubiera sido expresamente autorizado por la propia víctima.

La exención de fianza no es aplicable a los extranjeros si no les correspondiere en virtud de tratados internacionales o por el principio de reciprocidad.»

Seis. Se modifica el párrafo primero del artículo 282, que queda redactado como sigue:

«La Policía Judicial tiene por objeto y será obligación de todos los que la componen, averiguar los delitos públicos que se cometieren en su territorio o demarcación; practicar, según sus atribuciones, las diligencias necesarias para comprobarlos y descubrir a los delincuentes, y recoger todos los efectos, instrumentos o pruebas del delito de cuya desaparición hubiere peligro, poniéndolos a disposición de la autoridad judicial. Cuando las víctimas entren en contacto con la Policía Judicial, cumplirá con los deberes de información que prevé la legislación vigente. Asimismo, llevarán a cabo una valoración de las circunstancias particulares de las víctimas para determinar provisionalmente qué medidas de protección deben ser adoptadas para garantizarles una protección adecuada, sin perjuicio de la decisión final que corresponderá adoptar al Juez o Tribunal.»

Siete. Se modifica el artículo 284, que queda redactado como sigue:

«Artículo 284.

Inmediatamente que los funcionarios de Policía Judicial tuvieren conocimiento de un delito público o fueren requeridos para prevenir la instrucción de diligencias por razón de algún delito privado, lo participarán a la autoridad judicial o al representante del Ministerio Fiscal, si pudieren hacerlo sin cesar en la práctica de las diligencias de prevención. En otro caso, lo harán así que las hubieren terminado.

Si hubieran recogido armas, instrumentos o efectos de cualquier clase que pudieran tener relación con el delito y se hallen en el lugar en que éste se cometió o en sus inmediaciones, o en poder del reo o en otra parte conocida, extenderán diligencia expresiva del lugar, tiempo y ocasión en que se encontraren, que incluirá una descripción minuciosa para que se pueda formar idea cabal de los mismos y de las circunstancias de su hallazgo, que podrá ser sustituida por un reportaje gráfico. La diligencia será firmada por la persona en cuyo poder fueren hallados.

La incautación de efectos que pudieran pertenecer a una víctima del delito será comunicada a la misma.

La persona afectada por la incautación podrá recurrir en cualquier momento la medida ante el Juez de Instrucción de conformidad con lo dispuesto en el párrafo tercero del artículo 334.»

Ocho. Se modifica el artículo 301, que queda redactado como sigue:

«Artículo 301.

Las diligencias del sumario serán reservadas y no tendrán carácter público hasta que se abra el juicio oral, con las excepciones determinadas en la presente Ley.

El abogado o procurador de cualquiera de las partes que revelare indebidamente el contenido del sumario, será corregido con multa de 500 a 10.000 euros.

En la misma multa incurrirá cualquier otra persona que no siendo funcionario público cometa la misma falta.

El funcionario público, en el caso de los párrafos anteriores, incurrirá en la responsabilidad que el Código Penal señale en su lugar respectivo.»

Nueve. Se introduce un nuevo artículo 301 bis, con la siguiente redacción:

«Artículo 301 bis.

El Juez podrá acordar, de oficio o a instancia del Ministerio Fiscal o de la víctima, la adopción de cualquiera de las medidas a que se refiere el apartado 2 del artículo 681 cuando resulte necesario para proteger la intimidad de la víctima o el respeto debido a la misma o a su familia.»

Diez. Se introducen dos nuevos párrafos tercero y cuarto al artículo 334, con la siguiente redacción:

«La persona afectada por la incautación podrá recurrir en cualquier momento la medida ante el Juez de Instrucción. Este recurso no requerirá de la intervención de abogado cuando sea presentado por terceras personas diferentes del imputado. El recurso se entenderá interpuesto cuando la persona afectada por la medida o un familiar suyo mayor de edad hubieran expresado su disconformidad en el momento de la misma.

Los efectos que pertenecieran a la víctima del delito serán restituidos inmediatamente a la misma, salvo que excepcionalmente debieran ser conservados como medio de prueba o para la práctica de otras diligencias, y sin perjuicio de su restitución tan pronto resulte posible. Los efectos serán también restituidos inmediatamente cuando deban ser conservados como medio de prueba o para la práctica de otras diligencias, pero su conservación pueda garantizarse imponiendo al propietario el deber de mantenerlos a disposición del Juez o Tribunal. La víctima podrá, en todo caso, recurrir esta decisión conforme a lo dispuesto en el párrafo anterior.»

Once. Se modifica el artículo 433, que queda redactado como sigue:

«Artículo 433.

Al presentarse a declarar, los testigos entregarán al secretario la copia de la cédula de citación.

Los testigos mayores de edad penal prestarán juramento o promesa de decir todo lo que supieren respecto a lo que les fuere preguntado, estando el Juez obligado a informarles, en un lenguaje claro y comprensible, de la obligación que tienen de ser veraces y de la posibilidad de incurrir en un delito de falso testimonio en causa criminal.

Los testigos que, de acuerdo con lo dispuesto en el Estatuto de la Víctima del Delito, tengan la condición de víctimas del delito, podrán hacerse acompañar por su representante legal y por una persona de su elección durante la práctica de estas diligencias, salvo que en este último caso, motivadamente, se resuelva lo contrario por el Juez de Instrucción para garantizar el correcto desarrollo de la misma.

En el caso de los testigos menores de edad o personas con la capacidad judicialmente modificada, el Juez de Instrucción podrá acordar, cuando a la vista de la falta de madurez de la víctima resulte necesario para evitar causarles graves perjuicios, que se les tome declaración mediante la intervención de expertos y con intervención del Ministerio Fiscal. Con esta finalidad, podrá acordarse también que las preguntas se trasladen a la víctima directamente por los expertos o, incluso, excluir o limitar la presencia de las partes en el lugar de la exploración de la víctima. En estos casos, el Juez dispondrá lo necesario para facilitar a las partes la posibilidad de trasladar preguntas o de pedir aclaraciones a la víctima, siempre que ello resulte posible.

El Juez ordenará la grabación de la declaración por medios audiovisuales.»

Doce. Se modifica el artículo 448, que queda redactado como sigue:

«Artículo 448.

Si el testigo manifestare, al hacerle la prevención referida en el artículo 446, la imposibilidad de concurrir por haber de ausentarse del territorio nacional, y también en el caso en que hubiere motivo racionalmente bastante para temer su muerte o incapacidad física o intelectual antes de la apertura del juicio oral, el Juez instructor mandará practicar inmediatamente la declaración, asegurando en todo caso la posibilidad de contradicción de las partes. Para ello, el Secretario judicial hará saber al reo que nombre abogado en el término de veinticuatro horas, si aún no lo tuviere, o de lo contrario, que se le nombrará de oficio, para que le aconseje en el acto de recibir la declaración del testigo. Transcurrido dicho término, el Juez recibirá juramento y volverá a examinar a éste, a presencia del procesado y de su abogado defensor y a presencia, asimismo, del Fiscal y del querellante, si quisieren asistir al acto, permitiendo a éstos hacerle cuantas repreguntas tengan por conveniente, excepto las que el Juez desestime como manifiestamente impertinentes.

Por el Secretario judicial se consignarán las contestaciones a estas preguntas, y esta diligencia será firmada por todos los asistentes.

La declaración de los testigos menores de edad y de las personas con capacidad judicialmente modificada podrá llevarse a cabo evitando la confrontación visual de los mismos con el inculpado, utilizando para ello cualquier medio técnico que haga posible la práctica de esta prueba.»

Trece. Se modifica el apartado 7 del artículo 544 ter, que queda redactado como sigue:

«7. Las medidas de naturaleza civil deberán ser solicitadas por la víctima o su representante legal, o bien por el Ministerio Fiscal cuando existan hijos menores o personas con la capacidad judicialmente modificada, determinando su régimen de cumplimiento y, si procediera, las medidas complementarias a ellas que fueran precisas, siempre que no hubieran sido previamente acordadas por un órgano del orden jurisdiccional civil, y sin perjuicio de las medidas previstas en el artículo 158 del Código Civil. Cuando existan menores o personas con capacidad judicialmente modificada que convivan con la víctima y dependan de ella, el Juez deberá pronunciarse en todo caso, incluso de oficio, sobre la pertinencia de la adopción de las referidas medidas.

Estas medidas podrán consistir en la atribución del uso y disfrute de la vivienda familiar, determinar el régimen de guarda y custodia, visitas, comunicación y estancia con los menores o personas con la capacidad judicialmente modificada, el régimen de prestación de alimentos, así como cualquier disposición que se considere oportuna a fin de apartarles de un peligro o de evitarles perjuicios.

Las medidas de carácter civil contenidas en la orden de protección tendrán una vigencia temporal de 30 días. Si dentro de este plazo fuese incoado a instancia de la víctima o de su representante legal un proceso de familia ante la jurisdicción civil, las medidas adoptadas permanecerán en vigor durante los treinta días siguientes a la presentación de la demanda. En este término las medidas deberán ser ratificadas, modificadas o dejadas sin efecto por el Juez de primera instancia que resulte competente.»

Catorce. Se introduce un nuevo artículo 544 quinquies con la siguiente redacción:

«Artículo 544 quinquies.

1. En los casos en los que se investigue un delito de los mencionados en el artículo 57 del Código Penal, el Juez o Tribunal, cuando resulte necesario al fin de protección de la víctima menor de edad o con la capacidad judicialmente modificada, en su caso, adoptará motivadamente alguna de las siguientes medidas:

a) Suspender la patria potestad de alguno de los progenitores. En este caso podrá fijar un régimen de visitas o comunicación en interés del menor o persona con capacidad judicialmente modificada y, en su caso, las condiciones y garantías con que debe desarrollarse.

b) Suspender la tutela, curatela, guarda o acogimiento.

c) Establecer un régimen de supervisión del ejercicio de la patria potestad, tutela o de cualquier otra función tutelar o de protección o apoyo sobre el menor o persona con la capacidad judicialmente modificada, sin perjuicio de las competencias propias del Ministerio Fiscal y de las entidades públicas competentes.

d) Suspender o modificar el régimen de visitas o comunicación con el no conviviente o con otro familiar que se encontrara en vigor, cuando resulte necesario para garantizar la protección del menor o de la persona con capacidad judicialmente modificada.

2. Cuando en el desarrollo del proceso se ponga de manifiesto la existencia de una situación de riesgo o posible desamparo de un menor y, en todo caso, cuando fueran adoptadas algunas de las medidas de las letras a) o b) del apartado anterior, el Secretario judicial lo comunicará inmediatamente a la entidad pública competente que tenga legalmente encomendada la protección de los menores, así como al Ministerio Fiscal, a fin de que puedan adoptar las medidas de protección que resulten necesarias. A los mismos efectos se les notificará su alzamiento o cualquier otra modificación, así como la resolución a la que se refiere el apartado 3.

3. Una vez concluido el procedimiento, el Juez o Tribunal, valorando exclusivamente el interés de la persona afectada, ratificará o alzará las medidas de protección que hubieran sido adoptadas. El Ministerio Fiscal y las partes afectadas por la medida podrán solicitar al Juez su modificación o alzamiento conforme al procedimiento previsto en el artículo 770 Ley de Enjuiciamiento Civil.»

Quince. Se modifica el artículo 636, que queda redactado como sigue:

«Artículo 636.

Contra los autos de sobreseimiento sólo procederá, en su caso, el recurso de casación.

El auto de sobreseimiento se comunicará a las víctimas del delito, en la dirección de correo electrónico y, en su defecto, por correo ordinario a la dirección postal o domicilio que hubieran designado en la solicitud prevista en el artículo 5.1.m) de la Ley del Estatuto de la Víctima del delito.

En los casos de muerte o desaparición ocasionada por un delito, el auto de sobreseimiento será comunicado de igual forma a las personas a las que se refiere el párrafo segundo del apartado 1 del artículo 109 bis, de cuya identidad y dirección de correo electrónico o postal se tuviera conocimiento. En estos supuestos el Juez o Tribunal, podrá acordar, motivadamente, prescindir de la comunicación a todos los familiares cuando ya se haya dirigido con éxito a varios de ellos o cuando hayan resultado infructuosas cuantas gestiones se hubieren practicado para su localización.

Excepcionalmente, en el caso de ciudadanos residentes fuera de la Unión Europea, si no se dispusiera de una dirección de correo electrónico o postal en la que realizar la comunicación, se remitirá a la oficina diplomática o consular española en el país de residencia para que la publique.

Transcurridos cinco días desde la comunicación, se entenderá que ha sido efectuada válidamente y desplegará todos sus efectos, iniciándose el cómputo del plazo de interposición del recurso. Se exceptuarán de este régimen aquellos supuestos en los que la víctima acredite justa causa de la imposibilidad de acceso al contenido de la comunicación.

Las víctimas podrán recurrir el auto de sobreseimiento dentro del plazo de veinte días aunque no se hubieran mostrado como parte en la causa.»

Dieciséis. Se modifica el artículo 680, que queda redactado como sigue:

«Artículo 680.

Los debates del juicio oral serán públicos, bajo pena de nulidad, sin perjuicio de lo dispuesto en el artículo siguiente.»

Diecisiete. Se modifica el artículo 681, que queda redactado como sigue:

«Artículo 681.

1. El Juez o Tribunal podrá acordar, de oficio o a instancia de cualquiera de las partes, previa audiencia a las mismas, que todos o alguno de los actos o las sesiones del juicio se celebren a puerta cerrada, cuando así lo exijan razones de seguridad u orden público, o la adecuada protección de los derechos fundamentales de los intervinientes, en particular, el derecho a la intimidad de la víctima, el respeto debido a la misma o a su familia, o resulte necesario para evitar a las víctimas perjuicios relevantes que, de otro modo, podrían derivar del desarrollo ordinario del proceso. Sin embargo, el Juez o el Presidente del Tribunal podrán autorizar la presencia de personas que acrediten un especial interés en la causa. La anterior restricción, sin perjuicio de lo dispuesto en el artículo 707, no será aplicable al Ministerio Fiscal, a las personas lesionadas por el delito, a los procesados, al acusador privado, al actor civil y a los respectivos defensores.

2. Asimismo, podrá acordar la adopción de las siguientes medidas para la protección de la intimidad de la víctima y de sus familiares:

a) Prohibir la divulgación o publicación de información relativa a la identidad de la víctima, de datos que puedan facilitar su identificación de forma directa o indirecta, o de aquellas circunstancias personales que hubieran sido valoradas para resolver sobre sus necesidades de protección.

b) Prohibir la obtención, divulgación o publicación de imágenes de la víctima o de sus familiares.

3. Queda prohibida, en todo caso, la divulgación o publicación de información relativa a la identidad de víctimas menores de edad o víctimas con discapacidad necesitadas de especial protección, de datos que puedan facilitar su identificación de forma directa o indirecta, o de aquellas circunstancias personales que hubieran sido valoradas para resolver sobre sus necesidades de protección, así como la obtención, divulgación o publicación de imágenes suyas o de sus familiares.»

Dieciocho. Se modifica el artículo 682, que queda redactado como sigue:

«Artículo 682.

El Juez o Tribunal, previa audiencia de las partes, podrá restringir la presencia de los medios de comunicación audiovisuales en las sesiones del juicio y prohibir que se graben todas o alguna de las audiencias cuando resulte imprescindible para preservar el orden de las sesiones y los derechos fundamentales de las partes y de los demás intervinientes, especialmente el derecho a la intimidad de las víctimas, el respeto debido a la misma o a su familia, o la necesidad de evitar a las víctimas perjuicios relevantes que, de otro modo, podrían derivar del desarrollo ordinario del proceso. A estos efectos, podrá:

a) Prohibir que se grabe el sonido o la imagen en la práctica de determinadas pruebas, o determinar qué diligencias o actuaciones pueden ser grabadas y difundidas.

b) Prohibir que se tomen y difundan imágenes de alguna o algunas de las personas que en él intervengan.

c) Prohibir que se facilite la identidad de las víctimas, de los testigos o peritos o de cualquier otra persona que intervenga en el juicio.»

Diecinueve. Se modifica el artículo 707, que queda redactado como sigue:

«Artículo 707.

Todos los testigos están obligados a declarar lo que supieren sobre lo que les fuere preguntado, con excepción de las personas expresadas en los artículos 416, 417 y 418, en sus respectivos casos.

La declaración de los testigos menores de edad o con discapacidad necesitados de especial protección, se llevará a cabo, cuando resulte necesario para impedir o reducir los perjuicios que para ellos puedan derivar del desarrollo del proceso o de la práctica de la diligencia, evitando la confrontación visual de los mismos con el inculpado. Con este fin podrá ser utilizado cualquier medio técnico que haga posible la práctica de esta prueba, incluyéndose la posibilidad de que los testigos puedan ser oídos sin estar presentes en la sala mediante la utilización de tecnologías de la comunicación.

Estas medidas serán igualmente aplicables a las declaraciones de las víctimas cuando de su evaluación inicial o posterior derive la necesidad de estas medidas de protección.»

Veinte. Se modifica el artículo 709, que queda redactado como sigue:

«Artículo 709.

El Presidente no permitirá que el testigo conteste a preguntas o repreguntas capciosas, sugestivas o impertinentes.

El Presidente podrá adoptar medidas para evitar que se formulen a la víctima preguntas innecesarias relativas a la vida privada que no tengan relevancia para el hecho delictivo enjuiciado, salvo que el Juez o Tribunal consideren excepcionalmente que deben ser contestadas para valorar adecuadamente los hechos o la credibilidad de la declaración de la víctima. Si esas preguntas fueran formuladas, el Presidente no permitirá que sean contestadas.

Contra la resolución que sobre este extremo adopte podrá interponerse en su día el recurso de casación, si se hiciere en el acto la correspondiente protesta.

En este caso, constará en el acta la pregunta o repregunta a que el Presidente haya prohibido contestar.»

Veintiuno. Se modifica el artículo 730, que queda redactado como sigue:

«Artículo 730.

Podrán también leerse o reproducirse a instancia de cualquiera de las partes las diligencias practicadas en el sumario, que, por causas independientes de la voluntad de aquéllas, no puedan ser reproducidas en el juicio oral, y las declaraciones recibidas de conformidad con lo dispuesto en el artículo 448 durante la fase de investigación a las víctimas menores de edad y a las víctimas con discapacidad necesitadas de especial protección.»

Veintidós. Se modifica el apartado 2 del artículo 773, que queda redactado como sigue:

«2. Cuando el Ministerio Fiscal tenga noticia de un hecho aparentemente delictivo, bien directamente o por serle presentada una denuncia o atestado, informará a la víctima de los derechos recogidos en la legislación vigente; efectuará la evaluación y resolución provisionales de las necesidades de la víctima de conformidad con lo dispuesto en la legislación vigente y practicará él mismo u ordenará a la Policía Judicial que practique las diligencias que estime pertinentes para la comprobación del hecho o de la responsabilidad de los partícipes en el mismo. El Fiscal decretará el archivo de las actuaciones cuando el hecho no revista los caracteres de delito, comunicándolo con expresión de esta circunstancia a quien hubiere alegado ser perjudicado u ofendido, a fin de que pueda reiterar su denuncia ante el Juez de Instrucción. En otro caso instará del Juez de Instrucción la incoación del procedimiento que corresponda con remisión de lo actuado, poniendo a su disposición al detenido, si lo hubiere, y los efectos del delito.

El Ministerio Fiscal podrá hacer comparecer ante sí a cualquier persona en los términos establecidos en la ley para la citación judicial, a fin de recibirle declaración, en la cual se observarán las mismas garantías señaladas en esta Ley para la prestada ante el Juez o Tribunal.

Cesará el Fiscal en sus diligencias tan pronto como tenga conocimiento de la existencia de un procedimiento judicial sobre los mismos hechos.»

Veintitrés. Se modifica la regla 1.ª del apartado 1 del artículo 779, que queda redactada como sigue:

«1.ª Si estimare que el hecho no es constitutivo de infracción penal o que no aparece suficientemente justificada su perpetración, acordará el sobreseimiento que corresponda. Si, aun estimando que el hecho puede ser constitutivo de delito, no hubiere autor conocido, acordará el sobreseimiento provisional y ordenará el archivo.

El auto de sobreseimiento será comunicado a las víctimas del delito, en la dirección de correo electrónico y, en su defecto, dirección postal o domicilio que hubieran designado en la solicitud prevista en el artículo 5.1.m) de la Ley del Estatuto de la Víctima del delito.

En los casos de muerte o desaparición ocasionada por un delito, el auto de sobreseimiento será comunicado de igual forma, a las personas a las que se refiere el párrafo segundo del apartado 1 del artículo 109 bis, de cuya identidad y dirección de correo electrónico o postal se tuviera conocimiento. En estos supuestos el Juez o Tribunal, podrá acordar, motivadamente, prescindir de la comunicación a todos los familiares cuando ya se haya dirigido con éxito a varios de ellos o cuando hayan resultado infructuosas cuantas gestiones se hubieren practicado para su localización.

Excepcionalmente, en el caso de ciudadanos residentes fuera de la Unión Europea, si no se dispusiera de una dirección de correo electrónico o postal en la que realizar la comunicación, se remitirá a la oficina diplomática o consular española en el país de residencia para que la publique.

Transcurridos cinco días desde la comunicación, se entenderá que ha sido efectuada válidamente y desplegará todos sus efectos. Se exceptuarán de este régimen aquellos supuestos en los que la víctima acredite justa causa de la imposibilidad de acceso al contenido de la comunicación.

Las víctimas podrán recurrir el auto de sobreseimiento dentro del plazo de veinte días aunque no se hubieran mostrado como parte en la causa.»

Veinticuatro. Se modifica el apartado 3 del artículo 785, que queda redactado como sigue:

«3. Cuando la víctima lo haya solicitado, aunque no sea parte en el proceso ni deba intervenir, el Secretario judicial deberá informarle, por escrito y sin retrasos innecesarios, de la fecha, hora y lugar del juicio, así como del contenido de la acusación dirigida contra el infractor.»

Veinticinco. Se modifica el apartado 2 del artículo 791, que queda redactado como sigue:

«2. El Secretario judicial señalará la vista dentro de los quince días siguientes y a ella serán citadas todas las partes. Cuando la víctima lo haya solicitado, será informada por el Secretario judicial, aunque no se haya mostrado parte ni sea necesaria su intervención.

La vista se celebrará empezando, en su caso, por la práctica de la prueba y por la reproducción de las grabaciones si hay lugar a ella. A continuación, las partes resumirán oralmente el resultado de la misma y el fundamento de sus pretensiones.»

D.F. 2.ª Modificación de la Ley Orgánica 10/1995, de 23 de noviembre, del Código Penal.

Se modifica el apartado 2 del artículo 126 de la Ley Orgánica 10/1995, de 23 de noviembre, del Código Penal, que queda redactado como sigue:

«2. Cuando el delito hubiere sido de los que sólo pueden perseguirse a instancia de parte, se satisfarán las costas del acusador privado con preferencia a la indemnización del Estado. Tendrá la misma preferencia el pago de las costas procesales causadas a la víctima en los supuestos a que se refiere el artículo 14 de la Ley del Estatuto de la Víctima del Delito.»

D.F. 3.ª Título competencial.

Esta Ley se dicta al amparo de la competencia exclusiva en materia de legislación penal y procesal atribuida al Estado por el artículo 149.1.6.ª de la Constitución Española. Se exceptúa de lo anterior el Título IV, que se dicta al amparo de la competencia exclusiva en materia de Administración de Justicia atribuida al Estado por el artículo 149.1.5.ª de la Constitución Española, así como lo dispuesto en el Título I, que se dicta al amparo de la competencia exclusiva en materia de regulación de las condiciones básicas que garanticen la igualdad de todos los españoles en el ejercicio de los derechos y en el cumplimiento de los deberes constitucionales, atribuida al Estado por el artículo 149.1.1.ª de la Constitución Española.

D.F. 4.ª Habilitación al Gobierno para el desarrollo reglamentario.

Se habilita al Gobierno para que apruebe las disposiciones reglamentarias precisas para el desarrollo de lo dispuesto en la presente Ley.

D.F. 5.ª Adaptación de los Estatutos Generales de la Abogacía y de la Procuraduría.

Los Colegios y Consejos Generales de Abogados y Procuradores adoptarán las medidas necesarias para adaptar sus respectivos Estatutos a lo establecido en el apartado 2 del artículo 8 de la presente Ley, en un plazo máximo de un año desde su entrada en vigor.

D.F. 6.ª Entrada en vigor.

La presente Ley entrará en vigor a los seis meses de su publicación en el «Boletín Oficial del Estado».

Por tanto,
Mando a todos los españoles, particulares y autoridades, que guarden y hagan guardar esta ley.

Madrid, 27 de abril de 2015.
FELIPE R.

El Presidente del Gobierno,
MARIANO RAJOY BREY

III. LEY ORGÁNICA 6/1984, DE 24 DE MAYO, REGULADORA DEL PROCEDIMIENTO DE «HABEAS CORPUS»

–BOE n° 126, de 26 de mayo de 1984–

JUAN CARLOS I
REY DE ESPAÑA

A todos los que la presente vieren y entendieren.

Sabed: Que las Cortes Generales han aprobado y Yo vengo en sancionar la siguiente Ley Orgánica:

EXPOSICIÓN DE MOTIVOS

El constitucionalismo moderno tiene un objetivo fundamental, que constituye, al mismo tiempo, su raíz última: el reconocimiento y la protección de la vida y la libertad de los ciudadanos. Las constituciones que son verdaderamente tales se caracterizan, precisamente, porque establecen un sistema jurídico y político que garantiza la libertad de los ciudadanos y porque suponen, por consiguiente, algo más que una mera racionalización de los centros de poder.

Nuestra Constitución ha configurado, siguiendo esa línea, un ordenamiento cuya pretensión máxima es la garantía de la libertad de los ciudadanos, y ello hasta el punto de que la libertad queda instituida, por obra de la propia Constitución, como un valor superior del ordenamiento. De ahí que el texto constitucional regule con meticulosidad los derechos fundamentales, articulando unas técnicas jurídicas que posibilitan la eficaz salvaguarda de dichos derechos, tanto frente a los particulares como, muy especialmente, frente a los poderes públicos.

Una de estas técnicas de protección de los derechos fundamentales –del más fundamental de todos ellos: el derecho a la libertad personal– es la institución del «Habeas Corpus». Se trata, como es sabido, de un instituto propio del Derecho anglosajón, donde cuenta con una antiquísima tradición y se ha evidenciado como un sistema particularmente idóneo para resguardar la libertad personal frente a la eventual arbitrariedad de los agentes del poder público. Su origen anglosajón no puede ocultar, sin embargo, su raigambre en el Derecho histórico español, donde cuenta con antecedentes lejanos como el denominado «recurso de manifestación de personas» del Reino de Aragón y las referencias que sobre presuntos supuestos de detenciones ilegales se contienen en el Fuero de Vizcaya y otros ordenamientos forales, así como con antecedentes más próximos en las Constituciones de 1869 y 1876, que regulaban este procedimiento, aun cuando no le otorgaban denominación específica alguna.

El «Habeas Corpus» ha demostrado históricamente su funcionalidad para proteger la libertad de los ciudadanos. De ahí que la Constitución, en el núm. 4 art. 17, recoja esta institución y obligue al legislador a regularla, completando, de esta forma, el complejo y acabado sistema de protección de la libertad personal diseñado por nuestra norma fundamental. La regulación del «Habeas Corpus» es, por consiguiente, un mandato constitucional y un compromiso de los poderes públicos ante los ciudadanos.

La pretensión del «Habeas Corpus» es establecer remedios eficaces y rápidos para los eventuales supuestos de detenciones de la persona no justificados legalmente, o que transcurran en condiciones ilegales. Por consiguiente, el «Habeas Corpus» se configura como una comparecencia del detenido ante el Juez; comparecencia de la que proviene etimológicamente la expresión que da nombre al procedimiento, y que permite al ciudadano, privado de libertad, exponer sus alegaciones contra las causas de la detención o las condiciones de la misma, al objeto de que el Juez resuelva, en definitiva, sobre la conformidad a Derecho de la detención.

La eficaz regulación del «Habeas Corpus» exige, por tanto, la articulación de un procedimiento lo suficientemente rápido como para conseguir la inmediata verificación judicial de la legalidad y las condiciones de la detención, y lo suficientemente sencillo como para que sea accesible a todos los ciudadanos y permita, sin complicaciones innecesarias, el acceso a la autoridad judicial.

Estos son los objetivos de la presente ley orgánica, que se inspira para ello en cuatro principios complementarios. El primero de estos principios es la agilidad, absolutamente necesaria para conseguir que la violación ilegal de la libertad de la persona sea reparada con la máxima celeridad, y que se consigue instituyendo un procedimiento judicial sumario y extraordinariamente rápido, hasta el punto de que tiene que finalizar en veinticuatro horas. Ello supone una evidente garantía de que las detenciones ilegales o mantenidas en condiciones ilegales, finalizarán a la mayor brevedad.

En segundo lugar, la sencillez y la carencia de formalismos, que se manifiestan en la posibilidad de la comparecencia verbal y en la no necesidad del Abogado y Procurador, evitarán dilaciones indebidas y permitirán el acceso de todos los ciudadanos, con independencia de su nivel de conocimiento de sus derechos y de sus medios económicos, al recurso de «Habeas Corpus».

En tercer lugar, el procedimiento establecido por esta ley se caracteriza por la generalidad que implica, por un lado, que ningún particular o agente de la autoridad pueda sustraerse al control judicial de la legalidad de la detención de las personas sin que quepa en este sentido excepción de ningún género, ni siquiera en lo referente a la Autoridad Militar, y que supone, por otro lado, la legitimación de una pluralidad de personas para instar el procedimiento, siendo de destacar a este respecto la legitimación conferida al Ministerio Fiscal y al Defensor del Pueblo como garantes, respectivamente, de la legalidad y de la defensa de los derechos de los ciudadanos.

En fin, la ley está presidida por una pretensión de universalidad, de manera que el procedimiento de «Habeas Corpus» que regula alcanza no sólo a los supuestos de detención ilegal –ya porque la detención se produzca contra lo legalmente establecido, ya porque tenga lugar sin cobertura jurídica–, sino también a las detenciones que, ajustándose originariamente a la legalidad, se mantienen o prolongan ilegalmente o tienen lugar en condiciones ilegales.

Parece fuera de toda duda que la regulación de un procedimiento con las características indicadas tiene una enorme importancia en orden a la protección de la libertad de las personas, así como que permite añadir un eslabón más, y un eslabón importante, en la cadena de garantías de la libertad personal que la Constitución impone a nuestro ordenamiento. España se incorpora, con ello, al reducido número de países que establecen un sistema acelerado de control de las detenciones o de las condiciones de las mismas.

Artículo primero.

Mediante el procedimiento del "Habeas Corpus", regulado en la presente Ley, se podrá obtener la inmediata puesta a disposición de la Autoridad judicial competente, de cualquier persona detenida ilegalmente.

A los efectos de esta Ley se consideran personas ilegalmente detenidas:

a) Las que lo fueren por una autoridad, agente de la misma, funcionario público o particular, sin que concurran los supuestos legales, o sin haberse cumplido las formalidades prevenidas y requisitos exigidos por las Leyes.

b) Las que estén ilícitamente internadas en cualquier establecimiento o lugar.

c) Las que lo estuvieran por plazo superior al señalado en las Leyes si, transcurrido el mismo, no fuesen puestas en libertad o entregadas al Juez más próximo al lugar de la detención.

d) Las privadas de libertad a quienes no les sean respetados los derechos que la Constitución y las Leyes Procesales garantizan a toda persona detenida.

Artículo segundo.

Es competente para conocer la solicitud de "Habeas Corpus" el Juez de Instrucción del lugar en que se encuentre la persona privada de libertad; si no constare, el del lugar en que se produzca la detención, y, en defecto de los anteriores, el del lugar donde se hayan tenido las últimas noticias sobre el paradero del detenido.

Si la detención obedece a la aplicación de la Ley Orgánica que desarrolla los supuestos previstos en el artículo 55.2 de la Constitución, el procedimiento deberá seguirse ante el Juez Central de Instrucción correspondiente.

En el ámbito de la Jurisdicción Militar será competente para conocer de la solicitud de "Habeas Corpus" el Juez Togado Militar de Instrucción constituido en la cabecera de la circunscripción jurisdiccional en la que se efectuó la detención.

Artículo tercero.

Podrán instar el procedimiento de "Habeas Corpus" que esta ley establece:

a) El privado de libertad, su cónyuge o persona unida por análoga relación de afectividad, descendientes, ascendientes, hermanos y, en su caso, respecto a los menores, sus representantes legales, y respecto a las personas con discapacidad con medidas de apoyo judiciales, la persona que preste su apoyo con facultad de representación específica para este acto concreto.

b) El Ministerio Fiscal.

c) El Defensor del Pueblo.

d) El abogado defensor del privado de libertad.

Asimismo, lo podrá iniciar, de oficio, el Juez competente a que se refiere el artículo anterior.

Modificado por Ley Orgánica 5/2024, de 11 de noviembre, del Derecho de Defensa. (BOE 14-11-2024).

Artículo cuarto.

El procedimiento se iniciará, salvo cuando se incoe de oficio, por medio de escrito o comparecencia, no siendo preceptiva la intervención de Abogado ni de Procurador.

En dicho escrito o comparecencia deberán constar:

a) El nombre y circunstancias personales del solicitante y de la persona para la que se solicita el amparo judicial regulado en esta Ley.

b) El lugar en que se halle el privado de libertad, autoridad o persona, bajo cuya custodia se encuentre, si fueren conocidos, y todas aquellas otras circunstancias que pudieran resultar relevantes.

c) El motivo concreto por el que se solicita el "Habeas Corpus".

Artículo quinto.

La autoridad gubernativa, agente de la misma o funcionario público, estarán obligados a poner inmediatamente en conocimiento del Juez competente la solicitud de "Habeas Corpus", formulada por la persona privada de libertad que se encuentre bajo su custodia.

Si incumplieren esta obligación, serán apercibidos por el Juez, sin perjuicio de las responsabilidades penales y disciplinarias en que pudieran incurrir.

Artículo sexto.

Promovida la solicitud de "Habeas Corpus" el Juez examinará la concurrencia de los requisitos para su tramitación y dará traslado de la misma al Ministerio Fiscal. Seguidamente, mediante auto, acordará la incoación del procedimiento, o, en su caso, denegará la solicitud por ser ésta improcedente. Dicho auto se notificará, en todo caso, al Ministerio Fiscal. Contra la resolución que en uno u otro caso se adopte, no cabrá recurso alguno.

Artículo séptimo.

En el auto de incoación, el Juez ordenará a la autoridad a cuya disposición se halle la persona privada de libertad o a aquel en cuyo poder se encuentre, que la ponga de manifiesto ante él, sin pretexto ni demora alguna o se constituirá en el lugar donde aquélla se encuentre.

Antes de dictar resolución, oirá el Juez a la persona privada de libertad o, en su caso, a su representante legal y Abogado, si lo hubiera designado, así como al Ministerio Fiscal; acto seguido oirá en justificación de su proceder a la autoridad, agentes, funcionario público o representante de la institución o persona que hubiere ordenado o practicado la detención o internamiento y, en todo caso, a aquella bajo cuya custodia se encontrase la persona privada de libertad; a todos ellos dará a conocer el Juez las declaraciones del privado de libertad.

El Juez admitirá, si las estima pertinentes, las pruebas que aporten las personas a que se refiere el párrafo anterior y las que propongan que puedan practicarse en el acto.

En el plazo de veinticuatro horas, contadas desde que sea dictado el auto de incoación, los Jueces practicarán todas las actuaciones a que se refiere este artículo y dictarán la resolución que proceda.

Artículo octavo.

Practicadas las actuaciones a que se refiere el artículo anterior, el Juez, mediante auto motivado, adoptará seguidamente alguna de estas resoluciones:

1. Si estima que no se da ninguna de las circunstancias a que se refiere el artículo primero de esta Ley, acordará el archivo de las actuaciones, declarando ser conforme a Derecho la privación de libertad y las circunstancias en que se está realizando.

2. Si estima que concurren alguna de las circunstancias del artículo primero de esta Ley, se acordará en el acto alguna de las siguientes medidas:

a) La puesta en libertad del privado de ésta, si lo fue ilegalmente.

b) Que continúe la situación de privación de libertad de acuerdo con las disposiciones legales aplicables al caso, pero, si lo considerase necesario, en establecimiento distinto, o bajo la custodia de personas distintas de las que hasta entonces la detentaban.

c) Que la persona privada de libertad sea puesta inmediatamente a disposición judicial, si ya hubiere transcurrido el plazo legalmente establecido para su detención.

Artículo noveno.

El Juez deducirá testimonio de los particulares pertinentes para la persecución y castigo de los delitos que hayan podido cometerse por quienes hubieran ordenado la detención, o tenido bajo su custodia a la persona privada de libertad.

En los casos de delito de denuncia falsa o simulación de delito se deducirá, asimismo, testimonio de los particulares pertinentes, al efecto de determinar las responsabilidades penales correspondientes.

En todo caso, si se apreciase temeridad o mala fe, será condenado el solicitante al pago de las costas del procedimiento; en caso contrario, éstas se declararán de oficio.

DISPOSICIONES FINALES

D.F. Única

La presente Ley entrará en vigor al día siguiente de su publicación en el "Boletín Oficial del Estado".

Por tanto,
Mando a todos los españoles, particulares y autoridades, que guarden y hagan guardar esta Ley Orgánica.

Palacio de la Zarzuela, Madrid, a 24 de mayo de 1984.
JUAN CARLOS R.

El Presidente del Gobierno,
FELIPE GONZÁLEZ MÁRQUEZ.

IV. LEY DE 18 DE JUNIO DE 1870 ESTABLECIENDO REGLAS PARA EL EJERCICIO DE LA GRACIA DE INDULTO

–GACETA DE MADRID núm. 175, de 24 de junio de 1870–

CAPÍTULO PRIMERO
De los que pueden ser indultados

ART. 1.

Los reos de toda clase de delitos podrán ser indultados, con arreglo a las disposiciones de esta Ley, de toda o parte de la pena en que por aquéllos hubiesen incurrido.

ART. 2.

Se exceptúan de lo establecido en el artículo anterior:

1.º Los procesados criminalmente que no hubieren sido aún condenados por sentencia firme.

2.º Los que no estuvieren a disposición del Tribunal sentenciador para el cumplimiento de la condena.

3.º Los reincidentes en el mismo o en otro cualquiera delito por el cual hubiesen sido condenados por sentencia firme. Se exceptúa, sin embargo, el caso en que, a juicio del Tribunal sentenciador, hubiera razones suficientes de justicia, equidad o conveniencia pública para otorgarle la gracia.

> *Modificado por Ley 1/1988, de 14 de enero, por la que se modifica la Ley de 18 de junio de 1870, estableciendo reglas para el ejercicio de la Gracia de Indulto. (BOE de 15/01/1988).*

ART. 3.

Lo dispuesto en el artículo anterior no será aplicable a los penados por delitos comprendidos en el capítulo I, secciones primera y segunda del capítulo II, y en los capítulos III, IV y V, todos del título II del libro II del Código Penal.

> *Modificado por Ley 1/1988, de 14 de enero, por la que se modifica la Ley de 18 de junio de 1870, estableciendo reglas para el ejercicio de la Gracia de Indulto. (BOE de 15/01/1988).*

CAPÍTULO II
De las clases y efectos del indulto

ART. 4.

El indulto podrá ser total o parcial.

Será indulto total la remisión de todas las penas a que hubiese sido condenado y que todavía no hubiese cumplido el delincuente.

Será indulto parcial la remisión de alguna o algunas de las penas impuestas, o de parte de todas en que hubiese incurrido y no hubiese cumplido todavía el delincuente.

Se reputará también indulto parcial la conmutación de la pena o penas impuestas al delincuente en otras menos graves.

ART. 5.

Será nula y no producirá efecto ni deberá ejecutarse por el Tribunal a quien corresponda la concesión del indulto en que no se hiciese mención expresa a lo menos de la pena principal sobre que recaiga la gracia.

ART. 6.

El indulto de la pena principal llevará consigo el de las accesorias que con ella se hubiesen impuesto al penado, a excepción de las de inhabilitación para cargos públicos y derechos políticos y sujeción a la vigilancia de la Autoridad, las cuales no se tendrán por comprendidas si de ellas no se hubiese hecho mención especial en la concesión.

Tampoco se comprenderá nunca en ésta la indemnización civil.

ART. 7.

Podrá concederse indulto de las penas accesorias, con exclusión de las principales y viceversa, a no ser de aquellas que sean inseparables por su naturaleza y efectos.

ART. 8.

El indulto de pena pecuniaria eximirá al indultado del pago de la cantidad que aún no hubiese satisfecho, pero no comprenderá la devolución de la ya pagada, a no ser que así se determine expresamente.

ART. 9.

El indulto no se extenderá a las costas procesales.

Modificado por Ley 1/1988, de 14 de enero, por la que se modifica la Ley de 18 de junio de 1870, estableciendo reglas para el ejercicio de la Gracia de Indulto. (BOE de 15/01/1988).

ART. 10.

Si el penado hubiere fallecido al tiempo o después de existir causas bastantes para la concesión de su indulto, podrá relevarse a sus herederos de la pena accesoria de multa, con arreglo a lo dispuesto en los artículos 8.º y 9.º

ART. 11.

El indulto total se otorgará a los penados tan sólo en el caso de existir a su favor razones de justicia, equidad o utilidad pública, a juicio del Tribunal sentenciador.

Modificado por Ley 1/1988, de 14 de enero, por la que se modifica la Ley de 18 de junio de 1870, estableciendo reglas para el ejercicio de la Gracia de Indulto. (BOE de 15/01/1988).

ART. 12.

En los demás casos se concederá tan sólo el parcial, y con preferencia la conmutación de la pena impuesta en otra menos grave dentro de la misma escala gradual.

Sin embargo, de lo dispuesto en el párrafo anterior, podrá también conmutarse la pena en otra de distinta escala cuando haya méritos suficientes para ello, a juicio del Tribunal sentenciador o del Consejo de Estado, y el penado además se conformare con la conmutación.

ART. 13.

Conmutada la pena principal, se entenderán también conmutadas las accesorias por las que correspondan, según las prescripciones del Código, a la que hubiere de sufrir el indultado.

Se exceptúa, sin embargo, el caso en que se hubiese dispuesto otra cosa en la concesión de la gracia.

ART. 14.

La conmutación de la pena quedará sin efecto desde el día en que el indultado deje de cumplir, por cualquiera causa dependiente de su voluntad, la pena a que por la conmutación hubiere quedado sometido.

ART. 15.

Serán condiciones tácitas de todo indulto:

1.ª Que no cause perjuicio a tercera persona, o no lastime sus derechos.

2.ª Que haya sido oída la parte ofendida, cuando el delito por que hubiese sido condenado el reo fuere de los que solamente se persiguen a instancia de parte.

Modificado por Ley 1/1988, de 14 de enero, por la que se modifica la Ley de 18 de junio de 1870, estableciendo reglas para el ejercicio de la Gracia de Indulto. (BOE de 15/01/1988).

ART. 16.

Podrán, además, imponerse al penado en la concesión de la gracia las demás condiciones que la justicia, la equidad o la utilidad pública aconsejen.

ART. 17.

El Tribunal sentenciador no dará cumplimiento a ninguna concesión de indulto cuyas condiciones no hayan sido previamente cumplidas por el penado; salvas las que por su naturaleza no lo permitan.

ART. 18.

La concesión del indulto es por su naturaleza irrevocable con arreglo a las cláusulas con que hubiera sido otorgado.

CAPÍTULO III
Del procedimiento para solicitar y conceder la gracia del indulto

ART. 19.

Pueden solicitar el indulto los penados, sus parientes o cualquiera otra persona en su nombre, sin necesidad de poder escrito que acredite su representación.

ART. 20.

Puede también proponer el indulto el Tribunal sentenciador, o el Tribunal Supremo, o el Fiscal de cualquiera de ellos, con arreglo a lo que se dispone en el párrafo tercero, art. 2.º del Código Penal, y se disponga además en las Leyes de procedimientos y casación criminal.

La propuesta será reservada hasta que el Ministro de Justicia en su vista, decrete la formación del oportuno expediente.

Modificado por Ley 1/1988, de 14 de enero, por la que se modifica la Ley de 18 de junio de 1870, estableciendo reglas para el ejercicio de la Gracia de Indulto. (BOE de 15/01/1988).

ART. 21.

Podrá también el Gobierno mandar formar el oportuno expediente, con arreglo a las disposiciones de esta Ley, para la concesión de indultos que no hubiesen sido solicitados por los particulares ni propuestos por los Tribunales de Justicia.

ART. 22.

Las solicitudes de indultos se dirigirán al Ministro de Justicia por conducto del Tribunal sentenciador, del Jefe del Establecimiento o del Gobernador de la provincia en que el penado se halle cumpliendo la condena, según los respectivos casos.

Modificado por Ley 1/1988, de 14 de enero, por la que se modifica la Ley de 18 de junio de 1870, estableciendo reglas para el ejercicio de la Gracia de Indulto. (BOE de 15/01/1988).

ART. 23.

Las solicitudes de indulto, inclusas las que directamente se presentaren al Ministro de Justicia, se remitirán a informe del Tribunal sentenciador.

Modificado por Ley 1/1988, de 14 de enero, por la que se modifica la Ley de 18 de junio de 1870, estableciendo reglas para el ejercicio de la Gracia de Indulto. (BOE de 15/01/1988).

ART. 24.

Este pedirá, a su vez, informe sobre la conducta del penado al Jefe del establecimiento en que aquél se halle cumpliendo la condena, o al Gobernador de la provincia de su residencia, si la pena no consistiese en la privación de libertad, y oirá después al Fiscal y a la parte ofendida si la hubiere.

Modificado por Ley 1/1988, de 14 de enero, por la que se modifica la Ley de 18 de junio de 1870, estableciendo reglas para el ejercicio de la Gracia de Indulto. (BOE de 15/01/1988).

ART. 25.

El Tribunal sentenciador hará constar en su informe, siendo posible, la edad, estado y profesión del penado, su fortuna si fuere conocida, sus méritos y antecedentes, si el penado fue con anterioridad procesado y condenado por otro delito, y si cumplió la pena impuesta o fue de ella indultado, por qué causa y en qué forma, las circunstancias agravantes o atenuantes que hubiesen concurrido en la ejecución del delito, el tiempo de prisión preventiva que hubiese sufrido durante la causa, la parte de la condena que hubiere cumplido, su conducta posterior a la ejecutoria, y especialmente las pruebas o indicios de su arrepentimiento que se hubiesen observado, si hay o no parte ofendida, y si el indulto perjudica el derecho de tercero, y cualesquiera otros datos que puedan servir para el mejor esclarecimiento de los hechos, concluyendo por consignar su dictamen sobre la justicia o conveniencia y forma de la concesión de la gracia.

ART. 26.

El Tribunal sentenciador remitirá con su informe al Ministro de Justicia la hoja histórico-penal y el testimonio de la sentencia ejecutoria del penado, con los demás documentos que considere necesarios para la justificación de los hechos.

Modificado por Ley 1/1988, de 14 de enero, por la que se modifica la Ley de 18 de junio de 1870, estableciendo reglas para el ejercicio de la Gracia de Indulto. (BOE de 15/01/1988).

ART. 27.

Los Tribunales Supremo o sentenciador que de oficio propongan al Gobierno el indulto de un penado, acompañarán desde luego con la propuesta el informe y documentos a que se refieren los artículos anteriores.

ART. 28.

Los expedientes que se formen al amparo del párrafo segundo del artículo 2.º del Código Penal se tramitarán en turno preferente cuando los informes del Ministerio Fiscal y del Establecimiento Penitenciario y del ofendido, en su caso, no se opusieran a la propuesta del Tribunal.

También se tramitarán en turno preferente los expedientes calificados de especial urgencia o importancia.

Modificado por Ley 1/1988, de 14 de enero, por la que se modifica la Ley de 18 de junio de 1870, estableciendo reglas para el ejercicio de la Gracia de Indulto. (BOE de 15/01/1988).

ART. 29.

Sin embargo de lo dispuesto en los artículos anteriores, podrá concederse la conmutación de la pena de muerte y las impuestas por los delitos comprendidos en los capítulos 1.º y 2.º, tít. 2.º, libro 2.º, y capítulos 1.º, 2.º y 3.º, tít. 3.º del mismo, libro del Código penal últimamente reformado, sin oír previamente al Tribunal sentenciador.

Modificado por Ley 1/1988, de 14 de enero, por la que se modifica la Ley de 18 de junio de 1870, estableciendo reglas para el ejercicio de la Gracia de Indulto. (BOE de 15/01/1988).

ART. 30.

La concesión de los indultos, cualquiera que sea su clase, se hará en Real Decreto, que se insertará en el "Boletín Oficial del Estado".

Modificado por Ley 1/1988, de 14 de enero, por la que se modifica la Ley de 18 de junio de 1870, estableciendo reglas para el ejercicio de la Gracia de Indulto. (BOE de 15/01/1988).

ART. 31.

La aplicación de la gracia habrá de encomendarse indispensablemente al Tribunal sentenciador.

ART. 32.

La solicitud o propuesta de indulto no suspenderá el cumplimiento de la sentencia ejecutoria, salvo el caso en que la pena impuesta fuese la de muerte, la cual no se ejecutará hasta que el Gobierno haya acusado el recibo de la solicitud o propuesta al Tribunal sentenciador.

DISPOSICIONES ADICIONALES

D.A. Única

El Gobierno remitirá semestralmente al Congreso de los Diputados un informe sobre la concesión y denegación de indultos. Para la presentación de los datos contenidos en el citado informe, y previa revisión del mismo, un alto cargo del Ministerio de Justicia solicitará su comparecencia ante la Comisión de Justicia del Congreso de los Diputados.

Añadida por Ley Orgánica 1/2015, de 30 de marzo, por la que se modifica la Ley Orgánica 10/1995, de 23 de noviembre, del Código Penal. (BOE de 31/03/2015).

Palacio de las Cortes, veinticuatro de Mayo de mil ochocientos setenta.–Manuel Ruiz Zorrilla, Presidente.–Manuel de Llano y Persi, Diputado Secretario.–Julián Sánchez Ruano, Diputado Secretario.–Francisco Javier Carratalá, Diputado Secretario.–Mariano Rius, Diputado Secretario.

Madrid diez y ocho de Junio de mil ochocientos setenta.

El Ministro de Gracia y Justicia,